渔业科技创新瓶颈分析与发展对策

杨红生 等 著

科学出版社

北 京

内 容 简 介

本书综述了三十年来我国渔业发展面临的产业瓶颈与科技创新成果，分析了不同发展阶段我国渔业产业的转型升级路径，提出了生态工程化增养殖、现代海洋牧场建设、海洋渔业第三次飞跃等理念。从种质资源、生态增养殖、现代海洋牧场等维度，阐述了未来渔业科技发展需要突破的关键理论、核心技术及产业模式，旨在为推动以“生态化、精准化、智能化、融合化”为特征的现代渔业高质量发展提供理论支撑和实践指导。

本书可为高校及科研院所研究人员、行业管理部门决策者以及渔业企业技术人员提供专业参考。

图书在版编目（CIP）数据

渔业科技创新瓶颈分析与发展对策 / 杨红生等著. -- 北京 : 科学出版社, 2025. 6. -- ISBN 978-7-03-082284-0

Ⅰ. F326.43

中国国家版本馆 CIP 数据核字第 2025M4S294 号

责任编辑：朱 瑾 习慧丽 / 责任校对：严 娜
责任印制：肖 兴 / 封面设计：无极书装

科学出版社 出版
北京东黄城根北街 16 号
邮政编码：100717
http://www.sciencep.com
三河市骏杰印刷有限公司印刷
科学出版社发行 各地新华书店经销
*
2025 年 6 月第 一 版 开本：787×1092 1/16
2025 年 6 月第一次印刷 印张：27
字数：635 000

定价：298.00 元

（如有印装质量问题，我社负责调换）

前　言

心海·人海·碧海

心海属于自己，人海代表社会，碧海接纳百川。

说出来难以置信，思考三者之间的关系源于自己的第一次海上晕船经历。

人的一生，好像是冥冥之中自有安排。29年前的夏天，我从中国海洋大学水产学院完成了博士论文答辩，论文题目是《海水池塘施肥综合养殖的基础研究》。随后，在我的恩师李德尚先生的推荐下，我顺利进入中国科学院海洋研究所，跟随张福绥先生开始了博士后的研究工作。从此，我就从海水池塘游入了大海。万事皆有缘，几多在巧合。翌年初夏，我国北方海域的重要养殖种类栉孔扇贝发生大规模死亡，当时的山东省水产局组织一批专家开展了现场考察、座谈，力求解决现实问题。老师被尊称为“中国扇贝之父”，自然成为首席专家，我跟随其做博士后研究，也就挤进了专家的行列。其实我心里清楚，是老师为我争取了一次学习的好机会。

调查从日照开始。岚山是日照栉孔扇贝的主要产区，近岸养殖的栉孔扇贝死亡率极高，而远在30海里以外的前三岛养殖区扇贝死亡较少。年近70岁的老师要求亲自出海、取样、检查、记录。这让我这位“晕码头”的33岁弟子吃尽了苦头，刚上船我还能站得住，离岸不久我就撑不住了，只好躺在甲板上了。晕船的感觉实在不忍回味，我当时觉得如果能在这个世界上立即消失，那该多幸福啊。尽管不能动，很痛苦，但能听，我的耳畔还是不时地传来专家、领导、企业家、渔民交流的声音，知道近岸取样已经结束，我们的船将驶向“遥远的”前三岛海域。

前三岛位于鲁苏两省的交界处，远离陆地，资源丰富，环境优良，极具开发利用潜力。时值中午，船慢慢停了下来，但涌浪很大，人像躺在浪尖上，时而跃上顶峰，时而坠入深谷，我实在控制不住，只好呕吐出来。可笑的是耳边又传来张罗吃饭的声音，诱人的饭菜对我来说已经毫无意义，我唯一的想法就是活着尽快离开这里。

那些不晕船的“大爷们”在“欢声笑语”中吃完迟来的中餐后，汽笛终于响了。一位好心的渔民大哥来到我身边大声地喊：“杨博士，我们要回去了，你也不睁眼看看前三岛！”此话有理，我艰难地睁开双眼，呵呵，三个岛中最大的平岛像个元宝。本想看看水面上的养殖筏架，但由于船舷太高，我抬不起头，看不见，却发现了坐在船舷上低着头的一位大汉。那位大汉身体健壮，紫铜色的皮肤，一脸的憨厚，但紧锁眉头。出于好奇，我便问道："您也晕船吗？"他微微点头，笑道："每个人都晕，程度不一样而已。"后来我才知道原来那位就是前三岛养殖公司的总经理，他在远离陆地的前三岛海域开展养殖并已形成了相当大规模。也许是有了一起晕船的伙伴，也许是坦诚的交流让我忘记了晕船，回程的感觉好多了。

别后十年，也许是有一起晕船的经历，也许是相互的坦诚，也许是心海的交融，这位老哥成了我承担的国家 863 计划和国家支撑计划课题的合作者，我们还一起组建了国内第一家涉及岛屿的民营研究所。回首往事，我和这位老哥的合作还真是思想上"草蛇灰线"，行动上"伏脉千里"呢。十年相会，我们哥俩的共同感受是人字的结构就是相互支撑，这是每一个爱国、爱家和有社会责任感的人必须思考和行动的。不争的事实证明，只有以诚相待，只有多干实事，才能实现心海汇入人海，才能真正成为有益于国家和社会的人。

作为一名海洋科学工作者，我深深地认识到心海必须与碧海交融。正因如此，到海边吹海风、闻海味、看碧海、尝海鲜，已经成为我的一种享受，尤为重要的是聆听玩海者侃海。体会劈波斩浪、耕海牧渔的感觉，倾听船长大谈海上的趣闻，感悟老哥们各自对海洋的诠释，欣赏巨幅碧海蓝天奇岛图，大碗吃鱼，大杯喝酒，海阔天空，无话不谈。如此生活，如此感觉！难以言表。

人生苦短，时光飞逝。前三岛成了我目前出海最远的海域，海州湾也成了国家级海洋牧场。回首往事，感慨万千。常常有感而发，又总是一声叹息。唉！我的心海何时能真正地融入人海？又何时能真正地融入碧海？问海论渔，我在，并将不懈地努力！

杨红生

2025 年 6 月于四知堂

目　　录

第1部分　从内陆到海洋，前瞻蓝色农业生态工程化

第3部分 从数字到体系，倡导水域生态牧场智能化

第1部分
从内陆到海洋，前瞻蓝色农业生态工程化

生在淮河边，学在长江岸。初做黄河滩，寻梦四海间。鱼虾贝藻参蛸蛤，藕芡龟鳖蛙蛇鲵，几乎囊括了所有淡水、半咸水和海水增养殖动植物种类。蛎蛤贻蚶螺扇鲍，是海产动物产量的主要贡献者，皆属贝类。青草鲢鳙鳊鲤鲫，是淡水渔业的主要贡献者，均为鱼类。水生生物因水而生，源于自然；水产产业依水而产，鼻祖范蠡。生态、精准、智能、融合，是未来发展方向。必须从保护和恢复脆弱水域生态环境出发，系统研究水域生态、环境与资源演替规律，实现脆弱水域生态环境保护、生物资源持续利用，实施生态工程化增养殖规划，促进蓝色农业的健康发展。

1 河南省草鱼养殖中的问题与对策

草鱼是我国四大家鱼之一，具有生长速度快、肉质鲜美、饲料来源广泛等优点。草鱼为草食性优质鱼类，其年产量占我国淡水鱼年产量的 1/4，是我国淡水渔业生产的主要养殖对象之一。

河南省草鱼养殖发展缓慢，草鱼年产量仅占河南省淡水鱼年产量的 1/10，可见草鱼的产量和经济效益都未达到理想比例。只有改变河南省草鱼养殖的现状，才有助于渔业生产的进一步发展。目前，河南省草鱼养殖中存在的主要问题是草鱼放养比例过低、草鱼种供给不配套和草鱼传染性疾病的防治不到位等。针对上述问题，从以下几个方面制定对策。

1.1 打破传统的放养模式，提高鱼种放养规格和放养比例

目前[①]河南省大部分养殖单位，尤其是老渔场，仍然采用 20 世纪五六十年代的放养模式，草鱼的放养量仅占河南省淡水养殖总放养量的 10%。因此，在生产中草鱼一直处于搭配鱼的地位，打破传统的放养模式后，在混养成鱼池中草鱼的投放比例可以达到 30%，在主养草鱼池中草鱼的投放比例可以达到 50%以上。混养池投放的草鱼种规格应为 50～100g/尾，主养池可以采用一龄、二龄草鱼种相结合的方法，投放的规格应提高。近年来，在新乡、郑州等地的试验表明，这样的放养比例是可行的，经济效益比较好，如果采用青饲料与配合饲料相结合的投喂方式，投入产出比可以达到 1∶2 以上。

在水库、湖泊和河流故道中可以采用网箱养殖草鱼，或在中型、小型水域适当增大草鱼的放养量，从而提高草鱼的总产量。

1.2 努力培育优质鱼种，做好草鱼种的配套工作

苗种培育是进行商品鱼生产的配套工程，苗种的优劣，如抗病能力、成活率高低等，都直接影响鱼的出塘规格和产量。

河南省草鱼人工繁殖时间比湖北省武汉等地要晚 15～20d，严重影响草鱼苗

① 本书汇总了作者不同时期对渔业科技创新研究的成果。

的培育，因此草鱼的提早繁殖问题必须解决，可以由工厂化养鱼场承担此项任务。水花鱼苗阶段的适口活饵料可以进行人工培养，待室外温度稳定后适时下塘。也可以从武汉等地购入水花鱼苗，但是购入时要防止鱼病的引入。由于多方面的原因，河南省北部地区购入的草鱼水花鱼苗成活率较低，而南部地区采用引进方法更好一些。

一龄草鱼种的培育必须采用稀养和强化培育的方法，改变河南省培育一龄草鱼种放养密度过高、饵料缺乏、生长速度慢、成活率低等现状。在主养一龄草鱼种池，每亩①可放养草鱼夏花 3000～4000 尾、其他鱼种夏花 4000～4500 尾，经过强化培育，年底草鱼种可以达到 50g/尾，成活率可达 70%。也可以采用更低的养殖密度进一步提高当年草鱼种的规格。在成鱼池套养一部分一龄草鱼种是可行的，但必须设有专门供草鱼摄食的食场。套养一龄草鱼种的关键在于投放鱼种的规格。因此，河南省草鱼的人工繁殖必须提前，或从外地购入，才能达到套养时的投放规格（7 月中旬达 7g/尾左右）。在河南省的水稻种植区，完全可以采用稻田培育草鱼种的方法，在不投饵的情况下，每亩稻田可投放 600 尾草鱼夏花、400 尾鲤夏花，每亩可收获鱼种 6～10kg；如果采用投饵的方法，投放量可以加大一倍，每亩可收获鱼种 30kg。

一般说来，如果一龄草鱼种达到放养需要的规格，可以考虑缩短养殖周期，不进行二龄草鱼种的培育。假如河南省对目前培育一龄草鱼种的方法加以改进，就可以达到放养需要的规格，但是如果继续采用原有的方法，就必须进行二龄草鱼种培育，并且根据河南省水产经济现状，二龄草鱼种以 150～200g/尾为宜，主养池每亩可投放一龄草鱼种 1000～1500 尾，同时也可以在成鱼池中套养一部分二龄草鱼种。

1.3 积极开展鱼病的生态防治，提高苗种和成鱼的成活率

草鱼多病，病原也广，包括病毒、细菌、真菌和寄生虫等几十种之多，因此草鱼成活率很低，鱼病防治是草鱼养殖成败的关键。大规格的鱼种可以注射“四联”免疫疫苗，而水花、夏花及小规格鱼种可以进行药物浸泡使其免疫。必须指出，进行人工免疫只是草鱼疾病防治的措施之一，饲养期仍要坚持定期全池泼洒生石灰调节 pH，定期进行药物预防，定期加注新水，保持池水透明度 25～30cm，发现鱼病积极对症下药等，才能有效地控制鱼病的发生和流行。

① 1 亩≈666.7m^2。

1.4　以萍草代替精料，发展草基鱼塘

发展水陆生饲料植物养鱼，以萍草代替精料，可降低成本，提高经济效益。水陆生饲料植物营养较完善，青饲料中纤维素、维生素较多，可以满足草鱼的需要。近年来，在新乡等地的试验证明，即使几乎全部投喂青饲料，草鱼的生长仍然可以达到满意的效果。

随着 20 世纪 80 年代由世界粮食计划署（WFP）援助的“2814 项目”和世界银行贷款项目的实施，草基鱼塘成为一种很好的综合养殖模式。河南省北部地区盐碱荒地较多，可以发展草基鱼塘，南部地区则可以利用野生水旱草，也可以采用池塘、稻田养萍等，以满足主养草鱼青饲料的需要。

1.5　积极发展廉价的草鱼配合饲料

配合饲料在鱼类养殖生产中的普遍运用，是目前先进养殖单位的一大特点。为了进一步开展池塘主养草鱼和网箱养殖草鱼，必须开发配合饲料以满足草鱼不同生长阶段的营养需要。草鱼从鱼苗到鱼种阶段饲料中所需蛋白质含量应接近35%，从鱼种到接近成鱼阶段所需蛋白质含量应为 25%左右，成鱼和亲鱼阶段所需蛋白质含量应高于 20%。此外，饲料中氨基酸组成成分要合理，尤其是 10 种必需氨基酸的平衡；草鱼对脂肪的需要量较低，饲料中脂肪含量在 4%～6%较为合适；草鱼对碳水化合物的需要量较高，对纤维素也具有一定的消化能力，同时纤维素对草鱼的营养吸收有帮助，有利于控制草鱼肝中脂肪的积累。必须指出，使用单一的颗粒饲料饲养草鱼，容易形成“脂肪肝”病变，影响草鱼的生长，草鱼肉的营养价值也随之下降。因此，在投喂颗粒饲料的同时，必须投喂适量的新鲜青饲料。

河南省用于生产草鱼廉价配合饲料的原料较多，以稻草粉、玉米芯、大豆秸秆等为主料，配入适量的饼类、次粉（黏合剂）和添加剂等，就可以满足草鱼不同阶段的营养需要。当然，配合饲料不是“凑合”饲料，必须通过配方设计、科学试验和配方优化等步骤，才能达到满意的效果。

（赵玉珩　杨红生　齐凤良　王发枝　杨松峰）

2 浅谈生态渔业

渔业是大农业的一部分，在充分利用渔业资源、大力发展水产业的同时，应确保水体环境的生态平衡。注重经济效益、社会效益和生态效益的统一，是大农业发展的需要，也符合我国的基本国情。生态渔业是以生态学原理为基础，遵循经济规律，运用生态系统工程技术进行设计、生产和管理的一种新型渔业。目前，我国生态渔业系统尚未模式化。本章将对生态渔业的特征、原理和技术作一探讨。

2.1 生态渔业的特征

根据生态学和生态经济学的原理，生态渔业应具有以下特征。

（1）生态渔业建立在更新资源的基础上，既充分利用自然资源发展渔业生产，又能保护和更新生态渔业系统的自然资源。

（2）生态渔业是以渔业为主、多业结合的生产模式，利用生物“共生”互利的原理，合理配置渔、农、林、牧、副（加工）的结构，进行立体种植养殖，促进物质的合理循环和能源的高效利用。

（3）生态渔业运用生态系统工程技术，实现渔业生产的科学设计、经营和管理，以系统内资源最佳和永续利用为基础，建立人工调控的水体综合农业。

（4）生态渔业是利用废物、再生资源、防治水体老化和污染、增产增值的高效渔业。

近年来，我国综合养鱼有了进一步的发展，但综合养鱼并不等于生态渔业，而只是生态渔业的雏形。综合养鱼是以渔业为主的综合经营，其特点是渔、农、林、牧、副的综合经营，不同种类的鱼与其他水生动植物混养，以及废物的利用等。尽管综合养殖中各种模式内子系统之间的相互关系已得以定性，但其定量问题尚未解决。

2.2 生态渔业的原理

2.2.1 生态平衡原理

生态平衡原理是生态渔业的根本原理。生态平衡是指生态系统内能量、物质的输入与输出基本趋于相等，在一定时间内进入系统的物质元素等于损失的物质元素，在量上保持平衡，保证了系统生产的永续性。生态渔业之所以优于综合养鱼，关键在于强调经济效益、社会效益的同时，着重强调生态效益。从维护生态平衡这一目的出发，探索生态渔业系统内的量变关系。

2.2.2　生物与环境协同进化原理

在生态系统中，生物与环境之间存在着复杂的关系，环境影响着生物，生物也影响着环境，生物与环境处于不断相互作用和协同进化的过程之中。在生态渔业系统中，一方面要人为地改造环境，满足以渔业为主体的各行业生产中生物的需要，另一方面要引进养殖新品种，从生物种群结构上适应环境的变化。例如，抗病力强、生长快的新品种的引进，大型水体中新品种的正确引入，填补了空缺的生态位，都能产生较好的经济效益。

2.2.3　生物种间“相生”原理

在生态渔业系统中，生物种间“相生”原理体现在水体生产系统内部及渔业与其他行业之间。不同种类的鱼混养时，各种鱼占据着各自的水体空间（或水层），有效地利用水体中不同水层的饵料生物。吃食鱼的粪便和残饵为肥水鱼提供营养物质，而肥水鱼有效地利用吃食鱼的排泄物，又为吃食鱼和自身创造了良好的生活环境。鱼蚌、鱼鳖、鱼蟹的混养，鱼类与菱、藕等经济植物的“共生”，以及稻、萍、鱼的“共生”等都利用了这一原理。渔业与其他行业的种间“相生”现象也很常见，如基塘渔业、鱼禽畜结合、鱼林（果）结合等。

2.2.4　系统功能整合效应原理

系统整体功能大于各部分功能之和。这种整合效应源于系统整体结构的有序性，即系统之间的有机联系。在生态渔业系统中，渔、农、林、牧、副的结合，有利于对物质的多级利用和能量充分转化。实践证明，单一渔业的经济效益比渔业与其他行业结合要低一半以上，同时多业结合也对改善生态环境有重要作用。

2.2.5　利用食物链实现能量转化原理

太阳辐射能是地球上大多数食物能量的主要来源。在生态渔业系统中，要重视太阳辐射能的捕捉、转化和利用。能量的转化并不在于“环多”或“链长”，而在于能量的高效转化。近年来，综合养鱼模式中出现了不少“环多”“链长”的模式，这些模式是否具有较高的经济效益，还值得进一步研究。因此，必须对综合养鱼模式进行分析，才能促使渔业向生态渔业的方向发展。

2.2.6 生态经济原理

在生态渔业系统中，要实现生态与经济的协调，既要有高的经济效益，又要有好的生态效益。片面地强调其中一方，会损害生态渔业的长远利益。因此，要从两者的各种组合中选出最佳的组合方案，即最优方案。

2.3 生态渔业的技术

2.3.1 多级利用技术

多级利用技术主要指渔业生产中代谢的废物等直接或间接地作为渔业生产的饲料或肥料。例如，秸秆可作为食用菌的培养基，在生产食用菌的同时，食用菌降解粗纤维转化为营养丰富的饲料；秸秆的青贮或氨化都是渔业和畜牧业生产的饲料来源；鱼、禽、畜的组合就体现了粪便的多级利用；加工业的下脚料可以作为畜牧业和渔业的饲料。

2.3.2 立体生产技术

在生态渔业系统中，立体生产技术主要指混养技术和立体种植养殖技术。水生动物的混养技术是鱼类之间或鱼类与其他水生动物的混养。鱼类的混养技术是我国劳动人民在长期生产实践中逐步积累起来的宝贵经验。不同种类的鱼在同一水体中占据各自的空间（生态位），滤食鱼可以利用吃食鱼的粪便和残饵，净化水质。鱼类与蚌、鳖、虾、蟹及水禽的混养，也有效地利用了水体空间。

2.3.3 原种保护和自然增殖技术

随着环境的变化和池塘集约化养殖的发展，鱼类在种质上出现了退化。这种退化在个体上表现为生长速度变慢、体形发生变化、肉质变差等，在群体上表现为繁殖力下降和种群不纯。因此，保护鱼类原种迫在眉睫。在大中型水体中，一定要避免掠夺式的捕捞，开展人工放流，规定禁渔区和禁渔期等，恢复水体的自然资源增殖能力。

2.3.4 “以水养水”技术

从原理上说，“以水养水”技术就是利用水体淤泥或水体中过剩的营养物质，在提供渔业生产所需的饲料和肥料的同时，改善养殖环境，防止水体的富营养化，如塘泥还塘、种稗养鱼、麦鱼轮作、无土栽培等。事实证明，"以水养水"技术可防止水体老化，为鱼类生长创造良好的生态环境。

2.3.5 生态环境综合治理技术

在生态渔业系统中，生态环境综合治理技术主要体现在基塘渔业和鱼禽结合等模式中。基塘渔业中的桑基、蔗基、果基、草基、鱼塘都能起到防风固沙、防止水土流失、延长池塘使用寿命等作用。目前全国淤浅坍塌的池塘占60%以上，不少鱼池变成了"锅底型"，如果发展基塘渔业，这一比例可大大降低。在湖泊、水库周围造林，也可以改善大水体的生态环境。在鱼禽结合模式中，禽粪颗粒可均匀地堵塞池床的土壤空隙，还可形成微生物团进一步提高生物堵塞作用，防止新开挖鱼池或沙底池的渗漏。

2.3.6 生态防治鱼病技术

鱼病的发生和流行与生活环境有密切关系。避开发病高峰期，控制放养草鱼种的规格，以及养双季草鱼种，是预防草鱼出血病的生态方法。在同一水体中，苗种和成鱼轮养可防止饼形碘泡虫的流行。在稻鱼"共生"系统中，稻田里水质清爽、溶解氧含量高、鱼种放养密度相对较低且可以摄取新鲜的饵料等，可有效地提高草鱼种的成活率，鱼类对水稻也有防病、治虫、除草、施肥等作用。在池塘养鱼中，混养少量的黄颡鱼或罗非鱼可以起到控制锚头鳋大量繁殖的作用。在网箱养鱼中，适当投放鲤、鲫或鲴等，可以防止固着藻类在网箱上的大量繁殖。

总之，生态渔业是一个开放的系统，必须人为地进行调控，在原理和技术上不断更新。同时，不同地区、不同水体各有特点，因此随着大农业的发展，各种水体也将建立各自的生态渔业系统。

（杨红生　霍春涛）

3 一种池塘陆基实验围隔

现场围隔实验是一种水域生态学研究方法，也是研究水域生态系的有效工具。之所以如此，是因为这种实验水体具有许多优越性：一是形态规则，体积较小，因而比大水体更具有可控性；二是同一批实验的围隔设置在同一片水域，因而彼此之间条件更为均一，所获得的数据更具有可比性；三是易管理，规模小，使用代价小，因而一个实验可设置较多的处理和重复；四是其内的环境条件和水体规模更接近池塘，所以实验数据比室内水体更具有真实性和代表性。因此，它所提供的实验结果一般更为可靠。

在国外，Strickland 和 Terhune（1961）、McAllister 等（1961）首次使用球形塑料围隔模拟自然水体，进行了初级生产力的研究。此后，又有很多学者利用实验围隔对水域中的沉积物（Mazumder et al.，1989）、微生物（Pace and Funke，1991）、鱼类（Arumugam and Geddes，1986；Mazumder et al.，1989）和虾类（MacLean and Ang，1994）等的行为和生态以及水域生态系的某些特征进行了实验研究。截至 1991 年，有关受控围隔生态系的国际性学术会议已召开了三次，对其研究方法进行了规范（Rokeby，1991）。

在国内，围隔实验主要用于海洋生态学研究，如陈其焕等（1988）。李德尚等（1993）首次在淡水水体（水库）中使用浮式围隔，开展水库对投饵网箱养鱼的负荷力研究。史洪芳（1992）和谭玉钧等（1995）在淡水池塘中使用陆基围隔进行了养殖生态学研究。近年来，在有关海水池塘养殖生态学的研究中，特地设计并完善了这种陆基围隔，使用结果证明效果良好。

3.1 围隔的结构

3.1.1 基本结构

围隔由围隔幔和支架组成，平面为正方形，面积为 25m^2（5m×5m），高 2.0m，水深 1.5～1.8m，水面以上超高 0.2～0.5m，容积 37.5～45m^3。

3.1.2 围隔材料

以木桩（直径 10cm，长 3～4m）、青竹（直径 5cm，长 4m 左右）、竹竿（直径 2cm，长 2m 左右）等构成支架，以涂塑高密度聚乙烯编织布为隔水材料（围隔幔）。

3.1.3 围隔安装

支架：围隔四边共用 8 根木桩，间隔 2.5m，当池塘为软泥底时，需打入池底 1m 深，而当池底较硬时，则可相应浅些。地面以上 2m 处用青竹横向将各木桩联结固定，每排的各个围隔都用粗铁丝串联起来，两端打桩固定。

围隔幔：将编织布缝合成宽 2.5m、长 22m（包括 2m 接头）的长方形。在两端总长（以 20m 计）的 1/4 处各垂直缝上一条 1m 长的尼龙拉链，一条在上半部，上端从围隔幔的上缘向下 0.5m 处（即最高水位处）开始，另一条在下半部，其下端从围隔幔的下缘向上 0.5m 处（即地面）开始，两条拉链都从下向上拉。拉链内侧缝有一片聚乙烯衬网，以防止拉链被拉开时养殖生物逃逸。

安装方法：将池水排干，平整池底，按排间距 5～8m、排内围隔间距 2～5m 将各围隔的木桩定位打入池底。木桩打好后，在两桩间联结线上挖 0.5m 深、直而窄的沟；将围隔幔沿木桩外侧包围在支架上，上缘包住青竹，并用聚乙烯线缝牢其上；下缘包上砖或泥块，埋入挖好的沟内，埋直压实；围隔布两端有 1m 重叠，拉紧缝合。此后于每个木桩外侧加一根 2m 长的竹竿，夹住围隔幔，用聚乙烯线上下扎紧。

3.1.4 搅水机

围隔内的水体受风力的影响较小，为了防止水体分层，围隔中央架设固定一台 90W 的微型电动搅水机。搅水机由电动机、传动轴、叶轮、防雨罩、机架和浮球等部分组成，电动机在水面以上 0.5m，叶轮没入水下 0.7m，叶轮直径为 25cm，有 6 个叶片，转动方向为向下推水。

3.2 围隔的使用和管理

3.2.1 进水

将上下拉链都拉开，向池塘注水，进水速度要慢，以免围隔内外水压力差过大而损坏围隔。当水体达到下部拉链时，将此拉链拉上，然后继续进水，直到达到需要的水位，然后拉上上部拉链。

3.2.2 排水

将拉链内侧衬网上的附着物清除干净，拉开围隔上部拉链，将池塘水排出，水位下降到下部拉链时，拉开下部拉链，直到水全部排出。

3.2.3 搅水

在只要求大体模拟池塘混合状态时，将搅水机的转速调为 85r/min，每日清晨 4:00～5:00、下午 2:00～3:00 各开机一次，每次 30min 即能满足要求；如需密切模拟池塘水混合，则需要另作调整。

3.2.4 附生生物的清除

清除附生生物最重要的是控制池水透明度，使之保持在 60cm 以下。如不影响研究目的，可为此而搭配少量摄食附生生物的鱼类，如海水池塘放养台湾红罗非鱼 2000 尾/hm^2 就很有效；在不允许搭配这些鱼类时，可采用人工定期清刷，每 7～10d 一次，用长柄地板刷刷除或用硬粗布揩擦。

3.3 围隔的效果

3.3.1 对池塘环境条件的模拟

为了证实围隔能模拟池塘，特地观测了空白围隔和设置围隔的空白池塘主要环境因子的昼夜变化（1994 年 8 月 19～20 日）。结果证明，围隔与池塘的水温、溶解氧（DO）含量和 pH 的数值及变动规律都基本一致。围隔和池塘的化学需氧量（COD）平均值分别为 4.13mg/L 和 4.29mg/L，NH_4^+-N 的平均含量分别为 0.009mg/L 和 0.010mg/L，检验表明，两者差异均不显著（$p<0.01$）。

3.3.2 搅水的效果

搅水的效果表现在搅水对围隔水体中 DO 含量的影响，搅水仅 5～15min 就可以打破围隔水体中 DO 的分层（1995 年 9 月 10 日 15:00～16:00），但增氧效果并不显著。

3.3.3 正式使用的效果

1994～1997 年的正式使用结果表明，围隔生态系的发育与运转基本正常，放养于围隔中的台湾红罗非鱼（*Oreochromis mossambicus*×*Oreochromis niloticus*）、花鲈（*Lateolabrax japonicus*）、中国对虾（*Penaeus chinensis*）、缢蛏（*Sinonovacula constricta*）、菲律宾蛤仔（*Ruditapes philippinarum*）等均生长良好，证明围隔生态

性能良好。4 年的实验研究共使用了 135 个围隔，无一破漏或倒伏，全部顺利完成了实验任务。特别是 1997 年围隔成功地经受了 9 级台风的考验，这证明围隔的机械结构是牢固可靠的。

综合上述各方面的结果，此种陆基围隔可以代替池塘用于养殖学与生态学方面的实验研究，不失为一种有效而方便的科学研究设施。

3.4 讨 论

3.4.1 关于搅水机的作用

围隔内受风浪的影响较小，因而水的涡动和混合与池塘有一定的差异，这种差异会影响围隔实验的代表性和可靠性，不少学者认为这是围隔实验的一大缺陷（陈其焕等，1988；Schelske，1984）。此次研制的陆基围隔所设微型电动搅水机的使用效果与李德尚等（1993，1994）在水库浮式围隔中所用搅水机的效果一样，可以基本上弥补围隔的这一不足。因此，增设搅水机是对中小型实验围隔性能的一大改进。但本设计所规定的搅水方法只能保证水体混合大体上与池塘接近，而不能切实模拟池塘的具体混合状态，因此对此要求严格的某些研究仍不适用，需要进一步研究一种能随风力大小自动调节搅水强度的机械系统。

3.4.2 关于附着生物的防除

生物附着是实验围隔的一个普遍问题。在透明度较大的情况下，附着生物更会大量繁殖，从而影响围隔内的理化和生物状态，对实验有一定的干扰。对此，可采用控制透明度、定期人工刷除或配养以附着生物为食的鱼类等措施加以解决，效果良好。其中，控制透明度，使其不超过养殖水体的正常范围，是最重要的措施。在此基础上再配合专门的防除措施，则附着生物是完全可以控制的。存在的问题是用简单工具人工刷除的办法工作效率太低，对大规模实验研究有限制。为此，需要进一步研究效率更高的防除办法。

3.4.3 本设计围隔的主要优点

多年的使用结果表明，本设计围隔模拟性能较好，生态性能较可靠。围隔幔上的大量缝合孔可以允许细微的水体交换，以保持围隔内外水位及压力的平衡，总体上封闭性良好，充分保证了各围隔的独立性及其水质与生态系的特点。围隔幔上缝合有注排水用的尼龙拉链，以及装配了搅水机，保证了水体的正常混合是本设计的特色。此外，材料易得、造价低廉、结构牢固、使用方便等也是本设计的重要优点。

（李德尚　杨红生　王吉桥　卢敬让　田相利　刘国才）

参 考 文 献

陈其焕, 吴省三, 庄亮钟, 等. 1988. 重金属对海洋围隔生态系中初级生产力的影响. 海洋学报, 10(2): 222-227.

李德尚, 熊邦喜, 李琪, 等. 1993. 一种适于内陆水域生态实验用的浮式围隔. 海洋与湖沼, 24(5): 547-552.

李德尚, 熊邦喜, 李琪, 等. 1994. 水库对投饵网箱养鱼的负荷力. 水生生物学报, 18(3): 223-229.

史洪芳. 1992. 池塘天然及施肥、投饵鱼产力的研究. 淡水渔业, 22(5): 21-24.

谭玉钧, 李家乐, 康春晓. 1995. 利用隔离水界研究池塘施磷肥的效果和鲢、鳙鱼控制水域富营养化的作用//朱学宝, 施正峰. 中国鱼池生态学研究. 上海: 上海科学技术出版社: 10-20.

Arumugam P T, Geddes M C. 1986. An enclosure for experimental field studies with fish and zooplankton communities. Hydrobiologia, 135(3): 215-221.

MacLean M H, Ang K J. 1994. An enclosure design for feeding and fertilisation trials with the freshwater prawn, *Macrobrachium rosenbergii* (de Man). Aquaculture, 120(1/2): 71-80.

Mazumder A, Taylor W D, McQueen D J, et al. 1989. Effects of fertilization and planktivorous fish on epilimnetic phosphorus and phosphorus sedimentation in large enclosures. Canadian Journal of Fisheries and Aquatic Sciences, 46(10): 1735-1742.

McAllister C D, Parsons T R, Stephens K, et al. 1961. Measurements of primary production in coastal sea water using a large-volume plastic sphere. Limnology and Oceanography, 6(3): 237-258.

Pace M L, Funke E. 1991. Regulation of planktonic microbial communities by nutrients and herbivores. Ecology, 72(3): 904-914.

Rokeby B E. 1991. Manual on Marine Experimental Ecosystems. Paris: SCOR, UNESCO: 178.

Schelske S L. 1984. *In situ* and natural phytoplankton assemblage bioassays//Shubert L E. Alage as Ecological Indicators. London: Academic Press: 38-39.

Strickland J D H, Terhune L D B. 1961. The study of *in-situ* marine photosynthesis using a large plastic bag. Limnology and Oceanography, 6(1): 93-96.

4　滤食性贝类对养殖海区环境影响的研究进展

贝类是世界海水养殖的重要组成部分，截至 1993 年已形成产业的养殖种类达 30 余种（张福绥，1993）。以牡蛎养殖等为代表的贝类养殖业，在国内外均有悠久的历史。贝类养殖形式主要有 3 种：潮间带和潮下带底播养殖、潮间带插桩养殖和浅海筏式养殖。贝类养殖规模日趋扩大，但由于忽视长远的生态效益和社会效益，某些海区自身污染加重，生态系统失衡，对养殖海区的影响也逐渐引起了人们的重视。

有关滤食性贝类自然种群对海区影响的研究始于 20 世纪 50 年代，主要的研究对象是贻贝（如 *Perna canaliculus*）、牡蛎（如 *Crassostrea virginica*）和扇贝（如 *Chlamys islandica*）等，内容丰富而系统。有关滤食性贝类养殖种群对养殖海区影响的研究较少，也不够深入。

4.1　自然种群和底播养殖对海区环境的影响

4.1.1　贝类的自然分布和演替

贝类种群为"补丁式"分布。生活在潮间带的自然贝类，种群密度和生物量的变化很大，影响因素很多，其中水动力学的状况尤为重要。1968 年泰森（Theisen）描述了天然贻贝贝床的演替规律，由于贝类的滤食活动，粪便及假粪积聚下沉到海底而形成一层生物性沉积，这层生物性沉积迫使贻贝向上移动，贻贝由于失去了原有附着基而相互附着，因此贻贝贝床具有一定的不稳定性。空的附着基可能被下一代附着，以此循环。牡蛎的自然分布和演替与贻贝相似，随着种群生物量的增加，饵料的明显不足和生物性沉积的增加使扇贝（如 *Chlamys islandica*）对饵料的同化率降低，其生长也明显减慢。

4.1.2　生物性过滤和生物性沉积

贝类可通过生物性过滤作用对水体中的浮游生物及颗粒有机物质产生巨大的影响。以贻贝（*Mytilus edulis*）为例，其滤水率可达 5L/(g·h)，能够利用上覆水体乃至整个水域的浮游植物及颗粒有机物质。在均匀混合的海区，如东斯海尔德水道和瓦登海西部，贻贝能在 4～7d 过滤整个水域的水体。太平洋牡蛎（*Crassostrea gigas*）滤水率达 4.8L/(g·h)（Bacher et al.，1995）。

在饵料密度较低时，过滤的饵料可以被贝类有效地摄食，但饵料密度超过某一阈值时，一部分饵料以及不适口或营养价值低的颗粒将以假粪形式被排出，这就是贝类对食物颗粒的选择性摄食。Shumway（1985）等的研究结果表明，滤食性贝类对饵料的选择可以分为三步：一是鳃的优先清除；二是唇瓣的吞咽前选择（preingestive selection）；三是消化道的吞咽后选择（postingestive selection）。在高密度饵料水体中，贝类会产生大量的假粪，分泌更多的黏液，从而导致贝类的氮、碳损失。艾辛克 Essink 等也认为，滤食性贝类的鳃结构对浮游生物的浓度有一种适应功能。

Grenz 等（1990）采用沉积物捕集器（sediment trap）法现场测定了地中海贻贝养殖区的生物性沉积，并提出了根据颗粒有机物浓度（POM，mg/L）和水流速度（CV，cm/s）计算生物粪便和假粪沉积（OB，$\times 10^{-3}d^{-1}$）及总生物性沉积（TB，$\times 10^{-3}d^{-1}$）的经验公式：

$$OB=6.35POM+0.97CV+1.91 \quad (4.1)$$

$$TB=6.04OB \quad (4.2)$$

经计算，地中海贻贝养殖区的 OB 为 $32.54\times 10^{-3}d^{-1}$，TB 为 $196.62\times 10^{-3}d^{-1}$。在瑞典的拉霍尔姆湾，*Cardium edule* 和 *Mya arenaria* 两种滤食性贝类每年产生的生物性沉积氮高达 2000t，年平均碳沉积率为 $29g/m^2$。

4.1.3 营养盐的再生

生物性沉积导致有机沉积物增加，间隙水中氧含量降低，氧的消耗增加，硫的还原加快，解氮作用增强。现场研究结果表明，由于微生物活动的增强，贝床沉积物中营养盐的再生加快。

营养盐再生的生态意义在于对浮游植物营养限制的缓解，从而提高初级生产力。磷的释放在某些海湾是很重要的，因为磷可能是浮游植物的限制性营养元素。硅的高释放率有一定的重要性，因为在很多海湾硅是硅藻水华的限制性营养元素。典型的浮游植物季节性演替是以硅藻水华开始的，而当硅消耗殆尽时，硅藻将被微型鞭毛藻或甲藻所替代。

大量的测定结果证实，贝床沉积物释放氨、硅及磷，而且营养盐的释放量比其他类型的海底沉积物及室内模拟测定值高得多。贻贝贝床的平均氨释放量为 $87mg/(m^2\cdot h)$，比一般海区［最大氨释放量为 $22.4mg/(m^2\cdot h)$］高得多。贻贝贝床的平均硅释放量为 $52mg/(m^2\cdot h)$，平均磷释放量也高于其他类型的海底沉积物。其中，源于贻贝分泌的磷释放量略高于总的磷通量。Dame 和 Patten（1981）采用一种底栖生态系模拟隧道现场测定了牡蛎礁的碳、氮和磷收支，结果表明，海流经过牡蛎礁后，颗粒性有机碳（POC）含量和叶绿素 a（Chl a）含量降低，NH_4^+ 浓度增加，PO_4^{3-} 浓度未受多大影响。美国布莱溪湾的牡蛎礁对碳、氮和磷的利用量分别为 1200g/(m^2·a)、189g/(m^2·a)和 98g/(m^2·a)，氨的释放量为 125g/(m^2·a)。

4.2 筏式养殖对海区环境的影响

4.2.1 养殖海区流速的变化

由于养殖范围的扩大和筏架对海流的阻挡作用，养殖海区的流速明显减小。1987 年图尔利耶（Tourllier）与皮乔（Pichot）发现，在中等密度的贻贝养殖海区，叶绿素含量明显下降。1989 年 Grenz 证实，在 Thau 湾由于养殖贻贝的筏架过密，养殖海区的流速减小了一半，从而降低了饵料的可得性。在烟台套子湾贻贝海带养殖区，里区流速始终小于中区和外区（朱良生等，1996）。蓬莱芦洋湾扇贝养殖面积由 1975 年的 2700 亩增加到 1990 年的 7150 亩，其中心区的最大流速减小了 67%，最小流速减小了 80%（项福亭等，1996）。

4.2.2 浮游植物生物量的变化

20 世纪 80 年代初，庙岛海峡浮游植物年平均生物量高达 3.0×10^6cells/m^3，而养殖贝类后 1988 年、1989 年两年的年平均生物量仅为 0.54×10^6cells/m^3，仅为前者的 18%。同一养殖区不同区域的浮游植物生物量也有明显差异。烟台水产研究所 1988 年在蓬莱大季家养殖二场的调查结果表明，6～9 月养殖区的浮游植物生物量最低，为 0.28×10^6cells/m^3，养殖区内、外侧分别为 0.4×10^6cells/m^3 和 1.15×10^6cells/m^3（项福亭等，1996）。大量研究结果也证明，在某些海区滤食性贝类可以控制浮游植物生物量，而且在以下几种条件下，这种控制会得到加强：一是水体较浅；二是滞留时间长；三是滤食性贝类的生物量很高。我国浅海筏式养殖海区具备上述条件，尤其是在养殖中后期（8 月以后），养殖贝类的生物量已接近养殖容量，因此贝类摄食对海区浮游植物生物量的控制尤为明显。

4.2.3 能量收支与营养盐变化

筏式养殖比底播养殖的产量高得多。Rodhouse 和 Roden（1987）比较了贻贝筏式养殖和贻贝底播养殖的碳、氮通量。贻贝底播养殖中碳通量很低（6.8t/a），现存量也很低（2t 干重），而贻贝筏式养殖中碳通量可达 68t/a，现存量为 22.2t 干重。浮游动物和有机碎屑却拥有很高的碳通量（380t/a），假设浮游动物所利用的浮游植物对贻贝都是有用的，其产量可以增加 4 倍。20 世纪 70 年代，日本虾夷扇贝（*Patinopecten yessoensis*）大量死亡，日本学者先后对陆奥湾、喷火湾和佐吕间湖等养殖海区进行了较为详细的能量收支（以碳为指标）研究，并确定了各海区的养殖容量；庆宁等（1996）研究了大亚湾大鹏澳主要养殖贝类的能量流动，包括华贵栉孔扇贝（*Chlamys nobilis*）、翡翠贻贝（*Perna viridis*）、马氏珠母贝（*Pinctada martensii*）；朱良生等（1996）也对大亚湾大鹏澳水产养殖的环境容量进行了预测。

项福亭等（1996）报道，烟台北部养殖海区 10 年间（1980～1990 年）无机氮年平均含量由 40.5mg/m^3 增加到 102mg/m^3，增加了约 1.5 倍。四十里湾清泉寨海区 NO_3^--N 的平均含量由 1.7mg/m^3（1981 年 6～7 月）增加到 23.5mg/m^3（1994 年 6～7 月），13 年间增加了约 13 倍。

1982 年 Ria de Arosa 湾贻贝筏式养殖的碳沉积量为 1g/(m^2·d)。积聚在海底的有机物可以影响底栖群落的变化。Kaspar 等（1985）报道了新西兰 Kenepuru 湾和 Marlborough 湾贻贝筏式养殖海底生物性沉积对海区的影响，养殖区与对照海区相比，碳氮比、氮磷比、有机氮含量、氨含量及脱氮作用和总氮分解作用都较大，养殖区底栖动物仅有多毛类，而对照海区还有双壳类、海星和甲壳类等。

筏式养殖对海区环境的影响主要是厌氧沉积物的形成。贻贝贝床的营养再生和对浮游植物的潜在刺激作用，在筏式养殖中并未发现，这可能与筏式养殖和底播养殖的水动力学差异有关。当潮间带贻贝贝床被海水浸没时，波浪和潮汐提供溶解氧并导致海底生物性沉积的再悬浮，潮下带的贻贝养殖区更是如此。底播养殖的收获过程也能有效促使积聚生物性沉积的移动，因此长期性积聚的生物性沉积不可能形成。而处于较封闭港湾的筏式养殖则相反，波浪作用和流速都受到一定的影响，因此对筏式养殖区生物性沉积的再悬浮、移动等作用的实际意义不大。

20 世纪 90 年代，我国浅海贝类筏式养殖已达 300 000 亩，年产贝类近 100 万 t。不少海区已超载运行，局部海区养殖贝类病害严重，并导致扇贝、牡蛎和贻贝等大批死亡。因此，在我国养殖重点海区，开展养殖贝类对养殖海区环境影响的研究具有鲜明的现实意义和深远的历史意义。

（杨红生　周　毅）

参考文献

李顺志, 顾本学. 1993. 大面积养殖海区贝类与环境因子关系的研究. 齐鲁渔业, 10(5): 13-17.
庆宁, 林岳光, 郭澄联, 等. 1996. 大亚湾大鹏澳养殖贝类的能量流动初步探讨//邹仁林. 大亚湾海洋生物资源的持续利用. 北京: 科学出版社: 15-20.

项福亭, 曲维功, 张益额, 等. 1996. 庙岛海峡以东浅海养殖结构调整的研究. 齐鲁渔业, 13(2): 1-4.

张福绥. 1993. 海水贝类养殖研究//曾呈奎, 周海鸥, 李本川. 中国海洋科学研究及开发. 青岛: 青岛出版社: 35-46.

朱良生, 王肇鼎, 彭云辉. 1996. 大亚湾大鹏澳水产养殖环境容量数值预测//邹仁林. 大亚湾海洋生物资源的持续利用. 北京: 科学出版社: 129-144.

Bacher C, Bioteau H, Chapelle A. 1995. Modelling the impact of a cultivated oyster population on the nitrogen dynamics: the Thau Lagoon case (France). Ophelia, 42(1): 29-54.

Dame R F, Patten B C. 1981. Analysis of energy flows in an intertidal oyster reef. Marine Ecology Progress Series, 5(2): 115-124.

Grenz C, Hermin M N, Baudinet D, et al. 1990. *In situ* biochemical and bacterial variation of sediments enriched with mussel biodeposits. Hydrobiologia, 207(1): 153-160.

Kaspar H F, Gillespie P A, Boyer I C, et al. 1985. Effects of mussel aquaculture on the nitrogen cycle and benthic communities in Kenepuru Sound, Marlborough Sounds, New Zealand. Marine Biology, 85(2): 127-136.

Rodhouse P G, Roden C M. 1987. Carbon budget for a coastal inlet in relation to intensive cultivation of suspension-feeding bivalve molluscs. Marine Ecology Progress Series, 36: 225-236.

Shumway S E, Cucci T L, Newell R C, et al. 1985. Particle selection, ingestion, and absorption in filter-feeding bivalves. Journal of Experimental Marine Biology and Ecology, 91(1/2): 77-92.

5 我国海水滤食性贝类养殖业：回顾与展望

我国的生物资源问题仍旧严峻，只依靠耕地和陆地资源不能全部解决我国如此众多人口的食品安全问题。合理地开发利用海洋资源是缓解我国人口压力的重要途径，而实现“海洋农牧化”是其中重要的措施。此外，随着人口的增加，能源和矿产也会像食品安全问题一样，影响甚至制约我国国民经济的发展，因此海洋油气及各种矿产、能源的开发成为重要的方向。由于世界人口的迅速增加，陆地资源和空间日益减少，人们已把眼光转向海洋，向海洋要食品、要能源、要矿产、要空间。我国人口众多，人均土地较少，蓝色国土将是未来我国发展之所在。

我国贝类养殖的主要对象是滤食性贝类。从营养角度来看，养殖海区是一个自养生态系，滤食性贝类摄食浮游生物、有机碎屑等，无须人为投入营养物质。理论上养殖滤食性贝类对整个海洋生态系来说，收获产品等于从大海支取营养物质，在合理的养殖模式和养殖密度条件下，不会对生态系造成污染。从节约粮食和能源的角度出发，大力发展滤食性贝类养殖可以有效解决我国食品安全问题。

5.1 历史的回顾

贝类是海水养殖的重要组成部分。以牡蛎养殖等为代表的贝类养殖，在国内外均有悠久的历史。贝类养殖形式主要有 3 种：一是潮间带和潮下带底播养殖；二是潮间带插桩养殖；三是浅海筏式养殖，即浮筏和长绳式养殖。20 世纪 50～60 年代，广东牡蛎养殖、珍珠贝养殖及育珠技术的成功对我国浅海贝类养殖业的发展起到了促进作用。70 年代贻贝养殖的规模化，标志着我国浅海贝类养殖业的真正崛起。80 年代中国科学院海洋研究所成功地引进了海湾扇贝，有力地推动了我国扇贝养殖业的发展。进入 20 世纪以来，尤其是 30 年代以后，随着基础生物学研究特别是生理生态学研究的进展，贝类养殖业逐步进入科学理论指导的新时代，养殖种类开发利用、苗种生产、养殖技术、种苗培育、病害防治等方面都有了长足的进步。截至 90 年代末，我国已开发利用的养殖种类有 20 余种，其中养殖产量较大的有栉孔扇贝、海湾扇贝、虾夷扇贝、贻贝、长牡蛎、泥蚶、菲律宾蛤仔、缢蛏等。几十年来，我国海水贝类养殖的成就主要包括自然采苗技术、人工育苗技术、贝类养成技术、良种培育技术和贝类引种技术等。1999 年，我国贝类养殖总产量接近 900 万 t。

5.2 存在的问题

5.2.1 缺乏系统研究和海岸带整体规划意识

我国滤食性贝类增养殖业的发展，是在缺乏系统理论和技术研究的情况下大规模启动的，特别是扇贝养殖。因此，无论是在布局上，还是在养殖模式方面，都缺乏养殖生态学理论和生态调控等技术的指导。例如，大规模发展单一种类和类群的养殖，一方面导致其产业滑坡，另一方面也严重破坏了大片海区的生态平衡。近年来，我国近海鱼类和滩涂埋栖型贝类资源严重衰退，酷捕滥采当然是原因之一，但由于对海岸带开发缺乏规划，破坏鱼类产卵场和滩涂埋栖型贝类栖息地等是最重要的原因。

5.2.2 养殖环境恶化，生态系统失衡

养殖环境恶化和生态系统失衡的主要原因是养殖区的陆源污染和自身污染。陆源污染日趋严重，我国北方沿岸重要的海水养殖区大多分布于沿海港湾和河口附近水域，这些水域也是沿海陆源污染物和海上排污的主要受纳场所。随着沿海经济的迅速发展，大量工业废水和生活污水被排放入海。据统计，我国每年直接入海的废水量达 80 亿 t 以上，其中渤海每年接纳的污水量达 28 亿 t。另外，富含营养物质的农业污水也随地表径流进入沿海水体，致使局部海域水质恶化，生态系统平衡遭受破坏，水产增养殖受到严重的影响。近 10 年的监测结果表明，沿岸水域的主要污染问题是石油污染、重金属污染、有机污染和富营养化。水域中的污染物都能对养殖生物造成不同程度的影响，甚至直接影响养殖生物的存活。

养殖区自身污染也很严重，并易被忽视。由于受单纯经济观点的支配，长期以来我国传统对虾养殖业大多采用单种类、高密度、高投饵率和高水体交换率的养殖方式，不仅污染环境，还给养虾业本身带来灾难。海水网箱养鱼对海区环境的影响十分严重，主要原因是大量投喂小杂鱼、饵料系数高、海区水体交换率低等；滤食性贝类大量滤食浮游生物、有机碎屑等，并产生大量的粪便和假粪，对养殖海区造成污染，对海洋生态系来说起到了“汇库”的作用。滤食性贝类养殖对滩涂和浅海海区的影响主要包括养殖设施对养殖海区水流的影响、贝类的生物过滤作用导致的生物性沉积以及对养殖海区生物多样性的影响等，其中生物性沉积物的大量产生最为重要。由于养殖范围的扩大和筏架对海流的阻挡作用，养殖

海区的流速明显减小。不少筏式养殖海区波浪作用和流速都受到筏架等设施不同程度的影响，养殖历史久、养殖密度大的海区环境更为恶化。

不少育苗单位生产不能持续，苗种质量下降，甚至“颗粒无收”。究其原因，众说纷纭，而育苗水体环境的老化或恶化尚未引起有关生产单位的高度重视。

5.2.3 养殖种类或类群单一，增养殖技术落后，过度密集养殖区病害肆虐

目前，我国浅海滩涂养殖业中养殖对象搭配极不合理，几乎是清一色的滤食性贝类，如不引起足够的重视，这一简单的生态学问题将会严重影响我国滩涂贝类养殖业的健康发展。我国栉孔扇贝大规模死亡与日本虾夷扇贝的死亡具有一定的相似性。1998 年的调查发现，不少养殖海区的栉孔扇贝一层笼放养量一般为 120 粒，甚至达到 190 粒以上，如此高的笼养密度，势必导致部分扇贝摄食不足，或者根本无食可取，体质的下降实属难免。一旦环境不适，患病和死亡的可能性就会增大，而部分扇贝的死亡又可能诱发大批扇贝的死亡。当前我国正处于连片利用数十万亩海域发展海水养殖的时代，对养殖密度的宏观调控应引起足够的重视。

5.2.4 种质衰退、抗逆能力不足

20 世纪 90 年代初，我国海湾扇贝养殖业因种质退化问题而滑坡，又因引种复壮解决种质问题而振兴的教训与经验是深刻的。栉孔扇贝种质衰退、抗逆能力不足等问题已引起有关部门的高度重视。尽管目前认为栉孔扇贝种质衰退的遗传学证据不足，但栉孔扇贝抗逆能力的减弱及规格的小型化等有目共睹。

5.3 目标与任务

21 世纪我国滤食性贝类养殖业发展的目标是：实现养殖贝类良种化、养殖技术生态工程化、养殖产品高质化和养殖环境洁净化。

为此，近期的任务包括：在重新审视我国已有贝类增养殖理论和技术的基础上，加强养殖生态学和水产遗传学等理论研究，科学调整已养水域的产业结构，树立环境、资源及生态保护意识；在技术上，力求实现养殖对象的良种化，稳定养殖环境，增强养殖贝类的抗逆能力，减轻养殖对环境与资源的破坏；开展全方位的合作，健全激励、竞争机制，集中力量，重点解决一些关键的理论问题和突破一些关键技术，从而形成一整套适合我国国情的水产增养殖理论和技术。

5.4　发展对策

5.4.1　实施持续生态养殖，促进滤食性贝类养殖业的健康发展

合理地开发利用海洋资源是缓解我国人口压力的重要途径，而实现“海洋农牧化”是其中的重要措施之一。海洋生态与环境资源的潜力将在很大程度上制约我国未来的发展。我国主要河口和近海是世界上最广阔的高生产力陆架海区之一，但生态与环境状况令人担忧，已成为典型的脆弱生态系。从保护和恢复脆弱生态系的角度出发，必须系统研究主要河口和沿岸海区生态与环境资源动力学，实现脆弱生态系环境与生态保护、生物资源与环境的持续利用。

5.4.2　实施海水养殖创新工程，进一步加大科研投入力度

目前，我国浅海养殖理论和技术已经满足不了实际生产的需要，科研滞后于生产的现象已经严重影响海水养殖业的发展，主要原因是多年来我国科研工作者在海水养殖理论和技术方面缺乏真正的突破。当然，这也从侧面反映出国家和有关部门对海水养殖基础理论研究重视和投入经费不足。因此，要想真正走出困境，增加海水养殖理论研究的经费势在必行。实施海水养殖创新工程，健全激励、竞争机制，对有突出贡献的科技人员优先安排科研项目，优先资助科研经费。集中人力、物力和财力，重点解决一些关键的理论问题和技术问题。就浅海养殖面临的困境而言，有关科研主管部门应尽快立项，重点支持扇贝种质及病害和养殖生态学的研究。目前亟待研究的问题有如下几个方面。

5.4.2.1　现有贝类养殖群体的种质评价和种质改良与良种开发

重点研究野生种群及养殖群体的遗传变异，分析养殖群体可能存在的近交退化、遗传漂变、遗传多样性降低等对种质资源造成的不利影响，评价现有野生种群及养殖群体的遗传多样性，从而为种质鉴定、遗传改良及制定生态对策提供科学依据。同时，将传统育种技术和现代生物育种技术相结合，加强浅海贝类养殖良种的开发，实现浅海养殖贝类良种化。

5.4.2.2　贝类大批死亡的病原或病因

研究老化或恶化环境对养殖生物抗逆能力的影响，研究导致淡水特种水产品、对虾、贝类大批死亡的病原生物及其流行规律和病理学特征，建立一套完善的病害预测预报体系，及时检测养殖群体的病原状况，进行有效的消毒和病原控制，建立简便、快速的水质监测方法和病原生物及其他生物体的快速检测

方法。

育苗用水处理是实现我国贝类育苗持续、高效发展的关键，目前世界上用于水体杀菌消毒的方法主要有臭氧法和紫外线法等。初步研究结果表明，二氧化氯在改善水质、预防疾病等方面效果显著，但对养殖生物和生态系统的影响还应进一步研究。随着我国水产学界环境保护意识的增强，以及工厂化和“洁净”工程化养殖的开展，新型高效的水处理技术必有用武之地。

5.4.2.3 滤食性贝类养殖系统营养动态规律和自身污染的研究

随着我国浅海养殖业的发展，浅海及内湾养殖环境的富营养化已成为严重的环境和生态问题，主要原因是养殖过密、自身污染严重，养殖海区环境恶化。近20年以来，赤潮时有发生，而且有频次越来越高、规模越来越大、危害越来越严重的发展趋势，赤潮的发生是养殖海区环境恶化的具体表现之一。吸取近年来栉孔扇贝大规模死亡的惨痛教训，必须对目前养殖海区生态、环境状况有明确的认识，为评估养殖海区供饵力、养殖容量和环境容量奠定坚实的基础。

进一步加强滩涂贝类保护，实现管理的法治化和科学化，实现埋栖型贝类人工育苗的产业化，积极开展蛤仔、文蛤、泥蚶、青蛤、栉江珧等贝类增殖技术研究。滤食性贝类对养殖区各种污染物都具有很强的富集能力，因此产品质量难以保证。为了使我国的贝类产品进入国际市场并拥有较高的质量信誉，必须开展贝类“洁净生产”。

5.4.2.4 浅海养殖生态系统供饵力、养殖容量与环境容量的评估

滤食性贝类生长主要依赖饵料生物的供应，海区贝类养殖过密和布局不尽合理，势必产生饵料供应不足和自身污染等问题，制约贝类的生长，并导致贝类易感染疾病。因此，在未来几年的工作中，必须开展贝类“洁净生产”和生态调控，依据就是养殖海区供饵力、养殖容量和环境容量等养殖生态学理论和技术。

5.4.2.5 浅海持续生态养殖与生态调控技术

近年来的调查结果表明，由于贝藻套养的布局和种间搭配不尽合理，海流受阻，养殖海区的供饵力急剧下降，贝类生长缓慢且产品质量降低。由此可见，对贝、藻、参等套养或轮养的种类搭配、放养密度、种间关系和养殖生物对养殖生态系统的贡献或影响等基础理论必须进行深入研究，才能科学地建立可行的浅海持续生态养殖技术。同时，为了预防疾病、维护养殖海区生态系的平衡、确保浅海养殖业持续健康发展，必须建立科学、可行的养殖海区生态调控技术。

5.4.3　以养殖生态学理论为基础，进一步科学地调整已养海区的产业结构

科学地开展多种类、多元化的综合养殖，尤其是适当加大藻类养殖面积，不仅对当地养殖生产有利，还有助于养殖海区环境的改善。目前，可以开展浅海养殖的种类有很多，各地可以根据当地的实际情况，选择合理的养殖对象，如海湾扇贝、墨西哥湾扇贝、三倍体的长牡蛎、梭子蟹、刺参、海带、紫菜、裙带菜、羊栖菜等。可行的养殖模式也有很多，如贝藻间养、贝藻轮养、贝藻参混养等。

尽管我国开展综合养殖的经验丰富，但综合养殖的理论研究较为薄弱。因此，在缺乏理论指导的情况下，各地在开展综合养殖的过程中，除选好种类搭配外，还要注意养殖规模和养殖密度的关系等问题，否则可能会重蹈对虾和栉孔扇贝产业滑坡的覆辙。

从 1992～1994 年莱州市金城镇海区海湾扇贝的养殖情况来看，养殖面积不大（2250hm^2）时，即使养殖密度较高，也能获得较高的肉柱得率；但当养殖面积增至 10 000hm^2 以上时，肉柱得率便会随面积的增大而减小。在养殖面积进一步增加的情况下，要获得优质扇贝产品，“亩”[①]占用水面需要达到 15～20 亩（平均每平方米水面 7～10 个）。初步研究结果表明，烟台四十里湾养殖海区栉孔扇贝的负荷力约为 0.8kg/m^2（平均每平方米水面 10～15 个）。在实际生产过程中，上述一些数据值得借鉴（当然要考虑不同种扇贝的养殖周期）。

5.4.4　实施良种工程，不断推出贝类养殖新良种

众所周知，自 20 世纪 80 年代以来，我国农业一直保持健康、稳定的发展势头，其中新良种培育和推广起到了关键作用。目前，我国进行养殖的苗种绝大多数未经过系统的人工选育，其遗传基础还是野生型的，生长速度、抗逆能力乃至品质质量都急需经过系统的人工选育而加以提高。必须实现贝类养殖对象的良种化，不断推出浅海贝类养殖新良种，促进我国贝类苗种生产持续健康发展，从根本上解决目前种质衰退造成的一系列问题。

选择育种是育种的最基本、最常用的方法之一。虽然收效慢，但技术要求低，基层生产单位也可以开展工作，如方法得当（建立选择育种系统程序），可以较快地达到一定的效果。为了缩短育种周期，杂交育种也可以在贝类育种中得以应用，尽管贝类种间配子相容性较低，但种内杂交（即在不同地理种群间的杂交）可以达到利用杂种优势的目的。雌核发育是建立纯系的有效手段，如在选择育种中得以应用，将大大加快育种速度。贝类多倍体育种已经取得了一定的突破，如直接

① “亩”并非国内所用计量单位亩（约 666.7m^2），而是目前国内大部分扇贝养殖单位约定俗成的一种面积与数量的行业计量标准，因其所代表的实际面积与数量逐年增大，且各地有异，所以无法纳入法定计量单位体系。为避免误解而又使统计数据有计量标准，本书中一律用“亩”代表行业计量标准，以示与一般亩有别。

诱导和通过四倍体与正常二倍体杂交而获得的三倍体长牡蛎都具有一定的生长优势，但对其他贝类来说，是否具有优势以及在生产应用中的可行性等都有待进一步研究。基因工程的应用在不远的将来有望给贝类养殖业带来巨大的效益和革命性的变化，尽管技术难度大、经费投入高，但意义重大。因此，国家应创造条件，积极开展这方面的研究，为实现未来贝类生产的良种化奠定坚实的基础。

目前，栉孔扇贝等贝类种质衰退的问题亟待解决，提纯复壮势在必行。具体措施有三：一是到国内原产地捕捞天然亲贝，开展人工育苗，培育出生长快、抗逆能力强的苗种；二是选择硕壮的个体作为自然采苗的亲贝；三是对于采获的自然苗种，在中间培育过程中科学管理，择优使用。

5.4.5 实施“离岸养殖”，减轻养殖对近岸海区的环境压力

浅海是我国海水增养殖业发展的主战场。近年来的调查结果表明，由于浅海贝藻套养的布局和种间搭配不尽合理，以及放养密度过高，养殖环境日趋恶化，养殖生物抗逆能力下降。由此可见，实施滤食性贝类“离岸养殖”势在必行。

5.4.5.1 必要性

据调查，目前已养殖利用的浅海海区水深均在15m以内，贝类养殖即主要利用上述海区，但环境优良和经济条件较好的上述海区均得以较早开发，而这些海区也是陆源污染最为集中的海区。为了实现我国浅海贝类养殖业的可持续健康发展，减轻贝类等养殖对近岸海区的影响，养殖范围必须向外海发展，实施“离岸养殖”。未来的海水养殖将采取先进的养殖技术和设施，将养殖区域拓展到20m水深的海区，局部可达30～40m水深的海区，如长岛等。

5.4.5.2 可行性

一方面，水深较大的海区水体交换率高，污染物含量低，因此向深水海区发展贝类养殖将减轻各种污染对养殖生物的影响，生产出健康洁净的贝类产品。随着养殖区的外移，全国近岸区的养殖密度过高问题将得以有效解决，甚至完全可以实施内湾和近岸数千米海区内禁养，此举将明显减轻浅海养殖对沿岸浅水区环境的影响，有利于浅海生态系统的恢复和环境保护，也有助于近岸相关种群资源的恢复和沿海捕捞业的振兴。

另一方面，实施“离岸养殖”面临养殖技术和经济效益的挑战。目前，深水养殖平台、深水网箱、水下网箱等早在发达国家得以应用，我国台湾和海南等地也已用于鱼类养殖。国内少数养殖单位已在30～40m水深的海区发展贝类筏式养殖，但经济效益和安全等问题阻碍了深水养殖业的发展，这些问题都急需立题研究。

因此，在未来的成果引进和技术研究工作中，一定要加强“离岸养殖”技术

的研究，注重引进成果的消化与吸收。在发挥其生态效益和社会效益的同时，利用“离岸养殖”生产出高质量的产品，提高其本身的经济效益，解决养殖成本过高等问题，只有这样，“离岸养殖”才能深入人心，才能走上持续健康发展之路。

（张福绥　杨红生）

参 考 文 献

方建光, 匡世焕, 孙慧玲, 等. 1996. 桑沟湾栉孔扇贝养殖容量的研究. 海洋水产研究, 17(2): 18-31.

李庆彪. 1990. 养殖扇贝大量死亡与环境容纳量. 国外水产, (2): 9-11.

李元山, 牟绍敦, 冯月群, 等. 1996. 海珍品综合增养殖中的种间关系和生态容纳量的研究. 海洋湖沼通报, (1): 24-30.

刘瑞玉. 1998. 海洋生物资源持续发展的科学问题//周光召. 科技进步与学科发展(上). 北京: 中国科学技术出版社: 101-105.

刘瑞玉. 1999. 加强管理 深入研究 保证山东渔业持续发展. 科学与管理, 19(1): 8-11.

唐启升. 1996. 关于养殖容纳量及其研究. 海洋水产研究, 17(2): 1-5.

王如才, 高洁. 1978. 栉孔扇贝半人工采苗试验报告. 山东海洋学院学报, (2): 21-26.

王子臣. 1981. 栉孔扇贝人工育苗与试养的研究. 大连水产学院学报, (1): 1-12.

相建海. 1999. 海洋动物细胞和种群生化遗传学. 济南: 山东科学技术出版社.

相建海, 周令华, 刘瑞玉, 等. 1992. 中国对虾(*Penaeus chinensis*)四倍体诱导研究. 海洋科学, 16(4): 55-61.

杨红生. 1999. 试论我国“蓝色农业”的第二次飞跃. 世界科技研究与发展, 21(4): 77-80.

杨红生, 王健, 周毅, 等. 2000a. 烟台浅海区不同养殖系统养殖效果的比较. 水产学报, 24(2): 140-145.

杨红生, 张福绥. 1999. 浅海筏式养殖系统贝类养殖容量研究进展. 水产学报, 23(1): 84-90.

杨红生, 周毅. 1998. 滤食性贝类对养殖海区环境影响的研究进展. 海洋科学, 22(2): 42-44.

杨红生, 周毅, 王健, 等. 2000b. 烟台四十里湾栉孔扇贝、海带和刺参负荷力的模拟测定. 中国水产科学, 7(4): 27-31.

杨先乐. 1999. 21 世纪我国水产动植物病害防治的发展方向. 淡水渔业, 29(2): 44-45.

曾呈奎. 1999. 大力加强海洋生物技术的研究. 海洋科学, 23(1): 1-2.

曾呈奎, 相建海. 1998. 海洋生物技术. 济南: 山东科学技术出版社.

曾呈奎, 周海鸥, 李本川. 1992. 中国海洋科学研究及开发. 青岛: 青岛出版社.

张福绥. 1993. 海湾扇贝引进中国 10 周年. 齐鲁渔业, (5): 9-12.

张福绥, 何义朝, 刘祥生, 等. 1986. 海湾扇贝(*Argopecten irradians*)引种、育苗及试养. 海洋与湖沼, 17(5): 367-374.

张福绥, 何义朝, 马江虎, 等. 1987. 海湾扇贝与海带轮养试验报告. 海洋科学, 11(6): 1-6.

张福绥, 何义朝, 亓铃欣, 等. 1994. 墨西哥湾扇贝的引种和子一代苗种培育. 海洋与湖沼, 25(4): 372-377.

张福绥, 何义朝, 亓铃欣, 等. 1997. 海湾扇贝引种复壮研究. 海洋与湖沼, 28(2): 146-152.

张福绥, 何义朝, 杨红生. 2000. 海湾扇贝引种工程及其综合效应. 中国工程科学, 2(2): 30-35.

张福绥，杨红生. 1999a. 山东沿岸夏季栉孔扇贝大规模死亡原因分析. 海洋科学, (1): 44-46.

张福绥，杨红生. 1999b. 栉孔扇贝大规模死亡问题的对策与应急措施. 海洋科学, (2): 38-42.

张国范，常亚青，宋坚，等. 2000a. 不同方法制备的三倍体长牡蛎养殖效果的比较研究水产学报, 24(3): 25-28.

张国范，李霞. 1999. 病害与21世纪中国的贝类养殖业//周光召. 面向21世纪的科技进步与社会经济发展. 北京：中国科学技术出版社.

张国范，王子臣，常亚青. 等. 2000b. 三倍体长牡蛎浮筏养殖技术的研究. 中国水产科学, 7(1): 68-72.

张国范，张福绥. 1995. 海洋生物基因库研究的进展. 海洋科学, (5): 24-26.

6　试论我国蓝色农业的第二次飞跃

6.1　蓝色农业及其第一次飞跃

蓝色农业是指在水体中（包括内陆水域和海洋）进行的种植、增养殖和生物资源的深加工与综合利用等人类活动。蓝色农业是大农业的重要组成部分，在国民经济中占有不可缺少的地位。必须说明，与内陆水域相比，海洋资源与环境的保护和持续利用更为重要，前景也更为广阔，因此本章在关注内陆水域的同时，重点探讨海洋资源和环境的保护与持续开发利用的策略及关键技术。

我国是世界水产养殖大国，淡水、海水养殖产量占世界淡水、海水养殖总产量的 50%以上。我国淡水养殖业有 3000 年的悠久历史和丰富的经验，20 世纪五六十年代“四大家鱼”全人工繁殖技术的突破，是实现我国淡水鱼类养殖快速发展的关键。近半个世纪以来，我国淡水养殖理论和技术逐渐走向成熟，部分内陆水域的开发利用也趋于集约化。池塘养殖、水库和湖泊增养殖、工厂化养殖等全面发展，养殖品种涉及鱼类、甲壳类、两栖类、爬行类等。特别是综合生态养殖理论和技术在生产中起到了重要作用。鱼类遗传育种、营养与饵料、病害防治等方面都取得了可喜的成果。

与此同时，特别是近 20 年，我国海水增养殖业得以长足发展。20 世纪 50 年代海带自然光育苗和浮筏式养殖技术的开发，促进了海带养殖业的迅速发展，60 年代解决了紫菜采苗、育苗养殖技术以及牡蛎采苗养殖技术等问题，70 年代解决了贻贝采苗养殖技术问题，80 年代开发了中国对虾工厂化育苗养殖技术，并且海湾扇贝引种成功，90 年代初中国对虾、扇贝养殖总产量跃居世界第一。如同淡水养殖业，我国海水养殖也实现了举世瞩目的第一次飞跃，包括藻、虾、贝三次产业浪潮和目前正在形成的其他产业浪潮，如海水鱼类养殖等。

蓝色农业第一次飞跃的基本特点是实现了野生型种类养殖产业化，但良种培育、病害防治和养殖环境调控等理论与技术方面缺乏实质性突破。

6.2 蓝色农业面临的问题

6.2.1 缺乏系统研究和整体开发利用的意识

我国的海水增养殖业长期采用“掠夺式”生产方式，一味地向大海索取。所获得的量大质劣的产品与眼前的经济效益，是以牺牲长远的生态效益、吃子孙饭为代价换取的。

不合理开发加剧了人类活动对河口和海岸带资源与环境的影响和破坏。海水增养殖业尤为严重，在缺乏系统理论和技术研究的情况下大规模开发，无论是布局，还是养殖模式，都缺乏养殖生态理论和生态调控等技术的指导。近年来，我国滩涂埋栖型贝类资源严重衰退，除酷捕滥采外，沿岸不合理开发破坏滩涂埋栖型贝类赖以生存繁衍的栖息地是最重要的原因。例如，干旱地区利用地表水和地下水养鱼，在潮上带大片兴建虾池，利用地下水养殖对虾，发展对虾单一种类的养殖，一方面导致产业滑坡，另一方面也严重破坏了大片滩涂的生态平衡。虽然获得了短期的经济效益，但也造成地下水趋向枯竭，导致局部地面下沉，进而导致海水倒灌，后果不堪设想。

6.2.2 养殖环境恶化，生态系统失衡

我国沿岸重要的海水养殖区大多分布于沿海港湾和河口附近水域，这些水域也是沿海陆源污染物和海上排污的主要受纳场所。另外，富含营养物质和有机农药的农业污水也随地表径流进入沿海水体，致使局部海域水质恶化。

淡水养殖会直接或间接地对湖泊、水库、河流等造成严重污染，投饵网箱养鱼的污染尤为明显。海水养殖中虾池和滩涂养殖区自身污染也很严重，并且容易被忽视。由于受单纯经济观点的支配，长期以来我国传统对虾养殖业大多采用单种类（对虾）、高密度、高投饵率和高水体交换率的养殖方式。这一方式不仅污染环境，还给养虾业本身带来灾难。对虾养殖业对自然环境以及近岸生态系统的影响日益引起人们的关注，这些影响包括：建造养虾池对沿海湿地造成破坏；养殖对虾，尤其是养殖引进品种对本地对虾种群造成“基因污染”；养殖废水和养虾用化学药品对近岸生态系统产生影响等。主要污染源包括饲料的残留和溶失及鱼、虾、贝的排泄物。酷捕滥采和不合理开发导致贝类等的栖息生态环境被破坏，滩涂贝类（特别是重要的经济种类）资源遭到不同程度的破坏，如苏北滩涂区的文蛤、黄河三角洲的毛蚶、胶州湾的菲律宾蛤仔等。贝类浅海养殖对环境的影响主要包括养殖设施对养殖海区水流的影响、贝类的生物过滤作用导致的生物性沉积以及对养殖海区生物多样性的影响等，其中生物性沉积物的大量产生最为重要。

海水网箱养鱼对海区环境的影响十分严重，主要原因是大量投喂小杂鱼、饵料系数高、海区水体交换率低等。

6.2.3 缺乏品质优良、抗逆能力强的养殖对象

众所周知，自 20 世纪 80 年代以来我国农业一直保持健康、稳定的发展势头，其中新良种培育和推广起到了关键作用。目前，除少数种类外，我国的养殖对象大多缺乏系统的人工选育，其遗传基础还是野生型的，生长速度、抗逆能力乃至品质质量都急需通过人工选育而加以提高，海水养殖业尤为突出。目前我国已培育出一大批海藻优良品种或品系，而在海水鱼、虾、贝等育种方面尚缺少研究与建树。

长期密集养殖后，野生型养殖对象如鳜、中华鳖、中国对虾和栉孔扇贝等大规模死亡，与种质衰退、苗种质量差不无关系，这已成为我国水产养殖业的普遍问题。从栉孔扇贝大规模死亡来看，自 20 世纪 90 年代以来，养殖单位多采用养殖海区的“自然苗”进行养成生产，而这些“自然苗”实为 10 多年人工育苗养殖群体的后代。据调查，整个山东沿岸养殖的栉孔扇贝苗种大多是采自烟台市沿岸养殖区，苗种来源单一。随着养殖代数的增加，频繁的近交势必导致整个种群的遗传衰退。尤其是在天然采苗场附近海区，养殖群体被人为地筛选为大、中、小 3 种规格，规格大的一类苗养成的栉孔扇贝在冬末收获，规格中的二类苗养成的栉孔扇贝在春节后收获，只有规格小、体质差的三类苗才有机会在春末夏初成为繁殖群体。这种人为地择劣选择，势必影响栉孔扇贝的抗逆能力。

6.2.4 养殖类群单一，密集养殖区病害肆虐

我国淡水养殖成功的理论和经验证明：多元化（混养）养殖成功的前提是水体空间、饵料资源状况与养殖种类的生活、生长要求相吻合并且种间互利，故对种类和数量要有明确的要求，而不是简单搭配。在我国传统海水池塘对虾养殖和滩涂贝类养殖中，养殖种类或类群单一问题由来已久。对虾养殖业进入产业化的长时间内，中国对虾一直是当家种类，只是产业滑坡之后才开始重视生态养殖，强调多元化养殖，继而有了不同种类或类群搭配、不同养殖模式并举的新型养殖技术。目前，我国滩涂养殖中养殖对象搭配极不合理，几乎是清一色的滤食性贝类，如不引起足够重视，这一简单的生态学问题必将严重影响我国滩涂贝类养殖业的健康发展。我国浅海筏式养殖以扇贝为主，以海带等藻类为辅，尽管也开展了一些多元化养殖，但范围不广，配比也不尽合理。对虾、栉孔扇贝等大规模死亡，损失惨重，已经严重制约我国海水养殖业的发展。

6.3 蓝色农业亟待第二次飞跃

6.3.1 必要性

实现蓝色农业第二次飞跃势在必行，理由如下。

其一，由于世界人口的迅速增加，陆地资源和空间日益减少，人们已把眼光转向海洋，向海洋要食物、要能源、要矿产、要空间。只依靠耕地和陆地资源不能全部解决我国如此众多人口的食品安全问题。合理地开发利用海洋和内陆水域资源是缓解我国人口压力的重要途径，而实现蓝色农业第二次飞跃是其中重要的措施，蓝色疆域更是未来我国发展之所在。海洋和内陆水域自然资源持续开发潜力究竟有多大，至今尚未查明。更重要的是，如何持续高效地利用宝贵的海洋和内陆水域的资源与环境仍是未解之题。

其二，增养殖业规模化和产业化之后，由于种种原因，海水、淡水养殖业都出现了养殖环境的恶化或老化、养殖生物大规模死亡等问题。海水增养殖业除资源衰退与环境问题外，其他问题也十分突出，包括：野生型养殖生物种质衰退，抗逆能力不足；对虾和栉孔扇贝等养殖生物大规模死亡，损失惨重；产品结构不尽合理，贝类、藻类养殖产量较高，海水鱼、虾养殖产量较低等。

其三，我国淡水资源十分匮乏，人均年占有量不足且分布不均。未来淡水养殖的潜力如何仍未可知。此外，投饵养殖不断发展，大量精饲料用于养殖鱼、虾，长此以往会引起人鱼争食、争水等问题。因此，淡水养殖必须科学地控制养殖规模，探索新型养殖模式。

6.3.2 目标与任务

我国蓝色农业第二次飞跃的目标是：实现养殖生物良种化、养殖技术生态工程化、养殖产品高质化和养殖环境洁净化，最终实现水产增养殖业持续、高效、健康发展。

为此，必须重新审视我国已有水产增养殖理论和技术。在原则上，必须平衡各种产业的生态和环境需求，系统研究不同产业在生态、社会及经济诸方面的相互关系及相互影响。以生态学理论为基础，科学调整已养水域的产业结构，树立环境、资源及生态保护意识。在技术上，力求实现养殖对象的良种化，稳定养殖环境，增强养殖生物的抗逆能力，减轻养殖对环境与资源的破坏；开展全方位的合作，健全激励、竞争机制，集中力量，重点解决一些关键的理论问题和突破一些关键技术，从而形成一整套适合我国国情的水产增养殖理论和技术。

6.4 发 展 对 策

6.4.1 平衡主要流域和沿岸海区各产业的需求

合理地开发利用海陆水域资源是解决我国人口压力和食品安全保障问题的重要途径。从我国水产养殖业发展的历史和现状来看，过去长期采用片面追求高产的生产方式，获得量大质劣的产品，只注重眼前经济效益，忽视长远生态效益。因此，当前我国的水产养殖业理应切实调整产业结构、改善环境、稳定发展，实现由数量膨胀型向质量效益型转变，由单纯追求经济效益向经济效益、社会效益、生态效益并重转变。

6.4.2 加强河口和沿岸海区脆弱生态系的保护与修复

海洋和内陆水域生态与环境资源的潜力将在很大程度上制约我国未来的发展。我国主要河口和近海是世界上最广阔的高生产力陆架海区之一，但生态与环境状况令人担忧，已成为典型的脆弱生态系。从保护和恢复脆弱生态系的角度出发，必须系统研究主要河口和沿岸海区生态与环境资源动力学，实现脆弱生态系环境与生态保护、生物资源与环境的持续利用。

目前，我国沿海各地已对养殖产业结构进行了调整，在有些海区已经取得一定成效。从最近调查的情况看，目前仍需进一步调整，合理布局，开展生态养殖，进一步减小养殖密度，提高产品档次，增加经济效益，减轻养殖对海区资源与环境的影响，保护和修复河口和沿岸海区等脆弱生态系。

6.4.3 加强养殖理论和相关技术的研究

目前，我国水产养殖理论和技术已经满足不了实际生产的需要，科研滞后于生产的现象已经严重影响水产养殖业的发展，主要原因是多年来我国科研投资不足，养殖理论和技术的研究力量分散，创新不够。必须开展全方位的合作，健全激励、竞争机制，集中人力、物力和财力，重点解决一些关键的增养殖生态理论问题和突破一些人工育苗、良种培育、疾病防治、生态养殖和生态调控等关键技术，从而形成一套适合我国国情的持续高效开发理论和技术。尽快研究上述理论和技术，解决我国水产养殖中生态、环境和病害等重大问题，是蓝色农业第二次飞跃的历史使命。

（杨红生）

参考文献

陈昌齐. 1999. 论池塘养殖技术改进. 淡水渔业, 29(2): 41-43.
邓景耀, 康无德, 朱金声. 1983. 渤、黄海秋汛对虾标志放流试验. 海洋学报, 5(1): 107-114.
贾晓平, 蔡文贵, 林钦. 1997. 我国沿海水域的主要污染问题及其对海水增养殖的影响. 中国水产科学, 4(4): 78-82.
李庆彪, 徐启家, 李成林, 等. 1998. 试论我国海水养殖技术的第三次突破. 海水养殖, 53: 56-59.
李天抗. 1999. 水产养殖业现代化与工厂化养殖. 现代渔业信息, 14(2): 20-21.
林景祺. 1996. 海洋渔业资源导论. 北京: 海洋出版社.
刘瑞玉. 1963. 黄、东海虾类动物地理学研究. 海洋与湖沼, 5(3): 230-241.
卢继武, 罗秉征, 兰永伦, 等. 1995. 中国近海渔业资源结构特点及演替的研究. 海洋科学集刊, 36: 195-211.
罗秉征. 1992. 中国近海鱼类生活史型与生态学参数地理变异. 海洋与湖沼, 23(1): 63-73.
宁修仁, 刘子琳, 史君贤. 1995. 渤、黄、东海初级生产力和潜在渔业生产量的评估. 海洋学报, 17(3): 72-84.
唐启升. 1999. 海洋生物技术研究发展与展望. 海洋科学, 23(1): 33-35.
王如才, 王昭萍, 张建中. 1993. 海水贝类养殖学. 青岛: 青岛海洋大学出版社.
杨德渐, 王永良, 马绣同, 等. 1996. 中国北部海洋无脊椎动物. 北京: 高等教育出版社.
杨红生, 张福绥. 1999. 浅海筏式养殖系统贝类养殖容量研究进展. 水产学报, 23(1): 84-90.
杨红生, 周毅. 1998. 滤食性贝类对养殖海区环境影响的研究进展. 海洋科学, 22(2): 42-44.
杨纪明. 1983. 1982 年 7 月渤海底层的鱼类生物量估计及其方法. 科学通报, 28(20): 1263-1266.
杨纪明. 1993. 海洋渔业资源与技术政策建议//国家科学技术委员会. 中国科学技术蓝皮书第 9 号: 海洋技术政策. 北京: 海洋出版社.
杨先乐. 1999. 21 世纪我国水产动植物病害防治的发展方向. 淡水渔业, 29(2): 44-45.
袁保京, 姜乃澄, 卢建平, 等. 1998. 十足类甲壳动物多倍体育种进展. 东海海洋, 16(4): 64-67.
曾呈奎. 1999. 大力加强海洋生物技术的研究. 海洋科学, (2): 1-3.
曾呈奎, 相建海. 1998. 海洋生物技术. 济南: 山东科学技术出版社.
曾呈奎, 周海鸥, 李本川. 1992. 中国海洋科学研究及开发. 青岛: 青岛出版社.
曾一本. 1998. 我国对虾移植、增殖放流技术研究进展. 中国水产科学, 5(1): 74-78.
张福绥, 何义朝, 刘祥生, 等. 1986. 海湾扇贝引种、育苗及试养. 海洋与湖沼, 17(5): 367-374.
张福绥, 杨红生. 1999a. 山东沿岸夏季栉孔扇贝大规模死亡原因的分析. 海洋科学, (1): 44-47.
张福绥, 杨红生. 1999b. 栉孔扇贝大规模死亡问题的对策和应急措施. 海洋科学, 23(2): 38-42.

7 山东沿岸夏季栉孔扇贝大规模死亡原因分析

自 1998 年 7 月下旬以来，我国北方沿海栉孔扇贝相继发生大规模死亡，这是继 1997 年以来的第二次栉孔扇贝发生大规模死亡。与 1997 年相比，1998 年的栉孔扇贝发病迅速，死亡率高。一般认为，1997 年栉孔扇贝大规模死亡的直接原因是厄尔尼诺现象导致水温长期过高，体弱的扇贝难以耐受而死亡；而 1998 年的水温明显低于 1997 年，温差约 2℃，但 1998 年栉孔扇贝仍然大规模死亡，其中缘由令人费解。本章在对山东等地栉孔扇贝大规模死亡调查的基础上，谈一谈个人的观点。

7.1 基本情况

近年来，我国浅海贝、藻养殖有了长足的发展，为沿海经济乃至整个国民经济的发展作出了重大贡献。但是由于缺乏统一规划管理和盲目追求高产量，而忽视了长远的生态效益和社会效益，养殖品种单一，养殖海区过于集中，导致局部海区过度开发，超载运行，养殖生产缺乏科学的理论指导，使得某些海区自身污染加重，生态系统失衡，不少典型的养殖海区“老化”日益严重，养殖贝类规格小，质量低，养殖生物的病害加剧。据报道，1997 年山东省 330 000“亩”扇贝有 60%绝产，直接经济损失约 1.5×10^9 元。1998 年山东省 300 000“亩”扇贝中栉孔扇贝达 230 000“亩”，死亡情况甚于 1997 年，而剩余 70 000“亩”扇贝生长正常。辽宁省扇贝养殖海区也有同样严重的死亡情况。如此大规模的连年死亡，不能不引起有关领导、科研人员及养殖从业人员的深思。

调查发现，栉孔扇贝死亡的主要特征包括：大规模死亡发生在夏季高温期，各海区水温均在 24℃以上；近岸养殖的栉孔扇贝死亡率明显高于远岸；放养密度高的海区栉孔扇贝的死亡率明显较高，而放养密度合理的海区栉孔扇贝即使死亡，死亡率也较低；同一批养殖在同一海区的栉孔扇贝，规格大的死亡率比规格小的死亡率高；人工育苗养成的栉孔扇贝死亡率比自然采苗的死亡率低。养殖海区栉孔扇贝大规模死亡显示出的规律性，同样也为我们思考和揭示其死亡机制提供了很多启示。为了更好地理解栉孔扇贝大规模死亡的原因，有必要对山东沿岸栉孔扇贝养殖业的发展作一回顾。

7.2 山东沿岸扇贝养殖业发展中各阶段的特点

20世纪70年代末至80年代初，我国在大规模发展贻贝养殖的基础上，开始试养栉孔扇贝，由于种种原因养殖规模发展较慢。自1985年推广海湾扇贝养殖之后的几年里，海湾扇贝成为青岛海域扇贝养殖业的主要养殖对象（图7.1）。尔后，随着海湾扇贝养殖密度的升高与养殖水域的不断扩大，养殖海区饵料不足，其生长快速的特点不能充分发挥，当年育苗当年养成的产品规格逐渐小型化，经济效益下降，加之海湾扇贝受较大流速的限制，青岛等地浅海贝类养殖的重点逐渐转向栉孔扇贝，特别是在1994年之后。山东庙岛至养马岛海域是我国养殖栉孔扇贝的主要海区之一，表7.1的数据表明，栉孔扇贝养殖发展过程中，养殖面积不断增加，“亩”养苗数不断增多，而肉柱产量和肉柱得率却呈下降趋势，经济效益随之降低，甚至亏本。山东沿岸扇贝养殖面积（图7.2）显示，继1992～1993年大发展之后，一直到1996年，养殖面积还在继续增加，而“亩”养苗数在14万～16万粒的基础上继续增多，甚至达到40万～60万粒。

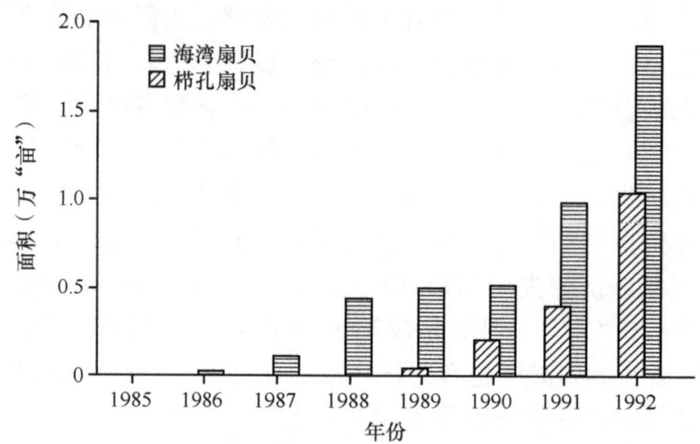

图7.1 青岛海域栉孔扇贝和海湾扇贝的养殖面积

表7.1 山东庙岛至养马岛海域栉孔扇贝养殖概况

年份	养殖面积（万“亩”）	“亩”养苗数（万粒）	鲜贝产量（kg/“亩”）	肉柱产量（kg/“亩”）	肉柱得率（%）	肉柱粒度（粒/kg）	产值（元/“亩”）	效益（元/“亩”）
1985	0.26	10	2 828	354	12.5	180	11 328	5 828
1986～1987	0.74～0.75	10	2 653	324	12.3	180～200	10 013	4 513
1988～1990	1.81～1.85	10～12	2 755	307	11.2	200	8 993	3 493
1991～1992	2.56～3.86	14	2 783	264	9.0～10.0	280～300	6 594	1 094
1993	6.02	16	3 427	274	8.0	400	3 375	–20

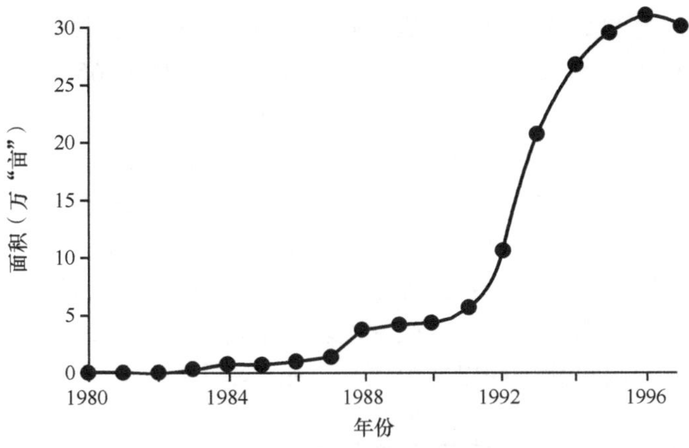

图 7.2　山东沿岸扇贝养殖面积

数据来源：山东省水产局

从扇贝养殖业的综合效益来看，栉孔扇贝养殖业（以山东庙岛以东海域为例）的发展过程大致可分为 3 个时期：其一是 1990 年以前的正常发展期，此间养殖密度一般为 100 000 粒/“亩”，肉柱产量在 300kg/“亩”以上，肉柱得率在 11%以上，肉柱粒度不超过 200 粒/kg，养殖面积不超过 20 000“亩”；其二是 1991～1993 年的质量下降期，该时期养殖密度提高到 140 000～160 000 粒/“亩”，肉柱得率降至 8.0%～10.0%，肉柱粒度为 280～400 粒/kg，养殖面积最终扩大到约 60 200“亩”；其三为 1995 年以后的大规模死亡期，该时期养殖密度进一步提高，有些养殖海区不得不选择较大的个体收获，从而延长了养成期。此后山东省养殖面积变化不大，但不少养殖海区栉孔扇贝养殖密度提高到 240 000～500 000 粒/“亩”，因此从 1995 年开始扇贝大规模死亡屡有出现，并呈现上升势头，栉孔扇贝养殖业严重滑坡。

应当指出，长期高密度养殖加剧了养殖海区的老化或恶化，这是近年来栉孔扇贝连年大规模死亡的根本原因，而夏季高温、栉孔扇贝种质衰退、抗逆能力下降及病原生物在一定条件下的滋生与栉孔扇贝死亡也有一定关系。

7.3　栉孔扇贝大规模死亡原因

7.3.1　浅海养殖海区生态环境恶化或老化

浅海养殖海区生态环境恶化或老化的原因是养殖海区的自身污染和陆源污染输入，这是栉孔扇贝大规模死亡的根本原因。渤海每年接纳的污水量达 2.8×10^9t、各类污染物达 7.0×10^5t。筏式养殖海区自身污染也很严重，并且容易被忽视。由于滤食性贝类快速的滤食作用、较低的同化率及大量粪便和假粪的形成，养殖海区的生物性沉积十分惊人。例如，日本广岛湾每台筏架（165m^2）长牡蛎每年排粪约 19.3t，我国每“亩”栉孔扇贝（按 100 000 粒计）平均每年可排出 9t 多的粪便和假粪（湿重）。事实上，目前山东沿岸某些海区的栉孔扇贝养殖密度超过上述密度的 3～4 倍，附着生物的粪便尚未计入，自身污染严重的程度可想而知，局部养殖海区在高温季节赤潮时有发生。同时，由于不少筏式养殖海区波浪作用和流速都受到筏架的影响，水流对筏式养殖海区生物性沉积的再悬浮、移动等作用的实际意义不大。养殖历史较久、养殖密度较大的海区，如青岛的胶州湾、烟台的四十里湾等，栉孔扇贝死亡期出现得更早，死亡率更高。

7.3.2 栉孔扇贝种质衰退，抗逆能力下降

20 世纪 90 年代初，我国海湾扇贝养殖业因种质退化问题而滑坡，又因引种复壮解决种质问题而振兴的教训与经验是深刻的（张福绥和何义朝，1997）。栉孔扇贝种质衰退、抗逆能力下降等问题应引起有关部门的高度重视。1973 年我国首次在大连培育出第一批栉孔扇贝苗，此后在烟台、青岛等地都先后培育成功，人工培育的苗种遂成为养殖用苗的主要来源。随着养殖群体的逐渐增大，养殖海区的“自然苗”逐渐增多，20 世纪 80 年代末开始人工采集“自然苗”，90 年代以后养殖单位主要采用“自然苗”进行养殖生产。应当指出，这些“自然苗”是 10 多年人工育苗养成群体的后代。据调查，整个山东沿岸养殖的栉孔扇贝苗种大多是采自烟台沿岸养殖区，苗种来源单一。随着养殖代数的增加，频繁的近交势必导致整个种群的遗传衰退。应当指出，天然采苗场附近海区养殖群体被人为地筛选为大、中、小三种规格，规格大的一类苗养成的扇贝在冬末收获，规格中的二类苗养成的扇贝在春节后收获，只有规格小、体质差的三类苗才有机会留在春末夏初作为亲贝繁殖后代。以此恶性循环，一代不如一代。尽管目前认为栉孔扇贝种质退化缺乏遗传学证据，但栉孔扇贝抗逆能力的减弱及规格的小型化等是有目共睹的。

7.3.3 过度密集养殖、饵料不足

20 世纪 70 年代日本虾夷扇贝养殖业已发展到相当大的规模，由于养殖密度过大，破坏了生态平衡，先后发生养殖群体的大批死亡。日本底播养殖虾夷扇贝达到商品规格需 2.5～3 年，当虾夷扇贝密度达到 5～6 粒/m^{2}时，生长率就会下降。在自然条件下，当虾夷扇贝生物现存量达到 1.0kg/m^2 以上时，生长率同样受到密度制约。值得注意的是，产量较高的扇贝捕捞场中，平均密度很少超过 10 粒/m^2。我国栉孔扇贝大规模死亡与日本虾夷扇贝的死亡具有一定的类似

性。调查发现，不少养殖海区的栉孔扇贝放养密度令人瞠目。一层笼放养量一般为 120 粒，甚至达到 190 粒以上，如此高的笼养密度，势必导致部分扇贝摄食不足，或者根本无食可取，体质的下降实属难免。一旦环境不适，患病和死亡的可能性就会增大，而部分扇贝的死亡又可能诱发大批扇贝的死亡。从整个养殖海区来看，不少海区平均每平方米海面养殖扇贝曾高达约 70 粒（经近年调整后尚达 35 粒左右），此养殖密度已远远超过海区的负荷能力，不利于扇贝的生长和生存。当前我国正处于连片利用数十万亩海域发展海水养殖的时代，对养殖密度的宏观调控应引起足够的重视。

7.3.4　夏季高温

近几年栉孔扇贝的大规模死亡主要出现于 8 月前后的高温期，高温的影响显而易见。目前，不少养殖海区栉孔扇贝在水温超过 23℃时，分泌足丝较少，难以附牢，已附着者足丝易从基部脱落，特别是笼内密度较高时。周年监测的结果表明，在水温超过 23℃的海区，栉孔扇贝软体部生长缓慢，甚至完全停止。生理生态学研究也证实，当水温超过 23℃时，栉孔扇贝耗氧率逐渐下降，而排泄率仍逐渐增加，表现为大量消耗体内的蛋白质（吴信忠等，1995）。由此可见，23℃以上水温将对目前栉孔扇贝养殖群体的代谢和生长产生一定的影响，导致栉孔扇贝抗逆能力减弱。

7.3.5　病害

贝类的病原生物主要有寄生原虫、细菌、类立克次氏体、类衣原体、类支原体、病毒等几大类。单孢子虫属的寄生原虫种类很多，其中尼氏单孢子虫（*Haplosporidium nelsoni*）在 1957～1959 年曾流行于美国新泽西州特拉华湾，使养殖的美洲牡蛎死亡率达 50%～95%；包纳米虫（*Bonamia ostreae*）是引起贝类包纳米病的病原体，1979 年首次在法国发现，迅速蔓延到英国、西班牙、荷兰、爱尔兰、美国和新西兰等，给贝类的养殖造成重大损失；还有一种与包纳米病交替暴发的马太尔单孢子虫（*Marteilia refringens*）病，20 世纪 70 年代曾引起西班牙扁牡蛎的大面积死亡。现已在贝类体内发现派琴类原虫 4 种，即 *Perkinsus marinus*、*Perkinsus karlssoni*、*Perkinsus olseni* 和 *Perkinsus atlanticus*，其均可致病，宿主包括牡蛎、扇贝、蛤类和鲍，主要分布在加拿大、美国及欧洲各国沿海水域。派琴虫常与弧菌交叉感染，引起贝类大规模死亡。弧菌不仅本身可作为原发性病原生物，引起鱼、虾、贝病害，还是其他重要病原生物（如病毒、原虫等）的继发感染者。病原弧菌能够产生毒素，该毒素含有蛋白酶和溶血素，能引起贝类发生病变而死亡。自20世纪70年代末以来，在蛤类、牡蛎、扇贝和贻贝体内已陆续发现类立克次氏体，该类病原体能够对宿主组织造成损害，特别是在高密度养殖或自然应激条件下及高度感染时，常引起贝类大批死亡（吴信忠等，1995），如近年来由于感染类立克次氏体近江牡蛎大批死亡。近年来，随着对虾病毒病害研究的日益深入，贝类病毒病害的研究也日趋活跃。

初步监测结果表明，栉孔扇贝体表或体内存在各种病原体，包括弧菌、派琴虫和病毒等。23℃以上的水温对栉孔扇贝不利，但对养殖环境中的病原体极为有利，高温可加速养殖生态系统中有机物的分解，大风可搅起沉积在海底的有机物质等，更能加速各种病原体的繁殖，营养盐的大量释放也可能导致部分养殖海区赤潮时有发生。这些不利因素都可能导致栉孔扇贝的大规模死亡。

7.3.6 违反养殖操作规程

当前沿海劳动力不足，在海水养殖业的管理和操作过程中，有些单位养殖管理过于简单化，也有的单位单纯追求高产，甚至忽视或忘掉过去已创建的技术要点。同时，养殖者缺乏技术培训，操作不规范也是引起栉孔扇贝死亡的原因之一。

（张福绥　杨红生）

参 考 文 献

吴信忠, 江静波, 潘金培. 1995. 贝类病害学研究进展: I.贝类微生物病学研究. 海洋通报, 14(2): 82-91.

项福亭, 曲维功, 张益额, 等. 1996. 庙岛海峡以东浅海养殖结构调整的研究. 齐鲁渔业, 13(2): 1-4.

张福绥, 何义朝, 亓铃欣, 等. 1997. 海湾扇贝引种复壮研究. 海洋与湖沼, 28(2): 146-152.

Comps M, Cochennec N. 1993. A herpes-like virus from the European oyster *Ostrea edulis* L. Journal of Invertebrate Pathology, 62(2): 201-203.

8 栉孔扇贝大规模死亡问题的对策与应急措施

近年来，栉孔扇贝大规模死亡问题已引起社会各界的广泛重视，死亡的原因是综合复杂的，其根本原因是：长期密集养殖导致养殖环境老化或恶化及栉孔扇贝抗病力下降；在夏季高温期，海区饵料明显不足、栉孔扇贝本身消耗增大、养殖水体自身污染加剧及病原体大量繁殖则是引起栉孔扇贝大规模死亡更为直接的原因。如何走出如此困境，是大家所关心的问题，也是亟待解决的问题。本章针对栉孔扇贝大规模死亡的现状谈一点想法，仅供参考。

8.1 对　　策

8.1.1 提高认识，转变思想，坚持走可持续发展之路

世界大多数国家的水产养殖业都有“发展—滑坡—调整—持续发展”的经历。“可持续发展”是世界环境与发展委员会提出的人地系统优化的新思路（蔡运龙，1995）。目前，国际上公认的可持续发展的最广泛定义是：“可持续发展是既满足当代人的需要，又不对后代人满足其需要的能力构成危害的发展”。很显然，可持续发展的核心思想是实现经济发展、资源节约与环境保护的统一。为实现环境保护与经济发展互相支持的目标，可以采取适当的技术、经济等措施控制并解决环境问题。经济增长并不一定带来环境的破坏，关键是采用什么样的经济增长方式。由此可见，困难与机遇并存。一方面，近年来对虾和栉孔扇贝大规模死亡、产业滑坡对沿海的经济发展打击很大，教训深重；另一方面，其也为我国海水养殖业必须坚持走可持续发展之路提供了良好的契机和氛围。

合理地开发利用海洋资源是缓解我国人口压力的重要途径，而实现“海洋农牧化”是其中的重要措施之一，但从我国浅海养殖业发展的历史和现状来看，在过去的不少年代里主要采用片面追求高产的生产方式，获得量大质劣的产品，只注意眼前的经济效益，忽视了生态效益。因此，当前我国的浅海养殖业已不再是“一年一个新台阶”的岁月，而是切实继续调整产业结构、改善环境、稳定发展的时代。在未来的工作中，一定要实现由数量膨胀型向质量效益型转变、由单纯追求经济效益向经济效益、社会效益、生态效益并重转变。

8.1.2 以养殖生态学理论为基础，进一步科学地调整产业结构

对于特定的养殖生态系统来说，养殖容量和环境容量是一定的（方建光等，1996；唐启升等，1996），养殖密度（笼密度和笼内扇贝密度）也应随之确定下来。在我国传统的养殖模式中，以 400 笼为 1“亩”，约有 100 000 粒扇贝。实际操作中，1“亩”扇贝所占的养殖水面远远大于 1 亩，如果占 10 亩水面，密度为 15 粒/m^2，如果占 13 334m^2 水面，密度为 7.5 粒/m^2，如果占 20 000m^2 水面，密度为 5 粒/m^2。Ventilla（1982）的研究结果表明，日本底播养殖虾夷扇贝达到商品规格需 2.5～3 年，当虾夷扇贝密度达到 5～6 粒/m^2 时，生长率就会下降。在自然条件下，当虾夷扇贝生物现存量达到 1.0kg/m^2 以上时，生长率同样受到密度制约。值得注意的是，Shumway 等（1991）指出，产量较高的扇贝捕捞场中，平均密度很少超过 10 粒/m^2。从 1992～1994 年莱州市金城镇海区海湾扇贝养殖情况（表 8.1）来看，养殖面积不大时，即使养殖密度较高，也能获得较高的肉柱得率，但当养殖面积增至 10 000hm^2 以上时，肉柱得率便会随面积的增大而减小。初步研究结果表明，烟台四十里湾养殖海区栉孔扇贝的负荷力约为 0.8kg/m^2。在实际生产过程中，上述数据值得借鉴（当然要考虑各种扇贝的养殖周期）。

表 8.1 1992～1994 年莱州市金城镇海区海湾扇贝养殖情况

年份	养殖面积（hm^2）	养殖数量（“亩”）	平均“亩”占用水面（hm^2）	平均水面养殖密度（粒/m^2）	平均“亩”产量（kg）	平均肉柱得率（%）
1992	2 250	2 160	1.04	15	5 560	16.7
1993	11 500	7 893	1.46	10	4 300	15.1
1994	17 000	11 600	1.47	10	3 519	13.1

注：根据李学祥等（1994）的资料换算整理，1“亩”扇贝按 150 000 粒计算。

1997 年山东省已对浅海养殖产业结构进行了调整。从最近调查的情况看，目前仍需进一步调整，进一步降低养殖密度，提高产品档次，增加经济效益，同时还要减轻养殖对海区环境的污染或破坏。早调整、早压缩，早主动、早受益。用密集养殖来被动地对抗栉孔扇贝的死亡（有“死一半还有一半”之说）肯定是收效甚微，且后患无穷。必须指出，由于目前山东省养殖海区生态环境急剧恶化，积重难返，即使下决心调整养殖结构，也不能排除栉孔扇贝大规模死亡的可能性，对此要有一定的思想准备。水产界全体同仁要敢于承担责任，把扇贝的养殖密度实实在在地降下来。

多元化养殖（混养）的原理是将生态位不同、习性和行为互利或相容的种类，按适当的比例搭配养殖在同一水体，从而达到充分利用水体空间、饵料资源，强化水体中物质循环，保持养殖系统稳定，以较低的成本换取高产优质水产品的目

的。因此，多元化养殖成功的前提是水体空间、饵料资源状况与养殖种类的生活、生长要求吻合，并且种间互利，故对种类和数量要有明确的要求，而不是简单搭配。我国淡水养殖历史悠久，最早可追溯到宋朝，经过长期实践现已形成多种各具特色的养殖模式。近年来，在“可持续发展”和“洁净生产”的思想倡导下，欧美水产界借鉴我国和亚洲其他国家的养殖经验大力开展多元化技术研究，也取得了很多成果。从 20 世纪 70 年代中期开始，我国北方贝藻套养（间养）或轮养技术逐渐得以推广（李元山等，1996），而且效果较好，产量和产值都有不同程度提高，但有少数渔民对此并未引起重视。另外，在当前大面积（100 000“亩”水面以上）连片发展浅海养殖时，尚需研究创建相应的科学理论和技术做指导，中国水产科技人员责无旁贷。

8.1.3 加强科技意识，增加科研投入

目前，我国浅海养殖理论和技术已经满足不了实际生产的需要，科研滞后于生产的现象已经严重影响海水养殖业的发展，甚至到了“什么养殖大发展就死什么”的地步。主要原因是多年来我国科研工作者在海水养殖理论方面缺乏真正的突破。当然，这也从侧面反映出国家和有关部门对浅海养殖基础理论研究重视和投入经费不足。海洋研究起步较晚，我国海洋生物及海水养殖基础理论研究十分薄弱，远远比不上陆生生物及农业、林业、畜牧业，比淡水养殖也差很多。因此，要想真正走出困境，增加浅海养殖理论研究的经费势在必行。就浅海养殖面临的困境而言，有关科研主管部门应尽快立项，重点支持扇贝种质及病害和养殖环境的研究。目前亟待研究的问题很多，主要有以下五点。

8.1.3.1 现有栉孔扇贝养殖群体的种质评价和种质改良与复壮

重点研究栉孔扇贝野生及养殖群体的遗传变异，分析养殖群体可能存在的近交衰退、遗传漂变、遗传多样性降低等对群体种质资源造成的不利影响，评估现有栉孔扇贝野生及养殖群体的遗传多样性水平，从而为栉孔扇贝种质鉴定、遗传改良及制定生态对策提供科学依据。

8.1.3.2 栉孔扇贝大规模死亡的原因分析

研究导致栉孔扇贝大规模死亡的病原生物及其流行规律和病理学特征，研究老化或恶化环境对栉孔扇贝抗逆能力的影响，研究温度上升对栉孔扇贝代谢的影响与致死阈值（包括不同时间效应）等，为揭示栉孔扇贝大规模死亡的原因、开展生态防治等提供依据。

8.1.3.3 滤食性贝类养殖系统营养动态规律和自身污染的研究

随着我国浅海养殖业的发展，养殖环境的富营养化已成为严重的环境和生态问题，主要原因是养殖过密、自身污染严重，养殖海区环境老化或恶化。近 20 年以来，赤潮时有发生，而且有频次越来越高、规模越来越大、危害越来越严重的发展趋势，赤潮的发生是养殖海区环境恶化的具体表现之一。吸取近年来栉孔扇贝大规模死亡的惨痛教训，必须对目前养殖海区的生态环境状况有明确的认识，为评估养殖海区供饵力、养殖容量和环境容量奠定坚实的基础。

8.1.3.4 养殖海区供饵力、养殖容量与环境容量的评估

扇贝生长主要依赖饵料生物的供应，海区扇贝养殖过密和布局不尽合理，势必产生饵料供应不足和自身污染等问题，制约扇贝的正常和健康生长，并使其易感染疾病。因此，在未来的几年工作中，必须开展“洁净生产”和生态调控，依据就是养殖海区供饵力、养殖容量和环境容量等养殖生态学理论和技术。

8.1.3.5 浅海持续生态养殖与生态调控技术

近年来的调查结果表明，贝藻套养的布局和种间搭配不尽合理，放养水层单一，使海流受阻，养殖海区的供饵力急剧下降，贝类生长缓慢且产品质量降低。由此可见，贝、藻、参等套养或轮养等品种的搭配、放养密度、种间关系以及养殖生物对养殖生态系统的贡献或对环境的影响等基础理论必须深入研究，才能科学地建立可行的浅海持续生态养殖技术。同时，为了预防疾病、维护养殖海区生态系的平衡、确保浅海养殖业可持续发展，必须建立科学、可行的养殖海区生态调控技术。

如不尽快研究上述理论和技术，解决浅海养殖中生态、环境和病害等重大问题仅仅是句空话。试想一想，1997～1998 年山东省仅栉孔扇贝大规模死亡导致的直接经济损失就已超过 30 亿元，如果从中拿出 1%作为科研经费支持浅海养殖理论研究，肯定会获得相应的回报。

8.1.4 实施“外延稀养”规划，减轻养殖对近岸海区的环境压力

1999 年，我国海水养殖总面积达 938 000hm^2，海水养殖总产量已达 791 万 t。其中，藻类养殖面积达 662 000 hm^2，养殖产量已达 402 万 t，分别占总面积和总产量的 70.6%和 50.8%。据调查，目前已利用养殖的浅海海区水深均在 15m 以内，贝类养殖即主要利用上述海区，环境优良和经济条件较好的上述海区均得以较早开发，而这些海区也是陆源污染最为集中的海区。为了实现我国浅海贝类养殖业的可持续发展，减轻贝类等养殖对近岸海区的影响，养殖范围必须向外发展，实

施“外延稀养”规划。

未来的浅海养殖将采取先进的养殖技术和设施，将养殖区域拓展到20m水深的海区，局部可达30～40m水深。

一方面，水深较大的海区，水体交换率高，污染物含量低，因此向深水海区发展贝类养殖将减轻各种污染对养殖生物的影响，生产出健康洁净的贝类产品。随着养殖区的外移，全国近岸区的养殖密度过高问题将得以有效解决，甚至完全可以实施内湾和近岸数千米海区内禁养，此举将明显减轻浅海养殖对沿岸浅水区环境的影响，有利于浅海生态系统的恢复和环境保护，也有助于近岸相关种群资源的恢复和沿海捕捞业的振兴。同时，随着我国国民经济的进一步发展，人们对生活的环境质量必然有更高的要求，实施深水养殖规划，还沿海地区以青山绿水，也有利于我国沿海生态旅游业的发展。

另一方面，“外延稀养”规划能否实施同样面临养殖技术和经济效益的挑战。目前，深水养殖平台、深水网箱、水下网箱等早在发达国家得以应用，我国台湾、海南等地也已用于鱼类养殖。国内少数养殖单位已在30～40m水深的海区发展贝类筏式养殖，但经济效益和安全等问题阻碍了深水养殖业的发展，这些问题都急需立题研究。

因此，在未来的成果引进和技术研究工作中，一定要加强深水养殖技术的研究，注重引进成果的消化与吸收。在发挥其生态效益和社会效益的同时，利用深水养殖生产出高质量的产品，提高其本身的经济效益，解决养殖成本过高等问题，只有这样，深水养殖才能深入人心，才能走上持续健康发展之路。

8.2 应急措施

8.2.1 改良种质，增强抗逆能力

20世纪90年代初，我国海湾扇贝养殖业因种质退化问题而滑坡，又因引种复壮解决种质问题而振兴的教训与经验是深刻的（张福绥等，1997）。众所周知，海湾扇贝于1982年成功引种，为我国浅海养殖业增添了新内容、新对象和新模式。由于原种亲贝数量很少（26个），近亲繁殖10代后，种质退化，规格小、产量低，一时间亲贝问题都难以解决，严重阻碍了海湾扇贝养殖业的发展。针对上述问题，1991年末从加拿大再次引种复壮，为海湾扇贝养殖业注入了活力，至今海湾扇贝生长性能和抗逆能力尚属正常。

目前，栉孔扇贝种质衰退的问题亟待解决，提纯复壮势在必行，具体措施有四：一是到国内原产地捕捞天然亲贝，开展人工育苗；二是到朝鲜等国移植栉孔扇贝自然种群，进行人工繁殖或与国内栉孔扇贝的健康亲贝杂交，培育出生长快、

抗逆能力强的苗种；三是采获的“天然苗”应来源于健康的亲贝群体；四是在“天然苗”的中间培育过程中，要加强科学管理。

8.2.2 加大力度，降低养殖密度

根据现有的研究结果，原则上整个养殖海区栉孔扇贝的放养密度以 10～15 粒/m^2 为宜。在实际放养过程中，内湾性海区每层 30 粒左右，开阔性海区每层 40 粒左右。各地可根据实际情况，如流速、饵料丰度、行间距和笼间距等参数，对放养密度进行适当调整。

8.2.3 查明病原，有的放矢地防治病害

至今直接导致栉孔扇贝大规模死亡的病原尚未查清，防治工作无从下手。因此，必须在近期全面地开展栉孔扇贝病原体（包括病毒、细菌、原核生物、原生动物等）的监测和研究工作，并同时开展流行病学和生态防治技术的研究。

8.2.4 科学地开展多品种、多元化的综合养殖

科学地开展多品种、多元化的综合养殖，不仅对当地养殖生产有利，还有助于养殖海区环境的改善。目前，可以开展浅海养殖的品种有很多，各地可以根据当地的实际情况，选择合理的养殖对象，如海湾扇贝、墨西哥湾扇贝、三倍体牡蛎、梭子蟹、刺参、海带、紫菜、裙带菜、羊栖菜等。可以开展的养殖模式也有很多，如贝藻间养、贝藻轮养、贝藻参混养等。当前，由于栉孔扇贝连年大规模死亡，有些养殖单位对养殖栉孔扇贝信心不足，因此选择海湾扇贝等耐高温种类，部分取代栉孔扇贝养殖也是可行的。

尽管我国开展综合养殖的经验十分丰富，但综合养殖的理论研究十分薄弱。因此，在缺乏理论指导的情况下，各地在开展综合养殖的过程中一定要注意养殖规模和养殖密度等问题，否则长此以往会重蹈对虾和栉孔扇贝产业滑坡的覆辙。

8.2.5 建立浅海持续生态养殖示范区

众所周知，近年来海水池塘对虾养殖示范区起到了很好的带动示范作用。此次调查发现，山东省各地浅海养殖布局、放养密度、管理和操作都存在很大的差异，即使在同一海区，上述问题也仍然存在。因此，有必要建立浅海持续生态养殖示范区，以点带面，稳定并推动浅海养殖的健康发展。

8.2.6 加强栉孔扇贝自然种群的保护

原种的保护是造福子孙后代的大事。在栉孔扇贝自然分布的海区，可能还存在一些栉孔扇贝自然种群，各地应积极重视，加强栉孔扇贝原产地环境和资源的保护。

8.2.7 建立扇贝良种培育基地

建立扇贝良种培育基地是保证栉孔扇贝、海湾扇贝等种质和苗种质量的关键。扇贝良种培育基地建设的目的就是要利用现代生物技术和引种、选育及种质资源保护等技术，不断推出扇贝新品种，并保持其优良的性状；通过规模化苗种培育，加快优良苗种的扩散推广，更新现有养殖品种，加快养殖结构的调整；引进国外优良的养殖品种和先进的育苗、养成技术，及时地消化吸收并加以推广，推进海水养殖产业的可持续发展。在将来的苗种生产和苗种质量上严格把关，实行苗种生产许可证制度。

（张福绥　杨红生）

参 考 文 献

蔡运龙. 1995. 持续发展：人地系统优化的新思路. 应用生态学报, 6(3): 329-333.

方建光, 孙慧玲, 匡世焕, 等. 1996. 桑沟湾海带养殖容量的研究. 海洋水产研究, (2): 7-17.

李学祥, 杨英帮, 王聚强, 等. 1994. 虾与扇贝混养效益好. 海洋科学, 18(3): 19.

李元山, 牟绍敦, 冯月群, 等. 1996. 海珍品综合增养殖中的种间关系和生态容纳量的研究. 海洋湖沼通报, (1): 24-30.

唐启升, 范元炳, 林海. 1996. 中国海洋生态系统动力学研究发展战略初探. 地球科学进展, 11(2): 160-168.

张福绥, 何义朝, 亓铃欣, 等. 1997. 海湾扇贝引种复壮研究. 海洋与湖沼, 28(2): 146-152.

Shumway S E, Newell R C, Crisp D J, et al. 1991. Particle selection in filter-feeding bivalve molluscs: a new technique on an old theme. Asian Marine Biology, 7: 151-165.

Ventilla R F. 1982. The scallop industry in Japan. Advances in Marine Biology, 20: 309-382.

9 浅海筏式养殖系统贝类养殖容量研究

据报道，以世界人均耕地计，我国人口以 4 亿人为合适，按人均粮食 500kg/a 计，我国人口以 6 亿人为合适，按水资源来估算，我国人口以 7 亿人为合适。综合起来考虑，我国理想人口在 6.5 亿人左右（刘大椿等，1995），而我国实际人口已远远超过此数。很显然，只依靠耕地和陆地资源不能全部解决我国如此庞大人口的生活资料问题。因此，合理地开发利用海洋资源是缓解我国人口压力的重要途径，而实现“海洋农牧化”是其中的重要措施之一。

近年来，我国浅海筏式贝、藻养殖有较大的发展，为沿海经济乃至整个国民经济的发展作出了重大贡献。但发展中又面临许多严峻的挑战，特别是由于缺乏统一规划管理和片面追求高产量、高产值，而忽视了长远的生态效益和社会效益，因此局部海区过度开发、超载运行，某些海区养殖业自身污染加重，生态系统失衡，养殖生物的病害加剧，养殖贝类规格小型化、死亡率升高、产量降低（孙景伟等，1997；隋锡林等，1996；秦友义和王世田，1991）。这些重大的生态问题已经严重影响了我国浅海养殖业的正常发展，更威胁着它的前途。

为实现环境保护与经济发展互相支持的目标，可以采取适当的技术、经济等措施控制并解决环境问题。经济增长并不一定带来环境的破坏，关键是采用什么样的经济增长方式。

1999 年，我国浅海贝类筏式养殖面积已达 40 多万亩，年产贝类超过 450 万 t。我国海岸线绵长，港湾曲折，饵料丰富，环境多样化，因此我国浅海筏式养殖具有很大的发展潜力。如何进一步开展筏式养殖，优化其养殖结构，并保持其可持续性发展，是一个引人注目的问题。为此，必须建立浅海筏式养殖容量的评价指标体系，科学评价养殖海区贝类的养殖容量，为决定养殖面积和放养密度等提出可靠的理论依据。

9.1 养殖容量的概念

在学术界，养殖容量的定义并不统一，特定水域的养殖容量大小不仅受养殖系统内外理化因子和生物因子等因素的制约，同时还受养殖水域所在国家或地区政治、经济、文化等诸多因素的影响。因此，应当把养殖水域对某种养殖生物的容量（称为负荷力）和该水域对某种养殖业的容量（即养殖容量）区别开来。

通常水产养殖学中讨论的容量主要是指负荷力，其定义一般为：某一种群在非收获状态下所达到的丰度或现存量（Fréchette，1991）。Hepher 和 Pruginin（1981）首次采用瞬时生长率来估计容量，即瞬时生长率为零时单位水体的最高载鱼量。在我国淡水池塘养殖中，容量（负荷力或载鱼力）被定义为池塘单位面积所维持的最高载鱼量，其中载鱼量是指单位水体面积或单位水体容积中在测定时鱼类的质量或所含的能量（鱼的生物量或现存量）（张扬宗等，1989）。李德尚等（1994）把水库对投饵网箱养鱼的负荷力定义为不至于破坏相应水质标准的最大负荷量，Carver 和 Mallet（1990）将其定义为不影响养殖对象生长速度而能取得最大产量的放养密度。本文认为，在贝类养殖系统中，养殖海区对养殖贝类的负荷力可以定义为：在充分利用该海区的供饵力和自净能力的基础上，贝类养殖群体所能维持的最大现存量。

对于养殖容量，必须把浅海贝类养殖业的经济效益、社会效益与生态效益三者统一起来，因此可以将其定义为对养殖海区的环境不会造成不利影响，而又能保证养殖业可持续发展并有最大效益的最适产量。

随着海水养殖业的快速发展，养殖海区的环境容量问题进一步引起人们的重视。海湾或沿海水产养殖环境容量可理解为：水域在功能规划和用途确定的水质指标及水动力条件下所能承受的最大水产养殖纳污量（朱良生等，1996）。从保护环境的角度出发，水产养殖环境容量不可能高，甚至不能满足目前浅海筏式贝类养殖的需要。因此，在制定养殖海区水质标准时，必须考虑我国的国情和浅海筏式养殖系统的特点，兼顾养殖容量和环境容量。

必须指出，任何养殖海区的负荷力或养殖容量都不是固定不变的。养殖品种的搭配（如贝藻间养或轮养等）、养殖区的合理布局及管理技术的改进等，都将相应增大该海区的负荷力或养殖容量。也就是说，通过优化养殖技术来提高海区的负荷力或养殖容量还是大有可为的。

9.2 研究进展

9.2.1 研究简史

有关内陆水域的养殖容量（应为负荷力，下同）的研究已有不少报道。例如，Vollenweider（1968）、Dillon 和 Rigler（1974）、Larsen 和 Mercier（1976）分别提出了以磷负荷为代表测定水体养殖容量的数学模型；Beveridge（1987）针对内陆水域不同养殖模式提出了养殖容量的估算方法；李德尚等（1994）对水库网箱投饵养殖容量进行了较为详细的研究。

20 世纪 70 年代中期，海水贝类养殖容量的研究逐渐引起了人们的关注。日本学者对虾夷扇贝的养殖容量研究取得了一系列成果（小林信三，1978；日本水产学会，1980），为解决大量死亡等问题提供了可靠的理论依据。欧美各国学者相继进行了贝类养殖海区养殖容量的研究。其中，法国学者对 Marennes-Oléron 湾太平洋牡蛎（*Crassostrea gigas*）（Bacher，1989，1991；Héral，1985，1991；Héral et al.，1986，1987，1988，1989）进行了较为详细的研究，并建立了养殖容量模型；爱尔兰学者在卡灵福德湾也进行了类似的研究（Cooke and Barry，1975）；加拿大、西班牙和荷兰学者分别对卢嫩堡湾（Grant and Thompson，1988）、Ria de Arosa 湾（Wiegert and Penas-Lado，1982）、斯科舍湾（Carver and Mallet，1990）和 Oosterschelde 湾（Smaal et al.，1986；Verhagen，1986）贻贝（*Mytilus edulis*）的养殖容量进行了估算或建立了养殖容量模型。澳大利亚学者对塔斯马尼亚州养殖海区的岩牡蛎（*Saccostrea commercialis*）建立了养殖容量模型（Department of Primary Industry and Fisheries，1996；Hollidy et al.，1991；Walker，1997）。

我国在浅海筏式养殖系统养殖容量方面的研究刚刚起步（方建光等，1996；李元山等，1996；李庆彪，1990；唐启升，1996），尚有不少问题急需解决。方建光等（1996）对桑沟湾栉孔扇贝（*Chlamys farreri*）的养殖容量进行了较为系统的研究，并提出了该海区栉孔扇贝养殖现状的优化措施。浅海双壳类养殖容量已研究的种类及研究方法见表 9.1。

表 9.1　浅海双壳类养殖容量已研究的种类及研究方法

研究种类	养殖区（国家）	研究方法	参考文献
太平洋牡蛎 *Crassostrea gigas*	Marennes-Oléron 湾（法国）	历年产量与现存量的关系	Héral et al.，1986
太平洋牡蛎 *Crassostrea gigas*	Marcnnes-Oléron 湾（法国）	箱式模型	Bacher，1991
太平洋牡蛎 *Crassostrea gigas*	Thau 湾（法国）	养殖对环境的影响，氮动力学模型，能量收支	Bacher et al.，1995
美洲牡蛎 *Crassostrea virginica*	North Inler 河口（美国）	野外实验，直接测定	Dame，1976
岩牡蛎 *Saccostrea commercialis*	Swan 湾（澳大利亚）	最适密度	Hollidy et al.，1991
贻贝 *Mytilus edulis*	Killary 港口（爱尔兰）	饲料与贝性腺发育和生长	Rodhouse et al.，1984
贻贝 *Mytilus edulis*	Nova Scotia 沿岸（加拿大）	养殖材料、区域与贝生长	Mallet and Carver，1991
贻贝 *Mytilus edulis*	Grevelingen 湾（法国）	历年同年龄组产量	Verhagen，1985
贻贝 *Mytilus edulis*	Whitehaven 港（加拿大）	能量收支	Carver and Mallet，1990
贻贝 *Mytilus edulis*	Oosterschelde 河口（荷兰）	浮游物	Smaal et al.，1986
贻贝 *Mytilus edulis*	Ria de Arosa 湾（西班牙）	浮游植物与贻贝产量	Wiegert and Penas-Lado，1982
贻贝 *Mytilus edulis*	Ria de Arosa 湾（西班牙）	能量收支	Navarro et al.，1991
贻贝 *Mytilus edulis*	St Lawrence 河口（加拿大）	风力再悬浮作用和能量收支	Fréchette，1991

续表

研究种类	养殖区（国家）	研究方法	参考文献
紫贻贝 *Mytilus galloprovincialis*	地中海西北部	能量收支和生物性沉积的影响	Grenz et al.，1991
硬壳蛤 *Mercenaria mercenaria*	Great Sound 湾（美国）	水平悬浮物通量和海区底部沉积物特征	Grizzle and Lutz，1989
硬壳蛤 *Mercenaria mercenaria*	墨西哥湾北部	流速与贝生长	Judge et al.，1992
扇贝 *Placopecten magellanicus*	室内模拟	碳（C）、氮（N）与贝生长	Grant and Cranford，1991
虾夷扇贝 *Patinopecten yessoensis*	喷火湾（日本）	能量收支	小林信三，1978
虾夷扇贝 *Patinopecten yessoensis*	陆奥湾（日本）	能量收支	日本水产学会，1980
虾夷扇贝 *Patinopecten yessoensis*	佐吕间湖（日本）	能量收支	日本水产学会，1980
栉孔扇贝 *Chlamys farreri*	桑沟湾（中国）	能量收支	方建光等，1996

值得一提的是，1996 年 10 月 6～11 日欧盟组织的“河口生态系统的供饵力：养殖牡蛎种群管理及其社会经济影响的生物学标准的确定”（TROPEE）项目学术研讨会在英国普利茅斯海洋实验室召开，这次会议可以说是对前些年贝类养殖容量研究工作的总结，会上各国学者报告了各自研究贝类养殖容量的成果，讨论并比较了各自的养殖容量预测模型。结果表明，由于各自研究的区域特征较强，优势和缺点并存，并没有一个完美的模型，而且对养殖容量的预测实在很难。由此可见，浅海筏式养殖系统贝类养殖容量的评估或预测仍将是各国水产养殖学专家所关注的热点之一。

9.2.2 研究方法

9.2.2.1 借助实验海区的养殖历史资料

根据实验海区历年的养殖面积、密度、产量等评价养殖容量，随着贝类养殖面积的逐年增加，贝类产量也在增加，但产量增加到某一数值时，增加的速度会变慢，可能会趋向某一极值，有时甚至有所下降，该极值即该实验海区贝类的养殖容量。法国学者利用历年产量与现存量的关系（Héral et al.，1986）或历年同年龄组产量（Verhagen，1985）对 Marennes-Oléron 湾太平洋牡蛎和 Grevelingen 湾贻贝的养殖容量进行了评价。

9.2.2.2 根据实验海区的环境条件

一些学者根据实验海区的理化因子，尤其是水流速度（Fréchette et al.，1989）、水体交换率（Incze et al.，1981）、浮游物（Smaal et al.，1986）或浮游植物（Wiegert and Penas-Lado，1982）等单一或多个因子与贝类生长等的相互关系，建立了贻贝等养殖容量模型。Grizzle 和 Lutz（1989）还利用浮游物的水平悬浮物通量和海区底部沉积物特征，建立了硬壳蛤（*Mercenaria mercenaria*）生长模型。

9.2.2.3 以能量为基础的养殖容量模型

根据贝类的能量学实验数据和指定水域的供饵力或初级生产力等建立贝类养殖容量模型。其原理就是估算出实验海区供饵力或初级生产力可提供给贝类生长的能量（或称生长余力，简称 SFG），测定出单个贝类在生长过程中所需的能量，然后加以计算。随着贝类能量学研究的进一步发展（Bayne and Newell，1983；Shumway，1991），这种方法是国内外采用较多的方法（方建光等，1996；Bacher，1991；Carver and Mallet，1990；Dame，1976；Grant and Cranford，1991；Navarro et al.，1991；Rosenberg and Loo，1983；Smaal et al.，1986；Verhagen，1986；小林信三，1978；日本水产学会，1980）。

以上三种方法都存在明显的不足，即只考虑环境对贝类养殖的影响，忽视了贝类养殖对环境的影响，而贝类养殖产生的自身污染，又将直接影响海区的贝类养殖容量。

9.2.2.4 生态动力学模型

海洋生态动力学模型的研究始于 20 世纪 40 年代，90 年代全球海洋生态系统动态研究计划（GLOBEC）的出台是海洋生态动力学模型发展史上的飞跃。由 9 家研究机构合作建立的欧洲区域性（北海）海洋生态模型（ERSEM）是迄今较为成功的生态动力学模型之一。贝类养殖容量的生态动力学模型研究也逐渐引起人们的重视，如箱式模型研究（Bacher，1991；Chardy，1987；Dame and Patten，1981；Raillard and Ménesguen，1994）及营养动力学模型研究（Dame and Dankers，1988；Kaspar et al.，1985；Grant，1996；Soares et al.，1997），其中法国 Thau 湾太平洋牡蛎养殖海区氮元素的动力学模型研究就是较为成功的一例（Bacher et al.，1995）。

9.3 展望与对策

9.3.1 展望

我国沿海地区掀起了“科技兴海”的浪潮，大力发展海水养殖业，为实现 20 世纪末海水养殖产量达到 700 万 t 的目标而奋斗。然而，我国有关海水养殖容量评估等方面的研究起步较晚，现有的评估技术及其在管理上的应用远远不能适应生产发展的需要。因此，为保证我国海水养殖业的可持续发展，积极开展浅海筏式养殖贝类养殖容量的研究具有重大的现实意义和深远的历史意义。

养殖容量的研究仅仅是为生产管理提供了一种科学依据，而如何在评估养殖容量的基础上进行有效的管理，这就是优化养殖海区环境、提升产量或效益的技术问题。反过来，管理和技术的改进又会对养殖容量有所影响。因此，在研究养殖海区养殖容量的同时，必须将优化技术的研究与其有机结合在一起。只有这样，养殖容量研究才具有实际意义，养殖容量模型才能得到实际应用，优化技术的研究才能有的放矢。

前已述及，任何一个海区的养殖容量或环境容量并不是一成不变的，养殖技术和生产管理等都对其产生影响。对于特定海区而言，除了工业、农业及居民日常生活等的影响，浅海筏式养殖的贝类养殖容量还受到海水池塘养殖、滩涂贝类养殖及浅海网箱养鱼等产业的影响。因此，不同产业在生态、社会及经济等多方面的相互关系及相互影响必须认真加以研究。此外，就单个养殖系统或产业而言，内部的调整也是必须的。我国 2000 多年传统淡水池塘养鱼成功的经验告诉我们，合理的混养是提高产量、减污防病、提高物质利用率的重要措施。因此，我国浅海筏式养殖也理应调整产业结构，积极开展贝藻、鱼贝及鱼贝藻混养或轮养等研究，进一步提高养殖海区的养殖容量或环境容量。

9.3.2 对策

9.3.2.1 立足于典型海区

我国浅海筏式贝类养殖主要分布在北方，而且辽宁和山东沿海是最重要的贝类产区。目前，不少养殖海区已经出现了个体小型化、养殖周期延长、死亡率明显增高、产品的产量和质量下降等问题，部分养殖海区贝类的大批死亡已经预示生产滑坡的可能性。因此，必须集中力量重点研究某几个典型海区的养殖容量和优化技术，在切实解决典型养殖海区与养殖容量有关的问题的同时，也为指导其他海区的生产和管理提供可靠的理论依据。

9.3.2.2 关注新开发海区

国家“科技兴海”规划已经实施，国家高技术研究发展计划也已启动。很明显，国家已经进一步加大了海洋研究和开发的力度，更多的海区将得到充分地开发利用。在开发利用的同时，还应开展新开发海区养殖容量和优化技术的研究，或利用上述典型海区的养殖容量模型对新开发海区进行养殖容量初步评估，以避免新开发海区重蹈某些过度开发海区的覆辙，确保新开发海区的可持续发展。

9.3.2.3 开展系统的研究和全方位的合作

养殖容量是一个新兴的研究领域。自 20 世纪 60 年代以来，国外学者一直注重浅海贝类养殖对海区环境影响的研究，已经取得了大量的研究成果（Bacher et al.，1995；Dame and Patten，1981；Dame and Dankers，1988；Dame et al.，1989；Kaspar et al.，1985；Soares et al.，1997），而国内有关这方面的研究甚少。为了全面系统地研究浅海筏式养殖系统的物质循环和能量流动的规律和特征，系统地评估实验海区的养殖容量，进而建立养殖容量模型，就必须研究贝类养殖对养殖海区环境的影响。

养殖容量是一个跨学科的研究领域，需要将物理海洋学、环境生态学和养殖生态学有机结合。因此，在研究过程中，只有坚持多学科、多单位的联合，才能取得真正的突破。优化技术的研究还必须与工作在生产第一线的科技人员相联系，充分依靠他们多年的实践经验，尽量少走弯路。

如何切实改变当前部分海区贝类养殖出现滑坡的现状，是一个引人瞩目的问题，也是一个系统工程。因为这个问题的出现本来就与养殖理论和技术的不足、有关政策的不健全、短期经济效益的刺激以及人口素质不高等密切相关。单单强调某一个因素或环节，根本无法解决如此复杂的问题，因此开展全方位的合作势在必行。

（杨红生　张福绥）

参 考 文 献

蔡运龙. 1995. 持续发展: 人地系统优化的新思路. 应用生态学报, 6(3): 329-333.

方建光, 匡世焕, 孙慧玲, 等. 1996. 桑沟湾栉孔扇贝养殖容量的研究. 海洋水产研究, 17(2): 18-31.

李德尚, 熊邦喜, 李琪, 等. 1994. 水库对投饵网箱养鱼的负荷力. 水生生物学报, 18(3): 223-229.

李庆彪. 1990. 养殖扇贝大量死亡与环境容纳量. 国外水产, (2): 9-11.

李元山, 牟绍敦, 冯月群, 等. 1996. 海珍品综合增养殖中的种间关系和生态容纳量的研究. 海洋湖沼通报, 18(1): 24-30.

刘大椿, 明日香寿川, 金淞, 等. 1995. 环境问题: 从中日比较与合作的观点看. 北京: 中国人民大学出版社.

秦友义, 王世田. 1991. 大面积贝藻间养面临的问题与对策. 齐鲁渔业, 8(4): 26-28.

隋锡林, 孙景伟, 王志松, 等. 1996. 大连浮筏养殖太平洋牡蛎死亡原因的调查与分析. 水产科学, 15(5): 3-7.

孙景伟, 王志松, 王富贵, 等. 1997. 太平洋牡蛎大量死亡原因与防治对策. 水产科学, 16(3): 3-7.

唐启升. 1996. 关于养殖容纳量及其研究. 海洋水产研究, 17(2): 1-5.

张扬宗, 谭玉钧, 欧阳海. 1989. 中国池塘养鱼学. 北京: 科学出版社.

朱良生, 王肇鼎, 彭云辉. 1996. 大亚湾大鹏澳水产养殖环境容量数值预测//邹仁林. 大亚湾海洋生物资源的持续利用. 北京: 科学出版社: 129-144.

日本水产学会. 1980. 水产ｼﾘｰｽﾞ, 31: ﾎﾀﾃｶﾞｲの增养殖と利用. 东京: 恒星社厚生阁.

小林信三. 1978. 喷火湾のｳﾆとその养殖许容量调查报告书. 北海道水产资源技术开发协会.

Bacher C. 1989. Capacité trophique du bassin de Marennes-Oléron: couplage d'un modèle de transport particulaire et d'un modèle de croissance de l'huître Crassostrea gigas. Aquatic Living Resources, 2(4): 199-214.

Bacher C. 1991. Etude de l'impact du stock d'huîtres et des mollusques compétiteurs sur les performances de croissance de Crassostrea ggias, à l'aide d'un modèle de croissance. ICES Mar. Sci. Symp., 192: 41-47.

Bacher C, Bioteau H, Chapelle A. 1995. Modelling the impact of a cultivalia. 42: 29-54.

Bayne B L, Newell R C. 1983. Physiological energetics of marine molluscs//Wilbur K M, Saleuddin A S M. The Mollusca. New York: Academic Press: 407-515.

Beveridge M. 1987. Cage Aquaculture. England: Blackwell Pub Professional: 352.

Carver C E A, Mallet A L. 1990. Estimating the carrying capacity of a coastal inlet for mussel culture. Aquaculture, 88: 39-53.

Chardy P. 1987. Modèle de simulation du système benthique des sédiments grossiers du golfe normand-breton (Manche). Oceanologica Acta, 10(4): 421-434.

Cooke R W T, Barry M D. 1975. Growth of the Pacific oyster *Crassostrea gigas* at the east, south and west coast of Ireland during 1973-1974. Bord Lascaigh Mhara Irish Sea Fisheries Board.

Dame R F. 1976. Energy flow in an intertidal oyster population. Estuarine and Coastal Marine Science, 4(3): 243-253.

Dame R F, Dankers N. 1988. Uptake and release of materials by a Wadden Sea mussel bed. Journal of Experimental Marine Biology and Ecology, 118(3): 207-216.

Dame R F, Patten B C. 1981. Analysis of energy flows in an intertidal oyster reef. Marine Ecology Progress Series, 5(2): 115-124.

Dame R F, Spurrier J D, Wolaver T G. 1989. Carbon, nitrogen and phosphorus processing by an oyster reef. Marine Ecology Progress Series, 54: 249-256.

Department of Primary Industry and Fisheries. 1996. Predictive modelling of carrying capacities of oyster (*Crassostra gigas*) farming areas in Tasmania.

Dillon P J, Rigler F H. 1974. A test of a simple nutrient budget model predicting the phosphorus concentration in lake water. Journal of the Fisheries Research Board of Canada, 31(11): 1771-1778.

Etcheber H, Heral H, Relexans J C. 1985. Protocoles of estraction chimique de la matiere organique particulaire: application au domaine estuarien. Oceanis, 11(5): 409-428.

Fréchette M. 1991. Carrying capacity and density dependence (Workshop Report). ICES Mar. Sci. Symp., 192: 78.

Fréchette M, Butman C A, Geyer W R. 1989. The importance of boundary-layer flows in supplying phytoplankton to the benthic suspension feeder, *Mytilus edulis* L. Limnology and Oceanography, 34(1): 19-36.

Grant J. 1996. The relationship of bioenergetics and the environment to the field growth of cultured bivalves. Journal of Experimental Marine Biology and Ecology, 200: 239-256.

Grant J, Cranford P J. 1991. Carbon and nitrogen scope for growth as a function of diet in the sea scallop Placopecten magellanicus. Journal of the Marine Biological Association of the United Kingdom, 71(2): 437-450.

Grant J, Thompson K R. 1988. A model of carrying capacity for suspended mussel culture in eastern Canana. J. Shelfish Res., 7(3): 568.

Grenz C, Masse H, Morchid A K, et al. 1991. An estimate of the energy budget between cultivated biomass and the environment around a mssel-park in the northwest Mediterranean Sea. ICES Mar. Sci. Symp., 192: 63-67.

Grizzle R E, Lutz R A. 1989. A statistical model relating horizontal seston fluxes and bottom sediment characteristics to growth of *Mercenaria meranaria*. Marine Biology, 102(1): 95-105.

Hepher B, Pruginin Y. 1981. Commercial Fish Farming. New York: Wiley & Sons.

Héral M. 1985. Evaluation of carrying capacity of the molluscan shellfish ecosystems. Shellfish culture development and management. Aquaculture: 4-9.

Héral M. 1991. Approches de la capacite trophique des ecosystemes conchylicoles: synthese bibliogrphique. ICES Mar. Sci. Symp., 192: 48-62.

Héral M, Bacher C, Deslous-Paoli J M. 1989. La capacité biotique des bassins ostréicoles// Troadec J P. L'homme et les ressources halieutiques. IFREMER: 225-259.

Héral M, Deslous-Paoli J M, Prou J, et al. 1986. Dynamique des productions et des biomasses des huîtres creuses cultivées (*Crassostrea angulata* et *Crassostrea gigas*) dans le bassin de Marennes-Oléron depuis un siècle. ICES CMF: 41.

Héral M, Deslous-Paoli J M, Prou J, et al. 1987. Relations entre la nourriture disponible et la reproduction de mollusques en milieu estuarien: variabilité temporelle de la colonne d'eau. Haliotis, 16: 149-190.

Héral M, Deslous-Paoli J M, Prou J. 1988. Approche de la capacite trophique d'un ecosysteme conchlicole. Shellfish Committee Reference M ariculture Committee K: 11-22.

Hollidy J E, Maguire G B, Nell J A. 1991. Optimum stocking density for nursery culture of Sydney rock oysters (*Saccostrea commercialis*). Aquaculture, 96(1): 7-16.

Incze L A, Lutz R A, True E. 1981. Modeling carrying capacities for bivalve molluscs in open, suspended-culture systems. Journal of the World Mariculture Society, 12(1): 141-155.

Judge M L, Coen L D, Heck Jr K L. 1992. The effect of long-term alteration of *in situ* currents on the growth of *Mercenaria mercenaria* in the northern Gulf of Mexico. Limnology and Oceanography, 37(7): 1550-1559.

Kaspar H F, Gillespie P A, Boyer I C, et al. 1985. Effects of mussel aquaculture on the nitrogen cycle and benthic communities in Kenepuru Sound, Marlborough Sounds, New Zealand. Marine Biology, 85(2): 127-136.

Larsen D P, Mercier H T. 1976. Phosphorus retention capacity of lakes. Journal of the Fisheries Research Board of Canada, 33(8): 1742-1750.

Mallet A L, Carver C E. 1991. An assessment of strategies for growing mussels in suspended culture. Journal of Shellfish Research, 10(2): 471-477.

Navarro E, Iglesias I P, Camacho A P, et al. 1991. The physiological energetics of mussels (*Mytilus galloprovincialis* Lmk) from different cultivation rafts in the Ria de Arosa (Galicia, NW Spain). Aquaculture, 94(2/3): 197-212.

Raillard O, Ménesguen A. 1994. An ecosystem box model for estimating the carrying capacity of a macrotidal shellfish system. Marine Ecology Progress Series, 115: 117-130.

Rodhouse P G, Roden C M, Burnell G M, et al. 1984. Food resource, gametogenesis and growth of *Mytilus edulis* on the shore and in suspended culture: Killary Harbour, Ireland. Journal of the Marine Biological Association of the United Kingdom, 64(3): 513-529.

Rosenberg R, Loo L O. 1983. Energy-flow in a *Mytilus edulis* culture in westem Sweden. Aquaculture, 35: 151-161.

Shumway S E. 1991. Scallops: Biology, Ecology, Aquaculture, and Fisheries. Amsterdam, Oxford, New York, Tokyo: ELSEVZER: 305-376.

Smaal A C, Verbagen J H G, Coosen J, et al. 1986. Interaction between seston quantity and quality and benthic suspension feeders in the Oosterschelde, The Netherlands. Ophelia, 26: 385-399.

Soares A G, Schlacher T A, McLachlan A. 1997. Carbon and nitrogen exchange between sandy beach clams (*Donax serra*) and kelp beds in the Benguela coastal upwelling region. Marine Biology, 127(4): 657-664.

Verhagen J H G. 1985. A distribution and population model of *Mytilus edulis* in lake Grevelingen, Report R 1310-12. Water Loop Kuding Laboratorium Delft Hydraulic Laboratory.

Verhagen J H G. 1986. Tidal motion, and the seston supply to the benthic macrofauna in the Oosterschelde. DHL report R1310-14.

Vollenweider R A. 1968. Scientific fundamentals of the eutrophication of lakes and flowing waters, with particular reference to nitrogen and phosphorus as factors I eutrophication. ODED Report no. Das/CST168, 27, Paris.

Walker T. 1997. 'Carrying capacity' answers for shellfish growing areas remain elusive. Austrasia Aquaculture, 11(2): 50-51.

Wiegert R G, Penas-Lado E. 1982. Optimal exploitation by mussel rafts of the Ria de Arosa, Spain: predictions of a first-genertation model in marine ecosystem modelling. Proceeding from a Workshop Held on 6-8 April, 1982, NOAA.

10 海湾扇贝引种工程及其综合效应

10.1 海湾扇贝引种工程回顾

20 世纪 70 年代末，我国黄渤海海域的浅海养殖出现了一系列的问题，如海带（*Laminaria japonica*）价格大幅度下降，在山东南岸沿海甚至全部停产；70 年代兴起的紫贻贝（*Mytilus galloprovincialis*）养殖业，因产品销路不畅也难以发展；栉孔扇贝（*Chlamys farreri*）尚处于试养阶段。因此，沿海许多养殖单位无所适从，海水养殖业面临严重滑坡的态势。正是在这种情况下，选定并引进了美国的海湾扇贝。

选定引进对象是引种工程的第一步。与陆地及内陆水域相比，海洋生态环境更为复杂且难以控制，因此全球大型海洋生物引种成功的例证并不多见。海湾扇贝是产于美国大西洋沿岸的一种野生贝类，以生长快速著称。在系统研究软体动物地理学和生态学理论的基础上，通过对社会、经济、海洋环境与生物学等多方面比较分析，推论海湾扇贝引进我国并实现产业化是可能的。其一，理论上，北半球大西洋西部边缘海与太平洋西部边缘海海水温差均较大，有利于相互双向引种；其二，栖息在这样环境中的海湾扇贝适温范围广（–1～31℃），有利于在我国沿海推广；其三，海湾扇贝生长快，比我国原扇贝养殖生产周期缩短一年以上，可降低生产成本；其四，海湾扇贝养殖产品可以出口。在美国华盛顿大学赵晋德教授和中国科学院海洋研究所曾呈奎院士、刘瑞玉院士及吴超元教授等的支持帮助下，我国于 1981～1982 年先后 3 次引进海湾扇贝亲贝。

研究结果表明，海湾扇贝与紫贻贝相似，在黄渤海一年有两个繁殖期，不同之处在于它适应的温度略高，生长期较短（张福绥等，1991）。据此，在春季通过升温促进性腺成熟及控温育苗导致早出苗延长了海湾扇贝海上生长期，突破了当年育苗当年养成的关键技术，建立了海湾扇贝工厂化育苗工艺流程（图 10.1）。同时，在育苗和养成技术等方面有所创新。例如，在育苗方面，筛选分离出种类配套、适温性不等的优质饵料藻种，包括等鞭金藻（*Isochrysis galbana*）3011（18～28℃）、等鞭金藻 8701（13～18℃）、小球藻（*Chlorella* sp.）及塔胞藻（*Pyramimonas* sp.）等；研制成适用于不同海区类型的采苗器，如细棕绳苗帘和聚乙烯网片适用于开放型海区，聚乙烯网片也适用于封闭型海区。在苗种中间培育方面，提出了新的大型细目网袋保苗法、塑料桶与网袋结合保苗法等；在养成方面，对一些重要养殖参数如养殖水层（–2.5m）、笼内养殖密度（每粒扇贝占用笼内空间 300～350cm^3）、收获季节（11～12 月）（张福绥等，1991）等进行了优化。建立了养殖历谱，实现了海湾扇贝人工繁育与养成技术系列化（张福绥等，1986），从而走向全人工养殖，并尽快将全套技术传授给广大养殖者，形成强大的生产力。生长快、效益高的海湾扇贝很快得到有关部门和广大渔民的重视，养殖生产发展迅速，形成世界上第一个海湾扇贝养殖业，从此成为我国浅海养殖的支柱产业之一。至 1996 年我国主要产区海湾扇贝养殖产量累计超过 150 万 t（图 10.2），产值约达 60 亿元，产品多销往美国及西欧等。

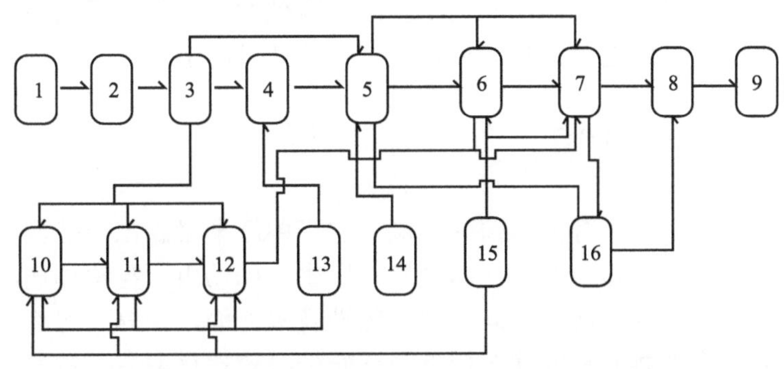

图 10.1 海湾扇贝工厂化育苗工艺流程示意图

1-提水设施；2-沉淀池；3-净化设施；4-加温池；5-海水调温调盐池；6-亲贝育肥池；7-采卵与育苗池；8-苗种中间培育设施；9-商品苗计数销售；10-饵料生物保种室；11-饵料二级、三级培养池；12-饵料培养池；13-锅炉；14-淡水池；15-充气设施；16-苗种暂养池

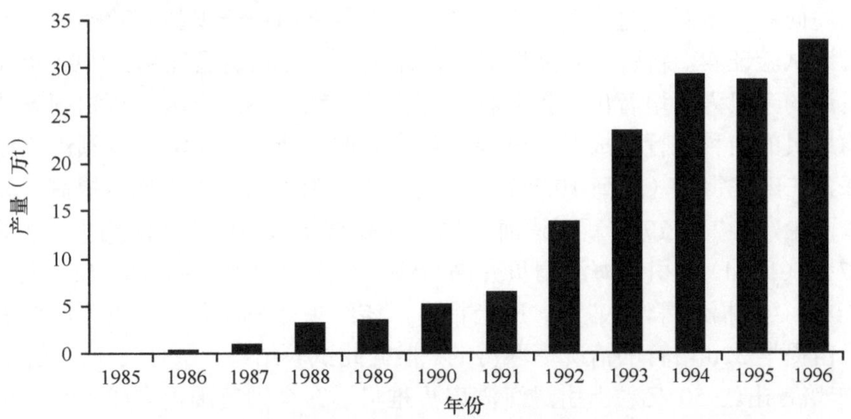

图 10.2 我国主要产区海湾扇贝养殖产量

海湾扇贝引种的成功除了为我国增添了一个新的养殖对象，还为海水养殖业构建了新的养殖模式。一是海湾扇贝与海带轮养，胶州湾试养结果表明，该模式能降低产业成本，扭亏为盈（张福绥等，1987），在烟台四十里湾的试验经济效益提高 132%（曲世科和李芳岷，1990）。近年来，为了改善养殖环境，越来越多的海带养殖区实行了海带与海湾扇贝轮养。二是海湾扇贝与对虾混养（刘永兴和秦友义，1992），养虾池混养海湾扇贝后，明显改善了虾池水质，有利于对虾生长，还可额外增收扇贝。例如，在天津沿海，对虾与海湾扇贝混养比对虾单养的产量提高 10.7%～27.7%，经济效益提高 36.7%～55.36%（韩桢锷和安福春，1992）。该模式已拓展到辽宁、河北、天津、江苏、浙江等省（市），并为以后我国虾贝混养模式的进一步发展奠定了理论与实践基础。有效实用的海湾扇贝控温育苗技术作为常规生产工艺，促进了栉孔扇贝等贝类育苗技术的进步。

10.2 海湾扇贝引种复壮

随着海湾扇贝全人工育苗养殖的发展，生产中逐渐暴露出一些问题，生长速度减缓、寿命缩短、个体小型化、病害时有发生，如幼虫面盘解体病和成贝外套膜收缩病等。尽管产生上述诸多问题的原因涉及多方面，如养殖密度过大、病原体侵入等，但尤为重要的是连续多代近亲交配，导致遗传漂变、抗逆能力减弱。海湾扇贝不同种群在磷酸葡萄糖变位酶基因位点遗传结构与性状的研究结果证实，美国沿海 5 个野生种群具有 7 个等位基因，除内湾封闭环境的野生种群外，其他野生种群间等位基因频率分布无显著差异；养殖种群呈现遗传退化，仅具有 4 个等位基因，等位基因频率分布分化显著，杂合性降低（薛钦昭等，1999）。为解决上述问题，重新引进了海湾扇贝亲贝，以便更新已衰退的养殖群体。育苗与养成对比试验证实，新引进海湾扇贝的群体生物学性状明显优越。1993 年 4 月利用新引进的亲贝人工培育出一批苗种，并将其分散到不同海区，在相同条件下与原海湾扇贝的苗种进行养成对比试验，结果表明，新引进海湾扇贝颜色比原海湾扇贝深，在肉柱得率（提高 10.7%）、抗逆能力、附着力等方面均有提高，就壳高与体重而论，至 7 月 17 日新引进海湾扇贝壳高与体重均比原海湾扇贝小得多，至 12 月 7 日（140d）新引进海湾扇贝壳高与体重分别比原海湾扇贝大 4.5%与 34.5%（图 10.3）（张福绥等，1997）。应当指出，该结果是在原海湾扇贝苗比新引进海湾扇贝苗提早 32d 培育的情况下取得的。根据此试验结果，在有关单位的配合下，1994 年培育出约 50 亿粒新引进海湾扇贝稚贝，在全国范围内完成了海湾扇贝养殖群体的种质更新，为实现该养殖业持续健康发展奠定了种质基础，对今后我国水产界引种工作起了示范作用。

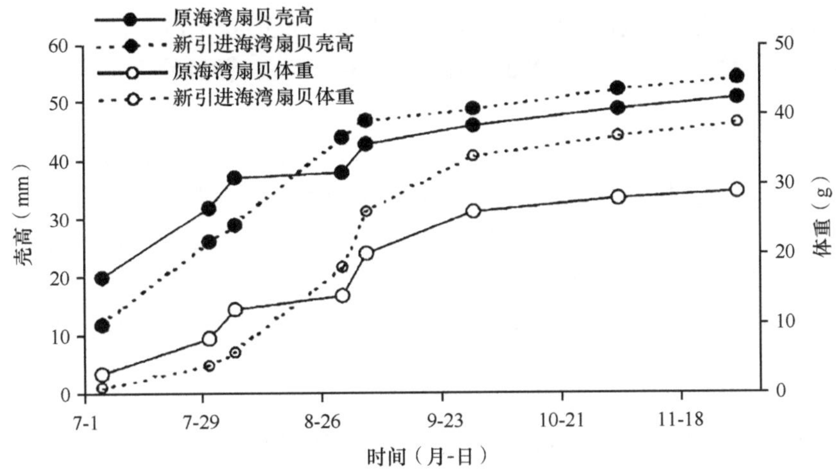

图 10.3 莱州湾原海湾扇贝与新引进海湾扇贝生长比较

10.3 海湾扇贝引种工程的拓展

作为海湾扇贝引种工程的后续工作，1991 年 12 月从美国南佛罗里达大学引进海湾扇贝的南方亚种——墨西哥湾扇贝（*Argopecten irradians concentricus*）稚贝 222 粒，翌年 6～7 月稚贝养成至性腺成熟，采卵培育出一批引进我国后的子一代稚贝（张福绥等，1994），并先后在广西、海南、广东等地进行养成驯化和育苗等试验。鉴于华南沿海地区春夏雨水多、近岸水域盐度低于墨西哥湾扇贝的适盐下限（18%）（He and Zhang，1998）、浊度较高、水温一般都在 15℃以上等，制定并实施了秋季育苗、冬春夏养成、台风来临前收获的技术方案，选择岛屿及离岸数海里、盐度较稳定的海区养殖驯化，育苗与养成均取得了较好的结果。现在，广西涠洲岛与防城港市及海南临高县等处均有育苗场从事苗种培育，养殖产业已经稳步发展。可以预测，一旦第一批上规模的养殖示范区得以建立，墨西哥湾扇贝养殖将会在得到大范围推广。

从美国南佛罗里达大学引进的墨西哥湾扇贝，曾于 1993～1994 年两次在山东沿岸养成驯化，均因不耐冬季低温（2.5～3℃）而死亡。1995 年 12 月又从该亚种地理分布区北限的北卡罗来纳引进一批亲贝（可称为北方种群的墨西哥湾扇贝），源于此批亲贝的后代，经 1996 年与 1997 年连续两个冬季低温期的海上养殖驯化，越冬终获成功。1998 年在山东各海区的试养结果表明，该扇贝附着能力比海湾扇贝强；至当年 11 月，部分试验海区养殖的扇贝平均壳高可达 4～5cm，平均体重达 29～37g，显示有一定的开发前景。

东海南麂岛海域养殖驯化试验始于 1998 年。同年 6 月在该岛常温培育出第一批北方种群的墨西哥湾扇贝稚贝，9 月苗到养成笼能够安全越冬，翌年 4 月体重达 21.4g。该岛海域一年中有 220d 水温达到 15℃以上，预计育苗后第二年可达到商品规格。

从生物学与地理生态学角度的分析及驯化养殖试验证明，南方种群的墨西哥湾扇贝（佛罗里达坦帕湾产）在南海养殖、北方种群的墨西哥湾扇贝在东海养殖是适宜的，前者已经在北部湾及海南岛海域进入产业化养殖阶段，后者在南麂岛海域已经正常生活并繁殖后代，且后代生长良好。

至此，海湾扇贝引种工程已经拓展到我国渤海、黄海、东海、南海各大海区。

10.4 海湾扇贝引种工程对本地种资源和种质的影响

将海湾扇贝引进我国以来，尚未发现其自然种群，包括一些滋生大叶藻（海湾扇贝幼苗自然附着基）的海区。从表观上分析，海湾扇贝养殖群体或养殖到翌年 3～4 月用于人工繁殖的亲贝，分别在年底收获时或人工繁殖前离开养殖海区，因而其失掉了春季在自然海区繁殖的机会；当年育苗养殖扇贝中个体较大者在秋季繁殖期（8～9 月）也能繁殖后代，并有少量稚贝（称为秋苗）附着在网笼上，年底壳高达 1～3cm，收获时这批贝苗也随网笼一起上岸。但是，在大规模养殖作业过程中，总会有一定数量的海湾扇贝（或随网笼一起）落至海底，实现春季繁殖，也会有一定数量的秋苗附着于网笼以外的其他附着基上。因此，上述分析难以解释海湾扇贝不能形成自然种群的真正原因。进一步研究发现，海湾扇贝原产地——美国大西洋沿岸的水文环境虽与我国黄渤海沿岸大致相似，但两海域生物环境差异甚远，特别是在底栖动物区系中，基本上找不到共有种。引进的海湾扇贝必然遭受我国海域生物环境的严重胁迫，极易被许多肉食性大型动物捕食，最常见者有脉红螺（*Rapana venosa*）、多棘海盘车（*Asterias amurensis*）、三疣梭子蟹（*Portunus trituberculatus*）、日本蟳（*Charybdis japonica*）等，而这些动物在黄渤海，特别是在扇贝养殖区的海底甚为习见。在研究和生产实践中发现，这些敌害动物主要是在春季繁殖期（红螺、海星的幼虫变态阶段）或稍后的时期（幼蟹期）进入扇贝苗种中间培育笼及养成笼中，依靠捕食扇贝或网笼上的某些附着生物维持生活。

海湾扇贝之所以能够在我国海域持续养殖，首先得益于人工批量繁殖的后代，全国育苗场每年要培育出近 1000 亿粒稚贝；其次是养殖网笼为扇贝提供了较安全的生境，使其基本避免了被敌害捕食；再次是尚未发现具有明显致病的寄生生物，1993 年在山东和辽宁采集的海湾扇贝标本中未发现原核生物（prokaryote）及真核生物（eukaryote），仅发现单孢子虫类 Haplosporidia 的原生动物（Chu et al.，1995）。

综上所述，引进的海湾扇贝对所在海区动物群体的影响只能是分享饵料、溶解氧、空间等环境条件，而不会像红螺进入黑海、绒螯蟹（*Eriocheir* sp.）进入欧洲水域、大瓶螺（*Ampullaria gigas*）进入华南农田水域等那样，对当地的生物群落及生态环境构成极大的危害。海湾扇贝引种工程在养殖功能和生态环境管理方面颇具特色，不仅能在我国海域有效地形成养殖群体，产生巨大的经济效益和社会效益，还能够人为控制其数量，不会像太平洋牡蛎（*Crassostrea gigas*）那样形成难以控制的自然群体，不致因“生物入侵”而造成所在海域原有生物资源基因“污染”和生态系统的破坏。因此，这样的引种工程应视为更理想、更成功。

10.5 海湾扇贝引种工程的生态与环境效应

海湾扇贝养殖已成为我国海水养殖支柱产业，其与国内的栉孔扇贝、紫贻贝、长牡蛎及海带等，构成了黄渤海浅海筏式养殖的主要对象，在整个养殖系统中，各自占有一定的区域、生物量份额和生态位，它们彼此间相互作用并共同影响其赖以生存的环境。其中，海湾扇贝主要养殖于内湾及流速较小的近岸浅海，而栉孔扇贝多养殖于相对水深流急的远岸海域。

从营养收支角度来看，扇贝等滤食性贝类摄食浮游生物、有机碎屑等，无须人为投入营养，收获产品等于从大海支取营养，1997 年我国贝类产量占海水养殖总产量的 82.3%，据估计，利用海区氮 13 397t、磷 1273t，排放氮 715t、磷 109t。因此，在合理的养殖模式和养殖密度条件下，其不但不会对环境造成污染，而且还能成为一种“生物屏障”。然而，在我国海水养殖发展进程中，不少养殖产业是在缺乏系统理论和技术研究的情况下大规模启动的，海湾扇贝引种工程规模化的同时，对局部环境产生的负面效应也日益突出。扇贝等滤食性贝类养殖对环境的影响主要包括养殖设施对养殖海区水流的影响、贝类的生物过滤作用导致的生物性沉积以及对养殖海区生物多样性的影响等，其中生物性沉积物的大量产生最为重要（杨红生和周毅，1998）。

1997～1998 年，全国仅栉孔扇贝大规模死亡导致的直接经济损失就高达 40 亿元以上，不少海区的贻贝也发生大批死亡，而养殖在同海区的海湾扇贝生长良好。栉孔扇贝大规模死亡仅仅是我国浅海养殖业发展中出现的一系列重大生态问题中的现象之一，而养殖海区环境恶化才是其中的根本（张福绥和杨红生，1999a，1999b），养殖海区环境恶化来源于陆源污染物排放和自身污染。对于后者决不可等闲视之，早在 20 世纪 70 年代，日本学者对虾夷扇贝（*Patinopecten yessoensis*）的养殖容量研究就取得了一系列的成果，为解决大量死亡等问题提出了可靠的理论依据（小林信三，1978）。欧美各国学者相继进行了贝类养殖海区养殖容量的研究。因此，海湾扇贝引种工程在一定程度上推动了我国贝类养殖容量等理论的研究（李庆彪，1990；唐启升，1996；杨红生和张福绥，1999）。筏式养殖系统养殖容量的研究已在桑沟湾（方建光等，1996）、烟台四十里湾（杨红生和张福绥，1999）等海区得以进行，但尚有不少问题急需解析，所得的数据也需进一步验证。

10.6 海湾扇贝引种工程的前景展望

海湾扇贝引种工程前景广阔。为实现海湾扇贝引种工程持续、高效发展，必须实现包括海湾扇贝本身在内的养殖贝类良种化、养殖环境清洁化和养殖技术生态工程化。

目前，我国进行养殖的苗种绝大多数没有经过系统的人工选育，其遗传基础还是野生型的，生长速度、抗逆能力乃至品质质量都急需经过系统的人工选育而加以提高。必须实现贝类养殖对象的良种化，从根本上解决目前种质衰退造成的一系列问题（曾呈奎和相建海，1998）。据调查，目前扇贝等贝类养殖主要集中于水深 15m 以内的浅海海区，而这些海区往往又受陆源污染的影响最为严重。为了实现贝类养殖业的可持续发展，减轻贝类等养殖对近岸海区的影响，养殖范围必须向外发展，实施“外延稀养”（或称离岸养殖）规划（张福绥和杨红生，1999b）。未来的海水养殖将采取先进的养殖技术和设施，将养殖区域拓展到 20m 水深的海区，局部可达 30～40m 水深的海区（如长岛等）。利用养殖生态学理论，研究远岸海区养殖海湾扇贝的新技术，建立养殖容量评估、病害综合防治及养殖环境生态调控等技术，通过对养殖系统优化技术和“清洁生产”养殖模式的研究，寻求养殖、生态和环境三者之间的协同，推进浅海贝类养殖业的持续发展。

海湾扇贝引种工程已拓展到全国各大海区，产生了巨大的经济效益和社会效益，同时又提高了我国贝类研究在国际上的地位，正如世界水产养殖学术权威人士所说，海湾扇贝引进到中国是一项最令人兴奋、最成功而具有历史意义的引种工程（Chew，1990）。因此，海湾扇贝引种工程意义重大，前景广阔，其综合效应是持续、深远的。

（张福绥　何义朝　杨红生）

参考文献

方建光，匡世焕，孙慧玲，等. 1996. 桑沟湾栉孔扇贝养殖容量的研究. 海洋水产研究，17(2): 18-31.

韩桢锷，安福春. 1992. 论天津市海水养殖现状与今后发展途径. 现代渔业信息, 7(5): 27-29.

李庆彪. 1990. 养殖扇贝大量死亡与环境容纳量. 国外水产, (2): 9-11.

刘永兴，秦友义. 1992. 虾池混养海湾扇贝试验报告. 齐鲁渔业, 9(4): 15-17.

曲世科, 李芳岷. 1990. 海带与海湾扇贝轮养技术试验报告. 齐鲁渔业, 7(2): 12-13, 18.
唐启升. 1996. 关于养殖容纳量及其研究. 海洋水产研究, 17(2): 1-5.
薛钦昭, Sheila S, 张福绥, 等. 1999. 海湾扇贝不同种群在磷酸葡萄糖变位酶基因位点的遗传结构与性状. 海洋与湖沼, 30(4): 381-390.
杨红生, 张福绥. 1999. 浅海筏式养殖系统贝类养殖容量研究进展. 水产学报, 23(1): 84-90.
杨红生, 周毅. 1998. 滤食性贝类对养殖海区环境影响的研究进展. 海洋科学, 22(2): 42-44.
曾呈奎. 1999. 大力加强海洋生物技术的研究. 海洋科学, 23(1): 1-2.
曾呈奎, 相建海. 1998. 海洋生物技术. 济南: 山东科学技术出版社.
张福绥, 何义朝, 刘祥生, 等. 1986. 海湾扇贝(*Argopecten irradians*)引种、育苗及试养. 海洋与湖沼, 17(5): 367-374.
张福绥, 何义朝, 马江虎, 等. 1987. 海湾扇贝与海带轮养试验报告. 海洋科学, 11(6): 1-6.
张福绥, 何义朝, 亓铃欣, 等. 1994. 墨西哥湾扇贝的引种和子一代苗种培育. 海洋与湖沼, 25(4): 372-377.
张福绥, 何义朝, 亓铃欣, 等. 1997. 海湾扇贝引种复壮研究. 海洋与湖沼, 28(2): 146-152.
张福绥, 马江虎, 何义朝, 等. 1991. 胶州湾海湾扇贝肥满度的研究. 海洋与湖沼, 22(2): 97-103.
张福绥, 杨红生. 1999a. 山东沿岸夏季栉孔扇贝大规模死亡原因的分析. 海洋科学, 23(1): 44-47.
张福绥, 杨红生. 1999b. 栉孔扇贝大规模死亡问题的对策与应急措施. 海洋科学, 23(2): 38-42.
小林信三. 1978. 喷火湾のｶﾆとその养殖许容量调查报告书. 北海道水产资源技术开发协会.
Chew K K. 1990. Global bivalve shellfish introductions. World Aquaculture, 21(3): 9-22.
Chu F L E, Burreson E M, Zhang F S, et al. 1996. An unidentified haplosporidian parasite of bay scallop *Argopecten irradians* cultured in the Shandong and Liaoning provinces of China. Diseases of Aquatic Organisms, 25: 155-158.
He Y C, Zhang F S. 1998. Effect of salinity on embryo and larval development of the southern bay scallop *Argopecten irradians concentricus* Say. Chinese Journal of Oceanology and Limnology, 16(1): 91-96.

11　清洁生产：海水养殖业持续发展的新模式

11.1　清洁生产的概念

清洁生产是将污染预防持续地应用于生产全过程，通过不断地改善管理和技术进步，提高资源利用率，减少污染物排放，以降低对环境和人类的危害。清洁生产的核心是从源头抓起，以预防为主，控制生产全过程，实现经济效益和环境效益的统一。清洁生产可以概括为：采用清洁的能源、原材料、生产工艺和技术，生产出清洁的产品。实施清洁生产不仅可以避免重蹈发达国家“先污染，后治理”的覆辙，还实现了经济效益与环境效益的有机结合，能够调动企业防治工业污染的积极性。国内外污染防治经验表明，清洁生产是工业污染防治的最佳模式，是转变经济增长方式的重要措施，也是实现工业可持续发展的必由之路。为了实现可持续发展，1994 年国务院第 16 次常务会议讨论通过了《中国 21 世纪议程——中国 21 世纪人口、环境与发展白皮书》，提出了一个 15 年的可持续发展计划，在该计划提出的“重点项目”中有 9 个优先领域、62 个项目，其中清洁生产列在第二位。在最近公布的中国 21 世纪议程工商投资项目中，清洁生产排名第一，充分体现了清洁生产的重要性。

近年来，农业的清洁生产问题得到了有关部门和学者的高度重视，不少专家认为，清洁生产同样适用于农业。采取合理措施，在农业生产过程中降低化肥和农药对环境所造成的污染，推广农业清洁生产，应当成为推动 21 世纪农业进步发展的新模式。

水产养殖业是大农业的重要组成部分之一，海水养殖业具有明显的特殊性，如对沿岸近海水环境造成更为直接的污染、养殖水产品对污染物的富集、养殖对象病害严重等。因此，清洁生产同样也是实现我国海水养殖业持续高效发展的先决条件。

11.2　发展水产养殖业清洁生产技术的必要性

11.2.1　养殖规模与产量

我国是世界上唯一养殖产量高于捕捞产量的国家，淡水、海水养殖产量占世界养殖总产量的 50%以上。近 20 年，我国海水增养殖业得以长足发展。20 世纪

50 年代海带自然光育苗和浮筏式养殖技术的开发，促进了海带养殖业的迅速发展，60 年代解决了紫菜采苗、育苗养殖技术以及牡蛎采苗养殖技术等问题，70 年代解决了贻贝采苗养殖技术问题，80 年代开发了中国对虾和栉孔扇贝的工厂化育苗养殖技术，并且海湾扇贝引种成功，90 年代初中国对虾、扇贝养殖总产量跃居世界第一，实现了藻、虾、贝三次产业浪潮。目前正在形成其他产业浪潮，如海水鱼类养殖等。1999 年，全国海水养殖产量达到 970 万 t，占世界海水养殖总产量的 80%以上，年产量超过 10 万 t 的种类有贻贝、海带、扇贝、蛤类、缢蛏和对虾等。

随着我国海水养殖规模的扩大和产量的增加，产品质量亟待提高，尤其需要生产出清洁的产品。

11.2.2　养殖模式与布局

在我国传统海水池塘对虾、滩涂贝类养殖中，养殖种类或类群单一问题由来已久。在对虾养殖业进入产业化相当长的一段时间内，中国对虾一直是当家种类，只是产业滑坡之后才开始重视生态养殖，强调多元化养殖，继而有了不同种类或类群搭配、不同养殖模式并举的新型养殖技术。目前，我国已开展养殖的浅海海区水深均在 15m 以内，而这些海区也是陆源污染最为集中的海区。由此可见，目前我国的海水养殖模式和布局难以实现清洁生产。

11.2.3　环境污染与生态系统的退化

11.2.3.1　富营养化与有害藻华

我国沿岸重要的海水养殖区大多分布于沿海港湾和河口附近水域，这些水域也是沿海陆源污染物和海上排污的主要受纳场所。另外，富含营养物质和有机农药的农业污水也随地表径流进入沿海水体，致使局部海域水质恶化。

海水养殖业自身污染的危害性主要表现在两个方面：一是引起水质恶化，近岸水域被污染之后，海水中的氨氮和硫化物等有害物质含量升高；二是由于营养物质的增加，原有生态平衡受到影响，有害生物的生物量增加。受污染的海水影响鱼类、虾类、贝类的生长，并可能诱发病害。特别是有害藻华发生时，浮游植物的异常暴发性增殖，有害藻华的毒素作用，以及藻华大量死亡、分解造成的水质恶化等，都能导致藻华发生海域养殖对象大批死亡。

11.2.3.2　沿岸生态系统的退化

在发展中国家，养殖对虾为了出口创汇，在缺乏整体开发和保护指导的情况下，在沿岸带大规模开挖虾池，尽管获得了短期的经济效益，但显然牺牲了长期的生态环境效益。例如，沿岸带不合理开发，严重破坏了底栖贝类的栖息地，自然资源量明显下降。

海水养殖对沿岸生态系统的影响包括：大规模开挖虾池对海滨湿地的影响、鱼类网箱养殖对浅海水体和底部生物多样性的影响、滤食性贝类下行效应的影响、筏式养殖设施和网箱等对海流的影响等。

由此可见，只有缓解自身污染，保持沿岸生态系统的健康平衡，才有希望实现养殖业的清洁生产。

11.2.4 消毒剂和抗菌素等对微生物生态与环境的影响

水产养殖过程中，通常使用大量的化学药品，如各种化学消毒剂、抗菌素、激素、疫苗等。我国水产养殖中使用过的中、西药物达 500 多种。1990 年以前，挪威在养殖业使用的抗生素比农业使用的还多。在海水池塘对虾养殖过程中，虾池消毒和病害防治是重要环节之一。消毒剂的使用，目的是最大限度地抑制虾池内的对虾病毒和杀灭其他病害微生物。对虾病害防治药物通常以抗菌素为主。富含消毒剂和抗菌素的虾池水被大量排放后，会对近岸水域微生物生态系统产生直接影响。特别是一些存留期长的广谱性抗菌素的过量使用，对近岸微生物生态和环境的影响更大。各类污染物质进入近岸水域环境后，其最终的降解与微生物的活动有关。当正常的微生物生态系统受到干扰或破坏之后，污染物质的分解速率可能受到影响，导致自净能力降低，水质进一步恶化。在海水网箱养殖系统中，许多化学药物可以直接入海，如治疗皮肤病和鳃病的外用药；化学药物也可以间接入海，主要是通过饲料溶失和排粪等途径。大量研究结果证实：虹鳟饲料中的氯霉素 90%以上会进入水体。而这些药物将通过食物链，富集到鱼类等水产品中，最终有部分会进入人体。

11.3 实现海水养殖业清洁生产的基本对策

21 世纪我国海水养殖业的发展态势日趋明朗，即朝着生态养殖和工程化养殖两个方向发展。理论基础是：运用现代生物学理论和生物与工程技术，协调养殖生物与养殖环境的关系，实现互为友好、清洁生产、持续高效。总体目标是：实现养殖生物良种化、养殖技术生态工程化、养殖产品优质高值化和养殖环境洁净化，最终实现水产养殖业的可持续发展。因此，开展海水养殖清洁生产的基本对策是：立足生态养殖、发展工程化养殖、控制药物滥用和开展水产品洁净生产。

11.3.1　立足生态养殖

未来的生态养殖，将强调养殖新模式和设施渔业中新材料与新技术的运用，建立动植物复合养殖系统，实施养殖系统的“生物操纵”与“自我修复”，优化已养海域的养殖结构，发展浅海离岸生态设施渔业。

11.3.2　发展工程化养殖

未来的工程化养殖，将运用现代生物育种技术、水质处理和调控技术与病害防控技术，设计现代养殖工程设施，实施养殖良种生态工程化养殖，依靠“人工操纵”实现养殖系统的环境修复，有效地控制养殖的自身污染及养殖活动对海域环境造成的影响。

结合我国海域的实际情况，在具体实施中可以分为三种养殖系统：一是潮上带和陆地工程化的养殖系统；二是现有滩涂、浅海养殖区以生态养殖为主，附以工程化养殖的养殖系统；三是离岸深水区的离岸生态设施养殖系统。

11.3.3　控制药物滥用

目前，水产养殖所用的化学消毒剂、抗菌素、激素、疫苗等种类繁多，使用缺乏规范。不少药物使用后残留在水体、底泥和生物体内，甚至通过食物链进入人体，因此必须严格控制药物滥用。

11.3.4　开展水产品洁净生产

水产品的质量直接影响经济效益，水产品一旦被污染，其价值将明显降低，更不能用于出口。为了人们的身体健康、水产养殖业的经济效益和国际形象，必须开展水产品的洁净生产研究。目前我国有关部门已经开展了贝类洁净生产研究工作并进入了产业化，但需要进一步发展。

11.4　亟待研究的关键技术

11.4.1　离岸设施生态养殖技术

为了减轻鱼类、贝类等养殖对近岸海区的影响，养殖范围必须向外发展。未来的海水养殖将采取先进的养殖技术和设施将养殖区域拓展到20m水深以远的海区。首先，水深较大的海区，水体交换率高，污染物含量低，因此向深水海域发展养殖将减轻各种污染对养殖生物的影响，生产出健康洁净的鱼类、贝类等产品。

随着养殖区的外移，全国近岸区的养殖密度将得以有效降低，甚至完全可以实施内湾和近岸数千米海区内禁养，此举将明显减轻浅海养殖对沿岸浅水区环境的影响，有利于浅海生态系统的恢复和环境保护，也有助于近岸相关种群资源的恢复和沿海捕捞业的振兴。

目前亟待研究的内容包括：合理的生态养殖模式、先进的海洋设施及工程技术等。

11.4.2 工程化养殖用水的高效处理技术

养殖用水处理的关键是杀菌和除氨。目前世界上用于水体杀菌消毒的方法主要有臭氧法和紫外线法等。紫外线法技术简单，但由于紫外线在水体中的穿透力低、设备需经常更换等，目前该方法较适用于小水体消毒。臭氧法可以用于处理大量用水，但技术难度较大。目前国外臭氧法已用于自来水、淡水鱼育苗用水和淡水循环养殖系统的杀菌消毒，而用于海水消毒处理大多处在小型试验阶段。由于臭氧可与海水中的溴离子和氯离子反应，生成臭氧化合物残留于水中，因此必须研究监测和除去残留臭氧化合物。

生物过滤主要是除去水中的氨氮，其中氨对鱼、虾毒性极高。在处理过程中，氨氮通过亚硝化菌的处理生成亚硝态氮，再由硝化菌处理生成硝态氮。亟待解决的问题是研制出质量小、表面积大、空隙率高的生物滤材，筛选出高效的亚硝化菌和硝化菌等。二氧化氯是一种较为理想的化学消毒剂，其特点是广谱、快速、高效、低毒。二氧化氯在我国水产养殖中应用的结果表明，其在改善水质、预防疾病等方面效果显著，但对养殖生物和生态系统的影响还应进一步研究。

11.4.3 海水养殖生物育种与健康苗种生产技术

美国启动海水鱼、虾、贝等基因图谱计划，应用染色体组操作技术，获得雌核发育的虹鳟，利用四倍体牡蛎与正常二倍体牡蛎杂交获得三倍体牡蛎。加拿大将抗冻蛋白基因和生长激素基因转移到鲑体内获得整合表达，其生长速度提高4～6倍。日本利用细胞工程培育出全雌牙鲆。我国在大型藻类细胞工程育种育苗方面成果显著。

半个多世纪的海水养殖研究和生产经验表明，实施清洁生产，必须有足够数量的优质、健康的鱼、虾、贝、藻种苗，美国生产的无特定病原体（SPF）虾苗就是突出的一例。

11.4.4 养殖生物病害防治技术

海水养殖中的病害已成为水产养殖业健康发展的巨大障碍，病害问题不解决，海水养殖就不可能达到高产出、高效益。在缺乏必要的检疫手段的情况下，养殖生物的盲目引进和交换是造成重大流行病发生和发展的巨大隐患。快速简便的诊断技术在生产上的应用，可以防患于未然，并为治疗提供科学依据。目前免疫荧光技术、单克隆抗体技术、酶联免疫技术［如酶联免疫吸附分析（ELISA）、点状酶联免疫吸附试验（DOT-ELISA）］及 DNA 探针技术在鱼类尤其是淡水鱼类病毒及细菌诊检方面已比较成熟。

目前亟待研究老化或恶化环境对甲壳类、鱼类和贝类抗逆能力的影响，研究导致甲壳类、鱼类与贝类大批死亡的病原生物及其流行规律和病理学特征，建立一套完善的鱼、虾、贝病害预测预报体系，及时检测养殖群体的病原状况，进行有效的消毒和病原控制，建立简便、快速的水质监测方法和病原及其他生物体的快速检测方法。

近年来，美国、法国等科学家利用分子生物技术在对虾致病基因的克隆和抗病品系筛选方面取得了一定的进展，美国已培育出抗病力强的美洲牡蛎品系，挪威采用免疫技术使大西洋鲑年养殖产量达到了 30 万 t。我国抗菌素用量从 1987 年的 48.5t 下降到 1996 年的 1t。养殖生物病害防治技术的研究，将大力推进清洁生产的实施。

11.4.5 养殖生态环境清洁工程技术

国际上养殖生态环境清洁工程技术的研究不乏成功先例。欧洲北海的海水养殖业得到了很大的发展，同时水产养殖造成的海洋污染也逐渐显现出来。20 世纪 80 年代后期和 90 年代初期，环北海国家携手对北海养殖污染问题进行了大规模、多年的深入研究。通过研究基本查明了海水养殖业所排放污染物的主要种类、污染途径和对北海污染的程度，提出了控制措施和养殖技术。芬兰 1987～1994 年的海水鱼类养殖产量增加了 3 倍，但养殖过程中磷排放量仅增加了 23%。丹麦 1984～1991 年鱼类养殖产量增加了 4 倍，而氮排放量仅增加了 2 倍。

东南亚一些国家投入养虾池塘的饵料只有 5.8%～21.7%的氮和 4%～6%的磷以经济产品的形式取得了有效利用，其余部分留在池底或被排放入海。这些国家加强了红树林对养殖废水的过滤、净化作用的研究，提出了将养虾池塘和红树林复合系统作为一个整体合理发展的设想。日本濑户内海由于海水养殖发展和陆上污染严重，曾几乎成为死海，后来通过物理、化学、生物等手段综合治理，生态环境逐步好转，养殖业也恢复生机。

我国有关海水养殖业对环境的影响、生物多样性保护、生态结构优化、病害防治等方面的研究和技术开发则相对薄弱，出现了养殖环境污染加剧和病害泛滥等问题，缺乏有效的生态调控措施一直是制约我国海水养殖持续发展的瓶颈。目前，我国海水养殖生态环境清洁工程技术的研究刚刚起步，研究内容缺乏系统性和实用性。

11.4.6 典型养殖水体生物修复技术

生物修复包括生物降解、吸收、积累和转化等，生物修复可以利用作用生物自身的功能消除污染物或改变污染物的存在形态而降低其毒性，使退化的或破坏了的生态系统得以恢复或重建。生物修复最大的特点是在系统内不引入大量的外来物质，靠作用生物自身的能量起作用，在适宜的条件下作用生物自行繁衍，不需要或极少需要人为施加能量，是一个自发过程。因此，对于一个规模较大的封闭或半封闭养殖系统，生物修复发挥的作用是巨大的，也是经济实惠的。

目前国内外应用比较多的生物修复技术是利用微生物对有机物进行降解。该技术能够使水体的 COD 降低，但并不能使营养元素总量减少，而只是将有机物变为无机物，从而可能加速海水的富营养化。在我国某些湖泊，试图养殖大型水生植物，如水葫芦等，这类水生植物的利用价值不高，吸收了大量营养盐后并未被采捞，其死亡、腐烂后未能使水体中的氮、磷等营养物质总量降低，而这些水生植物水上部分的光合作用加速了空气中的碳向水体的输入，导致更严重的富营养化。因此，利用经济价值更高的动植物对污染水域进行综合有效的修复是亟待研究的重要课题。

11.4.7 贝类等产品洁净生产技术

贝类对养殖区各种污染物、藻毒素等都具有很强的富集能力，因此产品质量难以保证。为了使我国的滩涂贝类产品进入国际市场并拥有较高的质量信誉，进一步开展贝类洁净生产技术研究势在必行。

综上所述，海水养殖业的清洁生产是一个系统工程，只有集成我国业已成功的淡水、海水养殖技术，瞄准种质、病害和环境三大问题，充分运用现代生物、工程等技术，才能最终得以实现。

（杨红生）

12 生态工程化养殖——新世纪我国蓝色农业前瞻

12.1 蓝色农业发展现状

近 20 多年来，我国蓝色农业发展迅速，实现了藻、虾、贝三次产业浪潮，第四次产业浪潮——海水鱼类养殖正在形成。蓝色农业在我国国民经济中占有重要地位。目前，我国海洋渔业产量居世界之首，海水养殖产量占全球海水养殖总产量的 80%以上，产值占全国海洋总产值的一半以上，大型海藻、扇贝养殖产量居世界第一，对虾养殖产量在暴发病毒病前，也居世界首位。我国海水养殖产量从 1987 年的 192.6 万 t 增加到 1998 年的 860 万 t，占海洋渔业产量的比重从 27%上升到 36.5%。海水养殖业的发展，部分缓解了我国人口食品安全问题对陆地农业的压力，增加了劳动就业机会，扩大了出口创汇，促进了沿海地区经济的发展。

12.2 蓝色农业亟待解决的问题

问题 1：缺乏系统基础研究和整体开发利用的意识

海水增养殖业是介于传统农业和现代工业之间的产业类型，基础理论和技术相对落后。由于缺乏系统理论基础、整体开发规划和完善的技术支撑，增养殖活动既对沿海环境和生态系造成了不良的影响，也制约了增养殖业本身的发展，如对虾养殖业的衰退和滩涂底栖性贝类资源的严重衰竭，而这种状况到目前为止还未得到有效遏制。例如，在潮间带不惜毁坏大片对保护海岸带有重要作用的红树林去兴建虾池鱼塘；在潮上带农耕地上开塘养虾，使大片农田盐碱化；将大片沿海湿地开发成各种养殖用途的畦、溏、池等。这些都严重破坏了沿海地区的生态平衡，并将危害沿海地区的经济和社会发展。

问题 2：养殖环境恶化，生态系统失衡

我国沿岸重要的海水养殖区大多分布于沿海港湾和河口附近水域，这些水域也是沿海陆源污染物和海上排污的主要受纳场所。

另外，大量富含有机质、无机氮、无机磷及有机农药的农业污水也随径流进入近海水域，致使近海水质恶化，严重影响养殖种类的生存和生长。

除了外源污染物的进入，养殖业本身对沿岸海区生态环境的影响也不容忽视。大量新增加的养殖设施使养殖区及其毗邻水域流场发生改变，而且由于养殖设施的屏障效应，流速降低，影响了营养物质的输入和污染物的输出，使陆源污染物得不到及时地稀释扩散，滞留在近海水域。由于海底堆积了大量生产加工过程中的废弃物等有机物并发生矿化，海底抬升，水深变浅，既降低了海域的使用功能，也成为二次污染的污染源。此外，植物性种类有机质的溶出，动物性种类养殖过程中的人工残饵及代谢产物的排放等都会对近海环境造成危害。

问题 3：缺乏品质优良、抗逆能力强的养殖对象

我国海水养殖的动物基本上是野生型的，未经过家化过程的遗传改良，因而除保留了野生型对环境温度等变化适应性较强的优点外，更多地表现为对养殖环境变化的不适应性，如密度变化、营养条件变化、病原体的侵害和水环境的恶化等。海水养殖野生型种类的种质由于难以适应逐渐恶化的环境，经过长期密集养殖后易发生大规模死亡，如我国北方土著种——栉孔扇贝等。此外，野生型群体经过数代养殖后，其子代性状发生分离，可能有一部分个体是对某些环境（病原）的敏感型，易发生死亡，并诱发其他个体的死亡。

问题 4：养殖类群单一并长期持续密集养殖，致使病害肆虐

在我国传统海水池塘对虾养殖和滩涂贝类养殖中，养殖种类或类群单一问题由来已久。对虾养殖业进入产业化的长时间内，中国对虾一直是当家种类，只是产业滑坡之后才开始重视生态养殖，强调多元化养殖，继而有了不同种类或类群搭配、不同养殖模式并举的新型养殖技术。目前，我国海水增养殖业中不同生态类型海区的养殖种类结构不合理的现象非常普遍，如某海区适于某种生物养殖，其养殖生物量就会严重超过环境负荷，进行掠夺式养殖。局部海区长期结构单一的密集养殖，使生态系统能量和物质由于超支而贫乏，造成循环过程紊乱和生态失调，致使某些污损生物、赤潮生物和病原生物异常出现，而且由于系统中的生物种群多样性低，食物链短，虽然能量转化率高，但是生态系统的稳定性差，极易引发病害的发生和流行。

12.3 蓝色农业发展目标与态势

21 世纪我国蓝色农业的发展态势日趋明朗，即朝着生态养殖和工程化养殖两个方向发展。理论基础是：运用现代生物学理论和生物与工程技术，协调养殖生物与养殖环境的关系，实现互为友好、持续高效。总体目标是：实现养殖生物良种化、养殖技术生态工程化、养殖产品优质高值化和养殖环境洁净化，最终实现蓝色农业的可持续发展。

未来的生态养殖，将强调养殖新模式和设施渔业中新材料与新技术的运用，建立动植物复合养殖系统。实施养殖系统的“生物操纵”与“自我修复”，优化已养海域的养殖结构，发展浅海离岸生态设施渔业。

未来的工程化养殖，将运用现代生物育种技术、水质处理和调控技术与病害防控技术，设计现代养殖工程设施，实施养殖良种生态工程化养殖，依靠“人工操纵”实现养殖系统的环境修复，有效地控制养殖的自身污染及养殖活动对海域环境造成的影响。

结合我国海域的实际情况，在具体实施中可以分为三种养殖系统：一是潮上带和陆地工程化的养殖系统；二是现有滩涂、浅海养殖区以生态养殖为主，附以工程化养殖的养殖系统；三是离岸深水区的离岸生态设施养殖系统。

12.4 实现生态工程化的必要性

改革开放以来我国的海洋研究和开发事业日新月异，沿海各省（区、市）纷纷提出各种开发利用海洋的宏伟目标，如山东的“海上山东”、辽宁的“海上辽宁”、江苏的“海上苏东”、福建的“海上田园”、广西的“蓝色计划”、浙江的“海洋经济大省”等。1997 年我国与海洋有关的增加值已占国内生产总值的近 5%，预计进入 21 世纪以后，其增长速度在一段时间内还将高于国民经济的增长速度，海洋产业产值占国内生产总值的比例还将逐年增加。

但是，在这一系列辉煌的背后，我们也应清楚地看到海洋环境正面临巨大的压力，由于海洋在全球生态系统中处于最低位置，因此海洋成为人类生产大多数化学物质和制造的物理效应的最终归宿。这些化学物质和物理效应，以及在海洋中引起的相应的生物污染效应，给海洋环境带来了压力。调查研究表明，我国的近海环境正在日益退化，近海海域石油烃、氮、磷等污染日益加重，污染范围不断扩大，环境质量整体呈下降趋势，海洋生态环境破坏严重，有害赤潮和生物性污染问题日益突出，对虾和栉孔扇贝等养殖业严重滑坡等。因此，从可持续发展的角度出发，实施生态工程化增养殖，将减轻陆源污染对增养殖生物的影响，更为重要的是将有效控制增养殖的自身污染。因此，实现蓝色农业的生态工程化势在必行。

12.5 实施生态工程化的基本构想

12.5.1 原则性思路与策略

根据我国的实际情况和特殊地理环境，原则上必须立足基础研究，强化高新技术的应用，实施良种工程，重点解决良种匮乏这一燃眉之急；从平衡沿岸各产业的需求出发，调整现有养殖区养殖结构、规模与布局；集成现代生物和工程技术，发展潮上带和陆地工程化养殖及浅海离岸设施渔业；实现海水增养殖理论和技术的国际化和国际水产品市场的信息化，立足出口创汇，扩大内需，调整并大力发展水产品加工业；全面推动我国蓝色农业的持续健康发展。

12.5.2 关键性对策与技术

12.5.2.1 从平衡沿岸各产业的需求出发，调整现有养殖区养殖结构、规模与布局

海岸带经济发展必须根据不同的功能特点，因地制宜地合理布局，协调发展。目前，沿海各地已对养殖产业结构进行了调整，在有些海区已经取得一定成效，但仍需进一步调整，合理布局，积极开展生态养殖和工程化养殖，在提高产品档次、增加经济效益的同时，减轻养殖对海区资源与环境的影响，保护和修复沿岸海区等脆弱生态系。

鉴于目前我国海水养殖的现状，近期可能有两种养殖模式并存：一是生态养殖，目前我国海水池塘和浅海多元化养殖已经取得一定的进展，但养殖生物搭配、放养密度、投入饵料、肥料的利用率、养殖生物的生态贡献等问题仍需进一步研究，以实现池塘和浅海生态与环境的稳定，降低养殖污水对海区的影响；二是池塘工程化养殖，采用封闭循环养殖系统（包括补充淡水控制盐度变化），严格处理进水和养殖污水，重点解决养殖系统对海区环境的污染问题，加强高效配合饵料的研制，增强养殖生物的抗逆能力，实现优质养殖对象的健康快速生长。

12.5.2.2 集成现代生物和工程技术，实施潮上带和陆地工程化养殖

潮上带和陆地工程化养殖主要包括鱼类、虾蟹类以及其他海珍品的生态工程化养殖。其发展前提是现代的养殖设施，生长快、抗逆能力强、肉质好的良种，以及高效水处理技术和自动化控制系统等。逐步建立大型的养殖工厂，大幅度提高养殖单产和经济效益，同时从环境清洁工程的角度出发，有效地控制养殖污染，减轻养殖污水对海区的环境与资源的破坏，进一步提高生态效益。可以预测，潮上带和陆地工程化养殖的前景十分诱人。

12.5.2.3 以离岸岛屿为基地，大力发展浅海离岸设施渔业

浅海是我国海水增养殖业发展的主战场。未来的离岸设施渔业的主体是鱼类和贝类，而大型藻类、沉积食性动物（如海参）等可以作为“清洁者”，建立动植物复合养殖系统。在系统研究鱼类、贝类、藻类及沉积食性动物等最佳配比、布局与养殖历谱等的基础上，建立生态复合养殖系统。值得一提的是，海参等的增养殖业发展迅速，而有关其生态作用等的基础理论有待研究。

未来的离岸设施渔业将采取先进的养殖和工程技术与设施，养殖区域将拓展到20m水深的海区，局部可达30～40m水深的海区（如长岛等）。但是，离岸养殖能否实施同样面临养殖技术和经济效益的挑战。目前，深水养殖平台、深水网箱、水下网箱、人工鱼礁等早在发达国家得以应用，我国台湾、海南等地也已用于鱼类养殖，其他地方的少数养殖单位已在30～40m水深的海区发展贝类筏式养殖，但经济效益和安全等问题阻碍了浅海离岸设施渔业的发展，这些问题都急需立题研究。因此，必须加强离岸养殖工程技术的研究，注重引进技术的消化与吸收，在发挥其生态效益和社会效益的同时，利用离岸养殖生产出高质量的产品，提高其本身的经济效益，解决养殖成本过高等问题。

12.5.2.4 实施良种工程，加强苗种培育关键技术的突破

如前所述，实现养殖对象的良种化，不断推出养殖新良种，从根本上解决目前种质衰退造成的一系列问题，是确保我国苗种生产持续健康发展的根本所在。目前，选择育种、杂交育种、雌核发育、多倍体育种等技术都初步得以应用。基因工程的应用在不远的将来有望给海水养殖业带来巨大的效益和革命性的变化。尽管其技术难度大，经费投入高，但其意义重大。因此，国家应创造条件，积极开展这方面的研究，为实现未来养殖对象的良种化奠定坚实的基础。

新的种质资源的发掘及对现有养殖种类（群体）进行种质评价是海水养殖优良品种化的重要基础。其研究重点是野生种群和养殖群体的遗传结构和遗传多样性等的变化及其与养殖性状的关系，利用现代生物技术研究与养殖性状有关的基因（族），为种质鉴定、遗传改良及制定生态对策提供科学依据。

12.5.2.5 从调控生态环境、增强生物抗逆能力入手，全方位防治养殖生物病害

养殖系统的营养状态既与养殖生物的物质积累和繁殖有关，也与其对不良环境的抗逆性有关，养殖动物尤其如此。而环境中营养物质的动态变化与养殖系统的自身污染和赤潮的发生有关。随着我国海水养殖业的发展，滩涂、浅海养殖环境的富营养化已成为严重的环境和生态问题。因此，应加强研究营养的动态变化和自身污染规律及其与养殖生物的关系，而特别要研究其与赤潮发生的关系。在未来几年的工作中，必须开展“清洁生产”和生态调控，特别是要注重对环境的净化和调控有特殊作用的生物的研究。

研究导致养殖生物异常、大规模死亡的病原生物及其流行规律和病理学特征，建立简便、快速的水质监测方法和病原体及其他生物体的快速检测方法，以便对疾病进行有效的控制。加强养殖生物免疫理论和技术的研究，并尽快在工程化养殖系统中应用。在养殖生物抗感染机制方面，除鱼类的有关研究较深入外，对虾、贝等无脊椎动物还知之甚少，现在刚着手研究。例如，牡蛎抗感染免疫机制的有

关工作，初步证实了血淋巴细胞至少有两个方面的功能与抗病反应有关系；对虾血淋巴液中的抗菌肽活性及特性成为免疫研究的新热点。

12.5.2.6 新型养殖设施（备）研制和水质调控技术与开发

新型养殖设施或设备是未来工程化养殖和离岸设施渔业发展的重要条件之一。新型的养殖设施或设备至少包括陆上工程化养殖系统和离岸深水设施渔业系统。

陆上工程化养殖系统包括：现代化的基础设施，环境控制设备，水处理循环设备，专家管理系统等。

离岸深水设施渔业系统包括：抗风浪深水网箱，深水平台，自动投饵清污系统，环境监控设备等。

12.5.2.7 立足出口，增加内需，大力发展水产品加工业

水产品的保鲜和加工是捕捞和养殖生产的延伸，是整个蓝色农业不可或缺的组成部分。近年来，我国海洋药物和天然活性物质的研究及应用得到了充分重视，而加工业发展势头不足。一方面，我国虽然是水产品生产大国，但产品多表现为资源型、类同型和低值型等，因而影响出口；另一方面，在内陆地区特别是西部地区，人们的食物营养结构亟待改善，如缺碘等，这一现状不能不引起有关部门和学者的深思。我们必须加强精深加工，提高产品的科技含量和附加值，大力发展优质、名牌、特色产品，增强出口竞争力，同时从改善人民食物结构出发，扩大内需，并由此推动我国蓝色农业的持续健康发展。

（张福绥　杨红生）

13 试论我国滩涂资源的持续利用

我国现有滩涂面积超过 350 万 hm^2，滩涂资源的持续利用是缓解我国人口压力的重要途径之一。滩涂是人类最早开发利用海洋的场所，自古“兴渔盐之利，行舟楫之便”就与滩涂紧紧相连。现代滩涂开发更是有增无减，如世界性的对虾养殖，我国的海藻、贻贝、牡蛎等养殖，欧美的蛤类滩涂养殖，澳大利亚的潮间带盘式离底牡蛎养殖，以及日本和韩国的滩涂牡蛎及蛤、蚶类增养殖等。

半个多世纪以来，我国滩涂增养殖业发展迅速，为国民经济作出了重要贡献。但因缺乏统一规划和片面追求高产量，忽视了长远的生态效益和社会效益，局部养殖区出现过度开发、超载运行，水产养殖污染严重，生态系统失衡，养殖病害加剧。对虾养殖业的滑坡、滩涂贝类的苗种不足和病害问题都严重影响了我国滩涂海水养殖业的可持续发展。因此，开展滩涂持续利用的理论和技术研究，具有重要的现实意义。

13.1 滩涂开发的现状

我国海水养殖区大多分布在沿海港湾和河口附近水域，这些水域也是沿海陆源污染物和海上排污的主要受纳场所。另外，农业污水也随地表径流进入沿海水体，致使局部海域水质恶化。这是我国海水养殖的一个宏观环境背景。

我国滩涂开发方式主要是潮间带或潮上带池塘养殖、地面种植、潮间带贝类增养殖和藻类养殖。其中，经济效益最高的是对虾和贝类养殖。对虾养殖高峰期年产量达 22 万 t 以上。1993 年后对虾养殖产量大幅度降低，步入低谷。之后又进入复苏阶段，2000 年养殖产量约 20 万 t。对虾养殖中大规模单一种类养殖的过度发展，既导致产业滑坡，又大规模破坏了滩涂的生态平衡。此后，生态养殖受到重视，多种养殖模式以及不同种类或类群搭配的多元化养殖技术开始出现。但仍缺乏成熟有效的理论与生态调控技术。对虾产业的兴衰，在本质上仍处于原始的听天由命状态。建造虾池对沿海湿地环境破坏严重，一些新的养殖方式如近年兴起的潮上带养虾，引起环境盐渍化与海水倒灌。养虾用水影响近岸生态区系，而虾池排水则使水域生态系统富营养化。同时，养殖过程中各类药物的滥用、饲料的残留和溶失与排泄物对环境和生态系统的污染，以及引进品种对本地种群的基因污染都日益严重。此外，虾池和滩涂养殖区的自身污染也日益严重。长期以来，对虾养殖业采用高密度、高投饵率和高水体交换率的养殖方式，不仅污染环境，也给养殖自身带来了灾难。

我国滩涂贝类因人工育苗和养殖技术尚未完全成功，实际主要是护养增殖，其规模虽居世界前列，如 1996 年面积达 53 万 hm^2、产量达 178 万 t，但技术落后，主要靠“天种人收”“广种薄收”的方式生产，养殖对象搭配也极不合理，几乎全部是滤食性贝类。滩涂贝类养殖设施导致的养殖区流体环境改变，以及贝类滤食过程导致的生物性沉积加强，将严重改变生态环境，从而影响养殖海区的生物多样性。这一生态学问题将严重影响我国滩涂贝类养殖业的健康发展。同时，我国滩涂埋栖型贝类资源，尤其是重要的经济种类，已因酷捕滥采和环境破坏而严重衰退，如苏北滩涂区的文蛤、黄河三角洲的毛蚶等。近年来，我国滩涂贝类时常因环境问题大批死亡，如山东丁字湾菲律宾蛤仔和江苏南部滩涂养殖区文蛤等。而目前对滩涂增养殖的宏观调控仍未引起足够重视，滩涂贝类对养殖区各种污染物都有很强的富集能力，极易形成有害产品，为保持贝类产品质量，必须开展贝类洁净生产。

我国海藻养殖业曾有辉煌的历史，海带、紫菜养殖技术领先，产业规模很大，曾是我国早期海水养殖业的主体。后来，随着市场经济的发展变化和海洋生物学技术的突破，养殖主体已经转向对虾等高效益产业，海藻养殖有所衰落，但是仍能维持一定的产业规模，如我国紫菜养殖面积为 1.7 万～2 万 hm^2，其中 20%是长江以北的条斑紫菜，80%为长江以南的坛紫菜。条斑紫菜加工产品的品位和价值较高，产值占我国紫菜总产值的一半以上。今后因可持续复合生态养殖的需求，藻类养殖不仅仍将保持其不可替代的食品地位，还将发挥更重要的水体环境生态作用。

近年来，碱蓬等盐生作物筛选和种植的成功，导致盐碱农业的产生，成为很有前途的新兴产业和研究热点，并为滩涂可持续利用和生态环境重建与修复提供了新途径。

13.2 滩涂持续利用的基本构想

可持续发展是世界环境与发展委员会提出的人地系统的优化思路，其核心是实现经济发展、资源节约与环境保护的统一。

近年我国对虾、贝类产业滑坡对沿海经济发展打击很大。今后，我们无法回避的一个问题是：我国滩涂产业的可持续之路，到底该怎样走？回顾我国渔业经济的发展，长期处于高增长、低效益、高破坏状态。追求速度和产量，竭泽而渔，不顾未来，忽视环境和健康。这种注重眼前利益的发展思想，已经造成了严重后果，引起了广泛关注。

我国滩涂增养殖业至今没有整体规划布局，产业结构调整既缺乏成熟理论又缺少成熟经验，更缺少可行模式。环保、生态与可持续意识仍十分欠缺，大多只停留在字面上、口头上和口号中，而缺少实际的可行措施与技术支持，尤其缺少强有力的宏观政策引导。因此，必须从构建滩涂大农业的角度出发，将可持续意识、可持续目标与实际生产模式和生产技术相结合，形成具有可实施与可操作性的可持续发展的生产模式和技术体系。对这种模式和技术体系的创新，是实现滩涂可持续发展的关键。

在滩涂利用整体布局方面，应充分注意我国滩涂的多样性与复杂性，必须在充分调查研究的基础上，进行科学的功能区划。同时，必须对各个区域功能进行全面的多学科综合研究，形成合理细致的小区域可持续发展规划。必须综合考虑陆地、滩涂与水体的相互联系与不同功能，考虑生物与生物、生物与环境、养殖产业与非养殖产业间的相互联系与影响。应充分利用这些相互联系与不同功能，创造不同层面的复合生态生产系统，消除各个环节产生的排泄污染，形成良性生态循环，最终实现可持续发展。

在养殖种类和良种选育方面，应对适合当地情况的种类或类群进行研究，着重发展有前景的本地特有种，开展自然种群的增养殖保护。应避免盲目引进外来物种，对引种给予高度的警觉和谨慎的评价。必须充分考虑各种潜在危害或长远的生态与环境影响，在有充分的实验证据证实其安全性以前，对一切外来种都应给予严密有效的控制，以防产生无法挽回的环境生态危害。而频繁的跨区域苗种移植，可能引起种质恶化的后果，如我国长江、辽河和瓯江等不同水系中华绒螯蟹的频繁移植，已经导致其种质退化。目前我国正在建立海藻种质库，海洋经济生物种质库的建立也有重要价值，这需要发展种质保存技术与种质质量的判定鉴别技术，必须重点解决苗种问题与良种化问题。首先是种源问题，必须逐步实现全人工化。目前海水养殖只有植物（藻类）已经做到了全人工育种，并初步形成了部分良种品系（如海带、紫菜）。而所有海水养殖动物都没能实现人工育种，虾、贝、蟹、鱼都是靠野生种直接形成养殖种苗。从这一意义上看，海洋动物养殖目前还处在由渔猎向农牧转化的最原始阶段，距离真正的农牧化还有一段遥远的距离，其良种化还无从谈起。因此，这也是海洋生物学，尤其是发育生物学和遗传生物学面临的一项重大课题。

在良种培育方面，必须继承传统农业延续上万年之久的成功经验和宝贵传统，做好充分思想准备，改变投机取巧的态度，走长期持续的逐代优化之路。高新技术可以作为辅助手段与经典途径相结合，任何对成功的传统育种技术的排斥或忽视，都会将海水养殖业的良种培育引入歧途。

在养殖模式方面，应针对不同的区域，创建适合当地情况并与当地生态系统相协调匹配的区域化养殖模式，避免一味照搬、简单模仿、盲目推广。必须高度重视实用技术、高效技术、简单技术的创新，避免盲目追求所谓的高技术。在达到相同效果的前提下，技术应是越简单、越经济越好。必须认识到，用复杂昂贵的技术手段解决简单问题是智力低下的表现，是落后而不是先进。必须高度注意养殖容量和环境容量，了解不同养殖种类或种类组合的养殖规模和养殖密度的关系。目前对虾、滩涂贝类和大型藻类的养殖容量都未查明，海水养殖的可持续性仍缺乏基本科学依据。应创建由不同动植物合理搭配组成的复合养殖生态系统，形成优化养殖环境，实现养殖过程良性循环。

以增殖为主，养殖为辅。必须注重对滩涂资源的综合保护，减少人为干预和破坏。人工增殖可使生态系统自我完善并实现资源利用的可持续发展。日本在贝类增殖方面成绩显著，我国则重视不够。

大力开展生态养殖。应将水体大型藻类养殖与动物增养殖相结合，形成水体复合生态养殖系统，通过大型藻类优化水体养殖环境并获取更高的经济效益。应将微藻、浮游生物的增养殖与水体动物养殖相结合，形成水体复合生态养殖系统，通过微藻和浮游生物优化水体养殖环境，提供鲜活饵料，增加生态效益与经济效益。

在养殖病害方面，应充分注意水体环境的特殊性和病害控制的困难性。病害是水产养殖业发展的主要制约因子，经常造成水产养殖严重减产或绝产。不适当的养殖方式与过程、盲目引进养殖品种、环境恶化或逆变都会增加病害的发生。目前对水体生物的致病生物学、流行病学与病理学研究相当贫乏，检疫手段不足，诊断治疗与防护非常困难。抗生素、消毒剂等药物的大量滥用，已经成为严重的社会公害。因此，必须发展无污染的清洁养殖防病技术，建立复合生态养殖系统。

在盐生植物种植方面，应将滩涂盐生植物种植与水产养殖和陆地农牧相结合，形成陆地-水体复合生态养殖系统，通过盐生植物优化陆地与水体周边养殖环境，在保护和优化滩涂环境的同时，产生更大的经济效益，形成高效产业。

应建立经济盐生植物种质资源库，筛选具有经济价值和生态价值、适合不同区域特色的多种天然盐生植物并予以驯化改良，形成适合不同盐碱环境栽培的盐生作物与植物类群，发展盐生植物-海水养殖轮作与互补模式。应重点优化碱蓬等已筛选盐生经济作物的品性，加强高产技术研究。

在综合加工方面，应重视废弃物和下脚料的深加工与综合利用，加强各种生物活性物质的研究和提取，形成优质功能食品、保健品、药品或其他产品，但应特别注意加工过程的无污染技术研究，实现无公害生产。

在物种保护方面，必须加强滩涂生物多样性的保护与研究，尤其对濒危物种必须紧急抢救，进行专门研究和保护增殖。

13.3 滩涂持续利用中亟待研发的关键技术

13.3.1 滩涂生物遗传多样性的保护与利用技术

滩涂由于具有独特的地理环境条件，拥有许多独特的生物资源，在开发滩涂生物资源的同时，应当考虑其生物遗传多样性的保护，特别是保护重要、典型、濒危的生物种质资源。因此，需建立种质保存技术和鉴定技术体系。

13.3.2 适于滩涂成陆土地种植的植物筛选、育种与种植技术

研究耐盐碱优质高产水稻新组合新品种的选育技术、耐盐碱优质高产棉花新品种的引进筛选与改良技术、优质高产大麦新品种的选育技术、优质高产油菜新品种的选育技术等。开展盐碱土稻、麦、油、棉高产平衡施肥技术，稻、麦、油、棉群体优质量化栽培技术，棉花“双膜”栽培技术，以及新型植物生长调节技术的示范。

13.3.3 滩涂耐盐碱植物的筛选、驯化与综合利用技术

建立经济盐生植物种质资源库，筛选具有经济价值和生态价值、适合不同区域特色的多种天然盐生植物并予以驯化改良，形成适合不同盐碱环境栽培的盐生作物与植物类群，建立适于海水与高盐土-中、轻度盐土-脱盐土等不同生态位的复合植物种类，形成盐生作物良种与品系并建立种苗繁育基地，发展可生产蔬菜、油料、饲料和中药材的多种盐生作物，以及牧草和可用于盐碱环境绿化、海岸防护、环境治理与生态修复的盐生植物类群，探索立体盐土农业模式、盐生植物-海水养殖轮作与互补模式。优化已筛选盐生植物与耐盐经济作物如碱蓬、枸杞、芦苇等的品性，深化综合高产技术研究，对筛选出的耐盐牧草进行扩大繁殖，为发展滩涂草食畜禽的饲养奠定基础。

13.3.4 草、牧复合生态系统的栽培和饲养技术

重点研究优良林木的引进、筛选和高产栽培技术，引进草食畜禽良种，改进饲养技术。培育肉用纯种波尔羊、肉用牛、肉用鹅等优良品种，并研究其适应性、生产性能和饲料报酬等技术指标，建立林、草、牧复合生态系统，优化其结构和功能。

13.3.5 封闭式海水池塘鱼、虾生态养殖和工程化养殖技术

进一步发展海水池塘的综合利用模式，如对虾与蛏混养、对虾与鲻混养等模式，优化养殖密度、搭配比例和混养方式等；探索新的利用模式，如盐生植物与对虾养殖的轮作等。潮上带和陆上工程化养殖主要包括鱼类、虾类以及其他海珍品在陆地的超集约化养殖，其发展前提是现代的养殖设施，生长快、抗逆能力强、肉质好的良种，以及高效水处理技术和自动化控制系统等。逐步建立大型的养殖工厂，大幅度提高养殖单产和经济效益，同时从环境清洁工程的角度出发，有效地控制养殖污染，减轻养殖污水对海区环境与资源的破坏，进一步提高生态效益。

13.3.6 滩涂底栖生物资源保护、人工增殖和洁净生产技术

重点建立和发展文蛤、青蛤、泥螺、泥蚶等贝类的工厂化育苗技术。进一步加强滩涂贝类、多毛类资源保护，实现管理的法治化和科学化。积极开展文蛤、泥蚶、青蛤等贝类增殖技术研究。

滩涂贝类对养殖区各种污染物都有很强的富集能力，因此产品质量难以保证。为了使我国的滩涂贝类产品进入国际市场并拥有较高的质量信誉，进一步开展贝类洁净生产技术研究势在必行。

13.3.7 大型藻类育苗和养殖技术

通过组织培养、无性繁殖系育苗等新技术筛选江蓠、紫菜良种；运用细胞工程技术工厂化制种，开展规模化养殖；在此基础上，发展藻类加工与综合利用，提高海藻的附加值。

13.3.8 活饵料（微藻、卤虫）人工培养技术

在适宜池沼区域如盐场发展活饵料（微藻、卤虫）增养殖及其产品加工，建立浮游生物-游泳动物生态养殖体系或盐业-微藻或卤虫生态产业体系，提高滩涂土地和水体的利用率，增加生态效益与经济效益。

13.3.9 滩涂生物资源深加工技术

贝类深加工：重点研究特产优势种类如四角蛤、文蛤、泥螺等的洁净生产技术，形成系列产品。

藻类深加工：根据成套的加工工艺，在适宜的地区开展紫菜的一次、二次加

工，拓宽产品市场；在江蓠规模化养殖基础之上，以江蓠为鲜饵料养殖鲍鱼等，开展琼胶和琼胶素提取技术研究及产业化示范。

盐生植物深加工：重点研究食品、油料、饲料、保健品、天然活性产物与药物、精细化工产品的加工提取技术以及相关配套技术。

其他天然产品加工：利用滩涂动植物资源进行精加工，开发具有市场前景的食品、保健品、药品及其他产品。

总之，滩涂是我们不可替代的自然环境，也是我们的资源宝库和生存基础。对滩涂的开发必须是在保护的前提下，必须寻求和坚持走可持续发展的道路。而创建切实可行的滩涂持续利用模式与技术，是我国海洋学界知识创新的首要任务。面对滩涂资源与环境的日趋恶化，这一任务的紧迫性已经日益明显。

（杨红生　邢军武）

参 考 文 献

蔡运龙. 1995. 持续发展: 人地系统优化的新思路. 应用生态学报, 6(3): 329-333.
柴雪良. 1998. 海水养殖业与环境的相互影响. 浙江海水养殖, 27: 24-26.
贾晓平, 蔡文贵, 林钦. 1997. 我国沿海水域的主要污染问题及其对海水增养殖的影响. 中国水产科学, 4(4): 78-82.
刘瑞玉. 1998. 海洋生物资源持续发展的科学问题//周光召. 科技进步与学科发展(上). 北京: 中国科学技术出版社: 101-105.
刘瑞玉. 1999. 加强管理 深入研究 保证山东渔业持续发展. 科学与管理, 19(1): 8-11.
王如才, 王昭萍, 张建中. 1993. 海水贝类养殖学. 青岛: 青岛海洋大学出版社.
王子臣. 1981. 栉孔扇贝人工育苗与试养的研究. 大连水产学院学报, (1): 1-12.
杨红生. 1999. 试论我国"蓝色农业"的第二次飞跃. 世界科技研究与发展, 21(4): 77-80.
杨红生. 2001. 清洁生产: 海水养殖业持续发展的新模式. 世界科技研究与发展, 23(1): 62-65.
杨纪明. 2001. 关于我国第 4 次海水养殖浪潮的初思. 海洋科学, 25(1): 47-50, 56.
杨先乐. 1999. 21 世纪我国水产动植物病害防治的发展方向. 淡水渔业, 29(2): 44-45.
于大江. 2001. 近海资源保护与可持续利用. 北京: 海洋出版社.
曾呈奎, 周海鸥, 李本川. 1992. 中国海洋科学研究及开发. 青岛: 青岛出版社.
张福绥, 何义朝, 刘祥生, 等. 1986. 海湾扇贝(*Argopecten irradians*)引种、育苗及试养. 海洋与湖沼, 17(5): 367-374.
张福绥, 何义朝, 亓铃欣, 等. 1997. 海湾扇贝引种复壮研究. 海洋与湖沼, 28(2): 146-152.
张国范, 李霞. 1999. 我国贝类大规模死亡的现状. 中国水产, (5): 25-30.
张镜湖. 1999. 21 世纪的资源与环境. 地球信息科学, (2): 1-6.

14　试论生态城市建设中海水养殖业发展策略——以青岛为例

青岛是一个清新、秀美的海滨、港口城市，也是我国重要的海洋科研基地。青岛因依山傍海而秀丽，以海洋文化浓郁而闻名，青岛也理应聚海洋科技之力“打造”滨海生态城市。

半个多世纪以来，青岛在我国海水养殖业方面一直扮演着举足轻重的角色，是我国海水养殖三次产业浪潮的发祥地，同时也为旅游业提供了无限的商机。但海水养殖业的快速发展也对青岛的生态与环境建设产生了不可忽视的负面影响，如部分滨海湿地生态系统被破坏、局部近海养殖区环境恶化、海岸或海上养殖设施影响旅游景观等。

步入国家环保模范城市行列的青岛，又将向“生态城市”的目标迈进。在生态城市建设中，青岛必须围绕“海”做文章。如何发展海水养殖业，如何处理好海水养殖业-滨海旅游业-生态城市建设三者的关系等，都是亟待深思的问题。

青岛海水养殖业的发展必须依靠全市和驻青涉海科研院所的科技实力，大力发展良种培育及种苗产业化，实施海水养殖业的清洁生产，建立新的生产体系，实现滩涂、浅海的生态养殖和陆地工程化养殖，突出观光渔业，在保持海水养殖业持续、健康发展的同时，为青岛生态城市建设做出贡献。

14.1　发展与对策

14.1.1　瞄准良种培育及其种苗产业化

凭借青岛的海洋科研力量与设施条件优势，加大海洋生物技术的开发力度，加快良种培育研究和产业化，使海水增养殖优良品种培育达到规模要求，同时注重优良品种种质资源的保护，积极推广养殖新品种和苗种培育及养成新技术，建立健全海水养殖品种制种、育苗及苗种生产管理的规范化和标准化体系，逐步将青岛建设成为技术含量高的国家海水养殖良种培育和苗种生产基地，形成立足山东半岛，辐射全国乃至东南亚的发展态势。此举不仅可以获得丰厚的经济效益，还不会破坏旅游景观。

目前，青岛及驻青涉海科研院所已经在良种选育和优质苗种生产等方面取得了一定的突破，如对虾生长快和抗病力强等不同品系的筛选，海湾扇贝、栉孔扇贝和皱纹盘鲍等家系的建立，牡蛎、扇贝等多倍体育种，鲍的杂交育苗，以及大型藻类细胞工程和生化工程育苗等。此外，一些良种的引进和土著种的开发也显示了很强的生产潜力，如大菱鲆、星鲽、硬壳蛤、文蛤、菲律宾蛤仔等。

14.1.2 应对绿色壁垒，保障食品安全，实施清洁生产

水产品的质和量不仅关系到消费者的健康，还关系到水产品出口。为了应对绿色壁垒和食品安全问题，必须坚决实施海水养殖业的清洁生产。

清洁生产是将污染预防持续地应用于生产全过程，通过不断地改善管理和技术进步，提高资源利用率，减少污染物排放，以降低对环境和人类的危害。清洁生产的核心是从源头抓起，以预防为主，控制生产全过程，实现经济效益和环境效益的统一。水产养殖业是大农业的重要组成部分之一，海水养殖业更具有明显的特殊性，如对沿岸近海水环境造成更为直接的污染、养殖水产品对污染物的富集、养殖对象病害严重等。因此，清洁生产同样也是实现海水养殖业持续、高效发展的先决条件。

清洁生产就是要利用清洁的环境、清洁的饲料，生产出清洁的海产品。针对青岛的实际情况，必须对养殖生产的各环节环境质量进行监控，控制陆源和养殖自身污染，实施生态养殖和工程化养殖，限制或规范消毒剂、激素和抗菌素等药物的使用。

14.1.3 立足滩涂和近海生态养殖

青岛滩涂和近海理应立足于生态养殖，强调养殖新模式与新技术的运用，建立动植物复合养殖系统，实施养殖系统的“生物操纵”与“自我修复”，优化已养海域的养殖结构，实现现有养殖区大面积的生态养殖。

目前，青岛已对养殖产业结构进行了调整，在有些海区已经取得一定成效。从最近调查的情况看，目前仍需进一步调整，合理布局，提高产品档次，增加经济效益，减轻养殖对海区资源与环境的影响，保护和修复沿岸海区等脆弱生态系。

海水池塘和浅海生态养殖已经取得一定的进展，但养殖生物搭配、放养密度、投入饵料和肥料的利用率、养殖生物的生态作用等问题仍需进一步研究与应用。

集中力量尽快解决对虾和鱼类营养与饲料问题、降低养殖污水对海区的污染，利用微生物、大型藻类和沉积食性动物修复养殖生态系统，发挥海水养殖业在青岛生态城市建设中的积极作用。

滩涂和浅海的生态养殖区可以发展休闲观光渔业，实现养殖业与旅游业密切结合。

14.1.4 发展陆地工程化养殖

工程化养殖是指采用一定的养殖工程设施和水处理设施设备并密切结合养殖管理技术，对养殖过程的主要环境因子（包括水流、水质、光照）和饲料等进行人工调控，为养殖生物提供适宜生长的环境，实现高产、高效的超集约化养殖模式。一个完整工程化养殖系统包括养殖设施工程系统和养殖技术两大体系，其中养殖设施工程系统又分为养殖和水处理系统。

陆地工程化养殖对象是鱼类、虾类以及其他高附加值的海珍品，其发展前提是现代的养殖设施，生长快、抗逆能力强、肉质好的良种，以及高效水处理技术和自动化控制系统等。逐步建立大型的“养殖工厂”，发展都市渔业，大幅度提高养殖单产和经济效益，同时从清洁生产的角度出发，有效地控制养殖污染，保证产品的卫生质量，减轻养殖污染对海区环境与资源的破坏，进一步提高生态效益。例如，青岛的有关科研院所利用凡纳滨对虾（南美白对虾）生长快、耐粗饲、抗病力较强等特点，已经开展其工程化养殖设施和关键技术研究。

14.1.5 探索离岸深水设施渔业

浅海是青岛海水增养殖业发展的主战场。目前青岛已利用养殖的浅海海区水深大多在 15m 以内，而这些海区也是陆源污染物的受纳场所。为了使养殖免受陆源污染，减轻鱼类、贝类等养殖对近岸海区的影响，在青岛市内沿海实施禁养的同时，养殖区域必须向市郊和深水区拓展，实施离岸养殖。

采取先进的养殖技术和工程设施，将养殖区域拓展到 20m 以深的海区，养殖的主要对象是鱼类和贝类，而大型藻类、刺参等可以作为“清洁者”，在系统研究深水抗风浪网箱结构，养殖技术和工艺，以及鱼类、贝类、藻类和刺参等适宜配比、布局与养殖历谱等的基础上，建立海上生态复合养殖系统。

14.1.6 突出观光渔业

观光渔业既拓展了海水增养殖业的发展空间，开辟了现代渔业的新领域，又符合青岛旅游城市的特色，不仅具有传统渔业的生产功能，还具有旅游观光、休闲度假、文化教育和保护环境等新功能，主要类型有生产经营型、休闲垂钓型、观光疗养型、展示教育型等，其经济效益是单纯养殖的数倍，生态效益和社会效益也尤为明显。

14.2 亟待研发的关键理论和技术

14.2.1 现代育种理论和技术

研究现有养殖种类（群体）的种质保存、评价、优化和利用，以及新的种质资源的发掘、创建和开发。利用传统育种和现代生物技术，不断地推出抗病、抗逆能力强或具有高效功能性状或观赏性强（观赏鱼、虾、蟹等）的新品种，包括引种（严防生物入侵等）、选育、杂交、细胞工程和基因工程育种等。

14.2.2 养殖工程学与新生产体系

在深入研究近海生产力和养殖容量的基础上，研制适合青岛海域环境的养殖设施，如抗风浪网箱、人工鱼礁等，研究开发浅海离岸养殖鱼类、贝类等养殖关键技术。发展养殖工程学，分阶段实施养殖工程技术装备的开发，建立高技术密集、自动化、人工精准调控水环境的工程化生产模式，构建高效率、低成本、无公害养殖清洁生产体系。

14.2.3 健康养殖与生物安全技术

研究确保海产品安全、健康生产的理论和方法，建立健康和清洁的生产模式，建立病原快速检测方法以及综合防治技术，监测养殖环境的现状和发展，构建微生物、大型藻类和沉积食性动物等生物修复技术。

14.2.4 海产品高值化新途径和新方法

研究海产品精深加工技术，增加出口创汇；在深入研究海洋生物的基因和生化组成特性的基础上，建立生物资源高值化开发利用的新途径和新方法。

（杨红生　张福绥）

参 考 文 献

董宪军. 2002. 生态城市论. 北京: 中国社会科学出版社.

贾晓平, 蔡文贵, 林钦. 1997. 我国沿海水域的主要污染问题及其对海水增养殖的影响. 中国水产科学, 4(4): 78-82.

雷霁霖. 2000. 大鳞鲆引进及繁殖与养殖. 养鱼世界, (11): 19-23.

刘焕亮. 2000. 水产养殖学概论. 青岛: 青岛出版社.
相建海. 2001. 海水养殖生物病害发生与控制. 北京: 海洋出版社.
杨富亿. 1999. 盐碱湿地及沼泽渔业利用. 北京: 科学出版社.
杨红生. 1999. 试论我国"蓝色农业"的第二次飞跃. 世界科技研究与发展, 21(4): 77-80.
杨红生. 2001. 清洁生产: 海水养殖业持续发展的新模式. 世界科技研究与发展, 23(1): 62-65.
杨红生, 张福绥. 1999. 浅海筏式养殖系统贝类养殖容量研究进展. 水产学报, 23(1): 84-90.
杨纪明. 2001. 关于我国第 4 次海水养殖浪潮的初思. 海洋科学, 25(1): 47-50, 56.
杨先乐. 1999. 21 世纪我国水产动植物病害防治的发展方向. 淡水渔业, 29(2): 44-45.
于大江. 2001. 近海资源保护与可持续利用. 北京: 海洋出版社.
曾呈奎, 相建海. 1998. 海洋生物技术. 济南: 山东科学技术出版社.
曾呈奎, 周海鸥, 李本川. 1992. 中国海洋科学研究及开发. 青岛: 青岛出版社.
张福绥, 何义朝, 杨红生. 2000. 海湾扇贝引种工程及其综合效应. 中国工程科学, 2(2): 30-35.

15　我国海水工程化养殖现状与发展

20 世纪 80 年代以来，我国海水养殖业突飞猛进，养殖产量快速增长，新中国成立初期我国海水养殖总产量不足 10 万 t，但是 1980 年达到 77.75 万 t，1990 年增加到 284.22 万 t，2001 年达到 1131.5 万 t，海水养殖产量占海洋水产品产量的比重从 1980 年的 19.9%上升到 2001 年的 43.9%，极大满足了人们对蛋白质日益增长的需要。人工养殖的种类包括鱼、虾、蟹、贝、藻、参等海洋经济动植物。养殖方式有浅海筏式养殖、滩涂养殖、池塘养殖、网箱养殖、工厂化养殖；有单一品种养殖，也有多品种混养。养殖区域从近岸浅海向远离海岸线的海域外延，形成了一个因地制宜、多种模式并举、立体开发利用的海水养殖业新局面。但是，海水养殖带来的负面影响也不容忽视，主要表现在养殖水域污染、病害横行、水产品产量与质量逐步下降，甚至某些品种退出养殖领域等方面。业内人士越来越强调，必须找出路以摆脱当前粗放经营型、资源依赖型的水产生产方式，在此背景下，高效、节水、高密度、对环境污染小的工程化养殖方式日益引起关注。

15.1　何谓工程化养殖

尽管工程化养殖发展很快，但它的定义尚不明确，诸如集约化养鱼、工厂化养鱼、设施渔业、高密度养鱼等词汇常见诸报刊，并容易混淆。从广义上来说，工程化养殖应包括上述所有的养殖方式。一个完整的工程化养殖系统包括养殖设施工程系统和养殖技术两大体系，其中养殖设施工程系统又分为养殖和水处理系统。因此，工程化养殖可定义为采用一定的工程设施和水处理设施密切结合养殖管理技术，对养殖过程的主要环境因子（包括水流、水质、光照）和饲料等进行人工调控，为养殖生物提供适宜生长的环境条件，实现高产、高效的养殖方式。其措施主要包括保持流水、水质净化、增氧、控温、杀菌、投喂全价配合饲料、防治鱼病等。

工程化养殖占地面积小，劳动生产率高，养殖周期短，单位面积产量高，养殖用水量大大减少，产品优质健康，是我国水产养殖业发展的方向之一。

15.2　工程化养殖的发展现状

工程化养殖模式多样，大致可分为流水养殖、半封闭循环水养殖和全封闭循环水养殖等。

15.2.1 流水养殖

常见的几种养殖类型有：①燃煤（油）锅炉升温+自然海水式温流水养鱼（育苗）场，如山东威海崮山水产养鱼场、山东寻山集团有限公司养鱼育苗场、青岛金瀛海洋科技发展有限公司育苗场等；②电厂温排水+自然海水式温流水养鱼场，如青岛黄岛电厂养鱼场、威海华能发电厂的华信海珍品有限公司养殖场和大连湾海珍品养殖场、日照凯乐普海洋科技有限责任公司养殖场等；③地下深井+自然海水式温流水养鱼场，如荣成市的养鱼场，以及莱州市的诸多大菱鲆、牙鲆养殖场等。

以上三种类型的养鱼（育苗）场除了部分供水来源不同，其他配套设施、养殖品种和养殖工艺都基本相同。例如，厂房均采用轻钢结构、深色玻璃钢瓦、砖混墙体；养鱼池为砖混结构，池形有圆形、椭圆形、跑道式、方形等，以方形居多；单池面积为 20～100m^2，采用周边进水、中央排水孔排水循环运转。养鱼运转管理大致可以分为两种类型，一种类型是：当自然水温达 15～25℃时，完全抽取自然海水，经沉淀和过滤处理后放入鱼池；当冬春季自然水温下降时，使用燃煤锅炉直接或间接加温，使养鱼池的水温维持在 10～16℃。另一种类型是：适温季节直接抽取自然海水，冬春季低温期则完全使用电厂温排水或温井水，这样可以使冬春季的养鱼水温维持在 14～20℃。以上三种类型的养鱼全过程均使用开放式流水，用过的水一般不再回收处理，流水交换量为 6～15 次/日。现已形成大规模温室型，利用地热、温排水或人工升温的开放式温流水工程化养鱼新产业。

15.2.2 半封闭循环水养殖

和流水养殖不同的是半封闭循环水养殖的养殖用水不是完全排放，而是将部分养殖废水（一般在 60%以内）经过沉淀、过滤、消毒等简单处理后再重复使用，以降低加热新鲜海水的能耗，这在冬季育苗和养殖生产中应用较多。但国内专业水处理设备的生产适用性较差，国外产品价格高、能耗大，在一定程度上影响了该养殖方式的大发展。

15.2.3 全封闭循环水养殖

目前国内大规模海水工程化养鱼行业中，尚无典型实例，仅有部分养殖公司进行了一些小规模的生产中试。例如，在上海市郊进行了人工配制海水养殖石斑鱼，在杭州市区进行了人工配制低盐海水养殖南美白对虾等。石斑鱼养殖技术可以使其每平方米的年均产量在15～50kg之间日添加新水量占总水量的2%～10%。这种养鱼方式的特点是养鱼水源可视条件选择，循环使用养殖用水。养殖用水经沉淀、过滤、去除水溶性有害物和消毒后，根据不同养殖对象不同生长阶段的生理要求，进行调温、增氧和补充适量的新鲜水（渗漏和蒸发的部分），再重新输送到养殖池中，反复循环利用。整个装置除水处理系统外，还附有水质监测仪、自动或半自动化控制仪器等。

全封闭循环水养殖的优点是：①大幅度提高放养密度和单位水体的生产力；②缩短养殖周期；③降低饵料系数；④大量节省劳动力、水源和生产场地，在水源受到限制以及地价高、水域污染严重的大城市市郊更显突出；⑤应用范围广，生产管理方便，收获容易；⑥养殖不受地域、气候限制，可终年连续生产，实现多茬养成，均衡、反季节上市。

15.3　工程化养殖存在的问题与解决途径

15.3.1　工程化养殖存在的问题

15.3.1.1　投入大

工程化养殖不同于粗放型养殖，后者除了需投入鱼种成本，一般无须其他投入，所养的鱼类大都为常规品种，经济价值有限，养殖水面多为池塘或沿海，养鱼过程中无须精心管理，到时只管捕捞收获。而工程化养殖所需的养殖环境要求较高，有的完全是人工建造的生态系统，程序复杂，建造成本高，特别是封闭循环水工厂化养鱼系统。国内目前还没有成熟的成套封闭循环水养殖设备，引进国外设备则存在售价昂贵、维护成本高等问题。例如，引进的丹麦工业化循环流水式养鱼系统每套进价为 120 万美元，温室养殖池每平方米造价也在 50～100 元；从德国引进的高密度室内养虾系统每套进价为 160 万美元。在现阶段，高昂的投入使得我国很多小本经营的养殖户（单位）望而却步，因而工程化养殖的推广普及受到了制约。

15.3.1.2　养殖鱼的营养价值与经济价值下降

有研究表明，工程化养殖的鳗、虹鳟、尖吻鲈的脂肪含量均高于非工程化养殖同类鱼；在体色方面，工程化养殖鱼类的体色比野生鱼显得灰白、浅淡，销售价格也比野生鱼低。日本正设法改变这一状况，用合成色素改善香鱼、大麻哈鱼、真鲷等鱼类的体色，已取得了一定效果。

随着人口数量的增加以及消费层次与水平的提高，对优质、健康、高档水产品的需求量将越来越大。而适合养殖的水体是有限的，特别是近年来，我国近海、池塘的内源性和外源性污染严重，已严重制约了海水养殖业的健康、持续发展。大力发展工程化养殖是最有效的方法之一，这是经济发展和环境保护有效结合的必然趋势与结果。

15.3.2 工程化养殖问题的解决途径

15.3.2.1 认真对工程化养殖项目进行可行性分析，防止盲目发展

目前我国对海水工程化养殖的理论研究刚刚起步，还没有建立起相关的理论和技术体系。因此，海水工程化养殖还是高效益、高技术、高投入、高风险的产业。各地应根据自身的具体条件和自然优势，选准养殖对象、养殖设施和开发基地，发挥当地的自然、技术优势。其中，产品的市场分析、采用的工艺路线、生产成本及效益分析、经营风险分析等必须做到科学、严谨、客观、公正，防止养殖品种单一，生产部门一哄而上，造成产品滞销、价格下跌等现象。

15.3.2.2 发展规模经营，注重养殖设施通用性，提高市场竞争力

近年来，我国海水工程化养殖发展迅猛，养鱼面积全国已达 130 万 m^2 以上。然而，2001 年却出现了危机，牙鲆由 80～90 元/kg 跌至 50 元/kg 以下，已到了亏损的地步；大菱鲆由 300 元/kg 跌至 140 元/kg。近年来的实践表明，特种水产品的市场高峰期很短，因此选择好适宜的养殖品种后，需开展规模经营，尽快抢占市场。此外，工程化育苗、养殖设施必须通用性好，才能适应市场的变化。只有依靠先进的养殖设施、依靠科技进步、依靠规模效益、依靠营销手段，才能提高市场竞争力。

15.3.2.3 加强工程化养殖技术与装备的整体集成，广泛吸收其他行业科研人员参与理论与生产实践研究，发挥多学科优势，改变目前仅靠水产科研人员完成该系统工程的不利局面

发展工程化养殖是多学科、综合性的系统工程，养殖对象和技术又有地方性特征，因此有不少技术需要研究、开发，成熟的技术也在当地需重新组装、综合，形成产业化。目前不少项目缺乏多学科的互相渗透，跳不出原有的框架。为此，必须冲破学科壁垒，集中有关水化学、环境、饵料、育种、病害、养殖、建筑、机电、管理等学科的研究人员，实行科研、教学、生产单位联合攻关，通过多学科交叉，推动学科和生产的快速发展。

15.3.2.4 大力开发智力资源，依靠科技进步，加速技术人才的培训

工程化养殖是在人工控制的小水体中进行高密度饲养。根据养殖对象在各生长发育阶段的生物学特点，对环境、饵料、病害、养殖技术提出各项要求，并控

制在最佳状态，促进其快速生长。因此，没有一支高素质的管理、技术队伍，无法达到理想的要求，再好的设施和技术，也只能以失败而告终。

15.3.2.5 因地制宜地探讨不同养殖模式的实施方案，深入研究其运作形式、工艺和经济规律，以节能、降耗和环保为中心来选择养殖模式

我国的经济基础还比较薄弱，目前大多数养鱼单位要投入大量资金去引进和全面改造设备，建立理想的系统还有困难。在推进工程化养殖过程中，除了要加快步伐建立统一的基本模式，还要结合各地实际状况，建立适合当地运转的工程化养殖系统，要以提高单位水体养殖密度为中心，以保护水域环境为目的，以设施改造为重点。尤其是现有大多数尚无能力完成系统改造的单位，可把重点先放在水质的前、后处理和充氧、节能降耗方面。

15.4 我国发展工程化养殖的目标

当前我国海水养殖业正朝着养殖品种良种化、养殖产品优质化、养殖方式生态工程化、养殖过程清洁化等的方向，实施可持续发展。我国发展工程化养殖的目标如下。

15.4.1 建立标准化、系列化的多功能育苗、养殖工程和附属设施

目前我国已建成了大量的育苗、养殖温室（车间），大多配备有一定的水处理设施、设备。当前，应对各种类型的养殖温室（车间）的各个系统进行分析评估，通过整体选优，提出系列化养殖工程设施的设计规范与工程图纸。同时，针对工程化养殖中的水处理关键技术，建立符合国情、高效实用、具有自主知识产权的生物过滤、高效增氧系统。

15.4.2 建立具有我国特色的工程化养殖技术体系和管理体制

通过对养殖品种、生态系统、养殖生理、养殖经济模式的研究，取得养殖对象在工程化养殖系统中的各项参数，通过整体调试、综合平衡，建立具有我国特色的工程化养殖技术体系和管理体制。

15.4.3 研究工程化养殖病害防治技术，养殖池悬浮物生成及转化规律，实现健康养殖

通过改善和控制环境条件，调节有机体微生态系统，探索健康养殖的工艺流

程。同时，要减少饲料投喂后对水质的污染，在鱼苗配合饲料研制成功的基础上，研制适合工程化养殖的新型全价配合饲料。

15.4.4 建立销售体系，参与国际竞争

通过组建销售队伍、网络和销售体系，实现全年按订单、定价销售高质量健康商品鱼，利用巨大的劳动力资源和廉价的劳动力成本优势，建立自己的品牌，全方位地走向国际市场，开创新的局面。

（刘　鹰　杨红生　张福绥）

16 刺参夏眠的研究进展

仿刺参（*Apostichopus japonicus*），又名刺参，属于棘皮动物门（Echinodermata）海参纲（Holothuroidea）（Liao，1980；廖玉麟，1997），主要分布于35°N到44°N的广大西北太平洋沿岸，北起俄罗斯的海参崴，经日本海、朝鲜半岛南部到我国黄海、渤海（隋锡林，1988；Sloan，1984）。据报道，江苏连云港外的平山岛是该物种在我国分布的最南界（廖玉麟，1984）。刺参是典型的温带种类，在其生活史中存在一种重要的生态习性：当夏季海水温度升高到一定范围后，刺参即迁移到海水较深、较安静的岩石间不动不食，这种现象称为“夏眠”（aestivation）。Mitsukuri（1897，1903）最早观察到刺参的这一现象并提出了夏眠的概念。之后的上百年来，尽管人们对刺参夏眠始终存在浓厚的兴趣，相关的研究也持续不断，但从目前的状况来看，尚未有突破性进展，文献也较为零散。本章将较为系统地评述刺参夏眠期间生理生态特征的变化、刺参夏眠的影响因素、刺参进入夏眠状态的判断依据以及夏眠临界温度，进一步的研究应关注刺参夏眠的内在调控机制。

16.1 刺参夏眠期间生理生态特征的变化

16.1.1 摄食停止、活动减少

夏眠期间，刺参最明显的生理行为就是摄食停止，活动减少。当水温达到夏眠临界温度后，刺参逐渐停止摄食，与此同时，刺参变得极不活泼，经常固着不动，日常活动明显减少（隋锡林，1988）。刘永宏等（1996）在实验室内观察到进入夏眠状态的刺参也并非全部隐蔽不动，有的个体在夜间仍能缓慢爬行。

16.1.2 消化道退化

在自然海域，刺参消化道呈现明显的季节消长规律。Choe（1963）将刺参的年生活周期分为活动期、夏眠前期、夏眠期和恢复期；相应地，消化道的消长也可分为成长期、退化期、完退期及恢复期。水温的上升造成了消化道的退化，而水温持续上升又会进一步加速消化道的减退和萎缩，夏眠期刺参的消化道最粗处不足1mm，退化的消化道还残存表皮、肌肉、内表皮及背腹血管系组织，而大部分间充组织消失，此时刺参已完全不能摄食。

李润玲等（2006）、李霞和王霞（2007）在实验室内研究了实验性夏眠过程刺参消化道的退化过程，刺参进入夏眠状态后，消化道逐渐退化，整体变细、变短，各部分的界线也变得不明显。夏眠期刺参的消化道基本结构未发生变化，但内表面柱状细胞变矮，变为小型的方形细胞，排列不规则，皱襞减少、消失，纤毛和微绒毛几乎完全脱落，分泌颗粒减少或消失；黏膜下层结缔组织变得稀疏，细胞数目减少，内含有成团的“非细胞物质”；肌层变薄，只有少量的肌纤维存在，浆膜层也随之退化变薄；外膜外表面变化不大，但出现增厚现象。另外，李霞和王霞（2007）还发现，与消化道相连的呼吸树在刺参夏眠期间也发生了退化，但退化程度较消化道轻，主要表现为体积变小，组织结构的退化不明显。

16.1.3 体质量减轻

刺参的夏眠期最短为 2 个月，最长达 4 个月，一般在 100d 左右。在整个夏眠期间，刺参没有食物摄入，为维持最低代谢要消耗机体自身的积累，其体质量的减轻成为必然。刘永宏等（1996）研究发现，在 60d 的夏眠期 1 龄刺参减重 52.8%，2 龄刺参减重 39.7%，3 龄以上刺参减重 30.4%。而 Yang 等（2005）的研究表明，刺参在 30℃条件下在 30d 的实验周期内体质量减少了 5.37%～24.61%。然而，由于不同实验的条件（如水温、刺参规格和实验周期）不同，比较不同实验间刺参体质量减轻的比例是比较困难的。

16.1.4 代谢降低

夏眠对刺参代谢有显著的影响。Yang 等（2006）发现，刺参在夏眠期的代谢率（耗氧率和排氨率）有明显降低的趋势，而且不同体质量刺参对水温的响应有所差异，大规格刺参（149.9g±28.0g）和中规格刺参（52.1g±12.9g）的代谢最高点出现在 20℃，而小规格刺参（17.3g±5.5g）的代谢最高点出现在 25℃。袁秀堂（2005）研究发现，大规格刺参（134.0g±13.5g）和小规格刺参（73.6g±2.2g）在夏眠期（30℃）的耗氧率比非夏眠期（以 15℃为基准）分别降低了 54.4%和 79.7%。

16.1.5 能量利用对策改变

夏眠动物在高温或干旱季节摄食受阻，或因食物缺乏而难以获得食物，因此夏眠动物为了生存，节约能量势在必行。从目前的研究来看，动物在夏眠期间的能量节约主要是通过生理机能上的降低或休止，从而导致能量利用对策的改变实现的。袁秀堂（2005）研究发现，刺参在夏眠期摄食能和排粪能均为零。刺参为了维持其基本生理活动，不得不动用以往贮存于体内的能量，消耗于呼吸和排泄等基本生理过程，以供维持生命活动。刺参在夏眠期的能量收支方程可表示为$OC=OF+8.2U-100G+91.8R$（或 $100G=8.2U+91.8R$）。刺参以负生长为代价所付出的能量有 8.2%用于排泄耗能，剩下的 91.8%用于呼吸耗能。因此，夏眠是刺参长时间处于高温环境、摄食受阻条件下的一种能量节约方式，这种适应机制保证了个体的存活和种族的繁衍。

16.2　刺参夏眠的影响因素

16.2.1　水温是刺参夏眠的主要诱因

高温、干旱和食物缺乏被认为是导致动物夏眠的主要因素（隋锡林，1988；Wever et al.，2001；Cramp and Franklin，2005；McQuad et al.，1979；李馥馨等，1996）。然而，对于生活于浅海礁岩间并以沉积物中的微生物和其他有机颗粒为食的刺参来说，干旱和食物缺乏在其生活史中基本上是不存在的。大量的研究表明，是高水温诱发了刺参的夏眠（隋锡林，1988；刘永宏等，1996；Yang et al.，2005）。而处于夏眠状态的刺参，在降温饲育条件下可解除夏眠（李馥馨等，1996），这也充分表明水温是刺参夏眠的主要诱因。

16.2.2　水温对刺参夏眠的诱发与体质量密切相关

规格不同的刺参，其夏眠的临界温度不同，随着体质量增大，刺参夏眠临界温度有所降低。刘永宏等（1996）的研究发现，体质量在 25g 以内的幼参并不夏眠；而体质量为 25～85g（1 龄）、86～160g（2 龄）和 160g 以上（2～3 龄）的刺参夏眠临界温度分别为 24.1℃、22.9℃和 21.8℃，表明水温对刺参夏眠的诱发与体质量密切相关。

16.2.3　水温对刺参夏眠的诱发还与体色相关

Choe 和 Ohshima（1961）报道，日本产的青刺参和红刺参对高水温的反应不同：在夏季高温期，几乎所有体质量规格的红刺参都进入夏眠状态，而体壁质量小于 5g 的小个体青刺参不夏眠，只有体壁质量在 6g 以上的个体才进入夏眠状态，可见红刺参比青刺参更具狭温性，在高水温的刺激下更易进入夏眠状态。

还有学者认为，生殖活动诱发了刺参的夏眠，是刺参性活动后“筋疲力尽”，必须经历休眠养息时期（陈宗尧等，1978）。但这一观点不被大多数学者认同。在自然环境中，刺参的生殖腺指数在其夏眠中期（9 月、10 月）降到最低（0.37‰～0.68‰），而在刺参结束夏眠时（11 月）才继续升高（大于 1.24‰）（隋锡林等，

1985）。这表明刺参的夏眠开始于性细胞排放，其夏眠期与性腺休止期是重叠的。然而，并没有证据表明生殖活动诱发了刺参的夏眠，其夏眠习性与生殖活动没有必然的联系，因为没有性活动的刺参也有夏眠行为。李馥馨等（1996）的研究表明，将排放过性产物的刺参置于低温条件下，其仍能摄食，不出现夏眠。

16.3 刺参进入夏眠状态的判断依据及其夏眠临界温度

16.3.1 刺参进入夏眠状态的判断依据

综合国内外学者的研究结果，刺参进入夏眠状态后，主要表现有 4 个特征：摄食停止、消化道退化、体质量减轻、代谢降低。然而，体质量减轻无法作为确定夏眠临界温度的指标，因为这一现象极为普遍，不为夏眠所特有。利用消化道萎缩和（或）代谢降低来判断刺参进入夏眠状态与否也存在一定的困难，因为这两个指标难以定量化，而且缺乏统一的标准，到底消化道萎缩到何种程度或生理代谢率降低至多少，刺参即进入夏眠状态呢？目前，大多数学者（Choe，1963；Yang et al.，2005；袁秀堂，2005；李馥馨等，1996）认为，判断刺参是否进入夏眠状态的主要依据是摄食情况，当水温升高达到一定范围后，刺参的摄食停止，即可判定其进入夏眠状态。

16.3.2 刺参夏眠临界温度

关于刺参夏眠的临界温度，不同研究得出的结论不同。日本七尾湾青刺参夏眠开始和结束的临界水温均为 20℃，而北海道和宫城、爱知、德岛、鹿儿岛诸县的刺参，在初夏温度升至 19～22℃开始夏眠，在深秋温度降至 18～23℃终止夏眠（隋锡林，1988）。在我国北方海域，刺参进入夏眠状态的日期随着纬度的增加而推迟，如在山东南部沿海为 6 月中、下旬，在山东北部沿海为 7 月上、中旬，而在辽东半岛为 8 月中、下旬；夏眠结束的日期各地大致相同，一般在 10 月下旬到 11 月初（隋锡林，1988；刘永宏等，1996）。隋锡林（1988）总结了日本和中国学者的研究成果，认为刺参的夏眠临界温度为 20～24.5℃，差异主要取决于刺参的栖息地和体质量的不同。以往的研究多在海区通过野外调查的方法进行，以自然海区刺参出现与否确定夏眠临界温度。实际上，当刺参迁移到海水较深、较安静的岩石间后，并不意味着刺参已经停止摄食。因此，根据自然海区刺参出现与否确定的夏眠临界温度可能会比根据摄食停止确定的夏眠温度要低一些。刘永宏等（1996）采用海区调查和室内实验相结合的方法，研究了不同体质量刺参的夏眠，认为体质量在 25g 以下的刺参在高温下并不夏眠，而体质量为 25～85g、86～160g 和 160g 以上刺参的夏眠临界温度分别为 24.1℃、22.9℃和 21.8℃。Yang 等

（2005）在实验室内严格控温条件下，通过对不同规格刺参日摄食量的详细记录研究了刺参夏眠的临界温度，结果表明体质量为72.3～139.3g的刺参夏眠临界温度为24.5～25.5℃，而体质量为28.9～40.7g的刺参夏眠临界温度为25.5～30.5℃。确定刺参夏眠的指标不同、不同实验间条件的差异以及刺参的不同来源可能是不同学者得到不同结论的主要原因。

16.4 研究展望

综上所述，夏眠是刺参生活史中不可缺失的一环，是经过长时间的进化而形成的一种生态适应性。水温升高是刺参夏眠的主要诱发因子，而夏眠的临界温度与体质量密切相关，随着其体质量的增大，夏眠临界温度有所降低。

尽管国内外学者对刺参的夏眠现象有诸多研究，但还仅限于其夏眠行为、生理代谢特征和夏眠临界温度等方面，而对刺参夏眠内在的调控机制的研究目前尚无报道。应当从激素或神经递质的调控以及基因差异表达角度来进一步研究刺参夏眠的内在调控机制。无疑，只有深刻地阐明刺参夏眠的内在调控机制，才能真正地理解夏眠这种奇妙的现象。

（袁秀堂 杨红生 陈慕雁 高 菲）

参考文献

陈宗尧, 牟绍敦, 潘长荣. 1978. 刺参育苗和养殖技术的研究. 动物学杂志, 13(2): 9-13.

李馥馨, 刘永宏, 宋本祥, 等. 1996. 刺参(*Apostichopus japonicus* Selenka)夏眠习性研究: II. 夏眠致因的探讨. 中国水产科学, 3(2): 49-57.

李润玲, 丁君, 张玉勇, 等. 2006. 刺参(*Apostichopus japonicus*)夏眠期间消化道的组织学研究.海洋环境科学, 25(4): 15-19.

李霞, 王霞. 2007. 仿刺参在实验性夏眠过程中消化道和呼吸树的组织学变化. 大连水产学院学报, 22(2): 81-85.

廖玉麟. 1984. 中国楯手目海参的研究. 海洋科学集刊, 23: 221-247.

廖玉麟. 1997. 中国动物志 棘皮动物门 海参纲. 北京: 科学出版社: 334-335.

刘永宏, 李馥馨, 宋本祥, 等. 1996. 刺参(*Apostichopus japonicus* Selenka)夏眠习性研究: I. 夏眠生态特点的研究. 中国水产科学, 3(2): 41-48.

隋锡林. 1988. 海参增养殖. 北京: 农业出版社: 15-59.

隋锡林, 刘永襄, 刘永峰, 等. 1985. 刺参生殖周期的研究. 水产学报, 9(4): 303-310.

袁秀堂. 2005. 刺参生理生态学及其生物修复作用的研究. 青岛: 中国科学院海洋研究所.

Choe S. 1963. Study of Sea Cucumber: Morphology, Ecology and Propagation of Sea Cucumber. Tokyo: Kaibundou Publisher: 21-29.

Choe S, Ohshima Y. 1961. On the morphological and ecological differences between two commercial forms "Green" and "Red", of the Japanese common sea cucumber, *Stichopus japonicus* Selenka. Bullutin of the Japanese Society of Scientific Fisheries, 27(2): 97-106.

Cramp R L, Franklin C E. 2005. Arousal and re-feeding rapidly restores digestive tract morphology following aestivation in green-striped burrowing frogs. Comparative Biochemistry and Physiology-Part A: Molecular & Integrative Physiology, 142(4): 451-460.

Liao Y L. 1980. The aspidochirote holothurians of China with erection of a new genus//Jangoux M. Echinoderms: Present and Past (Proceeding of European Colloquium on Echinoderm). Rotterdam: A. A. Balkema Publishers: 115-120.

McQuad C D, Branch G M, Frost P G H. 1979. Aestivation behaviour and thermal relations of the pulmonate *Theba pisana* in a semi-arid environment. Journal of Thermal Biology, 4(1): 47-55.

Mitsukuri K. 1897. On changes which are found with advancing age in the calcareous deposits of *Stichopus japonicus* Selenka. Annot. Zool. Japan, 1: 31-42.

Mitsukuri K. 1903. Notes on the habits and life history of *Stichopus japonicus* Selenka. Annot. Zool. Japan, 5: 1-21.

Sloan N A. 1984. Echinoderm fisheries of the world: a review//Keegan B F, O'Connor B D S. Echinodermata: Present and Past (Proceedings of the Fifth International Echinoderm Conference). Rotterdam: A. A. Balkema Publishers: 109-124.

Wever L A, Lysyk T J, Clapperton M J. 2001. The influence of soil moisture and temperature on the survival, aestivation, growth and development of juvenile *Aporrectodea tuberculata* (Eisen) (Lumbricidae). Pedobiologia, 45(2): 121-133.

Yang H S, Yuan X T, Zhou Y, et al. 2005. Effects of body size and water temperature on food consumption and growth in the sea cucumber *Apostichopus japonicus* (Selenka) with special reference to aestivation. Aquaculture Research, 36(11): 1085-1092.

Yang H S, Zhou Y, Zhang T, et al. 2006. Metabolic characteristics of sea cucumber *Apostichopus japonicus* (Selenka) during aestivation. Journal of Experimental Marine Biology and Ecology, 330(2): 505-510.

17 贝类生态免疫研究进展

几十年来，我国海水贝类养殖业取得了巨大的成就，2005 年贝类的养殖产量接近 100 万 t，占中国海水养殖总产量的 80%。到目前为止，我国已开发利用贝类 20 多种，建立了良种培育、人工育苗、养成和贝类引种等关键技术。但亟待解决的种质、病害与环境等关键问题也日趋严重，包括：缺乏系统研究和海岸带整体意识；养殖环境恶化，局部生态系统失衡；过度密集养殖区病害肆虐；种质衰退，抗逆能力不足等。特别是病害方面，目前仍未找到十分有效的防治手段。从有机体本身的免疫系统入手，研究有机体的免疫防御机制与环境之间的相互作用，探究联系整个系统的内在作用机制及有机体在生态免疫应答过程中的能量分配模式，从生态免疫的角度探究贝类大规模死亡的原因，为病害的防治及种质的优化提供长久的生态良策，具有重要的理论和实践意义。

生态免疫学（ecological immunology）是一个正在迅速兴起的将生态和免疫相结合的交叉领域，主要研究的是生态因子引起的变异和保持有机体免疫系统的变异，以及协调宿主和病原体的内在作用机制的整个微进化过程。生态免疫的基本原则是宿主对免疫应答付出高昂的代价，包括保持和利用免疫系统所付出的生理成本，以及宿主在对抗病原体时所付出的代价。生态免疫学的快速发展将为人类开展疾病免疫防治提供新的思路。

目前，生态免疫领域的研究重点开始从脊椎动物的生态免疫转向具有更广的生态内涵的无脊椎动物的生态免疫（Rolf et al.，2002；Schmid-Hempel et al.，2003）。由于无脊椎动物天然免疫系统内在机制简单，其免疫系统对生态环境的改变和生理扰动具有高度的敏感性，从而成为重要的研究对象，其中贝类就很有代表性。已有大量的研究发现，影响贝类免疫系统的生物及环境因子包括原生动物感染（Anderson et al.，1995）、细菌感染（Bramble et al.，1997）、盐度和温度的改变（Abele et al.，2002；Hégaret et al.，2003；Liu et al.，2004；Monari et al.，2006；Gagnaire et al.，2006）以及缺氧（Abele-Oeschger and Oeschger，1995；Pampanin et al.，2002；Matozo et al.，2005；Monari et al.，2005）等，贝类已经成为生态免疫研究很好的模式动物（Chu et al.，2000）。

17.1 贝类生态免疫系统对环境胁迫因子的响应

贝类为活动性较差的动物，环境的任何改变，无论是暂时的、重复性的变化，还是长期的变化，一般都会对其产生影响。胁迫因子通常有双重作用：一方面干扰生物体的内稳态；另一方面激发生物体产生一系列的生理和行为反应，生物体通过这些反应来适应或克服这一威胁（Chrousos et al.，1992）。事实上，任何有机体本身所拥有的能量是有限的，对胁迫所产生的应激反应势必会消耗部分能量，降低其对免疫应答的成本投入，从而影响整个免疫系统的功能。此时，脆弱的免疫系统为病原体的入侵和繁殖提供了好时机。因此，贝类的疾病往往与环境胁迫并发，最终导致贝类的大规模死亡。

17.1.1　应激激素与免疫抑制

内分泌系统、神经系统和免疫系统之间的相互调节关系同时存在于低等和高等的脊椎动物体内。神经内分泌免疫轴是保持动物内稳态的关键因素，能够保证当认知刺激被中央神经系统识别后，信息通过神经递质传递到免疫细胞，之后即出现免疫功能的适应性（Chrousos et al.，1992；Blalock et al.，1994）。贝类被称作“流动脑子”的血细胞则同时兼容免疫-内分泌反应（Otaviani et al.，1997a），在贝类接受非特异性刺激时，首先引发促肾上腺皮质释放激素（CRH）-促肾上腺皮质激素（ACTH）-生物胺神经内分泌轴的调控作用，分泌以儿茶酚胺类物质为主的应激激素（主要由去甲肾上腺素、肾上腺素和多巴胺组成，属单胺类神经递质）（Otaviani et al.，1997b）。这些信号物质在血细胞的微环境中循环，直接或间接作用于免疫系统，影响各免疫效应因子的活性，刺激或抑制其免疫功能。

目前关于儿茶酚胺类物质对贝类免疫系统影响的内在机制的研究还很少，国内几乎未见相关的报道。Lacoste 等（2001a，2001b）研究发现，去甲肾上腺素对血细胞的吞噬作用和呼吸爆发活性均具有剂量依赖性的抑制作用，并且去甲肾上腺素通过 β 肾上腺素受体-cAMP-蛋白激酶 A 信号途径来调节这一作用。此外，去甲肾上腺素还能够诱导牡蛎血细胞体外的凋亡（Lacoste et al.，2002），以及上调热休克蛋白（HSP）基因的表达（Lacoste et al.，2001c）。

17.1.2　环境胁迫因子与免疫成本之间的联系

贝类对免疫系统的部分成本投入是以其负面生理影响为代价（Moret et al.，2000；Felowes et al.，2000；Poulsen et al.，2002）。虽然这些成本产生的内在机制目前还不明了（Zera et al.，2001），但无疑环境胁迫是产生负面影响的主要途径。环境胁迫可诱导应激激素的产生，使其作用于有机体，将能量从生理功能（包括繁殖、生长和免疫）中转移到可以帮助其克服威胁和生存的代谢和行为适应中去。由于有机体本身所拥有的能量是有限的，因此对免疫应答的成本投入随之降低，脆弱的免疫系统为病原体的入侵和繁殖提供了良机，从而诱导了疾病的发生，最终导致生物体的大规模死亡（Chrousos et al.，1992；Wendelar et al.，1997）。

17.1.2.1 环境胁迫对贝类血细胞免疫功能的影响

贝类血细胞在营养运输、伤口修复以及代谢产物和污染物的清除等方面都具有重要的作用（Feng，1998）。其细胞免疫系统的主要防御手段是血细胞的吞噬作用，并且贝类血细胞如同哺乳动物的吞噬细胞一样可利用呼吸爆发对刺激（包括免疫诱导剂的诱导）做出响应，这已在许多贝类的血细胞研究中报道过（Roch et al.，1999；Arumugam et al.，2000；Tafala et al.，2003）。

贝类对环境胁迫的应激反应能力在很大程度上取决于血细胞的浓度、成活率及血细胞免疫功能。大量的研究结果表明，血细胞浓度和血细胞吞噬活性对温度的变化很敏感（Monari et al.，2006；Gagnaire et al.，2006），无论是慢性还是急性升温胁迫，都会诱导血细胞浓度的升高并降低血细胞吞噬活性（Fisher，1987；Cheng et al.，2004a；Liu et al.，2004；Monari et al.，2006）。这些研究表明，高温胁迫有可能通过控制细胞表面的受体数量来影响其吞噬活性。美洲牡蛎血细胞的死亡率在升温胁迫下呈现升高的趋势，而血细胞的凝集作用却没有显著改变（Hégaret et al.，2003），这可能是温度胁迫致使存活细胞清除死亡细胞碎片的能力有所下降造成的。同样地，血细胞的呼吸爆发产物也在高温胁迫下呈现升高的趋势（Abele et al.，2002）。Hégaret 等（2003）利用流式细胞仪的研究还进一步发现，以颗粒细胞的呼吸爆发活性的变化最为明显。

血细胞的浓度还会随着盐度的升高而升高，这也许是盐度的升高所导致的细胞增生，或血淋巴中水分的流失以补充渗透压调节所需的媒介所造成的（Pipe，1995）。Cheng 等（2004b）的研究表明，血细胞的呼吸爆发活性、吞噬活性和清除效率等在低盐和高盐的情况下均呈现显著的降低趋势。马洪明等（2006）也发现，栉孔扇贝对急性降盐胁迫的耐受性较差，盐度突降会严重损害栉孔扇贝抵抗感染的能力。

贝类养殖环境的恶化以及长时间的运输过程，往往会导致其处于缺氧状态，而严重的缺氧会对贝类的整个健康状况产生负面影响（Justic et al.，1987；Degobis et al.，1989）。在缺氧胁迫下，贝类血细胞的比容、吸附能力以及吞噬活性都会显著降低（Pampanin et al.，2002；Matozo et al.，2005）。血细胞的比容是细胞增殖的标识，而露空胁迫所导致的细胞溶解严重影响血细胞的增殖能力，同时增大血细胞进入组织的速度（Marigomez et al.，1990；Suresh et al.，1990；Pipe et al.，1995）。血细胞的吸附能力通常与细胞膜的完整性和细胞骨骼的构成相关（Alvarez et al.，1992）。吸附作用需要来源于吸附分子和配合基相互作用的信号的转导，进而引发能量依赖性的细胞形态的改变（Hynes et al.，1999），因而血细胞吸附能力的降低反映了缺氧胁迫下血细胞的低能储备。同样地，缺氧胁迫下吞噬作用所需要的腺嘌呤核苷三磷酸（ATP）的缺失以及循环吞噬细胞浓度的降低，则是导致血细胞吞噬活性显著降低的原因（Pampanin et al.，2002）。如果适当时间内胁迫被解除，各项免疫指标则会恢复到初始的水平（Panunzio et al.，1998；Pampanin et al.，2002；Matozo et al.，2005）。

机械胁迫是养殖贝类在生长和运输过程中经常遇到的，当贝类遭遇机械胁迫时，由于占血细胞绝大多数的透明细胞的大批死亡，血细胞浓度呈现明显的降低趋势（Lacoste et al.，2001c；Hégaret et al.，2003），并且可迁移的细胞、吞噬细胞以及细胞内外超氧化物阴离子的浓度也会出现显著的降低，在胁迫解除后各项免疫指标均又出现明显的恢复过程（Lacoste et al.，2001d）。Balarin 等（2003）对 *Chamelea gallina* 的研究也有相同的发现。此外，生殖压力也会导致牡蛎血细胞吞噬活性的迅速降低（Ditman et al.，2001），并且生殖胁迫能够抑制 *Chamelea gallina* 血细胞的免疫活性及其对干露的耐受力（Matozo et al.，2005）。

对于环境因子所造成的免疫抑制，有假设认为是血细胞在应激过程中重新分配了生物能量资源，大部分血细胞离开主要的血淋巴管而输送营养进入与适应环境和生存息息相关的特定组织中。在胁迫解除后，贝类首先经历一段免疫抑制期，而后免疫活性又重新显著地升高，这可能是生物体对能量的又一次重新分配，对免疫系统重新投入成本，作为对免疫抑制期成本降低的一种补偿（Lacoste et al.，2002；Malham et al.，2003）。

17.1.2.2 环境胁迫对贝类体液免疫因子的影响

贝类只有非特异性免疫系统，即天然免疫系统，而大多数体液因子是由血细胞分泌到血浆中后起防御作用的，所以贝类的细胞免疫和体液免疫是相互联系、不可分割的。体液免疫的手段主要包括溶酶体酶、凝集素、外源凝集素和抗菌肽等，其中溶酶体酶（β 葡萄糖苷酸酶，酸性、碱性磷酸酶，脂肪酶，氨基肽酶等）主要存在于血细胞的颗粒中，并在吞噬过程中通过脱颗粒的方式从血细胞中释放到血清中（Pipe，1990）。

目前这方面的研究主要集中在酸性磷酸酶和 β 葡萄糖苷酸酶的测定上。酸性磷酸酶和 β 葡萄糖苷酸酶是后生动物体内典型的溶酶体酶，并且它们的活性水平受到胁迫状态的调控。在慢性的升温胁迫下，海湾扇贝和栉孔扇贝的血清中碱性磷酸酶和酸性磷酸酶活性升高并在 25℃时达到峰值，随后降低（Liu et al.，2004），这和血细胞的浓度变化趋势相同。在缺氧胁迫下，酸性磷酸酶呈阳性的血细胞的数量显著减少，而具有 β 葡萄糖苷酸酶的血细胞的数量则显著增加，酸性磷酸酶活性的降低可能是缺氧胁迫所引起的溶酶体完整性的改变导致代谢作用受到抑制所造成的。相反，β 葡萄糖苷酸酶活性的升高则可能是其对厌氧菌增殖的响应（Matozo et al.，2005）。Balarin 等（2003）研究发现，在机械胁迫下这两种酶均表现出了和缺氧胁迫下相似的变化趋势。

过多的呼吸爆发产物对寄主细胞和组织都会造成很大的伤害，因而需氧有机体在进化过程中产生了一套抗氧化剂系统以保护有机体免受超氧化物的伤害，在这套系统中，超氧化物歧化酶（SOD）是第一道也是最重要的防线。缺氧胁迫能够严重地影响还原型烟酰胺腺嘌呤二核苷酸磷酸（NADPH）氧化酶复合体，引起蛤仔血细胞中超氧化物的降低，最终导致 *Chamelea gallina* 血细胞溶胞产物中的（Cu/Zn）-SOD 和 Mn-SOD 的活性均显著降低（Monari et al.，2005）。Chen 等（2006）在研究中还发现，在缺氧胁迫初期，栉孔扇贝血细胞溶胞产物中 SOD 活性略呈升高趋势，这可能是急性胁迫下的一种应激反应。

17.2　贝类生态免疫系统与病原生物之间的相互关系

17.2.1　贝类免疫系统对病原体胁迫的直接响应

许多研究发现，血细胞感染帕金虫后构造和功能形态的改变导致血细胞吞噬酵母细胞的能力受损（Beckman et al.，1992）。然而，要确定帕金虫的感染对贝类血细胞浓度的影响是困难的，其影响随种类和感染程度而定。研究表明，被海水派琴虫 *Perkinsus marinus* 感染的牡蛎，其血淋巴中的血细胞浓度有增加的趋势（Anderson et al.，1992，1995；LaPeyre et al.，1995a），而在严重感染 *Perkinsus atlanticus* 的蛤仔体内，循环血细胞的数量却有减少的趋势（Ordas et al.，2000）。这可能是由于帕金虫细胞能够在寄主的血细胞内生长和增殖，最终导致血细胞膜的破裂，或是大量血细胞聚集到感染的组织中以形成包囊而被消灭，使循环血细胞的数量减少（Perkins，1996）。

同样地，帕金虫感染对贝类体内溶酶体酶的影响也因不同的寄主-寄生虫模式而异，并且不同学者的研究结果也不尽一致。有研究表明，在感染了 *Perkinsus atlanticus* 和未感染的毯壳蛤体内，溶酶体酶的浓度几乎不存在差异，在感染了 *Perkinsus marinus* 的牡蛎体内也有相同的发现（Chu et al.，1989，1993b）。然而，另有一些学者却发现，感染的牡蛎体内溶酶体酶浓度呈现轻微的降低趋势（LaPeyre et al.，1995a）。但也有报道称，被 *Perkinsus marinus* 感染的牡蛎血清中溶酶体酶浓度升高（Ordas et al.，2000），这种升高的趋势可能是帕金虫在血细胞内的增殖引起，从而导致积聚在血细胞吞噬小体内的溶酶体酶因血细胞破裂而释放进入血清中（Maginot et al.，1989；Beckman et al.，1992）。

目前已经在许多软体动物体内发现凝集素，其主要存在于贝类血淋巴和血细胞膜中，它们对贝类的防御机制具有一种特殊的调理作用，能够提高血细胞对外来细胞的识别能力（Chu et al.，1998）。贝类体内血清中的凝集素水平，无论是体外的（Fisher et al.，1992），还是体内的（Chu et al.，1993a，1993b），都与帕金虫 *Perkinsus marinus* 的感染程度无关。然而，被 *Perkinsus atlanticus* 感染的毯壳蛤血细胞的凝集效价以及抗菌肽的活性却明显高于未感染个体（Ordas et al.，2000）。

17.2.2 环境胁迫对贝类-病原体之间作用机制的调节

海洋无脊椎动物疾病的流行受各种环境因子的控制，在环境胁迫下，贝类重新调整内在的能量用以特殊的生理功能，可能会削弱有机体对先前就存在的威胁的防御能力，如潜伏的病原体或侵入的微生物，在这些环境因子中，温度是影响疾病时空分布的主要因素（Harvel et al.，1999）。然而，目前温度对贝类-病原体之间相互作用的内在调节机制尚不明了，并且这种调节机制随着不同的寄主和病原体的模式而改变。

较高的环境温度会影响和调节血细胞及其体内激素的活性水平，同时加快寄生虫的代谢。因此，宿主对寄生虫的杀伤率往往难以和寄生虫的增殖速度相匹配（Chu et al.，1993b），这在美洲牡蛎（*Crassostrea virginica*）和病原体 *Perkinsus marinus* 以及 *Haliotis diversicolor - Vibrio parahaemolyticus* 的模式研究中得到了证实（Chu et al.，1993b；Cheng et al.，2004a），表明高温下免疫能力的降低是导致寄主抗病力下降的主要原因（Cheng et al.，2004a）。而菲律宾蛤仔-*Vibrio tapetis* 模式却表现出不同的变化趋势；*Vibrio tapetis* 是一种对温度极其敏感的冷水性病原体，在较高温度（21℃）下其繁殖能力和发育速度受到严重抑制，并且在此温度下，菲律宾蛤仔血淋巴中的水解酶（主要是亮氨酸氨基肽酶和溶酶体酶）的活性较高，血细胞的成活率较高，吞噬功能较强，具有较好的抗击病原体的防御能力，机体也更容易恢复，因此病原体不再具备诱导宿主疾病暴发和大规模死亡的能力，从而为宿主对抗病原体提供了保障。

进一步的研究还发现，在较高温度下热休克蛋白（HSP）表达的多样性也是促进 *Perkinsus marinus-Crassostrea virginica* 模式中致病的重要影响因子（Tirard et al.，1995），并可作为寄主免疫反应的激动剂（Tamura et al.，1997；Zugel et al.，1999）。由于升温胁迫呼吸爆发产物的浓度升高，其中羟基自由基、过氧化氢和过氧化亚硝酸盐在蛋白质变性过程中起着非常重要的作用，多肽链的破坏引发了寄主和病原体内 HSP 的合成，用以修复变性的蛋白质和保护各自的蛋白库免遭变性，其中以 HSP70 对环境的扰动最为敏感。在 *Mytilus galloprovincialis* 血细胞吞噬 *Vibrio alginolyticus* 的过程中发现较多的 HSP70 合成，然而在吞噬 *Escherichia coli* 的过程中却只能合成少量的 HSP70。这些结果表明，软体动物和来自不同环境的细菌之间的不同行为导致了不同的吞噬率，并由此确认吞噬作用和 HSP 产物之间存在着联系（Tiscar et al.，1998）。

在各种环境因素中，盐度同样是贝类病害发生的重要控制因子。据报道，由暖冬、干旱以及潮流的剧烈运动等异常的气候导致的沿岸海域海水的盐度异常，可加剧贝类病害的发生（Alam et al.，2001），并且正常环境条件下的盐度变化对贝类寄生虫的毒性也有显著的影响（Cheng et al.，2004b）。盐度的改变通常是通过影响寄主的防御系统来诱导疾病的暴发（Cheng et al.，2004b），在 *Vibrio parahaemolyticus* 感染实验中发现，杂色鲍对 *Vibrio parahaemolyticus* 的易感性在低盐（20‰，25‰）和高盐（35‰）的情况下均有明显升高。

通常在养殖水体中未耗尽的食物和粪便等有机质的分解会产生较高浓度的氨氮，造成细菌对氨氮进行硝化作用的中间产物亚硝酸氮的积聚，从而造成养殖水体低氧甚至缺氧（Cheng et al.，2004c）。据报道，高浓度的氨氮对感染了 *Vibrio tapetis* 的杂色鲍的各免疫参数（血细胞数目、酚氧化酶活性、吞噬活性和细菌清除率）均表现出剂量依赖性的抑制作用，并引起了疾病暴发，加剧感染个体的死亡；而浓度低至 0.96mg/L 的亚硝酸氮就足以削弱感染细菌的杂色鲍的免疫系统（Cheng et al.，2004d）。在缺氧胁迫下（尤其是在静态的系统中），则能够诱导贝类体内细菌的增殖（DeZwan et al.，2001a，2001b），从而加剧寄主对病原体的易感性。

17.2.3　贝类免疫系统与病原体之间的内在作用机制

LaPeyre 等（1995b）在体外培养的 *Perkinsus marinus* 分泌的细胞外蛋白中发现了一种类似糜蛋白酶的丝氨酸蛋白酶，它在细胞培养不久就能产生，且在较高 pH 条件下十分稳定。研究表明，这些蛋白酶参与了帕金虫感染贝类组织的坏死反应，能够诱导血细胞膜的特性如渗透性和构造的改变，降解基质和基膜的胞外成分，消化血淋巴蛋白，为寄生虫提供适当的营养，便利寄生虫入侵，危及寄主的防御系统（LaPeyre et al.，1996；Gareis et al.，1996；Anderson et al.，1996）。事实证明，帕金虫的胞外产物能够降低毯壳蛤和贻贝血细胞的成活率（Ordas et al.，1999）。但有一个问题值得思考，即寄生虫在体外培养所分泌的产物是否等同于寄生虫侵入寄主组织后在与寄主的防御系统相互作用过程中所释放的物质。

胞外产物对血细胞的免疫功能同样具有显著的影响，*Perkinsus atlanticus* 的胞外产物对毯壳蛤和贻贝的吞噬活性具有抑制作用（Ordas et al.，1999）。同样地，*Perkinsus marinus* 的胞外产物和蛋白酶可以抑制牡蛎血细胞的运动能力，而 *Perkinsus marinus* 本身却能刺激血细胞的运动能力（Gareis et al.，1996）。这种明显的矛盾，可能是由于细胞表面的影响因子促进帕金虫识别并进入血淋巴中，且在血淋巴细胞内进行繁殖（Vasta et al.，1995）。牡蛎在经过 *Perkinsus marinus*

的胞外产物处理后，感染程度加大（Gareis et al.，1996）。

Perkinsus atlanticus 胞外产物中酶活性最高的是酸性磷酸酶，它能通过引起磷蛋白质的分解和抑制超氧化物阴离子产物来改变寄主的细胞防御反应，通过干扰寄主氧依赖性的杀伤机制，帮助寄生虫存活（Anderson et al.，1996）。在其他的一些寄生虫的研究中有相同的发现（Remaley et al.，1984；Hervio et al.，1991；Volety et al.，1994，1996）。

寄主对细菌类寄生虫的易感性同样取决于许多不同的因素，包括避免和吞噬血细胞的接触，抑制吞噬细胞的活性，或者产生能够杀伤血细胞的成分（Cheng et al.，1975）。细菌的大多数胞外产物含有蛋白酶，能够通过引起寄主组织的严重损伤来便利其繁殖，从而降解寄主的蛋白质以提供细菌生长所需的营养。此外，胞外产物还能够通过降解免疫球蛋白和补体系统的组分来对抗寄主的防御系统（Maeda et al.，1996）。

Vibrio alginolyticus 和 *Vibrio anguilarum* 细胞能够诱导贻贝（*Mytilus edulis*）血细胞伪足的缺失并使细胞圆化（Notage et al.，1990；Lane et al.，1999）。同样地，Choquet 等（2003）将菲律宾蛤仔（*Ruditapes philippinarum*）的血细胞与 *Vibrio tapetis* 活细胞抚育 3h 后，可导致血细胞吸附能力显著降低，这在 *Vibrio aestuarianus* 胞外产物对牡蛎血细胞吸附能力和吞噬活性影响的研究中有相同的发现（Bayne et al.，1990）。

贝类的呼吸爆发产物通常是和血细胞的吞噬作用相联系的（Chu et al.，2000；Tor-reiles et al.，1996），因而血细胞吞噬活性被抑制的过程同样会导致随后呼吸爆发产物的减少。许多已知是贝类致病菌的不同品系的 *Vibrio* 能够抑制由酵母诱导的血细胞的呼吸爆发活性（Lambert et al.，2003）。然而，在 *Vibrio aestuarianus* 的胞外产物对寄主免疫功能作用机制的研究中却有与之前的研究相矛盾的发现，其胞外产物对牡蛎血细胞呼吸爆发产物具有明显的剂量依赖性的激活作用。这可能是由于呼吸爆发产物的过度激活提高了细胞中的细胞毒素，这就允许 *Vibrio aestuarianus* 细胞攻克牡蛎的细胞防御系统，从而便利寄生虫在寄主组织中的发育和分布（Yanick et al.，2005）。

过多的呼吸爆发产物对细菌细胞也会表现出相同的毒性。然而，大部分细菌具有以酶的形式存在的抗氧化剂（如超氧化物歧化酶、过氧化物酶）（Yanick et al.，2005）。许多好氧菌通过制造过氧化氢酶来中和升高的过氧化氢。Bramble 等（1997）同样认为，*Vibrio anguilarum* 产生的过氧化氢酶能够抑制牡蛎血细胞呼吸爆发产生的化学发光反应。

进一步的研究还发现，将血细胞暴露在活细菌的诱导下，其血细胞参数并非一定发生改变。例如，*Vibrio aestuarianus* 只有在细菌的快速增长期才能分泌血细胞吸附和吞噬活性的抑制因子（Yanick et al.，2005）。

17.3 贝类生态免疫研究展望

生态免疫学的研究引发了对许多重要生物学问题的探索，对贝类的研究能使我们进一步地了解生态免疫学的内在作用机制，因而未来将会围绕以下几个科学问题系统深入地展开研究。

17.3.1 神经内分泌-免疫网络对环境胁迫的应答

免疫响应是细胞之间相互作用的综合反应。整个神经内分泌-免疫网络对环境胁迫的应答值得关注，包括环境胁迫对宿主神经内分泌激素水平和细胞、体液免疫因子的影响，神经内分泌激素变化对免疫调控的介导途径和作用机制，以及环境胁迫前后免疫相关基因（如β葡萄糖苷酸酶、超氧化物歧化酶、溶菌酶、酸性磷酸酶与酚氧化酶的基因等）的表达与调控，构建环境胁迫因子-应激激素-免疫效应因子三者之间的耦合关系。

17.3.2 环境胁迫中有机体能量的重新分配机制

有机体在面临环境胁迫时能量的重新分配机制包括对免疫功能的成本投入，以及免疫功能和其他生理功能之间的能量互补机制等，如不同年龄段、生殖周期（如性腺成熟期、产卵期等）亲贝免疫力的差异及其内在作用机制，养殖密度对养成期扇贝免疫力、能量代谢的影响及两者之间的内在联系，建立有机体在环境胁迫下的能量分配模式。

17.3.3 贝类寄主的免疫启动效应

所谓免疫启动效应，是指遭遇过病原体感染的无脊椎动物或者其后代在再次遭遇相同的病原体时，抵御该病原体的免疫力有所提高。这种病害防御机制在功能上非常类似于脊椎动物的获得性免疫反应。而这种机制是否同样存在于贝类体内，这一效应如何作用于病原体，以及环境因子在这一过程中所起的作用，将是今后贝类生态免疫研究的一个重要方向。

（陈慕雁　杨红生）

第2部分
从局部到系统，赓续海洋农业生态农牧化

冲天一跃，陆海尽览。寻觅绿色，大漠草原。水球一枚，大片蔚蓝。人祸天灾，苦难频繁。修复环境，重建家园。和谐万物，共谋宏篇。天苍苍，野茫茫，风吹草低见牛羊。草原没有草，那就是沙漠。海洋没有鱼，那就是死海。绿水青山就是金山银山，保护生态环境就是保护生产力，改善生态环境就是发展生产力。经济发展不应是对资源和生态环境的竭泽而渔，生态环境保护也不应是舍弃经济发展的缘木求鱼，而是要坚持在发展中保护、在保护中发展。

18　海洋生境修复和生物资源养护原理与技术研究进展及展望

近年来，由于工农业活动产生的陆源污染物无序排放、海洋矿产资源开采造成的有机污染未能得到有效控制、渔业资源捕捞强度不断增大、超容量海水养殖活动及其自身污染加剧等，海洋生物资源和水域环境遭到严重破坏，水域生态荒漠化现象日益严重，珍贵水生野生动植物资源急剧衰退，水生生物多样性受到严重威胁。据 FAO（2010）统计，全球过度开发、枯竭和正在修复的渔业资源从 1974 年的 10%上升到 2008 年的 32%，其中 28%的渔业资源存在过度捕捞现象，3%渔业资源已经枯竭，且仅有 1%的渔业资源正在修复。另据联合国统计报道，全世界 1/3 的海岸生态系统面临严重退化的危险，由人类活动导致的海洋生境、生态系统以及生物资源的衰退已经引起了全球的高度重视（Seaman，2007）。

国际生态恢复学会（Society for Ecological Restoration International）认为，生态恢复（ecological restoration）是一个协助恢复已经退化、受损或破坏的生态系统并使其保持健康的过程，即重建该系统受干扰前的结构与功能及有关的生物、物理和化学特征（Society for Ecological Restoration International Science & Policy Working Group，2004）。水域生态系统的修复包含多个层面，涉及生物、物理、化学、经济、文化等多个学科，是一个系统的“生态-经济-社会”过程（晁敏和沈新强，2003）。生态恢复的主要目标是按规划设计要求建立一个具有较高生物多样性的功能性生态系统（Clewell et al.，2000）。生境修复和生物资源养护是对生态系统进行修复的两个途径。生境修复（habitat restoration）是指采取有效措施，对受损的生境进行恢复与重建，使恶化状态得到改善的过程；生物资源养护（biological resource conservation）是指采取有效措施，通过自然或人工途径对受损的某种或多种生物资源进行恢复和重建，使恶化状态得到改善的过程。

18.1　海洋生境修复和生物资源养护的基本原理与基本过程

18.1.1　基本原理

生境修复与生物资源养护原理的主要研究内容包括：生态系统结构、功能以及生态系统内在的生态学过程与相互作用机制，生态系统的稳定性、多样性、抗逆性、生产力与可持续、先锋群落与顶级群落的发生和发展机制及群落演替规律，不同干扰条件下生态系统的受损过程及其响应机制，生态系统退化的诊断及其评价指标体系，生态系统退化过程的动态监测、模拟、预警及预测等。

对于一个完整的生态系统修复工程而言，生态系统的各个组成部分都需要在原位经过自然的生态过程，因此事实上各生态学原理均可应用于生态恢复的实践中（Zedler，2005）。生态系统修复涉及的基本原理主要有限制因子原理、能量流动原理、种群密度制约及分布格局原理、生态适应性原理、生态位原理、演替原理、生物入侵原理、生物多样性原理、功能群构建原理等。其中，演替原理、功能群构建原理是应用于海洋生态系统恢复的重要原理。

18.1.2 基本过程

修复行为实质上是对生态系统的一次新的干扰，很难保证所有修复行为均对目标系统的修复起到正效应。要想系统向预期方向发展，需要有科学的理论框架，制定合理的修复方案，并对方案进行可行性论证（晁敏和沈新强，2003）。

Zedler（2005）以湿地生态系统的修复为例，将生态恢复的整个过程划分为 5 个不同的阶段，即目标设定——开发概念模型、恢复区域的选址优化、原地非生物环境的操控、原地生物区系的操控、生态系统维护等。

Clewell 等（2000）将生态恢复的过程分为修复计划准备、生态系统健康状况评估、修复计划制定论证、修复行动实施、修复后评估和管理 5 个阶段，并提出了生态修复过程涉及的 51 条指导原则。

18.2 海洋生境修复和生物资源养护设施

18.2.1 人工鱼礁

人工鱼礁（artificial reef）是人为放置在海底的一个或多个自然或者人工构造物，它能够改变与海洋生物资源有关的物理、生物及社会经济过程（Seaman，2000），并可改善海域生态环境，营造海洋生物栖息的良好环境，为鱼类等提供繁殖、生长、索饵和庇敌的场所，达到保护、增殖生物资源和提高渔获量的目的（陶峰等，2008）。

用于建造人工鱼礁的材料种类有很多（Baine，2001），礁体材料的选择直接影响礁体的结构特征和礁区生物的增养殖效果。根据材料的来源不同，可将建造人工鱼礁的材料分为天然材料、废弃材料和人造材料三大类（陈应华，2009；赵海涛等，2006）。

礁体设计对人工鱼礁效果的发挥至关重要，主要包括礁体材料、重量、形状、几何尺寸、内部结构等因素（Bohnsack and Sutherland，1985；Kim et al.，1994）。礁体的材料、重量、尺寸、结构复杂性、表面粗糙度等应根据规划要求与生物因素和水动力学特征相适应（Bohnsack，1989；Beets and Hixon，1994；Anderson et al.，1989；Connell and Jones，1991；Sherman et al.，2002）。根据投放的不同目的和用途，人工鱼礁可以分为增殖型鱼礁、渔获型鱼礁和游钓型鱼礁 3 种（于广成等，2006）。

18.2.2 增殖礁及增养殖设施

根据增殖对象生物不同，人工鱼礁可分为藻礁、鲍礁、参礁等，而增殖海参、鲍等海珍品的礁体可统称为海珍品增殖礁，又称海珍礁（张立斌，2010）。

由于礁体可以保护刺参、鲍等海珍品免受敌害侵扰（Ambrose and Anderson，1990），并可为增殖海珍品提供食物来源和遮蔽场所（Chen，2004；陈亚琴，2007；秦传新等，2009），因此海珍礁广泛应用于海珍品增养殖中（Chen，2003）。在我国，很多种材料被用作刺参的人工附着基或礁体，如石块（Chen，2004；陈亚琴，2007；孙德禹和陈爱国，2006；李吉强等，2004）、瓦片（秦传新等，2009；Chen，2003；王义民等，2004）、混凝土构件（秦传新等，2009；孙振兴，2004；赵中堂，1995）、扇贝养殖笼（李鲁晶等，2007）、编织布（林培振，2007）、塑料构件（李鲁晶等，2007），甚至柞木枝（杨化林和单晓鸾，2007）等。

作者所在的研究团队针对近岸泥沙质海湾、离岸开放海域和静水围堰等增养殖生境的受损现状及刺参、鲍等海珍品的生态习性，发明了适用于近岸海湾的牡蛎壳海珍礁及其配套制作装置（杨红生等，2011a，2011b）、贝类排粪物再利用装置（杨红生等，2010b）、适用于离岸开放海域的大型藻类抗风浪沉绳式养殖设施（许强等，2011）、“海龙Ⅰ型”底播式海水增养殖设施（杨红生等，2010a）以及适用于围堰的多层板式立体海珍礁（张立斌等，2010；Zhang et al.，2010），这些设施设备实现了对不同类别生境的有效修复和高效生态增养殖，为海洋生境修复与海水增养殖产业高效健康发展提供了装备支撑。

18.3 海洋生境修复和生物资源养护技术

18.3.1 海洋生境修复与改良技术

18.3.1.1 海草床修复技术

海草是单子叶草本植物，通常生长在浅海和河口水域。海草床对海域生境的修复和改良具有重要的生态作用，海草群落不仅是海洋初级生产者，具有高的生产力和固碳能力，还可起到稳定底泥沉积物、改善水体透明度及净化海水的作用；同时，海草床还是许多海洋动物重要的产卵场、栖息地、隐蔽场所及直接的食物来源，在全球C、N、P循环中具有重要作用（Hemminga and Duart，2000；Duarte，2002；韩秋影和施平，2008）。

《世界海草地图集》显示，1993～2003年全世界已经有约26 000 km^{2}的海草床消失，达到总数的15%（Green and Short，2003）。海草床的衰退引起了人们的高度关注，许多国家开展了海草床恢复方法的研究工作。海草床的恢复主要依靠海草的种子或者构件（根状茎）（Balestri et al.，1998），主要的方法有生境恢复法、移植法和种子法。其中，生境恢复法投入少、代价低，但周期长。移植法是恢复大叶藻海草床较为常用的方法（Calumpong and Fonseca，2001），主要有草皮法、草块法和根状茎法，其中草块法成活率高，但对原海草床有破坏作用，根状茎法节约种源，但固定困难。种子法破坏小，但种子难收集、易丧失、萌发率低（李森等，2010）。应用种子法来实现低成本、高效率、大规模地恢复海草床是当前研究的热点。

18.3.1.2 牡蛎礁修复技术

牡蛎礁（oyster reef）指目前正在生长及晚近刚停止生长的、裸露于河口洼地中的牡蛎壳堆积体（耿秀山等，1991）。牡蛎礁在净化水体、提供栖息生境、促进渔业生产、保护生物多样性和耦合生态系统能量流动等方面均具有重要的生态功能（Breitburg et al.，2000；全为民等，2006；Coen and Luckenbach，2000；Rodney and Paynter，2006；Soniat et al.，2004；Thomsen and McGlathery，2006；Walters and Coen，2006）。

美国切萨皮克湾（Chesapeake Bay）人类活动引起了生境的退化（富营养化和大叶藻藻床的破坏）及生物资源的衰退（美洲牡蛎数量大为减少）。近年来，弗吉尼亚海洋科学研究所（Virginia Institute of Marine Science）的科学家实施了牡蛎礁恢复计划，对礁体生物学、群落发生和营养动态进行了系统研究，并对恢复情况进行了追踪（Borde et al.，2004），如Harding（2001）研究了恢复的牡蛎礁区域浮游动物群落丰度及组成的水平分布和时间变化，作为切萨皮克湾牡蛎礁恢复进展的潜在标准。该系列研究对当地牡蛎礁的成功修复起到了重要作用。牡蛎礁的修复主要通过结合防浪堤设置专用礁体以及利用牡蛎壳礁体两种方式实现（Borde et al.，2004）。

18.3.1.3 珊瑚礁修复技术

珊瑚礁（coral reef）是石珊瑚目的动物形成的一种结构，是由成千上万碳酸钙组成的珊瑚虫骨骼在数百年至数千年的生长过程中形成的。珊瑚礁被称作“热带海洋森林”，其生态系统具有很高的生物多样性和重要的生态功能，珊瑚礁为许多动植物提供了生活环境，包括蠕虫、软体动物、多孔动物、棘皮动物和甲壳动物。此外，珊瑚礁还是大洋带鱼类的幼鱼生长地（Omori and Fujiwara，2004）。

由于全球气候变暖、自然灾害、海水消耗、过度捕捞、海水污染等，珊瑚礁的衰退现象严重。世界珊瑚礁现状调查显示，全世界19%的珊瑚礁已经消失，15%的珊瑚礁在10～20年将有消失的危险，200种的珊瑚礁在20～40年将面临消失（Wilkinson，2008）。

珊瑚礁生态修复的主要方法包括有性生殖法、珊瑚移植法、底质改良法等。其中，有性生殖法是通过自然产卵产生的珊瑚幼虫来培育珊瑚幼体，再将幼体移植（Omori and Fujiwara，2004）；珊瑚移植法是把珊瑚整体或者部分移植到退化区域，以改善退化区的生物多样性，这是过去几十年来修复珊瑚礁的主要手段（Omori and Fujiwara，2004；李元超等，2008；Ammar，2009；Raymundo，2001）；底质改良法是通过稳固底质或在底质中增加化学物质，以吸引珊瑚幼虫附着和珊瑚生长（Sabater and Yap，2004）。

18.3.1.4 人工鱼礁构建技术

人工鱼礁水动力学特征研究可以为人工鱼礁的选址和设计的优化提供科学依据。了解人工鱼礁水动力学性能需要首先研究人工鱼礁受水流作用时受力的情况和人工鱼礁内部及其周围流场的实际分布情况，研究方法主要有理论分析、模型实验和数值模拟等（姜昭阳，2009）。黑木敏郎等（1964）与中村充（1979）在回流水槽中，观察和测定了圆筒形、四角形鱼礁模型周围水流的变化。Fujihara 等（1997）运用数值计算法对设置鱼礁后定常层流水域的流场变化进行了研究，得到了鱼礁流场的上升流范围及分布特点。国外学者的研究表明，在鱼礁的阻流作用下，鱼礁下游的流场根据紊动程度可分为3个区域：紊流区、过渡区和未受扰动区。通透性礁体和非通透性礁体所产生的紊流区长度比和高度比均不同，通透性礁体的高度比小于1，长度比小于4，而非通透性礁体的高度比一般大于1而略小于2，而长度比小于14（Seaman，2000）。

合理的选址是人工鱼礁规划设计的基础。人工鱼礁投放区域的选择是否合理关系到其功能能否正常发挥，投放区域不当会造成人力与财力的损失，并有可能对生态环境造成破坏。李文涛和张秀梅（2003）认为，人工鱼礁的选址涉及地质科学、海洋科学、气象科学、生物科学、社会学等多个学科，需要考虑海洋物理环境、生物环境和社会等多种因素，其中国家的海洋功能区划以及海底底质类型、水深、水流等因素在人工鱼礁的选址中是必须首先考虑的。王飞等（2008）筛选了水深、底质类型、地形坡度、生物密度、平均流速、离岸距离等作为影响人工鱼礁选址的因子，并根据各影响因子的重要性程度确定其权重，建立了舟山海域人工鱼礁选址的多因子综合评价模式。Tian（1996）对台湾地区老鼠屿沿岸海区的 5 个预选礁区进行了综合性的选址研究，研究内容包括海底地形、地貌、底质特性以及海况，调查中使用了回声测深仪、旁扫声呐、重力岩心提取器、地质测试仪、全球定位系统（GPS）、声学多普勒海流剖面仪（ADCP）和遥控潜水器（ROV）等先进的仪器设备。

18.3.2 海洋生物资源养护技术

18.3.2.1 人工增殖放流技术

增殖放流是恢复渔业资源、优化水生生物群落结构、提高渔业生产力的有效手段，通过向天然水域投放鱼、虾、蟹、贝等各类渔业生物的苗种来达到恢复或增加渔业资源种群数量和资源量的目的（刘莉莉等，2008；王晓梅等，2010）。19 世纪中期，美国、加拿大对红点鲑开展了移植孵化实验，后来又将一种溯河性鲱从北美洲大西洋沿岸移植到太平洋沿岸，并形成了有价值的自然种群。挪威、英国、丹麦和芬兰也先后开展了鳕和鲆鲽类的资源增殖工作。日本于 20 世纪 60 年代提出“栽培渔业”概念，并在濑户内海开展了对虾、真鲷、梭子蟹和盘鲍的放流增殖工作，至 2002 年日本放流水产苗种已达 83 种。长距离洄游的大麻哈鱼是目前世界上规模最大、最有成效的增殖种类，苏联、日本、美国和加拿大等国先后进行了大麻哈鱼的增殖放流，放流数量每年高达 30 余亿尾，回捕率高达 20%（尹增强和章守宇，2008）。截至 2011 年底，世界上有 94 个国家开展了增殖放流工作，其中 64 个国家开展了海洋增殖放流工作（李继龙等，2009）。

我国近海渔业资源放流工作起步较晚，自 20 世纪 70 年代中后期开展对虾增殖放流以来，已经开展了海蜇、三疣梭子蟹、金乌贼、曼氏无针乌贼、梭鱼、真鲷、黑鲷、大黄鱼、牙鲆、黄盖鲽、六线鱼、许氏平鲉等游泳生物，以及虾夷扇贝、魁蚶、海参和盘鲍等底栖生物的增殖放流工作，其中中国对虾的增殖和移植、海蜇的增殖、虾夷扇贝的底播移植等工作已初具生产规模和显著的经济效益（赵兴武，2008；张澄茂和叶泉土，2000）。但在增殖放流过程中，存在管理体制不够健全、资金投入相对不足、科学研究相对薄弱、规范的增殖放流技术规程缺乏等问题。2010 年，农业部下发了《全国水生生物增殖放流总体规划（2011—2015 年）》，规范和细化了各海域增殖放流任务，提出了渤海、黄海、东海及南海具体适宜增殖放流的种类，对 45 种经济物种的适宜放流海域进行了规划。

18.3.2.2　多营养层次综合增养殖技术

多营养层次综合养殖（integrated multi-trophic aquaculture，IMTA）是近年提出的一种健康、可持续发展的海水养殖理念。对于资源稳定、守恒的系统，营养物质的再循环是生态系统中的重要过程，由不同营养级生物如投饵类动物、滤食性贝类、大型藻类和沉积食性动物等组成的综合养殖系统中，一些生物排泄到水体中的废物成为另一些生物的营养物质来源。因此，这种方式能充分利用输入养殖系统中的营养物质和能量，可以把营养损耗及潜在的经济损耗降到最低，从而使系统具有较高的容纳量和经济产出（方建光和唐启升，2008）。

近年来，作者所在的研究团队针对浅海筏式养殖、底播养殖和岛屿的不同特点和增养殖对象的生态特征，研发了筏式贝-藻-参综合养殖、藻-鲍-参生态底播增养殖和离岸岛屿生态增养殖等多营养层次综合增养殖技术。

18.3.3　海洋牧场建设技术

海洋牧场是一个新型的增养殖渔业系统，即在某一海域内，建设适应水产资源生态的人工生息场，采用增殖放流和移植放流的方法，将生物种苗经过中间育成或人工驯化后放流入海，利用海洋自然生产力和微量投饵育成，并采用先进的鱼群控制技术和环境监控技术对其进行科学管理，使其资源量持续增长，有计划且高效率地进行渔获。建设海洋牧场需要一整套系统化的渔业设施和管理体制，如人造上升流、人工种苗孵化、自动投饵机、气泡幕、超声波控制器、环境监测站、水下监视系统、资源管理系统等（Salvages，2001；杨金龙等，2004；佘远安，2008；张国胜等，2003）。

1971 年日本提出建设海洋牧场的构想。1978～1987 年，日本开始在全国范围内全面推进“栽培渔业”计划，并建成了世界上第一个海洋牧场——日本黑潮牧场（刘卓和杨纪明，1995）。我国于 1994～1996 年进行了海洋牧场建设的可行性研究，并于 1998 年开始实施“海洋牧场计划”，该计划试图通过海洋水产资源补充，形成牧场，通过牧场的利用和管理，实现海洋渔业资源的可持续增长和利用极大化（佘远安，2008）。我国在 20 世纪 80 年代曾提出开发建设海洋牧场的设想，90 年代又有学者对南海水域发展海洋牧场提出建议，并对南海水域进行了多项综合和专项调查，为开发建设海洋牧场提供了背景资料和技术储备。目前，我国海洋牧场的开发还仅限于投放人工鱼礁和人工放流，并且由于规模较小，形成的鱼礁渔场对沿岸渔业的影响甚微（佘远安，2008；张国胜等，2003）。

18.4 海洋生境修复和生物资源养护的监测与评价

18.4.1 海洋生境修复和生物资源养护系统的监测

生态系统的监测是海洋生境修复和生物资源养护计划的重要组成部分，监测信息的收集是决定恢复生态系统管理方式的重要环节，通过监测可以确定修复工程是否向既定目标发展。因此，制定监测实施标准和规程对于复杂的监测活动十分必要，如美国的加利福尼亚区域海带修复计划制定了海带恢复和监测规程，规程为参与潜水的志愿者列出了详细注意事项，以保证监测的一致性和精确性（Borde et al.，2004）；全球海草监测计划也制定了有关海草恢复的监测规程、野外取样和数据处理的注意事项、科学监测手册等。

监测主要分为修复前监测和修复的长期监测。通过修复前监测，可以了解生境和生物资源的受损程度，确定现存生态系统的特点，并有助于确定恢复的目标和恢复方式（Borde et al.，2004）。修复的长期监测是自修复计划正式实施以后对修复的全过程进行监测，通过长期的系统监测可以对比修复系统与自然系统的特点，便于准确确定退化生态系统修复的生态变动过程及变动方向（Zedler and Callaway，2000）。

18.4.2 海洋生境修复和生物资源养护效果的评价

在复杂的环境条件作用下，恢复的目标和效果可能会偏离既定的恢复轨道，因此对海洋生境修复和生物资源养护效果进行评价是十分必要的。当前对恢复和自然生态系统及其功能参数特征的变异性了解还不够深入，因此海洋生境修复和生物资源养护效果的评价方法与技术手段也相对复杂（Borde et al.，2004）。

生态修复效果评价的主要方法有直接对比法（direct comparison）、属性分析法（attribute analysis）和轨道分析法（trajectory analysis）。其中，评价生态修复效果应用最广泛的方法是直接对比法，即对比恢复的生态系统和自然的生态系统的结构与功能参数，包括生物和非生物环境参数；属性分析法是将恢复的生态系统的属性转化为定量和半定量的数据，以确定生态系统中各属性要素的恢复程度；轨道分析法是一种正处于研究过程中但比较有应用前景的方法，该方法通过定期收集恢复数据并绘制成趋势图，以确定恢复的趋势是否沿预定的恢复轨道进行（Society for Ecological Restoration International Science & Policy Working Group，2004）。

恢复的生态系统的评价标准较为复杂。从生态学角度，恢复的生态系统应包含充足的生物和非生物资源，其能够在没有外界协助的情况下维持自身结构和功能，且具备能够应对正常环境压力和干扰的抗性（Society for Ecological Restoration International Science & Policy Working Group，2004）。

国内外在采用系统模型评价修复效果方面取得了一定进展。Madon 等（2001）提出了用于规划湿地恢复的生物能量学模型（bioenergetics model），该模型可以用于评估不同环境条件下鱼类的生长情况，华盛顿大学的研究人员利用该模型评估了河口湿地系统恢复过程中鲑幼鱼的生长情况（Gray et al.，2002）。Pickering 等（1999）运用成本效果分析（CEA）、成本效益分析（CBA）和条件价值评估（CVM）等方法从生态学角度评价了人工鱼礁修复近海生态系统的潜力。Pitcher 等（2002）采用生态系统空间模拟技术（ECOSPACE）预测了中国香港禁捕保护区内人工鱼礁的资源和渔业的效益。

18.5 海洋生境修复和生物资源养护的综合管理

海洋生境修复和生物资源养护的管理是海域管理的重要组成部分，涉及对海洋生态系统的全面了解，以及对生境修复和生物资源养护的监测与研究。海洋生境修复和生物资源养护的管理应该从规划开始，一直持续到修复效果达到预定目标。管理的目标是保障修复行动和修复效果的有效性。

近年来，基于生态系统的管理（ecosystem-based management，EBM）理念得到充分重视与发展。基于生态系统的管理是一种较为先进的资源环境管理方式，其核心内容是维护生态系统的健康和可持续（Link，2002），该理念强调从海洋生态系统整体出发，制定渔业管理决策，并运用多学科知识，加强各部门合作，实现资源开发与生态保护相协调（褚晓琳，2010）。适应性管理（adaptive management）是海洋生境修复和资源养护中强调的另一种管理模式，该模式承认恢复计划指定过程中无法预测某些不确定发生的事件，管理的目标是解决实施过程中出现的这些不确定事件。该模式涉及附加恢复计划的实施，恢复系统中部分区域的实验研究、不同环境条件下的并行研究计划实施，以及评估整个过程有效性的实施等。适应性管理的模式广泛应用于海洋生境修复和生物资源养护实践中（Borde et al.，2004）。

18.6 海洋生境修复和生物资源养护研究展望

海洋生境的退化与生物资源的衰退引起了国内外的高度重视，在典型生境的修复、关键物种的保护、修复效果的监测与评价、修复的综合管理等方面取得了较为显著的成效，对缓解海洋生态环境的持续恶化与生物资源的持续衰退起到了重要作用。但在生境修复与生物资源养护原理、生态高效型设施设备、生境修复与生物资源养护新技术、监测评价与管理模型、标准和规范等方面开展的研究与实践工作相对较少，这也是制约海洋生境与生物资源持续利用的关键因素，是未来研究工作的重点和热点。

18.6.1 生境修复与生物资源养护原理

生境修复与生物资源养护原理是实施生态系统恢复计划的依据。不同环境条件下的演替规律、功能群结构与功能、不同干扰条件下生态系统的受损过程及其响应机制、生态系统退化的诊断及其评价指标体系依然是未来研究工作的重点。

18.6.2 生态高效型生境修复和生物资源养护设施设备

生态高效型设施设备的研发是生境修复与生物资源养护工作的基础。该领域未来工作的热点将主要集中在生态高效型人工鱼礁、藻礁与海珍品增殖礁的研发。

18.6.3 环境友好型生境修复和生物资源养护新技术

生境修复与生物资源养护技术是实现预期修复效果的核心。未来研究的重点将集中在生境修复与生物资源养护关键物种的筛选和功能群构建技术、碳汇渔业新技术、海洋牧场构建技术、智能型远程监测与预警预报技术等方面。

18.6.4 海洋生境修复和生物资源养护监测、评价与管理模型

监测、评价与管理是修复行动有效实施的关键。未来研究工作的重点将集中在监测、评价与管理的智能一体化系统，以及监测、评价与管理的动态模型等方面。

18.6.5 海洋生境修复和生物资源养护标准与规范

标准与规范是修复行动有效实施的保障。针对修复计划的不同阶段，制定涵盖海洋生境修复与生物资源养护设施、技术、监测、评价、管理等的标准和规范，可实现对修复行动的科学指导，充分保障实施效果的有效性，这也必将成为未来该领域研究的重点工作。

（张立斌　杨红生）

参考文献

晁敏, 沈新强. 2003. 水域生态系统修复理论、技术的研究进展. 北京: 2003 水产科技论坛.
陈亚琴. 2007. 刺参池塘养殖技术. 水产养殖, 28(4): 19-20.

陈应华. 2009. 大亚湾大辣甲南人工鱼礁区的生态效应分析. 广州: 暨南大学.
褚晓琳. 2010. 基于生态系统的东海渔业管理研究. 资源科学, 32(4): 606-611.
方建光, 唐启升. 2008. 实施多营养层次综合养殖构建海洋生态安全屏障. 中国农学通报, 24(增刊): 5.
耿秀山, 傅命佐, 徐孝诗, 等. 1991. 现代牡蛎礁发育与生态特征及古环境意义. 中国科学(B 辑 化学 生命科学 地学), 21(8): 867-875.
韩秋影, 施平. 2008. 海草生态学研究进展. 生态学报, 28(11): 5561-5570.
姜昭阳. 2009. 人工鱼礁水动力学与数值模拟研究. 青岛: 中国海洋大学.
李吉强, 郝小星, 高伟, 等. 2004. 虾池垒石养殖刺参技术. 科学养鱼, 26(4): 33.
李继龙, 王国伟, 杨文波, 等. 2009. 国外渔业资源增殖放流状况及其对我国的启示. 中国渔业经济, 27(3): 111-123.
李鲁晶, 王春生, 霍峻. 2007. 刺参池塘生态养殖模式技术开发. 中国水产, (8): 32-33, 35.
李森, 范航清, 邱广龙, 等. 2010. 海草床恢复研究进展. 生态学报, 30(9): 2443-2453.
李文涛, 张秀梅. 2003. 关于人工鱼礁礁址选择的探讨. 现代渔业信息, 18(5): 3-6.
李元超, 黄晖, 董志军, 等. 2008. 珊瑚礁生态修复研究进展. 生态学报, 28(10): 5047-5054.
林培振. 2007. 池塘编织布造礁海参养殖技术. 中国水产, (10): 49.
刘莉莉, 万荣, 段媛媛, 等. 2008. 山东省海洋渔业资源增殖放流及其渔业效益. 海洋湖沼通报, (4): 91-98.
刘卓, 杨纪明. 1995. 日本海洋牧场(Marine Ranching)研究现状及其进展. 现代渔业信息, 10(5): 14-18.
秦传新, 董双林, 牛宇峰, 等. 2009. 不同类型附着基对刺参生长和存活的影响. 中国海洋大学学报(自然科学版), 39(3): 392-396.
全为民, 沈新强, 罗民波, 等. 2006. 河口地区牡蛎礁的生态功能及恢复措施. 生态学杂志, 25(10): 1234-1239.
佘远安. 2008. 韩国、日本海洋牧场发展情况及我国开展此项工作的必要性分析. 中国水产, (3): 22-24.
孙德禹, 陈爱国. 2006. 浅海底播投石增养殖刺参技术开发. 齐鲁渔业, 23(7): 3-4.
孙振兴. 2004. 刺参养殖技术之三: 池塘刺参养殖若干技术问题的探讨. 中国水产, (5): 56-58.
陶峰, 贾晓平, 陈丕茂, 等. 2008. 人工鱼礁礁体设计的研究进展. 南方水产, 4(3): 64-69.
王飞, 张硕, 丁天明. 2008. 舟山海域人工鱼礁选址基于 AHP 的权重因子评价. 海洋学研究, 26(1): 65-71.
王晓梅, 张彬, 杨文波, 等. 2010. 水生生物增殖放流效益的实现分析. 中国渔业经济, 28(1): 82-90.
王义民, 张少华, 张秀丽, 等. 2004. 可移动式轻便隐蔽物在池塘养参中的应用研究. 齐鲁渔业, 21(7): 9-10.
许强, 杨红生, 赵鹏, 等. 2011. 一种藻类抗风浪沉绳式养殖设施及方法: ZL200910018386.8. 2011-02-09.
杨红生, 张立斌, 刘鹰, 等. 2010a. 一种适用于泥沙底海域的底播式海水养殖设施: ZL200710162550.3. 2010-10-13.
杨红生, 张立斌, 曲光伟, 等. 2011a. 一种牡蛎壳海珍礁的配套制作装置及其使用方法: ZL201010113501.2. 2011-05-11.

杨红生, 张立斌, 张涛, 等. 2011b. 一种以牡蛎壳为材料的刺参增养殖海珍礁及其增养殖方法: ZL200910017420.X. 2011-05-11.

杨红生, 周毅, 刘鹰, 等. 2010b. 一种浅海贝类排粪物再利用的养殖装置: ZL200410020967.2. 2010-01-13.

杨化林, 单晓鸾. 2007. 巧造海参礁. 齐鲁渔业, 24(4): 29.

杨金龙, 吴晓郁, 石国峰, 等. 2004. 海洋牧场技术的研究现状和发展趋势. 中国渔业经济, 22(5): 48-50.

尹增强, 章守宇. 2008. 对我国渔业资源增殖放流问题的思考. 中国水产, (3): 9-11.

于广成, 张杰东, 王波. 2006. 人工鱼礁在我国开发建设的现状及发展战略. 齐鲁渔业, 23(1): 38-41.

张澄茂, 叶泉土. 2000. 东吾洋中国对虾小规格仔虾种苗放流技术及其增殖效果. 水产学报, 24(2): 134-139.

张国胜, 陈勇, 张沛东, 等. 2003. 中国海域建设海洋牧场的意义及可行性. 大连水产学院学报, 18(2): 141-144.

张立斌. 2010. 几种典型海域生境增养殖设施研制与应用. 青岛: 中国科学院研究生院(海洋研究所).

张立斌, 许强, 杨红生, 等. 2010. 一种适用于浅海近岸海域的多层板式立体海珍礁: ZL0810249530.4. 2010-07-14.

赵海涛, 张亦飞, 郝春玲, 等. 2006. 人工鱼礁的投放区选址和礁体设计. 海洋学研究, 24(4): 69-76.

赵兴武. 2008. 大力发展增殖放流 努力建设现代渔业. 中国水产, (4): 3-4, 6-7.

赵中堂. 1995. 我国沿海海上人工鱼礁参礁的现状及其管理问题. 海洋通报, 14(4): 79-84.

黑木敏郎, 佐藤修, 尾崎晃. 1964. 鱼礁构造の物理学的研究 I. 北海道: 北海道水产部, 1-19.

中村充. 1979. 流环境から见る人工礁渔场. 水产土木, 15(2): 5-12.

Ambrose R F, Anderson T W. 1990. Influence of an artificial reef on the surrounding infaunal community. Mar. Biol., 107(1): 41-52.

Ammar M S A. 2009. Coral reef restoration and artificial reef management, future and economic. Open Environ. Eng. J., (2): 37-49.

Anderson T W, DeMartini E E, Roberts D A. 1989. The relationship between habitat structure, body size and distribution of fishes at a temperate artificial reef. Bull. Mari. Sci., 44: 681-697.

Baine M. 2001. Artificial reefs: a review of their design, application, management and performance. Ocean Coast. Manage., 44(3-4): 241-259.

Balestri E, Piazzi L, Cinelli F. 1998. Survival and growth of transplanted and natural seedlings of *Posidonia oceanica* (L). Delile in a damaged coastal area. J. Exp. Mar. Biol. Ecol., 228(2): 209-225.

Beets J, Hixon M A. 1994. Distribution, persistence, and growth of groupers (Pisces: Serranidae) on artificial and natural patch reefs in the Virgin Islands. Bull. Mari. Sci., 55: 470-483.

Bohnsack J A. 1989. Are high densities of fishes at artificial reefs the result of habitat limitation or behavioral preference? Bull. Mar. Sci., 44: 631-645.

Bohnsack J A, Sutherland D L. 1985. Artificial reef research: a review with recommendations for future priorities. Bull. Mar. Sci., 37: 11-39.

Borde A B, O'Rourke L K, Thom R M, et a1. 2004. National Review of Innovative and Successful Coastal Habitat Restoration. Washington: Battelle Marine Sciences Laboratory, Sequim: 1-58.

Breitburg D, Coen L, Luckenbach M, et al. 2000. Oyster reef restoration: convergence of harvest and conservation strategies. J. Shellfish Res., 19(1): 371-377.

Calumpong H P, Fonseca M S. 2001. Seagrass transplantation and other seagrass restoration methods//Short F T, Coles R G. Global Seagrass Research Methods. Amsterdam, Netherlands: Elsevier Science Bv: 425-443.

Chen J. 2003. Overview of sea cucumber farming and sea ranching practices in China. SPC Beche-de-mer Inform. Bull., 18: 18-23.

Chen J. 2004. Present status and prospects of sea cucumber industry in China. FAO Fisheries Technical Paper: 26.

Clewell A, Rieger J, Munro J. 2000. Guidelines for developing and managing eological restoration projects. Publications Working Group: 11.

Coen L D, Luckenbach M W. 2000. Developing success criteria and goals for evaluating oyster reef restoration: Ecological function or resource exploitation? Ecol. Eng., 15(3-4): 323-343.

Connell S D, Jones G P. 1991. The influence of habitat complexity on postrecruitment processes in a temerate reef fish population. J. Exp. Mar. Biol. Ecol., 151(2): 271-294.

Duarte C M. 2002. The future of seagrass meadows. Environ. Conserv., 29(2): 192-206.

FAO. 2010. The state of world fisheries and aquaculture 2010. Rome: FAO: 8.

Fujihara M, Kawachi T, Oohashi G. 1997. Physical-biological coupled modelling for artificially generated upwelling. Mar. Biol., (189): 69-79.

Gray A, Simenstad C A, Bottom D L, et al. 2002. Contrasting functional performance of juvenile salmon habitat in fecovering wetlands of the Salmon River estuary, Oregon, USA. Restor. Ecol., 10(3): 514-526.

Green E P, Short F T. 2003. World Atlas of Seagrasses. Califoruia: University of California Press.

Harding J M. 2001. Temporal variation and patchiness of zooplankton around a restored oyster reef. Estuaries, 24(3): 453-466.

Hemminga M A, Duart C M. 2000. Seagrass Ecology. Cambridge: Cambridge University Press: 20-23.

Kim C G, Lee J W, Park J S. 1994. Artificial reef designs for Korean coastal aters. Bull. Mar. Sci., 55: 858-866.

Link J S. 2002. What does ecosystem-based fisheries management mean? Fisheries, 27(4): 18-21.

Madon S P, Williams G D, West J M, et al. 2001. The importance of marsh access to growth of the California killifish, *Fundulus parvipinnis*, evaluated through bioenergetics modeling. Ecol. Model., 136(2-3): 149-165.

Omori M, Fujiwara S. 2004. Manual for Restoration and Remediation of Coral Reefs. Tokyo: Nature Conservation Bureau, Ministry of the Environment: 1-84.

Pickering H, Whitmarsh D, Jensen A. 1999. Artificial reefs as a tool to aid rehabilitation of coastal ecosystems: investigating the potential. Mar. Pollut. Bull., 37(8-12): 505-514.

Pitcher T J, Buchary E A, Hutton T. 2002. Forecasting the benefits of no-take human-made reefs using spatial ecosystem simulation. ICES J. Mar. Sci., 59: S17-S26.

Raymundo L. 2001. Mediation of growth by conspecific neighbors and the effect of site in transplanted fragments of the coral *Porites attenuata* Nemenzo in the central Philippines. Coral Reefs, 20(3): 263-272.

Rodney W S, Paynter K T. 2006. Comparisons of macrofaunal assemblages on restored and non-restored oyster reefs in mesohaline regions of Chesapeake Bay in Maryland. J. Exp. Mar. Biol. Ecol., 335(1): 39-51.

Sabater M G, Yap H T. 2002. Growth and survival of coral transplants with and without electrochemical deposition of $CaCO_3$. J. Exp. Mar. Biol. Ecol., 272(2): 131-146.

Salvages A G V. 2001. Ocean ranching//John H S, Karl K T, Steve A T. Encyclopedia of Ocean Sciences. Oxford: Academic Press: 146-155.

Seaman W. 2000. Artificial Reef Evaluation: with Application to Natural Marine Habitats. Boca Raton: CRC Press: 5-6.

Seaman W. 2007. Artificial habitats and the restoration of degraded marine ecosystems and fisheries. Hydrobiologia, 580: 143-155.

Sherman R L, Gilliam D S, Spieler R E. 2002. Artificial reef design: void space, complexity, and attractants. ICES J. Mar. Sci., 59(suppl): S196-S200.

Society for Ecological Restoration International Science & Policy Working Group. 2004. The SER International Primer on Ecological Restoration. Tucson: Society for Ecological Restoration International: 3.

Soniat T M, Finelli C M, Ruiz J T. 2004. Vertical structure and predator refuge mediate oyster reef development and community dvnasmics. J. Exp. Mar. Biol. Ecol., 310(2): 163-182.

Thomsen M S, McGlathery K. 2006. Effects of accumulations of sediments and drift algae on recruitment of sessile organisms associated with oyster reefs. J. Exp. Mar. Biol. Ecol., 328(1): 22-34.

Tian W. 1996. Investigation and evaluation of artificial reef sites: Lieu-Chu Yu offshore area. Proceedings, 18th Conference on Ocean engineering: 878-888.

Walters K, Coen L D. 2006. A comparison of statistical approaches to analyzing community convergence between natural and constructed oyster reefs. J. Exp. Mar. Biol. Ecol., 330(1): 81-95.

Wilkinson C. 2008. Status of coral reefs of the world. Globle coral reef monitoring network, reef and rainfoced centre, Townsville, Australia. www.gcrmn.Org.

Zedler J B. 2005. Ecological restoration: guidance from theory. San Francisco Estuary Watershed Sci., 3(2): 1-31.

Zedler J B, Callaway J C. 2000. Evaluating the progress of engineered tidal wetlands. Ecol. Eng., 15(3-4): 211-225.

Zhang L B, Yang H S, Xu Q, et al. 2010. A new system for the culture and stock enhancement of sea cucumber, *Apostichopus japonicus* (Selenka), in cofferdams. Aquacul. Res., 42(10): 1431-1439.

19 试论我国海洋农业的第三次飞越

我国跨越温带、亚热带、热带三个气候带，孕育了种类繁多的海洋生物，海洋农业基础得天独厚。我国水产品总产量自 1990 年以来一直稳居世界首位，自 2006 年起，海水养殖量超过了捕捞量（朱凤战，2010）。据估算，2012 年我国海洋农业全产业链产值达到 13 000 亿元，占海洋产业生产总值的 26%，成为海洋经济的支柱产业（国家海洋局，2012a）。海洋农业发展有力地促进了沿海地区经济发展，是增加就业和居民收入的有效途径，对保障食品安全、优化大农业产业结构意义重大。

半个世纪以来，我国海洋农业基本实现了两次飞跃发展（杨红生，1999）。十八大提出的“加快转变经济发展方式”“建设美丽中国”“建设海洋强国”等一系列重大任务都对海洋农业发展提出了新的要求，在新的社会发展阶段、资源环境基础和政策导向的背景下，我国的海洋农业即将迎来第三次飞跃。

19.1 第一次飞越基本特征

自新中国成立以来，海带、紫菜、牡蛎、贻贝、对虾、海湾扇贝等一批海洋生物的采苗、育苗和养殖技术实现了突破，推动了野生型种类养殖产业化。截至 20 世纪 90 年代末，实现了 100 多种野生海洋动植物的规模化繁殖和增养殖，形成了藻、虾、贝、鱼四次产业浪潮，推动了我国海洋农业由捕捞向野生型种类养殖产业化的第一次飞跃。

19.2 第二次飞越基本特征

进入 21 世纪以来，我国实施了海洋捕捞零增长计划，海水养殖业成为海洋农业发展的主要动力，苗种、饲料、加工、增殖和生物制品等相关产业也蓬勃发展。当前，我国海洋农业逐步向养殖生物良种化、养殖技术生态工程化、养殖产品高质化和养殖环境洁净化方向迈进，基本实现了第二次飞跃发展。

19.2.1 养殖生物基本实现良种化

截至 2011 年，我国从事水生生物孵化、繁育生产的苗种场达 15 000 多个，繁育虾类育苗 7356 亿尾、贝类育苗 12 854 亿粒、海带育苗 395 亿株、鱼苗 4.5

亿尾。在国家 863 计划、973 计划等支持下，先后培育出了“黄海 1 号”中国对虾、“蓬莱红”栉孔扇贝、“三海”海带、“黄选 1 号”三疣梭子蟹、“海优 1 号”马氏珠母贝、“丹法”大菱鲆、“闽优 1 号”大黄鱼、“水院 1 号”海参等 30 余个海洋生物新品种。

19.2.2 养殖技术基本实现生态工程化

截至 2012 年，我国海水鱼类工厂化养殖规模突破 560 万 m^2，养殖种类拓展到大菱鲆、牙鲆、半滑舌鳎、石斑鱼、三文鱼、河鲀、真鲷、鲍、星鲽、对虾、海参等近 20 多个经济品种，年产量达 10 万 t 以上，年产值超过 200 亿元。“十一五”以来，工厂化循环水养殖也取得了飞速发展，目前我国开展海水工厂化循环水养殖的企业有近 70 家，养殖面积突破 50 万 m^2，在产业中的科技示范与带动作用正在逐步显现。

19.2.3 养殖产品基本实现高质化

我国水产品加工业由单一的鱼虾保鲜发展到现在的包括冷藏、冰鲜、腌制、熏制、罐制、调味熟制、鱼糜加工、药物与保健品、鱼粉与饲料、海藻化工等十多个专业门类的庞大行业。自 2002 年以来，水产加工品产值的年平均增长率超过 19%，水产品出口总额连续 11 年位居世界首位，水产品加工企业数量和水产品加工能力等方面也都保持了较高速度的增长，逐步形成了以沿海水产品加工为主的出口优势区域布局。

19.2.4 养殖环境基本实现清洁化

资源节约和环境友好的循环水养殖技术被广泛应用于海水工厂化养殖领域；池塘围堰养殖结构和功能得以优化，初步实现了物质分级利用；滩涂与浅海养殖倡导“离岸养殖”和产品清洁化，在科学评估养殖容量的基础上逐步实现了多营养层次的综合养殖。我国具有多物种养殖的传统，养殖技术全面、养殖产品市场发育良好，在开展多物种综合生态养殖方面具有很强的优越性。我国建立的多营养层次综合养殖模式（藻-鱼-参、藻-贝-参、草-参-贝等综合养殖模式）已在北方典型的养殖海域进行了示范推广，取得了创新性科研成果。

19.3 实现第三次飞跃的必要性和紧迫性

进入 21 世纪以来，在海洋农业逐步向现代化农业过渡的同时，我国的经济社会环境也发生了巨大变化，主要表现在：经济快速增长，经济总量已跃居世界第二，出口贸易额已位居世界第一；人民生活状况极大改善，对食物种类和质量的要求大幅度提高；城镇化建设速度不断加快，资源能源需求急剧膨胀；工业、交通基础设施向沿海聚集，近海环境恶化趋势未得到有效扭转。党的十八大和十八届三中全会提出的一系列新判断、新任务对海洋农业发展起着引领作用。在向现代农业飞跃的过程中，海洋农业既要解决自身产业发展面临的问题，也要面向国家需求，预见新的问题，寻找新的机遇。

19.3.1　实现第三次飞跃的必要性

（1）保障国家粮食安全的需要。粮食安全始终是关系我国经济发展、社会稳定的全局性重大问题。从长远看，我国经济社会的持续发展和人口增加与土地、水及能源资源约束的矛盾将长期存在，对优质食物的刚性需求将不断增加。在当前我国耕地日益减少、粮食供求紧平衡常态化和世界粮食价格高位运行的形势下，要确保实现 95%粮食自给的目标，仅靠守住 18 亿亩耕地是不够的（王建友，2011）。多年的实践证明，以鱼、虾、贝、藻等为代表的海洋农业不仅不与人争粮、不与粮争地，在利用现代养殖和生态养殖技术的条件下，还具有循环利用资源、减少污染排放的特点。因此，化解我国粮食安全问题必须“海陆并进”，深耕蓝色国土，建设蓝色粮仓，构建完善的现代海洋农业产业体系，生产出更多优质、安全的海洋食品。

（2）应对资源环境约束的需要。我国近岸海域水体污染、生境受损、资源枯竭等问题十分突出。2012 年我国海域水质劣四类面积占我国领海和内水面积的 17.63%，2013 年上半年 78.87%的监测河流断面水质为五类或劣五类（国家海洋局，2012b）。大规模围填海、港口建设等导致海湾缩小，生境改变甚至丧失。20 世纪 60 年代末以来的过度捕捞造成生物资源急剧减少，一些传统渔业种类消失，渤海等海域几乎无鱼可捕。粗放式的池塘养殖、网箱养殖产生的养殖废水超过了海域自净能力，已成为近海重要污染源。在海洋环境资源约束趋紧的情况下，海洋农业要走种质培育、适度捕捞、资源养护、生态养殖、精深加工的可持续发展之路，实现海洋生态系统与经济系统的良性循环。

（3）转变经济发展方式的需要。“十二五”以来，转变经济发展方式已成为我国实现经济社会可持续发展的重中之重。推动新兴产业、先进制造业健康发展，加快传统产业转型升级，推动服务业特别是现代服务业发展壮大，支持小微企业特别是科技型小微企业发展是转变经济发展的主攻方向。传统以粗放式捕捞、养殖和加工为主的海洋农业面临和存在的诸多问题，只有通过转变经济发展方式才能有效化解。我国海洋农业已全面进入结构转型期，走资源节约、环境友好、优质高效、有区域特色的海洋农业现代化道路，必须依靠高新技术，推进海洋农业从规模数量型向质量效益型转变，从无序利用资源、牺牲环境向合理利用资源、保护和修复环境转变。

（4）推动新型城镇化建设的需要。新型城镇化建设的关键在于以人为本，不断提高城镇可持续发展能力。我国有近一万个渔村、2000多万渔业人口，这是新型城镇化建设的重要内容。长期以来，沿海渔村普遍存在经济发展缓慢、基础设施缺乏、社会事业落后等问题。环境污染和资源衰退等造成渔业劳动力过剩，收入增长缓慢，失业失海问题突出。只有妥善解决渔业、渔民、渔村的历史遗留问题，海洋农业才能实现真正意义上的飞跃发展（韩立民等，2007）。借助新型城镇化建设的机遇，要不断改善渔村生产生活条件，完善渔村基本公共服务体系，不断强化渔民合法权益的保护，建立渔民增收长效机制，推进渔业经济合作组织建设，建设绿色宜居、富有特色的现代化渔村。

（5）维护国家海洋权益的需要。《联合国海洋法公约》对沿海国家在专属经济区和公海开展渔业生产活动进行了明确规定，开发远洋生物资源已成为国家重要的海洋利益，并使国家海洋利益拓展到包括南北两极在内的全球海洋。我国与周边国家的海洋权益争端直接表现为渔业纠纷。发展海洋农业，特别是专属经济区和边远岛屿的海洋农业，要将经济活动和海洋权益紧密联系起来，使之成为维护国家海洋权益的重要手段。例如，通过构建深水网箱、固定或移动式养殖设施宣示主权和主权权利，实施有效管辖。

19.3.2 实现第三次飞跃的紧迫性

我国海洋农业发展仍面临许多问题，亟须通过传统产业转型升级、培育新兴产业、提升技术水平实现跨越发展。海洋农业目前存在的主要问题包括：①海水养殖业良种覆盖率仅为25%左右，远低于种植业和畜牧业，水产良种覆盖面亟待拓展；②浅海养殖方式粗放，精准管理水平较低，养殖废水污染不容小觑，健康增养殖技术体系亟待构建；③近海渔业资源未有效恢复，海洋牧场尚未形成规模，渔业资源和环境亟待修复；④远洋捕捞设施装备落后，信息化程度低，远洋渔业发展空间亟待拓展，装备技术亟待提升；⑤集约化养殖装备总体水平落后，机械化、自动化和信息化程度不高，海洋农业装备亟待升级换代；⑥海产品加工高质化和高值化水平低，食品安全良莠不齐，精深加工与物流服务亟待加强；⑦海洋生物制品产业化能力不足、产品种类不多、产业规模过小，生物能源制品产业亟待集群发展（高磊等，2013；郭根喜，2006）。

19.4 实现第三次飞跃的基本思路和主要任务

现代海洋农业是指依托现代装备与技术，利用海洋生物与环境资源，获取和培育动植物产品，生产食品和工业原料等的综合性产业，包括海洋生物种业、海洋农业设施与工程装备、海水增养殖业、海洋捕捞业、环境保护与资源养护、海洋食品加工与流通、海洋生物能源与生物制品等分支产业。与传统海洋农业相比，现代海洋农业的核心是科学化，特征是商品化，方向是精准化，目标是产业化；更强调养殖生物的良种化、工程装备的机械化、养殖技术的体系化、捕捞技术的信息化、精深加工的高值化、环境保护与资源养护的生态化、生物能源与生物制品的集约化。现代海洋农业以“绿色、低碳、智能”为特色。实现海洋农业的第三次飞跃关键在于实现陆海统筹、四化同步、三产贯通、创新跨越。

19.4.1　实现第三次飞跃的基本思路

（1）“陆海统筹”谋划产业布局。统筹海洋农业和陆地种植业、畜牧业发展，将海洋农业提升到确保国家粮食安全的重要产业。从陆海资源环境特点和现状出发，根据国家和地方海洋功能区划，因地制宜、科学合理地安排养殖、捕捞、增殖、加工等产业区域空间布局。严格控制陆源和养殖污染源，确保海洋农业生产区域水质清洁，生境完整。促进海洋农业集约发展，节约利用土地、海域等空间资源，改善渔村、养殖区域面貌，实现海洋农业与沿海经济社会发展相互协调。统筹陆基工厂化养殖、近岸养殖增殖与深海渔业、大洋和极地渔业的发展，最大限度实现经济效益、社会效益和国家利益。

（2）“四化同步”构建现代产业。在坚持走中国特色新型工业化、信息化、城镇化、农业现代化道路，推动信息化和工业化深度融合、工业化和城镇化良性互动、城镇化和农业现代化相互协调，促进工业化、信息化、城镇化、农业现代化同步发展的新时期，必须坚持符合海洋农业实际的“四化同步”发展道路，深入实施创新驱动发展，通过科技创新和商业模式创新，推动现代海洋农业的发展。加快工厂化育种、育苗和工厂化养殖建设步伐；通过互联网、物联网等信息化技术加强养殖、捕捞、加工、物流过程中的信息化建设，大力提升远洋捕捞设备的智能化和信息化水平，提高捕捞效率和精度；开展渔村建设整治，加强渔业基础设施建设，重点解决饮水安全、用电、道路等问题，以渔港建设带动渔业城镇化发展。

（3）“三产贯通”打通全产业链。海洋生物资源精深加工和海洋水产品物流、海洋生物能源及生物材料是联系海洋水产品原料生产与消费的桥梁和纽带，在整个海洋农业产业链中起着龙头和带动作用。因此，必须重视并加快发展和壮大精深加工和流通产业，重视并加快海洋生物能源及生物材料的研发。以知识提升经济，以技术催生产业，按照“围绕产业链、部署创新链、运用资金链、提升价值链”的指导思想，大力发展海洋良种产业，提升海水养殖业的技术水平和效益，积极发展远洋捕捞渔业，大力发展海洋水产品加工与流通等第二、第三产业，实现海洋农业产业的生产、加工与流通的三产贯通，实现我国海洋农业跨越发展。

（4）“创新跨越”实现科技兴海。推动政、产、学、研、用协同创新，重点解决科研、产业“两张皮”的痼疾。发挥政府政策引导作用，建立新型海洋农业科技服务机制，推动多元化、社会化的海洋农村科技服务体系建设。不断提升海洋农业企业的自主创新能力，强化企业在技术创新中的主体地位，建立以企业为主体、市场为导向、产学研相结合的海洋农业科技创新体系。引导和支持创新要素向企业集聚，促进科技成果向现实生产力转化。着力突破制约现代海洋农业发展的健康养殖、病害防治、高端设施装备制造等关键共性技术和高技术研究，构建海洋农业公共技术集成开发服务平台，强化技术支撑能力，引领自主知识产权为主导的我国海洋农业产业健康快速发展。

19.4.2 实现第三次飞跃的主要任务

（1）海洋生物种业：突破一批分子育种、细胞工程育种和基因工程育种的关键核心技术；开发主要海水养殖生物的全基因组选择育种、多性状复合选育、强优势杂交、分子标记辅助选育等技术，建立现代海洋生物育种技术体系，创制一批海水养殖新种质、新品种；研发海洋生物的生殖调控和苗种规模扩繁技术，催生一批名贵养殖生物新兴产业。构建海洋生物优良品种的测评平台、信息数据库、联合育种的网络系统，促进企业实现育种技术的标准化、信息化和网络化，推动形成以企业为主体的种业创新机制。

（2）海水增养殖业：揭示病害防治、营养饲料、健康增养殖等基础原理，突破节能减排型工业化循环水养殖、滩涂清洁生产、池塘高效养殖设施与多级利用、浅海生态高效增养殖、病害快速诊断与防控等技术体系，支撑增养殖产业的健康高效发展。构建安全、健康、优质的水产品养殖技术体系，全面提升增养殖设施的数字化、精准化与生态化水平，整体达到国际先进水平。

（3）海洋捕捞业：完善渔具准入目录，提出对渔具管理的综合措施与相关限制条件；开发新型渔具渔法及高性能渔具材料，研发一批新型负责任捕捞装置，完善负责任捕捞技术体系；掌握大洋与极地渔场形成和分布规律；研发远洋渔业信息数字化技术、国产化助渔设备与自动化捕捞装备，实现机械化助渔和精准捕捞；突破南极磷虾捕捞及加工一体化关键技术。

（4）海洋食品加工与流通：攻克传统产业升级、新型产业制造的关键技术，初步建立高效利用技术体系。持续完善、技术升级，初步建立海洋水产品冷链物流技术体系，形成完善的海洋食品监管技术体系。

（5）海洋环境保护与资源养护：突破海洋渔业生态环境保护与资源养护关键

技术，海洋农业防灾减灾能力明显增强，海洋渔业环境质量与资源养护水平显著提高，实现海洋环境保护与资源养护的可持续发展，使我国海洋环境保护与资源养护总体研究达到国际先进水平。

（6）海洋生物能源与生物制品：攻克海洋藻类的规模化培养装备技术、大型藻类的高效乙醇发酵技术；开发海洋多糖原料的精深加工和生物基复合纤维、功能膜材料制造的关键装备与技术；在高活性海洋生物活性物质制备和筛选、新产品创制和高值化海洋生物农用制品的产业建立上取得突破，建立海洋生物能源与制品工程化技术体系。

（杨红生）

参 考 文 献

高磊, 陆亚男, 马卓君, 等. 2013. 我国海洋农业高新技术产业发展技术路径初探. 中国渔业经济, 31(1): 35-40.

郭根喜. 2006. 我国深水网箱养殖产业化发展存在的问题与基本对策. 南方水产, (1): 66-70.

国家海洋局. 2012a. 海洋统计年鉴 2012. 北京: 海洋出版社.

国家海洋局. 2012b. 海洋环境信息(第 19 期). http://www.soa.gov.cn/zwgk/hyhjxx/201311/t20131119_27940. html.

韩立民, 任广艳, 秦宏. 2007. “三渔”问题的基本内涵及其特殊性. 农业经济问题, 28(6): 93-96, 112.

王建友. 2011. 基于粮食安全视角的海洋农业发展价值分析. 中国渔业经济, 29(4): 36-42.

杨红生. 1999. 试论我国“蓝色农业”的第二次飞跃. 世界科技研究与发展, 21(4): 77-80.

朱凤战. 2010. 中国水产品出口贸易结构研究. 杨凌: 西北农林科技大学.

20 现代渔业创新发展亟待链条设计与原创驱动

渔业是我国大农业和国民经济的重要组成部分。2015 年，我国渔业从业人员达 2016.96 万人，水产总产量达 6699.65 万 t，全社会渔业经济总产值达 22 019.94 亿元（农业部渔业渔政管理局，2016），长期雄踞世界第一（Food and Agriculture Organization of the United Nations，2016）。相对陆地农牧产品，渔业产品生产过程资源消耗少、环境污染轻、富含蛋白质及人体所必需的 9 种氨基酸，是人类获取蛋白质的重要途径，随着国民生活水平的提高和食物消费结构的变化，渔业产品在国民食物供给体系中的重要性和健康价值将会持续提升（韩立民和李大海，2015）。

近 20 多年来，我国渔业实现了以苗种人工繁育和规模化养殖为代表的第一次飞跃，以及以良种化、生态化、工程化、高值化为代表的第二次飞跃（杨红生，1999）。目前，面对近海渔业资源严重衰退、过度捕捞导致生态系统失衡、食品安全水平呈现下降趋势等问题，现代渔业建设亟待实现以机械化、自动化、信息化和智能化为代表的第三次飞跃（沈春蕾，2016）。现代渔业建设覆盖渤海、黄海、东海、南海和内陆主要淡水流域，与农业、林业、牧业共同构成陆海统筹的国家粮食安全保障体系，对实现新空间和新资源拓展、确保国家粮食安全具有重大意义。与传统农业相比，现代渔业具有空间多样性、环境多样性、种类多样性和需求多样性的特点。发展现代渔业，必须运用全链条设计，贯穿产业链、问题链、创新链、任务链和价值链，通过原创驱动、技术先导、工程示范等途径，使渔业真正成为沿海和内陆水域发展经济、富民兴邦的重要基点，成为催生生物制品、工程装备、休闲渔业等新业态的重要引擎。

20.1 发展现状分析

渔业在我国拥有悠久的历史，近 40 年来，我国渔业科技实现了快速发展，与国际先进水平相比差距明显缩小，总体上已达到世界先进水平，在新种质创制、养殖模式等方面的研究已达到国际领先水平，建成了一批以青岛海洋科学与技术试点国家实验室为代表的国际先进的科技创新和应用示范平台，培养了一批具有国际视野的创新团队，突破了藻、虾、贝、鱼、参等人工养殖技术，生态修复得到高度重视，近海捕捞实现了零增长，远洋捕捞作业渔场遍及 40 个国家和三大洋公海及南极海域，水产品加工实现了规模化生产，建立了“基础研究—种质种苗—养殖模式—资源管理—精深加工”的全链条现代渔业发展模式，率先实施海洋农牧化，掀起了我国海水养殖的“五次产业浪潮”。在我国渔业不断进步发展的同时，环境、资源及其持续利用方面也存在着诸多问题（张新民等，2008）。

20.1.1　近海环境不断恶化，渔业资源严重衰退

大规模围填海、过度捕捞、大量废水和污水的排放、近海油气的规模化开发与密集运输是破坏近海环境的主要原因。近 40 年来，全国大规模围填海使滨海湿地累计损失约 2.19 万 km^2，相当于全国沿海湿地总面积的 50%。主要河流（长江、珠江、黄河、闽江、钱塘江等）入海污染物总量总体呈现波动式上升趋势，2014 年比 2002 年增加 124.7%，我国近海海域一半以上受到污染，而海湾是污染最严重的海域（霍云龙，2011；李晶和陈伟琪，2006；陆昱江，2015）。

高强度人类活动导致渔业资源严重衰退，产卵场和洄游通道遭到严重破坏，生物多样性降低，食物网结构简单化。我国管辖海域的渔业资源可捕捞量为 800 万～900 万 t，而实际年捕捞量为 1300 万 t 左右。捕捞对象也由 20 世纪 60 年代的大型底层和近底层种类转变为以鳀、黄鲫、鲐鲹类等小型中上层鱼类为主，经济价值大幅度降低（官文江等，2013；姜亚洲等，2014；唐议和邹伟红，2010）。

20.1.2　过度捕捞导致生态系统失衡，经济生物资源呈现低龄化、低值化和小型化

渔业过度捕捞是指渔业捕捞力度超出合理水平，导致鱼类种群退化、渔获物质量下降、捕捞成本提高和渔民收入减少等后果（李家才和陈工，2009）。过度捕捞导致生态系统结构和功能失衡主要表现在：由于捕捞船只急剧增加以及渔业捕捞的不规范，经济生物生长周期遭到破坏，许多物种无法形成鱼汛，进而造成海洋食物链顶层生物遭到破坏，食物网脆弱动荡，最终破坏渔业生态系统平衡（高强和高乐华，2011）。

过度捕捞造成经济生物呈现低龄化、低值化和小型化。我国海域的重要经济鱼类资源近几十年来已出现衰退现象，如大黄鱼、小黄鱼、带鱼以及其他经济鱼类资源出现全面衰退，其中大黄鱼、小黄鱼已被列为“易危”物种（钱梦梦，2010），鲐、梭鱼、花鲈等传统捕捞对象也相继受到破坏。与此同时，主要经济鱼类的幼鱼比例增大，且呈现性成熟提前、个体变小的趋势（王夕源，2012）。

20.1.3　养殖种类结构基本合理，养殖活动对近海生态系统产生影响

我国水产养殖种类结构具有显著的高多样性特点，丰富度和均匀度均高于世

界其他主要水产国家（FAO，1950-2013）。淡水养殖种类为 135 个，海水养殖种类为 166 个。淡水养殖与海水养殖均具有种类繁多且优势突出的特点。这对物种多样性和遗传多样性保护、养殖生态系统稳定性持续及其生物量高效产出具有重要意义（孙军和刘东艳，2004；唐启升等，2014，2016）。我国水产养殖营养级低且较稳定，以营养级 2 级为主（占 70%）。由于养殖生物生态转换效率与营养级呈负相关关系，即营养级若低，生态转换效率则高，我国水产养殖生态系统将有更多的生物量产出（唐启升等，2016；Tang et al.，2007；Jiming，1982；Pauly et al.，2001；刘学勤，2006）。

海水养殖引起的化学需氧量占入海总量的 0.71%，总氮污染占入海总量的 0.67%，总磷污染占入海总量的 1.4%，尽管入海输入量很少，但规模化养殖直接占用了渔业生物的产卵场和栖息地，进而影响渔业资源的再生能力，加剧了近海生态系统的脆弱性（戴本林等，2013；唐启升和苏纪兰，2001；唐启升等，2005；舒廷飞等，2002）。《2015 年中国海洋环境状况公报》显示，2015 年我国增养殖海域环境状况逐年改善，管辖海域共发现赤潮 35 次，累计面积约 2809km^2，是近 5 年来赤潮发现次数和累计面积最少的一年。而实施监测的河口、海湾、滩涂湿地、珊瑚礁、红树林和海草床等海洋生态系统的健康状况不容乐观，处于健康、亚健康和不健康状态的海洋生态系统分别占 14%、76%和 10%（国家海洋局，2015）。

20.1.4　渔业装备机械化水平低，养殖和捕捞技术急需创新

我国在渔业设施、养殖工程、捕捞装备、自动控制、数字化等高新技术方面取得了一定进展，但养殖整体装备和关键技术仍较为落后，主要表现在：信息化、数字化、自动化、智能化等高新技术在海水养殖中的应用率较低，捕捞装备多为进口，核心竞争力不强，渔业设施设备的机械化水平差距明显（谷坚等，2011；黄一心等，2015）。

湖泊、池塘养殖技术规范和技术标准有待建立和完善，滩涂养殖人工调控技术缺乏，浅海底播养殖生物存活率低和采捕难度大，离岸深水养殖技术尚处于起步阶段，生态多元化增养殖新模式与新技术亟待建立，远洋渔船总体装备及捕捞技术水平不高，养殖和捕捞技术急需研发和创新（邢丽荣和林连升，2013；祝景怀，2015；王大海，2014）。

20.1.5　水产品质量安全水平堪忧，精深加工与高值利用技术亟待创新

水产品质量安全对于我国渔业健康发展、国家食品安全具有重要影响，然而，我国的水产品质量在过去几年里却一直饱受诟病。非法使用违禁或淘汰药物、养

殖过程用药不规范、局部渔业水域污染严重、标准化生产及检测滞后等问题致使我国水产养殖业蒙受巨大经济损失，严重制约渔业自身的发展（刘欢和王国聘，2013；潘煜辰等，2014）。

我国水产品加工与流通装备自主研发与制造能力初步形成，在水产品保鲜保活、前处理加工、初加工、精深加工与副产物综合利用等领域进行了一系列相关装备技术的研究与开发。但水产品精深加工的生产装备自动化程度差、能耗和物耗偏高，特别是对提高加工品质量和附加值有重要作用的加工酶工程、高压重组、冷杀菌和膜分离等高新技术与国外先进水平相比还有较大差距（居占杰和秦琳翔，2013；李晶，2012；李青娇，2013）。

20.2　链条设计引领转型升级

当前建设现代渔业与转变渔业发展方式具有高度的内在统一性，加快推进现代渔业，即加快推进渔业发展方式转变（健华，2010）。链条设计旨在针对现代渔业建设现状，通过贯穿产业链、问题链、创新链、任务链和价值链的全链条设计，转变渔业发展方式，实现由单一物种到全产业链、由全产业链到全产业体系的转变，最终实现现代渔业转型升级兴业。

产业链：传统渔业产业主要由捕捞业、养殖业和加工业组成，其发展处于极度分散、无序状态，致使渔业资源的统筹利用、经济布局等发展迟滞。现代渔业建设将整合现有产业，形成高效运作的产业链，催生生物制品、工程装备、休闲渔业等新业态，推动经济发展，实现强国富民。

问题链：我国渔业产业尚存在水产生物种业工程体系不能支撑产业发展需求、养殖模式粗放且结构布局不合理、设施设备的机械化和信息化程度不高、远洋高效捕捞技术亟待突破、渔业环境监测和综合管理技术水平不高、生境修复和资源养护工程化水平不高、水产品精深加工和高值化水平低等问题，针对制约产业健康发展的主要问题，推动现代渔业理论与技术创新，实现现代渔业产业的工程化示范。

创新链：针对问题链中的现状，应在健康养殖、友好捕捞与绿色加工等方面实现创新，提升现代渔业基础理论原始创新能力、良种创制和养殖新对象研发能力、渔业机械化和信息化装备能力、健康养殖的精准管理能力、渔业环境管理和资源养护能力、远洋渔业捕捞和新资源开发能力、水产资源高值化和清洁化加工能力以及企业自主创新能力和国际竞争能力。

任务链：围绕亟待解决的理论基础创新，为种质创制、病害控制、模式优化、资源养护提供理论和数据支撑。围绕亟待解决的产前、产中、产后等重大共性关键技术问题，着力打造一批新品种、新技术、新装备、新模式和新制品，形成全产业链技术体系，为产业转型升级和区域性示范提供技术与装备支撑，在现代渔业主产区构建陆海统筹、生态安全、品质优良的区域性蓝色粮仓。

价值链：制定技术规范和技术标准，实现第一、第二、第三产业融会贯通，互相促进，拓展发展空间，提升产业竞争力；持续提供高效海洋动植物蛋白，提升水产品精深加工和综合利用水平，促进国民膳食营养结构的调整优化；改善国民生活环境，发展休闲渔业，拓展旅游空间，丰富人民的精神文化生活。

20.3　原创驱动实现跨越突破

原创驱动即在链条设计基础上，聚焦重大科学问题和重大技术瓶颈，强化技术先导，突出区域示范，实施四大创新工程，从而引领和支撑我国现代渔业产业持续健康发展，实现我国渔业从世界第一大国向第一强国的转变。

重大科学问题：我国在遗传分子机制、病害控制、模式构建等方面的基础理论相对薄弱，严重制约了相关产业的发展和效益的提升，必须聚焦养殖生物组学基础、疫病发生机制、生境修复原理等重大科学问题，实现新认知和原理突破，为现代渔业建设提供理论支撑。

重大技术瓶颈：我国在重大关键设施设备、信息化、资源环境管理等方面的技术基础十分薄弱，必须聚焦良种创制、牧场建设、资源数字化探测、清洁生产与质量控制等重大技术瓶颈，实现新品种、新设施、新技术、新模式与新制品的突破，为现代渔业建设提供技术与装备支撑。

四大创新工程：一是“种业工程”，在产前链条中，突出种业产业需求，创制产业急需的优良种质，树立产业跨越发展的现代产业理念，进一步阐明育种理论和技术，构建适于水生生物的遗传多态性高等特点的分子育种技术平台。二是“升级工程”，应对近海资源和环境的刚性约束，在产中、产后链条中，体现保护淡水、精准陆基、优化滩涂、养护近海、绿色加工的发展思路，着力打造一批新品种、新技术、新装备、新模式和新制品，形成全产业链技术体系。三是“拓展工程”，维护我国在南海、大洋乃至极地的权益，参加国际资源分配，实施拓展深水、发展远洋和南极。在“渔权即主权，存在即权益”的国际背景下，发展远离陆地的以海水养殖为代表的离岸深水增养殖业，促进海洋生物资源的合理利用与开发，保持渔业的健康发展，宣示海洋主权，对公海渔业资源分配和管理拥有话语权。四是“示范工程”，集成示范成果，突出产业特点和区域特色，在内陆区域实施“两江一河”流域渔业综合养殖和三北地区盐碱水域“绿洲渔业”工程集成示范，强化水资源的保护与综合利用；在渤海区域重点构建陆海统筹的生态牧场，实现生境修复、资源增殖和休闲渔业的协调发展；在黄海区域实施海珍品增养殖和滩涂高效开发，形成渔农融合等新的产业生产模式；在东海区实施重要渔业资源的增养殖，突出产品的绿色加工与高值化利用；在南海区域聚焦集约化养殖设施和技术的系统集成与应用，开展珍珠、藻胶等热带生物资源的综合利用。强化成果的集成创新和成果转移转化，形成三产融合、链条完整的产业集群，建成区域性蓝色粮仓。

20.4　发展思路与建议

20.4.1　发展思路

现代渔业建设是涉及多学科的综合性、系统性工程，具有独特的自然属性、经济属性、空间属性、资源属性和生态属性（秦宏，2015）。现代渔业建设必须坚持“生态优先，陆海统筹，三产融合，四化同步”的发展思路，实现环境保护与渔业资源的安全、高效和持续利用。必须夯实水产养殖遗传、免疫、生态修复等基础理论原始创新能力，提升种质创制、疫病防控、营养饲料、工程装备、精准管理、资源养护、新资源开发、高值化和清洁化加工等能力；重点突破品种选育、智能装备、免疫防控、资源养护、牧场构建、友好捕捞、绿色加工等共性关键技术；构建现代渔业科技创新发展智库，培育和集聚现代渔业创新、创业核心团队。创建现代渔业科技研究与示范平台，着力打造一批新品种、新装备、新技术、新模式和新制品，形成三产融合、链条完整的产业集群，建成区域性蓝色粮仓。

20.4.2　发展建议

现代渔业建设是一个长期的系统工程，涉及重大认知创新、关键装备和技术突破、区域性和典型示范。而经济新常态和“海上丝绸之路”建设对现代渔业提出了新要求，必须在增养殖海域承载力评估与生产力布局优化、海水养殖与生物资源综合利用、近海海域生境修复与资源养护、海水养殖综合管理与支撑保障等方面实现新突破。

开展增养殖海域生产力与承载力评估。调查典型增养殖海域生物生产力分布和变化特征，综合调查我国增养殖海域生物生产力水平与发展趋势，绘制近海增养殖海域生物生产力分布特征图。调查我国典型海域增养殖设施装备、生产模式及其效益，构建我国近海增养殖生产数据信息库，系统评估我国近海海域的养殖承载力，为我国近海增养殖模式和区域布局优化提供基础数据。

优化和调整产业结构及科学合理布局。优化和调整产业结构，减少对环境资源的过度开发与利用，结合海水养殖生产模式和效益，系统规划陆基养殖、浅海增养殖、海洋牧场建设等的区域布局、养殖种类、生产方式和生产规模。根据渤海、黄海、东海、南海等不同海域的环境特点，科学合理布局增养殖生产活动，实现近海增养殖产业健康发展和环境保护并举。

推进水生生物养殖良种工程。开展全基因组选择育种、分子设计育种等育种技术创新；集成家系选育、群体选育、分子标记辅助选育、细胞工程及全基因组选择等育种技术，创制高产、优质、抗病的水产养殖新品种。研发养殖新对象野生群体驯化和人工繁育技术，优化苗种保育的生态调控技术，形成高效、稳定、健康的苗种培育技术体系。

提升病害免疫防治与生态防控能力。发展病原现场快速检测新技术，研究病原流行特征、阻断途径与控制措施，开发病害风险分析和监测预警技术。研制安全高效疫苗、抗病生物制品和安全高效药物，开发免疫防治和生态防控新技术，构建疫病综合防控技术体系。

加强陆基高效精准养殖。研发智能化和信息化的工厂化养殖系统装备，开发新能源利用设施与技术，建立节能型工厂化循环水养殖技术；研制全价配合饲料和功能性添加剂，研发智能化水质调控与饲料投喂控制技术，构建全程管控高效设施装备，构建数字化的工厂化和池塘养殖与精准管理系统。

发展离岸深水设施养殖。开发适合离岸深水海域的大型深水网箱养殖设施及智能化配套设施，研发专业化、多功能工程作业平台，集成精准化监测、智能化控制与机械化作业的成套装备；评估与筛选离岸深水适宜养殖种类，突破养殖种类苗种扩繁与健康养殖技术，构建海陆接力养殖与工程化开发新模式。

强化生态养殖和海洋牧场建设。研发浅海增养殖新设施，建立基于养殖承载力的浅海生态综合养殖新模式；研发近海生物资源养护新设施和重要渔业资源健康苗种扩繁与标志放流技术，开发渔业资源放流管理决策和效果评价技术。以构建全海湾或离岸岛礁等大型生态牧场为目标，研究海洋牧场生境适宜性评价、增养殖动物驯化和控制技术，开发海洋牧场建设关键工程化设施，研发牧场实时监测和采捕设施与技术，突破海洋牧场生态安全和环境保障技术（杨红生，2016）。

促进生物资源的综合利用。研发水产品保质工艺及过敏原、腐败菌等控制技术，开发加工、储运、保鲜的新型节能装备和技术，研发生态保活运输、冷链品质保持、监控和追溯技术。开发加工高效、节能节水、活性物质与大宗产品联产开发综合利用技术，开发加工废弃物的综合利用技术。开展水产品风险指数、风险排序及获益-风险平衡研究，建立关键危害物质风险预警和全生产过程的质量安全防控技术体系。

实施生境修复与资源养护计划。在全面摸清我国近海海域环境和资源现状的基础上，实施生境修复工程，研发生境修复与资源养护新设施与新技术，建立资源与环境修复评价技术体系；加大渔业活动管理和执法力度，实现我国海洋渔业环境与资源的持续利用。

建立基于生态系统的综合管理。制定涵盖环境影响评估、饲料优化投喂策略、渔药使用规范、水产动物运输管控、养殖废水管理及资源化利用等在内的养殖管理体系；制定流域管理措施，如流域环境评估、界定环境承载力和维护生物多样性；建立健全水产养殖与环境常态的、系统的、长期的调查和监测体系，为基于生态系统的水产养殖管理提供数据支撑；强化科技在决策中的重要作用，实现以科技支持决策的精细化管理。

（杨红生　邢丽丽　张立斌）

参考文献

戴本林, 华祖林, 穆飞虎, 等. 2013. 近海生态系统健康状况评价的研究进展. 应用生态学报, (4): 1169-1176.

高强, 高乐华. 2011. 我国海洋渔业生态失衡机制与修复研究. 中国渔业经济, 29(1): 150-157.

谷坚, 徐皓, 王刚. 2011. 水产养殖装备与工程研究进展(2009). 河北渔业, (1): 40-45.

官文江, 田思泉, 朱江峰, 等. 2013. 渔业资源评估模型的研究现状与展望. 中国水产科学, (5): 1112-1120.

国家海洋局. 2015. 2014 年中国海洋环境状况公报.

韩立民, 李大海. 2015. “蓝色粮仓”: 国家粮食安全的战略保障. 农业经济问题, (1): 24-29, 110.

黄一心, 徐皓, 刘晃. 2015. 我国渔业装备科技发展研究. 渔业现代化, 42(4): 68-74.

霍云龙. 2011. 我国近海主要环境问题研究. 厦门: 国家海洋局第三海洋研究所.

健华. 2010. 关于加快推进现代渔业建设的思考. 中国渔业经济, 28(2): 5-12.

姜亚洲, 林楠, 杨林林, 等. 2014. 渔业资源增殖放流的生态风险及其防控措施. 中国水产科学, (2): 413-422.

居占杰, 秦琳翔. 2013. 中国水产品加工业现状及发展趋势研究. 世界农业, (5): 138-142, 156.

李家才, 陈工. 2009. 海洋渔业过度捕捞与私人可转让配额. 生态经济, 25(4): 52-54.

李晶. 2012. 水产品下脚料高值化利用技术研究现状. 安徽农业科学, 40(22): 11435-11437.

李晶, 陈伟琪. 2006. 近海环境资源价值及评估方法探讨. 海洋环境科学, 25(S1): 79-82.

李青娇. 2013. 利用分子生物学技术对几种水产加工品原料的鉴定研究. 南京: 南京农业大学.

刘欢, 王国聘. 2013. 我国水产品质量安全问题及对策. 山西农业科学, 41(11): 1239-1242.

刘学勤. 2006. 湖泊底栖动物食物组成与食物网研究. 武汉: 中国科学院水生生物研究所.

陆昱江. 2015. 我国近海环境污染责任保险研究. 南宁: 广西大学.

农业部渔业渔政管理局. 2016. 中国渔业统计年鉴 2016. 北京: 中国农业出版社.

潘煜辰, 郑翌, 施敬文, 等. 2014. 我国水产品质量安全管理现状与发展建议. 食品安全质量检测学报, 5(7): 2272-2279.

钱梦梦. 2010. 新京报: 过度捕捞成海洋之痛. 生态系统面临崩溃压力. [2010-03-28]. http://news.sohu. com/20100328/n271144738. shtml.

秦宏. 2015. “蓝色粮仓”建设相关研究综述. 海洋科学, 39(1): 131-136.

沈春蕾. 2016. 黄金海湾里的海洋牧场. 中国科学报, 2016-07-04(6).

舒廷飞, 罗琳, 温琰茂. 2002. 海水养殖对近岸生态环境的影响. 海洋环境科学, 21(2): 74-79.

孙军, 刘东艳. 2004. 多样性指数在海洋浮游植物研究中的应用. 海洋学报, 26(1): 62-75.

唐启升, 丁晓明, 刘世禄, 等. 2014. 我国水产养殖业绿色、可持续发展战略与任务. 中国渔业经济, (1): 6-14.

唐启升, 韩冬, 毛玉泽, 等. 2016. 中国水产养殖种类组成、不投饵率和营养级. 中国水产科学,(4): 729-758.

唐启升, 苏纪兰. 2001. 海洋生态系统动力学研究与海洋生物资源可持续利用. 地球科学进展, (1): 5-11.

唐启升, 苏纪兰, 张经. 2005. 我国近海生态系统食物产出的关键过程及其可持续机理. 地球科学进展, 20(12): 1280-1287.

唐议, 邹伟红. 2010. 中国渔业资源养护与管理的法律制度评析. 资源科学, 32(1): 28-34.

王大海. 2014. 海水养殖业发展规模经济及规模效率研究. 青岛: 中国海洋大学.

王夕源. 2012. 海洋生态渔业: 我国伏季休渔制度的优化方向. 中国渔业经济, 30(2): 16-22.

邢丽荣, 林连升. 2013. 渔业技术效率研究进展. 贵州农业科学, 41(4): 112-116.

杨红生. 1999. 试论我国"蓝色农业"的第二次飞跃. 世界科技研究与发展, 21(4): 77-80.

杨红生. 2016. 我国海洋牧场建设回顾与展望. 水产学报, 40(7): 1133-1140.

张新民, 简康, 郭芳芳. 2008. 中国现代渔业发展趋势分析. 渔业经济研究, (5): 3-7.

祝景怀. 2015. 渔业养殖技术探索与实践. 中国农业信息, 27(5): 88.

FAO. 1950-2013. Fishery and Aquaculture Statistics.

Food and Agriculture Organization of the United Nations. 2016. The state of world fisheries and aquaculture. Food & Agriculture Org.

Jiming Y. 1982. A tentative analysis of the trophic levels of North Sea fish. Marine Ecology Progress Series, 7: 247-252.

Pauly D, Palomares M, Froese R, et al. 2001. Fishing down Canadian aquatic food webs. Canadian Journal of Fisheries and Aquatic Sciences, 58(1): 51-62.

Tang Q S, Guo X W, Sun Y, et al. 2007. Ecological conversion efficiency and its influencers in twelve species of fish in the Yellow Sea ecosystem. Journal of Marine Systems, 67(3): 282-291.

21 棘皮动物学研究现状与展望

棘皮动物门（Echinodermata）属于无脊椎动物中的一类后口动物（deuterostome），在无脊椎动物进化中具有十分重要的地位。历史文献记载并描述过的棘皮动物化石种类接近 13 000 种（Pawson，2007），全世界现有 7000 余种，我国有 588 种（刘瑞玉，2008）。尽管不同类群的棘皮动物在外形上差异很大，有星状、球状、圆筒状和形似植物状，但从解剖学和系统发生学看，它们有着相同的基本特征：幼体两侧对称，成体多为辐射对称；具有独特的水管系统；体中有与消化道分离的真体腔，体壁有来源于中胚层的内骨骼；口从胚孔的相对端发生（Brusca R C and Brusca G J，2003）。根据动物的体形、有无柄和腕、步带沟开放或封闭以及管足的排列等可分为 2 亚门 5 纲：有柄亚门（Pelmatozoa）下有海百合纲（Crinoidea），游走亚门（Eleutherozoa）下有海星纲（Asteroidea）、蛇尾纲（Ophiuroidea）、海胆纲（Echinoidea）和海参纲（Holothuroidea）。

21.1 棘皮动物学研究现状

21.1.1 国际棘皮动物研究方兴未艾

综述国际棘皮动物研究现状，不难发现相关学者针对棘皮动物 2 亚门 5 纲都已开展了一定的研究。

21.1.1.1 *海参纲*（Holothuroidea）

海参纲是棘皮动物门中经济意义最大的一个纲，全世界现存约 1400 种，主要分布在印度-西太平洋区域。可食用海参在分类学上主要属于楯手目（Aspidochirotida）的海参科（Holothuriidae）和刺参科（Stichopodidae），少数种类属于枝手目（Dendrochirotida）的瓜参科（Cucumariidae）。楯手目的大型种属如海参属（*Holothuria*）、刺参属（*Stichopus*）、梅花参属（*Thelenota*）、辐肛参属（*Actinopyga*）、白尼参属（*Bohadschia*）等是常见的经济种类。联合国粮食及农业组织在 2012 年出版的《世界重要经济海参种类》（*Commercially Important Sea Cucumbers of the World*）一书中列举了 58 种有经济价值的海参（Purcell et al.，2012）。我国海参资源丰富，约有 20 种可供食用，已被鉴定的种已达 134 种（廖玉麟，1997）。海参的食药两用在我国已有悠久的历史。自古以来，海参就是一种滋补食品和中医药膳，被列为“八珍”之一。除蛋白质外，海参体壁含有大量的酸性黏多糖成分。近20年来，国内外学者对海参多糖的药效进行了广泛而深入的研究，概括起来，海参多糖主要有抑制肿瘤的生长、提高机体细胞的免疫力、抗凝血、抑制栓塞形成等作用，可用于辅助治疗某些疾病（赵杨等，2012）。由于海参需求量的稳步增加，供需矛盾日益突出，我国已成为世界上最主要的海参进口国。相关资料显示，我国年消费海参约一半以上来自菲律宾、印度尼西亚、墨西哥、加拿大和非洲等国家和地区。海参生长缓慢，野外种群数量很容易因过度采捕而锐减。南太平洋许多海参出产国已经注意到海参资源面临过度捕捞的问题，并对海参的采捕和出口做了严格的规范和限制（徐永东和李可闻，2013）。由于海参个体较大，多数以底泥或底沙为食，属于“海底清道夫”，对于海底的净化及营养盐的循环有重要作用。

21.1.1.2 海胆纲（Echinoidea）

海胆纲现有800种左右，很容易将它们区别为两类，即常用的正形海胆和歪形海胆。海胆分类研究早期取得的最著名成果当属Mortensen（1928～1951年）的《海胆专论》（*A Monograph of the Echinoidea*）系列巨著，包括15卷，记录了所有发表过的现生种和化石种。由于海胆有钙质硬壳，因此保存下来的化石种类也很多，积累了十分丰富的相关论文资料。近年关于现生海胆的基础性工作涉及生物学、生态学、增养殖学等多个领域。海胆在实验胚胎学、细胞结构、受精机制的基础理论研究方面是最好的实验材料之一。海胆具有重要的经济价值，很多大型正形海胆的生殖腺可供食用，营养价值很高，并含有一些具有医疗保健作用的生理活性物质（潘南等，2015）。我国的海胆产量主要来自辽宁、山东沿海的光棘球海胆（*Strongylocentrotus nudus*）、马粪海胆（*Hemicentrotus pulcherrimus*）、海刺猬（*Glyptocidaris crenularis*）以及南部沿海的紫海胆（*Anthocidaris crassispina*）等。由于过度采捕，海胆资源恢复成为人们关心的问题，我国已有几种经济性海胆被引入《中国物种红色名录》（汪松和解焱，2005），成为濒危物种。以白棘三列海胆（*Tripneustes gratilla*）为例，它是珊瑚礁区的关键种，以礁岩上的藻类为食，对藻类生物量的调节以及生活在珊瑚礁的其他海洋无脊椎动物的多样性影响颇大，但由于被作为经济性海胆过度捕捞，野外种群数量锐减。

21.1.1.3 海星纲（Asteroidea）

海星纲是棘皮动物门中仅次于蛇尾纲的第二大类群。根据最新的研究报道（Mah and Blake，2012），世界范围内海星纲包含36科370属约1900种。海星具有很强的繁殖能力和再生能力，多为肉食性，主要掠食双壳类。一些种类，如我国北部沿岸最常见的多棘海盘车（*Asterias amurensis*），是贝类养殖的重要敌害。

海星还是大型底栖生物中对水体污染非常敏感的类群，有些种类作为指示种被用于了解溢油等环境污染对生物多样性的影响（O' Clair and Rice，1985；Georgiades et al.，2006）。因此，该类群的生物学和生态学研究对海洋生态系统研究与保护具有重要意义。国际上，海星纲分类研究的热点主要集中在以下三个方面：①极端生境下的多样性研究，海星纲36科中有15科仅分布于200m以下的深海生境（Mah and Blake，2012），以墨西哥的太平洋沿岸为例，已知的深水种海星（＞500m）就多达60种（Hendrickx et al.，2011），在大西洋和太平洋的深海珊瑚礁生态系统中，海星是最主要的成员（Mah et al.，2010）；②隐存种的发现和近似种的区分；③高级阶元的系统划分，有棘目（Spinulosida）和帆海星目（Velatida）的系统位置一直未得到确定，柱体目（Paxillosida）在海星纲系统进化中的位置也是海星纲系统发育学研究的争论焦点之一。

21.1.1.4　蛇尾纲（Ophiuroidea）

蛇尾纲是棘皮动物门中种数最多的一个纲，现存约2000种。它们个体较小，但在海底数量很多，对于底栖生物群落研究具有十分重要的意义。很多底栖生物群落的优势种常为蛇尾，并以蛇尾种名来命名。蛇尾的食物主要是底质或悬浮物中的有机质碎屑和一些小型底栖生物，在海洋生物食物链和经济上均具有重要的意义。2008年，海洋生物普查计划（Census of Marine Life，COML）的科学家首次捕捉到了一个新奇的景象——“蛇尾之城”（brittle star city），数千万的蛇尾栖息在一个海山上，以大约4km/h的速度随绕极流流动，海流避开了捕食者，并给它们带来充足的食物供给。深海的蛇尾类还在海底沉积物营养盐的循环中扮演着重要角色。我国的蛇尾纲种类十分丰富，总种数约占全球总种数的11%（廖玉麟，2004）。在黄海北部和中部的低温高盐水域，浅水萨氏真蛇尾（*Ophiura sarsii vadicola*）的栖息密度很大，为黄海冷水团区域的优势种。2007年野外调查中，以约20min船速2～3节一次拖网可采集萨氏真蛇尾约319 200个，密度达123个/m^2（廖玉麟和肖宁，2011）；这种蛇尾是一个广分布的冷水性种类，是冷水性底栖鱼类的重要饵料。

21.1.1.5　海百合纲（Crinoidea）

海百合纲外形极像植物，体色艳丽，是很古老的类群，在古代很繁盛，化石种类超过6000种。现生海百合仅650种，分为两种类型：一类终生营固着生活，为柄海百合类（stalked crinoids）；另一类成体无柄，营自由或暂时性固着生活，为海羊齿类（comatulids）或羽星类（feather-stars）。柄海百合类多分布在水深200～6000m的深海中，其中深海固着性的海百合具有发达的茎状结构，某些种类其茎可长达60cm；而海羊齿类一般出现在水深较浅的海域。关于我国现生海百合的研究较少。

21.1.2 我国棘皮动物研究成果丰硕

我国有关棘皮动物的研究始于 20 世纪 30 年代，张凤瀛教授首先对黄海的棘皮动物进行了分类学研究。自 20 世纪 50 年代才开始对我国各海区棘皮动物进行全面而深入的生态调查。随着海参、海胆等名优海产品的不断开发和利用，棘皮动物与人类的关系也越来越密切。近年来，国内大量学者开展了有关棘皮动物起源与分类、生物学特征、生理生化特征、遗传学等方面的研究（常亚青等，2004；李海芳等，2008；Xiao et al.，2011；杨红生等，2014；Yang et al.，2015）。同时，棘皮动物的学科发展中，仍存在诸多亟待进一步研究的问题，如种类组成与多样性资源调查、再生等生理生态特征研究、营养价值和药用机制分析等。

我国棘皮动物研究成果颇丰。中国科学院海洋研究所、中国海洋大学、中国水产科学研究院黄海水产研究所、大连海洋大学等多个高等院校和科研单位都开展了棘皮动物研究工作，完成了 973 计划、863 计划、国家海洋公益性行业科研专项、自然科学基金等重大项目，发表相关论文 2000 余篇，出版多部海参、海胆相关专著，自溶酶技术及其应用、生境修复与生态增养殖设施、良种培育与健康养殖等多个项目获国家级、省级奖励。2013 年 11 月，由中国科学院海洋研究所、中国海洋大学等单位发起，成立了中国海洋湖沼学会棘皮动物分会，开启了我国棘皮动物学研究与应用的新篇章。

21.1.3 重要种类产业体系基本形成

棘皮动物门海胆纲、海参纲的很多种类已成为重要的经济种类，海星纲和蛇尾纲的一些种类也在医学上展现出其独特的药用价值。

海胆养殖业始于 20 世纪 80 年代后期，由大连水产学院引进日本虾夷马粪海胆（*Strongylocentrotus intermedius*）幼胆，经过人工育苗和增养殖驯化，增养殖范围扩大到辽宁和山东两省，已形成一定的产业规模，但我国的光棘球海胆（*Strongylocentrotus nudus*）、紫海胆（*Anthocidaris crassispina*）等养殖技术亟待完善。目前，筏式养殖与工厂化养殖技术基本完善，包括选址、设施、饵料、养殖密度和管理等方面。

我国海参产业发展迅速，20 世纪 50 年代开展的刺参人工育苗及增养殖技术研究，是我国棘皮动物产业发展的基石。据《2015 中国渔业统计年鉴》（农业部渔业渔政管理局，2015）统计，2014 年海参养殖面积为 21.41 万 hm^2，占全国海水养殖面积的 9.29%，年产量为 20.10 万 t，占全国海水养殖产量的 0.61%。由于资源过度捕捞、生境丧失、环境污染等问题，经济物种的野生资源量急剧下降。例如，从 20 世纪 60～70 年代到 2005 年的调查数据显示，刺参（*Apostichopus japonicus*）野生资源在俄罗斯海域下降了 80%，中国海域下降超过 95%，韩国海域下降了 40%，日本海域下降了 30%。由此可见，在过去 50 年里，全球刺参资源下降了至少 60%。2013 年 2 月，该物种被列入《世界自然保护联盟濒危物种红色名录》。与此同时，海星、蛇尾等非经济物种的暴发，引起了一系列生态灾害。

21.2 棘皮动物学研究展望

棘皮动物在分类地位、生物进化及系统发生等方面都处于重要的位置。棘皮动物属于后口动物，是无脊椎动物的高等类群，处于由无脊椎动物向脊椎动物开始分支进化的阶段。棘皮动物门的系统发生研究，不仅从很大程度上影响对后口动物谱系起源与演化的探索，还有助于进一步推动脊椎动物演化“源头”的深入研究。

21.2.1 棘皮动物生物学与生物多样性

开展中国海域棘皮动物资源的全面调查和动态监测，填补深海棘皮动物研究空白；实施棘皮动物种质资源的考察、收集、鉴定与评价，探索优异种质资源鉴定、保存和利用，以及核心种质库构建的新技术、新方法，开展棘皮动物系统发生、进化和遗传多样性研究。选择棘皮动物关键物种，开展基因组测序与分析，以及宏基因组研究，构建重要性状的遗传基础和调控信息网络；促进代谢和调控信号网络、免疫应答网络的构建。

21.2.2 棘皮动物遗传与行为生态学

针对已开展研究的物种，要进一步完善行为学、遗传学等相关基础研究；未开展研究的物种，探索其生物学特征、生理生化特性等，揭示其科研、药用价值等。系统研究棘皮动物再生、夏眠等独特的生理特性，使其成为比较生物学中的重要模式生物。研究生态灾害暴发对棘皮动物生物资源的影响，阐明生态灾害对棘皮动物的影响及其响应特征，探索生态灾害预警预报、防控原理与途径。

21.2.3 种质资源保护与遗传改良

开展形态导向型育种（如体型、体色、壁厚、多刺等）、营养导向型育种（如活性物质含量）、环境导向型育种（如耐高温、抗病害等）和市场导向型育种（如速生优质等）。研究棘皮动物种质资源保护技术、核心种质库的构建和评价技术，实现重要种质资源的保存和利用；以提高生长率、抗病性及其他生产性状为目标，利用选择育种和分子标记辅助育种技术，建立综合、高效的棘皮动物育种技术，提高遗传改良的效率；建设和完善优良品种培育技术体系，创制和积累优质育种材料，加强优良品种的培育研究与种质优化，提高良种覆盖率。

21.2.4 健康苗种规模化繁育

坚持提高苗种质量、稳定苗种数量，强调针对性的发展思路，研究棘皮动物工厂化、规模化高效苗种培育新技术，提高单位水体的出苗数量和质量；优化浅海、滩涂、池塘和室内保苗技术，建立苗种分级培育方法，完善大规格苗种培育技术体系，提高苗种质量和产量，促进优质棘皮动物种苗生产的良种化和产业化。

21.2.5 病害预防与环境控制

查明我国养殖棘皮动物的主要病原，深入研究病原生物学和病害发生的病理学特征及流行规律，建立快速、准确的检测方法和病害预防技术体系。研究防高温和防低盐等环境控制设施与技术，建立养殖棘皮动物病害生态调控技术，实现对棘皮动物病害的有效控制。

21.2.6 健康养殖设施与模式

研究棘皮动物生态养殖模式与养殖水环境相互作用的机制，完善棘皮动物养殖水域养殖容量评估技术与复合养殖水域健康养殖技术，全面推广应用多元生态养殖模式和生态优化调控技术；建立棘皮动物健康养殖技术体系，提出可持续管理模式与操作规范，为我国棘皮动物健康养殖和产业可持续发展提供技术支撑。

21.2.7 产品安全与质量控制

设施产业全程监控，实现全过程的食品安全，构建可追溯体系。建立棘皮动物养殖模式的环境监控技术，针对棘皮动物净化过程的技术环节进行系统研究，优化棘皮动物生物净化过程的工艺参数；开发棘皮动物重金属和有机污染物净化技术，研发棘皮动物高效净化设施，提高产品质量和卫生水平；研究和建立棘皮动物养殖生产和净化加工企业食品安全危害分析与关键控制点（HACCP）管理体系，规范棘皮动物产品标识，完善棘皮动物产品市场溯源体系，确保棘皮动物食品安全。

21.2.8 产业发展规划与市场管理

阐明棘皮动物产业发展与管理中政府、市场和行业作用领域和三方良性互动的模式，提出市场主体（生产者、加工者、流通商）有效参与棘皮动物产业发展规划和棘皮动物行业政策制定与实施的机制和途径。我国人民对海参的取食可追溯到 1800 年前，且药食同源，因此必须弘扬海参文化，如诗歌、书法，特别是餐饮文化等；打造品牌效应，实现消费人群和市场稳定，最终实现产业的稳定、高效和可持续发展。

（杨红生　肖　宁　张　涛）

参考文献

常亚青, 丁君, 宋坚, 等. 2004. 海参、海胆生物学研究与养殖. 北京: 海洋出版社.

李海芳, 陈瑶, 杨梦照, 等. 2008. 棘皮动物天然产物的研究进展. 中国海洋药物, 27(4): 52-59.

廖玉麟. 1997. 中国动物志: 棘皮动物门 海参纲. 北京: 科学出版社.

廖玉麟. 2004. 中国动物志 无脊椎动物 第四十卷: 棘皮动物门 蛇尾纲. 北京: 科学出版社.

廖玉麟, 肖宁. 2011. 中国海棘皮动物的种类组成及区系特点. 生物多样性, 19(6): 729-736.

刘瑞玉. 2008. 中国海洋生物名录. 北京: 科学出版社: 845-876.

农业部渔业渔政管理局. 2015. 2015 中国渔业统计年鉴. 北京: 中国农业出版社.

潘南, 乔琨, 吴靖娜, 等. 2015. 海胆壳棘化学成分、生物活性及潜在药用价值研究进展. 福建水产, 37(5): 415-425.

汪松, 解焱. 2005. 中国物种红色名录 第三卷: 无脊椎动物. 北京: 高等教育出版社: 837-886.

徐永东, 李可闻. 2013. 我国海参产业现状分析. 渔业信息与战略, 28(2): 117-122.

杨红生, 周毅, 张涛. 2014. 刺参生物学: 理论与实践. 北京: 科学出版社.

赵杨, 王生, 陶丽, 等. 2012. 海参粘多糖对肿瘤细胞介导的凝血过程的影响. 中国药理学通报, 28(6): 797-802.

Baker A N, Rowe F E W, Clark H E S. 1986. A new class of Echinodermata from New Zealand. Nature, 321(6073): 862-864.

Brusca R C, Brusca G J. 2003. Invertebrates. 2nd ed. Sunderland, MA: Sinauer Associates.

Georgiades E T, Danis B, Gillan D C, et al. 2006. Effect of crude oil contaminated sediment exposure on cytochrome P450 enzymes in the Australian asteroid *Coscinasterias muricata*. Chemosphere, 65(10): 1869-1877.

Hendrickx M E, Mah C, Zárate-Montes C M. 2011. Deep-water Asteroidea (Echinodermata) collected during the TALUD cruises in the Gulf of California, Mexico. Revista Mexicana de Biodiversidad, 82(3): 798-824

Mah C, Nizinski M, Lundsten L. 2010. Phylogenetic revision of the Hippasterinae (Goniasteridae; Asteroidea): systematics of deep sea corallivores, including one new genus and three new species. Zoological Journal of the Linnean Society, 160(2): 266-301.

Mah C L. 2006. A new species of *Xyloplax* (Echinodermata: Asteroidea: Concentricycloidea) from the northeast Pacific: comparative morphology and a reassessment of phylogeny. Invertebrate Biology, 125(2): 136-153.

Mah C L, Blake D B. 2012. Global diversity and phylogeny of the asteroidea (Echinodermata). PLoS One, 7(4): e35644.

O'Clair C E, Rice S D. 1985. Depression of feeding and growth rates of the seastar *Evasterias troschelii* during long-term exposure to the water-soluble fraction of crude oil. Marine Biology, 84(3): 331-340.

Pawson D L. 2007. Phylum Echinodermata. Zootaxa, 1668: 749-764.

Purcell S W, Samyn Y, Conand C. 2012. Commercially Important Sea Cucumbers of the World. Rome: Food and Agriculture Organization of the United Nations.

Xiao N, Liao Y L, Liu R Y. 2011. Records of the genus *Henricia* Gray, 1840 (Echinodermata: Asteroidea: Echinasteridae) from Chinese waters. Zootaxa, 3115: 1-20.

Yang H S, Hamel J F, Mercier A. 2015. The Sea Cucumber *Apostichopus japonicus*: History, Biology and Aquaculture. Amsterdam: Academic Press.

22　现代海洋牧场建设之我见

目前，我国海洋牧场建设方兴未艾，已成为海洋产业新业态之一。海洋牧场建设是一个长期、复杂的系统工程，应坚持立足长远、整体推进、重点建设的思路，将其综合效益突出体现在生态系统保护和资源养护两方面。海洋牧场建设由于投资巨大，且大多是公益性工程，需要政府、社会的持续重视和长期支持。与此同时，海洋牧场建设中仍有许多重大科学问题和技术瓶颈亟待突破。本文梳理了现代海洋牧场的概念及分类，阐述了当前我国海洋牧场建设的必要性和建设中存在的问题，并对如何建设陆海统筹的现代海洋牧场提出了建议。

22.1　现代海洋牧场的基本特征

我国海洋农业奠基人、中国科学院院士曾呈奎早在1965年就提出“使海洋成为种养殖藻类和贝类的‘农场’，养鱼、虾的‘牧场’，达到‘耕海’目的”的观点（曾呈奎和毛汉礼，1965），并于1981年系统地论述了海洋牧业的理论与实践（曾呈奎和徐恭昭，1981），为我国提出特色海洋牧场理念、构建特色海洋牧场奠定了坚实的基础。

自海洋牧场概念提出以后，其受到了沿海国家的普遍重视（陈力群等，2006）。据联合国粮食及农业组织（FAO）统计，世界上已有包括美国、日本、韩国等在内的64个沿海国家发展海洋牧场，资源增殖种类逾180种，取得了显著效果。然而，各国海洋牧场的特色及构建重点不尽相同。从构建特色来看，美国以游钓渔业为特色，日本注重自然与资源养护补充的功能，韩国则重点关注对苗种的培育和增养殖。

海洋牧场是基于海洋生态学原理和现代海洋工程技术，充分利用自然生产力，在特定海域科学培育和管理渔业资源而形成的人工渔场（杨红生，2016）。它不同于以资源持续获取为目的的海洋捕捞、以单种产量最大化为目的的海水养殖及以资源增殖为目的的人工放流，海洋牧场是以环境和生态和谐为目的导向，集环境保护、资源养护、高效生产以及休闲渔业于一体的海洋经济新业态，是实现我国近海环境保护和渔业资源可持续利用的重要途径。

我国海洋牧场建设始于20世纪70年代末，以人工鱼礁建设和资源增殖放流为主（阙华勇等，2016）。相比之下，海洋牧场比人工放流更加注重对生境的修复与重建以及放流后的资源管理与保护。海洋牧场比海水养殖更加注重环境保护与品质提升，在减少环境污染的同时，提高养殖生物的质量（陈力群等，2006）。与捕捞相比，海洋牧场注重对生物资源的养护和补充（杨红生和赵鹏，2013）。而现代海洋牧场更加突出体现工程化、机械化、自动化、信息化等特点和优势。

22.2 现代海洋牧场建设的必要性

我国拥有广阔的海洋国土，海岸线漫长、海岛众多，这些自然地理优势都是建设海洋牧场的理想条件。设施化与生态型的大水面海水池塘和围堰养殖以及筏式养殖、网箱养殖等养殖模式，也为海洋牧场建设奠定了良好的基础（潘澎，2016）。但同时，我国也存在渔船数量过多、渔民资源保护观念落后、渔业技术水平低下等问题。近海渔业资源衰退、生态环境恶化等问题在客观上制约了海洋渔业的可持续发展，渔业产业模式亟待转型升级。

22.2.1 应对近海渔业资源严重衰退的手段之一

我国管辖海域的渔业资源可捕捞量为 800 万～900 万 t，而实际年捕捞量为 1300 万 t 左右（沈静文，2016）。海洋渔业捕捞强度过大已经严重影响了我国近海渔业资源的数量与质量。目前，我国鱼类资源量仅为 20 世纪 80 年代 7%～8%的水平，近海捕捞对象已由 60 年代大型底层和近底层种类转变为经济价值低下的小型中上层鱼类。辽东湾已难以形成有经济价值的鱼汛。辽宁省海洋与渔业厅提供的数据显示，辽东湾原有各种鱼类 155 种，目前仅剩 92 种，下降了 40.6%。近海渔业资源衰退之严重，令人扼腕！近海渔业资源衰退，除了对渔业产出造成严重的影响，还造成了顶层食物链的缺失，导致近海营养盐只能在食物链底层发挥作用，赤潮、浒苔、水母等暴发的频率、面积及持续时间呈现明显的增加趋势，对渔业良性发展极为不利。通过海洋牧场建设，可对局部海域进行有效的生境保护与资源养护，同时通过工程技术手段投放礁体，营造适宜的栖息生境，开展资源增殖放流，对海洋渔业资源的恢复起到积极作用。

22.2.2 缓解近海局部环境恶化状况的途径之一

我国沿海重要的海水养殖区目前大多分布于港湾和河口附近水域（杨红生，1999），陆源污染、生态灾害、围填海等加剧了海洋环境的恶化。《2015 年中国海洋环境状况公报》指出，我国近岸海域污染仍然严重。对面积超过 100km^2 的 44 个大中型海湾进行调查发现，其中有 21 个海湾全年均出现劣四类海水水质；超过 88%的陆源入海排污口邻近海域水质无法满足所在海洋功能区环境保护要求。海洋牧场中的大型海藻场建设可以有效调控海域水体营养盐状况，防止赤潮等生态灾害的发生。相关实验结果表明，海藻修复区比对照区的氨态氮平均下降42.5%，硝酸态氮平均下降27.0%，亚硝酸态氮平均下降57.4%，活性磷平均下降55.0%（徐姗楠，2006）。与此同时，大型海藻场水域单位面积净固碳能力分别是森林和草原的10倍和20倍（周鸿艳，2013），结合大规模的贝类增养殖可进一步促进近海海域的碳储存，继而对降低大气CO_2浓度做出重要贡献。通过海洋牧场建设，建立健康的近海生态系统，筛选适宜的生物修复种类（如藻类、滤食性贝类、沉积食性动物）开展规模化增养殖，可对水质和底质起到有效的调控和修复作用。

22.2.3　渔业产业转型升级兴业的方向之一

纵观我国海洋渔业的发展历史，20世纪90年代以前经历了以人工繁育与规模养殖为核心技术的现代渔业第一次飞跃，实现了野生型海洋生物养殖产业化；至21世纪初期经历了以良种培育与生态模式构建为特色的现代渔业第二次飞跃，实现了养殖生物良种化、养殖技术生态工程化、养殖产品高质化和养殖环境洁净化（杨红生，1999）。时至今日，随着现代科学技术与管理水平的提升，我国亟待实现管理信息化与智能装备相结合的现代渔业第三次飞跃。以“生态优先、陆海统筹、三产融合、四化同步、创新跨越”为核心理念的现代海洋牧场正是实现增养殖产业转型升级、实现第三次飞跃的必要出路（杨红生，2016）。

22.3　现代海洋牧场建设存在的问题

当前我国海洋牧场的建设存在一些亟待解决的问题。例如，我国海洋牧场至今仍未能有统一的建设标准；在建设过程中，对环境的承载力评估严重滞后，且建设仍然以增殖经济价值较高的水产品为目的，对生态修复方面考虑甚少。此外，海洋牧场管理的信息化水平有待提高，对于潜在的信息化安全问题考虑尚不全面。

22.3.1　建设理念缺乏生态化

目前，我国除了少数海洋牧场在设计中涉及对红树林、海草床、海藻场、珊瑚礁的修复，其他大多仍以增殖经济价值较高的水产品为目的，未能充分考虑环境和生态系统功能的恢复（杨红生，2016），对渔业资源种类的种群结构、遗传多样性的恢复等关注不足。对“三场一通道”（产卵场、索饵场、越冬场和洄游通道）的保护缺乏重视，重经济轻生态的观念仍根深蒂固。虽然从商业角度来说，海洋牧场建设过程中应追求一定程度的单品种、大量增殖，但这会导致高产降价，更重要的会对海洋牧场海域生态系统稳定性造成不利影响（都晓岩等，2015）。此外，从生态学角度看，增殖群体与野生种群若存在生殖交流，野生种群的遗传结构及多样性可能会受到增殖群体的负面影响（姜亚洲等，2014）。总之，“生态优先”的理念必须在未来的现代海洋牧场建设实践中加以重视。

22.3.2 建设技术缺乏标准化

牧场建设，标准先行。科学、细致、全面的建设标准是海洋牧场高规格建设的重要保障。我国已建成的海洋牧场大多存在一些细节问题。在设计角度方面，海洋牧场的建设区域选择缺乏依据、投放的鱼礁选型不科学，总体布局未能基于生态系统理论设计；在增养殖方式上，水域增殖放流的渔业资源种类单一，生物群落结构简单，系统稳定性差；在生态效果方面，海藻场、海草床、贝床等功能区缺乏，生态修复效果难以充分发挥，未能实现牧场的生态恢复功能。

究其原因，主要是海洋牧场构建缺乏相关的建设标准。建议尽快制定相关标准，规范以下内容：海洋牧场的选址和类型、礁体设计及投放准则、增殖种类选择、管理制度、维护体系、效果评估等。以海洋牧场选址和类型为例，在不同海域海洋牧场的选址和类型应当有所区别，需要有针对性地对不同海域进行研究，确定牧场建设位置和适宜建设的牧场类型，同时还需进一步梳理可能对海洋牧场构成潜在风险的环境因子（颜慧慧和王凤霞，2016）。

22.3.3 承载力评估缺乏模型化

承载力指单位水体在保护环境、节约资源和保证应有效益的各个方面都符合可持续发展要求的最大生物量（董双林等，1998）。由于受到地理条件等的影响，不同水域的养殖承载力存在差异，即使是同一养殖区域，由于养殖模式的不同，承载力也存在较大的差别。我国海洋牧场在建设过程中未能估算不同生物类群的环境承载力，导致增殖种类配比和投放规模难以确定。对海洋牧场待建海域的水质、底质、水流、生物群落结构以及承载力的不了解，会使得海洋牧场建设难以达到预期目标，增养殖生物成活率降低，局部环境恶化，甚至对海域生态系统造成破坏。

22.3.4 管理缺乏信息化

目前，信息化在海洋牧场建设过程中占据越来越重要的地位，但海洋牧场管理的总体信息化水平仍有待提高。同时，必须正视伴随而来的信息安全问题。海洋牧场的运营数据何人可用，可用作何用途，这些尚未有明确的规定进行阐述。安全标准、管理标准、共享标准和应用标准等信息化标准规范的建立，无论是从数量上还是全面性来看，都与当前信息化海洋牧场建设的要求差距巨大。另外，各海洋牧场数据是否应该进行互通交流，信息共享是否有潜在的安全隐患，现在都还不得而知。如何合理合法地利用已获得的信息，如何从众多数据中提取出有用信息，这对海洋牧场经营单位的决策能力和信息人才都提出了更高的要求。这些问题在很大程度上制约了海洋牧场信息化发展及整体管理运营效率的提升。

22.3.5　规划缺乏统一化

当前我国海洋牧场建设多以企事业申报为主，缺乏国家、省、市层次上的统一规划，而且海洋牧场的建设同时受多个涉海部门指导，但各部门职能分工不清、各自为政，因而存在重复建设、特色不突出的现象，难以形成整体有效的效果。此外，现建的多数海洋牧场还只停留在投石造礁的初期阶段，布局不尽合理，缺乏长期规划（李波，2012），建设效果欠佳。

22.4　现代海洋牧场模式分类方法

22.4.1　以建设区域为依据

海洋牧场以建设区域为依据可分为海湾型、滩涂型、岛礁型及离岸深水型。海湾型海洋牧场是以海湾生境为主体，结合人工鱼礁、浮筏设备或网箱等工程设施构建的海洋牧场，实现海湾生境修复与生物资源养护。滩涂型海洋牧场是以近岸滩涂生境为主体，结合栖息地改良、经济动植物增殖和养护构建的海洋牧场，实现滩涂生境修复与生物资源养护。岛礁型海洋牧场是以海岛或海礁及其毗连海域为主体，结合人工鱼礁、浮筏设备或网箱等工程设施构建的海洋牧场，实现岛礁生境修复与生物资源养护。离岸深水型海洋牧场是以大型养殖工船或深水网箱为主体，结合现代生物技术、海洋工程技术和信息技术，在开放海域（如水深大于 30m）构建的海洋牧场，实现离岸深水海域安全高效生产及毗连区域生物资源养护。

22.4.2　以核心设施类型为依据

海洋牧场以核心设施类型为依据可分为人工鱼礁型、筏式设施型、离岸深水网箱型和工船型。人工鱼礁型海洋牧场是以人工鱼礁为主，结合大型藻类、底栖动物、游泳动物增殖放流技术构建的海洋牧场。筏式设施型海洋牧场是以筏式设施为主，结合大型藻类和贝类复合生态增养殖技术构建的海洋牧场。离岸深水网箱型和工船型海洋牧场是以大型网箱群为主，在开放海域（如水深大于 30m）结合现代生物技术、海洋工程技术和信息技术构建的海洋牧场，实现近海生境修复和生物资源养护与离岸深水海域安全高效生产及毗连区域生物资源养护。

22.4.3 以建设目标为依据

海洋牧场以建设目标为依据可分为海珍品增殖型、休闲游钓型及资源养护型。海珍品增殖型海洋牧场是以增殖海珍品为目的构建的海洋牧场，结合人工鱼礁构建和海珍品增殖放流技术，实现生境修复与海珍品高效产出。休闲游钓型海洋牧场是以休闲垂钓为目的构建的海洋牧场，结合景观构建和安全保障技术，提供休闲娱乐、科普教育等多功能服务，促进渔旅融合和生态保护。资源养护型海洋牧场是以渔业资源养护为目的构建的海洋牧场，结合人工鱼礁构建、增殖放流和资源管理技术，实现关键物种种质资源保护和渔业资源养护。

22.4.4 以建设水平为依据

海洋牧场以硬件设施、配套技术、管理水平等建设水平为依据可分为初级、中级和高级海洋牧场三种。初级海洋牧场是以海产品产出为主的海洋牧场，增殖物种为2～3 种，单个采捕周期需补充苗种。中级海洋牧场是以环境保护和资源养护为主的海洋牧场，增殖物种为3～5 种，营养级结构层次为2～3 级，两个以上采捕周期需补苗，具有环境保障与生态安全监测预警系统，具备海产品加工能力，拥有海产品质量安全追溯体系。高级海洋牧场是兼具环境保护、资源养护、休闲渔业和科普教育等功能的海洋牧场，增殖物种在 5 种以上，营养级结构层次达到 3 级以上，牧场内主要生物资源实现自然补充，拥有原良种场，具有完善的环境保障与生态安全监测预警系统，具备海产品精深加工能力，拥有海产品全产业链的质量安全追溯体系。

22.5 现代海洋牧场构建途径

海洋牧场在空间上覆盖陆域和海域，陆域是苗种繁育、产品加工、牧场运行管理的基地，海域是开展人工鱼礁建设、增殖放流、生境修复、采捕收获的生产空间（杨红生，2016）。因此，海洋牧场需以海域为主体、以陆地为依托进行合理统筹规划，通过实施技术先导与“四化”突破，实现海陆一体化建设。

22.5.1 实施技术先导

22.5.1.1 海洋牧场建设规划

通过对海洋牧场待建区域进行本底调查与环境评价，了解掌握不同海区的理化因素与海底状况，遵照相关海域区划设计，对牧场海域和陆域统筹规划，提高空间利用效率，实现科学明晰的海洋牧场空间布局。

22.5.1.2 海洋牧场承载力评估

海洋牧场承载力评估相关技术研究主要包括近海生态系统健康评价技术、海洋牧场承载力评价技术，建立海洋牧场健康评价指标体系，以确定我国海湾和岛礁海域的承载力和增殖潜力，从而确定海洋牧场构建模式和建设规模。

22.5.1.3 海洋牧场生境修复与优化

海洋牧场生境修复与优化相关技术研究包括滩涂、海湾和岛礁海底生境修复与优化技术，构建富营养化海域物质消减和资源化利用技术、退化生境修复技术，以改善海洋牧场生态环境。加强对海草床和海藻场修复技术、底质修复技术、水动力调节技术、种群重建技术、景观设计技术的研究，修复并优化海洋牧场生境。

22.5.1.4 海洋牧场生物资源养护

建立海洋牧场种质资源库，统一标准，协调供给。加强对关键生物增殖补充技术、标志放流技术、培育与扩繁技术、敌害防控技术的研究，实施技术先导，使海洋牧场增殖的海洋生物资源得以养护。

22.5.1.5 海洋牧场关键种驯化

通过了解资源生物光感、声感、嗅觉、味觉等行为学特征，掌握生物驯化技术，综合声光电磁、气泡幕、网围、水团、温跃层、投饵、人造生境诱导等技术研发相应装备，用以驯化海洋牧场的海洋生物，使其与海洋牧场相适应。

22.5.1.6 海洋牧场系统信息管理与平台整合

利用卫星遥感、全球定位系统、地理信息系统、物联网和人工智能技术，构建立体监测平台和数字化决策与管理平台，对海洋牧场生态系统进行实时监管。通过整合部门信息资源，利用海洋预报减灾、海洋环境监测等体系建设以及山东省海洋与渔业“一张图”信息服务平台，融合借鉴相关产业的共有资讯。

22.5.1.7 海洋牧场标准制定

通过制定统一的海洋牧场建设标准，规范牧场建设，统筹管理，协调运转。制定海洋牧场的评估标准，从以往仅针对海洋牧场增养殖产品获得的经济效益层面，拓展至整个海区的经济、生态和社会效益等多方面。

22.5.2 实施“四化”突破

22.5.2.1 海洋牧场建设工程化

海洋牧场建设从项目管理层面上可以说是一项综合性很强的工程，涵盖海洋工程、土木工程、电子工程、机械工程、信息工程等方面，因此在建设过程中必须突出“工程化”，引入工程管理理念，保证海洋牧场的高标准建设与高效运营。在设施设计过程中注重设施规模化施工的便利性，提高效率，降低能耗和成本；在建设过程中注重工程项目的质量管控，参照相关工程项目标准制定相应的标准规范，以保证各项建设均达到预期的质量要求。同时，也应加强采取工程化进度管理方案，保证各个工程建设单元的协调同步。

22.5.2.2　海洋牧场生产机械化

相对陆地大农业而言，海洋农业机械化程度还不够高，突出体现在海洋牧场建设装备、底播采捕和加工装备等方面，底播增养殖生物采捕难度大，离岸深水牧场建设和生产的机械化尚处于起步阶段，如用于苗种培育和驯化配套的投饵、洗网、分级、吸鱼等机械化装备，必须淘汰落后产能，推进渔船及其配套设施升级改造。精深加工的生产装备大多停留在 20 世纪 80 年代的水平，机械化和自动化程度低、能耗和物耗偏高，特别是对提高加工产品质量和附加值有重要作用的机械化装备与国外先进水平相比差距较大。

22.5.2.3　海洋牧场保障自动化

为实现海洋牧场的全链条布局，必须建立从监测、评价、预警、预报到溯源、管理的海洋牧场综合保障体系。通过在陆地管理中心建立信息化监测室，在海洋牧场按规划设置水下摄像头、水质监测探头等现代化设备，对海洋牧场水域的温度、盐度、pH 等环境参数进行测定，借由光纤等传输设备实时记录海洋牧场各项指标及海洋生物的动态。通过科学建模，建立并完善效果评价技术，对海洋牧场的运转状态进行科学评估，在发生异常情况前能够及时预判、预报。同时，构建海洋牧场产品生产全过程的质量安全追溯和管理体系，综合保障海洋牧场的平稳运营。

22.5.2.4　海洋牧场管理信息化

现代海洋牧场运营过程中需要多个运营单元的协调，包括海洋牧场选址、地质和物理及生物海洋数据获取、生物承载力评估、海洋牧场布局、鱼礁研制与布放、生物现场观测、生态安全和环境保障、产品资源量预测和采捕策略、效益评价等。随着科技进步，信息化在各行各业展现出了巨大的发展潜力。信息化、数字化、智慧化正逐渐渗透到海洋牧场建设和管理过程之中。引入信息化管理，能够有效提高生产效率，减少养殖过程对环境的破坏，提高食品质量安全等（王恩辰和韩立民，2015）。探索建设信息化海洋牧场，是顺应时代发展的必然选择。目前，由实时监测系统、预警预报系统、专家决策系统等组成的信息化系统正逐渐得以应用，依靠原理与技术创新和系统集成，实现现代海洋牧场的信息化和智能化管理指日可待。

（杨红生　霍　达　许　强）

参考文献

陈力群, 张朝晖, 王宗灵. 2006. 海洋渔业资源可持续利用的一种模式: 海洋牧场. 海岸工程, 25(4): 71-76.

董双林, 李德尚, 潘克厚. 1998. 论海水养殖的养殖容量. 青岛海洋大学学报, 28(2): 253-258.

都晓岩, 吴晓青, 高猛, 等. 2015. 我国海洋牧场开发的相关问题探讨. 河北渔业, (2): 53-57.

姜亚洲, 林楠, 杨林林, 等. 2014. 渔业资源增殖放流的生态风险及其防控措施. 中国水产科学, 21(2): 413-422.

李波. 2012. 关于中国海洋牧场建设的问题研究. 青岛: 中国海洋大学.

潘澎. 2016. 海洋牧场: 承载中国渔业转型新希望. 中国水产, (1): 47-49.

阙华勇, 陈勇, 张秀梅, 等. 2016. 现代海洋牧场建设的现状与发展对策. 中国工程科学, 18(3): 79-84.

沈静文. 2016. 渔业捕捞产能严重过剩 下一步坚决压减捕捞产能. 中国食品, 17: 155.

王恩辰, 韩立民. 2015. 浅析智慧海洋牧场的概念、特征及体系架构. 中国渔业经济, 33(2): 11-15.

徐姗楠, 李祯, 何培民. 2006. 大型海藻在近海水域中的生态修复作用及其发展策略. 渔业现代化, 33(6): 12-14.

颜慧慧, 王凤霞. 2016. 中国海洋牧场研究文献综述. 科技广场, (6): 162-167.

杨红生. 1999. 试论我国“蓝色农业”的第二次飞跃. 世界科技研究与发展, 21(4): 77-80.

杨红生. 2016. 我国海洋牧场建设回顾与展望. 水产学报, 40(7): 1133-1140.

杨红生, 赵鹏. 2013. 中国特色海洋牧场亟待构建. 中国农村科技, (11): 15.

曾呈奎, 毛汉礼. 1965. 海洋学的发展、现状和展望. 科学通报, 10(10): 876-883.

曾呈奎, 徐恭昭. 1981. 海洋牧业的理论与实践. 海洋科学, 5(1): 1-6.

中国水产科学研究院. 2012. 海藻可修复浅海网箱养殖环境. 中国渔业报, 2012-11-05(2).

周鸿艳. 2013. 高性能铜藻基活性炭的制备及其改性研究. 杭州: 浙江工业大学.

23　生态牧场：正在兴起海洋农业新业态

23.1　海洋牧场的重要性和必要性

2015年，世界自然基金会发布的报告显示，1970～2010年全球海洋物种的种群数量减少近一半，金枪鱼与青花鱼等鱼类减少率高达74%，加拉帕戈斯群岛海域和红海的海参减少了98%，不少地区的鲨鱼濒临灭绝。美国哈佛大学的克里斯多弗・戈尔登研究团队通过计算机模型推测，鱼类捕捞量的下降意味着最高有10%的人口面临营养缺乏的风险，这一问题在沿海低收入群体和赤道附近的发展中国家将尤为严重。

自1990年以来，我国养殖总产量一直稳居世界首位，但由此引发的养殖病害、产品品质下降、养殖水域污染等问题日趋严重，传统模式的海水养殖业已难以适应我国经济社会健康发展和海洋生态环境现状的要求。继传统捕捞业、养殖业之后，我国海洋渔业面临新一轮的产业升级，而海洋牧场则是重要发展方向之一。海洋牧场是继捕捞、养殖和单纯人工放流后，集环境保护、资源养护、游钓渔业和景观生态建设于一体的新业态。注重对生物资源的养护和补充，可实现物质和能量多营养级利用，有效降低投入品对海域环境的影响，拓展了增养殖生物的活动空间，提高了养殖产品的品质；注重生境修复和资源管理，保证了增殖目标生物的成活率与回捕率。

23.2　国际海洋牧场研究进展及特点

早在1965年，我国海洋农业奠基人、中国科学院院士曾呈奎就提出了海洋农牧化的构想，海洋牧场从此就应运而生。美国、日本、韩国等相继进行了海洋牧场建设的可行性研究，并且进展迅速，效果显著。美国海洋牧场以“游钓渔业”为特色，1968年首次提出计划，1972年开始实施，1974年建成加利福尼亚巨藻海洋牧场；20世纪80年代，投放人工鱼礁1200余处，游钓渔业迅速发展；2000年投放人工鱼礁2400余处，鱼类资源量增加了24倍，鱼类产量增加到500万t，游钓渔业人数多达1亿人，创造了300亿美元的综合经济效益。

日本的海洋牧场以强化自然和资源养护补充为特色，1971年首次提出海洋牧场理念，1983年建立九州岛大分县黑潮海洋牧场；在全国范围内50多个地方运营的海洋牧场，鱼苗成活率高达14%，比传统养殖提高了3倍；音响驯化后放流的黑鲷回捕率达37%。此后，日本持续建设人工鱼礁群5000多座，总投资12 008亿元，日本沿岸20%的海草床已建成人工鱼礁海洋牧场，濑户内海9500km^{2}的渔业产量增加了几倍甚至几十倍。

韩国海洋牧场以强化苗种培育和增养殖为特色，1994～1997年进行了可行性调查，1996年提出海洋牧场“三步走”的发展规划，1998年投资1598亿韩元在韩国东部、西部、南部沿岸建设了5个不同类型的海洋牧场示范区。随着海洋牧场的建设完善，资源量和渔获量显著增加，经济效益、社会效益不断提升。以统营海洋牧场示范区为例，2002年的直接经济效益为6.62亿韩元；2002年渔民户均收入为1290万韩元，预计2016年增加到2233万韩元；1998年水产品资源量为118t，2006年增加到900t。

23.3 我国海洋牧场发展历程

我国的海洋牧场建设可以初步分为三个时期：建设实验期（1965～2000年）、建设推进期（2000～2010年）和建设加速期（2010年至今）。

23.3.1 建设实验期（1965～2000年）

在日本提出海洋牧场的同一时期甚至更早，我国学者就已对海洋牧场的理念和理论作出了原创性的贡献。我国海洋农业奠基人、中国科学院院士曾呈奎早在1965年就提出“必须大力研究重要种类的生物学特性和它们在人工控制条件下的生长、发育、繁殖，以解决人工养殖的一系列问题，培育新的优良品种，使海洋成为种养殖藻类和贝类的‘农场’，养鱼、虾的‘牧场’，达到‘耕海’目的”。

广东、海南、广西、辽宁、山东、浙江、福建等建立人工鱼礁试点23个，人工鱼礁28 000多个，共投放渔船49艘，浅海投石99 137m^3。

23.3.2 建设推进期（2000～2010年）

2006年，国务院发布《中国水生生物资源养护行动纲要》，把水生生物增殖放流和海洋牧场建设作为养护水生生物资源的重要措施之一。全国共投入资金22.96亿元，其中中央政府投入1.73亿元，地方政府和企业投入17.40亿元，建设人工鱼礁3152万m^3，形成海洋牧场464km^2。2010年，全国投入增殖放流的资金达7.1亿元，放流水生动物289.4亿尾，其中经济物种达128.9亿尾。

23.3.3 建设加速期（2010年至今）

辽东半岛、山东半岛、舟山群岛、南海的汕头海域等全国范围内初步建设50

多处海洋牧场。其中，大连獐子岛海洋牧场面积突破 2000km^2，形成了以虾夷扇贝、海参、皱纹盘鲍、海胆、海螺、牡蛎等海珍品为主的海洋牧场产品群和多样化产业群。2015 年 5 月，农业部组织开展国家级海洋牧场示范区创建活动，推进以海洋牧场建设为主要形式的区域性渔业资源养护、生态环境保护和渔业综合开发。

23.4 现代海洋生态牧场建设

到目前为止，国际上海洋牧场定义颇多，难以统一。综合众家之言，海洋牧场可以定义为：基于海洋生态学原理和现代海洋工程技术，充分利用自然生产力，在特定海域科学培育和管理渔业资源而形成的人工渔场。现代海洋牧场将采用生境修复、资源养护等方法，集成环境监测、安全保障、综合管理等技术，实现海洋环境的保护与生物资源的安全、高效和可持续利用。

现代的海洋牧场不等同于增殖放流和人工鱼礁建设。增殖放流是海洋牧场建设的一个环节，是将人工孵育的海洋动物苗种投放入海而后捕捞的一种生产方式。人工鱼礁可为入海生物提供栖息地，是海洋牧场建设过程中采用的一种技术手段。

建设现代化的海洋生态牧场应坚持“陆海统筹”原则，包括苗种繁育、初级生产力提升、生境修复、全过程管理等一系列关键环节。在陆基方面，规划建立水产品良种选育中心、健康苗种培育中心、质量安全保障中心、工厂化循环水养殖中心、水产品加工与高值化利用中心；在海基方面，利用自主研发的系列生态增养殖设施与技术，构建筏式贝藻养殖区、海珍品底播增殖区、离岸网箱养殖区、特色种质保护区。

23.4.1 生物培育与资源养护增殖

苗种是资源增殖的基础，苗种的数量与质量从根本上决定了海洋牧场建设的效果。为了避免生态入侵等危害，用于海洋牧场构建关键种的亲体和种苗应是当地种，其中种苗应是当地种的原种或者子一代。研究表明，利用自然捕捞的资源关键种建设海洋牧场会取得更好的效果，但目前国内用于海洋牧场增殖放流的苗种多采用养殖场人工繁育。

我国传统的重要经济种类的补充，主要采用放流、底播、移植等人工方式向海洋牧场投放资源关键种亲体、种苗等活性水生生物。前期应对相关海域进行本底调查，摸清查清放流海域水环境、生物环境和渔业资源现状，以评价生态增殖承载力和相关种类放流的适宜性。通过增殖放流方式，即将人工繁殖培育的苗种，在度过自然条件下死亡率高的发育阶段后，选择环境条件适宜、敌害少和饵料资源丰富的水域放流，使之充分利用水域的天然饵料资源自然生长，补充和增加水域的自然资源量。

23.4.2 生境修复与优化

根据拟增殖生物的生物学特点，设计和构建有关设施设备；从优化生境的角度设计设施设备，构建适于经济生物生长发育和繁殖的生境。针对离岸高海况海域、离岸岛屿、浅海近岸等不同情况，研发一系列生境修复与生态增养殖设施。牡蛎壳海珍礁、抗风浪沉绳式养殖设施等系列设施实现了近岸软泥质海湾和离岸高海况海域传统非适养区域大型藻类、刺参的高效生态增养殖；多层板式立体海珍礁实现了围堰刺参立体化养殖，单位面积产量提升 2～3 倍；“海龙”底播式增养殖设施实现了藻、贝、参多元化生态增养殖；构建大型藻类周年生境修复模式、海草床生境修复设施与关键技术。

23.4.3 综合管理

创新海洋牧场管理方式方法，利用高分辨率卫星遥感、信息网络、地理信息系统和人工智能技术，建立环境资源实时监控系统、海洋气象信息预报系统等，构建立体监测平台和数字化决策与管理平台，运用网络信息化技术将多个平台有机统一，初步构建集科研生产于一体的海洋牧场安全监测管理平台，实现从规划建设到牧场运行的全过程管理，形成监测、评价、预警、预报、溯源、管理一条链的综合管理系统。

（孙景春　杨红生）

24　我国海洋牧场建设回顾与展望

海洋是人类获取优质蛋白质的蓝色粮仓。近40年来，我国以海水养殖为重点的海洋渔业迅猛发展，掀起了海藻、海洋虾类、海洋贝类、海洋鱼类、海珍品养殖的五次产业浪潮，养殖总产量自1990年以来一直稳居世界首位。与此同时，局部水域环境恶化、产品品质下滑、养殖病害严重的问题日趋严重，传统模式的海水养殖业已难以适应我国经济社会健康发展和海洋生态环境现状的要求。继传统捕捞业、养殖业之后，我国海洋渔业面临新一轮的产业升级，而海洋牧场则是重要发展方向之一。

24.1　海洋牧场理念溯源

传统上认为，海洋牧场理念源于20世纪70年代的美国和日本。美国1968年提出海洋牧场计划，1972年实施，1974年建成加利福尼亚巨藻海洋牧场。1971年日本水产厅海洋审议会文件中指出“海洋牧场将会成为未来渔业的基本技术体系，这一系统可以从海洋生物资源中持续生产食物”。1973年，在冲绳国际海洋博览会上，日本着重强调了海洋牧场是“在人为管理下维护和利用海洋资源”的一种全新的生产形式。在日本提出海洋牧场的同一时期甚至更早，我国学者已对海洋牧场的理念和理论作出了原创性的贡献。我国海洋农业奠基人、中国科学院院士曾呈奎早在1965年就提出“必须大力研究重要种类的生物学特性和它们在人工控制条件下的生长、发育、繁殖，以解决人工养殖的一系列问题，培育新的优良品种，使海洋成为种养殖藻类和贝类的‘农场’，养鱼、虾的‘牧场’，达到‘耕海’目的”（曾呈奎和毛汉礼，1965）。曾呈奎（1978，1979a）在中国水产学会恢复大会和科学讨论会、山东省水产学会恢复暨学术交流大会上分别作了《我国海洋专属经济区实现水产生产农牧化》和《我国海洋专属经济区实现水产生产“农牧化”问题》的报告，并将海洋农牧化（farming and ranching of the sea）定义为“通过人为地干涉改造海洋环境，以创造经济生物生长发育所需要的良好环境条件，同时，也对生物本身进行必要的改造，以提高它们的质量和产量”（曾呈奎，1979b），并提出将远洋捕捞和海洋农牧化视为提高我国海洋水产产量的主要途径，提出力争在20世纪内实现专属经济区的水产生产农牧化，把我国海域改造成为高产稳产的海洋农牧场（曾呈奎，1979b）。

海洋农牧化包括农业化和牧业化两个方面（曾呈奎，1980，1985；陈君和张忍顺，2000）。其中，农业化即“耕海”，是在沿海的滩涂、沼泽、港湾以及二三十米等深线以浅的海域，人工栽培、种植藻类和耐盐经济植物，使用笼具、网箱、围网等在有限的空间内进行海洋动物人工养殖；牧业化则是把人工培养的幼苗培养到一定规格、具有一定的抵抗病害和逃避敌害能力的阶段，然后释放到自然海域让其自由地索饵、生长、发育，最后作为自然资源的一部分进行合理地捕捞（曾呈奎，1980；徐恭昭，1998）。海洋牧业既不同于海洋捕捞业，也不同于海洋养殖业，而是两者的结合。海洋牧业利用自然生物资源及水域生产潜力，通过人工繁殖生产种苗降低自然环境下早期幼苗的死亡率，保证了种群资源的有效补充，最后再进行捕捞等一系列生产过程，是海洋生物资源开发利用管理的新系统（曾呈奎和徐恭昭，1981）。此外，20 世纪 70 年代末至 90 年代，毛汉礼（1979）、黄文沣（1979）、王树渤（1979）、刘星泽（1984）、徐绍斌（1987）、陆忠康（1995）等相继提出了与海洋农牧化相似的理念，并进一步从遗传技术、水环境等角度对实现海洋农牧化提出了见解。

由此可见，至迟在 20 世纪 60 年代中期，我国学者就已经提出在海洋中通过人工控制种植或养殖海洋生物的理念及海洋中“牧场”的概念，这与 20 世纪 70 年代日本“海洋牧场”概念的核心思想基本一致。受十年“文化大革命”因素的影响，这一理念的完善和具体化直到 1978～1988 年才得以实现。

24.2　海洋牧场的概念与内涵

到目前为止，学术界尚未对“海洋牧场”作出统一的定义，反映出对海洋牧场的认识还在不断深化和完善。日本学者认为，广义的“海洋牧场”包括养殖式和增殖式两种生产方式，将各种类型的养殖也视为海洋牧场的类型。刘卓和杨纪明（1995）则认为，海洋牧场是指在广阔的水域中控制鱼类的行动，从苗种投放到采捕收获进行全程管理的渔业系统，人工鱼礁、大型增殖场和栽培渔业都是海洋牧场的主要部分。韩国《养殖渔业育成法》将海洋牧场定义为“在一定的海域综合设置水产资源养护的设施，人工繁殖和采捕水产资源的场所”（杨宝瑞和陈勇，2014）。20 世纪 90 年代以后，我国学者在海洋牧业的基础上吸收了日本等国学者的思想，更为明确地定义了海洋牧场。陈永茂等（2000）认为，海洋牧场是指为增加海洋渔业资源，而采用增殖放流和移殖放流的方法将人工培育和人工驯化的生物种苗放流入海，以海洋中的天然饵料为食物，并营造适于鱼类生存的生态环境（如投放人工鱼礁、建设涌生流构造物），利用声学和光学等生物自身的生物学特征对鱼群进行控制，通过对环境的检测和科学的管理，达到增加海洋渔业资源和改善海洋渔业结构的一种系统工程和渔业增殖模式。张国胜等（2003）

认为，海洋牧场是指在一定的海域，建设适应海洋渔业生态的人工生息场所，通过采用人工培育、增殖和放流的方法，将生物种苗人工驯化后放流入海，利用海洋自然的微生物饵料和微量投饵养育，并且运用先进的鱼群控制技术和环境检测技术对其进行科学的管理，从而达到增加海洋渔业资源、进行高效率捕捞的目的。

综合国内外学者的观点，海洋牧场主要包括以下六要素：①以增加渔业资源量为目的，表明海洋牧场建设是追求效益的经济活动，资源量变化反映海洋牧场建设成效，强调监测评估的重要性；②明确的边界和权属，该要素是投资建设海洋牧场、进行管理并获得收益的法律基础，如果边界和权属不明，就会陷入“公地的悲剧”，投资、管理和收益都无法保证；③苗种主要来源于人工育苗或驯化，区别于完全采捕野生渔业资源的海洋捕捞业；④通过放流或移植进入自然海域，区别于在人工设施形成的有限空间内进行生产的海水养殖业；⑤饵料以天然饵料为主，区别于完全依赖人工投饵的海水养殖业；⑥对资源实施科学管理，区别于单纯增殖放流、投放人工鱼礁等较初级的资源增殖活动。由此衍生出海洋牧场的六大核心工作：绩效评估、动物行为管理、繁育驯化、生境修复、饵料增殖和系统管理（图 24.1）。

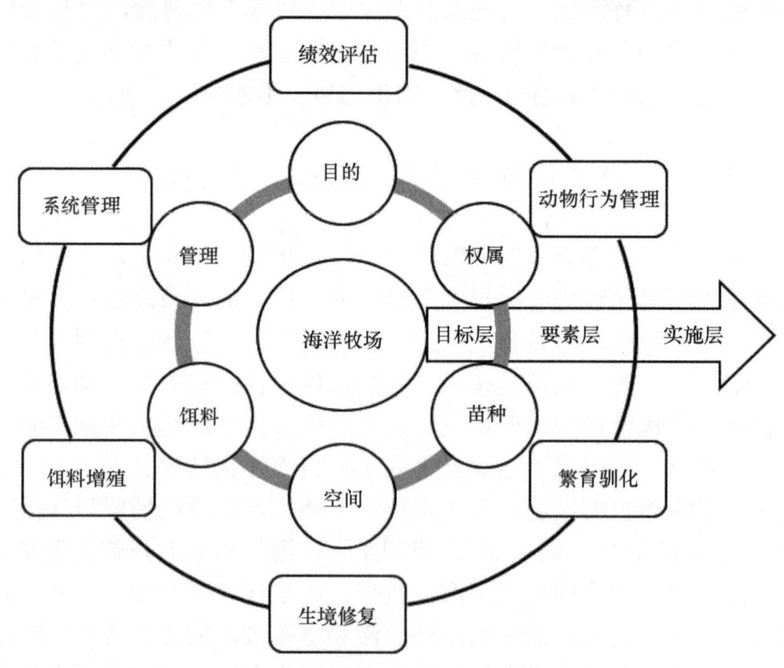

图 24.1　海洋牧场的六要素和六大核心工作

综上所述，海洋牧场定义为：基于海洋生态学原理和现代海洋工程技术，充分利用自然生产力，在特定海域科学培育和管理渔业资源而形成的人工渔场。

现代的海洋牧场不等同于增殖放流和人工鱼礁建设。增殖放流是海洋牧场建设的一个环节，是将人工孵育的海洋动物苗种投放入海，而后捕捞的一种生产方式。人工鱼礁是为入海生物提供栖息地，是海洋牧场建设过程中采用的一种技术手段。真正的海洋牧场建设更包括了苗种繁育、初级生产力提升、生境修复、全过程管理等一系列关键环节。

24.3　海洋牧场的发展历程

海洋牧场是海洋牧业生产实践的产物，其形态和内涵由简单到系统、由初级到成熟不断演化。从世界范围来看，海洋牧业可追溯到19世纪60～80年代鲑科鱼类的增殖放流。20世纪50年代，美国和日本出现的人工鱼礁标志着海洋牧业向资源养护转变。到了80年代，注重全过程、精细化管理的海洋牧场成为海洋牧业的更高级形态。以日本大分县为代表的海洋牧场将增殖放流、鱼礁建设、驯化技术等融入其中，形成了完善的渔业管理体系，揭开了海洋牧业“工业革命”的序幕。我国的海洋牧业在“文化大革命”后恢复并兴起，增殖放流、人工鱼礁多种产业形态同步发展，国内外海洋牧场理念和经验交融互鉴，在短时间内走过了其他国家几十年的发展道路。

我国在20世纪70年代中后期开展了对虾增殖放流（尹增强和章守宇，2008），规模化增殖放流工作则始于80年代末（程家骅和姜亚洲，2010）。2006年国务院发布《中国水生生物资源养护行动纲要》后，全国沿海各省、市更是纷纷行动起来，积极组织开展海洋生物资源增殖放流活动和人工鱼礁建设（程家骅和姜亚洲，2010）。在增殖放流方面，先后进行了海蜇（*Rhopilema esculentum*）、三疣梭子蟹（*Portunus trituberculatus*）、金乌贼（*Sepia esculenta*）、曼氏无针乌贼（*Sepiella maindroni*）、鲮（*Chelon haematocheilus*）、真鲷（*Pagrosomus major*）、黑棘鲷（*Acanthopagrus schlegelii*）、大黄鱼（*Larimichthys crocea*）、褐牙鲆（*Paralichthys olivaceus*）、钝吻黄盖鲽（*Pseudopleuronectes yokohamae*）、大泷六线鱼（*Hexagrammos otakii*）、许氏平鲉（*Sebastes schlegelii*）、虾夷扇贝（*Patinopecten yessoensis*）、魁蚶（*Scapharca broughtonii*）、仿刺参（*Apostichopus japonicus*）和皱纹盘鲍（*Haliotis discus hannai*）等种类的增殖放流。据不完全统计，截至2016年，中国向海洋投放各种鱼、虾、蟹、贝等经济水生生物种苗早已超过1200亿尾（粒），投入资金超过30亿元（中国水产学会，2016）。我国的人工鱼礁建设始于1979年广西钦州地区（今钦州市）26座试验性小型单体人工鱼礁的投放（朱孔文等，2011）。自1983年起，人工鱼礁建设受到中央政府的重视，农业部组织全国水产专家指导各地人工鱼礁试验，共投放了2.87万件人工鱼礁，总计8.9万空立方米（司英杰，2012）。进入21世纪以来，广东、浙江、江苏、山东和辽宁等省份掀起了新一轮人工鱼礁建设热潮，呈现政府提供政策和资金支持、企业实施建设的特点。以山东省为例，2005～2009 年增殖放流和人工鱼礁建设并进，增殖放流 20 余种海洋生物，投放苗种约 95.5 亿单位，投放礁体 226.6 万空立方米，资源回捕量共 18 万 t，总产值 49.2 亿元，直接投入与产出比为 1∶17，渔民人均增收 10 929 元（游桂云等，2012）。据不完全统计，自 2008 年以来，全国人工鱼礁建设规模超过 3000 万空立方米，礁区面积超过 500km^2，投入资金达到 20 亿～30 亿元（中国水产学会，2016）。

在增殖放流和人工鱼礁建设的基础上，涵盖育种、育苗、养殖、增殖、回捕全过程，重视生境修复和资源养护的海洋牧业形态，即真正意义上的海洋牧场。例如，20 世纪 80 年代，辽宁省大连市的獐子岛开始进行虾夷扇贝的育苗和底播，从 90 年代起，獐子岛海洋牧场开展工作营造海藻场，设置人工鱼礁、人工藻礁，修复与优化海珍品等增养殖生物的栖息场所，对确权海域进行功能区划，布设了潜标、浮标，建成了水文数据实时观测平台，到 2015 年已开发超过 2000km^2 的海域。近年来，山东省烟台市的莱州湾海洋牧场建设迅速，海域覆盖面积达 10 672 万 m^2，系统建立了渔业资源养护技术，实现资源量倍增，有效修复了渔业水域环境，产品通过有机食品认证，集成构建了“物联网+生态牧场”生产体系，实现了牧场管理信息化。2015 年 5 月，农业部组织开展国家级海洋牧场示范区创建活动，推进以海洋牧场建设为主要形式的区域性渔业资源养护、生态环境保护和渔业综合开发。同年 12 月，天津市大神堂海域，河北省山海关海域、祥云湾海域、新开口海域，辽宁省丹东海域、盘山县海域、大连市獐子岛海域、大连市海洋岛海域，山东省芙蓉岛西部海域、荣成北部海域、牟平北部海域、爱莲湾海域、青岛市石雀滩海域、青岛市崂山湾海域，江苏省海州湾海域，浙江省中街山列岛海域、马鞍列岛海域、宁波市渔山列岛海域，广东省万山海域和龟龄岛东海域等被列为第一批国家级海洋牧场示范区。

与此同时，良种选育和苗种培育技术、海藻场生境构建技术、增养殖设施与工程装备技术、精深加工与高值化技术等海洋牧场建设的关键技术逐渐成熟。例如，传统筏式养殖近年来呈现深水化、生态化和机械化的特点，养殖品种由单一向混养发展，由单纯追求经济效益向经济、生态并重发展，如皱纹盘鲍与光棘球海胆越冬期的筏式混养可减少苔藓虫的附着（孔泳滔等，1999），鲍和仿刺参混养可利用并清除生物沉积物，有利于修复和优化浅海养殖系统（杨淑岭等，2009）。离岸深水大型海洋牧场平台成为离岸型海洋牧场的发展方向与趋势。以老旧大型船舶为平台、为载体的大型海上养殖工船正在兴起，有望成为远海渔业生产的补给、流通基地（徐皓和江涛，2012）。新技术与新工艺在海洋牧场工程设施中逐渐得以应用，信息化、自动化、抗老化、抗腐蚀技术等大大提高了海洋牧场养殖设施的性能和管理水平。

24.4　海洋牧场建设的几点思考

推动海洋牧场建设既是海洋牧业产业发展的必然趋势，也与我国经济社会和生态环境现状密切相关。我国近海渔业资源日渐枯竭，海水养殖盲目追求高产量和管理滞后导致病害频发，滥用渔药的现象时有发生。对绿色、安全、优质水产品的需求为海洋牧场发展提供了新的机遇。当前，我国经济增长进入新常态和供给侧结构性改革要求海洋水产业向绿色低碳、安全优质的方向发展，而海洋牧场正是发展方向之一。

24.4.1　存在问题

我国海洋牧场理念的提出至今已近 60 年，海洋牧场建设在取得显著进展的同时也出现了一些问题，主要表现在以下 4 个方面。

24.4.1.1　海洋牧场的含义应用过于宽泛

在我国实践中，投放人工鱼礁、增殖放流、网箱养殖等经常被等同于海洋牧场建设，传统渔场和海洋牧场的概念混淆。这导致我国海洋牧场建设遍地开花，但整个产业的技术水平却很低。人工鱼礁基本上以石块礁、小型构件礁、废旧渔船为主，增殖放流大都一投了之，没有生物控制技术和必要的监测与效果评价。财政补助资金没有用于建设真正意义上的海洋牧场，现代海洋牧场技术难以有效推广应用。

24.4.1.2　缺乏统筹规划和科学论证

由于缺乏全国性规划和国家或行业标准，各地海洋牧场建设同质化严重，地区间缺乏协调，没有使经济和生态效益最大化。由于缺乏相关标准和科学论证，海洋牧场设计未能基于生态系统结构与功能。鱼礁选型不科学，部分海洋牧场出现礁体漂移和沉陷、掩埋现象，增殖放流对象单一，没有合理搭配，放流规格和数量的选择具有一定盲目性，缺少经济和生态效益评估以及对生态系统的影响研究。

24.4.1.3　忽视海洋牧场的生态作用

海洋牧场建设往往仅被视为获取海洋水产品的途径，经营者对产量和经济效益的片面追求导致海洋牧场在提供生态廊道、庇护野生种群、调节流场和物质输运等方面的生态作用被忽视。除少数海洋牧场建设兼顾了红树林、海草床、海藻场等自然生境的修复，其他绝大多数海洋牧场未能重视对所处海域生态系统功能的保护与恢复，因此也难以抵御环境与生态灾害。如何让海洋牧场有效促进受损生境和生物群落的恢复还有待深入研究。

24.4.1.4 忽视项目评估和系统管理

我国海洋牧场建设往往把放流苗种的数量、鱼礁建设规模和投入的资金作为主要评价指标，这就造成了仅重视建设期投入、项目的可行性分析不足、环境影响评价不完善、完成后综合评价缺失等种种问题。海洋牧场运营缺乏系统管理，天然饵料增殖与幼体庇护技术匮乏，缺少种苗投放与产品采捕规范，牧场资源环境综合监测评估技术严重滞后。

24.4.2 发展理念

现代海洋牧场建设必须坚持“生态优先、陆海统筹、三产贯通、四化同步、创新跨越”的原则，集成应用环境监测、安全保障、生境修复、资源养护、综合管理等技术，实现海洋环境的保护与生物资源的安全、高效和持续利用。

24.4.2.1 坚持“生态优先”

在现有捕捞和养殖业面临诸多问题的背景下，海洋牧场作为一种新的产业形态，其发展有赖于健康的海洋生态系统。因此，必须重视生境修复和资源恢复，根据生态容量确定合理的建设规模，这是海洋牧场可持续发展的前提。

24.4.2.2 坚持“陆海统筹”

海洋牧场在空间上覆盖陆域和海域，陆域是苗种繁育、产品加工、牧场运行管理的基地，海域是开展人工鱼礁建设、增殖放流、生境修复、采捕收获的生产空间。因此，陆地和海上生产空间需进行合理统筹规划，海域应根据水深和离岸距离合理布局各类增殖模式和增殖对象，陆域应基于高效运行和方便管理的原则对各生产单元科学布局。

24.4.2.3 坚持“三产贯通”

海洋牧场不仅包括水产品生产的产业链，还涉及礁体和装备制造、产品精深加工和储运、休闲渔业等产业。未来应打通第一、第二、第三产业，使海洋牧场成为经济社会系统和生态系统的一部分，特别是将休闲渔业和生态旅游业等有机融入海洋牧场建设中，充分发挥其对上下游产业和周边区域产业的拉动作用。

24.4.2.4 坚持“四化同步”

工程化、机械化、自动化、信息化是现代海洋农牧业的发展方向。海洋牧场要加强食品安全追溯技术、物联网和人工智能技术、牧场管理信息化、生物驯化、自动化采收等技术和装备的研发与应用，综合提升海洋牧场的整体技术水平。

24.4.2.5　坚持“创新跨越”

现代海洋牧场建设还有许多科学和技术问题亟待突破，这需要凝聚多学科的知识和技术。近期应在海洋牧场健康状况和承载力评估、海草床和海藻场修复技术、种群重建技术、牧场生物驯化野化技术和牧场生态系统管理技术等方面取得突破。

24.4.3　发展对策

24.4.3.1　加强海洋牧场建设的宏观引导

在国家层面上，编制我国管辖海域海洋牧场建设的中长期规划，出台海洋牧场建设和运行管理的国家和行业标准，明确我国海洋牧场的定义、范畴和类型，将财政资金投向真正意义上的海洋牧场建设。在沿海省（区、市）层面，根据海域自然条件、海洋功能区属性、环境质量做好海洋牧场选址和区划，推动海洋牧场海域确权，形成政府扶持、企业主导、渔民受益的海洋牧场建设模式，加强海洋牧场绩效评估和统计报告。

24.4.3.2　推动海洋牧场体系化建设

统筹安排增殖放流和人工鱼礁建设工作，提高增殖放流苗种的成活率和人工鱼礁建设的针对性和科学性。逐步实现底播种类以海珍品为主转变为海珍品、鱼类、藻类多营养层次相结合，提高单位海域的经济与生态效益。我国近岸水体污染和富营养化日趋严重，海洋工程建设等造成了海底荒漠化，渔业资源生物生存环境恶化，因此海洋牧场建设应将近海生态系统重建纳入工作重点，注重生境修复、天然饵料增殖、海草床及海藻场的恢复。加强海洋牧场资源环境的实时在线监测和生态灾害的预警预报。公益性海洋牧场实行配额管理，严格限定产出的商品规格、收获量和收获方式等。

24.4.3.3　实施海洋牧场企业化运营

改变目前海洋牧场建设主要由政府投资的局面，通过财税政策、特许经营等途径吸引企业运营海洋牧场，财政资金由直接投入海洋牧场建设，转向栖息地保护、基础科学研究和监测评估等方面。推动构建企业、科研院所、渔民参与的行业协会，形成产业联盟，实现产学研结合，企业和渔民共同获益，实现海洋牧场、休闲渔业、滨海旅游等多元融合发展。

（杨红生）

参考文献

陈君, 张忍顺. 2000. 我国海洋农牧化发展研究. 地理学与国土研究, 16(1): 22-26.

陈永茂, 李晓娟, 傅恩波. 2000. 中国未来的渔业模式: 建设海洋牧场. 资源开发与市场,16(2): 78-79.

程家骅, 姜亚洲. 2010. 海洋生物资源增殖放流回顾与展望. 中国水产科学, 17(3): 610-617.

黄文沣. 1979. 栽培渔业的理论和实践. 福建水产科技, (1): 6-21.

孔泳滔, 王琦, 程振明, 等. 1999. 皱纹盘鲍与光棘球海胆越冬期筏式混养的初步研究. 水产科学, 18(2): 12-14.

刘星泽. 1984. 渔业要走农牧化的道路: 渔捞专家谈开发海洋渔业生产. 瞭望周刊, (43): 25.

刘卓, 杨纪明. 1995. 日本海洋牧场(Marine Ranching)研究现状及其进展. 现代渔业信息, 10(5):14-18.

陆忠康. 1995. 我国海洋牧场(Marine Ranching)开发研究的现状、面临的问题及其对策. 现代渔业信息, 10(9): 6-9, 12.

毛汉礼. 1979. 海洋科学近二十年来的进展. 海洋科学, 3(1): 1-9.

司英杰. 2012. 人工鱼礁的法律规制. 青岛: 中国海洋大学.

王树渤. 1979. 海洋生物学的成就与展望. 辽宁师院学报(自然科学版), 2(3): 57-60, 56.

徐恭昭. 1998. 海洋农牧化的进展与问题. 现代渔业信息, 13(1): 3-10.

徐皓, 江涛. 2012. 我国离岸养殖工程发展策略. 渔业现代化, 39(4): 1-7.

徐绍斌. 1987. 海洋牧场及其开发展望. 河北渔业, (2): 14-20.

杨宝瑞, 陈勇. 2014. 韩国海洋牧场建设与研究. 北京: 海洋出版社.

杨淑岭, 刘刚, 丁增明, 等. 2009. 浅海筏式刺参与鲍鱼混养技术. 现代农业科技, (4): 226-229.

尹增强, 章守宇. 2008. 对我国渔业资源增殖放流问题的思考. 中国水产, (3): 9-11.

游桂云, 杜鹤, 管燕. 2012. 山东半岛蓝色粮仓建设研究: 基于日本海洋牧场的发展经验. 中国渔业经济, 30(3): 30-36.

曾呈奎. 1978. 为高速度实现我国水产事业现代化而奋斗中国水产学会恢复大会和科学讨论会在天津市举行. 水产科技情报, (8): 1.

曾呈奎. 1979a. 祖国各地. 水产科技情报, (2): 24-25.

曾呈奎. 1979b. 关于我国专属经济海区水产生产农牧化的一些问题. 自然资源, 1(1): 58-64.

曾呈奎. 1980. 我国海洋生物学在新时期的主要任务. 海洋科学, 4(1): 1-5.

曾呈奎. 1985. 海洋农牧化大有可为. 科技进步与对策, 2(2): 9-10.

曾呈奎, 毛汉礼. 1965. 海洋学的发展、现状和展望. 科学通报, 16(10): 876-883.

曾呈奎, 徐恭昭. 1981. 海洋牧业的理论与实践. 海洋科学, 5(1): 1-6.

张国胜, 陈勇, 张沛东等. 2003. 中国海域建设海洋牧场的意义及可行性. 大连水产学院学报, 18(2): 141-144.

中国水产学会. 2016. 海洋渔业资源保护与人工鱼礁国际论坛. 北京: 中国水产学会.

朱孔文, 孙满昌, 张硕, 等. 2011. 海州湾海洋牧场: 人工鱼礁建设. 北京: 中国农业出版社.

25 夏季养殖刺参大面积死亡的原因分析与应对措施

仿刺参（*Apostichopus japonicus*），又名刺参，属于棘皮动物门（Echinodermata），由于具有较高的营养价值和经济价值，其已成为我国重要的海水养殖物种之一。刺参养殖已经成为中国北方沿海省份如辽宁和山东等地的支柱产业（费聿涛，2016；常亚青等，2004；廖玉麟，1997；Yang et al.，2015）。刺参的增养殖方式主要包括室内工厂化养殖、池塘养殖、围堰养殖、浅海底播增殖及筏式养殖等不同模式。其中，刺参池塘养殖面积最大，从业人员及相关企业最多（包鹏云等，2011）。刺参养殖业受气候的影响较大，尤其是在夏季持续高温、多雨天气下，高温、低氧等极端环境胁迫不仅可导致池塘、围堰和浅海养殖刺参大面积死亡，甚至绝产，造成巨大的经济损失，同时还造成刺参资源衰退，制约刺参产业的良性发展。

山东是刺参养殖大省，近年来的数据显示，山东刺参产量可达全国产量的50%。2012 年全国刺参产量为 14 万～15 万 t，其中山东产量达 8 万 t；2015 年全国刺参增养殖总产量约为 20 万 t，其中山东产量约为 10 万 t（农业部渔业局，2015）。近年来，在夏季极端天气的影响下，山东刺参池塘养殖损失惨重。例如，2013 年 8 月，受高温、强降雨极端天气的影响，北方刺参主产地山东受灾养殖面积约 26 万亩，死亡率为 30%～40%，部分地区达到 60%以上，给当地增养殖户造成了巨大的经济损失（刘国山等，2014）。2013 年，即墨、海阳、乳山、文登、莱州、东营等地有 80%～90%的养殖户受灾，其中有 20%～30%绝产，并且影响次年收成。随着全球气候的变化，高温、低氧等极端环境正逐渐呈现常态化趋势（Helmuth et al.，2002），养殖刺参大面积死亡现象出现的概率也将越来越高。因此，如何减少夏季极端天气下刺参的大面积死亡，成为整个社会关注的热点问题。

25.1 夏季养殖刺参大面积死亡的原因分析

以往的研究表明，夏季刺参大面积死亡不是单一因素导致的，而是水体环境、人为等因素共同作用的结果。当水域环境发生变化时，刺参的生理行为、代谢和免疫等也发生改变，同时病原体数量增多，免疫力低下的刺参在得不到及时有效的处理下，极易发生死亡现象。此外，部分池塘一旦发生死亡现象，往往是全池覆灭，对刺参产业的发展极为不利。

25.1.1 环境因素

受连续高温、强降雨及无风天气的影响，2013 年和 2016 年以山东、辽宁为代表的刺参池塘养殖和底播增养殖地区发生了刺参大面积死亡现象，主要原因为极端天气下水体垂直循环受阻，出现温跃层、盐跃层及缺氧层。具体情况为，夏季高温直接引起水温升高，致使水层出现温跃层，夏季暴雨造成淡水和海水出现盐度分层，影响上下层水体交换，底部热量难以散发，致使底层水温持续升高，溶解氧含量降低，造成底部缺氧，进而导致底质硫化物、氨氮、亚硝酸盐等有毒物质积累，使活动能力弱、营底栖生活的刺参处于高温、低氧等胁迫环境中，因而发生大面积死亡。

25.1.1.1 高温

温度是影响刺参生长、摄食、繁殖及行为的重要生态因子（An et al.，2009；赵永军和张慧，2004；Tanaka，1958；陈勇等，2007）。研究发现，刺参适宜的生长温度范围为 10～17℃，最适温度为 14℃（于东祥和宋本祥，1999；陈远和陈冲，1992）。温度过高和过低对刺参的正常生长都有一定的影响，当温度为 20～24℃时，刺参将进入夏眠状态（隋锡林，1990）。2014～2016 年夏季（6～8 月）山东全省平均气温分别为 25.3℃、25.7℃及 26.1℃，呈现初步升高趋势（王业宏等，2014；王文青等，2015；杨璐瑛等，2016）。其中，2016 年 8 月高温期，山东、河北、辽宁的刺参养殖水域水温最高达到 33～35℃，远远超出其适宜生长水温（王金龙，2017）。夏季水温的急剧升高常常导致刺参出现吐脏、化皮等应激反应。当温度超过耐热上限时，刺参会由于机体复杂的生理反应而发生热致死现象（于东祥和宋本祥，1999；于明志和常亚青，2008；Hochachka and Somero，2002）。

此外，为了刺参安全度夏，池塘水位一般都要加深，而太阳辐射能量主要加热表层 20cm 的水层，并且绝大部分的太阳辐射能量被吸收于距表层约 1m 的水层，导致能量向下传输缓慢，水表与水深处形成温差。经测量，1～3m 的水深处温差可达 1～2℃（于东祥等，2004）。如遇无风天气，上下层水体混合的阻力将增大。若持续无风或风力较弱，还将形成温跃层，阻碍水体中溶解氧、营养盐等的交换流通，对营底栖生活的刺参的存活及生长极为不利。

25.1.1.2 低氧

溶解氧含量及变动趋势与温度、盐度、环流运动、生物活动等密切相关（刘国山等，2014）。夏季高温天气下，高温水密度及比重小于低温水，导致水体形成温跃层。持续性高温、无风天气使得上层水与底层水上下流通受阻加剧，溶解氧及有机物质对流输送减弱，造成水体底层缺氧现象。而刺参的活动、代谢以及底层大量沉积的动植物残骸在降解的过程中消耗氧气，使得底层缺氧现象加剧。

在低氧水环境下（溶解氧浓度低于 2mg/L），水生动物行为发生改变，如游离低氧区域、跳跃行为、行动迟缓、呼吸减慢及摄食频率降低等，同时生长速度减慢、繁殖力下降，甚至会引起动物死亡（徐贺等，2016；Wu et al.，2003；Shang and Wu，2004）。以往的研究表明，在低氧胁迫下与贝类、珊瑚虫及海鞘相比，棘皮动物更易死亡（Riedel et al.，2012）。当水中氧气含量不足时，刺参代谢水平下降、活力降低，循环、神经、消化、呼吸等系统功能受阻，抗逆能力和抗病能力大大削弱，正常生长受到影响（于东祥等，2004）。据调查，2013～2016 年山东烟台等沿海地区连续出现底层缺氧现象，如对 2013 年夏季威海双岛湾人工鱼礁区的研究表明，缺氧是造成该地刺参大面积死亡的主要原因（刘国山等，2014）。

25.1.1.3 低盐

盐度是影响刺参存活、生长和发育的重要因素之一（王吉桥等，2009a）。刺参为狭盐性生物，有研究表明，刺参生长的适宜盐度范围为 18～39，成体对盐度的耐受下限为 15～20（常亚青等，2004）。另有报道表明，温度影响刺参幼体的耐盐性，且随着个体的生长，适盐范围变小（王吉桥等，2009b），即刺参规格越大，对低盐的适应能力越差。

研究表明，当盐度长时间（超过 30d）低于 17 时，会对刺参造成不良影响（冷忠业等，2014）。然而，夏季暴雨导致大量淡水流入养殖水体，造成盐度急剧降低，使养参池盐度在十几个小时内从 30 陡降至 20 以下，个别池塘盐度甚至不足 10（周维武，2006），以致不能形成对流，使水体出现分层现象。盐度胁迫会导致海洋生物代谢加速、免疫防御能力降低、生理机能失常，使正常状态下处于隐性感染的病原体引发疾病（孙虎山和李光友，1999；沈丽琼等，2007；Brito et al.，2000）。盐度超出刺参正常适应范围常导致机体渗透压调节失衡，刺参收缩发黑，严重时吐脏死亡，影响刺参的存活率（杨秀生等，2009）。

25.1.1.4 硫化物及氨氮

刺参营底栖生活，池塘底质各种组分的构成和变化都直接影响刺参的繁殖和生长（杨凤影等，2012）。硫化物主要由微生物分解利用生物的代谢产物、残饵等有机质中的含硫氨基酸而产生，其含量是衡量环境优劣的一个重要指标（彭斌，2008）。目前已有多项研究阐述了硫化物对水生生物的影响，如较高的硫化物浓度将导致鱼类呼吸和循环系统功能衰退（Torrans and Clemens，1982；Bagarinao and Vetter，1989），使日本沼虾有氧呼吸代谢减弱、免疫能力下降、机体抗氧化系统受到显著影响（管越强等，2009，2011）。此外，硫化物浓度影响西施舌幼贝壳长生长和成活率（吴进锋等，2006），影响中华绒螯蟹的卵巢发育及应激蛋白表达（顾顺樟，2007)，导致曼氏无针乌贼肝细胞受损及免疫力下降，最终造成乌贼幼体大量死亡（尹飞等，2011）。虽然现在尚无文献明确描述硫化物对刺参的影响，但针对辽东湾养殖池塘底质环境的调查表明，刺参发病池塘硫化物含量显著高于未发病池塘（王摆等，2016）。除硫化物外，氨氮胁迫会影响刺参存活，使机体非特异性免疫防御系统受到损伤，降低刺参的免疫力，增加其对病原菌的易感性（徐松涛等，2017；臧元奇等，2012；刘洪展等，2012）。水体中的氨及亚硝酸盐等将使刺参血液中的亚铁血红蛋白被氧化成高铁血红蛋白，从而抑制血液的载氧能力，使刺参呼吸困难，甚至中毒、窒息而死（杨秀生等，2009）。

在春季，刺参新陈代谢较快，生长旺盛，同时投饵量较大，残饵和排泄物增多，因而底质中有机质积累也较多。加之，夏季时温度升高，细菌代谢和繁殖速度加快，硫酸盐还原菌的菌量增加，加速了水体中的厌氧分解，硫酸盐经过还原作用形成硫化氢，使得养殖环境中底质硫化物含量显著提高，导致养殖环境恶化（费聿涛，2016；彭斌，2008）。此外，夏季养殖水体中氧气含量不足时，含氮有机物分解及反硝化细菌还原作用将产生氨氮（王战蔚等，2013）。随着池塘养殖时间增加及刺参自身排泄物的逐步积累，加之底部光合作用微弱，氧化还原过程受阻，池底硫化氢、氨氮、亚硝酸盐等有害物质将大量积累。由于刺参行动缓慢，不能迅速逃离不良环境，其生长、存活及品质极易受到影响（王雨霏等，2013）。

25.1.1.5 藻类腐烂

养殖池内底质恶化亦由大型有害藻类、杂草死亡腐烂变质所致。高温季节，参池中的藻类、杂草繁殖较快，一旦大批死亡，就会沉于池底腐烂变质，使池底有机物污染加剧，溶解氧含量快速降低。藻类植物不仅失去了光合作用补充水体溶解氧及吸收毒素的功能，还滋生出大量有害细菌和有毒物质，刺参极易因缺氧而发生疾病或窒息死亡。

25.1.2 种质因素

由于缺乏长期规划及采捕监管，加之刺参自然资源匮乏，目前刺参苗种生产所用的种参来源大部分局限于人工池塘养殖，这些种参也都是由人工繁育的苗种养殖而成，刺参种参质量下降已是不争的事实。这样的种参性腺发育较差、怀卵量减少、卵子质量下降，繁育出来的苗种体质较差、生长速度减慢、抗病能力降低（边陆军和代国庆，2013）。因此，其在应对夏季高温、低氧等因素胁迫时，表现出较弱的耐受性，成活率较低。

25.1.3 病原因素

刺参生长和病害发生与生态环境恶化或环境剧烈变化密切相关（费聿涛等，

2016）。一般认为，病原菌通常侵袭免疫力低下的个体，对健康个体并不致病（茅国峰，2014）。只有当环境等因素的变化导致刺参免疫力下降或者出现黏膜破溃时，细菌才可能大量繁殖（任利华等，2015）。与刺参疾病相关的病原因素主要包括病毒、细菌、霉菌、纤毛虫及其他病原体等，其中在我国养殖刺参体内发现的致病细菌主要有溶藻弧菌（杨嘉龙，2007）、假交替单胞菌（王印庚，2006）、灿烂弧菌（张春云，2006）、弧菌（马悦欣，2006）等。此外，有研究表明，以低氧环境引起的大规模死亡底播刺参生物体中的优势菌为能行厌氧呼吸并能以硫代硫酸盐行化能自养的副球菌属细菌（任利华等，2015）。病原细菌和病毒感染会使刺参出现口部肿胀、排脏等现象，使皮层的溃烂与自溶加速，导致刺参非特异性免疫力下降（任利华等，2015；隋锡林和邓欢，2004；刘洪展，2013）。同时较其他季节而言，夏季刺参大水面养殖系统水体及底泥中细菌总数和弧菌数量最高（杜佗，2016）。综上，病原因素对刺参健康与存活具有潜在威胁，致使养殖刺参在夏季发生大面积死亡现象的概率增大。

25.1.4　人为因素

人为因素亦是刺参大面积死亡的重要原因之一，主要体现在管理经验欠缺、技术操作不规范、设施不完备等。在管理层面，目前在养殖过程中，刺参肿嘴、化皮等病害情况时有发生。一些养殖户出于预防或者治疗的考虑，仍主要选择使用抗生素药物及消毒剂来缓解。然而，由于用药缺乏科学性，如药种单一、药量过大等，不仅增加了养殖成本，使效益下降，同时还破坏了养殖水体生态平衡，也降低了刺参的机体免疫力和消化功能，不利于苗种质量的提高，增加了刺参患病的风险（包鹏云等，2011），使刺参在应对夏季极端天气时发生大面积死亡的概率增大。此外，一些养殖户为追求高产，刺参投放密度往往过大，不仅导致刺参生长缓慢、免疫力低下，同时还使养殖区极易发生病害，传染速度加快，导致全池刺参短期内覆灭（王印庚等，2005）。

在技术操作层面，刺参数年连续养殖，加之养殖面积通常较大等因素，池底难以清除淤积，池底生态环境极易恶化而导致病害发生（王印庚和荣小军，2004）。此外，饵料投放需合理化，残饵过多会导致降解作用增强，底层缺氧加剧。在投放固态物质，如礁石及底质改良剂等时，需注意避免直接接触刺参体表造成其体表化学性损伤（杨秀生等，2009）。在设备层面，当前刺参养殖过程中的基础设施如育苗用水处理系统、附着基等配套基础设施、水质监测仪等仍不够完备。其中，应对低氧环境的增氧技术尤为欠缺，一些技术尚不规范。例如，微孔曝气管堵塞、管路温度过高、电机容易烧毁、实际增氧效率不高等问题在微孔曝气增氧过程中时有发生（冷忠业等，2014）。另外，由于池底缺乏足够的硬质附着基等配套设施，仍以烂泥底为主，容易发生病害。因此，在刺参养殖过程中应注意减少以上人为因素对刺参造成的影响，并在刺参发生大面积死亡之初，采取及时有效的救治，降低刺参死亡数量及频率。

25.2 夏季养殖刺参大面积死亡的应对措施

在发生刺参大面积死亡时，应当综合分析、及时处理。在养殖过程中需引入工程管理理念，突出“工程化”建设理念，提高增氧控温等设备的研发与应用水平，实现养殖机械化，最终实现自动化监测与智能化管理。针对这一频发现象，既需有应急处理方案，亦需常态综合处理措施，同时应加强预防管理工作。在养殖之初及生产过程中应对养殖水域的底质和水质进行综合调查，并查明刺参应对逆境的关键生理生态学指标，建立综合养殖模式，积极构建风险预警系统，引入专家决策系统等，实现风险识别、风险分析，在刺参发生大规模死亡之前及时做出预判及处理。

25.2.1 应对理念

25.2.1.1 建设工程化

由于夏季高温等极端天气的影响，刺参养殖海域风力较弱，底层和表层水体交换较弱，底层溶解氧、营养盐等无法得到补充，对刺参生长极为不利。因此，需要采用相关工程技术手段解决上述问题。在刺参度夏过程中必须引入工程管理理念，建立现代工程养殖技术，突出“工程化”建设理念，为构建精准高效养殖奠定基础，保障刺参健康度夏。

25.2.1.2 养殖机械化

当前刺参养殖应对夏季极端天气的方式仍较为局限，养殖机械化尚处于起步阶段，新型高效装备亟待开发。因此，需要引入“养殖机械化”理念，加强控温、控氧、控盐、清底质等技术和装备的研发和应用，综合提升养殖刺参度夏整体技术水平。

25.2.1.3 监测自动化

刺参养殖水域应建立基于海床基、浮标、船载传感器系统、无人机等以及遥感技术的生态环境监测平台，配备温度计、盐度计、溶氧仪等水质监测仪以监测水质变化，实现自动化监测、数据采集传输及远端数据监控。此外，将增氧设备与自动化监测系统联结，当出现预警时智能化开启，可为刺参健康度夏提供重要保障，实现针对异常情况的自动预警及智能化管理。

25.2.1.4 管理智能化

在刺参养殖过程中，必须建立从监测、评价、预警到管理的综合保障体系。在管理过程中，引入信息化以提高监测与管理效率，实现管理智能化。目前，由实时监测系统、预警预报系统、专家决策系统等组成的信息化系统正逐渐得以应用（杨红生等，2016），构建现代刺参养殖智能化新模式，不仅是顺应时代发展的必然选择，还是刺参健康度夏的重要保障。

25.2.2 应对措施

25.2.2.1 抗逆良种培育与应用

良好的刺参苗种可为刺参健康度夏提供有力的支持，因此应当加强健康苗种培育及良种选育工作。刺参良种选育成功与否很大程度上取决于刺参种参的品质（孙明超，2016）。刺参养殖过程中应选择健壮、体表无损伤、棘刺完整、摄食能力强的亲参进行育苗。在选育过程中最大限度发挥刺参的杂种优势，尽可能地选择杂合性高且形态学性状优良的刺参。同时，开展刺参种质保护计划、对养殖所用的亲参进行系统的品种选育和改良，防止累代繁殖之后种质退化。积极开展抗逆选育技术的研究，选育抗逆性强的刺参品系，并对相关性状进行实验验证。改善育苗技术工艺，推动刺参原良种场及自然保护区建设，保证刺参种质资源质量（边陆军和代国庆，2013）。在养殖过程中，淘汰早期不健康的苗种，确保刺参个体健康。避免可能存在的近交衰退、遗传漂变、遗传多样性降低等对群体种质资源造成的不利影响（张福绥和杨红生，1999）。

目前已有的研究表明，不同品系的刺参对温度等因素异常的水体环境表现出不同的耐受性，稳定的抗逆品系可为刺参健康度夏提供有力支持。中国科学院海洋研究所目前已通过高温淘汰和人工选择的方法培育出耐高温品系，且已通过实验对耐高温品系的耐温性能进行了评价。实验结果表明，定向选育的子代稚参在32℃下的存活率为 80%，显著高于野生群体子代稚参的存活率（56.67%），这说明定向选育的耐高温品系刺参对高温胁迫的耐受能力更强（赵欢等，2014）。另外，耐高温子代群体在高温胁迫下也显示出更强的免疫能力（刘石林等，2016）。在夏季高温期，经过三代定向选育的刺参耐高温品系肠道退化较轻，摄食量和处于摄食状态的个体比例明显提高，耐高温目的性状选育效果显著。中国水产科学研究院黄海水产研究所利用日本刺参和国内筛选的耐高温刺参杂交所培育的“高抗一号”刺参新品种，在高温胁迫实验和低盐胁迫实验中，表现出良好的抗逆性状，具体表现为成活率高、特定生长率较大、非特异性免疫酶活力较高等（孙明超，

2016）。此外，中韩刺参杂交与自交子一代刺参在温度和盐度耐受方面具有一定的优势（范超晶，2015）。但由于目前抗逆品系十分缺乏，对其相应性状针对不同逆境胁迫的评价实验数据欠缺，其应对胁迫因子的具体机制仍有待揭示。

25.2.2.2 关键指标调查及体系与系统构建

1）实施底质水质综合调查

对养殖水域的底质与水质进行综合调查在刺参养殖过程中十分必要。明确不同养殖区域温度、溶解氧等因子的年际变动情况，查明养殖水域不同水深处相应的水质因素指标情况，加强对水温、盐度、溶解氧、氨氮、硫化物等指标的监测，针对异常情况及时采取措施。对养殖用水水质进行严格把控，防止赤潮藻类、有机污染物等大量流入养殖水域。可在离进水口较近的渠道内设几道过滤网、浮筏以拦截外海的海藻、杂物、油污等（孙爱丽，2014），也可采取化学和生物综合手段，有效预防或抑制池塘内各种有害藻类的大量繁殖和生长，同时控制好池塘内的浮游生物量，及时发现、及时清除。此外，需注重改善底层水和底质的状况，为刺参度夏提供良好的生存环境。

2）查明刺参应对逆境的关键生理生态学指标并建立风险预警体系

深入研究刺参对环境变化的调节能力和适应机制等，查明刺参应对逆境的关键生理生态学指标，如对温度、盐度、溶解氧含量等变化的响应特征。加强对多因素协同胁迫下刺参的响应机制研究，明确不同规格刺参对不同逆境的耐受阈值（包括不同时间效应）以及养殖容量。将多因素胁迫实验结果与单因素胁迫实验结果进行对比，查明对刺参生长及存活影响较大的因素，解析不同胁迫条件下刺参的呼吸代谢、生长繁殖、运动行为、分子调控机制等特征。构建逆境胁迫下刺参的响应机制网络，系统分析高温、低氧、低盐、硫化物等因素对刺参的影响。同时，通过野外实验调查温度、溶解氧含量等参数，查明其变化区间及趋势。调查高温、低氧期间自然海区刺参的死亡率及耐受性，对实验室结果进行补充与校正。通过野外取样以及抗逆品系刺参胁迫样校正指标，制定相关参数标准，初步建立风险预警指标，并通过主成分分析法及回归预测等数学模型，系统构建风险预警模型，进而实现风险识别、风险分析与风险监控，建立系统的风险预警体系。继而逐步提高风险预测的准确性与及时性，对指标体系进行综合评判，并依据评判结果设置预警区间，以采取相应对策。在夏季刺参大规模死亡之前提前进行预报，进而实现自动化监测与智能化管理。

3）构建综合养殖系统

在苗种培育、设备开发、日常养殖及生态系统构建过程中，应积极探索构建现代刺参养殖新模式，如可移栽适宜的海洋大型藻类、耐盐植物等，开展生态集约化的刺参池塘养殖实验（包鹏云等，2011）。大叶藻和大中型褐藻类（包括鼠尾藻、马尾藻、江蓠、裙带菜、海带等）既可以作为刺参的隐蔽场所和附着基，控制刺参养殖水域透明度及光照强度，同时也能够净化水质，少量腐烂后也可成为刺参饵料。但需控制其数量在适宜范围内，避免因生长条件不适大面积死亡后倒伏在池塘底部，造成底层腐烂变质，滋生病菌，危害刺参健康（杨秀生等，2009）。在刺参养殖过程中逐步建立综合养殖方式，以完善的综合养殖系统应对夏季各种理化、生物因子的胁迫，可为刺参健康度夏提供重要保障。

25.2.2.3　完善应急处置方案

1）专家决策系统

专家决策系统是指一组能模仿人类专家在某个领域知识的基础上利用一组取决于任务的规则集来解决一些专门的问题的程序，而实时专家决策系统是指把专家系统应用于实时动态的环境中（刘震等，1995）。专家系统知识库由数据级、知识库级和控制级知识组成，主要包括预测系统、诊断系统、控制系统及解释系统等。其中，预测系统能够对未来情况推出可能的结果，如高温预测、多雨预测等；诊断系统能够从可观测事物中推出系统的故障，找出潜在原因等；控制系统可以实现自动控制系统的全部行为，如自动开启增氧设备等；解释系统能对系统的行为做出解释，是专家系统区别于一般程序的重要特征之一。目前随着智能化逐渐深入水产养殖之中，专家决策系统的应用前景十分广阔，对于夏季刺参养殖水域的监测与调控具有重要的意义。

2）增加溶解氧含量

夏季高温期水体温度升高，导致溶解氧饱和度降低，池塘内缺氧情况极易出现（杨锋，2014）。因此，在刺参养殖过程中要根据当天的气温情况、溶解氧含量测定情况，及时采取相关措施为池塘水体增氧。目前增氧的最常见方法为化学增氧法与物理增氧法，主要途径为通过向水体中输送氧气或搅动水体，打破温跃层与盐跃层，防止水体缺氧现象的长期存在。其中，化学增氧法为投放增氧片（主要成分为过碳酸钠），适用于应急处理，但效果不显著；而通常采用的物理增氧法，如水车式增氧则很难将氧气送达池塘底部，无法在短时间内改善下层水质（刘彤等，2013）。新型物理增氧法，如微孔管道增氧系统通过罗茨鼓风机与充气管，将空气输入池塘水体中，使氧气弥散入水中，达到增氧的效果（王雨霏等，2013）。利用刺参池塘微孔增氧技术，能使池塘表层、底层溶解氧含量及水温差异均显著减小，消除分层作用明显，底质环境得到改善。目前微孔管道增氧系统在水产养殖领域的应用正逐步扩大，但其使用过程仍需规范操作。

夏季，尤其是极端高温、暴雨天气过后应及时全池增氧，以迅速消除海水、淡水分层和上层对底层溶解氧传递的阻截作用（周维武，2006），避免低溶解氧含量对刺参生长存活造成的不良影响。总体来说，当前增氧方式仍较为局限，新型高效的增氧装备亟待开发。针对低氧等胁迫环境，需做到既有应急处理方案，也有日常管理方案。例如，在日常养殖过程中，可通过大功率船只巡航，利用轮机产生的巨大冲力破坏养殖水域产生的层化水体以增加水体溶解氧的交换量。此外，应熟知刺参养殖过程中已有增氧装备的基本参数，如增氧装备的频率、型号、作用面积、作用水深、作用时长及效果等。一般来说，一个水车作用面积半径为5m，20 亩水域需布设 4～5 个；纳米气排至少平均 $8m^2$ 投放一个。但各类增氧装备的具体设置密度、开启时间及效果，仍需根据实际水域情况进行调整。

3）降低温度

夏季高温低氧频发阶段，应加大养殖水域的水体交换量，根据实际情况调节水位及水深以降低温度。一般而言，随着气温的上升，刺参养殖水域水深应逐渐加大，使水深保持在 2m 以上，每天换水量应至少在 20～30cm（王雨霏等，2013）。尽量在夜间进水，有条件的参池可利用盐度适宜的深井水，以达到理想的降温效果。同时，增设遮阴网，以利于刺参进入夏眠状态并顺利度过高温期。

4）调节盐度

夏季大雨过后应及时排出池内上层淡水，确保上下水层盐分一致。目前调节盐度的物质主要包括海水、浓缩海水、人工海水素、海盐或其他盐类以及地下咸井抽水等。使用前，应对当地实时盐度进行调查，并根据海参适宜的盐度范围进行调节。避免盐度因素对刺参生长造成不利影响，减小刺参大面积死亡的概率。

25.2.2.4 提高现代养殖技术

在养殖过程中应当根据养殖水域的实际情况，制定合理的养殖模式，从放苗规格、密度、投饵量、水质交换、病害防治、日常管理等方面，形成一套完善的养殖技术方案（于会霆等，2004）。对夏季刺参大面积死亡做到预防与及时处理相结合，不断改进整体养殖技术、水质改善技术及病害防治技术等，构建刺参养殖新模式，实现精准化管理及现代化养殖，保障刺参健康度夏。

1）精准管理技术

夏季高温低氧期间要加强日常管理。适当增加巡池频率，观察水色、水位和透明度等变化，定期（3～5d）潜入水底检查刺参的摄食、生长、活动状态以及病害情况等，观察参体有无异常变化，做好记录并及时采取措施。及时移除死亡个体，减少溶解氧消耗的同时以防感染其他健康刺参个体。此外，养殖过程中应控制刺参养殖容量，避免密度过大。一般情况下，刺参幼体培育密度应控制在 0.5～1 个/ml，池塘养成期放苗密度应控制在 8～15 头/m^2（杨秀生等，2009）。在养殖过程中，尤其是夏季，应适量投喂，避免过多饵料沉积在水底，加剧水底缺氧层的形成。同时，定时清池、及时清板，防止玻璃海鞘等生物与刺参竞争生存空间、溶解氧及饵料等（卫广松和董美艳，2015）。

2）水质改善技术

刺参养殖用水应严格进行砂滤和 300 目网滤处理（王印庚等，2015）。定期使用底质改良剂及微生物制剂如光合细菌（PBS）、有效微生物群（EM）等有益菌液，控制病原微生物数量并改善养殖水体环境。投放底质改良剂及微生物制剂需参考当地天气状况，谨慎使用。例如，光合细菌喜光，适宜水温为 15～40℃，最适水温为 28～36℃，因此应避免阴雨天及极度高温天气下使用；芽孢杆菌制剂降低亚硝酸盐含量的效果较好，但较为适合在 pH 偏低的水体中使用（冷忠业等，2014）。过硫酸氢钾复合盐作为一种阴晴两用的水产养殖底改片，不仅可以迅速降解水体中的氨氮、硫化氢，改善底质环境，还可增加底部溶解氧含量，提高底部氧化还原电位，促进水体有益微生物生长，因此在水产养殖方面具有很强的应用价值（宋海鹏和《当代水产》编辑部，2015）。刺参养殖全池亦可定期施用沸石粉、生石灰、生态宝等改良剂，以迅速降低底质中氨氮、硫化氢等有害物质的含量，改良水质和底质生态环境（周维武，2006），但需谨慎使用，防止破坏水体生态平衡。

3）病害防治技术

在刺参养殖过程中，尤其是夏季高温、低氧、极端天气下，应定期测量水质指标及刺参生长情况等。将开始化皮、严重腐烂的个体与健康个体分类处理，如药浴后另池暂养。在施用二氧化氯、聚维酮碘、二溴海因等消毒剂、抗生素或进行药浴时应注意用量、频率及养殖废水排放，防止对生态环境产生不良影响。此外，微生物生态技术和微生物制剂目前正逐步成为健康养殖中病害防治的重要方法，但仍需进一步开发适宜的微生物制剂和提高应用效果及加强应用指导，并深入研究水体各项理化因子与微生物群落组成的相互关系，以达到通过维持水体的微生态平衡来消除某些病害发生的环境条件的目的。

综上所述，夏季养殖刺参大面积死亡并不是单一因素导致的，而是以高温、低氧为代表的综合因素共同作用的结果。因此，为避免夏季刺参大面积死亡，减少刺参养殖业的损失，必须从多因素角度开展研究，以更贴近自然海区与养殖池塘的真实情况。在刺参养殖过程中也应规范操作，做好调查及预警工作，完善各项应对措施。同时，通过强化应对理念、培育抗逆良种、开发及应用新型设备、完善应急处理方案、提升养殖技术等综合应对夏季极端天气的威胁，以降低夏季刺参大面积死亡的发生概率，保障刺参健康度夏及刺参养殖业的良性发展。

（霍 达 刘石林 杨红生）

参 考 文 献

包鹏云, 周德刚, 蒲红宇. 2011. 我国海参池塘养殖存在的问题及应对措施. 科学养鱼, (3): 3-5.

边陆军, 代国庆. 2013. 我国海参养殖业可持续发展的制约因素及对策探讨. 中国水产, (1): 60-62

常亚青, 丁君, 宋坚, 等. 2004. 海参、海胆生物学研究与养殖. 北京: 海洋出版社

陈建权, 毕靖红. 2013. 南美白对虾大面积死亡的原因及对策. 渔业致富指南, (1): 69.

陈勇, 高峰, 刘国山, 等. 2007. 温度、盐度和光照周期对刺参生长及行为的影响. 水产学报, 31(5): 687-691.

陈远, 陈冲. 1992. 刺参幼参冬季陆上养殖试验. 水产科学, 11(4): 1-3.

杜佗. 2016. 刺参大水面养殖系统中菌群、藻相结构的季节变化与益生菌的初步筛选. 上海: 上海海洋大学.

范超晶. 2015. 中韩刺参(*Apostichopus japonicus*)杂交与自交子一代抗逆性比较及其甲基化分析. 上海: 上海海洋大学.

费聿涛. 2016. 刺参养殖环境微生物和理化因子与刺参病害发生关系的研究. 上海: 上海海洋大学.

费聿涛, 李秋芬, 张艳, 等. 2016. 池塘养殖刺参腐皮综合征发病环境因素分析. 中国水产科学, 23(3): 682-692.

顾顺樟. 2007. 硫化物对中华绒螯蟹(*Eriocheir sinensis*)雌性亲体胁迫效应的研究. 上海: 华东师范大学.

关晓燕, 周遵春, 陈仲, 等. 2010. 应用 PCR-DGGE 指纹技术分析高温季节仿刺参养殖水环境中菌群多样性. 海洋湖沼通报, (1): 82-88.

管越强, 裴素蕊, 李泽健. 2011. 急性硫化物胁迫对日本沼虾免疫和抗氧化系统的影响. 水生态学杂志, 32(6): 89-94.

管越强, 王慧春, 李利. 2009. 硫化物胁迫对日本沼虾呼吸代谢和能量代谢酶的影响. 生态环境学报, 18(6): 2017-2022.

郭闯, 陈静, 邹勇, 等. 2009. 江苏启东文蛤大面积死亡原因调查. 水产科学, 28(11): 656-658.

冷忠业, 车向庆, 吴庆东. 2014. 低盐度地区海参养殖存在的问题及建议. 科学养鱼, (8): 45-46.

廖玉麟. 1997. 中国动物志 棘皮动物门 海参纲. 北京: 科学出版社.

林其章. 2009. 缢蛏池塘养殖大面积死亡原因分析与防治措施. 齐鲁渔业, (8): 29-30.

刘国山, 蔡星媛, 佟飞, 等. 2014. 威海双岛湾人工鱼礁区刺参大面积死亡原因初探. 渔业信息与战略, 29(2): 122-129.

刘洪展. 2013. 养殖仿刺参对环境因子和病原的免疫应答及抗病分子机理. 青岛: 中国海洋大学.

刘洪展, 郑风荣, 孙修勤, 等. 2012. 氨氮胁迫对刺参几种免疫酶活性的影响. 海洋科学, (8): 47-52.

刘石林, 茹小尚, 徐勤增, 等. 2016. 高温胁迫对刺参耐高温群体和普通群体主要免疫酶活力的影响. 中国水产科学, 23(2): 344-351.

刘彤, 王洪军, 李勃, 等. 2013. 底层微孔增氧设施在池塘养殖海参中的应用探索. 中国水产, (7): 73-74.

刘震, 于海川, 李有芳. 1995. 分布式过程控制系统在大电流稳流控制中的应用. 工业控制计算机, 8(1): 25-27.

柳幼花, 陈仁收. 2015. 库区网箱养殖鱼类大面积缺氧死亡原因分析. 渔业致富指南, (7): 41-42.

马悦欣, 徐高蓉, 常亚青, 等. 2006. 大连地区刺参幼参溃烂病细菌性病原的初步研究. 大连水产学院学报, 21(1): 13-18.

茅国峰. 2014. 洋葱伯克霍尔德菌医院感染及耐药机制的研究进展. 中国消毒学杂志, 31(1): 57-59.

农业部渔业局. 2015. 中国渔业统计年鉴: 2015. 北京: 中国农业出版社.

彭斌. 2008. 滨海盐场养殖池塘底质硫化物的变化及其与其它因子的关系. 海洋湖沼通报, (3):155-160.

任利华, 姜芳, 张秀珍, 等. 2015. 环境诱因引起大面积死亡背景下底播增殖仿刺参生物体优势菌分析. 水产科学, 34(12): 762-767.

沈丽琼, 陈政强, 陈昌生, 等. 2007. 盐度对凡纳滨对虾生长与免疫功能的影响. 集美大学学报(自然科学版), 12(2): 108-113.

宋海鹏, 《当代水产》编辑部. 2015. 复合过硫酸氢钾产品在水产养殖中的应用. 当代水产, (9): 68-71.

隋锡林. 1990. 海参增养殖. 北京: 农业出版社.

隋锡林, 邓欢. 2004. 刺参池塘养殖的病害及防治对策. 水产科学, 23(6): 22-23.

孙爱丽. 2014. 海参养殖池塘中几种大型藻类的危害及其防治措施. 水产养殖, 35(5): 28-29.

孙虎山, 李光友. 1999. 栉孔扇贝血淋巴中 ACP 和 AKP 活性及其电镜细胞化学研究. 中国水产科学, 6(4): 6-9.

孙明超. 2016. "高抗 1 号"新品系刺参的生产性状评价及抗高温机理研究. 上海: 上海海洋大学.

王摆, 陈仲, 关晓燕. 2016. 辽东湾仿刺参养殖池塘底质环境季节变化. 水产科学, 35(6): 607-612.

王吉桥, 张筱墀, 姜玉声, 等. 2009a. 盐度骤降对不同发育阶段仿刺参存活和生长的影响. 大连水产学院学报, 24(S1): 139-146.

王吉桥, 张筱墀, 姜玉声, 等. 2009b. 盐度骤降对幼仿刺参生长、免疫指标及呼吸树组织结构的影响. 大连水产学院学报, 24(5): 387-392.

王金龙. 2017. 2016 年海参市场总结报告. 当代水产, 42(1): 36-38.

王文青, 万明波, 孟祥新, 等. 2015. 2015 年夏季(6—8 月)山东天气评述. 山东气象, 35(3): 52-55.

王业宏, 孟祥新, 万明波. 2014. 2014 年夏季(6—8 月)山东天气评述. 山东气象, 34(3): 73-75.

王印庚, 方波, 张春云, 等. 2006. 养殖刺参保苗期重大疾病"腐皮综合征"病原及其感染源分析. 中国水产科学, 13(4): 610-616.

王印庚, 荣小军. 2004. 我国刺参养殖存在的主要问题与疾病综合防治技术要点. 齐鲁渔业, (10): 29-31, 4.

王印庚, 荣小军, 张春云, 等. 2005. 养殖海参主要疾病及防治技术. 海洋科学, 29(3): 1-7.

王颖, 仇雪梅, 王娟, 等. 2009. 刺参病害现状及其生物技术检测的研究进展. 生物技术通报, 25(11): 60-64.
王雨霏, 张劲松, 石峰, 等. 2013. 微孔增氧技术在海参池塘高产养殖中的应用. 河北渔业, (11): 28-29.
王远隆, 李美真, 邱兆星, 等. 2001. 养殖扇贝大面积死亡的原因及对策. 海洋湖沼通报, 23(3): 63-69.
王战蔚, 张译丹, 李秀颖, 等. 2013. 池塘中氨氮、亚硝酸盐的危害及控制措施. 吉林水利, (3): 39-40, 48.
卫广松, 董美艳. 2015. 玻璃海鞘及其在海参苗种培育中的防治措施. 农民致富之友, (9): 104.
吴进锋, 陈素文, 陈利雄, 等. 2006. 硫化物和氨对西施舌幼贝的毒性影响研究. 热带海洋学报, 25(1): 42-46.
徐贺, 陈秀梅, 王桂芹, 等. 2016. 低氧胁迫在水产养殖中的研究进展. 饲料工业, 37(2): 33-37.
徐松涛, 赵斌, 李成林, 等. 2017. 氨氮胁迫对不同规格刺参(*Apostichopus japonicus*)存活及非特异性免疫酶活性的影响. 渔业科学进展, 38(3): 172-179.
杨锋. 2014. 夏季高温期池塘缺氧浮头的正确解救方法. 科学养鱼, (8): 86.
杨凤影, 张安国, 王维新, 等. 2012. 浅析环境因素对刺参疾病发生的影响. 科学养鱼, (2): 54-55.
杨红生, 霍达, 许强. 2016. 现代海洋牧场建设之我见. 海洋与湖沼, 47(6): 1069-1074.
杨化林. 2009. 春季海参养殖注意事项. 齐鲁渔业, 26(4): 41.
杨嘉龙, 周丽, 邢婧, 等. 2007. 养殖刺参溃疡病杀鲑气单胞菌的分离、致病性及胞外产物特性分析. 中国水产科学, 14(6): 981-989.
杨璐瑛, 刘畅, 孟祥新, 等. 2016. 2016 年夏季(2016 年 6—8 月)山东天气评述. 山东气象, (3): 69-72.
杨秀生, 王勇强, 樊英, 等. 2009. 我国刺参养殖常见致病原因及防控要点. 齐鲁渔业, 26(9): 21-24.
尹飞, 彭士明, 范帆, 等. 2011. 硫化物急性毒性对曼氏无针乌贼幼体血液生理生化指标的影响. 安全与环境学报, 11(4): 9-13.
于东祥, 宋本祥. 1999. 池塘养殖刺参幼参的成活率变化和生长特点. 中国水产科学, 6(3): 109-110.
于东祥, 张岩, 陈四清. 2004. 养殖水体的双分层是海参发病的普遍原因. 齐鲁渔业, 21(8): 8-9, 4.
于会霆, 徐振行, 刘勤燕, 等. 2004. 池塘海参养殖存在的问题和对策. 齐鲁渔业, 21(2): 25.
于明志, 常亚青. 2008. 低温对不同群体仿刺参幼参某些生理现象的影响. 大连水产学院学报, 23(1): 31-36.
臧元奇, 田相利, 董双林, 等. 2012. 氨氮慢性胁迫对刺参免疫酶活性及热休克蛋白表达的影响. 中国海洋大学学报(自然科学版), 42(S1): 60-66.
詹文毅, 王南平, 叶辉, 等. 2003. 江苏如东文蛤大面积死亡原因探究. 海洋水产研究, 24(4): 62-65.
张春云, 王印庚, 荣小军. 2006. 养殖刺参腐皮综合征病原菌的分离与鉴定. 水产学报, 30(1): 118-123.
张春云, 王印庚, 荣小军, 等. 2004. 国内外海参自然资源、养殖状况及存在问题. 海洋水产研究, 25(3): 89-97.
张福绥, 杨红生. 1999. 栉孔扇贝大规模死亡问题的对策与应急措施. 海洋科学, 23(2): 38-42.

张文姬, 侯红漫, 张公亮, 等. 2011. 仿刺参肠道可培养微生物多样性研究. 食品工业科技, 32(9): 149-151, 155.
赵欢, 刘石林, 杨红生, 等. 2014. 刺参高温定向选育群体子一代耐温性状的分析. 海洋科学, 38(9): 1-6.
赵永军, 张慧. 2004. 不同温度下刺参对有机沉积物的摄食与吸收. 水产科学, 23(7): 1-4.
周维武. 2006. 暴雨对海参养殖环境的影响与应急对策. 科学养鱼, (11): 39.
周玮, 徐浩然, 林长松, 等. 2009. 池塘养殖仿刺参生理状态周年变化研究. 大连水产学院学报, 24(S1): 30-34.
周玮, 赵志刚, 杜俊义. 2007. 海水池塘特殊水文现象与养殖刺参大量死亡的关系. 桂林: 2007 年中国水产学会学术年会暨水产微生态调控技术论坛.
An Z H, Dong Y W, Dong S L. 2009. A high-performance temperature control scheme: growth of sea cucumber *Apostichopus japonicus* at different modes of diel temperature fluctuation. Aquaculture International, 17(5): 459-467.
Bagarinao T, Vetter R D. 1989. Sulfide tolerance and detoxification in shallow-water marine fishes. Marine Biology, 103(3): 291-302.
Brito R, Chimal M E, Rosas C. 2000. Effect of salinity in survival, growth, and osmotic capacity of early juveniles of *Farfantepenaeus brasiliensis* (Decapoda: Penaeidae). Journal of Experimental Marine Biology and Ecology, 244(2): 253-263.
Helmuth B, Harley C D, Halpin P M, et al. 2002. Climate change and latitudinal patterns of intertidal thermal stress. Science, 298(5595): 1015-1017.
Hochachka P W, Somero G N. 2002. Biochemical Adaptation: Mechanism and Process in Physiological Evolution. Oxford: Oxford University Press.
Riedel B, Zuschin M, Stachowitsch M. 2012. Tolerance of benthic macrofauna to hypoxia and anoxia in shallow coastal seas: a realistic scenario. Marine Ecology Progress Series, 458: 39-52.
Shang E H H, Wu R S S. 2004. Aquatic hypoxia is a teratogen and affects fish embryonic development. Environmental Science & Technology, 38(18): 4763-4767.
Tanaka Y. 1958. Seasonal changes in the gonad of *Stichopus japonicus*. Bull. Fac. Fish. Hokkaido Univ., 9: 29-36.
Torrans E L, Clemens H P. 1982. Physiological and biochemical effects of acute exposure of fish to hydrogen sulfide. Comparative Biochemistry and Physiology Part C: Comparative Pharmacology, 71(2): 183-190.
Wu R S S, Zhou B S, Randall D J, et al. 2003. Aquatic hypoxia is an endocrine disruptor and impairs fish reproduction. Environmental Science & Technology, 37(6): 1137-1141.
Yang H S, Hamel J F, Mercier A. 2015. The sea cucumber *Apostichopus japonicus*: history, biology and aquaculture. London, San Diego, Waltham, Oxford: Academic Press.

26 海岸带生态农牧场新模式构建设想与途径——以黄河三角洲为例

海岸带是岩石圈、水圈、大气圈、生物圈和人类社会相互作用最频繁、最活跃的地带，作为人类经济社会活动高度密集区和海陆物质能量交互区，已成为现代经济和社会发展的关键带和生态环境脆弱带（骆永明，2016）。我国大陆海岸线长约 1.8 万 km，岛屿海岸线长约 1.4 万 km，海岸带位于欧亚大陆的东部、北太平洋的西部边缘，东西经度横跨约 32°，南北纬度纵贯 44°，是一个多界面耦合、环境和生态过程复杂、自然资源丰富、人类活动非常强烈的区域。在全球气候变化、海平面上升、沿海城市化加速发展等背景下，陆源污染、海水入侵、海岸侵蚀等范围和强度都在不断增大；典型的海岸带生境正在或已经遭受严重破坏，海岸带生物多样性与生态系统健康遭受巨大压力，生态服务功能不断减弱，如新中国成立以来我国 50%以上的滨海湿地已丧失；我国近海渔业资源正趋于枯竭与小型化，海岸带生物资源的分布格局发生显著改变，不仅影响农业等传统产业，也难以支撑生物产业等新兴产业的发展，同时给生态系统健康带来严峻挑战，影响作为蓝色经济重要支撑的海岸带环境的可持续发展。综上所述，系统认知人类活动影响下陆海生态系统连通性的现状特征、演变规律与驱动机制，发展陆海联动的海岸带环境监测和生态修复的新方法、新装备、新技术，促进海岸带修复工程技术发展，合理利用海岸带生物资源，建立海岸带生态系统保护和持续利用新模式，有利于促进我国沿海生态文明建设和社会可持续发展。

26.1 黄河三角洲资源与环境现状及面临的问题

黄河三角洲是典型的海岸带生态系统，作为黄河三角洲高效生态经济区的建设核心区和山东半岛蓝色经济区的产业集聚区，是国家海洋发展和区域协调发展的重要建设区域，也是实现我国区域发展从陆域经济延伸到海洋经济和积极推进陆海统筹重大先行区。近 30 年来，黄河三角洲作为我国海岸带区域发展的典型和缩影，遭受了全球气候变化和人类活动的显著影响，生态脆弱性异常突出，面临诸多严峻挑战（骆永明等，2017）。

26.1.1　陆-海-河相互作用显著，冲淤演变剧烈

黄河水少沙多，河口及近海沉积动力现象明显。黄河多年平均天然年径流量为 320 亿 m^3（根据 1950～2002 年利津水文站资料统计），仅相当于长江的 1/30（张建云等，2007）；但黄河干流的多年平均年输沙量为 8.11 亿 t（根据 1950～2002 年利津水文站资料统计）（刘勇胜等，2005），使黄河三角洲河口具有典型的快速变化特性及沉积动力现象。从 2001 年开始，每年进行的调水调沙会改变河口落潮动力，影响泥沙沉积过程，也对近海生态环境产生多方面影响（韩广轩等，2011）。与此同时，黄河流路变迁频繁，河口三角洲冲淤演变剧烈。自黄河 1855 年夺大清河河道入渤海以来，入海河段分别以宁海（1855～1934 年）和渔洼（1934 年以后）为顶点，河道左右变迁多达 11 次。每次改道入海，泥沙都会在河口处形成大沙嘴，而废弃河道在海洋动力作用下不断蚀退，使得黄河流路一直处于“淤积—抬高—漫流—摆动—改道”的循环变迁状态（韩广轩等，2011；仲德林和刘建立，2003）。

26.1.2　气候暖干化趋势明显，淡水资源的依赖性加剧

1961～2015 年，黄河三角洲区域年均降雨量共减少 241.8mm，年均降雨量以约 4.5mm/a 的速率递减（宋德彬等，2016）；在过去的 54 年间，年降雨天数由 20 世纪 60 年代的 80 余天减少到目前的 50 余天，年降雨天数以每 10 年 6.9 天的速度减少。近 54 年（1961～2015 年）黄河三角洲区域年平均气温增加 1.7℃，相当于每 10 年增加 0.31℃（宋德彬等，2016）。因此，黄河三角洲气候暖干化趋势明显，将会进一步加剧土壤盐渍化，驱动盐生植被演替，黄河三角洲区域对淡水的依赖程度会越来越大。

26.1.3　互花米草大规模入侵，威胁近海生物多样性

1990 年前后，黄河三角洲孤东采油区在北侧五号桩附近引种互花米草（于祥等，2009）。在此后的 20 年间，互花米草在黄河三角洲的分布面积变化较小；但从 2010 年开始，互花米草开始生长蔓延，在黄河三角洲的分布范围迅速扩张，至 2015 年，黄河三角洲的互花米草分布面积已超过 20km^2，遍布黄河三角洲国家级自然保护区的潮间带区域。互花米草在黄河三角洲的无序扩张对盐沼植被生物多样性、底栖动物和鸟类栖息地质量等构成威胁，同时给海水养殖、航运、石油开采等方面带来诸多负面影响。

26.1.4　人类活动影响加剧，滨海湿地退化严重

油田开发、围垦养殖、农业开垦等人类活动是导致黄河三角洲滨海天然湿地

面积逐渐减小的主要因素。自1961年胜利油田建设以来，油田开发建设深刻影响着黄河三角洲湿地的发育与演变过程。遥感解译表明，1976～2014年黄河三角洲自然湿地持续减少（Zhang et al.，2016），农田面积持续增加（Feng et al.，2015）。1976～2015年，黄河三角洲地区天然湿地面积大幅度减小，年平均变化率为3.4%，共减小了1627km^2；而人工湿地（盐田、养殖池等）面积由1976年的163km^{2}增加到2015年的3054km^2，年平均变化率为2.4%。减少的天然湿地主要转化为旱地、养殖池和盐田；到2015年，天然湿地破碎化程度增大、斑块形状复杂度增加；同时，在潮水作用、淤积增长速率减慢和黄河断流等自然因素以及油田开发、围垦养殖等人类活动的影响下，黄河三角洲滩涂面积明显减小（陈琳等，2017）。

26.1.5　陆海生态连通性受损，生态系统服务功能下降

陆海生态连通性是指陆地—潮间带—浅海区域通过水文、生物、地质和地球化学过程的耦合连通，对于维护生物多样性、恢复和重建濒危种群、生物资源保护和持续利用等具有重要作用。受气候变化和人类活动等的影响，黄河三角洲陆海生态系统的破碎度及分离度日益增加，导致栖息地退化、生物多样性丧失等一系列问题（王永丽等，2012；陈利顶和傅伯杰，1996）。例如，近年来黄河三角洲集约化的围填海活动隔断了湿地的生态连通，使浅海湿地生物失去陆地食物源，同时陆域湿地栖息地逐渐消失，影响湿地生物栖息地的完整和生物多样性的维持，导致滨海湿地生态系统服务功能下降（夏军等，2012；Hua et al.，2016）。

26.2　黄河三角洲产业发展现状与需求

近年来，我国高度重视海洋牧场建设，先后批准建立了42个国家级海洋牧场示范区，实现了区域性渔业资源养护、生态环境保护和渔业综合开发，推动了海洋渔业的产业升级（杨红生，2017）。海岸带兼具陆地和海洋双重性质，过去仅重视近海生态保护与环境利用而忽略了陆海之间的生态连通性，阻碍了海岸带的保护和持续利用。例如，黄河三角洲及其毗连海域作为我国北方典型的海岸带区域，面积广阔，每年新增上万亩土地，其毗连海域也是渤海重要渔业生物的产卵场和育幼场，资源利用和开发潜力巨大，具有非常重要的生态服务价值。目前，该区域盐碱地农业仍以棉花种植等为主，滩涂利用以池塘养殖刺参和对虾为主，近海资源开发以传统捕捞为主，而海洋牧场建设刚刚起步。由于陆海区域相对独立、连通受阻，生态岸线保护和经济岸线开发的综合效益难以进一步提升（贾敬敦等，2012）。

目前，相对独立发展的盐碱地农业、滩涂养殖和海洋牧场建设已无法满足现

代农业的发展要求，亟待查明陆海生态连通性的影响机制和调控途径；因地制宜地开展盐碱地生态农场、滩涂生态农牧场和浅海生态牧场新设施、新技术的研发与集成应用，研发现代海岸带生态农牧场环境保障与预警预报平台，建成陆海联动的现代化海岸带生态农牧场，构建海岸带保护与持续利用新模式（杨红生等，2016a）。

26.3 海岸带生态农牧场建设理念与建设内容

海岸带生态农牧场是基于生态学原理，利用现代工程技术，陆海统筹构建盐碱地生态农场、滩涂生态农牧场和浅海生态牧场，营造健康的海岸带生态系统，而形成的“三场连通”和“三产融合”的海岸带保护和持续利用新模式。

26.3.1 建设理念

26.3.1.1 坚持生态优先，发展盐碱地生态农场

必须强调陆地与海洋的和谐，与自然共建（building with nature）的理念（van Slobbe et al.，2013），以环境承载力为依据，在保护生态岸线的基础上，大力发展以牧草种植、耐盐植物高效恢复为基础，以柽柳-苁蓉种植、稻-鱼-蟹复合生态种养殖为补充的现代生态农业。

26.3.1.2 坚持陆海联动，建设滩涂生态农牧场

必须在强调陆海统筹的前提下科学规划，开展互花米草控制与生境重建，通过海水蔬菜栽培、光滩畜禽养殖、海产动物健康苗种培育等，高效利用局部滩涂，从而恢复大部分湿地的生态功能。

26.3.1.3 坚持融合发展，构建浅海生态牧场

通过生境修复和改造，为海洋生物提供产卵场、育幼场和索饵场，实施增殖放流和有效的资源管理，补充和恢复生物资源，同时发展加工利用、休闲旅游等产业，实现第一、第二、第三产业融合发展（杨红生，2016；杨红生等，2016b）。

26.3.1.4 坚持工程示范，构建保护与利用新模式

必须在系统评估陆海生态连通性现状的基础上，强化海岸带建设和开发活动的工程示范，保证陆海生态系统结构和功能稳定，建立海岸带各区域相互连通、融合发展的生态农牧场，实现“三场连通”和“三产融合”，扩大海岸带开发利用空间和提升综合效益。

26.3.2 建设内容

强化基础研究的原创驱动作用，构建“盐碱地（盐度＜10）—滩涂（盐度＜20）—浅海（盐度＜30）”三场连通的生态农牧场；阐明海岸带水盐运移的时空演变与近岸水动力变化的关系，揭示近岸营养盐的来源通量及迁移规律；增加生境斑块之间的生态连通性，改善重要生物类群的栖息环境，提高海岸带营养盐的利用率和固碳能力（表 26.1）。

表 26.1 海岸带生态农牧场布局、功能与产业模式

	空间区域		
	盐碱地（盐度＜10）	滩涂（盐度＜20）	浅海（盐度＜30）
主控因子	水盐平衡	径流和潮汐	动力过程和陆源输入
生态功能	·淡水循环 ·盐分变化 ·营养盐运移 ·污染物迁移转化 ·耐盐植物分布	·泥沙沉积 ·污染物净化 ·灾害缓冲 ·动物栖息地 ·盐生植物分布	·陆源物质运移转化 ·渔业资源捕捞 ·三场一通道 ·海草床、海藻场
产业功能	盐碱地生态农场	滩涂生态农牧场	浅海生态牧场
第一产业	·菊芋、苜蓿、田菁种植 ·牧草-畜牧种养 ·稻-鱼-蟹复合生态种养殖 ·芦苇等生物资源保护与利用	·互花米草控制与生境重建 ·柽柳-茯苓种植 ·光滩畜禽养殖 ·海产动物健康苗种培育与产业化应用 ·蔬菜-海珍品种养	·海草床保护与修复 ·牡蛎礁保护与养护 ·渔业资源修复与利用
第二产业	·生物制品精深加工 ·中草药开发	·保健品开发 ·动物食品精深加工	·功能肥料开发 ·海珍品精深加工
第三产业	·生态旅游业 ·文化产业	·生态旅游业 ·文化产业	·休闲渔业 ·文化产业

强化三产的合理布局和结构优化：在第一产业方面，盐碱地生态农场重点开展牧草-畜牧种养、稻-鱼-蟹复合生态种养殖、菊芋等耐盐植物种植、芦苇等生物资源保护与利用；滩涂生态农牧场重点开展互花米草控制与生境重建、柽柳-茯苓种植、光滩畜禽养殖、蔬菜-海珍品种养、海产动物健康苗种培育与产业化应用；浅海生态牧场重点开展海草床保护与修复、牡蛎礁保护与养护、渔业资源修复与利用。在第二产业方面，重点开展生物制品精深加工、动物食品精深加工、保健品开发、功能肥料开发等。在第三产业方面，重点开展生态旅游业、休闲渔业和文化产业等。

强化三场的生态功能相互支撑，盐碱地生态农场将为滩涂生态农牧场提供优质饲料供应，滩涂生态农牧场将为浅海生态牧场提供健康苗种供应，浅海生态牧场将为盐碱地生态农场提供功能肥料供应。通过“三场连通”，实现生态系统保

护及生态服务价值的充分发挥；与此同时，构建农牧渔业、精深加工业和旅游业“三产融合”的黄河三角洲高效生态经济新模式（图 26.1）。

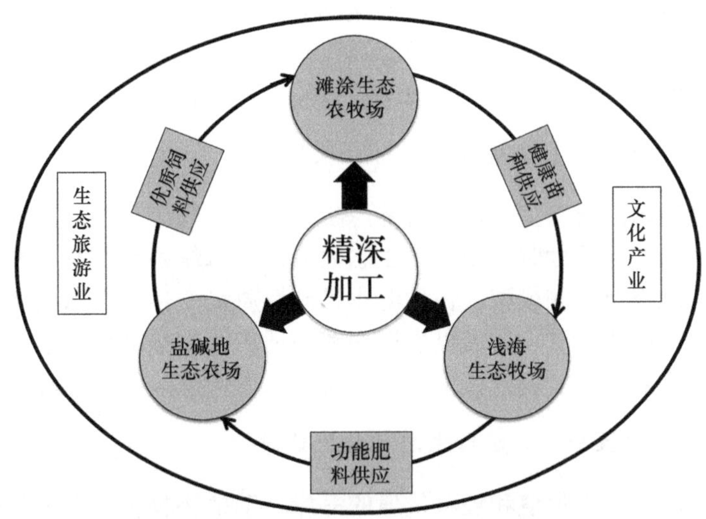

图 26.1　海岸带生态农牧场三产融合关系图

26.4　海岸带生态农牧场建设的科学问题及关键技术

26.4.1　科学问题

阻碍陆海生态连通的关键因素与解决途径是海岸带生态农牧场建设所面临的主要科学问题。近年来，由于人类活动和全球变化的影响，海岸带生态环境的变迁速率和强度均远超自然环境变化，陆海生态系统连通性受到影响，海岸带生态系统遭受严重威胁，亟待实施陆海统筹的保护与修复。系统查明我国海岸带生态系统类型及陆海生态连通阻隔因子的时空分布信息，揭示陆海生态系统连通性的演变规律与驱动机制；在科学诊断的基础上，筛选导致生境退化的主要控制因素，进行时空异质性分析，提出具有针对性的、分区式修复技术，可从生态系统整体水平上改善海岸带生境，提高海岸带生态系统功能，制定陆海联动的海岸带保护和修复策略与措施。

26.4.2　关键技术

26.4.2.1　海岸带生境监测核心装备与关键技术

研发快速、灵敏、高选择性的海岸带典型污染物新型传感器技术，研制具有自主知识产权的新型污染物现场、快速监测设施，集成创制陆地和海洋环境多参数在线监测系统；结合数据采集与无线通信技术，将观测/监测数据发送至远程数据控制中心，实现环境多参数的原位、在线、一体化监测；基于遥感影像定量提取与快速识别技术，建立海岸带灾害的遥感监测与区域预报预警技术；研发海岸带多源数据融合、同化与数据挖掘及标准化模型方法，发展融合人工智能、专家系统、知识工程等现代科学方法和技术的智能管理信息系统。

26.4.2.2 海岸带典型受损生境修复与综合调控

系统查明我国沿海典型生态系统陆海生态连通阻隔因子的时空分布特征，研究海岸带陆海生态连通性时空演变的生态效应；陆海统筹研究海岸带污染物的分布通量、源汇过程及预测模型，评估海岸带环境质量变化和生态风险；建立海岸带典型生境退化诊断方法，发展以生境调整与适应、生态网络构建与优化为核心的海岸带生境修复和功能提升技术，构建典型海岸带蓝碳评估与增汇技术。

26.4.2.3 海岸带动植物种养殖与生态农牧场建设

选取具有较高生态价值和经济价值的海岸带动植物物种，通过常规育种和分子辅助育种等方法获得具有抗逆性和生长迅速等优势的优良品种；研发耐盐经济植物的规模化、机械化高产栽培技术，突破盐碱地池塘水质调控技术，构建具有海岸带特色的盐碱地生态农场；在改善滩涂生态环境的基础上，建设以贝、藻复合增殖为特色的滩涂型海洋牧场；评估海草床、海藻场和牡蛎礁的生态系统服务功能，研发鱼、参、贝等生态多元化增殖技术，构建浅海生态牧场。

26.4.2.4 海岸带生物资源高效开发与综合利用

利用菊芋、碱蓬等耐盐经济植物开发营养特膳食品、菊粉-阿胶、菊糖-壳寡糖等多元化功能产品；利用鱼、虾、蟹、贝的加工废弃物，进行胶原蛋白、动物多糖、脂类、生物钙等活性成分的再利用，深度开发功能食品、化妆品、涂料等相关产品；研究从藻类中提取藻胆蛋白、功能多糖、膳食纤维等活性成分的方法与技术，筛选具有特殊功能的保健食品和适合特殊人群的食物资源；针对海岸带盐碱地、潮间带、近海、养殖区等典型环境中的微生物资源及其代谢产物，构建海岸带特色菌种库，筛选具有抗癌、抗菌活性的药用先导化合物，开发固氮、杀菌、杀虫及促生长农用菌剂或功能肥料，研制污染物降解、酶制剂等功能产品。

26.5 海岸带生态农牧场发展途径

26.5.1 构建海岸带保护与利用理论和工程技术体系

揭示陆海生态连通性影响机制，评估海岸带承载力；发展海岸带农牧渔结合新范式，提高农作物和耐盐植物种植、畜禽水产养殖、贝藻复合增殖、生境修复和资源养护、精深加工等技术水平；发展资源与环境实时监测装备和预警、预报平台，推进海岸带生态农牧场的全过程管理与创新发展；构建海岸带生态农牧场发展新模式。

26.5.2　完善海岸带生态农牧场建设标准规范体系

推动海岸带生态农牧场向规范化、科学化方向发展。制定盐碱地生态农场、滩涂生态农牧场和浅海生态牧场融合发展的技术规程和标准，规范生态农牧场承载力评估、布局规划、设计建设、监测评价、预警预报，陆海联动完善海岸带生态农牧场建设标准体系，指导和规范行业发展。

26.5.3　形成产业链完整的海岸带生态农牧场产业体系

推进“政产学研用”一体化，实施基于生态系统的海岸带管理，发挥政府的引导和扶持作用，打破科研机构行业壁垒，强化企业的技术创新主体地位，提高农（渔）民的参与热情。推动形成科研院所与企业、农（渔）民密切合作的产业技术创新联盟，促进成果转化应用和管理方式方法的转变。

26.5.4　创新海岸带生态农牧场经营管理体系

丰富拓展投融资渠道和主体，逐渐实现政府管理向社会管理和企业管理的过渡。海岸带生态农牧场建设投资大、周期长，前期应争取国家财政性资金和政策性金融支持，建立国家生态农牧场发展基金，启动海岸带生态农牧场工程示范建设。拓展海岸带生态农牧场使用权融资渠道，广泛吸纳社会资本、民间资本、外来资本参与生态农牧场的运营、维护、管理和科技创新。

（杨红生）

参 考 文 献

陈利顶, 傅伯杰. 1996. 黄河三角洲地区人类活动对景观结构的影响分析: 以山东省东营市为例. 生态学报, 16(4): 337-344.

陈琳, 任春颖, 王灿, 等. 2017. 6 个时期黄河三角洲滨海湿地动态研究. 湿地科学, 15(2): 179-186.

韩广轩, 栗云召, 于君宝, 等. 2011. 黄河改道以来黄河三角洲演变过程及其驱动机制. 应用生态学报, 22(2): 467-472.

贾敬敦, 蒋丹平, 杨红生, 等. 2012. 现代海洋农业科技创新战略研究. 北京: 中国农业科学技术出版社.
刘勇胜, 陈沈良, 李九发. 2005. 黄河入海水沙通量变化规律. 海洋通报, 24(6): 1-8.
骆永明. 2016. 中国海岸带可持续发展中的生态环境问题与海岸科学发展. 中国科学院院刊, 31(10): 1133-1142.
骆永明, 李远, 章海波, 等. 2017. 黄河三角洲土壤及其环境. 北京: 科学出版社.
宋德彬, 于君宝, 王光美, 等. 2016. 1961—2010 年黄河三角洲湿地区年平均气温和年降水量变化特征. 湿地科学, 14(2): 248-253.
王永丽, 于君宝, 董洪芳, 等. 2012. 黄河三角洲滨海湿地的景观格局空间演变分析. 地理科学, 32(6): 717-724.
夏军, 高扬, 左其亭, 等. 2012. 河湖水系连通特征及其利弊. 地理科学进展, 31(1): 26-31.
杨红生. 2016. 我国海洋牧场建设回顾与展望. 水产学报, 40(7): 1133-1140.
杨红生. 2017. 海洋牧场构建原理与实践. 北京: 科学出版社.
杨红生, 霍达, 许强. 2016a. 现代海洋牧场建设之我见. 海洋与湖沼, 47(6): 1069-1074.
杨红生, 邢丽丽, 张立斌. 2016b. 现代渔业创新发展亟待链条设计与原创驱动. 中国科学院院刊, 31(12): 1339-1346.
于祥, 田家怡, 李建庆. 2009. 黄河三角洲外来入侵物种米草的分布面积与扩展速度. 海洋环境科学, 28(6): 684-686, 709.
张建云, 章四龙, 王金星, 等. 2007. 近 50 年来中国六大流域年际径流变化趋势研究. 水科学进展, 18(2): 230-234.
仲德林, 刘建立. 2003. 黄河改道后河口至黄河海港海岸冲淤变化研究. 海洋测绘, 23(1): 49-52.
Feng Q L, Gong J H, Liu J T, et al. 2015. Monitoring cropland dynamics of the Yellow River Delta based on multi-temporal Landsat imagery over 1986 to 2015. Sustainability, 7(11): 14834-14858.
Hua Y Y, Cui B S, He W J, et al. 2016. Identifying potential restoration areas of freshwater wetlands in a river delta. Ecological Indicators, 71: 438-448.
van Slobbe E, de Vriend H J, Aarninkhof S, et al. 2013. Building with Nature: in search of resilient storm surge protection strategies. Natural Hazards, 65(1): 947-966.
Zhang B L, Yin L, Zhang S M, et al. 2016. Assessment on characteristics of LUCC process based on complex network in Modern Yellow River Delta, Shandong Province of China. Earth Science Informatics, 9(1): 83-93.

27　现代水产种业硅谷建设的几点思考

我国是人口大国，改善国民膳食结构、提升全民营养健康水平是关系国计民生的重大问题。开辟以水域为基础生产优质蛋白，打造食物产业新业态，构建覆盖内陆水域和海洋的蓝色粮仓，是发展我国现代渔业的迫切需求，也是保障国家粮食安全的重要手段。“国以农为本，农以种为先”，水产种业创新始终是蓝色粮仓保障体系的基础与核心。目前，我国现代海洋农业发展正处在从“重视数量”转向“提升质量”、从“规模扩张”转向“结构升级”、从“要素驱动”转向“创新驱动”的关键时期。进一步加强农业生物技术研究，加快水生生物种业培育速度，凸显规模效益、技术进步和效率改善，把握质量第一、效益优先，构建创新引领、协调发展的种业体系和资源节约、环境友好的绿色发展体系，将是支撑现代蓝色农业发展、提高蓝色农业综合生产能力的重要保障。因此，建设以现代水产种质创制和保存、种业生产和示范、种苗交易和供给为核心的水产种业硅谷，对于完善现代水产育种技术体系，保障优质蛋白持续高效供给具有重要的现实意义和深远的历史意义。

27.1　国内外水产种业发展现状

27.1.1　国外水产种业现状

国外水产种业比较先进的国家如美国、丹麦、挪威、荷兰、加拿大和法国等，动物育种已有 100 多年的历史，种业企业发展壮大，在全球种业竞争中处于优势地位。联合国粮食及农业组织统计的结果表明，水产养殖物种数量在 2010 年达 541 种，包括 327 种鱼类、102 种软体动物、62 种甲壳类、6 种两栖动物和爬行动物、9 种水生无脊椎动物和 35 种藻类；世界范围内水产养殖生产利用了约 600 种水生食用鱼类和藻类物种（FAO，2012）。海洋水产种业发展虽然相对较晚，但半个多世纪的海洋农业产业发展进程证明，海洋水产种业是推动养殖业发展最活跃、最重要的原动力。美国、日本、挪威、澳大利亚等世界海洋农业发达国家均十分重视种业的发展，不断加大研究投入，取得了一系列重大突破，形成了优势产业（相建海，2013）。例如，挪威培育的大西洋鲑（*Salmo salar*）和美国培育的高产抗逆凡纳滨对虾（*Litopenaeus vannamei*），不仅推动了种业发展，还从上游掌控了整个养殖产业（桂建芳等，2016）。近年来，世界各国纷纷开展重要水产经济物种的基因组学研究，美国率先在大麻哈鱼（*Oncorhynchus keta*）、虹鳟（*Oncorhynchus mykiss*）、鲶（*Silurus* spp.）等的基因组研究方面取得进展，筛选出一批与发育、生殖及免疫相关的功能基因；加拿大、澳大利亚等国也陆续加入水生生物基因资源争夺战的行列（贾敬敦等，2014）。基因组信息辅助良种选育逐渐成为水产育种领域的研究热点，美国经过 20 余年的持续选育，使大麻哈鱼的产卵期提早了 4～5 个月，1 龄鱼的体重比选择前增加 1 倍（Cornor，2012），显示出了现代水产育种技术在促进水产种业发展中的优越效果。

国外水产种业的发展总体上呈现以下几个特征：①以大型专业育种公司为主体，进行“育、繁、推”全产业链科技创新发展，具有完整的产业链，与养殖业相对独立发展；②规模化、集团化和全球化已成为种业发展方向，人才、资本、种质等资源经过市场竞争不断流向大型专业化育种公司，通过收购和兼并重组，育种规模和市场份额越来越大，资本和技术优势明显；③育种技术快速更新，以全基因组选择、配子胚胎高效操作为代表的现代生物育种技术快速发展，推动国际种业科技进入蓬勃发展的重要时期（Saroglia and Liu，2012）；④技术创新能力已经成为水产种业企业核心竞争力的关键，水产种业是高科技行业，研发周期长、投资大，高投入和科技创新是种业发展的关键。

27.1.2 国内水产种业现状

种业位于农业产业链的最前端，也是决定现代农业发展的核心要素。联合国粮食及农业组织（Food and Agriculture Organization of the United Nations，FAO）与经济合作与发展组织（Organization for Economic Cooperation and Development，OECD）联合发布的《经合组织-粮农组织 2017—2026 年农业展望》预测，2026 年全球渔业产量将增至 1.94 亿 t，人均消费增长 19%；中国人均水产品消费量增至 50kg/a 以上。世界水产品消费量在未来 30 年内年均增长率预计维持在 1.0%～2.9%，水产品将成为人类获取蛋白质的重要途径。但是，FAO（2016）发布的报告显示，世界渔业资源均处于衰退之中，近 20 年来世界渔业捕捞产量一直徘徊不前，近些年甚至出现下降势头，世界水产品产量的增长主要依赖蓬勃兴起的水产养殖业，而水产养殖业的蓬勃发展依靠水产种业的强劲支撑。

在农业所有种业中，水产种业是最年轻的。我国有计划大规模发展淡水养殖始于 20 世纪 50 年代，而海水养殖则更晚一些，在 50 年左右的时间里取得了突飞猛进的发展，掀起了海水养殖蓝色产业的“五次浪潮”，每次产业浪潮都伴随着水产种业的重大突破，为改善居民膳食营养结构、提供优质食物蛋白作出了重要贡献（李乃胜，2009）。20 世纪 90 年代以来，我国成立了全国水产原种和良种审定委员会，以“保护区—原种场—良种场—苗种场”“遗传育种中心、引种中心—良种场—苗种场”等思路开展了全国水产原良种体系建设（桂建芳等，2016；贾敬敦等，2014）。目前，我国的水产种业已经形成了一定的规模，经农业部批准的国家级水产种质资源保护区有535处，其中内陆保护区有481个，海洋保护区有54个；国家级水产原种场有36个，良种场有45个；全国现代渔业种业示范场有87个；通过国家审定的水产新品种有201个；2016年繁育水产苗种4.8万亿单位，其中淡水苗种1.3万亿单位，海水苗种3.5万亿单位（其中贝类2.4万亿单位）（农业部渔业渔政管理局，2017），产生了显著的经济和社会效益。虽然我国水产种业发展迅速，但仍处于起步阶段，只有大约20%的水产养殖物种进行过不同程度的遗传改良，除传统上经过多年养殖驯化的四大家鱼、鲤、鲫等种类外，水产养殖业的良种覆盖率仅为25%～30%，与畜禽产品的50%、水稻玉米的95%相比还存在较大差距（相建海，2013）。因此，加快发展水产种业产业尤显迫切。

27.1.3 国内水产种业存在的问题

27.1.3.1 种质资源保护迫在眉睫

我国是个生物多样性特别丰富的国家，在世界上位列第八，水产种质资源分布极为广泛（孙儒泳，2001；刘英杰等，2015）。但是，受社会经济发展、生态环境破坏、过度捕捞等多种因素的综合影响，天然水域水产种质资源锐减。生产过程无序的苗种交流污染了物种基因库，许多经济物种种质遗传背景和遗传结构混淆不清，近亲繁殖导致种质退化。然而，截至2015年，在我国国家级水产原种场只有36个（张振东，2015），而且有核心竞争力的种业企业寥寥无几，种质资源缺乏科学保护，资金、技术力量和人才队伍相对分散，种业企业的实力普遍较弱，尚不具备与发达国家竞争的实力。即使是我国北方沿海最重要的经济物种——仿刺参（*Apostichopus japonicus*），也已经被收录到《世界自然保护联盟濒危物种红色名录》（Mercier and Hamel，2013）。因此，野生种质资源的保护迫在眉睫。

27.1.3.2 部分种业源头受制于人

目前我国部分养殖对象，如虾夷扇贝（*Patinopecten yessoensis*）、海湾扇贝（*Argopecten irradians*）、凡纳滨对虾、大菱鲆（*Scophthalmus maximus*）和大西洋鲑等均为引进种，且已形成规模化产业，但部分种业原种严重依赖进口。随着国内养殖业的快速发展，苗种需求量大幅度增长，引进亲本价格也逐年提升，但进口质量不稳定，处于“引种→维持→退化→再引种”的不良循环状态，完善的“育-繁-推”体系难于构建，种业生产和推广应用难于实现持续高效（贾敬敦等，2014）。

27.1.3.3 良种选育研究与产业脱节

我国早期的良种培育主要由科研机构主导，新品种市场影响力有限。目前仍存在实施育种工作的企业少、育种工程技术创新不足、育种理论与技术体系不完善等问题（桂建芳等，2016）。虽然我国从性能测定、人工授精等应用技术，到最佳线性无偏预测（best linear unbiased prediction，BLUP）、DNA 标记辅助选择、分子细胞育种等技术均有研究，但应用价值有限或停留在实验室阶段，一系列水产种业工程技术难题亟待突破。没有真正发挥企业的主体作用和技术创新作用，生产中的实际问题没有得到及时有效解决，良种选育研究与产业脱节。

27.1.3.4 育种新技术亟待突破

重要养殖动物的生长、发育、抗逆等经济性状的生物学基础研究有待进一步深入；由于转基因、细胞培养、胚胎干细胞等技术在水生无脊椎动物中一直未有重要突破，一定程度上制约了生物组学后续研究和应用。种质资源评价与利用和育种材料构建等基础工作薄弱，育种理论和技术有待进一步提升，适于水生生物后裔多、遗传多态性高等特点的分子育种理论和技术尚需发展，一些名贵养殖物种的苗种繁育技术亟待开发。

27.2 现代水产种业硅谷建设目标

27.2.1 总体建设目标

建设原良种种质资源库，强化以企业为主体的种业技术创新能力，充分发挥种业领域科研院所原始创新能力，增强种质质量监测和保障能力，制定水产种业标准与规范，显著提升良种覆盖率和市场占有率，建成现代水产种业硅谷，实现我国水产种业的跨越式发展。

27.2.2 近期建设目标

27.2.2.1 完成水产种业硅谷布局规划和建设

成立水产种业硅谷建设推进机构，以大型种业企业为商业化育种主体，联合全国相关高校与科研院所，邀请国内知名专家成立水产种业硅谷建设专家委员会，研讨水产种业硅谷布局，指导规划编制、产业布局、项目选址等工作，解决建设过程中遇到的重大技术和前沿性、方向性问题，制定水产种业硅谷中长期发展规划和建设方案。

27.2.2.2 完成水产种业硅谷功能中心建设

通过政府立项，实施水产种业硅谷功能中心建设，包括工程化种业创制创新中心、标准化种业生产示范中心、信息化种业保障中心、多赢化种质苗种交易中心和智能化种业科普中心，为水产种业良种创制、推广应用、病害防控、环境调控及产品质量检测提供设施设备和技术支撑，打造我国水产种业产业示范区，为实现水产增养殖良种化奠定坚实基础。

27.2.2.3 完成种业生产单元规范化建设

根据水产种业硅谷建设方案和发展方向，对现有国家级原良种场和全国现代渔业种业示范场进行规范化和现代化改造，建成一批集标准化、规模化、集约化、智能化于一体的优势水产苗种生产和养殖示范基地。加大国家级水产种质资源保护区保护力度，扩大保护区规划面积和范围，为种业生产和良种选育提供丰富的优质种质资源。

27.2.2.4 核心良种市场占有率达 30%以上

围绕国家水产种业产业发展需求，坚持以市场为导向、企业为主体，强化“产、学、研”紧密结合，探索水产种业从“重视数量”转向“提升质量”、从“规模扩张”转向“结构升级”、从“要素驱动”转向“创新驱动”的发展模式。以主要经济物种鱼、虾、贝、藻、参等为重点，通过优质品种创制和健康苗种繁育，坚持质量第一、效益优先，扩大新品种苗种生产和推广应用规模，使核心良种市场占有率达 30%以上。

27.2.3 中长期建设目标

27.2.3.1 水产种业硅谷功能中心建设

完善工程化种业创制创新中心、标准化种业生产示范中心、信息化种业保障中心、多赢化种质苗种交易中心和智能化种业科普中心建设，以工程化、自动化、信息化和智能化模式管理和经营硅谷建设，形成集“种质创制+生产示范+技术保障+科普教育”于一体的现代化水产种业硅谷发展模式。

27.2.3.2 完成原良种场现代化规划建设

根据《国家级水产原、良种场资格验收与复查办法》，在符合条件的区域筹建国家级原良种场，并积极促进省级原良种场建设和改造升级，增加原良种场的数量。改变现有原良种场等同一般育苗场的经营模式，在种质改良、提纯复壮方面加大科研投入力度，按照《水产原良种场生产管理规范》和硅谷建设标准化、规模化、集约化、智能化的要求，完成关键经济物种的原良种场规范化建设和现代化改造，加大水产种质资源开发和保护力度。

27.2.3.3 核心良种市场占有率达 40%以上

加强原良种场体系建设，完善原良种场的管理，以市场为导向，以企业创新为主体，强化“产、学、研”紧密结合，以主要经济物种鱼、虾、藻、贝、参等为重点，培育一批性状优良的水产新品种。分区域、分物种建设标准化苗种生产和养殖示范基地，加大市场宣传和推广应用力度，使核心良种市场占有率 40%以上。

27.2.3.4 建成世界一流水产种业硅谷

建设原良种种质资源库，以此为基础，建立集种质创制科技化、生产示范标准化、技术保障信息化、科普教育智能化于一体的全产业链融合发展新模式，带动我国水产种业产业良性快速发展，实现种业交易全球化、商务电子化、学术交流国际化，打造水产种业“中国芯”，建成世界一流的水产种业硅谷。

27.3 现代水产种业硅谷建设内容

27.3.1 工程化建设种业创制创新中心

根据水产种业硅谷中长期发展规划和建设方案，筹建种业种质创制中心大楼，购置育种设施、设备，开展不同物种生理生态、分子生物学和性状分析等育种技术研究，构建原良种种质资源库，提高种质创制效率。邀请国内外知名育种专家在硅谷任职或挂职，成立种质创制专家指导委员会和种质创制创新团队，对包括鱼、虾、藻、贝、参等主要经济物种的种质创制进行技术指导，开展种质检测、技术研发和学术交流等工作。

27.3.2 标准化建设种业生产示范中心

依据《水产原良种场生产管理规范》，考虑生态红线、岸线保护等生态与环境因素，根据硅谷中长期发展规划和建设方案，按照工程化、自动化、信息化、智能化的标准，分区域、分物种建设苗种生产和养殖示范基地，开展主要经济物种苗种生产、养殖示范和休闲渔业区建设，促进成果转化，带动种业产业高质量快速发展。

27.3.3　信息化建设种业保障中心

筹建水产种业环境调控、饲料营养、增养殖技术与装备、产品质量检测等功能实验室，应用现代计算机技术和信息化技术，建立集亲本管理、苗种繁育、性状测定、质量检测、病害防控、生产交易于一体的计算机信息平台和育种数据库，构建联合育种网络，实现种业生产过程的信息化管理及产品物联网追溯，为水产种业硅谷健康发展提供技术保障。

27.3.4　多赢化建设种质苗种交易中心

筹建水产种业经济物种亲本和苗种交易平台，按照设施完善、功能完备、管理先进、运营规范等现代化管理和运营标准，根据公平、公正、公开的基本原则，让每位用户都能买到优质健康的商品。建立用户信息反馈机制，及时完善交易中心建设，解决生产问题，使水产种业硅谷成为我国北方乃至全国水产种业亲本和苗种集散交易中心与价格形成中心。

27.3.5　智能化建设种业科普中心

以智能化的标准筹建水产种业科普中心，筹建教育功能区、培训功能区、展示功能区和体验功能区，选择主要经济物种和示范区进行建设，以热爱自然、保护生物等为主题，开展科学考察、科普教育、资源保护等专业旅游项目和垂钓、野餐、潜水等休闲项目，有序开发以弘扬传统文化、发展循环经济为主题的生态旅游项目。

27.4　现代水产种业硅谷建设原则

水产种业硅谷是一个建设周期长、技术要求高、投资金额大的重大农业创新工程，为保障水产种业硅谷建设顺利、发展平稳，必须坚持“原创驱动、技术先导、工程示范、功能多元与管理科学”的建设措施，集成良种选育、原种保护与新品种流通等核心内容，打造具有工程化、机械化、自动化与信息化特征的现代水产种业基地。

27.4.1　原创驱动

原创驱动是指聚焦水产种业可持续发展核心目标，聚焦水产种业重大技术瓶颈与重大理论突破，强化原创育种技术与原创育种理论，关注重要养殖经济物种新品种培育，引领中国乃至世界水产增养殖产业潮流，践行“以良种为突破点带动产业快速发展”的高效水产种业发展新思路。

27.4.2 技术先导

技术先导是指以现代生物技术为原种保护和良种选育的技术保障，基于新品种选育的重要经济性状，集成应用生态化原种保护技术、多元化良种选育技术、规范化苗种繁育技术与分子辅助育种技术，加强对原良种优秀基因库的保护，避免基因污染；系统开展重要经济物种速生、抗逆、优质等优势性状的分子生物学和遗传机制研究，建立高效种质创制和“育-繁-推”技术体系，实现养殖物种的品种多元化和特色化。

27.4.3 工程示范

工程示范是指通过集成示范育种成果，以不同地区原有优势经济物种为基础，突出地区优势经济物种的良种化、特色化。例如，刺参为我国北方沿海城市烟台的传统重要经济物种，为打造以“烟台海参”为代表的烟台渔业品牌，目前已培育出“崆峒岛 1 号”“东科 1 号”“安源 1 号”等刺参新品种，并加大具有不同表型特征刺参的新品种创制和研发力度，以适应池塘养殖、浅海网箱养殖等不同养殖方式，为区域经济发展提供种业示范，大幅度提高经济效益。

27.4.4 功能多元

功能多元是指水产种业硅谷除具有良种选育与原种保护的核心功能外，还应在科学知识普及、生态文明建设与科技主题旅游等方面发挥重要功能。通过定期开展育种知识讲座，展示育种成果，建立水产种业主题公园、主题餐厅等，普及水生生物资源保护知识，增强公众对内陆水域和海洋农牧业的认知，实现文化旅游产业、教育产业与现代水产农牧业的有机结合，积极发挥其生态价值、科技价值、经济价值与社会价值。水产种业硅谷作为中国现代种业技术与示范中心，其可持续发展依赖于健康的水域生态系统与丰富的水生生物资源，因此必须重视水产种业硅谷的生态价值。科技价值指水产种业硅谷可在全国范围内提供育种技术指导，同时可对一线苗种生产人员提供技术培训等。经济价值指水产种业硅谷应具有全国性种业交易平台、种业交易信息发布平台等功能。社会价值指水产种业硅谷应作为水生生物资源与水域生态保护的宣传中心，积极对全社会进行科普宣传。

27.4.5　管理科学

管理科学是指加强育种技术标准化、育种工作管理信息化、良种信息与数据保存规范化等平台建设。目前，良种选育工作风险较高，但可通过科学管理有效规避风险，实现良种选育风险可控。例如，地方性或行业性育种技术标准制定，可有效改善育苗技术参差不齐的现状；育种工作管理平台建设，可有效提高良种生产效率及苗种质量；良种信息与数据保存平台建设，可实现良种信息与数据共享，进而实现新品种快速产业化的目标。

水产种业硅谷功能多元，为实现各单元区功能协调发挥，必须对其合理规划布局，以保障水产种业硅谷健康运行。首先，水产种业硅谷主要由陆基部分与水域部分组成，其中陆基部分包括种业研究单元、种业质检单元、种业交易单元与种业科普单元，主要用于实验分析、苗种交易与海洋资源保护宣传等；水域部分包括种业生产和示范单元，主要用于原种保存、优质亲本保存和养殖示范等。水域部分布局应以原有自然环境为主，注重生态安全与种质安全，避免不同品种间的基因污染；而陆基部分各单元布局应以平衡苗种生产、水域管理与科普教育等各环节的协调运营为原则。

27.5　现代水产种业硅谷建设保障措施

27.5.1　坚持原种场和良种场建设并重

良种场是实现养殖品种多元化的基础，而原种场是保障水域生物资源种质安全的重要举措。因此，原种场与良种场建设并重是促进养殖品种多元化与特色化的关键，也是合理利用和保护水生生物资源的重要举措，应该增加地区性特色原良种场建设数量，合理规划布局，强化管理举措。例如，建立自然保护区、开展本地物种人工增殖放流、避免过度近交、避免基因污染。同时，应科学评估相关原良种场的种群容纳量，并基于种群结构制定科学的休渔制度与捕捞计划，以消除性成熟个体被过度捕捞的隐患。

27.5.2　发挥企业技术创新核心作用

大型种业企业是优质苗种规模化生产的主要单位，是水产新品种创制和推广示范的主要推进单位，也是我国社会主义新农村建设的重要参与单位。通过“产、学、研”密切结合，引导大型种业企业积极参与良种选育工作，培养生产一线育种从业人员和技术人员，是有效提高水产养殖良种覆盖率的重要举措；同时，也为建立以企业为主体、以市场为导向、“产、学、研”相结合的技术创新体系，培植行业名牌产品，提高种业企业技术创新核心作用提供持续推动力，为水产种业发展提供强有力的技术支撑。

27.5.3 发挥高校与科研院所原创驱动作用

高校与科研院所具有系统的种业科学研究平台和理论知识丰富的种业研究人员，可实时掌握国际种业行业发展方向，是种业产业发展的主要推动力量。应提倡“产、学、研”相结合的模式，鼓励科研人员将新技术、新理论用于生产实践，参与制定良种选育相关技术标准，深入挖掘特色品种经济性状的调控机制，建立特色品种的高效增养殖模式；充分利用高校与科研院所的人才优势、设备优势和信息优势，通过科技下乡、现场指导、专家咨询、设立热线电话等方式开展全方位的咨询和技术服务，为苗种生产和养殖企业培训技术骨干，实现技术、人才与产业的充分融合。

27.5.4 发挥政府引导和专项支持作用

政府引导作用在水产种业硅谷建设中将起到决定性作用。首先，在国家层面上，明确水产种业硅谷在我国农牧业的新角色、新地位，组织制定关键经济品种培育的国家和行业技术标准，编制水产种业硅谷中长期规划，对硅谷种业给予政策与资金扶持。在省（区、市）层面上，积极引导地方企业参与水产种业硅谷建设，参与水产种业硅谷各单元的规划、设计、布局与监管，引导相关高校、科研院所与种业生产企业开展技术合作等。

27.5.5 发挥金融产业基金驱动作用

建设水产种业硅谷的主要目的是科学保护水生生物种质资源，有效提高水产养殖良种覆盖率，推进水产养殖业健康快速发展。水产种业硅谷是传统劳动密集型作坊式苗种生产模式向现代科技密集型集约式良种生产模式的跨越，相关工程设施、科技装备亟待升级，需要投入大量资金，是高投入、高产出的高技术密集型企业集群。因此，应建立水产种业硅谷金融服务系统，积极引导社会资金流入水产种业产业，对重点技术突破、重点理论创新、重大新品种选育提供资金扶持，实现技术突破、装备升级与种业发展的多重效果。

（杨红生）

参 考 文 献

桂建芳, 包振民, 张晓娟. 2016. 水产遗传育种与水产种业发展战略研究. 中国工程科学, 18(3): 8-14.

贾敬敦, 蒋丹平, 杨红生, 等. 2014. 现代海洋农业科技创新战略研究. 北京: 中国农业科学技术出版社: 61-97.

李乃胜. 2009. 海水养殖“五次浪潮”引领蓝色技术革命. 科学时报, 2009-01-08(2).

刘英杰, 刘永新, 方辉, 等. 2015. 我国水产种质资源的研究现状与展望. 水产学杂志, 28(5): 48-55, 60.

农业部渔业渔政管理局. 2017. 2017 中国渔业统计年鉴. 北京: 中国农业出版社: 58-61.

孙儒泳. 2001. 动物生态学原理. 北京: 北京师范大学出版社: 559-567.

相建海. 2013. 中国水产种业发展过程回顾、现状与展望. 中国农业科技导报, 15(6): 1-7.

张振东. 2015. 国家级水产原良种场发展概况与建议. 中国水产, (7): 32-34.

Cornor S. 2012. Ready to eat: the first GM fish for the dinner table. https://www.independent.co.uk/news/science/ready-to-eat-the-first-gm-fish-for-the-dinner-table-8430639.Html. (2012-12-24) [2018-05-24].

FAO. 2012. The State of World Fisheries and Aquaculture in 2012. Rome: FAO.

FAO. 2016. The State of World Fisheries and Aquaculture in 2016. Rome: FAO.

Mercier A, Hamel J F. 2013. *Apostichopus japonicus*. The IUCN Red List of Threatened Species: e.T180424 A1629389. http://dx.doi.org/10.2305/IUCN.UK.2013-1.RLTS. T180424A1629389.en. Gland, Switzerland: IUCN.

Saroglia M, Liu Z J. 2012. Functional Genomics in Aquacul-ture. Ames, IA: Wiley and Blackwell Publishing.

28　着力实现海洋牧场建设的理念、装备、技术、管理现代化

海洋牧场是集环境保护、资源养护、高效生产和休闲渔业于一体的海洋产业新业态。现代海洋牧场建设得到党和国家的高度重视。2017 年中央一号文件首次强调“支持集约化海水健康养殖，发展现代化海洋牧场，加强区域协同保护，合理控制近海捕捞”。2018 年中央一号文件再次强调“统筹海洋渔业资源开发，科学布局近远海养殖和远洋渔业，建设现代化海洋牧场”，要坚定走人海和谐、合作共赢的发展道路，提高海洋资源开发能力，加快培育新兴海洋产业，支持海南建设现代化海洋牧场。

现代化海洋牧场建设是海洋渔业转型升级和新旧动能转换的重要抓手，在创新驱动和政策导向的有力支持下，至今已建成 64 个国家级海洋牧场示范区。我国的海洋牧场建设在蓬勃发展的同时，也暴露出概念不一、发展无序、技术不足等一系列问题，在技术创新、标准化建设、科学布局、规范管理等方面亟待实现现代化。

28.1　海洋牧场概念发展历程

海洋牧场自概念提出以后，受到了沿海国家的普遍重视。海洋牧场的定义逐渐由单一到多元、由抽象到具体、由重生产到重生态转变，不再将“增殖放流”或“投放鱼礁”等同于海洋牧场建设，而是融合种苗培育、生境改造、动态监测等多项切实可行的技术手段，在一定海域营造健康的生态系统。

在半个多世纪的研究实践过程中，我国海洋牧场概念的内涵同样得到了进一步发展（曾呈奎，1985；曾呈奎和徐恭昭，1981）。水产行业标准《海洋牧场分类》（SC/T 9111—2017）将“海洋牧场”定义为：基于海洋生态系统原理，在特定海域，通过人工鱼礁、增殖放流等措施，构建或修复海洋生物繁殖、生长、索饵或避敌所需的场所，增殖养护渔业资源，改善海域生态环境，实现渔业资源可持续利用的渔业模式。山东省地方标准《海洋牧场建设规范 第 1 部分：术语和分类》（DB37/T 2982.1—2017）将“海洋牧场”定义为：基于海洋生态学原理，利用现代工程技术，在一定海域内营造健康的生态系统，科学养护和管理生物资源而形成的人工渔场。由此可见，海洋牧场“现代化”的核心元素正逐步明晰（陈永茂

等，2000；张国胜等，2003；阙华勇等，2016；李波，2012）。

28.2 现代化海洋牧场建设理念

现代化海洋牧场建设包括生境修复、苗种繁育、初级生产力提升、全过程管理、产品高值化利用、绿色能源利用、休闲渔业等一系列关键环节（杨红生，2016；杨红生等，2016），其特点突出体现在理念现代化、装备现代化、技术现代化和管理现代化四个方面。

28.2.1 建设理念现代化

（1）生态优先。在现有捕捞和养殖业面临诸多问题的背景下，海洋牧场作为一种新的产业形态，其发展有赖于健康的海洋生态系统，因此必须重视生境修复和资源恢复，根据承载力确定合理的建设规模，这是海洋牧场可持续发展的前提。目前，我国除了少数海洋牧场在设计中涉及对红树林、海草床、海藻场、牡蛎礁、珊瑚礁的修复，其他大多仍以增殖经济价值较高的水产品为目的，未能充分考虑环境和生态系统功能的恢复，对渔业资源种类的种群结构、遗传多样性的恢复等关注不足。若在海洋牧场建设中仍将提高产量作为首要目的，不仅会导致产品价格和品质的下降，更会对海洋牧场生态系统的稳定性造成不利影响，违背了可持续发展的建设理念。因此，“生态优先”理念必须在未来的现代化海洋牧场建设实践中作为第一要务加以重视。

（2）陆海统筹。海洋牧场在自然环境上可分为陆域和海域两大部分，分别承担着不同功能，海陆连通性的丧失不利于充分发挥海洋牧场的综合效益。海岸带生态系统属于典型的生态交错区，具有较高的生态活力，海洋牧场的建设必将带动海岸带的保护和开发工作。盐碱地生态农场的牧草和耐盐植物可作为滩涂生态农牧场的优质饲料，滩涂生态农牧场为浅海生态牧场的增殖放流工作提供了大量健康苗种，浅海生态牧场又通过海水肥料的生产促进盐碱地生态农场的建设，文化产业和生态旅游业则进一步加强了海岸带生态农牧场的内在联系，最终形成盐碱地生态农场-滩涂生态农牧场-浅海生态牧场“三场连通”，水产品生产-精深加工-休闲渔业“三产融合”的现代化海洋牧场架构。该模式将有利于带动海岸带生物资源的合理利用，建立覆盖陆海的海岸带生态系统保护和持续利用新模式，促进我国沿海生态文明建设和社会可持续发展。

（3）人海和谐。海洋逐渐成为维持人类生存和发展的重要自然条件，大量人口聚集在沿海地区，在推动经济发展和社会进步的同时，也引发了一系列生态危机。人海和谐要求人类重新思考人与海、人与人之间的关系，以平等、友善、全面的态度对待海洋，形成人海和谐共生的文化根基。在经济价值层面，必须杜绝对海洋资源的掠夺式开发，坚持将生态文明建设融入海洋经济发展的全过程，通过推动海洋科技进步实现海洋经济可持续发展。在社会价值层面，主张公平分配海洋利益，协调海洋区域与陆地区域、沿海国与内陆国之间的社会发展，协调人际与代际的发展。在生态价值层面，主张建立一种人与自然和睦的、平等的、协调发展的新型关系，实现思维方式的转变，善待自己赖以生存的环境，生态环境保护与经济发展并重，在保护中开发，在开发中保护，使社会主动适应环境，最终实现人、地、海的和谐发展。

（4）功能多元。水产优质蛋白的获取只是海洋牧场诸多功能之一。现代化海洋牧场建设更加重视功能的多元化。海洋牧场是自然环境、社会环境和人类相互作用所构成的整体，其生态系统组成结构的多样性决定了海洋牧场是具备多元功能的综合体。海洋牧场建设的首要前提是在一定海域范围内营造一个健康的生态系统，藻类移殖和鱼礁投放是改善海洋环境的重要手段。大型藻类在 6m 以浅的海域迅速增殖形成人工海藻林，具备净化水体环境、补充食物来源、提供栖息场所等生态功能，以天然饵料为食的小型鱼虾类等饵料生物聚集，吸引其他经济野生海洋生物，从而达到恢复渔业资源、提高渔业产品品质的目的。海洋牧场建设融合清洁可再生能源建设、海水综合利用、盐碱地耐盐植物栽培利用，可最大限度利用海岸带环境和空间资源，提高海洋产能。海洋牧场建设成熟后，可以充分利用生态环境和生物资源，开展海上观光旅游、垂钓、海底潜水、疗养等海洋第三产业，吸引海洋牧场周边人群参与到海洋牧场的运营中，打造新型的海岸带绿色田园综合体，充分共享海洋牧场带来的科学价值、生态价值、经济价值和社会价值。

28.2.2 建设装备现代化

（1）工程化。海洋牧场建设是一项综合工程，涵盖海洋生态、渔业管理、土木工程、电子通信等多项学科背景，在具体实践过程中必须突出“工程化”概念。以投放人工鱼礁为例，其制作、规划、管理等工作应形成一项系统工程，各个环节不可决然割裂。充分考虑人工鱼礁材质和结构的可靠性和安全性，杜绝材料或设计问题对海洋环境造成负面影响；投礁过程应参照相关工程项目制定对应的标准规范，形成人工鱼礁的合理布局，充分发挥其资源养护的生态功能；人工鱼礁的管理工作同样不容忽视，应结合实时监测手段，通过环境因子和鱼类行为特征完成综合评估工作，并为后续工作的调整提供参考。

（2）自动化。为实现海洋牧场的全链条布局，必须建立从监测、评价、预警、预报到溯源、管理的海洋牧场综合保障体系。建立信息化监测中心，科学设置水下摄像头、水质监测探头等监测设备，对海洋牧场水域的温度、盐度、pH 等环境参数进行测定，实时记录海洋牧场各项环境理化指标及海洋生物的动态。通过科学建模，建立并完善海洋牧场建设效果评价技术，对海洋牧场的运转状态进行科学评估，在发生异常情况前能够及时进行预判、预报。同时，构建海洋牧场产品生产全程质量安全追溯和管理体系，综合保障海洋牧场的平稳运营。

28.2.3　建设技术现代化

（1）注重种质保护。“国以农为本，农以种为先”。优质的海洋生物种质资源是海洋牧场发展的重要基础，系统研究种质保存原理和关键技术，形成搜集、整理、鉴定、保护、保存和合理利用体系。完善原种场建设技术，原种场建设与良种场建设并重是实现海洋牧场物种资源多元化与特色化的关键。建立种质资源保护区、开展本地种人工繁殖放流、避免过度近交与基因污染，科学评估相关原种场的种群容纳量，基于种群结构制定科学的休渔制度与捕捞计划，以消除过度捕捞的隐患。

（2）聚焦生境修复。创新海藻场和海草床修复技术，建立海藻场和海草床的物质循环和能量流动模型，分析海藻场和海草床生物涵养机制。突破流场营造技术，揭示流场与生物分布、饵料环境间的相互关系。利用环流生态特点创新性地形成基于水体交换的工程学改良技术，建立生物、微生物改良技术体系，形成底质环境改良系列方法。发展修复区域选择技术，研发放流幼体成活率提高、幼体保活运输相关技术装备。

（3）利用信息技术。获取环境全要素信息，我国海洋牧场信息网络的建立还处于初级阶段，无法做到实时监控和信息化管理。构建基于物联网技术的水体环境在线监测系统，实现对水温、盐度、溶解氧含量、叶绿素含量等海水环境关键因子的立体实时在线监测。亟待突破生物远程可视化监控、驯化及追踪技术，必须高度重视发展生物资源声学探测与评估、特定鱼种声学行为控制与驯化。集成海洋牧场生态环境与生物信息数据库，建立预报预警系统和专家决策系统，形成针对对象物种生物耐受极限的海洋牧场环境灾害预警机制，构建灾害预警管理平台。

（4）开发清洁能源。海洋能是一种具有巨大发掘潜力的可再生能源，而且清洁无污染，但地域性强，能量密度低，现阶段可以广泛利用的主要是海上风能。当前，沿海部分省份在海上风电建设方面已开展了前瞻性布局。根据德国、荷兰等发达国家的成熟经验和我国沿海省份的做法，海洋牧场和海上风电的有效结合能发挥出巨大的空间集约效应，可有效推动环境保护、资源养护和新能源开发的融合发展，带动太阳能、潮汐能等清洁能源的开发利用，必将产生更大的生态、社会和经济效益。

28.2.4 建设管理现代化

传统的海洋牧场管理多以经济需求为先导，以生产经验为基础，缺乏系统性、科学性。现代化海洋牧场的管理应包括“规范化、信息化、智能化、体系化”等部分，实现人与海洋的和谐共处。

（1）规范化。从明确海域使用权和维护投资者的权益出发，亟待加强相关法律条文的制定和实施。根据沿海各省（区、市）的海域环境和资源状况，以海洋牧场的建设和运行管理特点为依据，建立健全相关法律法规。针对我国海洋牧场建设发展的现实需要，全面落实国家生态环境保护等相关政策，确保现有政策法规的充分有效实施。通过制定相关政策法规，积极推进财税制度配套改革，引导海洋牧场的合理建设和发展。与此同时，加大海洋生态文明理念的宣传力度，使相关法律法规深入人心，保证海洋牧场建设的顺利推动。

（2）信息化。探索建设信息化海洋牧场是顺应时代发展的必然选择。现代化海洋牧场运营过程中需要多个运营单元的协调，包括牧场选址、地质和物理及生物海洋数据获取、生物承载力评估、牧场布局、鱼礁研制与布放、生物现场观测、生态安全和环境保障、产品资源量预测、采捕策略、效益评价等。随着科技进步，信息化在各行各业展现出了巨大的发展潜力。信息化、数字化、智慧化正逐渐渗透到海洋牧场建设和管理过程之中。引入信息化管理，能够有效提高生产效率、减少环境影响、提高食品质量安全等。

（3）智能化。计算机大数据挖掘技术的诞生和逐步成熟，为海洋牧场建设管理智能化提供了技术支撑（王恩辰和韩立民，2015）。依托长期积累的海洋牧场运营数据，通过科学的算法建模，不仅能科学有效地评估海洋牧场当前的运转状态，还能对下一步的变动趋势进行预判，从而帮助经营者更好地控制成本投入、规避风险损失、提高产品质量。由此可见，海洋牧场的智能化可以更好地平衡海洋牧场的经济效益、社会效益和环境效益，优化海洋牧场生产要素组成、生产流程和提高最终产品质量，促进海洋牧场自身扩张繁衍的可持续性，为经营者及海洋牧场所依托海域的生态环境带来更好的效益。

（4）体系化。海洋牧场建设是一项功在当代、利在千秋的事业，必须从政策引领和资金支持等方面给予高度重视。对于海洋牧场的建设，包括牧场选址、布局、设施建设、投放，以及海域资源的开发利用和运营管理都必须事先规划和考证，按照既定计划有组织地推进，其中最为关键的环节是体系化组织管理。政府职能部门和经营企业共同制定海洋牧场发展目标，落实工作责任，明确保障措施，健全考核机制，严格考核奖惩，同时建立专家咨询制度，聘请专家对重点项目进行评审论证，促进决策科学化、民主化，做到陆海统筹、综合考虑、合理布局，确保海洋牧场建设任务圆满完成。

28.3　现代化海洋牧场建设途径

28.3.1　打造温带海域海洋牧场升级版

蓝色粮仓是传统渔业在国民经济发展中的重新定位，与农业、林业、牧业共同构成陆海统筹的国家粮食安全保障体系。蓝色粮仓是以拓展我国粮食安全的深度和广度为目标，从陆海统筹的视角，利用海洋和内陆水域空间和资源，按照“陆海并进+走向深蓝”的建设途径，构建基于生态优先、优质高效和持续供给的水产品生产系统。

积极推进集约化精准养殖场+海岸带生态农牧场建设。在生态优先、绿色发展的前提下，开展工厂化和池塘集约化精准养殖技术体系和模式的创新，加快推进海岸带生态农牧场建设，即基于生态学原理，利用现代工程技术，陆海统筹构建盐碱地生态农场、滩涂生态农牧场和浅海生态牧场，营造健康的海岸带生态系统，形成“三场连通”和“三产融合”的海岸带保护和持续利用新模式（杨红生，2017）。

稳步推进海洋牧场+离岸深水智慧渔场建设。在开展近海区域现代化海洋牧场建设的同时，积极发展离岸深水智慧渔场新模式，以大型养殖工船为基站，布局深海网箱设施，构建深远海工业化养殖模式，发展安全、高效的渔船装备，建立渔业物流大通道，形成海洋牧场+“养捕加”一体化渔业新模式，强化军民融合“屯渔戍边”能力。

28.3.2　开创热带海域海洋牧场建设新局面

目前，我国 64 个国家级海洋牧场示范区主要集中在环黄渤海的山东、辽宁、河北等地，而南海海域只有 9 个，且均分布在亚热带海域，我国广阔的热带海域国家级海洋牧场示范区建设几近空白。南海热带海域渔业资源十分丰富，渔业港湾较多，有较好的渔业从业人员基础，休闲渔业较为发达，具有开展海洋牧场建设得天独厚的条件。

热带海域现代化海洋牧场建设亟待解决一系列科学及技术问题。一是缺少高值海产品增养殖产业，因此需要寻求其他适宜的驱动因素，如发展潜水观光、休闲旅游等；二是高温、高盐、高湿、台风等海况条件复杂，相关地质、水文数据缺乏。

热带海域现代化海洋牧场建设应依托系列原理与技术的创新与研发，如珊瑚礁生态系统养护与恢复、耐腐蚀材料开发与应用、原位礁体制作工艺、资源生物筛选与高效增殖、海产品长期保鲜或快速加工、资源环境智能化监测评价等技术，以及生态旅游发展模式等。在系统分析南海资源与环境、产业特征和发展趋势的基础上，建议开展岛礁资源养护与增殖型海洋牧场、岛礁休闲旅游型海洋牧场、热带海域海岸带生态农牧场建设，以点带面推进热带海洋牧场现代化建设。

岛礁资源养护与增殖型海洋牧场建设以获取优质海产品资源为建设目标，以热带珊瑚礁海域为建设区域，养护、修复原有珊瑚礁生态系统，适当投放人工鱼礁和抗风浪网箱等辅助设施，筛选适宜经济种类，开展资源增养殖。

岛礁休闲旅游型海洋牧场建设以发展海洋休闲旅游业为建设目标；选择基础设施条件好的岛礁，开展珊瑚礁生态系统养护、集鱼型人工鱼礁建设及景观型人工鱼礁布放，养护恢复鱼类资源；开展高值经济鱼类增殖放流，配建陆基或船基旅游保障单元和海上旅游设施，发展游钓、潜水等旅游产业。

热带海域海岸带生态农牧场建设以海南省农垦系统的产业布局为基础，集成盐碱地生态农场、滩涂生态农牧场和浅海生态牧场关键技术，实现“三场连通”和“三产融合”，提升海岸带空间开发利用效率和综合效益，主要类型可包括海湾型、红树林型、珊瑚礁型（包括人工岛礁），同步发展耐盐植物种植、畜牧水产增养殖、资源保护、精深加工、生态旅游、文化产业等。

28.4 结　语

海洋牧场建设是生态系统恢复和重建的过程，即“先场后牧”，综合效益突出体现在生态系统保护、资源养护和经济效益等方面。现代化海洋牧场建设必须在系统调查评估的基础上，科学规划、布局，合理收获和综合管理，方见成效；必须拓展海洋牧场发展空间与产业布局，充分实现集约化精准养殖场、海岸带生态农牧场、离岸深水智慧渔场的融合发展。建设现代化海洋牧场要着力打造理念现代化、设备现代化、技术现代化和管理现代化的代表性特征，建设运营过程亟待原创驱动、技术先导和工程实施，突破一系列重大科学问题和技术瓶颈。

（杨红生　杨心愿　林承刚　张立斌　许　强）

参考文献

陈永茂, 李晓娟, 傅恩波. 2000. 中国未来的渔业模式: 建设海洋牧场. 资源开发与市场, 16(2): 78-79.

李波. 2012. 关于中国海洋牧场建设的问题研究. 青岛: 中国海洋大学.

阙华勇, 陈勇, 张秀梅, 等. 2016. 现代海洋牧场建设的现状与发展对策. 中国工程科学, 18(3): 79-84.

王恩辰，韩立民. 2015. 浅析智慧海洋牧场的概念、特征及体系架构. 中国渔业经济，33(2): 11-15.
杨红生. 2016. 我国海洋牧场建设回顾与展望. 水产学报, 40(7): 1133-1140.
杨红生. 2017. 海岸带生态农牧场新模式构建设想与途径：以黄河三角洲为例. 中国科学院院刊, 32(10): 1111-1117.
杨红生，霍达，许强. 2016. 现代海洋牧场建设之我见. 海洋与湖沼, 47(6): 1069-1074.
曾呈奎. 1985. 海洋农牧化大有可为. 科技进步与对策, 2(2): 9-10.
曾呈奎，徐恭昭. 1981. 海洋牧业的理论与实践. 海洋科学, 5(1): 1-6.
张国胜，陈勇，张沛东，等. 2003. 中国海域建设海洋牧场的意义及可行性. 大连水产学院学报, 18(2): 141-144.

29　海洋牧场与海上风电融合发展：理念与展望

我国是海洋大国，海洋资源得天独厚，海岸线绵长。海洋牧场与海上风电作为海洋经济的重要组成部分，在提供优质蛋白和清洁能源、改善国民膳食结构和促进能源结构调整、推动供给侧结构性改革和新旧动能转换等方面具有重要意义。

29.1　海洋牧场研究进展和发展现状

海洋牧场是基于海洋生态学原理和现代海洋工程技术，充分利用自然生产力，在特定海域科学培育和管理渔业资源而形成的人工渔场（杨红生等，2018）。海洋牧场的发展经历了以渔业资源增殖放流、人工鱼礁投放和海洋牧场系统化建设为标志的 3 个主要发展阶段：①建设实验期（1979～2006 年），此期间在东南沿海地区共建立了 23 个人工鱼礁试点，投放人工鱼礁 28 000 多个，建设面积为 10 万 m^3；②建设推进期（2006～2015 年），此期间发布了《中国水生生物资源养护行动纲要》，投入资金 22.96 亿元，建设鱼礁 3152 万 m^3，形成海洋牧场 464km^2；③建设加速期（2015 年至今），我国已完成了以岛礁型、海湾型、滩涂型、离岸深水型为主要类别，覆盖渤海、黄海、东海与南海四大海域的 86 个国家级海洋牧场示范区建设，计划到 2025 年将达到 178 个国家级海洋牧场示范区，这标志着我国海洋牧场的产业基础初具雏形。

当前，为了建设适宜我国海域特点及渔业发展特性的海洋牧场，我国科研工作者在海洋牧场建设理念、建设技术与原理、集成应用实践方面都开展了一系列研究，并且取得了最新进展。①在海洋牧场建设理念方面，提出了以“生态优先、陆海统筹、三产贯通、四化同步”为核心的原创性发展理念（杨红生，2016）；②在海洋牧场建设技术与原理方面，建立了以恢复近海海草（藻）床、产卵场为核心的海洋牧场生境构建技术，以提高重要海洋牧场经济种资源量为核心的物种扩繁、修复与行为解析技术，以保障海洋牧场生境安全、资源安全为核心的环境-资源综合预警预报监测网络，以及以保障海洋牧场可持续利用为核心的生态承载力评估技术等综合技术体系（Zhou et al.，2015；Ru et al.，2017，2018；杨红生等，2016）；③在海洋牧场集成应用实践方面，构建了国际领先的“互联网+海洋牧场”生产体系，创建了“科研院所+企业+合作社+渔户”相结合的“泽潭模式”生产方式，同步实现了海洋牧场企业发展与渔民收入提升、海域生态改善与产出效益提升（赵洪杰，2016）。

经过半个世纪的努力，我国海洋牧场建设从理念构想到初具规模，其形式和内涵不断发展，从以人工鱼礁为基础的海洋牧场，逐步形成重视理念、设备、技术和管理现代化的海洋牧场。

29.2　海上风电研究进展和发展现状

截至 2018 年，按照海上风电技术成熟度，国内外海上风电发展大致经历了 3 个阶段：①百千瓦级机组示范阶段（1970～2000 年），20 世纪 70 年代初欧洲国家就提出了利用海上风能发电的设想，1991～1997 年丹麦、荷兰和瑞典完成了样机的试制并获得了海上风力发电机组（500～700kW）的工作经验；②兆瓦级机组商业应用阶段（2000～2010 年），此期间欧洲完成了功率为 1.5～2MW 的海上风电场的建设，并成功向公共电网输送电力，这标志着海上风电发展进入了商用新阶段；③数兆瓦级机组商业应用阶段（2010 年至今），以德国市场为代表的数兆瓦级风力发电机组的应用，标志着风力发电机组呈现向大型化发展的趋势，市场主流风机的功率为 3～6MW。

目前，我国海上风电已经进入了规模化、商业化发展阶段，且呈现由近海到远海、由浅水到深水、由小规模示范到大规模集中开发的特点。为获取更多的海上风能资源，未来海上风电项目将逐渐向深远海发展。

29.3　海洋牧场与海上风电融合发展现状

29.3.1　海洋牧场与海上风电融合发展案例

海洋牧场与海上风电融合发展是节约集约用海的重要新型产业模式与未来发展方向（图 29.1）。目前，以德国、荷兰、比利时、挪威等为代表的欧洲国家已于 2000 年实施了海上风电和海水增养殖结合的试点研究，其原理为将鱼类养殖网箱、贝藻养殖筏架固定在风机基础之上，以达到集约用海的目的，为评估海上风电和多营养层次海水养殖融合发展潜力提供了典型案例（Buck and Langan，2017）。以韩国为代表的亚洲国家于 2016 年也开展了海上风电与海水养殖结合项目研究，结果表明双壳贝类和海藻等重要经济生物资源量在海上风电区都出现增加（Buck and Langan，2017）。

但我国尚未有海洋牧场与海上风电融合发展的先例，亟待通过实验研究海上风电与海洋牧场的互作机制，查明海上风电对海洋牧场的影响机制，建立海洋牧场与海上风电融合发展新模式，实现清洁能源与安全水产品的同步高效产出。

图 29.1 海洋牧场与海上风电融合发展示意图

29.3.2 海上风电对资源环境的影响研究进展

29.3.2.1 海上风电建设期对资源环境的影响

海上风电建设期对海洋资源与环境的影响较弱。德国和瑞典海上风电场的研究结果表明，风电建设期间，海豚和海豹可以探测到 80km 内打桩产生的噪声，在 20km 内噪声可能对其行为产生一定影响；鳕和鲱可以感知 80km 以内打桩产生的噪声；但在施工期产生的海洋环境改变为局部的、暂时的，随着工程施工的结束，影响会逐步减小，并逐渐恢复到平衡状态（Thomsen et al.，2006，2007）。

29.3.2.2 海上风电运行期对资源环境的影响

海上风电运行期间，风机运行所产生的噪声可被 4km 以内的鳕和鲱以及 1km 以内的鲽和鲑感知，风电场噪声可能对鱼类行为和生理状态产生一定影响，但会局限在非常近的范围内（Thomsen et al.，2006）。在荷兰滨海埃赫蒙德（Egmond aan Zee）的埃赫蒙德海上风电场（OWEZ）公司海上风电场，以底栖生物、鱼类、鸟类和海洋哺乳动物多样性为评价对象，通过 2 年实地调查，发现 OWEZ 公司海上风电场已经成为生物群落的栖息地，甚至增加了生物多样性（Lindeboom et al.，2011）。在我国相关研究较少，但根据江苏省林业局的消息，摄影爱好者在江苏如东海上风电场拍摄到了濒危鸟类栖息在风电场的珍贵画面。这表明海上风电场运行所产生的噪声、磁场等对鸟类不存在明显的负面影响，但机组运行时可能存在“鸟撞”现象（Fijn et al.，2015）。

29.4 海洋牧场与海上风电融合发展的必要性

29.4.1 海洋牧场与海上风电产业发展得到高度重视

清洁能源产业一直是国家发展的热点，党的十九大报告指出“构建市场导向的绿色技术创新体系，发展绿色金融，壮大节能环保产业、清洁生产产业、清洁能源产业。推进能源生产和消费革命，构建清洁低碳、安全高效的能源体系”。发展清洁能源是改善能源结构、保障能源安全、推进生态文明建设的重要任务。

党和国家对现代化海洋牧场建设寄予厚望，2017 年和 2018 年中央一号文件分别强调发展和建设现代化海洋牧场。建设现代化海洋牧场已经是修护近海生态环境、养护生物资源、实现新旧动能转换的重要抓手之一。

集约节约用海是持续、高效、绿色发展的重要途径。提高海洋资源开发能力，着力推动海洋经济向质量效益型转变；保护海洋生态环境，着力推动海洋开发方式向循环利用型转变；坚持集约节约用海，提高海域资源使用效率。

29.4.2 现代化海洋牧场建设技术体系亟待完善

海洋牧场是当前实现海洋环境保护和渔业资源高效产出的新业态，是推动渔业开发、海洋生态保护、海洋生境修复与海洋生物资源可持续利用协调发展的重要举措。但相关企业调研结果表明，目前在海洋牧场生产实践中出现了一些“卡脖子”问题：①海洋牧场内存在“供电难、供电不足”的问题，导致大型现代化牧场增养殖设备、资源环境监测设施等无法使用、维持，进而导致海洋牧场生产过程中普遍存在增养殖效率低、捕捞效率低、劳动强度大、危险系数高等综合性难题；②因海洋牧场内海洋空间开发不足，目前仅水下部分空间通过增养殖得以开发，而水上空间无法得到有效利用。因此，随着我国海洋牧场产业规模日益扩大，以海上供电难、立体开发技术和模式缺乏为核心的现代化海洋牧场建设技术体系落后问题已经成为制约海洋牧场产业升级的关键技术瓶颈，成为当前最突出和急需解决的问题。

29.4.3 清洁能源产业发展模式亟待拓展

清洁能源是推进供给侧结构性改革和保障国家能源安全的需要，而海上风电是清洁能源发展的重要方向。我国海上风能资源丰富，根据全国普查成果，我国

5～25m 水深、50m 高度海上风电开发潜力约为 2×10^8kW，5～50m 水深、70m 高度海上风电开发潜力约为 5×10^8kW，即我国大部分近海海域 70m 高度内都具备较好的风能资源条件，适合大规模开发建设海上风电场。

根据相关企业的调研结果，海上风电生产出现了一些限制因素：①海上风电机组离岸远，导致电力在输送过程中普遍存在损耗大、电网运维成本高的问题；②海上风电风机基础占地面积大，导致海上风电建设过程中存在风电基础造价高、运维成本高却无法得到有效利用的问题。因此，以运维成本高、水下风机基础无法得到有效利用为核心的单一发展模式落后问题已经成为制约海上风电产业可持续发展的关键技术瓶颈，成为当前亟待解决的问题。

海洋牧场与海上风电融合发展作为现代高效农业和新能源产业跨界融合发展的典型案例，是综合利用海洋空间的创新思路。通过节约集约利用有限的海洋空间，统筹海洋渔业资源开发，建设现代化海洋牧场，从而开创“水下产出绿色产品，水上产出清洁能源”的新局面，探索出一条可复制、可推广的海域资源集约生态化开发的“海上粮仓+蓝色能源”新模式。这将为我国新旧动能转换综合试验区建设提供新思路，为海岸带地区可持续综合利用提供科学依据和典型范例，实现生态效益、经济效益和社会效益的统一。

29.5 海洋牧场与海上风电融合发展理念与机制

29.5.1 融合理念与机制

根据我国海洋牧场与海上风电的产业特征与技术限制瓶颈，二者融合理念与机制包括 3 个方面。

（1）空间融合。水上水下、集海面与海底空间立体开发，综合利用海面风能与海洋生物资源，可实现清洁发电与无公害渔业产品生产空间耦合。融合途径为：利用海上风机的稳固性，将海洋牧场平台、休闲垂钓载体、海上救助平台、智能化网箱、贝类筏架、藻类筏架、海珍品礁、集鱼礁、产卵礁等与风机基础相融合，降低海洋牧场运维成本，提高经济生物养殖容量，从而实现海域空间资源集约高效利用的海洋开发新模式。

（2）结构融合。通过开发增殖型风机基础，实现风电基础底桩与人工鱼礁的构型有机融合，进而实现资源养护、环境修复的结构融合。融合途径为：以单桩式风机底桩为基础，结合生态型牡蛎壳海珍品礁、多层板式集鱼礁、抗风浪藻类绳式礁等，打造新型海上风电-人工鱼礁融合构型，提高海上风电场建设区域的初级生产力，实现底播型海珍品与恋礁性鱼类生态增殖，并且进一步保障建设区域关键生态种繁殖、产卵、仔稚鱼发育，维护建设区域食物网稳定，从而实现生境养护、高值海珍品增殖、关键生态种保护与清洁能源产出的多元目标。

（3）功能融合。综合利用季节性渔业生产高峰期（春季、夏季、秋季）与风力发电高峰期（冬季），实现海洋牧场内生物资源与风力资源周年持续利用生产时间功能融合。融合途径为：通过建立海上智能微网，保障海洋牧场电力长久持续供应，在季节性渔业生产高峰期，将海上风电直接用于海洋牧场平台、增养殖设施、资源环境监测设施、捕捞设施等，提高海洋牧场生产效率，提高海洋牧场对赤潮、绿潮、高温、低氧以及台风等环境灾害的抵御能力，保障海洋牧场生态与生产安全；在风力发电高峰期，将清洁风电并入建设区域电网，缓解火电压力、减小环境污染、保障居民生产生活，进而实现兼顾清洁能源产出与渔业资源持续开发的周年绿色生产新模式。通过海洋空间利用模式融合、结构耦合与渔业周年生产模式融合，打造“海上风电功能圈”，实现现代化海洋牧场产业与清洁能源产业双赢升级。

29.5.2　科学问题

海上风电与海洋牧场的互作过程和机制是二者融合发展的核心科学问题，主要包括：风机基础部分是否具有人工鱼礁的集鱼作用？浪花飞溅区等对海上风机的腐蚀作用如何？海洋牧场生产管理和海上风机运营应该保持怎样的协调机制？海上风电建设与运维期间所产生的噪声、振动与电磁场会对牧场生物造成何种影响？

29.5.3　技术瓶颈

海洋牧场与海上风电融合发展新模式创新是二者融合发展的主要技术瓶颈，即在海上风电建设的过程中必须重视与海洋牧场的融合发展问题，依托海上风电能源、结构优势，探索发展海上休闲垂钓、海上智能微网、潜水观光、海上住宿等相关产业，实现海洋牧场与海上风电融合发展，拉长产业链，实现产业多元化拓展，而不是仅关注风电效益。

29.5.4　研究内容

当前，海洋牧场与海上风电融合发展亟待开展的工作包括：海洋牧场与海上风机融合布局设计、环境友好型海上风机研发与应用、增殖型风机基础研发与应用、环保型施工和智能运维技术的研发与应用、海洋牧场与海上风电配套设施的研发及应用、海上风电对海洋牧场资源环境的影响观测与综合评价等。

（1）海洋牧场与海上风机融合布局设计。开展海上风机布设目标海域资源环境本底调查与承载力评估，建立海洋牧场中海上风机布局适宜性评价体系；评估不同底质对海上风机工作稳定性的影响，研发海洋牧场中海上风机布设底质选择技术；优化不同海洋牧场构建设施与海上风机协同布局方式；构建海洋牧场与海上风机融合互作模型，完善海洋牧场与海上风机融合布局设计。

（2）环境友好型海上风机研发与应用。系统评估风机设计、施工、运行和维护等全过程对海洋牧场资源环境的影响；明确风机在施工、运行和维护过程中的噪声污染来源，研发综合降噪控噪技术；研发低噪声施工工具和工艺，降低风机和基础施工噪声；优化海上风电机组设计，提升风机的运行可靠性，降低运维频率，减小风机运维对海洋牧场资源环境的影响，建立环保型海上风机标准化施工技术体系。

（3）增殖型风机基础研发与应用。开发环保型风机基础防腐技术；评估风机基础融合构型对海洋初级生产力的影响机制；开展风机基础融合构型对恋礁性鱼类、甲壳类、大型底栖动物等海洋牧场经济动物的行为和生理特征的影响；研究风机基础融合构型对腹足类卵袋附着、头足类产卵、仔稚鱼发育等重要海洋牧场经济动物繁殖、增殖的效果；综合行为、生理、繁殖等多元数据，开发兼具渔业资源增殖功能的新型海上风机基础。

（4）环保型施工和智能运维技术的研发与应用。比较不同打桩作业方式对海洋牧场的环境因子、噪声产生、振动、经济生物及保护动物（如鸟类、哺乳类等）等的综合影响机制，优化海上环保施工技术；建立海上气泡墙隔离技术，比较不同气泡墙密度对施工海域环境因子、噪声产生、振动的隔离效果，降低海上施工对海洋牧场的综合影响；开发海上风电智能运维技术，降低运维成本；建立风电运维数据库，提高风场单机可利用率和风场可利用率。

（5）海洋牧场与海上风电配套设施的研发及应用。研发海洋牧场海上自供电与能源供给融合发展新技术；充分利用海上风电能源和结构优势，开发与海洋牧场运行、监测、管理等相配套的能源供应、监测、管理设施；探索升降式筏架、智能网箱、观光垂钓平台、监测系统等设施装备与海上风机的融合机制，创新海洋牧场与海上风电融合发展新模式。

（6）海上风电对海洋牧场资源环境的影响观测与综合评价。研究海上风电工程建设期、运行期对海洋牧场资源环境的影响，阐明海上风电场建设所产生的声音、电磁场、光照等因素对海洋牧场的环境因子、初级生产力、经济生物（生长、行为、生理与存活）和保护动物（如鸟类、哺乳类等）的行为及生理的综合作用机制，客观评价海洋牧场与海上风电融合发展的科研价值、生态价值、经济价值和社会价值。

29.6 海洋牧场与海上风电融合发展对策与展望

29.6.1 生态优先，创新海洋牧场与海上风电融合发展技术体系

在远离生态保护红线区域，严格控制规模，因地制宜开展海洋牧场与海上风电融合发展试点试验；坚持生态优先，优化风机基础与人工鱼礁的融合方式，为海洋牧场生物资源繁殖、生长构建优质生态环境；坚持技术创新，加强环境友好型海上风机研制、生态型运维技术研发；制定海洋牧场与海上风电融合发展标准、规范，为新技术推广应用提供良好的市场环境；提高海洋牧场与海上风电融合发展技术与原理研究水平以支撑核心技术创新，提高核心技术竞争力；推动形成科研院所与企业、农（渔）民密切合作的产业技术创新联盟，促进成果转化应用。

29.6.2 科学布局，构建海洋牧场与海上风电融合发展监测体系

加强调研学习，总结国际海水增养殖与海上风电融合发展案例，结合本底调查和模型评估，科学选择适于海洋牧场与海上风电融合发展的区域；加强长期跟踪监测调查研究，构建海洋环境和海洋生物长期监测数据资料库，突出监测群体与监测方式的多样化，确保监测数据的准确性，科学评价海上风电生态效应；科学布局，优化实施方案，保障生态环境，降低海上风电对海洋牧场生物资源的影响；坚持科学发展，稳步推进，探索出一条可复制、可推广的海域资源集约生态化开发之路。

29.6.3 明确定位，完善风险预警防控和应急预案管理体系

明确海洋牧场与海上风电融合发展试点目标定位，依法、依规、依政策稳步推进，严格遵守海岸线开发利用规划、重点海域海洋环境保护规划等政策的要求；加强融合发展试点与海洋功能区划、海岸线开发利用规划、重点海域海洋环境保护规划、产业布局等统筹协调；明确各级政府、科研院所和相关企业的发展责任，并作为约束性指标进行考核；加强海上风机建设、运行过程中对海洋牧场环境资源的实时监测，健全海洋牧场与海上风电融合发展的风险预警防控体系和应急预案机制。

（杨红生　茹小尚　张立斌　林承刚）

参 考 文 献

杨红生. 2016. 我国海洋牧场建设回顾与展望. 水产学报, 40(7): 1133-1140.

杨红生, 霍达, 许强. 2016. 现代海洋牧场建设之我见. 海洋与湖沼, 47(6): 1069-1074.

杨红生, 杨心愿, 林承刚, 等. 2018. 着力实现海洋牧场建设的理念、装备、技术、管理现代化. 中国科学院院刊, 33(7): 732-738.

赵洪杰. 2016. 被复制的"泽潭"渔业模式. 大众日报, 2016-1-14(11).

Buck B H, Langan R. 2017. Aquaculture Perspective of Multi-use Sites in the Open Ocean: The Untapped Potential for Marine Resources in the Anthropocene. Cham: Springer.

Fijn R C, Krijgsveld K L, Poot M J M, et al. 2015. Bird movements at rotor heights measured continuously with vertical radar at a Dutch offshore wind farm. IBIS, 157(3): 558-566.

Lindeboom H J, Kouwenhoven H J, Bergman M J N, et al. 2011. Short-term ecological effects of an offshore wind farm in the Dutch coastal zone; a compilation. Environmental Research Letters, 6(3): 035101.

Ru X S, Zhang L B, Liu S L, et al. 2017. Reproduction affects locomotor behaviour and muscle physiology in the sea cucumber, *Apostichopus japonicus*. Animal Behaviour, 133(11): 223-228.

Ru X S, Zhang L B, Liu S L, et al. 2018. Energy budget adjustment of sea cucumber *Apostichopus japonicus* during breeding period. Aquaculture Research, 49(4): 1657-1663.

Thomsen F, Lüdemann K, Kafemann R, et al. 2006. Effects of Offshore Wind Farm Noise on Marine Mammals and Fish. Hamburg: COWRIE Ltd.

Thomsen J H, Forsberg T, Bittner R. 2007. Offshore wind turbine foundation: the COWI experience//Proceedings of the 26th International Conference on Offshore Mechanics and Arctic Engineering. San Diego: American Society of Mechanical Engineers.

Zhou Y, Liu X J, Liu B J, et al. 2015. Unusual pattern in characteristics of the eelgrass *Zostera marina* L. in a shallow lagoon (Swan Lake), North China: implications on the importance of seagrass conservation. Aquatic Botany, 120(1): 178-184.

30 我国现代化海洋牧场建设的思考

30.1 现代化海洋牧场的理念发展历程及内涵

30.1.1 现代化海洋牧场的理念发展历程

海洋牧场理念源自科学利用海洋的实践经验，并随着渔业发展得以不断完善。在中国，早在1947年朱树屏就结合国内外渔业生产经验，提出了“水即是鱼类的牧场”概念。1965年，曾呈奎和毛汉礼（1965）根据中国水产增养殖经验，提出了“使海洋成为种养殖藻类和贝类的农场，养鱼、虾的牧场”理念；并随后丰富了“海洋农牧化”内涵，提出了通过人为改造、创造经济生物生长发育所需要的海洋环境条件，达到提高渔业产量的创新性设想（曾呈奎，1979，1980，1985；曾呈奎和徐恭昭，1981）。20世纪90年代以来，中国学者在“海洋农牧化”理念的基础上，吸收了日本、美国等的渔业开发理念和技术手段，针对中国近海渔业的现状和特点，更为明确地对海洋牧场进行了诠释，该时期“海洋牧场”要素包括以下几点：以养护和增殖渔业生物资源、优化渔业环境为建设目的；以人工鱼礁（藻礁）建设和幼苗放流（底播）为主要手段；海洋牧场具有明确的边界与归属权；海洋牧场所用苗种来源于人工育苗或人工驯化；海洋牧场建设区域为自然海域；通过声学和光学等技术手段对海洋牧场资源实施人工管理（刘星泽，1984；陈永茂等，2000；张国胜等，2003）。

30.1.2 现代化海洋牧场的内涵

当前，在全球气候变化与中国近海渔业资源严重衰退的背景之下，“现代化海洋牧场”理念与内涵应符合中国海域特点及渔业发展特性，主要包括以下特征：海洋牧场发展依赖于健康的海洋生态系统，加强生境恢复和修复、根据生物承载力科学增殖是建设基础，即“生态优先”；海洋牧场区应包括海域与毗连陆地，陆地是牧场管理与苗种生产的基地，海域是生境修复和增殖放流的生产空间，即“陆海统筹”；海洋牧场应包括水产品生产、礁体和装备制造、休闲渔业等第一、第二、第三产业，即“三产贯通”；工程化、机械化、自动化、信息化是现代化海洋牧场的发展方向，是应对环境灾害、提高生产效率的根本动力，即“四化同步”（杨红生等，2018）。综上所述，现阶段可将海洋牧场的概念和内涵表述为：

基于生态学原理，充分利用自然生产力，运用现代工程技术和管理模式，通过生境修复和人工增殖，在适宜海域构建的兼具环境保护、资源养护和渔业持续产出功能的生态系统（杨红生，2016；杨红生等，2016a，2018）。在此理念下，中国现代化海洋牧场的业态将丰富多元，主要包括环境保护、生物资源修复、精深加工、装备制造、海洋信息、休闲渔业、海洋科普等。

30.2 现代化海洋牧场发展现状

30.2.1 海洋牧场建设发展历程

中国海洋牧场建设在短时间内走过了其他国家几十年的发展道路，主要包括建设实验期（1979～2006 年）、建设推进期（2006～2015 年）与建设加速期（2015 年至今）3 个阶段。在建设实验期，共投放 28 000 多个人工鱼礁，建立了 23 个人工鱼礁试点；在建设推进期，投入资金 49.8 亿元，建设鱼礁 6094 万 m^2，形成了海洋牧场 852.6km^2，并发布了《中国水生生物资源养护行动纲要》；在建设加速期，已完成覆盖渤海、黄海、东海与南海四大海域的 86 个国家级海洋牧场示范区建设，并计划到 2025 年建设 178 个国家级海洋牧场示范区（中华人民共和国农业部，2017；农业部渔业渔政管理局和中国水产科学研究院，2017），引领全国海洋牧场科学发展。

30.2.2 现代化海洋牧场建设技术体系初步建立

近年来，中国科研工作者在海洋牧场建设技术与原理和应用实践上都取得了一系列进展：①针对中国海洋牧场建设缺乏统一标准、承载力评估缺乏科学模型、设计原则缺乏生态理念、管理体系缺乏信息集成等重大问题，通过原理创新、标准规范制定、生态模型评估、设备开发等集成应用，在全国构建了多处海洋牧场示范基地（赵洪杰，2016；张立斌和林承刚，2018；许祯行等，2016；曾旭等，2018）；②突破了以海草床/海藻场修复、关键物种产卵场修复为核心的海洋牧场生境营造技术体系（章守宇等，2018；Xu et al.，2016，2018；郭美玉等，2017）；③建立了以关键经济种扩繁、修复为核心的海洋牧场生物资源修复技术体系（佟飞等，2016；Wu et al.，2016；Qiu et al.，2014；Zhang et al.，2015；Ru et al.，2017，2018，2019；牛超等，2017a，2017b；罗虹霞等，2015；王莲莲等，2015；张秀梅等，2009）；④构建了以环境监测、资源观测、灾害预警为核心的海洋牧场环境-资源综合监测网络（张立斌和林承刚，2018；邢旭峰等，2017）；⑤集成创新了以音响驯化、声学标记为核心的海洋牧场资源管理技术（张国胜等，2007，2010）；

⑥构建了“科研院所+企业+合作社+渔户”相结合的组织管理模式（赵洪杰，2016），为现代化海洋牧场的规范化管理提供了示范样板。

经过 60 余年的努力，中国海洋牧场建设从理念构想到初具规模，其形式和内涵不断发展丰富，从以渔业生产为目标的传统海洋牧场，到重视环境保护、生态修复和资源养护，涵盖苗种扩繁、生态开发的现代化海洋牧场（杨红生，2016），标志着中国海洋牧场建设初见成效，而真正意义上的现代化海洋牧场建设刚刚起步，现代化海洋牧场的科学发展仍面临诸多挑战。

30.2.3 现代化海洋牧场建设技术体系亟待升级

党和国家对现代化海洋牧场建设寄予厚望,并提出了高标准的建设要求。2017 年中央一号文件明确提出“支持集约化海水健康养殖，发展现代化海洋牧场，加强区域协同保护，合理控制近海捕捞”。2018 年中央一号文件强调“统筹海洋渔业资源开发，科学布局近远海养殖和远洋渔业，建设现代化海洋牧场”。2019 年中央一号文件再次强调“合理确定内陆水域养殖规模，压减近海、湖库过密网箱养殖，推进海洋牧场建设”。

中国海洋捕捞业和养殖业发展取得了举世瞩目的成就，但也存在诸多生态问题。海洋牧场被视为实现海洋环境保护和渔业资源高效产出的新业态，是实现海洋生态保护、海洋生境修复与海洋生物资源可持续利用的重要举措。但相关企业的调研结果表明，目前海洋牧场建设及生产实践中出现了一些“卡脖子”问题，主要包括：①海洋牧场食物网营养结构不合理、生物承载力缺乏科学评估体系、海洋牧场生产效率低，导致海洋牧场的可持续利用受到影响，甚至出现生物入侵、本地物种加速退化等生态后果；②生物资源高精度实时监测原理与设备研发较为薄弱，海洋牧场经济生物管理整体呈现“去向不明”“难觅踪迹”的现状，导致海洋牧场经济动物呈现“失控状态”，存在经济动物捕捞难度大、生产风险高的现象；③在全球气候变化的影响下，海洋牧场可持续发展出现了一定隐患，甚至导致生物易出现季节性大规模死亡的现象，如冷水团变动异常导致虾夷扇贝（*Patinopecten yessoensis*）产量骤降、夏季高温低氧导致刺参大规模死亡等；④海洋牧场的空间利用和开发模式落后，目前仅水下部分空间得以利用，而水上空间尚未得到有效开发，并且存在海上电力资源不足的问题，导致大型现代化海洋牧场运行设备和监测设施等无法长期稳定高效使用。

随着中国海洋牧场产业规模日益扩大，现代化海洋牧场构建原理与技术研究滞后已经成为制约海洋牧场发展和产业升级的瓶颈，成为当前最突出和亟待解决的问题。因此，系统开展现代化海洋牧场构建原理创新与技术攻关，是保障我国海洋牧场产业可持续发展的重中之重。

30.3 现代化海洋牧场发展策略与建议

目前，中国海洋经济进入快速增长阶段，海洋牧场建设是实现海洋经济可持续发展的重要手段。为了建设具有中国特色的现代化海洋牧场，必须坚持原创驱动、技术先导、工程示范的基本原则（杨红生等，2016b）。

30.3.1 创新驱动现代化海洋牧场建设

原创驱动即聚焦海洋牧场全产业链，关注亟待突破的重大科学问题和“卡脖子”技术瓶颈，强化技术先导的支撑作用，突出工程示范效果，从而引领和支撑中国现代化海洋牧场产业持续健康发展，实现中国由渔业大国向环境保护与资源利用并重的渔业强国转变。

重大科学问题：聚焦海洋牧场建设技术与原理，从机制层面实现原理突破和认知，是现代化海洋牧场可持续发展的关键所在，必须聚焦海洋牧场生产力演变、生物过程及生态互作机制、海洋牧场生态系统对全球气候变化的响应机制、海洋牧场经济动物行为控制原理与机制、海洋牧场与清洁能源和休闲渔业的融合发展机制等重大科学问题。

“卡脖子”技术瓶颈：中国海洋牧场产业在环境实时监测技术、生物资源智能管理技术、生物资源智能收获技术等方面的基础十分薄弱，必须聚焦海洋牧场经济动植物原种保护与利用、渔业资源数字化管理、环境安全自动化保障、渔业产品高效清洁生产与质量控制等“卡脖子”技术瓶颈，实现新设备、新技术、新品种、新模式、新空间的突破，为现代化海洋牧场建设提供技术支持。

30.3.2 关键技术突破促进现代化海洋牧场发展

现代化海洋牧场的建设是一个复杂的、长期的、多学科交叉的系统工程，涉及海洋生态学、海洋动物行为学、海洋生物保护学、海洋工程与信息技术学等多学科的交叉应用问题。因此，以调查与选址、牧场设施布局布放、牧场资源环境监测与评价、牧场养护与管理等关键步骤为现代化海洋牧场建设技术体系的基础框架，立足绿色、高效与可持续发展目标，未来 5～10 年必须在现代化海洋牧场建设技术体系构建方面实现新突破。

海洋牧场生态环境营造技术：研发海洋牧场生态礁体材料、设计、制造、组合与布局技术，重点突破大型人工鱼礁设计、制造等关键技术；优化海藻场/海草床的修复与移植技术，研究大型藻类/海草场在特定环境下的生长机制、环境及生物间作用机制，系统研发大型海藻/海草恢复设施装备与技术等，有效控制海洋生境碎片化，实现海洋牧场内生态环境全面修复。

海洋牧场生物行为控制技术：选择海洋牧场内生态关键种与优势经济种，强化种质资源保护，建立关键种扩繁技术体系，突破关键物种行为控制技术，建立适应现代化海洋牧场建设的关键种扩繁与生物行为控制技术体系，实现重要增养殖经济物种的优质安全生产与高效管理。

海洋牧场生物承载力提升技术：基于中国南北海域生境特征，优化海洋牧场食物网结构，建立多元复合高效海洋牧场食物网系统，丰富海洋牧场内生物资源营养级结构；建立海洋牧场生物承载力评估技术体系，构建海洋牧场生物资源可持续开发、管理利用技术方案，构建增殖结构合理的生态牧场，实现海洋牧场可持续利用。

海洋牧场生物资源评估技术：利用声学等生物资源探测与评估技术，建立生物资源声学无损探测与评估体系；利用遥感信息技术开发环境因子与资源变动数据模型；研发放流效果的评估技术，精确评估放流幼体在海洋牧场的存活、生长和繁衍状况，以多元技术手段实现海洋牧场生物资源精确评估。

海洋牧场生态模型构建与预测技术：建立海洋牧场环境因子和渔业资源信息实时监测网络，研发海洋牧场生态安全与环境保障监测平台，集成建立海洋牧场环境因子大数据处理分析中心，采用多元模型预测评估海洋牧场安全与经济生物资源产出，综合提高海洋牧场对自然灾害的预警能力和智能化管理能力。

海洋牧场智能捕获装备与配套技术：基于海洋牧场典型物种的行为特征，研发水下诱捕技术，结合自动控制技术，研制智能生态捕获装备。针对海洋牧场复杂的水体特征，基于激光、偏振成像、声学探测等多种技术手段，开展海洋牧场经济生物资源可视化研究，建立水下实时动态监测系统，为海洋牧场资源的智能化捕获提供新的技术手段，提高海洋牧场资源捕捞效率、减小渔业作业风险，实现海洋牧场生物高精度机械化采捕。

海洋牧场智能微网构建与能源保障技术：建立海洋牧场与海上风电融合发展技术体系，研发增殖型风电基础装备，开发环境友好型风机设施，构建“海上粮仓+蓝色能源”的现代化海洋牧场发展新模式；开发海洋牧场智能微网系统，保障海洋牧场的能源供给，实现海洋牧场与海上风电融合发展的可视、可管与可控，进一步实现海域空间资源的集约高效利用，兼顾清洁能源产出与渔业资源持续利用。

30.3.3　以点带面促进现代化海洋牧场建设全面升级

中国南北海域纬度跨度大，现代化海洋牧场建设技术和模式存在一定差异。渤黄海海域以海湾生境为主，是中国传统渔业主产区，构建海洋牧场的主要目的在于修复受损生境与养护渔业资源。例如，通过设置人工鱼礁、人工藻礁，营造海藻场/海草床，修复与优化经济生物的栖息场所，放流经济生物，实现海洋环境保护、生境修复和资源持续利用并举的目标。东海海域以岩礁海域为主，通过修复补强和拓展岩石相生境（包括海藻场）的生态功能和幼苗放流等，加强对岩礁性高值渔业资源的养护和增殖，并通过休闲海钓等渔业资源利用模式的创新，实现区域生态环境保护和生物资源可持续利用。南海海域以珊瑚岛礁生境为主，恢复珊瑚礁生态系统和岛礁渔业资源、增殖珊瑚礁特色海洋生物资源并实现高值化利用是实现南海生物资源可持续利用、促进社会经济发展和维护国家主权的重要内容。

综上所述，实现海洋牧场理念现代化、装备现代化、技术现代化和管理现代化，建立适于中国南北方海域可复制、可推广的现代化海洋牧场建设技术体系，促进海洋环境保护、生态修复和生物资源养护的有机结合，从而科学引领中国现代化海洋牧场的规范化建设和健康发展。

（杨红生　章守宇　张秀梅　陈丕茂　田　涛　张　涛）

参 考 文 献

陈永茂, 李晓娟, 傅恩波. 2000. 中国未来的渔业模式: 建设海洋牧场. 资源开发与市场, 16(2): 78-79.

郭美玉, 李文涛, 杨晓龙, 等. 2017. 鳗草在荣成天鹅湖不同生境中生长的适应性. 应用生态学报, 28(5): 1498-1506.

刘星泽. 1984. 渔业要走农牧化的道路: 渔捞专家谈开发海洋渔业生产. 瞭望周刊, (43): 25.

罗虹霞, 陈丕茂, 袁华荣, 等. 2015. 大亚湾紫海胆(*Anthocidaris crassispina*)增殖放流苗种生长情况. 渔业科学进展, 36(3): 14-21.

牛超, 杨超杰, 黄玉喜, 等. 2017b. 金乌贼新型产卵附着基的实验研究. 中国水产科学, 24(6): 1234-1244.

牛超, 张秀梅, 丁鹏伟, 等. 2017a. 胶南近海金乌贼生长特性、资源分布及增殖放流效果初步评价. 中国海洋大学学报(自然科学版), 47(7): 36-45.

农业部渔业渔政管理局, 中国水产科学研究院. 2017. 中国海洋牧场发展战略研究. 北京: 中国农业出版社.

农业农村部渔业渔政管理局, 全国水产技术推广总站, 中国水产学会. 2018. 2018 中国渔业统计年鉴. 北京: 中国农业出版社.

佟飞, 秦传新, 余景, 等. 2016. 粤东柘林湾溜牛人工鱼礁建设选址生态基础评价. 南方水产科学, 12(6): 25-32.

王莲莲, 陈丕茂, 黎小国, 等. 2015. 圆洲岛近岸不同表面处理的鱼礁模板附着生物群落特征.安徽农业科学, 43(3): 171-174, 178.

邢旭峰, 王刚, 李明智, 等. 2017. 海洋牧场环境信息综合监测系统的设计与实现. 大连海洋大学学报, 32(1): 105-110.

许祯行, 陈勇, 田涛, 等. 2016. 基于 Ecopath 模型的獐子岛人工鱼礁海域生态系统结构和功能变化. 大连海洋大学学报, 31(1): 85-94.

杨红生. 2016. 我国海洋牧场建设回顾与展望. 水产学报, 40(7): 1133-1140.

杨红生, 霍达, 许强. 2016a. 现代海洋牧场建设之我见. 海洋与湖沼, 47(6): 1069-1074.

杨红生, 邢丽丽, 张立斌. 2016b. 现代渔业创新发展亟待链条设计与原创驱动. 中国科学院院刊, 31(12): 1339-1346.

杨红生, 杨心愿, 林承刚, 等. 2018. 着力实现海洋牧场建设的理念、装备、技术、管理现代化. 中国科学院院刊, 33(7): 732-738.

曾呈奎. 1979. 关于我国专属经济海区水产生产农牧化的一些问题. 自然资源, 1(1): 58-64.

曾呈奎. 1980. 我国海洋生物学在新时期的主要任务. 海洋科学, 4(1): 1-5.

曾呈奎. 1985. 海洋农牧化大有可为. 科技进步与对策, 2(2): 9-10.

曾呈奎, 毛汉礼. 1965. 海洋学的发展、现状和展望. 科学通报, 10(10): 876-883.

曾呈奎, 徐恭昭. 1981. 海洋牧业的理论与实践. 海洋科学, 5(1): 1-6.

曾旭, 章守宇, 林军, 等. 2018. 岛礁海域保护型人工鱼礁选址适宜性评价. 水产学报, 42(5): 673-683.

张国胜, 陈勇, 张沛东, 等. 2003. 中国海域建设海洋牧场的意义及可行性. 大连水产学院学报, 18(2): 141-144.

张国胜, 徐鹏翔, 许玉甫, 等. 2007. 大泷六线鱼声音诱集效果研究//2007 年中国水产学会学术年会暨水产微生态调控技术论坛论文摘要汇编. 桂林: 中国水产学会.

张国胜, 张阳, 王利民, 等. 2010. 300Hz 脉冲音对许氏平鲉幼鱼的驯化效果. 大连水产学院学报, 25(5): 413-416.

张立斌, 林承刚. 2018. 海洋牧场环境资源监测平台构建//中国水产学会海洋牧场专业委员会, 中国水产学会渔业资源与环境专业委员会. 第二届现代化海洋牧场国际学术研讨会、中国水产学会渔业资源与环境专业委员会 2018 年学术年会论文集.

张秀梅, 王熙杰, 涂忠, 等. 2009. 山东省渔业资源增殖放流现状与展望. 中国渔业经济, 27(2): 51-58.

章守宇, 向晨, 周曦杰, 等. 2018. 枸杞岛海藻场 6 种大型海藻光合荧光特性比较. 应用生态学报, 29(10): 3441-3448.

赵洪杰. 2016. 被复制的"泽潭"渔业模式. 大众日报, 2016-1-14(11).

Food and Agriculture Organization of the United Nations. 2018. The state of world fisheries and aquaculture 2018-meeting the sustainable development goals. Rome: FAO.

Qiu T L, Zhang L B, Zhang T, et al. 2014. Effects of mud substrate and water current on the behavioral characteristics and growth of the sea cucumber *Apostichopus japonicus* in the Yuehu Lagoon of Northern China. Aquaculture International, 22(2): 423-433.

Ru X S, Zhang L B, Li X N, et al. 2019. Development strategies for the sea cucumber industry in China. Journal of Oceanology and Limnology, 37(1): 300-312.

Ru X S, Zhang L B, Liu S L, et al. 2017. Reproduction affects locomotor behaviour and muscle physiology in the sea cucumber, *Apostichopus japonicus*. Animal Behaviour, 133: 223-228.

Ru X S, Zhang L B, Liu S L, et al. 2018. Energy budget adjustment of sea cucumber *Apostichopus japonicus* during breeding period. Aquaculture Research, 49(4): 1657-1663.

Wu Z X, Zhang X M, Lozano-Montes H M, et al. 2016. Trophic flows, kelp culture and fisheries in the marine ecosystem of an artificial reef zone in the Yellow Sea. Estuarine, Coastal and Shelf Science, 182: 86-97.

Xu S C, Wang P M, Zhou Y, et al. 2018. New insights into different reproductive effort and sexual recruitment contribution between two geographic *Zostera marina* L. populations in temperate China. Frontiers in Plant Science, 9: 15.

Xu S C, Zhou Y, Wang P M, et al. 2016. Salinity and temperature significantly influence seed germination,seedling establishment, and seedling growth of eelgrass *Zostera marina* L. PeerJ, 4: e2697.

Zhang L B, Zhang T, Xu Q Z, et al. 2015. An artificial oyster-shell reef for the culture and stock enhancement of sea cucumber, *Apostichopus japonicus*, in shallow seawater. Aquaculture Research, 46(9): 2260-2269.

31　我国蓝色粮仓科技创新的发展思路与实施途径

面对国民对优质蛋白的迫切需求、产业亟待转型升级、水域生态环境堪忧、渔业资源衰退以及国际海洋权益之争日趋激烈等现状，坚持生态优先、陆海统筹，实现渔业产业转型升级势在必行。基于建设蓝色粮仓特色的现代渔业发展理念，由相对独立的“养殖、捕捞、加工”发展到“从基因到生态系统”一体化的生产体系，形成了从水产品高效产出到信息物流服务的全产业链条。蓝色粮仓建设涉及重大认知创新、关键装备和技术突破、区域性典型应用示范，是一个长期而又系统的工程。与此同时，经济新常态和“海上丝绸之路”建设也对现代渔业发展提出了新要求（杨红生，1999），必须保护淡水资源，立足滩涂和近海，拓展深远海，通过全产业链设计、三产融合，实现绿色化、工程化、机械化、信息化。

31.1　特殊性分析

31.1.1　蓝色粮仓的概念

蓝色粮仓是在保障国家粮食安全和海洋强国建设背景下提出的，诸多学者对蓝色粮仓的概念特征进行了较为系统的研究（兰圣伟，2014；卢昆，2017；卢昆等，2012；杨红生等，2016；曾呈奎，2000），为形成系统理论认知，结合产业链和创新链的发展特征及未来趋势，可将蓝色粮仓概念总结为：以优质蛋白高效供给和拓展我国粮食安全的空间为目标，利用海洋和内陆水域环境和资源，通过创新驱动产业转型升级，培育农业发展新动能，基于生态优先、陆海统筹、三产融合构建具有国际竞争力的新型渔业生产体系。

31.1.2　蓝色粮仓的特点

相较于传统渔业及陆地传统农业，蓝色粮仓具有空间、环境、种类、需求等多样性的特点（杨红生，1999）。在空间多样性方面，蓝色粮仓建设涉及池塘、湖泊（水库）、滩涂、浅海、深海、大洋乃至极地。在环境多样性方面，蓝色粮仓建设涉及的内陆水域与海洋的环境条件差异极大，在海洋环流、海洋地质等交互作用下，不同海域的温度、盐度、深度等环境条件也存在较大差异（张福绥，2000）。在种类多样性方面，相对于陆地农业、林业、牧业根植于土地载体进行平面生产的作业特点，蓝色粮仓生产活动呈现立体化，其生物资源不仅具有较强流动性，还具有物种多样性，鱼、虾（蟹）、参、贝、藻等诸多经济物种都涉及其中（韩立民和李大海，2015）。在需求多样性方面，蓝色粮仓不仅可以提供初级或加工类水产品以及工业原材料，还可以通过休闲、旅游等多种形式为人类服务。此外，通过开发不同加工工艺，可形成冷冻、干制、腌制等多种产品样式。

31.2　必要性分析

31.2.1　优质蛋白供给，保障食品安全的重要举措

粮食安全始终是关系我国国民经济发展、社会稳定和国家自立的全局性重大战略问题。联合国粮食及农业组织 2017 年发布的《全球粮食危机报告》表明，目前全球处于粮食产出严重不安全状态的人数在大幅度增长（张兰婷等，2018）。近年来，我国工业化和城镇化的快速推进，导致陆地耕地资源和水资源短缺等问题日益突出；在自然灾害、环境污染、弃耕撂荒、预期收益不高等的影响下，农地利用非农化、非粮化趋势明显；气候变化诱发的自然灾害频发，使我国陆地农业更显脆弱，对我国食品安全提出了严峻挑战（成升魁等，2018b）。作为粮食供应的重要组成部分，水产品是一种优质“粮食”（刘阳光和徐麟辉，1998）。开发利用海洋和内陆水域资源，发展渔业生产，坚持“海陆并进、统筹发展”，是增加食物总量的有效途径。随着城镇化进程加快、人民生活水平的提高及健康意识的提升，对优质蛋白等重要营养物质的需求将不断增加，渔业的重要性将日趋凸显（卢昆等，2012）。深耕蓝色国土，建设蓝色粮仓，构建全产业链的渔业产业体系，生产出更多优质、安全的水产品，不仅是保障我国粮食安全的重要举措，也是关乎人民健康的重大问题。

31.2.2　产业转型升级，实现强国富民的重要引擎

作为农业和国民经济的重要产业，渔业是率先打破计划经济体制、实行市场化改革的行业之一，其特点为体制好、活力足、产业化和国际化程度高（张珊，2013）。由于我国渔业仍以开放式粗放经营方式为主，整体效益不高；渔业产业机械化和智能化程度低、劳动强度大且富余劳动力需安置等问题依然突出。因此，必须加强渔业产业相关科技原理、技术与模式研究，大力发展良种产业，提升水产养殖业的技术水平和效益；积极发展远洋捕捞渔业，推动海洋渔业经济外向发展；大力提高水产品加工与流通等第二、第三产业的比重，实现渔业产业的生产、加工与流通的三产融合，为实现渔业资源持续稳定增长、增加农渔民收入和解决

“三农”问题提供强有力的支撑。与此同时，按照“生态、优质、高效、品牌”的现代渔业发展要求，实施蓝色粮仓科技创新，以科技渔业、品牌渔业、生态休闲渔业助推渔业产业革新，着力优化调整渔业产业结构，引领产业升级。

31.2.3 生态环境和谐，建设生态文明的重要途径

水域生态系统对维系自然界物质循环、净化环境、涵养水源、缓解温室效应等发挥着重要作用（张珊，2008）。水产养殖是重要的生物固碳途径之一，与人工造林项目相比节约了大量的资金、土地、水等自然资源和人力资源。但是，传统渔业对生物资源和局部环境的过度开发利用，导致局部生态系统退化、生态服务功能受损、渔业资源种群再生能力下降。针对海洋渔业资源的过度利用，制定行之有效的生境修复和资源养护措施、构建现代化海洋牧场，可有效恢复海洋渔业资源和海洋生态系统（Agardy，2000；Wilson et al.，2002；Greenville and MacAulay，2006）。此外，《中国渔业生态环境状况公报》表明，除局部渔业水域污染仍然比较严重外，我国渔业水域生态环境质量状况总体比较稳定。但值得注意的是，受陆源污染等的影响，海洋渔业生态已经受到严重威胁（海洋农业产业科技创新战略研究组环境保护与资源养护专题组，2013）。伴随着沿海地区社会与经济的高速发展和城市化进程，作为国家实施海洋规划的主要区域，滨海生态系统的可持续产出功能受到制约。实施蓝色粮仓科技创新，按照渔业的可持续发展要求，坚持走种质创新、健康养殖、适度捕捞、精深加工的标准化、规范化和生态化发展之路，实现生态目标与经济目标的统一，促进渔业资源与环境的协调发展（刘翔和付娜，2011），是建设生态文明的重要途径。

31.2.4 突破产业瓶颈，推进创新跨越的迫切需求

我国渔业经过近 40 年的快速发展，已迎来机遇期和转型升级期，面对环境恶化、资源衰退、装备技术落后、产业发展方式粗放、成果应用滞后、创新驱动不足等问题，必须推进供给侧结构性改革，全面实施自主创新，以科技引领带动产业全面发展。坚持“生态优先”，发展生态友好型、可持续利用型捕捞和养殖技术，从全生态链角度加强渔业资源与环境保护，建设美丽海疆和湖泊。坚持“陆海统筹”，控制陆源污染对水域环境的破坏，建立陆海接力、陆海联动的种质创制、健康养殖、友好捕捞和综合利用新模式，合理开发利用渔业资源，坚持“三产融合”，突破不同阶段的发展瓶颈，打通“三产”间的技术阻碍，实现全产业链的整体发展，加快推进发展方式由数量增长型向质量效益型转变。坚持“四化同步”，推动信息化、工业化在渔业装备、养殖设施、精准捕捞等方面的应用，

着力提高渔业设施装备水平、项目组织化程度和整体管理水平，不断提高渔业综合生产能力、抗风险能力，提升渔业产业的国际竞争力，实现工业化、信息化、城镇化、农业现代化在渔业产业发展中的有机融合。坚持“创新跨越”，充分利用好市场配置资源的基础性作用，实施现代渔业科技创新多元化投入机制，实现“产学研”协同创新与发展，抢占渔业高技术制高点，进一步发挥我国现代渔业科技和产业的国际引领作用，积极参与国际海洋渔业资源竞争，实现渔业产业全面跨越式发展。

31.3 可行性分析

31.3.1 国际渔业科技发展现状及趋势

美国、日本等现代渔业科技发达国家高度重视渔业资源保护、养护与持续利用，海洋牧场建设卓有成效，渔业装备基本实现自动化和智能化，重要养殖种类普遍实现良种化和集约化，水产品加工已经实现标准化和高值化（王波等，2018）。近年来，世界各国纷纷开展重要水产经济生物基因组学研究，美国等率先在对虾、牡蛎、大麻哈鱼（*Oncorhynchus keta*）、虹鳟（*Oncorhynchus mykiss*）、斑点叉尾鮰（*Ictalurus punctatus*）等水产经济生物分子选育研究方面取得进展，筛选到一批与发育、生殖及免疫相关的功能基因，建立了多种水产动物病毒、细菌等病原的快速检测方法，实现了多种疫苗的商品化应用。发达国家十分重视养殖设施装备研发，并建立了相应的技术标准与规范，提高了养殖生产效率。水生生物资源养护技术是目前国际生态学研究的前沿和热点领域之一，国际上高度重视生态效益与环境效益，开展了栖息地保护与修复、增殖放流等。发达国家的水产品加工自动化处理机械和小包装制品加工设备研发发展迅速，十分重视加工副产物的高值化利用和食品安全检测方法的标准化，与此同时，生物工程、膜组合分离、微胶囊、非热杀菌、无菌包装、真空冷冻干燥、超微粉碎等高新技术的应用，促进了水产品精深加工水平不断提升。

31.3.2 我国渔业科技发展现状及趋势

近40年来，我国渔业科技领域实现了快速发展，总体上已达到国际先进水平，部分研究方向已达到国际领先水平（杨红生，1999）。随着我国现代化海洋牧场、海岸带生态农牧场、智慧渔场等建设理念不断深化与完善（杨红生，2016，2017；杨红生等，2018），渔业发展取得一系列成果。目前，我国已经建成了国际先进的科技创新和应用示范平台，培养了与国际接轨的创新团队，突破了藻、贝、鱼、参、虾（蟹）等多物种人工养殖原理与技术，建立了较为系统的水产养殖技术、装备和生产体系，并高度重视水域生态环境与水生生物资源养护（杨红生，1999）。我国近海捕捞实现了零增长，远洋捕捞作业渔场遍及 40 个国家和大洋公海乃至南极海域，水产品加工实现了规模化生产，“基础研究-种质种苗-养殖模式-资源管理-精深加工”的全链条现代渔业发展模式已初步建立，水产品产量连年保持稳定增长且居世界首位，为保障粮食安全和满足城乡居民水产品需求做出了巨大贡献（杨红生，1999）。

31.3.3 我国渔业科技发展优劣势分析

近 20 年来，我国系统开展了鱼、虾（蟹）、贝、藻、参的组学研究，系统建立了杂交、诱变、多倍体和复合性状人工选择育种等技术，培育出 201 个水产生物新品种，是世界上培育水产养殖新品种最多的国家，在水产生物育种技术方面处于领跑地位。我国拥有世界上最大规模的水产养殖业，在养殖装备、病害防控和饲料制备等方面特色明显，建立了流域、陆基、浅海、湖泊等增养殖新技术和新模式，研发了疫病快速诊断与综合防控技术，处于并跑向领跑发展阶段。我国高度重视水生生物资源养护与持续利用，建立了较为系统的技术、装备和生产体系，研制了捕捞作业成套装备，优化了渔业资源养护技术，建立了水产品生产追溯与食品安全保障体系，开发出一批海洋药物、医用材料和农用制品，但资源管理、捕捞和高值化利用技术的信息化和精准化亟待加强，处于跟跑向并跑转变的阶段。我国高度重视渔业与环境保护协调发展，开展增养殖水域生物生产力分布和变化特征调查，但在构建增养殖生产数据信息库、系统评估水域的生物承载力等方面缺乏实质性的突破，总体处于跟跑阶段。亟待实施科学评估养殖水域生产力和承载力，优化和调整产业结构，减少对环境资源的过度开发与利用。

我国渔业科技知识产权国际化亟待加强。世界主要国家的专利现状分析表明，“滩涂高效利用”“重要渔业资源养护与环境修复”等方面成为技术研发的热点，成果产出也较多。美国、日本、欧洲等国家和地区在渔业相关研究方面起步较早，专利申请数量变化趋势相对稳定，体现了技术的成熟性。目前我国专利技术重点在浅海增养殖设施与技术、节能环保型循环水养殖工程技术与装备、池塘高效清洁养殖技术、生物遗传选育技术等方面。以海洋渔业为例，通过对德温特专利数据库的初步检索发现，近 25 年来全球关于海洋渔业技术的三方专利约有 1200 项，其中同时在我国提出专利申请并公开的约有 800 项，但是由我国机构和个人提出申请的非常少。从拥有三方专利的数量上看，我国与美国、日本、欧洲等国家和地区之间存在较大差距，表明我国的科技创新能力和水平仍有待进一步提高，尤其是在国际上拥有自主知识产权的创新方面，在逐年加大研发投入的同时，必须注重提高研发的质量，增强技术发明的原创性。

31.3.4 亟待实现第三次产业飞跃

我国渔业发展的理论基础亟待夯实，技术瓶颈亟待突破，如水产生物良种技术体系尚不能支撑产业发展需求、生境修复和资源养护工程化水平不高、养殖模式粗放且结构布局不合理、水产品精深加工和高值化水平低、远洋高效捕捞技术亟待突破等，严重制约了产业健康发展（韩立民，2007）。一方面，在水产生物种质创制、健康养殖、资源养护、流通加工等方面基础理论相对薄弱，虽然目前我国水产养殖结构相对稳定，且种类多样性丰富、生态效率高、生物产出多，但在水产动物营养代谢调控与免疫机制、养殖生物种质资源利用的遗传基础、水产品营养品质保持机制与功能解析、重要养殖生物与环境互作机制、渔业水域环境退化与生物资源补充机制等重大科学问题上仍存在不足，当前应聚焦此类重大科学问题,实现新认知和原理突破,为蓝色粮仓建设提供理论支撑(唐启升等,2016)。另一方面，在生殖操作、精准养殖、生境修复、资源探测和精深加工等方面的技术基础十分薄弱，必须聚焦种质创制、健康养殖、资源养护、友好捕捞、流通加工等产业需求和重大技术瓶颈，创建（制）新设施、新技术、新模式和新制品，为蓝色粮仓建设提供技术与装备支撑。鉴于此，必须围绕产业发展需求，按照科技创新链要求，从基础研究、重大共性关键技术、典型应用示范层面系统部署蓝色粮仓建设工作，实现工程化、机械化、智能化、信息化，完成第三次产业飞跃，引领和支撑我国现代渔业产业的持续健康发展（杨红生，1999）。

31.4 发展目标

31.4.1 实现产业大国向强国的跨越

坚持创新、协调、绿色、开放、共享的发展理念，以优化优质蛋白食物产品产业结构、合理开发和综合利用海水及淡水资源、建设“生态优先、陆海统筹、三产融合、四化同步”的蓝色粮仓为目标（杨红生，1999），围绕水产生物种质创制、健康养殖、资源养护、友好捕捞、绿色加工等产业关键环节，聚焦淡水渔业的提质增效和转型升级，以绿色生态养殖为着力点，突破水体环境控制、产品质量安全等瓶颈制约，实现从增量到提质的转变；强化海洋渔业的装备能力提升和产业空间拓展，近海以引领现代化海洋牧场发展为主线，深远海以提升智能装备技术水平为突破点，远洋以提高精准捕捞和一体化加工能力为抓手，推动海洋渔业产业迈上新台阶，增加优质蛋白有效供给。构建智慧养殖、智能捕捞和绿色加工等新生产体系，培育和集聚蓝色粮仓创新、创业核心团队，创建现代渔业科技研究与示范平台（杨红生，1999），培育具有国际竞争力的支柱产业，形成三产融合、链条完整的产业集群和技术标准体系，在“一带一路”共建国家示范推广，为人类优质蛋白高效供给贡献“中国智慧”、提供“中国方案”，实现我国渔业科技由并跑向领跑的跨越。

31.4.2 提升科技创新和产业拓展能力

提升现代渔业原始创新能力，实现对健康养殖、资源养护、绿色加工等基础科学问题的新认知，原创支撑新型渔业生产体系的系统构建。预期在 5 年左右，提升主导水产种质创制能力，建立种质创制与发掘技术平台和体系，良种增产贡献率达到 35%，主要良种覆盖率达到 65%以上。提升养殖捕捞装备研发能力，研制养殖、捕捞自动化设施与装备，养殖轻简化效率提高 30%；单船捕捞作业效率提高 30%，单位渔获物能耗降低 10%。提升生态养殖精准管理能力，建立安全、高效、生态增养殖技术体系，重大疾病发生率降低 20%。提升渔业资源高效养护能力，构建渔业资源与环境评价模型，评估典型水域承载力，技术支撑 50%以上的国家现代化海洋生态牧场建设。提升水产品绿色加工能力，建立水产品标准化加工与食品安全保障技术体系，研制绿色加工重大装备，开发水产方便食品或营养功能食品，主导水产品加工利用率达到 50%。提升龙头企业的国际竞争能力，实现关键技术的创新集成，在“一带一路”共建国家得以推广应用。

31.5 实施途径

31.5.1 聚焦重大需求、构建科技创新链条

蓝色粮仓建设必须强化全链条创新设计，突出一体化组织实施。聚焦产业需求、重大科学问题和重大关键技术瓶颈，针对种质创制、健康养殖、资源养护、友好捕捞、流通加工五大产业需求（杨红生，1999），实施良种引领、技术升级、空间拓展、产业示范四大行动。拓展现代渔业发展空间与优化产业布局，实现集约化精准养殖场、滩涂生态农牧场、浅海生态牧场和离岸深水智慧渔场的四场联动与融合发展。坚持理念、设备、技术和管理的现代化，坚持原创驱动、技术先导和工程实施，构建智慧养殖、智能捕捞、绿色加工三大体系，满足优质蛋白高效供给和产业转型升级兴业两大需求，建设中国特色的蓝色粮仓。

31.5.2 坚持原创驱动、突破重大科学问题

目前，我国水产基础研究依然薄弱，诸多重大关键科学问题亟待解决。在种

质创制方面，生长与品质、性别与发育、抗病与抗逆遗传基础和调控机制亟待深度解析；在健康养殖方面，营养需求与代谢调控、疫病发生与免疫机制、生物与环境互作机制亟待细化阐明；在资源养护方面，生境退化与生物多样性演变、食物网结构与补充机制亟待深化认知；在流通加工方面，品质保持与调控机制、结构表征与功能解析亟待系统揭示。以蓝色粮仓建设原理创新为目标，系统开展基础研究，为种质创制、健康养殖、资源养护、友好捕捞、流通加工提供理论和数据支撑（杨红生，1999）。

31.5.3　强化技术先导、支撑产业健康发展

蓝色粮仓建设必须强化产业空间布局特色，提升产品品质和装备技术水平。在陆基养殖水域，突出绿色生态养殖，聚焦养殖产品品质，重点优化养殖水体环境，保障水产品质量安全，建成一批现代化精准养殖场；在河口、滩涂区域，重点开展大型藻（草）类和埋栖型贝类种养殖，实现环境的健康发展和产品的清洁生产，建成一批大型滩涂生态农牧场；在近海海域，突出生态化和自动化，重点开展生态修复和资源养护，引领现代化海洋牧场发展；在深远海海域，突出养殖机械化和智能化，强化大型养殖装备和工作平台的建设，引领我国智慧渔场的健康发展；在远洋捕捞方面，突出工程化和信息化，强化精准捕捞和船载加工一体化设施与成套装备研发；在流通加工方面，突出高值化与高质化，聚焦新产品开发，强化流通与加工装备研发，建立产品质量追溯技术体系。同时，集成共性关键技术，开展池塘绿色高效养殖与综合利用、典型湖泊水域净水渔业、盐碱水域绿洲渔业、南海智能化养殖与综合利用、东海渔业资源增养殖与高值利用、黄渤海生态渔业三产融合发展、远洋渔业新资源开发与综合利用等集成示范（杨红生，1999），实现成果转移转化，引领和支撑我国陆海统筹、生态安全、品质优良的区域性蓝色粮仓建设。

综上所述，经过 5～10 年的原始创新与技术突破，预期在分子育种、智能化装备、生化工程加工技术、鱼类疫苗开发与应用技术等方面，形成系列重大突破性技术；在创建池塘绿色养殖和渔农综合种养新模式、引领支撑现代化海洋牧场三产融合新业态、建设深远海大型智能化养殖新装备等方面（杨红生，1999），获得一批标志性成果。实施研究成果的集成创新与示范应用，有力促进我国渔业科技从并跑到领跑的转变，促进渔业产业从大国到强国的跨越，也为人类优质蛋白高效供给贡献“中国智慧”、提供“中国方案”。

（杨红生）

参 考 文 献

成升魁, 李云云, 刘晓洁, 等. 2018a. 关于新时代我国粮食安全观的思考. 自然资源学报, 33(6): 911-926.

成升魁, 徐增让, 谢高地, 等. 2018b. 中国粮食安全百年变化历程. 农学学报, 8(1): 186-192.

海洋农业产业科技创新战略研究组环境保护与资源养护专题组. 2013. 发展海洋环境保护与资源养护产业刻不容缓. 中国农村科技, (11): 64-65.

韩立民. 2007. 海洋产业结构与布局的理论和实证研究. 青岛: 中国海洋大学出版社.

韩立民, 李大海. 2015. "蓝色粮仓": 国家粮食安全的战略保障. 农业经济问题, 36(1): 24-29.

兰圣伟. 2014. 深耕"蓝色土地"建设"蓝色粮仓": 访中国海洋大学海洋发展研究院副院长韩立民. 中国海洋报, 2014-7-30(A3).

刘翔, 付娜. 2011. 滨海新区城乡一体化进程中农村产业升级的路径选择. 安徽农业科学, 39(8): 4934-4937.

刘阳光, 徐麟辉. 1998. 渔业对粮食安全的作用及对策. 中国渔业经济研究, 16(3): 21-22.

卢昆. 2017. 蓝色粮仓概念重构及其建设模式选择研究. 东岳论丛, 38(6): 117-122.

卢昆, 周娟枝, 刘晓宁. 2012. 蓝色粮仓的概念特征及其演化趋势. 中国海洋大学学报(社会科学版), (2): 35-39.

唐启升, 韩冬, 毛玉泽, 等. 2016. 中国水产养殖种类组成、不投饵率和营养级. 中国水产科学, 23(4): 729-758.

王波, 翟璐, 韩立民. 2018. 美国、加拿大和日本"蓝色粮仓"发展概况与经验启示. 世界农业, (2): 28-34.

杨红生. 1999. 试论我国"蓝色农业"的第二次飞跃. 世界科技研究与发展, 21(4): 77-80.

杨红生. 2016. 我国海洋牧场建设回顾与展望. 水产学报, 40(7): 1133-1140.

杨红生. 2017. 海岸带生态农牧场新模式构建设想与途径: 以黄河三角洲为例. 中国科学院院刊, 32(10): 1111-1117.

杨红生, 邢丽丽, 张立斌. 2016. 现代渔业创新发展亟待链条设计与原创驱动. 中国科学院院刊, 31(12): 1339-1346.

杨红生, 杨心愿, 林承刚, 等. 2018. 着力实现海洋牧场建设的理念、装备、技术、管理现代化. 中国科学院院刊, 33(7): 732-738.

曾呈奎. 2000. 走农牧化道路为主导的水产生产发展我国的蓝色农业. 科学与管理, 20(4): 11-13.

张福绥. 2000. 21 世纪我国的蓝色农业. 中国工程科学, 2(12): 21-28.

张合成. 2008. 建设生态文明水产业的作用不可替代. 中国水产, (6): 17-20.

张兰婷, 王波, 秦宏. 2018. 论我国"蓝色粮仓"发展模式的构建. 山东大学学报(哲学社会科学版), (5): 36-44.

张珊. 2013. 湖南现代渔业发展研究. 长沙: 湖南农业大学.

Agardy T. 2000. Effects of fisheries on marine ecosystems: a conservationist's perspective. ICES Journal of Marine Science, 57(3): 761-765.

Greenville J, MacAulay T G. 2006. Protected areas in fisheries: a two-patch, two-species model. Australian Journal of Agricultural and Resource Economics, 50(2): 207-226.

Wilson K D, Leung A W, Kennish R. 2002. Restoration of Hong Kong fisheries through deployment of artificial reefs in marine protected areas. ICES Journal of Marine Science, 59(suppl): S157-S163.

32　典型海域生境修复和生物资源养护研究进展与展望

随着人类活动和全球气候变化的不断加剧，我国近海生境明显退化，渔业资源严重衰退。大规模围填海工程、工农业活动产生的大量废水和污水的无序排放、超容量海水养殖活动、过度捕捞、近海油气矿产资源的开采与密集运输等是造成生境退化、资源衰退的主要原因（Turner et al.，1999；Ding et al.，2020）。湿地、河口、海湾等近海典型海域生态系统受人类活动的影响较大，加之近年来受全球变暖、海水酸化和异常极端天气频发等环境的影响，受损状况尤为严重（王鹏等，2019）。

海湾是海洋向陆地凹入的一片三面环陆的水域，是人类离海洋最近的海域，具有避风和抗浪的作用，是建设港口的优良海域。由于海湾被陆地包围，陆地上的营养盐大量流入海湾，因此海湾中的渔业资源比其他海域更丰富，是发展渔业和制盐业的重要场所。很多海湾地区还具有丰富的油气资源、潮汐等动力资源，经济发展迅速，如著名的纽约湾区、旧金山湾区、东京湾区、粤港澳大湾区都是人口密集、经济发达区域。根据近几年的《中国海洋生态环境状况公报》，在以经济发展为主要目标的工农业活动的严重干扰下，陆源排污入海污染问题严重，近一半海湾四季均出现劣四类水质，生物资源衰退明显，近 30 年来平均资源量下降了 70%以上。据统计，与 20 世纪 50 年代相比，孕育生命的海草床和珊瑚礁等海洋典型渔业生境分布面积减少 80%以上，海洋生物赖以生存的产卵场和迁徙通道受到严重破坏，生物多样性减少，食物网结构简单化，经济生物低龄化、小型化，海底荒漠化趋势明显（Short and Wyllie-Echeverria，1996；Aronson et al.，2003；Orth et al.，2006；Waycott et al.，2009；李森等，2010）。

海洋污染、海岸带生态系统退化、海洋生境退化及生物资源衰退等问题已经引起全世界的高度关注（Seaman，2007）。对典型海域的保护修复工作已经迫在眉睫、刻不容缓。然而，目前我国典型海域生境与资源的受损现状调查评估缺乏长期系统的定量化研究，受损生境修复缺乏与自然和谐统一的生态型修复技术和设施，生物资源养护缺乏生态系统层面的策略和实践，生境与生物资源养护效果的评估缺乏有效的标记技术和评估模型，难以满足典型海域受损生境修复和资源养护的技术需求（张立斌和杨红生，2012）。

32.1 典型海域生境修复原理与技术

32.1.1 人工鱼礁修复原理与技术

人工鱼礁的生态作用得以证实。人工鱼礁是人为放置在海床上的一种或多种天然或人工构造物，可以改变与海洋生物资源相关的物理、生物和社会经济过程（Seaman，2000）。人工鱼礁具有的生态功能主要有：改善海域的生态环境，营造良好的海洋生物栖息环境，为鱼类、贝类等海洋生物等提供生长、繁殖、索饵和庇敌的场所等。人们利用人工鱼礁达到保护、增殖海洋生物和提高渔获量等目的（陶峰等，2008）。人工鱼礁是海洋牧场建设中的重要组成部分，根据增殖目标生物种类的不同可分为鱼礁、藻礁、参礁、鲍礁等种类，其中增殖海参、鲍、脉红螺等海珍品的礁体可统称为海珍品增殖礁，对增殖海珍品具有提供栖息空间、保护遮蔽物和供应饵料等作用（Ambrose and Anderson，1990）。人工鱼礁的建造材料以及构型设计对礁体能够充分发挥作用至关重要，因此礁体的材料、重量、尺寸、结构复杂性、表面粗糙度、布局等应根据规划要求与生物因素和水动力学特征相适应（张立斌和杨红生，2012）。

礁体材料选择得以重视。人工鱼礁建造材料中，钢筋混凝土是最常见的一种，造价便宜且结构稳定性高。江艳娥等（2013）比较了水泥类、油井类、舰船类等不同材料的人工鱼礁对生物的诱集效果，结果表明水泥材料的诱集效果比天然礁体好且成本最低。近年来，制作鱼礁的材料也发生了很大变化，出现了钢制鱼礁、玻璃钢鱼礁、塑料嵌板组合鱼礁等（于沛民和张秀梅，2006；Oyamada et al.，2008；王震等，2019）。王震等（2019）通过挂板实验研究了普通硅酸盐水泥、添加贝壳粉硅酸盐水泥和钢板等不同礁体材料对附着生物群落结构的影响，结果表明添加贝壳粉硅酸盐水泥附着的生物种类最多且生物量最大，生物附着效果最好。杨红生等（2010）针对海湾生态系统软泥底质海域礁体无法稳定等问题，变废为宝，筛选出轻质牡蛎壳作为适宜造礁材料，实现了废弃贝壳的资源化利用和有效的“碳封存”，创制了笼式和袋式牡蛎壳海珍礁，礁体自重轻、抗淤积能力强、孔隙率高，有利于微藻等多种饵料生物附着和留存。目前，人工鱼礁材料呈现以多孔的生态混凝土材料为主，多种材料并进的多元化发展趋势（徐丹等，2020）。

礁体结构效应得以评价。人工鱼礁投放后，会产生一定的经济效益和生态效益，其中鱼礁的结构起到了至关重要的作用，但目前人工鱼礁的结构设计尚无明确的原理和依据。张立斌等（2009）针对部分离岸岛屿浪高流急、初级生产力低等特点，基于刺参、鱼类等海洋牧场主要经济生物的行为学参数，研制了多层组合式海珍礁，阶梯形层板设计实现了礁体受光面的最大化，各层板均可附着大型藻类，促进了初级生产力和供饵力的大幅度提升，礁体层板结构的异质空间扩展了刺参及趋礁性鱼类的栖息场所。礁体投放后，海湾型海洋牧场礁体附着藻类增加至 23 种，生物量达 166g/m^2，供饵力提高 30 倍，栖息空间增加 20 倍，刺参亩产量可达 300kg，礁体内部游泳动物生物量达 69.42g/m^3，投入产出比为 1∶30～1∶20；岛礁型海洋牧场刺参亩产量由 75kg 提升至 210kg，单礁聚集鱼类 6 尾以上，龙须菜产量达 1.2t/亩。盛晚霞等（2016）设计了一种以海藻鱼礁、变流鱼礁和保育鱼礁为主要结构组成的复合浮鱼礁，其中海藻鱼礁具有为鱼类提供食物及产卵地的功能，变流鱼礁能够将富含浮游生物和温度较高的上层水送入下层，具有加快上下层海水交换的功能；保育鱼礁具有为鱼类提供较多躲藏空间的功能。姜昭阳等（2019）从流场效应、生物效应、遮蔽效应的角度阐述了人工鱼礁结构设计的基本原理，举例说明了相关的依据和方法，并总结分析了适合不同海域类型的人工鱼礁区建设模式及未来发展建议，为人工鱼礁的结构设计和海洋牧场规划提供参考。王云龙等（2019）在象山港海洋牧场对人工鱼礁进行了设计和布局，设计出了 2 种兼具促进海藻生长和浮式鱼礁功能的海藻场，设计出的 3 层圆形框架结构的立体增殖鱼礁型海藻场在满足海藻生长需要的同时，也可为中上层小型鱼类或幼鱼提供摄食、栖息和避害的场所。同时，人工鱼礁具有的生态效应如何、不同人工鱼礁的增殖效果如何等相关研究也在同步进行（宓慧菁等，2015；吴伟等，2016）。

礁体设计基础研究亟待加强。相对于开发利用人工鱼礁较早的日本、美国和韩国等发达国家，我国开展人工鱼礁研究相对较晚，虽取得一定的成绩，但多借鉴或照搬国外经验，未考虑我国近海生境资源现状与国外的差异性，研究水平主要停留在对表面现象的描述上，仍然缺乏足够的理论基础和必要的定量研究，特别是在人工鱼礁结构的设计与优化中仍存在很多问题，因此应加大人工鱼礁基础研究力度，开展适合我国国情的人工鱼礁建设模式研究（姜昭阳等，2019）。

32.1.2 牡蛎礁修复原理与技术

牡蛎礁生态系统修复十分迫切。牡蛎礁是一种生物礁系统，由大量鲜活牡蛎在水底硬质表面聚集和固着生长所形成，是广泛分布于温带河口和滨海区的重要生境基础，具有净化水体、维持生物多样性、防止岸线侵蚀等多种重要生态功能（Dame et al.，1989；Dame and Libes，1993；Ulanowicz and Tuttle，1992）。近一个世纪以来，由于对牡蛎资源的过度捕捞、环境污染和病害频发，世界上许多河口区牡蛎礁生境遭受严重破坏甚至丧失，对河口和滨海区生态系统造成了严重影响，如改变了生态系统的结构与功能、加剧富营养化及有毒有害赤潮的发生，严重威胁重要渔业资源的维持和补充（Rothschild et al.，1994）。为修复相应地区的牡蛎礁生境及其重要生态功能，人们开发出了由自然牡蛎和人工构造物组成的人工牡蛎礁这一修复技术。

国外牡蛎礁保护与修复效果显著。国际上，许多国家开展牡蛎礁修复工作较早，美国早在 20 世纪 50 年代就在大西洋沿岸及墨西哥湾开展了一系列牡蛎礁修复项目，并取得了不错的效果。例如，在美国东海岸的切萨皮克湾，通过建立大量的人工牡蛎礁，2010 年的牡蛎数量比 1994 年多了近 20 倍（Lipcius and Burke，2018）。Rutledge 等（2018）根据牡蛎的生活史，建议在缺乏附着基底的环境下，对牡蛎礁修复项目选址时应根据当地的生物和非生物环境，选择合适的材料设计构建附着礁体进行修复。美国（北卡罗来纳州和弗吉尼亚州）和智利设立了天然牡蛎礁保护区，取得了显著成效，证明保护区建设是保护天然牡蛎礁的有力手段（Beck et al.，2011）。

国内牡蛎礁修复得到高度重视。我国开展牡蛎礁修复工作相对较晚，但也取得了较好进展。全为民等（2006）于 2000 年和 2004 年在长江口南北导堤及其附近水域进行了巨牡蛎的增殖放流，构造了面积约 75km^2 的人工牡蛎礁体，节约了牡蛎礁修复成本。全为民等（2017）在江苏省蛎蚜山收集熊本牡蛎壳，经冲洗、消毒和装袋后，制成了长约 50cm、直径约 25cm、网目约 2.5cm 的圆柱形牡蛎壳礁袋，将其紧密排列在潮间带上，并组成了单层礁体（SLR）和多层礁体（MLR）这两种礁体类型，总面积达 2335m^2。Yang 等（2019）立足祥云湾海洋牧场，利用挂板实验、潜水采样和布设地笼网，研究了人工牡蛎礁的群落特征和生态效应，研究结果证明了人工牡蛎礁能够增加海洋初级生产潜力，具备资源养护作用（Yang et al.，2019）。

32.1.3 海草床修复原理与技术

海草床生态系统现状堪忧。海草是能完全适应海洋生活的单子叶高等植物，多生长于潮间带至潮下带浅海区域，在全球沿海生态系统中发挥着重要作用。海草床是国际社会公认的重要近海渔业生境，具有重要的生态功能，如渔业生物及珍稀物种的栖息地和食物来源功能、水质净化和营养循环功能、护堤减灾功能和气候调节功能等（Short and Wyllie-Echeverria，1996；Short et al.，2011）。工业革命以来，在近海人类活动（如港口建设、海洋污染）等人为因素及全球变化、自然灾害等自然因素的共同作用下，全世界的海草资源大面积衰退，据估计，截至 2009 年，全球约 1/3 的海草床已消失，消失面积大于 100 000km^2（Short and Wyllie-Echeverria，1996；Short et al.，2011；Waycott et al.，2009）。

海草床修复受到国际高度关注。美国、澳大利亚、墨西哥等国家早在 20 世纪 80 年代就开展了相关研究工作，取得了一些成效，其中最常用的修复方法是移植法。例如，Thorhaug（1985）在佛罗里达比斯坎湾成功进行了大规模移植鳗草的实验；Park 和 Lee（2007）利用订书针法、框架法、贝壳法移植鳗草根状茎用以修复海草床，并比较了三种方法的优缺点；van Keulen 等（2003）开展的海草床移植实验主要应用草块法；Paling 等（2001a，2001b）先后介绍了移植海草的机器 ECOSUB1 和 ECOSUB2，将海草移植推向了机械化。此外，Orth 等（2009）研究出一种播种机，可将鳗草的种子均匀地播撒在底质 1～2cm 深处，但是运用此方法种子的发芽率并没有得到明显提高。

我国海草床修复尚处于起步阶段。张沛东等（2013）对海草植株移植法的类别做了系统划分，并对每种移植方法的操作过程及优缺点进行了综述，还对各移植方法的移植种类、地点、效果及使用年代进行了比较，进一步探讨了海草移植法中存在的一些问题，如主要环境因子对移植效果的影响，并对今后的研究方向进行了展望。Zhang 等（2015a）还开发出一种有效的播种海草种子的方法，适合大规模的保护和修复海草床。针对我国温带海域海草床退化严重、修复技术薄弱的难题。Zhang 等（2020）在国内首次查明了温带海域海草床分布现状与退化机制，揭示了优势海草种子库特征、种群补充机制和遗传多样性（Xu et al.，2018），阐明了海草床与关键环境因子互作机制及其对氮营养盐富集的早期响应和指示作用，量化了海草床的生态功能。Xu 等（2016）创建了海草种子保存技术和种子库，突破了海草种子高效萌发技术，萌发率可达 38%（国外＜15%）（Gu et al.，2018a，2018b；Xu et al.，2019b；Yue et al.，2019a，2019b）。周毅等（2020）发明了平铺地毯式海草种子播种技术，幼苗成活率由不足 1%提高到 21%。我国学者还发明了 5 种海草植株移植技术（框架法、枚订法、麻绳夹苗法、根部绑石法和泥筒法），成活率可达 80%以上（国外＜50%），潮下带海草移植效率提高 80%以上，移植后植株密度达 388 株/m^2（刘鹏等，2013；Zhou et al.，2014；Liu et al.，2019）。

海草床生态系统修复技术得以建立。海草床的衰退引起了世界范围内的高度关注，目前开展海草床修复的方法有生境修复法、移植法和种子法（Calumpong and Fonseca，2001；李森等，2010）。其中，生境修复法的实质是海草床自然恢复，此方法投入少、代价低，但周期长。移植法是目前成功率较高的海草床修复方法，在适宜海草生长的海域直接移植海草幼苗或者成熟的植株，通常是将单个或多个海草茎枝与固定物（枚订、石块、框架等）一起移植到新生境中，甚至直接移植海草草皮，使其在新的生境中生存、繁殖下去，最终建立新的海草床。根据海草移植方式和数量不同，移植法分为草块法和根状茎法。草块法需要较大的海草资源量，同时对原来海草床的影响较大；根状茎法需要较少的海草资源量，移植成功率较高，是一种有效且合理的海草床修复方法，可分为枚钉法、插管法、框架移植法等。种子法顾名思义是指利用海草有性生殖的种子来恢复和重建海草床，海草种子体积小、易运输，利用种子法修复海草床对原海草场造成的危害较小，还可以提高海草床的遗传多样性，因此逐步发展成为海草床生态修复的新手段，但如何有效地收集和保存种子，找到有效的播种方式以及适宜的播种时间，是利用种子法修复海草床的难点（周毅等，2020）。

海草床保护与修复工作亟待加强。进一步明确海草床的重要生态作用及面临的威胁，研发海草床修复工程技术，开展适合我国国情与海域特点的海草床生态系统自然保护区建设，提出控制陆源污染、降低捕捞强度等措施和对策，有助于保护和修复我国的海草床（王亚民和郭冬青，2010；吴沅珈和张宏科，2018）。

32.1.4　海藻场修复原理与技术

海藻场生态系统退化严重。海藻场是由生长在冷温带大陆架区硬质底质上的大型底栖海藻和其他海洋生物类群（如浮游生物、游泳动物和底栖动物）共同构成的一种近岸海洋生态系统，在近岸海域发挥重要的生态功能（何培民等，2015）。然而，在全球气候变化、海洋酸化等自然因素和人为干扰等多种外界因素的影响下，世界上许多区域的海藻场都呈现退化趋势，美国、欧洲和日本等地均有关于海藻场大面积消失的报道，多个国家相继开展了海藻场生态系统修复研究与生态工程应用（章守宇等，2018）。

海藻场生境修复藻种选择至关重要。王云龙等（2019）以象山港海藻本底调查为基础，在象山港海洋牧场人工海藻场构建过程中，对 15 种海藻完成了室内培养研究，筛选出坛紫菜（*Porphyra haitanensis*）、龙须菜（*Gracilaria lemaneiformis*）、海带（*Laminaria japonica*）、羊栖菜（*Sargassum fusiforme*）、鼠尾藻（*Sargassum thunbergii*）等适宜目标构建海藻场。大型藻类修复环境效果和碳汇功能十分明显，但其生物消长季节性强，难以实现周年修复。岳维忠等（2004）利用底栖生物对底泥的扰动作用，将营养盐释放到海水中，并以马尾藻、石莼等大型藻类吸收释放的营养盐以净化水质，对大亚湾设计了养殖水域底栖生物+藻类立体修复体系，取得了不错的效果。毛玉泽等（2005）查明了大型藻类龙须菜和海带对海区营养盐的吸收效率，评估了其对富营养化海区的生态修复潜力；阐明了温带海藻场关键种龙须菜和海带等对富营养化海区的生态修复功能，创建了不同耐温藻类周年轮作修复模式，低水温季节（2～15℃）栽培海带等褐藻，高水温季节（15～27℃）栽培龙须菜等红藻；在荣成湾示范区龙须菜和海带亩产分别为 3.56t 和 2.20t，年产 12 万 t，碳吸收量相当于造林 7.2 万 hm^2，为近 10 万 t 刺参及皱纹盘鲍提供了优质饵料，实现大型藻类对海区营养盐周年利用和水质环境持续改善。

海藻场生态系统亟待实施工程化修复。章守宇和孙宏超（2007）提出了海藻场生态工程的概念，即在沿岸海域通过人工或半人工的方式修复或重建正在衰退或已经消失的原天然海藻场，或营造新的海藻场，从而在相对短的时期内形成具有一定规模、较为完善的生态体系，并能够独立发挥生态功能的综合工艺工程，海藻场生态工程可大致分为重建型、修复型与营造型 3 种类型。海藻场生态工程的实施步骤一般包括：现场调查与评估、物种选择、基底整备、培育、移植与播种和养护。人工藻礁是人工鱼礁的一种，是海藻场生态工程的核心设施，目前人们在藻礁的建设材料和外形设计方面研究较多。

32.1.5 珊瑚礁修复原理与技术

珊瑚礁生态系统修复迫在眉睫。珊瑚礁是生物多样性极高的重要生境，但却极其脆弱。由于人为因素和全球气候变化的影响，珊瑚礁生态系统退化严重，至少 20%的珊瑚礁已发生了退化或消失，珊瑚白化等珊瑚病害频发，预计到 2030 年，全球约 70%的珊瑚礁将会白化（Aronson et al.，2003；Maynard et al.，2016）。珊瑚礁生态修复成活率低是国际公认的技术难题，修复珊瑚礁生态系统已成为要解决的全球性难题。针对不同受损程度的珊瑚礁生态系统，生态修复策略可分为自然修复、生物修复和生态重构三种。珊瑚移植法是指将整个珊瑚、珊瑚断片或幼虫移植到目标区域修复受损珊瑚礁生态系统的方法具有高效和成本低的优点，是修复珊瑚礁的主要手段（龙丽娟等，2019）。

国外珊瑚礁生态系统修复初见成效。国外发达国家珊瑚礁生态系统修复工作起步较早，Richmond 和 Hunter（1990）首次在印度洋-太平洋沿海以及红海海域开展了大规模的珊瑚礁生态修复研究。Kaly（1995）在大堡礁通过测试多种珊瑚移植方法，证明了规模化移植珊瑚断枝恢复珊瑚礁生态系统的可行性。Rinkevich（2005）总结了澳大利亚、日本和美国等多个国家的珊瑚礁修复工作，得出对珊瑚礁生态系统生物多样性的主动保护措施和适当干预有利于加速珊瑚礁的生态恢复过程。Blakeway 等（2013）通过投放人工礁体和移植珊瑚两种方法，对澳大利亚帕克角（Parker Point）海区进行了珊瑚礁修复研究，结果表明人工礁体是珊瑚固着生长的适宜基质，有利于珊瑚的快速覆盖。Martinez 等（2019）的研究表明，移植珊瑚的种类、大小以及移植方案、环境等均会影响其存活率。Hein 等（2017）总结了 80 多篇珊瑚礁生态系统修复的相关文献，提出了应长期监测评估修复后珊瑚礁生态系统的建议。

国内珊瑚礁生态系统修复取得新进展。我国高度重视珊瑚礁修复，修复原理与技术取得了一定进展（龙丽娟等，2019）。例如，在珊瑚礁修复方面做了大量的工作，查明了珊瑚繁殖与幼体发育过程，发明了一种珊瑚受精卵附着前的培育方法及培育装置，使珊瑚受精卵成活率提高 10 倍以上（张浴阳等，2012）；研发了钻孔移植技术与浮床苗圃培育技术，使珊瑚移植效率提高 70%（高永利等，2013）；发明了特制珊瑚移植钉，增强了珊瑚的固定效果，可抵御 10 级台风的侵袭，有效降低珊瑚脱落率 33%（张浴阳等，2013，2019）；研制了浮床型珊瑚培育苗圃，弥补了树状珊瑚苗圃只能培育分枝状珊瑚的缺陷；利用底质网片固定法将珊瑚碎屑稳固率提高到 92.3%，明显高于周边对照区域仅 60%～70%的碎屑稳固率，减轻了珊瑚礁底质上的珊瑚骨骼断枝和碎屑在海浪影响下对现存珊瑚的碰撞和对珊瑚幼体的覆盖（黄洁英等，2012）；发明了底质稳固技术与珊瑚礁三维结构修复技术，增大了珊瑚礁生物的栖息空间，促进了退化珊瑚礁的修复（梁宇娴等，2020）。珊瑚礁修复示范结果表明，结合造礁石珊瑚人工培育与放流技术，珊瑚礁上的珊瑚幼体补充数量从 1.6ind./m^2 提高到 18.4ind./m^2，修复区珊瑚覆盖率从修复前的 5.93%增加至 11.2%。利用天然珊瑚岛礁，建设保护型海洋牧场，限制非法拖网作业对珊瑚礁盘的破坏；珊瑚分布区域增加了 20%以上，人工鱼礁上也形成了健康的珊瑚群落；礁区鱼类资源量增加 50%以上，其中优势鱼类种群局部密度达 0.2ind./m^3，珊瑚礁盘区域野生鱼类种类达 8 种（高永利等，2013；黄晖等，2020）。

32.2 典型海域生物资源养护

32.2.1 关键种苗种扩繁技术

种质种苗是实现资源高效增殖的基础。苗种的数量与质量从根本上决定了资源养护的效果。关键生物苗种扩繁和人工放流是实现生物资源养护的必要环节。“十一五”以来，农业部启动了“国家水产遗传育种中心”建设计划，已经立项的水产遗传育种中心建设项目有 25 个，涉及水产种类 23 种，包括冷水性鱼类、长江流域鱼类、鲫、鲆鲽类、罗非鱼、斑点叉尾鮰、鲢、中国对虾、南美白对虾、罗氏沼虾、斑节对虾、海产贝类等（王清印，2013）。

苗种培育技术取得了长足的进步。我国虹鳟（王强等，2017）、南美白对虾（郭闯等，2017）、罗非鱼（飞羽，2014）、鲆鲽类（杨正勇等，2012）和贝类（薛锋等，2012）等苗种培育技术均取得了较高的成功率和较好的工厂化应用。虽然关键种苗种扩繁大多实现了规模化，但工厂化人工繁育的苗种觅食和躲避敌害的能力差，难以适应放流海域的环境。作者研究团队建立了刺参生态苗培育新技术并编写了省级技术规范，实现了刺参苗种立体化培育，平均成活率由低于 30%提高到 52.5%，培育密度达到常规技术的 3～4 倍，单位面积产量提升 2～3 倍；突破了脉红螺亲螺性腺促熟、幼虫培育、附着变态和苗种规模化中间培育等关键技术，构建了脉红螺高效苗种繁育技术体系，幼虫变态率提高 60 倍；突破了栉江珧亲贝性腺提前促熟技术和苗种繁育技术瓶颈，首次解决了幼虫漂浮粘连的难题，培育密度提高 2～3 倍；牛超等（2017）大幅度提高了金乌贼产卵率、受精卵孵化率和苗种成活率，解决了繁育规模化问题，受精卵孵化率达 95%以上；中国海洋大学遗传育种团队首次建立了完善的长蛸立体式苗种培育新技术，研制的蛸巢产卵护卵新装置使长蛸幼体孵化率提高了 1.5 倍（钱耀森等，2013；薄其康等，2014）。喻子牛（2020）突破了砗磲幼虫虫黄藻植入难点和变态率极低的瓶颈，率先在海南成功研发了砗磲规模化人工繁育和中间培育技术，并进行了放流增殖试验，取得了良好的效果。

32.2.2　生物承载力评估技术

承载力评估是开展资源养护的基础，有效评估资源养护目标海域的生物承载力，是从全局角度统筹规划目标海域建设的需要，是实现可持续发展的保障。基于生物承载力选择合适的生物增殖种类、确定合理的生物资源投放流量与投放规模，进而达到精准增殖生物资源的效果；另外，依据生物承载力可确定最大可持续采捕量，可以用于指导目标海域开展可持续捕捞活动，实现对渔业资源的可持续利用，达到区域建设经济效益和生态效益最大化的效果。但现有海洋生物资源养护缺乏生物承载力评估环节，修复种类和数量的确定缺乏科学依据，使生物资源养护具有一定的盲目性。

生态系统承载力评估方法和模型复杂多样。不同类型的生态系统限制生物承载力的因子不同，因此评估生物承载力使用的方法和模型也会有所不同。其中，生态能量通道模型（Ecopath with Ecosim，EwE）将多个领域的知识（如热力学、营养级描述、信息理论和网络分析等）运用到对生态系统的研究中，是对水域生态系统的生物承载力及相关生物可持续产出能力进行研究的有力工具，已被广泛地运用到对海洋、湖泊、海湾等水域生态系统的研究中（Polovina，1984a，1984b）。其中，Ecopath 模型是一种从生态系统层面描述食物网关系的静态模型，涵盖了生态系统中所有营养级，用以解析、评价、预测生态系统中各过程及其相互作用，广泛应用于不同生态系统中不同营养级经济生物的生态容纳量评估（Kluger et al.，2016）；Ecosim 模型是一种从生态系统层面描述食物网关系的动态模型，基于前述 Ecopath 模型中的参数得到结果，能通过调整各功能组捕食效率来调节各功能组生物量变化趋势，能精确判定该生态系统是“自上而下”还是“自下而上”的生态机制（Christensen et al.，2005）。

典型海洋牧场的承载力得以评估。吴忠鑫等（2013）基于线性食物网模型，对俚岛人工鱼礁区生态系统的特征和能量流动规律进行了系统分析，估算了俚岛人工鱼礁区生态系统刺参和皱纹盘鲍的生态容纳量。许祯行等（2016）基于 Ecopath 模型，分析了獐子岛人工鱼礁区生态系统能量流动结构和功能变化，结果表明，獐子岛人工鱼礁区生态系统处于尚未稳定的成熟期。杨红生（2018）应用水域生态系统 EwE 模型，分别构建了藻礁型海洋牧场——祥云湾海洋牧场和蛎礁型海洋牧场——莱州湾海洋牧场的生态系统物质流动模型，并利用模型分别评估了海洋牧场对重要经济生物的生物承载力，系统说明了两种海洋牧场生态系统的成熟状态，如祥云湾海洋牧场生态系统既有不成熟生态系统的一面，如食物网结构简单等，同时也具有一定的成熟生态系统特征，如总初级生产量和总呼吸量比值接近1等。生态容量评估结果表明，祥云湾日本蟳生态容量为3.90t/km^2、刺参生态容量为330.00t/km^2、脉红螺生态容量为77.00t/km^2，莱州湾中国对虾生态容量为0.60t/km^2、三疣梭子蟹生态容量为1.11t/km^2，荣成湾人工鱼礁区刺参生态容量为309.40t/km^2，海州湾前三岛海域许氏平鲉生态容量为0.17t/km^2。针对海湾群落稳定性较差、顶级捕食者缺失等问题，作者所在团队综合分析了不同海湾生物资源种群组成和营养结构，筛选出了生态关键种和重要经济种，确定棘皮动物（刺参）、底栖滤食性贝类（栉江珧）、甲壳类（中国对虾、三疣梭子蟹）、头足类（长蛸、金乌贼）、鱼类（许氏平鲉、褐牙鲆）等为修复关键种类，组建了沉积食性动物、杂食性动物、动物食性动物3个动物功能群，为莱州湾、荣成湾、海州湾海洋牧场资源的科学修复提供了依据，实现了生产型增殖放流向生态型资源养护的跨越。

32.2.3 生物功能群资源养护技术

遗传资源管理方法得以建立。传统生物资源养护以单一物种的增殖放流为主，而增殖种类和数量的配比缺乏科学选择和估算，易造成群落结构失衡。国外有研究指出，过多增殖放流个体与野生个体之间的杂交会对野生种群产生遗传风险，甚至导致野生种群的灭绝，并提出了可靠的遗传资源管理方法，包括六个步骤：①评估种群修复的成本和收益；②设定目标和遗传基准；③使用适当的亲鱼种群并驯化；④设计释放策略，以最大限度地发挥补充作用；⑤跟踪释放后的个体；⑥最小化对野生种群的遗传影响（Grant et al.，2017；Kitada，2018）。

生物承载力评估结果亟待应用。Zhang 等（2015b）根据海洋牧场结构特征和生物承载力评估结果，综合分析了不同类型海洋牧场的生物资源种群组成和营养结构，筛选和确定了生物修复关键种，在掌握关键种食性特点、分布水层等生态位特征的基础上，建立了海湾型海洋牧场（如莱州湾、祥云湾海洋牧场）的“海藻-鲍鱼-刺参”和“海藻-扇贝-刺参”两种功能群构建模式，以及岛礁型海洋牧场（如海州湾海洋牧场）的“海藻-鱼-刺参”功能群构建模式。其中，“海藻-鲍鱼-刺参”模式的适宜配比为20∶1∶2，礁区底栖藻类等天然饵料供给能力提高30倍；“海藻-扇贝-刺参”模式的适宜配比为20∶10∶1，形成了明显的局部海藻场，刺参密度提高8～16倍，扇贝成活率提高22%；“海藻-鱼-刺参”模式的适宜配比为20∶1∶1，龙须菜藻体月增重15倍以上，藻类碎屑为刺参提供了优质天然饵料，提升了海洋牧场区生态系统物质和能量的传递效率及系统稳定性，有效提升了生物资源养护效果（Ru et al.，2017，2019）。

32.3 典型海域生境修复和生物资源养护的监测管理

32.3.1 标记和遥测技术

生物标记技术得以开发。由于缺乏有效的生物标记及遥测技术，生物修复效果评价仍以潜水观察为主，缺乏客观性、准确性。对增殖生物进行有效的长期标记、观测和追踪，可以高效、准确地评价增殖放流效果和渔业资源现状。

许强等（2013）建立了刺参石灰环嵌套标记法，郝振林等（2008）建立了金乌贼荧光-茜素络合物标记法，分别突破了刺参和金乌贼长期标记的技术难题，刺参 3 个月标签保留率达 93.3%，金乌贼标记保留保持 270d 以上。Lv 等（2011）优化了许氏平鲉可见荧光植入标记法（Visible Implant Elastomer，VIE）和褐牙鲆 T 型标挂牌标记法，许氏平鲉和褐牙鲆标记保存率均达 95%以上，有效提升了回捕率计算的准确性。王云龙等（2019）借鉴国内外增殖苗种标记技术领域的先进经验，经探索与实践证明体长频率分步法、分子标记、体外挂牌标记分别可作为象山港海洋牧场日本对虾、中国明对虾和黄姑鱼增殖苗种的标记判别方法，并成功应用耳石元素指纹标记技术对池塘养殖阶段的黑鲷和大黄鱼进行了标记。

未接触式遥测技术得以完善。Liu 等（2015）开发了湿重视频测量技术、水下定位系统（VPS）生物遥测技术和双目立体视频测量技术，有效解决了刺参、鱼类在海区生活状态下活体质量难以准确测量的难题，视频测量技术实现了刺参湿重的非接触式快速准确测定（预测模型相关系数 R^2 高达 0.92）；还将鱼类 VPS 生物遥测与生物标记技术相结合，实现了鱼类游泳瞬时速度的测定和游泳轨迹的追踪，接收器最大跟踪距离达 500m，三维定位精度为 1m；鱼类双目立体视频测量技术水下测量精度达 1.2cm，误差仅为 5%。

32.3.2 声学监测技术

声学探测已成为运用最广泛的手段。利用多种声学设备，如单波束声呐、多波束声呐和鱼探仪等，对生境修复区的植物、地形和鱼类的状况进行分析，建立相应的技术体系，为高效监测、评价、管理生境修复区的生物资源提供技术支持。

郭禹等（2020）使用 BioSonics DT-X 科学回声探测仪，辅以拖网采样对马鞍列岛海域渔业资源的时空分布特征及其与环境间的关系进行了评估。Xu 等（2019a）利用单波束声呐探测技术对威海天鹅湖鳗草海草床的时空分布特征进行了研究，并通过这一技术在祥云湾附近海域发现了目前国内面积最大的鳗草海草床，海草床面积高达 29.17km^2，极大丰富了中国海草数据库，为周边海洋牧场的构建打下了良好的基础（周毅等，2019）。同时，利用声呐探测技术协助对人工鱼礁进行识别探测调查的研究也在同步发展（逯金明，2018；雷利元等，2019；沈蔚等，2019）。

32.3.3 监测管理平台

我国近海环境复杂多变，高温、低氧、台风等极端环境对海洋牧场生物安全的影响巨大，而海区远离陆地且难以布设环境监测装备，无法实现环境及生物数据及时获取，不利于日常管理及维护。

王志滨等（2017）提出了一套完整的海洋牧场岸基有缆在线监测系统，同时还设计了一套终端监控软件，安装在监测控制中心，实现了远程控制指令能够在岸基系统与海底观测系统之间依次下达，满足了对水下人工鱼礁周围环境视频监控的需求。邢旭峰等（2017）以自制浮标平台为载体，采用海洋环境因子及水下影像采集和传输技术，研发了海水养殖环境信息综合监测系统，实现了海洋牧场水环境因子和水下养殖生物的实时监测。作者所在团队研制了全向型水下摄像机、水下无线网络摄像装置、水下监控机器人、基于物联网的水下环境远程监控系统等海洋牧场监测装备，建立了基于浮标、船载传感器系统、无人机、遥感技术的生态环境监测平台，研发了水下智能识别系统和专家决策系统，实现了环境参数、资源状况全天候监测和实时传输，为实现资源和环境“可视、可测、可报”提供了装备支撑。杨红生（2017）准确预警预报了莱州湾海洋牧场夏季高温低氧、海州湾海洋牧场浒苔过境等多次风险灾害。

32.3.4 综合管理模式

在综合管理模式方面，相关研究团队构建了“互联网+海洋牧场”技术体系，实现了智能化、精细化和综合化管理模式。创建了“科研院所+企业+合作社+渔户”相结合的泽潭组织模式，在北方建立了“生境优化+资源增殖+精深加工”的三产贯通发展模式，在南方建立了“生境优化+资源增殖+生态旅游”的渔旅融合发展模式，同步实现牧场企业发展和渔民收入提升、海域生态改善和产出效益提升，带动渔民就业，促进了休闲垂钓、渔业体验、潜水观光等旅游产业发展（杨红生，2017）。

32.4 展　　望

32.4.1 生物行为控制技术

应进一步突破对典型海域生态系统的生态关键种与优势经济种的行为控制技

术，如利用部分鱼类具有趋光性、趋化性或趋声性的习性进行生物驯化，不仅使得放养的鱼苗不会从海洋牧场流失，还能吸引野生的鱼类进入生态系统，实现对重要增殖放流经济物种的优质安全生产与高效管理。

32.4.2 生物承载力提升技术

应进一步研发新型生态礁体材料选择、设计、制造、组合与布局技术，因湾制宜、因种而异，重点突破大型人工鱼礁结构的设计与制造等关键技术；制定和优化海藻场/海草床的修复与移植步骤规范，深入研究大型藻类和海草在特定环境条件下的生长机制、与周围环境及生物间的互作机制，系统研发新型修复设施装备与技术等，从而有效控制海洋生境碎片化，提升受损生态系统的生物承载力。另外，针对中国不同典型海域的生境特征，应分别进一步优化各海域生态系统食物网结构，并建立生物承载力评估技术体系，为相关海域生物资源的可持续开发、管理和利用提供有效的技术方案。

32.4.3 机械化、自动化装备与技术

针对滩涂、浅海的环境特点，根据资源养护生物习性及结构特征，开发养护生物的水下识别、精准计量设备及计算模型，研发对养护经济物种的新型自动化和机械化投苗、管理、采捕设施，完善经济物种全过程的管理技术、机械化捕捞技术，提高采捕效率，降低劳动强度，节省人力，减少采捕过程对生态系统生境及经济物种的损伤。

32.4.4 融合发展模式的构建

应充分利用海上风能、波浪能、太阳能、潮汐能等清洁能源，集约高效利用海域空间资源，建立人工鱼礁与海上风电结合、监测管理平台与海上波浪能和太阳能结合等融合发展技术体系，研发新型增殖型风电基础装备及监测管理平台，构建“蓝色粮仓+蓝色能源”的发展新模式，保障平台能源供给的同时，兼顾清洁能源产出与渔业资源持续利用。应“因海而异”拓展发展方向，创建多元融合发展模式。例如，构建“三产融合”发展模式，融合分别以农牧渔业、精深加工业和文化旅游业为代表的第一、第二和第三产业，提高生态服务价值，同时还有利于生态环境的维持和改善；构建“渔旅融合”发展模式，在特定海域适度开展景观型人工鱼礁布放，适度发展游钓渔业、潜水观光等旅游产业；构建路基（肥料供给）、滩涂（苗种培育）、浅海（肥料支持）、离岸深水智慧渔场（食物生产）四场联动模式，通过四个区域物质循环和能量流动，功能互补，从而从整体上提高

生态环境效益（杨红生等，2019；唐启升，2019）。

32.4.5　基于生态系统的管理

揭示典型海域生境修复与资源养护原理，建立基于生态系统的生境修复与资源养护管理体系。建立健全相关法律法规，实现修复、养护、捕捞等操作过程规范化，并加大对海洋生态文明理念及相关法律法规的宣传力度，以保证海域生境修复和资源养护工作的顺利推动。

（杨红生　许　帅　林承刚　孙景春　张立斌）

参 考 文 献

薄其康, 郑小东, 王培亮, 等. 2014. 长蛸(*Octopus minor*)初孵幼体培育与生长研究. 海洋与湖沼, 45(3): 583-588.

飞羽. 2014. 海水养殖罗非鱼鱼苗培育技术. 中国渔业报, 2014-04-21(B03).

高永利, 黄晖, 练健生, 等. 2013. 大亚湾造礁石珊瑚移植迁入地的选择及移植存活率监测. 应用海洋学学报, 32(2): 243-249.

郭闯, 张敏, 盖建军, 等. 2017. 土池温室大棚淡化培育南美白对虾苗种技术实践. 科学养鱼, (2): 11-12.

郭禹, 章守宇, 程晓鹏, 等. 2020. 马鞍列岛海域渔业资源声学评估. 水产学报, 44(10): 1695-1706.

郝振林, 张秀梅, 张沛东, 等. 2008. 金乌贼荧光标志方法的研究. 水产学报, 32(4): 577-583.

何培民, 刘媛媛, 张建伟, 等. 2015. 大型海藻碳汇效应研究进展. 中国水产科学, 22(3): 588-595.

黄晖, 张浴阳, 刘骋跃. 2020. 热带岛礁型海洋牧场中珊瑚礁生境与资源的修复. 科技促进发展, 16(2): 225-230.

黄洁英, 黄晖, 张浴阳, 等. 2012. 一种适合长期应用于珊瑚礁区的水下标签以及标识方法: CN102610162A. 2012-07-25.

江艳娥, 陈丕茂, 林昭进, 等. 2013. 不同材料人工鱼礁生物诱集效果的比较. 应用海洋学学报, 32(3): 418-424.

姜昭阳, 郭战胜, 朱立新, 等. 2019. 人工鱼礁结构设计原理与研究进展. 水产学报, 43(9): 1881-1889.

雷利元, 尤广然, 赵东洋, 等. 2019. 侧扫声呐系统和网络 RTK 技术在人工鱼礁探测中的应用. 测绘与空间地理信息, 42(5): 35-37.

李森, 范航清, 邱广龙, 等. 2010. 海草床恢复研究进展. 生态学报, 30(9): 2443-2453.

梁宇娴, 俞晓磊, 郭亚娟, 等. 2020. 3 种传统方法对不同珊瑚表面积测量的适用性及其校准方法: 以 3D 扫描技术为基准. 热带海洋学报, 39(1): 85-93.

刘鹏, 周毅, 刘炳舰, 等. 2013. 大叶藻海草床的生态恢复: 根茎棉线绑石移植法及其效果. 海洋科学, 37(10): 1-8.

龙丽娟, 杨芳芳, 韦章良. 2019. 珊瑚礁生态系统修复研究进展. 热带海洋学报, 38(6): 1-8.
逯金明. 2018. 基于多波束和侧扫声呐的人工鱼礁区对比分析. 山东工业技术, (5): 183.
毛玉泽, 杨红生, 王如才. 2005. 大型藻类在综合海水养殖系统中的生物修复作用. 中国水产科学, 12(2): 225-231.
宓慧菁, 王晓宇, 王麒麟, 等. 2015. 不同人工鱼礁模型对许氏平鲉的诱集效应. 科技创新导报, 12(2): 38-39, 41.
牛超, 杨超杰, 黄玉喜, 等. 2017. 金乌贼新型产卵附着基的实验研究. 中国水产科学, 24(6): 1234-1244.
钱耀森, 郑小东, 刘畅, 等. 2013. 人工条件下长蛸(*Octopus minor*)繁殖习性及胚胎发育研究. 海洋与湖沼, 44(1): 165-170.
全为民, 冯美, 周振兴, 等. 2017. 江苏海门蛎岈山牡蛎礁恢复工程的生态评估. 生态学报, 37(5): 1709-1718.
全为民, 沈新强, 罗民波, 等. 2006. 河口地区牡蛎礁的生态功能及恢复措施. 生态学杂志, 25(10): 1234-1239.
沈蔚, 马建国, 张进, 等. 2019. 基于侧扫声纳的人工鱼礁自动识别方法研究. 海洋测绘, 39(6): 34-37, 42.
盛晚霞, 张丽珍, 王江涛, 等. 2016. 生态型人工鱼礁的设计. 科技创新与应用, 6(32): 95-97.
唐启升. 2019. 渔业资源增殖、海洋牧场、增殖渔业及其发展定位. 中国水产, (5): 28-29.
陶峰, 贾晓平, 陈丕茂, 等. 2008. 人工鱼礁礁体设计的研究进展. 南方水产, 4(3): 64-69.
王鹏, 张连杰, 闫吉顺, 等. 2019. 辽宁省海洋生态修复现状、存在的问题及对策建议. 海洋开发与管理, 36(7): 49-52.
王强, 潘元潮, 陆波, 等. 2017. 斑点鳟鲑培育技术. 养殖与饲料, (10): 41-42.
王清印. 2013. 我国水产种业现状及发展愿景. 当代水产, 38(11): 50-52.
王亚民, 郭冬青. 2010. 我国海草场保护与恢复对策建议. 中国水产, (10): 24-25.
王云龙, 李圣法, 姜亚洲, 等. 2019. 象山港海洋牧场建设与生物资源的增殖养护技术. 水产学报, 43(9): 1972-1980.
王震, 公丕海, 关长涛, 等. 2019. 青岛石雀滩海域人工鱼礁材料对附着生物群落结构的影响.渔业科学进展, 40(4): 163-171.
王志滨, 李培良, 顾艳镇. 2017. 海洋牧场生态环境在线观测平台的研发与应用. 气象水文海洋仪器, 34(1): 13-17.
吴伟, 姜少杰, 袁俊, 等. 2016. 带叶轮的人工鱼礁流场效应的数值模拟研究. 科技创新与应用, 6(32): 16-18.
吴沅珈, 张宏科. 2018. 广西合浦海草床变化情况及保护对策. 中国科技信息, (22): 68-69.
吴忠鑫, 张秀梅, 张磊, 等. 2013. 基于线性食物网模型估算荣成俚岛人工鱼礁区刺参和皱纹盘鲍的生态容纳量. 中国水产科学, 20(2): 327-337.
邢旭峰, 王刚, 李明智, 等. 2017. 海洋牧场环境信息综合监测系统的设计与实现. 大连海洋大学学报, 32(1): 105-110.
徐丹, 徐文祥, 刘红飞, 等. 2020. 生态混凝土鱼礁的应用及发展趋势. 山西建筑, 46(8): 90-91.
许强, 孙璐, 张立斌, 等. 2013. 一种适用于刺参的体外长效标记方法: CN103141418A. 2013-06-12.
许祯行, 陈勇, 田涛, 等. 2016. 基于 Ecopath 模型的獐子岛人工鱼礁海域生态系统结构和功能变化. 大连海洋大学学报, 31(1): 85-94.

薛锋, 倪建忠, 杨正兵. 2012. 杂色蛤滩涂苗种中间培育技术. 科学养鱼, (6): 45-46.
杨红生. 2017. 海洋牧场构建原理与实践. 北京: 科学出版社: 195-355.
杨红生. 2018. 海洋牧场监测与生物承载力评估. 北京: 科学出版社: 135-234.
杨红生, 张立斌, 张涛, 等. 2010. 一种以牡蛎壳为材料的刺参增养殖海珍礁及其增养殖方法: CN101627734A. 2010-01-20.
杨红生, 章守宇, 张秀梅, 等. 2019. 中国现代化海洋牧场建设的战略思考. 水产学报, 43(4): 1255-1262.
杨正勇, 郭鸿鹄, 张钰研. 2012. 鲆鲽类苗种技术创新与推广对策: 基于生产者技术需求调研的思考. 渔业信息与战略, 27(3): 183-188.
于沛民, 张秀梅. 2006. 日本美国人工鱼礁建设对我国的启示. 渔业现代化, 33(2): 6-7, 20.
喻子牛. 2020. 砗磲人工繁育、资源恢复与南海岛礁生态牧场建设. 科技促进发展, 16(2): 231-236.
岳维忠, 黄小平, 黄良民, 等. 2004. 大型藻类净化养殖水体的初步研究. 海洋环境科学, 23(1): 13-15, 40.
张立斌, 许强, 杨红生, 等. 2009. 一种适用于浅海近岸海域的多层板式立体海珍礁: CN101444195A. 2009-06-03.
张立斌, 杨红生. 2012. 海洋生境修复和生物资源养护原理与技术研究进展及展望. 生命科学, 24(9): 1062-1069.
张沛东, 曾星, 孙燕, 等. 2013. 海草植株移植方法的研究进展. 海洋科学, 37(5): 100-107.
张浴阳, 黄晖, 黄洁英, 等. 2013. 西沙群岛珊瑚幼体培育实验. 海洋开发与管理, 30(S1): 78-82.
张浴阳, 黄晖, 雷新明, 等. 2019. 珊瑚用 η 形钉及其应用: CN109441928A. 2019-03-08.
张浴阳, 黄洁英, 杨剑辉, 等. 2012. 一种珊瑚受精卵附着前的培育方法及培育装置: CN102487898A. 2012-06-13.
章守宇, 孙宏超. 2007. 海藻场生态系统及其工程学研究进展. 应用生态学报, 18(7): 1647-1653.
章守宇, 向晨, 周曦杰, 等. 2018. 枸杞岛海藻场 6 种大型海藻光合荧光特性比较. 应用生态学报, 29(10): 3441-3448.
周毅, 徐少春, 张晓梅, 等. 2020. 海洋牧场海草床生境构建技术. 科技促进发展, 16(2): 200-205.
周毅, 许帅, 徐少春, 等. 2019. 中国温带海域新发现较大面积(大于 0.5km^2)海草床: II声呐探测技术在渤海唐山沿海海域发现中国面积最大的鳗草海草床. 海洋科学, 43(8): 50-55.
Ambrose R F, Anderson T W. 1990. Influence of an artificial reef on the surrounding infaunal community. Marine Biology, 107(1): 41-52.
Aronson R B, Bruno J F, Precht W F, et al. 2003. Causes of coral reef degradation. Science, 302(5650): 1502-1504.
Beck M W, Brumbaugh R D, Airoldi L, et al. 2011. Oyster reefs at risk and recommendations for conservation, restoration, and management. BioScience, 61(2): 107-116.
Blakeway D, Byers M, Stoddart J, et al. 2013. Coral colonisation of an artificial reef in a turbid nearshore environment, Dampier Harbour, Western Australia. PLoS One, 8(9): e75281.
Calumpong H P, Fonseca M S. 2001. Seagrass transplantation and other seagrass restoration methods//Short F T, Coles R G. Global Seagrass Research Methods. Amsterdam, Netherlands: Elsevier: 425-443.

Christensen V, Walters C J, Pauly D. 2005. Ecopath with Ecosim: A User's Guide (Version 5.1). Vancouver: Fisheries Centre, University of British Columbia.

Dame R, Libes S. 1993. Oyster reefs and nutrient retention in tidal creeks. Journal of Experimental Marine Biology and Ecology, 171(2): 251-258.

Dame R F, Spurrier J D, Wolaver T G. 1989. Carbon, nitrogen and phosphorus processing by an oyster reef. Marine Ecology Progress Series, 54: 249-256.

Ding X S, Shan X J, Chen Y L, et al. 2020. Variations in fish habitat fragmentation caused by marine reclamation activities in the Bohai coastal region, China. Ocean & Coastal Management, 184: 105038.

Grant W S, Jasper J, Bekkevold D, et al. 2017. Responsible genetic approach to stock restoration, sea ranching and stock enhancement of marine fishes and invertebrates. Reviews in Fish Biology and Fisheries, 27(3): 615-649.

Gu R T, Zhou Y, Song X Y, et al. 2018a. Tolerance of Ruppia sinensis seeds to desiccation, low temperature,and high salinity with special reference to long-term seed storage. Frontiers in Plant Science, 9: 221.

Gu R T, Zhou Y, Song X Y, et al. 2018b. Effects of temperature and salinity on Ruppia sinensis seed germination, seedling establishment, and seedling growth. Marine Pollution Bulletin, 134: 177-185.

Hein M Y, Willis B L, Beeden R, et al. 2017. The need for broader ecological and socioeconomic tools to evaluate the effectiveness of coral restoration programs. Restoration Ecology, 25(6): 873-883.

Kaly U L. 1995. Experimental test of the effects of methods of attachment and handling on the rapid transplantation of corals. Tech Rep1, Townsville, Australia: CRC Reef Research Centre.

Kitada S. 2018. Economic, ecological and genetic impacts of marine stock enhancement and sea ranching: a systematic review. Fish and Fisheries, 19(3): 511-532.

Kluger L C, Taylor M H, Mendo J, et al. 2016. Carrying capacity simulations as a tool for ecosystem-based management of a scallop aquaculture system. Ecological Modelling, 331: 44-55.

Lipcius R N, Burke R P. 2018. Successful recruitment, survival and long-term persistence of eastern oyster and hooked mussel on a subtidal, artificial restoration reef system in Chesapeake Bay. PLoS One, 13(10): e0204329.

Liu H, Xu Q, Liu S L, et al. 2015. Evaluation of body weight of sea cucumber *Apostichopus japonicus* by computer vision. Chinese Journal of Oceanology and Limnology, 33(1): 114-120.

Liu X J, Zhou Y, Liu B J, et al. 2019. Temporal dynamics of the natural and trimmed angiosperm *Zostera marina* L. (Potamogetonales: Zosteraceae), and an effective technique for transplantation of long shoots in a temperate tidal zone (northern China). Wetlands, 39(5): 1043-1056.

Lv H J, Zhang X M, Zhang P D, et al. 2011. The implement of plastic oval tags for mark-recapture in juvenile Japanese flounder (*Paralichthys olivaceus*) on the northeast coast of Shandong province, China. African Journal of Biotechnology, 10(61): 13263-13277.

Martinez A, Crook E D, Barshis D J, et al. 2019. Species-specific calcification response of Caribbean corals after 2-year transplantation to a low aragonite saturation submarine spring. Proceedings of the Royal Society B: Biological Sciences, 286(1905): 20190572.

Maynard J, van Hooidonk R, Harvell C D, et al. 2016. Improving marine disease surveillance through sea temperature monitoring, outlooks and projections. Philosophical Transactions of the Royal Society B: Biological Sciences, 371(1689): 20150208.

Orth R J, Carruthers T J B, Dennison W C, et al. 2006. A global crisis for seagrass ecosystems. BioScience, 56(12): 987-996.

Orth R J, Marion S R, Granger S, et al. 2009. Evaluation of a mechanical seed planter for transplanting *Zostera marina* (eelgrass) seeds. Aquatic Botany, 90(2): 204-208.

Oyamada K, Tsukidate M, Watanabe K, et al. 2008. A field test of porous carbonated blocks used as artificial reef in seaweed beds of Ecklonia cava. Journal of Applied Phycology, 20(5): 863-868.

Paling E I, van Keulen M, Wheeler K D, et al. 2001a. Mechanical seagrass transplantation in Western Australia. Ecological Engineering, 16(3): 331-339.

Paling E I, van Keulen M, Wheeler K D, et al. 2001b. Improving mechanical seagrass transplantation.Ecological Engineering, 18(1): 107-113.

Park J I, Lee K S. 2007. Site-specific success of three transplanting methods and the effect of planting time on the establishment of *Zostera marina* transplants. Marine Pollution Bulletin, 54(8): 1238-1248.

Polovina J J. 1984a. Model of a coral reef ecosystem I. The ECOPATH model and its application to French Frigate Shoals. Coral Reefs, 3(1): 1-11.

Polovina J J. 1984b. An overview of the ECOPATH model. Fishbyte, 2(2): 5-7.

Richmond R H, Hunter C L. 1990. Reproduction and recruitment of corals: comparisons among the Caribbean, the Tropical Pacific, and the Red Sea. Marine Ecology Progress Series, 60: 185-203.

Rinkevich B. 2005. Conservation of coral reefs through active restoration measures: recent approaches and last decade progress. Environmental Science & Technology, 39(12): 4333-4342.

Rothschild B J, Ault J S, Goulletquer P, et al. 1994. Decline of the Chesapeake Bay oyster population:a century of habitat destruction and overfishing. Marine Ecology Progress Series, 111: 29-39.

Ru X S, Zhang L B, Li X N, et al. 2019. Development strategies for the sea cucumber industry in China. Journal of Oceanology and Limnology, 37(1): 300-312.

Ru X S, Zhang L B, Liu S L, et al. 2017. Reproduction affects locomotor behaviour and muscle physiology in the sea cucumber, *Apostichopus japonicus*. Animal Behaviour, 133: 223-228.

Rutledge K M, Alphin T, Posey M. 2018. Fish utilization of created vs. natural oyster reefs (*Crassostrea virginica*). Estuaries and Coasts, 41(8): 2426-2432.

Seaman W. 2000. Artificial Reef Evaluation: with Application to Natural Marine Habitats. Boca Raton: CRC Press, 5-6.

Seaman W. 2007. Artificial habitats and the restoration of degraded marine ecosystems and fisheries. Hydrobiologia, 580(1): 143-155.

Short F T, Polidoro B, Livingstone S R, et al. 2011. Extinction risk assessment of the world's seagrass species. Biological Conservation, 144(7): 1961-1971.

Short F T, Wyllie-Echeverria S. 1996. Natural and human-induced disturbance of seagrasses. Environmental Conservation, 23(1): 17-27.

Thorhaug A. 1985. Large-scale seagrass restoration in a damaged estuary. Marine Pollution Bulletin, 16(2): 55-62.

Turner S J, Thrush S F, Hewitt J E, et al. 1999. Fishing impacts and the degradation or loss of habitat structure. Fisheries Management and Ecology, 6(5): 401-420.

Ulanowicz R E, Tuttle J H. 1992. The trophic consequences of oyster stock rehabilitation in Chesapeake Bay. Estuaries, 15(3): 298-306.

van Keulen M, Paling E I, Walker C J. 2003. Effect of planting unit size and sediment stabilization on seagrass transplants in Western Australia. Restoration Ecology, 11(1): 50-55.

Waycott M, Duarte C M, Carruthers T J B, et al. 2009. Accelerating loss of seagrasses across the globe threatens coastal ecosystems. Proceedings of the National Academy of Sciences of the United States of America, 106(30): 12377-12381.

Xu S, Xu S C, Zhou Y, et al. 2019a. Single beam sonar reveals the distribution of the eelgrass *Zostera marina* L. and threats from the green tide algae *Chaetomorpha linum* K. in Swan-Lake lagoon (China). Marine Pollution Bulletin, 145: 611-623.

Xu S C, Wang P M, Zhou Y, et al. 2018. New insights into different reproductive effort and sexual recruitment contribution between two geographic *Zostera marina* L. populations in temperate China. Frontiers in Plant Science, 9: 15.

Xu S C, Zhou Y, Wang P M, et al. 2016. Salinity and temperature significantly influence seed germination,seedling establishment, and seedling growth of eelgrass *Zostera marina* L. PeerJ, 4: e2697.

Xu S C, Zhou Y, Xu S, et al. 2019b. Seed selection and storage with nano-silver and copper as potential antibacterial agents for the seagrass *Zostera marina*: implications for habitat restoration.Scientific Reports, 9: 20249.

Yang X Y, Lin C G, Song X Y, et al. 2019. Effects of artificial reefs on the meiofaunal community and benthic environment - A case study in Bohai Sea, China. Marine Pollution Bulletin, 140:179-187.

Yue S D, Zhang Y, Zhou Y, et al. 2019a. Optimal long-term seed storage conditions for the endangered seagrass *Zostera japonica*: implications for habitat conservation and restoration. Plant Methods, 15: 158.

Yue S D, Zhou Y, Zhang Y, et al. 2019b. Effects of salinity and temperature on seed germination and seedling establishment in the endangered seagrass *Zostera japonica* Asch. & Graebn. in northern China. Marine Pollution Bulletin, 146: 848-856.

Zhang L B, Zhang T, Xu Q Z, et al. 2015b. An artificial oyster-shell reef for the culture and stock enhancement of sea cucumber, *Apostichopus japonicus*, in shallow seawater. Aquaculture Research, 46(9): 2260-2269.

Zhang P D, Fang C, Liu J, et al. 2015a. An effective seed protection method for planting *Zostera marina* (eelgrass) seeds: implications for their large-scale restoration. Marine Pollution Bulletin, 95(1): 89-99.

Zhang X M, Zhou Y, Xu S C, et al. 2020. Differences in reproductive effort and sexual recruitment of the seagrass *Zostera japonica* between two geographic populations in northern China. Marine Ecology Progress Series, 638: 65-81.

Zhou Y, Liu P, Liu B J, et al. 2014. Restoring eelgrass (*Zostera marina* L.) habitats using a simple and effective transplanting technique. PLoS One, 9(4): e92982.

33　海洋牧场：科技打造蓝色粮仓

把海洋建设成人类获取优质蛋白的巨大蓝色粮仓，这是我国几代海洋科学家的梦想。这是一个系统工程，需要在海洋牧场建设原理、关键装备设施研发、资源评估与养护、生态安全与环境保障技术体系等方面取得全面突破。中国科学院海洋研究所杨红生研究员带领的科研团队 20 年来在这一领域耕耘：“我常常思索，中国特色的海洋牧场应该是什么样子？海洋牧场仅仅是模仿国外开展简单的人工鱼礁投放或渔业资源增殖放流吗？立足我国国情，应该赋予海洋牧场什么样的新内涵？基于现代渔业发展方向，海洋牧场能够给广大的渔民生活带来什么样的积极改变？这个蔚蓝色的梦想该如何实现？”

33.1　什么是海洋牧场？

提到牧场，大家都会想起那首古老的歌谣：“天苍苍，野茫茫，风吹草低见牛羊。”也会联想到水草丰美、牛羊肥壮的草原胜景。而海洋牧场虽然与草原牧场有所不同，但在本质上二者是相通的，查阅《辞海》，对于“牧场”的解释是适于放牧的草场，或者是经营畜牧业的生产单位。

当翻阅学习到我国海洋农业奠基人、中国科学院院士曾呈奎的文章，发现老一辈海洋人早在 1965 年就提出了“海洋农牧化”的设想，提出了在海洋中通过人工控制种植或养殖海洋生物的理念和海洋“牧场”的构想。

但是，关于海洋牧场的概念，或者说到底什么是海洋牧场，目前无论是国际上还是国内，学界还没有一个公认的明确定义。因为国情不同，时代不同，观点不同，学科不同，甚至海洋生态系统的健康状况和开发利用程度在不同时期也不同，所以海洋牧场概念和内涵不同。

20 年的经验与教训，海洋牧场在我脑中初具雏形，海洋牧场就是大海馈赠给人类的一个丰饶净美的蓝色粮仓——通过认知自然，与自然共建，与渔民共建，实现海域生境修复和资源养护，构建适应中国国情、具有中国特色的海洋牧场，从而美化环境，让大海变得更加蔚蓝，让大海成为人工渔场，为人类提供清洁的环境和优质的海产品。

经过无数次的思考、研讨和论证，我国海洋牧场领域的专家学者在 2019 年的国家自然科学基金委员会第 230 期双清论坛上，明确了海洋牧场的概念和内涵，即基于生态学原理，充分利用自然生产力，运用现代工程技术和管理模式，通过生境修复和人工增殖，在适宜海域构建的兼具环境保护、资源养护和渔业持续产出功能的生态系统。

33.2 为什么要建设海洋牧场？

首先，不得不建设海洋牧场。这是我国海域自然禀赋和资源环境现状所决定的。随着我国经济快速发展和全球气候变化，我国近海健康状况不容乐观。近海陆源输入总量在增加，营养盐存量难以减少，局部海域生境严重退化，近一半海湾常年出现劣于第四类水质；与 20 世纪 50 年代相比，海草床和珊瑚礁分布面积减少 80%以上；过度捕捞导致大型肉食性鱼类资源量下降，甚至枯竭，生物多样性降低，主要渔业生物资源量降低 80%以上，渔获物 70%以上是小型中上层鱼类，出现了资源低值化和小型化，海底荒漠化趋势明显。与此同时，食物链的短缺导致营养盐在较低水平的食物链传递，最终导致赤潮、绿潮、水母、海星、蛇尾等的大规模暴发。系统性开展海洋生态系统修复工程已经迫在眉睫，必须从保护环境、修复生境、养护资源做起，从而实现海洋生物资源的自我补充。

其次，必须要建设好海洋牧场。随着全球人口日益增长和可用耕地逐年减少，粮食短缺已成为全球公认的未来人类的重大危机。而在新冠疫情的影响下，联合国粮食及农业组织、世界粮食计划署等机构联合发布的最新报告显示，全世界已有 6.9 亿人处于饥饿状态，而水产品在改善人类膳食结构、保障粮食安全中发挥着重要作用。我国人均水产品占有量达 46.3kg，满足了国民 1/3 的动物蛋白需求。自 1990 年以来，我国水产总产量一直稳居世界首位，但同时养殖病害和养殖水域污染等问题日趋严重，近海也出现无鱼可捕的尴尬局面。通过开展海洋牧场建设，保障优质水产品的持续供给，不仅能满足国民的水产蛋白需求，还可通过“一带一路”倡议对缓解全球粮食危机作出重大贡献。

再次，海洋牧场建设是一个漫长的过程，是需要几代人持续努力与持久付出才有可能取得成效的系统工程。海洋牧场建设也是一个复杂的且多学科交叉的工程，涉及海洋生态、工程技术、生物增殖、环境保护、信息技术等多学科的交叉应用。然而，海洋牧场建设的重大原理、重要技术、现代化装备等尚未系统突破。因此，海洋牧场建设不是立竿见影的形象工程，而是造福子孙后代的生态工程。在已有的成绩面前，更需要一步一个脚印，扎扎实实地持续推进。

33.3 建好海洋牧场需跨过哪些“坎”？

如今，科学界和产业界都明白了海洋牧场已成为现代渔业转型升级的重要方向，也清醒地认识到建设海洋牧场仍困难重重。例如，到底什么地方可以建设海洋牧场？海域的承载力有多少？海洋牧场里能够增殖多少资源？如何布局和建设海洋牧场？如何科学监测、评估、预测和管理海洋牧场？如何安全保障海洋牧场可持续运营？海洋牧场建设后，如何科学评估？这些问题都尚未得到科学答案，须从理论、技术、装备、模式、标准化等方面开展系统性的研究与创新。

其一，科学规划。海洋牧场建设前，需要对建设海域开展资源与环境现状调查，同时对建设海域能够承载的生物种类和数量进行科学评估，在此基础上确定建设什么类型的海洋牧场，采用何种步骤建设海洋牧场，如何实现科学布局。

其二，生境营造。给海洋里的生物安好家，它们才能更好地生存和繁殖。针对近海海草（藻）床受损、产卵场消失等生态系统荒漠化的突出问题，修复了受损的牡蛎礁和海草床，在荒漠化严重区域科学投放了人工鱼礁，实现了海洋牧场生境从局部修复到系统构建的跨越。

其三，资源养护。在科学评估特定海域承载力的基础上，提出了生物功能群概念，也就是说，海洋牧场不但要养护具有经济价值的资源种，更要养护生态关键种，才能实现整个食物链的稳定。突破了生态关键物种扩繁和资源修复，提高了海洋牧场资源生物种类数量和资源量，实现了生物资源从生产型修复到生态型修复的跨越。

其四，持续利用。为了保障海洋牧场的生态安全，开发了浮标、潜标、自升式海洋牧场平台等资源环境监测平台，实现了对海洋牧场资源环境立体化实时监测，开发了专家决策系统，能够对生态风险给出及时的应对建议，极大地提高了对生态灾害的预警预报能力。开发了一系列承载力评估、产量预测等模型，可对海洋牧场的生物承载力、资源产量等关键数据进行有效的预测评估，为科学地开展资源捕捞提供了理论依据。

其五，模式示范。为让一线从业人员能够高标准、高质量地建设海洋牧场，中国科学院海洋研究所联合多家涉海科研机构和企业创建了中国科学院海洋牧场工程实验室，制定了系列海洋牧场建设技术地方标准，同时也在积极推动国家标准的制定，创建了“科研院所+企业+合作社+渔户”相结合的“泽潭模式”，实现了海洋牧场企业发展与渔民收入提升、海域生态改善与产出效益提升，为海洋牧场建设提供了可复制、可推广的示范样板。

党的十八大以来，“绿水青山就是金山银山”理念深入人心，海洋牧场建设正是实现环境保护、资源养护与渔业持续产出的有效举措。目前，我国已实施了以养护型、增殖型、休闲型为主要类别，覆盖渤海、黄海、东海与南海四大海域的 110 个国家级海洋牧场示范区建设。据测算，已建成的海洋牧场每年可产生直接经济效益 319 亿元，而生态效益高达 604 亿元，远高于海产品收获所产生的经济效益。此外，海洋牧场每年还可固碳 19 万 t，消氮 16 844t，减磷 1684t，对赤潮、绿潮等海洋灾害防控发挥着重要作用。

至 2025 年，我国计划建成 178 个国家级海洋牧场示范区，标志着我国海洋牧场产业基础初具雏形。而在新时期，我国海洋牧场建设在现代化与生态化方面仍面临诸多挑战，换言之，我国海洋牧场虽初见成效，但现代化海洋牧场建设才刚刚起步。

33.4　未来如何建好现代化海洋牧场？

我国海洋牧场建设在短时间内走过了其他国家几十年的发展历程。面对新形势、新情况和新问题，未来如何建好海洋牧场？无论形势怎样发展，问题如何困难，要想解决海洋牧场产业面临的诸多问题，必须先要修炼好内功。内功的修炼主要包括两个方面，也就是理念和科技创新，理念创新是前进的方向，科技创新是发展的动力，二者缺一不可。

在理念创新方面，要深入贯彻“两山”理论，系统总结并继承我国老一辈科学家对“海洋农牧化”的科学论断，并结合新的产业形势，坚持“生态优先、陆海统筹、三产贯通、四化同步”的海洋牧场建设理念，将大型海湾、群岛海域、河口滩涂或内陆大型湖泊作为一个整体，从近海和内陆水域全域型保护和持续利用角度出发，实施全域型现代化生态牧场系统研究与试点示范。在科技创新方面，要牢牢把握全域型生态牧场建设的重大科学问题和关键技术瓶颈，尤其是对于高精度监测装备和专用设施的研制等“卡脖子”技术问题，更要发扬“拔钉子”精神，逐一去突破，尽快实现核心技术的国产化。

第一，坚持生态优先，全域布局。从近海和内陆水域全域型保护和持续利用角度出发，推进全域型海洋生态牧场建设。在北方海域，打造陆海统筹、大空间格局的海洋牧场现代升级版；在南方海域，拓展岛礁保护、渔旅融合的海洋牧场新空间；在内陆水域，启动以鱼养水、资源养护的水域生态牧场探索新试点。在不断提升海洋牧场环境保护功能的基础上，积极推动第一、第二、第三产业融合，支撑全域型现代化生态牧场产业全链条协同发展。

第二，坚持问题导向，技术先导。聚焦“卡脖子”技术难题和重大科学问题，强化原创驱动，构建全域型海洋牧场技术体系。强化物联网、人工智能与大数据技术的支撑作用，重点突破全域型海洋牧场选址规划、经济动物原良种保护、人工生境营造、食物网结构优化、生物承载力评估、自动化监测与智能化采捕等重大技术瓶颈，建立可复制、可推广的全域型海洋牧场“科学选址-生境营造-资源养护-安全保障-融合发展”技术体系，实现新理念、新装备、新技术、新模式的突破，支撑海洋牧场科学有序发展。

第三，强化模式创建，融合发展。培育全域型海洋牧场新业态，实施海洋牧场与新能源、海洋牧场与文化旅游等产业融合发展。在保障环境和资源安全的前提下，推进海洋牧场与风力发电、光伏发电、波浪发电、休闲垂钓、生态旅游等融合发展，打造三产融合、渔能融合、渔旅融合等发展模式，探索建设水上城市综合体，开创"水下产出绿色产品，水上产出清洁能源"的新局面，支撑现代化全域型海洋牧场实现绿色高质量发展。

我心中的海洋牧场，一定是一片蔚蓝色的温馨家园，在那里海水清澈，鱼虾贝藻参应有尽有，牧场里的生物可以自由地生活和繁衍；孩子们在那里尽情玩耍，老人们悠闲垂钓，他们一起观美景，吃海鲜，吹海螺，唱渔歌；我心中的海洋牧场，更是一座知识的殿堂，道法自然，认知海洋，融入海洋，关心海洋，经略海洋，享受海洋，人海合一。

（杨红生）

34　我国刺参种业态势分析与技术创新展望

海参是海参纲动物的泛称，在全球范围内已发现的1200余种海参中，有70余种可食用，主要分布于西太平洋、东太平洋、北大西洋等区域，包括温带种与热带种两大类。常见海参经济种多为楯手目，如图纹白尼参、辐肛参、黑海参、沙海参、玉足海参、糙海参、梅花参与仿刺参（又称刺参）等。全球海参年产量为20 000～40 000t（干品），生产方式在非洲、南美洲、北美洲与大洋洲等以捕捞野外资源为主，而在亚洲特别是中国以人工增养殖为主（Yang et al.，2015）。

我国是全球最大海参贸易国、消费国与养殖国。在我国海域有分布记录的经济海参种类有20余种，除刺参属于温带种外，其他皆为热带种。其中，刺参是我国乃至全球海参产业的核心物种，刺参还是我国传统海珍品。随着消费市场需求不断升高，我国刺参产量与增养殖规模连年增长，刺参已成为黄渤海地区的主要海水养殖对象，并随着“北参南养”计划推进，刺参养殖逐渐突破黄渤海地域限制，在东南沿海养殖规模也快速扩大，目前已形成了浅海底播增殖、工厂化集约养殖、池塘养殖与吊笼养殖为主的养殖模式，并成了山东、辽宁、福建、河北与江苏五省主要养殖区域的重要经济物种。此外，在食品与保健品行业也形成了海参粗加工制品、精深加工制品等成体系的刺参产业链条，为渔民增收与高值化渔业发展带来了巨大新动能（Ru et al.，2019），而人工繁育的苗种是保障刺参产业持续稳定发展的基础环节。相比于刺参，我国热带海参产业规模较小、发展较晚，物种主要集中于花刺参、糙刺参以及玉足海参等典型经济种类，目前已完成了人工繁育、养殖模式构建以及放流等增养殖技术体系的探索，仍处于初步发展阶段。因此，以下以刺参研究进展与产业发展为主。

为支撑海参行业的高速发展，我国科研工作者在基础生物学与增养殖技术等方面开展了系统研究。基于中国知网的统计结果表明，自1954年以来，我国共发表海参相关的中文文献4630篇，根据不同年代的发文量，刺参产业科技发展历程可分为萌芽期（1954～1979年）、推进期（1980～2001年）、高速发展期（2002～2012年）和稳定期（2013～2019年）四个阶段，发文量占比依次为1.1%、6.1%、63.9%和 28.9%。在刺参产业科技发展萌芽期，标志性成果主要包括：张凤瀛等（1958）老一辈海洋生物学家首次开展了刺参人工苗种繁育工作探索，初步掌握了受精技术与耳状幼体培育技术，并对刺参的行为与特殊生物学特征开展了初步探索。在刺参产业科技发展推进期，标志性成果为刺参增养殖技术的建立，其间隋锡林等（1984）于 20 世纪 80 年代初步建立了人工育苗技术体系，为刺参的人工养殖开辟了广阔的前景。此后，历经 30 余年持续研究，在 21 世纪初刺参增养殖已经初步实现工厂化规模化生产，从营养需求、疾病防治、附着基开发、养殖模式构建等角度突破了系列技术瓶颈，形成了亲参培育、浮游幼体规模化繁育、苗种工厂化培育与大规格苗种生态养殖等技术体系，成熟的增养殖技术体系也为刺参产业的飞速发展打下了坚实的工作基础。在刺参产业科技高速发展期，标志性成果为刺参基础生物学特征的全面认知，以及第一个刺参新品种“水院 1 号”获得全国水产原种和良种审定委员会审定证书。在此阶段，随着分子生物学技术的发展，对幼虫变态、体色分化、夏眠、再生、性腺发育的分子及生理调控机制等开展了深入研究，为种业健康发展提供了基础理论支撑。同时，国家和地方政府逐步加大科研投入力度，支持科研院所和高校积极开展与刺参种业产业相关的科技攻关，形成了一系列显著成果。此外，在增养殖技术方面，高效、生态与绿色等养殖技术也得到了持续关注。在刺参产业科技发展稳定期，经过 10 年的高速发展期，刺参产业逐步形成稳定的产业体系，包括种参的越冬促熟培育、苗种的规模化繁育和中间培育、各种养殖模式与技术的逐步成熟、刺参产品的加工与销售等都达到了相对较高和稳定的发展阶段。但是，受全球气候变化的影响，夏季高温频繁出现，给刺参养殖业特别是陆基池塘养殖业带来了较大的影响，也造成了严重的经济损失。针对这种情况，科研院所和高校紧密结合生产实际，开展了抗逆新品种（品系）的培育和技术攻关，建立并完善了池塘生态化立体健康养殖模式，为刺参产业的稳定发展提供了技术支撑。稳定期的标志性成果为刺参基因组的成功破译，以及“东科 1 号”等 5 个刺参新品种获批，特别是刺参全基因组在 2017 年得到全面破译，标志着我国刺参生物学研究与种业产业技术开发进入了以全基因组信息为基础的新时期，开启了全球刺参科技研究的新篇章（Zhang et al.，2017）。

“农业兴旺，种业先行”。《2019 中国渔业统计年鉴》最新统计数据表明，当前我国刺参产量已达 174 340t，养殖面积为 238 183hm^2，每年人工繁育苗种数量为 562 亿头（农业部渔业渔政管理局，2019）。繁荣发展的刺参增养殖产业，对高质量刺参苗种生产提出了多元化与高标准的要求。面向未来，刺参养殖良种化是产业发展的必然方向，但当前我国刺参养殖整体仍表现为良种覆盖率低的特点。据统计，截至 2019 年，我国经全国水产原种和良种审定委员会审定的水产新品种共有 215 个，但刺参仅有 6 个新品种，占比仅 2.79%，且选育性状多关注生长速度与成活率等基础性状。与虾、蟹、鱼、贝等养殖对象相比，刺参良种选育工作整体呈现性状单一、性状高值化低的特点。刺参种业既是刺参产业可持续发展的基石，也是未来实现刺参产业转型升级的关键突破口。因此，聚焦刺参产业发展方向与市场需求，提高刺参种业科技创新水平，加速刺参养殖良种化、良种养殖生态化等技术体系建设具有重要意义。

34.1 刺参种业现状与态势分析

34.1.1 刺参原种种质资源现状

全球1200多种海参分布于世界各大洋的潮间带至万米水深的海域，绝大多数营底栖生活，附着在礁石、泥沙及海藻丛生的地带（廖玉麟，1997）。其中，印度洋-西太平洋海区是世界上海参种类最多、资源量最大的区域。温带海区海参资源呈单种性，分布于太平洋东西两岸，其中东岸以美国红海参（*Parastichopus californicus*）为主，西岸以刺参（*Apostichopus japonicus*）为主；热带海区海参资源则呈多样性，分布于太平洋热带海区及印度洋（Conand and Byrne，1993）。刺参（*Apostichopus japonicus*）主要分布于西太平洋，包括黄海、日本海、鄂霍次克海。在中国刺参通常分布在辽宁省、河北省和山东省沿岸，在中国的南界是江苏省连云港市的连岛（Purcell et al.，2012）。

发展刺参养殖的初期，由于尚未攻克人工育苗等技术难关，多采用自然海区采捕野生苗种的方式。随着经济发展和人们生活水平提高，刺参的需求量激增引发了过度捕捞，未考虑刺参的自然恢复能力，加之日益严重的海水污染，致使自然海区的野生刺参数量急剧下降，野生刺参自然资源趋于枯竭，现阶段已鲜见其踪迹。根据世界自然保护联盟的数据，近30～50年以来，野生刺参的生物资源量在日本下降了30%，在韩国下降了40%，在俄罗斯下降了80%，在中国下降了95%以上。刺参已被收录到《世界自然保护联盟濒危物种红色名录》，属于濒危（endangered，EN）等级。同时，随着刺参产业规模的不断拓展，种质退化、生长缓慢、养殖周期长、抵御环境变化能力差、病害频发以及商品参品质下降等一系列显著或潜在制约产业发展的瓶颈问题也日益凸显。

34.1.2 刺参良种种质资源现状

当前，消费市场上刺参产品多为干制品，因此体壁质量与外观形态是决定刺参单价的主要因子。当前，刺参主要选育经济性状包括生长速度、抗逆能力（耐低温、耐高温、耐盐）、抗病能力、出皮率、体色、疣足的数量与长度等。针对上述性状，已育成的刺参良种包括“水院1号”、“崆峒岛1号”、“东科1号”、“安源1号”、“参优1号”和“鲁海1号”（表34.1）。此外，其他高值经济性状品系如耐盐品系、紫体色品系、白体色品系、豹斑多刺品系等选育工作也在开展，为未来刺参良种多元化打下了坚实的基础（Xing et al.，2017，2018a，2018b，2018c）。

表 34.1　我国刺参良种选育进展综合分析表

良种名称	育种技术	主要选育性状
“水院 1 号”	杂交育种	疣足数量、出皮率
“崆峒岛 1 号”	群体选育	生长速度
“东科 1 号”	群体选育	生长速度、度夏成活率、耐温能力
“鲁海 1 号”	群体选育	生长速度、养殖成活率
“安源 1 号”	群体选育	生长速度、疣足数量、出肉率
“参优 1 号”	群体选育	抗灿烂弧菌侵染能力、生长速度

因刺参良种选育具有周期长、风险高与投资高的特点，良种选育工作多依赖地方政府的持续资助，所以当前刺参良种选育工作在全国范围内推进缓慢，研究工作主要集中在山东省与辽宁省。例如，山东省驻地各科研院所在 863 计划、“山东省农业良种工程”项目等十余年的滚动支持下，目前已取得了系列阶段性的成果。在我国仅有的 6 个刺参品种中，山东省独占 5 个，且烟台市通过设立“种业硅谷”等创新性组织机构（杨红生，2018），加快了刺参良种“保育繁推一体化”，为现代刺参种业乃至我国水产种业高速发展树立了可复制、可推广的模式与典范。

34.1.2.1　“水院 1 号”

“水院 1 号”（品种登记号：GS-02-005-2009），是以中国刺参群体为母本，俄罗斯刺参群体为父本的杂交后代，第一完成单位为大连海洋大学，该品种为我国首个刺参良种。“水院 1 号”的主要性状特点为体表疣足数量多，疣足排列为比较整齐的 6 排，且具有生长速度快、出皮率高的优势，推广范围主要集中在辽宁省等地（Chang et al.，2011）。

34.1.2.2　“崆峒岛 1 号”

“崆峒岛 1 号”（品种登记号：GS-01-015-2014），是以烟台市海域崆峒列岛刺参国家级水产种质资源保护区中的野生群体为亲本，以群体选育技术为技术路线，以生长速度为核心经济性状，经 4 代连续选育而成，第一完成单位为山东省海洋资源与环境研究院。“崆峒岛 1 号”的主要性状特点为生长速度快，推广范围主要集中在山东省、河北省与辽宁省等地（杨建敏等，2015）。

34.1.2.3　“东科 1 号”

“东科 1 号”（品种登记号：GS-01-015-2017），是以日照市、青岛市与烟台市等本地野生刺参群体为亲本，以群体定向选育技术为技术路线，以生长速度、度夏成活率与耐温能力为核心经济性状，历经 12 年选育而成，第一完成单位为中国科学院海洋研究所。“东科 1 号”的主要性状特点为耐高温能力强、度夏成活率高与生长速度快，且经遗传学分析发现，“东科 1 号”的生长性状与耐温性状遗传稳定性高。与自然群体相比，“东科 1 号”在夏季高温期间成活率提高了 12.7%以上，夏眠阈值温度提高了 1.5～2.0℃，全年生长速度提高了 20%以上（Zhang et al.，2015，2016；Liu et al.，2016，2018）。目前，已针对“东科 1 号”从亲参培育、幼体培育、苗种培育与池塘养殖等角度建立了系统的增养殖技术体系，并在山东省、河北省与辽宁省等我国刺参主养区得到了广泛的推广。

34.1.2.4 “安源 1 号”

“安源 1 号”（品种登记号：GS-01-014-2017），是以刺参良种“水院 1 号”群体为亲本，以群体选育技术为技术路线，以体重、疣足数量、出肉率为核心选育经济性状，经 4 代连续选育而成，第一完成单位为山东安源水产股份有限公司。“安源 1 号”的主要性状特点为疣足数量多、生长速度快，主要推广区域为辽宁省、山东省和福建省等（宋坚和王增东，2019）。

34.1.2.5 “参优 1 号”

“参优 1 号”（品种登记号：GS-01-016-2017），是以我国大连海域、烟台海域、威海海域、青岛海域以及日本海域的 5 个地理群体的野生刺参群体为亲本，以群体定向选育技术为技术路线，以抗灿烂弧菌侵染能力和生长速度作为核心选育经济性状，经 4 代连续选育而成，第一完成单位为中国水产科学研究院黄海水产研究所。“参优 1 号”的主要性状特点为抗灿烂弧菌能力强、生长速度快、成活率高。“参优 1 号”的主要养殖模式为池塘养殖和南方吊笼养殖，主要推广区域为辽宁省、山东省和福建省等（王印庚等，2019）。

34.1.2.6 “鲁海 1 号”

“鲁海 1 号”（品种登记号：GS-01-010-2018），是以日照东港海域、威海荣成海域、青岛崂山海域、烟台长岛海域、大连长海海域的 5 个地理群体的本土野生刺参群体为亲本，以群体选育技术为技术路线，以生长速度与养殖成活率为核心选育经济性状，经 4 代连续选育而成，第一完成单位为山东省海洋生物研究院。“鲁海 1 号”的主要性状特点为生长速度快、养殖成活率高。“鲁海 1 号”养殖模式主要为池塘养殖与工厂化养殖，主要推广区域为山东省、辽宁省、河北省和福建省等。

34.1.3 全球气候变化下的刺参种业发展趋势

34.1.3.1 重视刺参原良种种质资源保护和创新利用

水生生物种质资源是渔业生产的重要物质基础和人类重要的食物蛋白源，作为生物多样性的重要组成部分，也是维护国家生态安全和开展相关科学研究的重要物质基础，在国民经济中具有重要地位。党的十八大提出建设“美丽中国”的概念，对生物资源的保护与开发利用提出了更高的要求。但是，包括刺参在内的许多水产经济物种种质遗传背景和遗传结构混淆不清，近亲繁殖导致种质退化、生长速度下降、个体变小和抗逆性差等问题，严重影响了渔业生产的健康发展。目前，国家级刺参原种场和良种场仍存在数量严重不足、分布不均和带动作用不明显等问题，且有核心竞争力的种业企业寥寥无几，种质资源缺乏科学保护，资金、技术力量和人才队伍相对分散。为此，2020 年 2 月 11 日国务院办公厅印发《关于加强农业种质资源保护与利用的意见》，力争到 2035 年，建成系统完整、科学高效的农业种质资源保护与利用体系，资源创新利用达到国际先进水平。

34.1.3.2 重视刺参养殖产业良种化与新品种开发

虽然我国刺参养殖业发展迅猛，但刺参产业可持续发展仍受到全球气候变化、良种覆盖率低、养殖效率低、消费市场稳定性差等因素的影响（Ru et al.，2019）。温度变化对刺参养殖业的影响很大，相关研究表明，急性高温刺激可导致刺参在短时间内死亡，而慢性高温刺激可导致刺参出现生长速度下降、代谢紊乱、夏眠期延长等异常状况（Yang et al.，2016；Dong et al.，2008）。近年来，受全球气候变化的影响，我国山东省、辽宁省等刺参主养区在夏季经历了频繁的持续高温天气，导致沿海池塘养殖刺参出现大面积死亡，部分池塘养殖区甚至出现了绝收现象，对刺参产业造成了严重打击，暴露了当前刺参产业发展模式的脆弱性，包括对具有抗逆性状良种的迫切需求。近年来，在国家和地方良种工程项目等的支持下，一批刺参育种项目和产业体系项目相继实施，培育了包括“东科 1 号”“参优 1 号”等具有一定抗逆性状的刺参新品种，部分缓解了产业发展对良种的需求。2018 年，国家重点研发计划“蓝色粮仓科技创新”重点专项项目“重要养殖棘皮类种质创制与新对象开发”启动实施，集中全国科技力量在刺参良种创制和产业化应用方面进行重点攻关，相信在不久的将来，我国刺参种业产业将获得丰硕成果。

34.1.3.3 重视刺参养殖技术创新与养殖模式多元化

在当前全球气候变化的严峻形势下，频繁出现的夏季持续高温使刺参产业遭受了前所未有的损失，因此未来刺参种业与良种选育应以耐温能力为核心性状，以抗病、速生与多刺等为复合性状，开展具有复合性状的新型刺参良种培育。同时，为保障良种的高效绿色养殖，未来刺参种业科技创新体系应包括以生态养殖为特征的养殖良技与良法开发。具体思路为，以复合良种种质创制为核心，从根本上保障养殖效益、降低养殖风险；以养殖技术创新为核心，减少药物使用并保障食品安全；以养殖方法与模式创新为核心，提高养殖水体空间利用率与养殖效率。在“良种+良技+良法”的综合创新体系下，解决我国刺参种业乃至刺参产业亟待突破的“卡脖子”技术瓶颈，助力刺参产业转型升级。

34.2 刺参育种技术创新展望

与贝、虾、蟹等其他海水经济动物相比，刺参性成熟年龄较大，需 3 年以上，因此新品种培育周期至少需 12 年，具有育种周期长、育种效率低的限制因素。此外，体长、体重、疣足数量、疣足长度、体色等关键数量性状难以进行定量与定性的测定，造成了性状的基础数量遗传特性解析不明确。因此，以杂交育种、选择育种为代表的传统育种技术在时效性、可靠性等方面已不能满足当前刺参良种选育的技术要求。

针对刺参野生原种种质资源匮乏、良种选育技术瓶颈与种业产业发展需求，未来在刺参育种领域的关键技术和科学问题包括：①开展原良种种质资源保护与保存的关键技术是什么？②疣足、体色等经济性状的发生机制是什么？③生长速度、抗病能力与耐温能力等性状的遗传机制是什么？④与国外群体所培育的杂种后代是否会对本地种造成基因污染？⑤自交群体所培育的新品种是否会出现遗传多样性降低等近交衰退现象？而未来需要重点突破的技术包括多组学联用的表型解析技术、行为生理学为基础的性状评估技术、基于全基因组的精确育种技术等。通过将现代生物学技术和现代遗传学技术与刺参良种选育工作相融合，实现育种效率的大幅度提高与目标性状的精准选育，从而针对市场需求，以良种为基础，拉长刺参下游产业链条，实现刺参产业的多元化发展。

34.2.1 应用现代遗传育种技术实现性状精准高效选育

现代遗传育种技术在水生动物育种方面的成功应用主要包括细胞工程育种技术、转基因育种技术、全基因组选择育种技术、基因编辑技术等，相关技术可在细胞、染色体水平或基因水平对选育对象进行遗传改良，进而实现目标性状精准选育。

我国已对现代遗传育种技术在刺参良种选育工作中的应用进行了初步探索，Xu 等（2014）采用单核苷酸多态性（single nucleotide polymorphism，SNP）分子标记技术筛选到了 *hsp90* 基因序列中与耐温表现型相关联的位点，并将该技术应用到了刺参良种“东科 1 号”的性状鉴定中。为保证育种效果，应针对刺参生物学特征选择合适的育种技术。例如，刺参周年生长旺盛期包括春季生长期与秋季生长期两个阶段，然而研究结果表明，性腺发育所需能量约占总生长能量支出的

50%以上（Ru et al.，2017），因此通过细胞工程为原理的育种技术应用，可采用诱导雌核发育或者多倍体育种等手段，人工改变刺参良种染色体组，创制不育后代，进而优化生长能量的分配模式，提高同化的能量物质在体壁沉积的比率，实现生长性状的改良。然而，新型育种技术多在实验室内开展，大规模产业化应用报道极少。

此外，自 2017 年完成刺参全基因组序列测定工作以来，全基因组不仅为深入解析刺参生活史进化特征提供了关键信息，也为进一步升级刺参良种选育技术提供了重要基础数据支持。未来应以刺参全基因组序列为基础，采用 SNP 分子标记技术、数量性状基因座（quantitative trait locus，QTL）定位技术与全基因组关联分析（genome-wide association studies，GWAS）技术等，开展耐温、多刺、抗病、速生等重要性状的分子标记筛选并评估其遗传特征，通过建立完善的设计育种技术与理论体系，全面提高育种效率与性状选育精准度。

34.2.2　应用现代分子生物学技术解析性状发生机制

优良经济性状不仅是良种的选育目标，同时还是刺参的重要表现型特征，但目前对刺参优良性状的生物学机制认知多不明确。例如，刺参背部疣足的数量、长度、排列形式是决定刺参产品价值的关键因素，但疣足的发生机制、疣足的生物学功能、疣足的发育机制等关键信息仍不明确，基础生物学认知的缺乏严重阻碍了育种工作的开展。

以高通量测序为基础的现代分子生物学技术为全面深入了解刺参表型性状发育机制提供了重要支持并得到了广泛的应用。例如，在体色性状良种选育中，Xing 等（2017，2018a，2018b，2018c）采用转录组、蛋白质组与代谢组等多组学联用的方法，从色素细胞发育、色素沉积动态等角度综合阐明了紫、白与青等刺参品系体色变异的综合调控机制与发育学机制，为从体色表型深入了解刺参生理生态适应特征提供了数据支持，同时为精准选育紫体色和白体色刺参良种提供了数据支撑。

34.2.3　应用现代行为学原理完善性状评估技术体系

良种性状评估技术体系建设是科学客观评价选育优势性状的基础手段。在我国刺参新品种培育过程中，体重、生长率与养殖成活率等传统基础生物学指标应用较多，近年来，代谢率、代谢酶、消化酶等生理指标也逐渐得以应用到刺参良种选育工作中。然而，生长与生理等数据的获取具有检测技术要求高、数据获取周期长的特点，而行为学数据具有快速直观地反映良种性状的优势，但目前还未见应用。

近年来，我国学者在刺参行为学领域取得了系列技术与理论突破（Ru et al.，2017；Pan et al.，2015），为建立基于行为参数的刺参良种性状评估技术体系提供了新的思路。因刺参关键行为参数如运动行为、摄食行为等对环境因子等的响应敏感，且行为功能的发生与维持需消耗大量能量（Ru et al.，2017，2018），因此在控制实验与野外实验中，行为指标均可作为良种选育的关键参数。例如，可通过移动频率、遮蔽物选择敏感度、呼吸行为与应激行为等热调节行为、盐度调节行为与成活率等关联分析，以热盐刺激下移动频率高、遮蔽物选择灵敏度高、呼吸频率高、应激行为弱的个体为优质亲本，开展抗逆性状良种选育。也可通过摄食效率、摄食选择性、摄食节律等系列摄食行为指标与生长性状等关联分析，以摄食时间长、夜间摄食效率高、摄食选择性低与生长速度快的个体为优质亲本，开展速生性状良种选育。而刺参行为指标可采用无损标签标记后，通过缩时摄像机和运动摄像机等获取行为视频资料，通过计算机视觉解析技术完成系列行为数据的精准高效采集。此外，行为学在刺参育种支撑技术体系建立中也具有重要意义。例如，配子释放行为与求偶行为等与刺参亲参培育、高质量精卵采集密切相关（Fujiwara et al.，2010），而栖息地选择行为与集群行为研究可为附着基设计、养殖池塘改造、底播生境优化设计等提供重要数据支撑（辛孝科等，2018）。

34.3 结　论

“国以农为本，农以种为先”，种业是渔业生产的源头和基本生产资料，种业发展的优劣直接关系到养殖水产品的产量和渔民增收。在刺参产业的发展过程中，应进一步明确和强化刺参种质资源保护的基础性和公益性定位，坚持渔业种业科技创新始终是蓝色粮仓保障体系的基础与核心，积极推动现代遗传育种技术与刺参良种选育工作相融合，实现育种效率的大幅度提高与目标性状的精准选育，从而有效提高良种覆盖率，为种业强国建设添砖加瓦。

（杨红生　孙景春　茹小尚　张灿影　邢丽丽
孙丽娜　林承刚　刘石林　张立斌）

参考文献

廖玉麟. 1997. 中国动物志 棘皮动物门 海参纲. 北京：科学出版社: 51.
农业部渔业渔政管理局. 2019. 2019 中国渔业统计年鉴. 北京：中国农业出版社: 15-84.
宋坚，王增东. 2019. 刺参“安源 1 号”. 中国水产, (3): 75-79.
王印庚，廖梅杰，李彬，等. 2019. 刺参“参优 1 号”. 中国水产, (10): 96-101.

辛孝科, 张立斌, 于正林, 等. 2018. 栖息地分布与种内竞争对刺参集群特征的影响. 海洋科学, 42(5): 138-144.

杨红生. 2018. 现代水产种业硅谷建设的几点思考. 海洋科学, 42(10): 1-7.

杨建敏, 宋志乐, 王卫军, 等. 2015. 刺参"崆峒岛 1 号". 中国水产, (12): 55-57.

Chang Y Q, Shi S B, Zhao C, et al. 2011. Characteristics of papillae in wild, cultivated and hybrid sea cucumbers (*Apostichopus japonicus*). African Journal of Biotechnology, 10(63): 13780-13788.

Conand C, Byrne M. 1993. A review of recent developments in the world sea cucumber fisheries. Marine Fisheries Review, 55(4): 1-13.

Dong Y W, Dong S L, Meng X L. 2008. Effects of thermal and osmotic stress on growth, osmoregulation and Hsp70 in sea cucumber (*Apostichopus japonicus* Selenka). Aquaculture, 276(1-4): 179-186.

Fujiwara A, Yamano K, Ohno K, et al. 2010. Spawning induced by cubifrin in the Japanese common sea cucumber *Apostichopus japonicus*. Fisheries Science, 76(5): 795-801.

Liu S L, Sun J C, Ru X S, et al. 2018. Differences in feeding, intestinal mass and metabolites between a thermotolerant strain and common *Apostichopus japonicus* under high summer temperature.Aquaculture Research, 49(5): 1957-1966.

Liu S L, Zhou Y, Ru X S, et al. 2016. Differences in immune function and metabolites between aestivating and non-aestivating *Apostichopus japonicus*. Aquaculture, 459: 36-42.

Pan Y, Zhang L B, Lin C G, et al. 2015. Influence of flow velocity on motor behavior of sea cucumber *Apostichopus japonicus*. Physiology & Behavior, 144(5): 52-59.

Purcell S W, Samyn Y, Conand C. 2012. Commercially important sea cucumbers of the world. FAO: 87.

Ru X S, Zhang L B, Li X N, et al. 2019. Development strategies for the sea cucumber industry in China. Journal of Oceanology and Limnology, 37(1): 300-312.

Ru X S, Zhang L B, Liu S L, et al. 2017. Reproduction affects locomotor behaviour and muscle physiology in the sea cucumber, *Apostichopus japonicus*. Animal Behaviour, 133: 223-228.

Ru X S, Zhang L B, Liu S L, et al. 2018. Energy budget adjustment of sea cucumber *Apostichopus japonicus* during breeding period. Aquaculture Research, 49(4): 1657-1663.

Xing L L, Sun L N, Liu S L, et al. 2017. IBT-based quantitative proteomics identifies potential regulatory proteins involved in pigmentation of purple sea cucumber, *Apostichopus japonicus*. Comparative Biochemistry and Physiology Part D: Genomics and Proteomics, 23: 17-26.

Xing L L, Sun L N, Liu S L, et al. 2018a. Transcriptome analysis provides insights into the mechanism of albinism during different pigmentation stages of the albino sea cucumber *Apostichopus japonicus*. Aquaculture, 486: 148-160.

Xing L L, Sun L N, Liu S L, et al. 2018b. Growth, histology, ultrastructure and expression of MITF and astacin in the pigmentation stages of green, white and purple morphs of the sea cucumber,*Apostichopus japonicus*. Aquaculture Research, 49(1): 177-187.

Xing L L, Sun L N, Liu S L, et al. 2018c. De novo assembly and comparative transcriptome analyses of purple and green morphs of *Apostichopus japonicus* during body wall pigmentation process. Comparative Biochemistry and Physiology Part D: Genomics and Proteomics, 28: 151-161.

Xu D X, Sun L N, Liu S L, et al. 2014. Polymorphisms of heat shock protein 90 (Hsp90) in the sea cucumber *Apostichopus japonicus* and their association with heat-resistance. Fish & Shellfish Immunology, 41(2): 428-436.

Yang H S, Hamel J F, Mercier A. 2015. The Sea Cu-cumber *Apostichopus Japonicus*: History, Biology and Aquaculture. Amsterdam: Academic Press: 383-398.

Yang H S, Zhou Y, Zhang T, et al. 2006. Metabolic characteristics of sea cucumber *Apostichopus japonicus* (Selenka) during aestivation. Journal of Experimental Marine Biology and Ecology, 330(2): 505-510.

Zhang S C, Liu S L, Zhang L B, et al. 2016. Effect of stocking density on key growth traits of a fast-growing and heat-resistant strain of sea cucumber (*Apostichopus japonicus*). Aquaculture Research, 47(11): 3636-3643.

Zhang S C, Yang H S, Liu S L, et al. 2015. The influence of genetics factor on key growth traits and quantitative genetic analysis of sea cucumber *Apostichopus Japonicus* (Selenka) heat-resistant and fast-growing strain. Aquaculture International, 23(1): 219-233.

Zhang X J, Sun L N, Yuan J B, et al. 2017. The sea cucumber genome provides insights into morphological evolution and visceral regeneration. PLoS Biology, 15(10): e2003790.

第3部分 从数字到体系，倡导水域生态牧场智能化

有梦想，才有希望。想得到，才能做得到。健康和蔚蓝是团队的梦想。必须定位高远，放飞理想，拓宽视野，提升境界，方可顶天立地，造福人民。现代化是我国海洋牧场发展的新选择，是我国海洋生态保护、生境修复、资源养护、渔业产出和生物固碳等发展模式的新赛道；现代海洋牧场的特点是数字赋能，将发挥数据作为新型生产要素的价值，形成智能感知-智能管控-智能作业的新范式；海洋牧场现代化建设的抓手是场景驱动、种业牵引，以种业为切入点，形成“保、育、测、繁、推”一体化发展；创新从数字化到体系化的理论体系，打造从良种化到规模化的种业体系，创建从精准化到标准化的技术体系，研发从轻简化到无人化的装备体系，形成从流程化到智能化的管控体系，构建四场联动、陆海统筹、牧养互动和集群融合的发展模式。

35 水域生态牧场发展理念与对策

35.1 背 景

当前，全球气候变化及人类活动加剧导致水温升高、水体富营养化和水体低氧等现象频发，对水域生态环境造成了直接影响，并引起了水域生境退化和水生生物资源衰退等诸多问题。我国在渔业领域经历了资源增殖放流、人工鱼礁投放和海洋生态牧场系统化建设等历程，逐步实现了渔业生产从环境资源利用型向环境资源保护型的转变。近年来，通过借鉴以海洋生态牧场解决海洋生态问题的成功模式，人们将目光逐渐移至淡水水域，水域生态牧场的概念应运而生。

35.1.1 水域生态牧场的定义

地球表层由海洋和陆地构成，其中海洋面积约占地球表面积的71%，陆地面积约占地球表面积的29%。水域生态系统可以划分为淡水生态系统和海水生态系统，包括江河、湖泊、池塘、水库、潮间带、浅海、深海大洋等。广袤的水域面积，为发展水域生态牧场提供了广阔的发展空间。

水域生态牧场是基于生态学原理，充分利用自然生产力，运用现代工程技术和管理模式，通过生境修复和人工增殖，在适宜的海洋及淡水水域构建的兼具环境保护、资源养护和渔业持续产出功能的生态系统（杨红生等，2019）。水域生态牧场建设是修复受损生态环境和养护水生生物资源的有效技术途径，也是新时期我国渔业高质量发展的必由之路。

35.1.2 水域生态牧场建设进展

35.1.2.1 海洋生态牧场建设成绩斐然

日本在20世纪60年代和70年代相继提出“栽培渔业”计划和“海洋牧场”发展规划，自日本黑潮牧场建立后，海洋牧场概念与建设实践在全球得到了普遍重视。美国于1968年提出建设海洋牧场计划，1972年付诸实施，1974年在加利福尼亚州建立海洋牧场，利用自然苗床，培育大型藻类，生态效果显著。韩国1998年开始实施“海洋牧场计划”，2009年启动的“海洋森林建造工程”目前已经恢复了 5710hm^2 海洋生态环境，预期到 2030 年通过整合海洋森林、海洋牧场、人工鱼礁，建造人造产卵场、栖息场，渔业资源量可从目前的 860 万 t 提高至 1100 万 t。据不完全统计，目前全世界范围内至少有 64 个国家开展了总数达 180 种的资源增殖实践，在欧洲、北美洲、亚洲与大洋洲建设了广泛的海洋牧场。我国海洋生态牧场发展迅速。从 2015 年起，我国近海已有 110 个国家级海洋牧场示范区获得批准建设。据不完全统计，国家级海洋牧场示范区建设总面积已超过 20.8 万 hm^2，并计划在 2025 年前完成 178 个国家级海洋牧场示范区建设，以带动全国海洋牧场产业持续发展。经过 50 余年的努力，我国海洋生态牧场建设效果显著，在理论和实践方面都取得了丰硕成果，为水域生态牧场建设提供了建设方向和参考样例，同时也奠定了坚实的技术基础。

35.1.2.2 淡水生态牧场建设研究刚刚起步

我国大水面渔业发展历史悠久，20 世纪 60 年代随着鱼类人工繁殖技术实现突破，“四大家鱼”得以在湖泊和水库大规模增殖放流；90 年代后，规模化增殖放流种类增加了河蟹和名特优鱼类，相关理论和技术发展已经趋于完善；近年来，在注重“净水、保水”功能的保水渔业与净水渔业模式创新方面也取得了较大突破（谷孝鸿等，2018）。

以浙江省为例，1km^2 以上湖泊有 30 余个，水库逾 3500 座，其中大型水库有 30 座，目前已在 90%以上的小型水库开展了保水洁水渔业工程建设，如容量达 178 亿 m^3 的千岛湖保水渔业模式已成为淡水生态渔业的成功案例，当前湖内淡水鱼类已达到 114 种，每年渔业直接经济产值逾 10 亿元（王荣斌，2017）。然而，在当前严峻的资源环境形势下，仍缺少集生态修复、资源养护和产业升级等多功能于一体的新型淡水水域开发利用模式创制，亟待进行淡水生态牧场建设。

35.2 水域生态牧场建设的必要性

35.2.1 水域生态牧场建设是修复受损生态环境的有效途径

全球气候变化，近年来渔业环境因子如温度、溶解氧含量等发生了显著改变，加之水电工程建设、填海造陆、航运、采砂等人类活动加重，导致海洋和淡水生态环境都出现了急剧恶化现象。在近海环境方面，我国面积大于 100km^2 的 44 个海湾中，超过 20 个海湾四季均已出现劣四类海水水质，无机氮含量、活性磷酸盐含量、石油类含量和化学需氧量等关键监测因子的超标面积占所监测面积的比例分别为 75.4%、44.0%、4.4%和 33.9%。在内陆水域方面，《2018 中国生态环境状况公报》显示，2018 年监测水质的 111 个重要湖泊（水库）中，I类水质的湖泊（水库）仅有 7 个，比例仅占 6.3%。

水域生态牧场可通过直接修复海草床、恢复海藻场、重建生态关键种等生态途径，实现水域环境状态的持续改善（章守宇等，2019）。例如，海州湾海洋生态牧场建设实践表明，在 2008～2015 年该海域关键水质指标溶解无机氮含量呈现连年增长趋势，水质总体呈现逐渐改善趋势，数据测算结果表明，海洋生态牧场蓝色碳汇交易价值高达 253 元/t（沈金生和梁瑞芳，2018），具有可观的功能效益。

35.2.2　水域生态牧场建设是养护生物资源的有效手段

我国近海和内陆渔业资源都呈现明显的衰退现象。在近海，当前渔业生物资源量较 20 世纪 50 年代降低 80%以上，而渔获物 70%以上是小型中上层鱼类，海底荒漠化趋势明显。在内陆，除了广泛存在的“人鱼争水”和经济鱼类资源衰竭等问题外，长江白豚等珍稀淡水保护生物种群数量也出现断崖式下降，甚至已出现灭绝现象（Zhang et al.，2020）。

水域生态牧场建设已被证明是养护生物资源的有效手段。山东、浙江、海南等沿海省份的数据表明，在海洋生态牧场建设后，海洋牧场的关键渔业资源的生物量、数量、分布等都出现了显著上升，并且因海洋牧场区可作为水生生物适宜的栖息、繁衍空间，鱼卵和仔稚鱼的数量也出现了大幅度增加，生态牧场建设为减缓渔业资源衰退乃至修复受损渔业资源提供了新方向。

35.2.3　水域生态牧场建设是践行“两山”理论的重要途径

自 2013 年 5 月提出“牢固树立保护生态环境就是保护生产力、改善生态环境就是发展生产力的理念”后，“绿水青山就是金山银山”理念逐渐发展成为我国科学处理经济发展与生态环境保护问题的基本理论依据。

水域生态牧场建设因具有促进渔业产业升级、提高渔业效益、修复受损环境和养护生物资源的多元经济和生态意义，目前已成为渔业和水产养殖领域践行“两山”理论的重要途径和关键抓手。

35.2.4　水域生态牧场建设得到了党和国家的高度重视

生态牧场建设一直得到国家高度重视。自 2017 年以来，中央一号文件连续多年突出并强调“支持集约化海水健康养殖，发展现代化海洋牧场”“建设现代化海洋牧场”“推进海洋牧场建设”，并提出“合理确定内陆水域养殖规模”和“降低江河湖泊和近海渔业捕捞强度，全面实施长江水生生物保护区禁捕”。水域生态牧场建设已成为新时期生态文明建设过程中的重要关注点与关键发力点。

35.3 水域生态牧场建设面临的问题

当前水域生态牧场建设虽然已在海洋生态牧场建设中取得了一系列进展，但以“生态修复+资源养护”为综合目标的淡水生态牧场建设研究仍处于萌芽阶段，在理念、设备、技术、管理四个方面仍存在诸多问题亟待解决。

35.3.1 建设原理亟待创新

水域生态牧场建设必须摒弃“生态牧场等同于渔业生产”的传统理念，而要立足“生态保护优先”的基本建设理念，把握“自然修复为主、三效融合、三生一体”的基本建设原则，强调生境修复、资源养护和环境保护的综合功能发挥，注重生态、社会和经济效果的平衡性（三效融合），关注生态、生活和生产的发展协调性(三生一体)，进而实现“利用生态”到“服从生态”再到“保护生态”的意识转变。在理念升级的基础上，亟待开展建设原理创新，从生物承载力等生境修复原理到生态种扩繁等资源养护原理，形成建设原理的成体系突破，在不破坏当前水资源环境的基础上，促进原有资源增加，提高物种多样性，实现多产业的协同发展。

35.3.2 建设设备亟待研发

2020 年《中共中央 国务院关于抓好“三农”领域重点工作确保如期实现全面小康的意见》提出“强化科技支撑作用”“加快大中型、智能化、复合型农业机械研发和应用”。水域生态牧场的设备现代化主要体现在资源环境监测装备和大型生产设备的研发与利用方面。在资源环境监测装备方面，我国通过集成开发水质、流速、气象、温度、溶解氧多探测装备并创新研制“保障平台”等新型设施，大大提高了水域生态牧场对生态灾害的抵御能力。然而，大型专用生产设施研发未实现突破，设备研发落后致使的生产效率低下、经济利润不高等典型技术问题仍未解决。

35.3.3 建设技术亟待突破

水域生态牧场建设是海洋生态牧场建设的转型升级，是由浅海延伸到内陆水域为一体的大尺度、全方位整合创新。因此，水域生态牧场建设技术创新方面需特别注意两点：①一些只适用于海洋生态牧场而不适用于淡水生态牧场的建设技术可以作为参考，但绝不能照搬；②基于淡水生态系统特点的相关技术体系需自主创新，如适用于淡水环境的生物承载力和环境容纳量评估技术、环境高效修复技术、选址与建设技术、资源环境实时监测技术等仍有待细化提升。此外，要加强对大数据、云平台的高效整合与利用，强化信息化建设，除了对生态牧场的数据实现实时采集与快速传输，未来还需要对海量数据进行存储、分析、决策，相应设备及集成技术也亟待提升。

35.3.4 管理体系亟待提升

水域生态牧场管理方面需要遵循相关政策，并因时因地进行调整。要加强水陆联动管理，一方面需强化生态牧场日常监测管理，及时获取反馈水域环境因子等信息，构建更为升级的专家决策系统，另一方面完善对生态牧场关键物种的资源管理，适时采取调整措施。需要建立权责明晰的管理制度，平衡不同行业对水域使用的矛盾，以期在不破坏原有生态的前提下，最大化利用水域。

35.4 水域生态牧场建设举措和建议

我国幅员辽阔，经纬跨度极大，在不同省（区、市）存在典型的生态差异、经济基础差异、产业现状差异和技术水平差异等，立足“坚持全国一盘棋”，为实现水域生态牧场建设在全国范围内协调发展，未来应在生态牧场的规划和布局统筹、建设技术和原理、多产业模式融合和建设标准制定等方面开展系统性创新与突破。

35.4.1 推进水域生态牧场统筹规划与科学布局

强化水域生态牧场大空间尺度的规划设计和统筹布局工作，以点带面，保障全区域生态效应发挥。在规划设计方面，突出“因地制宜、因水制宜”在水域生态牧场建设中的关键特征，需要统筹待建址的地理位置、附近水域情况、前期发展程度，并根据本底渔业资源及生物承载力调查，明确未来发展方向，合理规划布局；需要统筹当前海域适宜的水生物种，从生态及经济的角度出发，确立重点资源养护对象。在布局统筹方面，即在水域生态牧场建设过程中，既要充分发挥独立水域单元的独特优势，也要根据不同水域的空间异质性，科学进行鱼礁等生境构建设施的布局布放，注重整体生态效应的发挥。

35.4.2 加强水域生态牧场建设理论和技术创新

强化水域生态牧场建设理论和技术创新，立足淡水环境与海洋环境的差异性，分别在建设原理和建设技术方面形成系统突破并实现集成应用。在建设原理方面，应重点突破水域环境与生物承载力评估模型和层次结构模型原理、重要动物行为发生原理、多层次营养级营造原理、生境修复原理等共性关键原理的系统性解析。在建设技术方面，应重点突破渔业遥感信息技术开发与应用、水生生物集群行为控制、生态关键种保育繁殖、高效人工鱼礁构建设计等共性技术的集成性创新与应用。

35.4.3 促进水域生态牧场多产业模式融合创新

加强水域生态牧场产业链条设计，重点突破第一、第二、第三产业的有机融合，倡导以多元驱动、多功能建设和多产业融合发展助力水域生态牧场产业链条的有效延长。加快推进“渔旅融合”“渔风融合”“渔光结合”等典型水域生态牧场产业融合模式和示范基地建设，形成生产空间集约高效利用的产业共建格局，以延长产业链来提升经济效益，提高企业参与积极性，保障水域生态牧场的可持续健康发展（杨红生等，2019）。

35.4.4 强化水域生态牧场建设标准体系制定

加强水域生态牧场领域标准、政策和法规的制定，以标准化保障生态牧场的均衡性发展。从国家宏观管理角度出发，必须加强行业标准、规范和法规的制定，根据不同类型的水域，制定不同的水域生态牧场建设标准，为水域生态牧场建设提供保障和引领作用。从区域发展角度出发，根据各地区的实际产业发展现状与生态特征，加强地方性标准和支持性政策的制定，根据水域生物承载力实际情况，确定生态牧场建设规模、区域布局、增殖种类、建设途径，严格控制，合理投放，实现水域生态牧场生态效益、社会效益、经济效益的协调持续发展。

（杨红生　霍　达　茹小尚　张立斌　林承刚　邢丽丽）

参考文献

谷孝鸿, 毛志刚, 丁慧萍, 等. 2018. 湖泊渔业研究: 进展与展望. 湖泊科学, 30(1): 1-14.
沈金生, 梁瑞芳. 2018. 海洋牧场蓝色碳汇定价研究. 资源科学, 40(9): 1812-1821.
王荣斌. 2017. 千岛湖保水渔业形成生态产业链. 中国环境报, 2017-06-19(3).

杨红生, 茹小尚, 张立斌, 等. 2019. 海洋牧场与海上风电融合发展: 理念与展望. 中国科学院院刊, 34(6): 700-707.

杨红生, 章守宇, 张秀梅, 等. 2019. 中国现代化海洋牧场建设的战略思考. 水产学报, 43(4): 1255-1262.

章守宇, 刘书荣, 周曦杰, 等. 2019. 大型海藻生境的生态功能及其在海洋牧场应用中的探讨.水产学报, 43(9): 2004-2014.

Zhang H, Jarić I, Roberts D L, et al. 2020. Extinction of one of the world's largest freshwater fishes: lessons for conserving the endangered Yangtze Fauna. Science of the Total Environment, 710: 136242.

36 黄河三角洲蓝色农业绿色发展模式与途径的思考

黄河三角洲是黄河挟带大量泥沙在渤海形成的冲积平原，是我国三大河口三角洲之一，每年以 2～3km^2 的速度扩展（刘峰，2015）。黄河三角洲地处“黄”“蓝”两大重叠地带，作为“渤海粮仓”农业科技示范工程的重要部分，其拥有未利用土地 3.013×10^{7}hm^2，是我国东部沿海后备土地资源最多、开发潜力最大的地区（刘立军等，2019）。近年来，黄河三角洲环境、生态、灾害、资源等问题凸显，工农业污染、围海造地、物种入侵、陆源污染和生态环境灾害等导致湿地面积锐减、生物多样性急剧降低、景观多样化受损、渔业资源枯竭、生态系统严重退化。

从“十五”计划以来，发展黄河三角洲高效生态经济一直被列入国家计划和规划纲要。2019 年 9 月 18 日，在黄河流域生态保护和高质量发展座谈会上强调黄河流域要加强生态环境保护，“下游的黄河三角洲是我国暖温带最完整的湿地生态系统，要做好保护工作，促进河流生态系统健康，提高生物多样性”。“蓝色农业”（杨红生，1999）是大农业的重要组成部分，也是国民经济和社会发展的一部分，在黄河三角洲资源利用、效益提升、可持续发展等方面可发挥重要作用。2019 年中央一号文件明确表示，合理确定内陆水域养殖规模，压减近海、湖库过密网箱养殖，推进海洋牧场建设，规范有序发展远洋渔业。因此，在黄河三角洲建立新型蓝色农业发展新模式十分迫切。

36.1 黄河三角洲蓝色农业绿色发展的必要性

水利是农业的命脉，短缺的淡水资源制约着黄河三角洲地区传统农业的发展，探索新型农业发展模式势在必行。而人类活动影响严重、环境污染加剧造成的环境问题、生物资源问题等更凸显了蓝色农业绿色发展的必要性。此外，黄河三角洲面临互花米草（*Spartina alterniflora*）生态入侵威胁问题，使得该地区发展蓝色农业十分迫切。

36.1.1 淡水资源短缺

黄河三角洲生态系统独具特色、地理位置优越，具有发展高效生态经济、实现蓝色农业绿色发展的良好条件。而水资源供应是黄河三角洲长期可持续发展过程中的重要一环。近年来，黄河三角洲地区水资源贫乏，水资源空间、时间分布不均，以及水体污染严重等问题凸显。例如，该地区水资源空间分布呈现中部少、东西部多的特点，且该地区多年平均降水量为600mm，仅夏季就占70%，这些成为困扰黄河三角洲地区发展的重要因素（高振斌等，2017）。黄河三角洲地区的水资源主要有地下水、降水和客水。目前，地下水开采几近饱和状态；降水量年均变化大并呈逐年下降趋势；作为主要客水的黄河水面临着断流、污染及浪费等问题。同时，多条承载着工业废水的河流汇入、海水入侵、水资源开发利用量增大等，加剧了黄河三角洲的水资源问题。

36.1.2 人类活动影响严重

黄河三角洲是我国重要的油田开发区、制盐基地、养殖区，人类活动频繁。此外，该地区滨海湿地资源丰富，生态服务价值高。随着围填海活动频繁、人类活动影响加剧，滨海湿地景观格局和生态环境都受到了不良影响（于淑亭，2018）。近年来，在黄河三角洲滨海地区，养殖开发、港口及油田建设、盐业制造、农田开垦等人类活动的干扰强度不断增大，导致该区域岸线蚀退、生态系统退化、淡水资源缺乏、自然灾害加剧等生态环境问题日渐突出，直接威胁黄河三角洲地区土壤生态安全和社会、经济可持续发展（肖杨，2018）。

36.1.3 环境污染加剧

近年来，经济的快速发展使黄河三角洲地区空气质量急剧恶化，细颗粒物污染事件频发。此外，黄河三角洲所在的东营市由于石油开采业的发展，挥发性有机物的排放量增大。与此同时，黄河三角洲靠近渤海，相对湿度较高，有利于颗粒相水溶性有机碳的生成，加剧了空气污染（雒园园，2019）。此外，具有显著生物毒性、多源性、隐蔽性、积累性和长期性的重金属污染，也对黄河三角洲地区动物、植物及生态环境构成了潜在威胁。由于黄河三角洲地区经济社会快速发展，工业、农业、畜牧业和居民生活中产生的大量污染物通过河流进入海域，湿地受重金属污染的形势越来越严峻（宋颖等，2018）。

36.1.4 生态入侵威胁

外来物种入侵已成为全球变化研究的重要问题，因其缺少天敌而具有超强竞争力。例如，互花米草原产于美国大西洋沿岸，繁殖能力强，兼具有性繁殖和无性繁殖，且对环境的适应及耐受能力很强（刘明月，2018）。从 1990 年开始，互花米草被引入黄河三角洲，而后在盐沼湿地开始迅速繁殖扩散，尤其是在近 5 年间，其存在范围不断扩大并呈指数暴发增长，使得盐地碱蓬和芦苇栖息环境向陆迁徙，造成黄河入海口北侧潮间带互花米草密布区已无其他本土植物存活，严重威胁黄河三角洲滨海湿地原生生态系统安全（刘明月，2019）。防治入侵物种互花米草对于修复滨海湿地生态环境、保护滩涂物种多样性具有重大意义。

36.2 黄河三角洲蓝色农业绿色发展理念与思路

36.2.1 保护优先

黄河三角洲在发展过程中，须遵守相关生态学原理，坚持保护生态就是保护生产力的理念，以及“与自然共建”（building with nature）的理念，强调以自然修复为主，按照环境承载力与生态保护需求，以功能群构建、重要物种种植或养殖为途径，实行复合增养殖模式，实现良性、可持续发展。①开展陆-海生态系统修复与生态岸线保护工作，优先开展沿海部分地区的滨海湿地恢复、岸线整治、海岸线环境监测等工作，为黄河三角洲发展提供良好的环境基础；②以环境承载力为基础，查明陆海连通机制和调控途径，确定黄河三角洲的“环境安全底线”“资源利用上线”“生态功能保障基线”；③实施不同产业模式的互补，减少对生态系统稳定性的影响，严格按照主体功能区要求规范各类生产活动，优化调整空间布局。

36.2.2 因水制宜

为了促进黄河三角洲河流生态系统和湿地生态系统健康，必须建立黄河三角洲水资源开发利用红线，“以水而定，量水而行”。按照“共抓大保护、不搞大开发”的要求，明确其资源、环境、生态功能，区分生活、生产和生态用水，合理开发，高效利用，有效保护，科学管理。①在水污染防治方面，对湿地、近海区域推进重点流域水污染治理，强化污染防治，做好入海入河排污口整治工作，严格控制入海污染物总量，建立入海入河排污口名录；按照具体问题具体分析、“一口一策”的原则，对于排查发现的问题排口，落实责任主体，实行分类整治。②在水环境保护方面，推进河流、湿地、海洋水系连通，构建循环通畅、丰枯调剂、蓄泄兼筹、多源互补的现代水网。③在水生态修复方面，探索淡水、半咸水、海水和废水的生态补水修复模式，约束湿地用水、近海生态系统淡水资源补充，保障黄河河道和入海口自身的生态用水，抓好生态脆弱水域的保护与修复工作，使其重现绿色生机。

36.2.3　深度融合

黄河三角洲是陆地、海洋、大气相交且相互作用的地区。通过挖掘陆域潜力、延伸河口滩涂湿地功能，实现黄河三角洲现代农牧业陆-海并举、两翼齐飞，实现陆域、海域的无缝对接。坚持陆-海并举、陆-海协调、陆-海互补，发展高效现代农业。①黄河三角洲的发展，需要明确主要生态功能与环境胁迫因子，统筹各类农牧业活动，实现多元深度融合。由于生境特征不同，黄河三角洲各区域的生态功能和胁迫因素不尽相同，在发展过程中需充分利用不同生境特征，做到合理、有度利用。②数据已是新型生产要素，并日益成为经济社会发展的新动力源泉。黄河三角洲蓝色农业应大力推进大数据在承载力、环境预测、病害防控等方面的应用，推进智慧农业发展，实现实时监控、精准管理、远程控制和智能决策，并且运用大数据打通各产业生产、加工、流通等流程，形成可追溯、可查询、可追究的信息闭环。

36.2.4　布局合理

在黄河三角洲开发与建设过程中，将经济效益、社会效益和生态效益相结合，做到产业开发生态化、生态建设产业化，实现“生产、生活、生态”三生一体融合发展。在空间布局的规划设计上多规合一，将主体功能区规划、沿海经济带发展规划、土地利用总体规划、城市总体规划等充分衔接（黄金川等，2017），并且制定适合黄河三角洲区域的生态保护红线比例、环境质量底线、生态风险管控、资源利用上线以及相应的产业退出和准入建议（石海佳等，2018）；将黄河三角洲划分为生产、生态及生活三类空间，规划确定三类空间的基础格局，推动形成陆-海协调的总体架构，形成科学、有序的黄河三角洲发展新格局。在陆基区域，优先发展精准养殖业和高效设施农业；在滩涂上开展名贵水产品增养殖；在近海海域开展现代海洋生态牧场建设；与此同时，拓展现代物流业、水产品加工业和海洋旅游业发展。

36.3　黄河三角洲蓝色农业绿色发展的新模式

黄河三角洲蓝色农业的发展目标是：以生态学理论为基础，科学调整该地区产业结构；坚持创新驱动产业转型升级，构建具有国际竞争力的新型精准农业生产体系；拓展发展空间与布局，实现工程化、机械化、智能化和信息化。具体而言，在海岸带等区域重点实行生态农牧化发展模式，在湿地等区域重点实行渔旅融合发展模式，在可再生能源丰富等区域重点实行渔能融合发展模式，并且在发展过程中将各产业融合，实现从单一产业到全产业链再到全产业体系的转变，最终实现黄河三角洲地区的绿色可持续发展。

36.3.1 生态农牧化模式

黄河三角洲生态农牧场应遵循海岸带生态农牧场构建理念，即基于生态学原理，利用现代工程技术，陆-海统筹构建盐碱地生态农场、滩涂生态农牧场和浅海生态牧场，营造健康的生态系统，从而形成“三场连通”和“三产融合”的海岸带保护和持续利用新模式（杨红生，2017）。①在盐碱地生态农场中，林草复合模式可显著改善土壤理化性能，增加土壤孔隙度和贮水量，提高土壤速效养分含量和微生物数量。例如，白蜡树+柽柳+紫苜蓿的种植模式被证明对黄河三角洲滨海盐碱地的综合改良效应较佳（孙佳等，2020）。此外，开展菊芋、田菁种植，实现牧草-畜牧种养、稻-鱼-蟹共生等生态模式，开展生物制品精深加工和中草药开发。②在滩涂生态牧场中，进行互花米草控制与生境重建，实现柽柳-苁蓉种植、光滩畜禽养殖、海产动物健康苗种培育、蔬菜-海珍品种养、滩涂贝类资源养护与清洁生产，开展保健品开发和动物食品精深加工。③在浅海生态牧场中，进行牡蛎礁、海草床保护与修复，以及渔业资源修复与利用，开展功能肥料开发和海珍品精深加工。

36.3.2 渔旅融合发展模式

为了延长黄河三角洲蓝色农业发展的产业链：①选择基础设施条件较好的区域，以发展黄河三角洲休闲渔业为建设目标，开展高值经济鱼类增殖放流，配建陆基或船基旅游和海上旅游设施，适度发展游钓渔业、潜水观光等旅游产业；②开展海草（藻）床、牡蛎礁生态系统养护，集鱼型人工鱼礁区建设，以及景观型人工鱼礁布放，养护恢复鱼类资源；③建立湿地文化馆、鸟类博物馆等，科普黄河三角洲湿地现状，以及丹顶鹤、白头鹤、白鹳、金雕等鸟类知识，推广特色文化；④设置旅游集散中心，开展主题游、团队游等个性化旅游服务。

36.3.3 渔能融合发展模式

要保护海洋生态环境，着力推动海洋开发方式向循环利用型转变。国家海洋局《关于进一步规范海上风电用海管理的意见》明确，坚持集约节约用海，提高海域资源利用效率。黄河三角洲与海上风电、太阳能发电、波浪能发电融合发展正是集约节约用海，重视生态和效率的可持续发展模式（van Kuik and Joachim，2016；Kumar et al.，2015；O’Hagan et al.，2016；Yates and Bradshaw，2018）。

目前，离岸可再生能源行业仍处于起步阶段，且存在监管复杂及能源开发技术发展不完善等问题，但通过转换以风能、太阳能、波浪能和潮汐能等形式存储的能量，可满足渔业不断增长的能源需求（Young，2015）。为了实现风能、太阳能、波浪能等可再生能源高效合理利用：①建立可再生能源观测系统，针对资源评估结果合理选址、立体化布局，将风电场的建设与水产养殖场、生态牧场、游钓渔业相融合；②建设风力提水系统，改善渔业发展用水及土地盐碱化；③针对可再生能源的随机性、暴发性、不稳定性等问题，实施设备技术创新，开发风、光、潮互补发电系统，实现渔能融合发展。

36.3.4 三产融合发展模式

传统的黄河三角洲农牧场开发均以滨海种植和滩涂增养殖为主，结构单一，效率低下。未来的黄河三角洲蓝色农业需要拓展发展空间，构建以农业、牧业、渔业为代表的第一产业，以精深加工业为代表的第二产业，以及以文化旅游业为主的第三产业，并实现“三产融合”。这既可以提高生态服务价值，还有利于生态环境的维持和改善。①在第一产业方面，因地制宜在黄河三角洲进行生态农业、牧业、渔业推广，促进区域种植业结构优化调整。例如，开发利用东营市的盐碱低产田，发展杂粮种植，并利用其食药同源、粮饲兼用等特点进行开发。②在第二产业方面，发展精深加工业，降低水产和滨海种植农牧产品的运输成本，增加农牧场的产品附加值。例如，对黄河三角洲本地种花鲈（*Lateolabrax japonicus*）进行辐照并采用超高压处理、低温贮藏、保鲜剂使用等方法，可实现花鲈高品质保存并降低能耗。③在第三产业方面，发展旅游业，结合生态修复项目拓展生态化旅游和休闲渔业等项目，有效支撑农牧场产业体系发展。例如，在黄河口生态旅游区、红滩湿地滨海公园、东营海红港旅游区等建立特色动植物博物馆，开展文化科普并加强生态保护宣传。

36.4 黄河三角洲蓝色农业绿色发展原理和技术

36.4.1 陆-海连通机制

黄河三角洲生态系统的陆-海生态连通性在生物资源保护、生物多样性维护、濒危种群恢复和重建等方面发挥着重要作用。陆-海连通性是指通过生物、水文、地质和地球化学过程实现浅海区域-潮间带-陆地的耦合连通（杨红生，2017）。目前，相对独立发展的盐碱地农业和渔业发展模式已无法满足现代农业发展的要求，亟须查明陆-海连通性影响机制和调控途径，并采用新设施和新工程技术建立基于生态系统管理理念的生态农牧场模式。黄河三角洲蓝色农业需高效利用近海滩涂并恢复黄河三角洲生态功能，在强调陆-海统筹的前提下科学规划，通过开展海产动物健康苗种培育、互花米草控制与生境重建、光滩畜禽养殖、精深加工和生态旅游等方式，最终实现绿色高效发展。

36.4.2 承载力评估技术

科学评估黄河三角洲蓝色农业发展的承载力，推动形成绿色发展模式。其中，生态承载力是总体要求，环境承载力是基础，生物承载力是重要抓手。通过科学合理的精准管控，提高黄河三角洲的承载力，提高经济发展的质量和效益。调控增养殖区域关键环境指示种及修复种的承载力，有效保护和修复生态环境。将环境保护、资源养护、高效生产和休闲渔业相结合，实现“生态优先、陆海统筹、三产贯通”。通过科学的调研规划及精准到位的实施管理，实现黄河三角洲现代化和健康可持续发展。以东营市海岸带为例，通过水质监测、湿地遥感解译、社会经济数据统计，明确其承载力现状及发展趋势，保持生态、环境优势的同时，发展特色生态旅游业，增强港口优势，精准推动区域绿色发展。

36.4.3 监测与修复技术

实施黄河三角洲生态系统监测，为评价、预测人类活动对生态系统的影响提供参考，也为该区域自然资源合理利用、生态环境改善等政策的制定提供依据（李玉英等，2005；姜必亮，2003；谢庆剑等，2008）。黄河三角洲是黄河泥沙淤积形成的扇形冲积平原，处于由海洋向陆地过渡的地带，河流摆动、海岸侵蚀、河口淤积、植被演替、土壤发育等自然演变过程具有典型性和独特性，是进行生态环境监测研究的理想区域（张高生和王仁卿，2008）。当前应研发黄河三角洲多源数据融合、同化与数据挖掘及标准化模型方法，融合人工智能、知识工程等技术，动态监测黄河三角洲区域的水资源、水环境、工业废水、能源碳排放、土地资源、湿地生态系统、动植物种类和数量、自然灾害、生物入侵等，构建现代科学方法和技术智能管理系统，探索其生境变化规律并进行环境安全预警，对于受污染区域、被破坏植被等进行定点修复，并为黄河三角洲蓝色农业发展提供数据支撑。

36.4.4 蓝色农业种业技术

蓝色农业种业是指针对性地对水产生物遗传资源进行分类研究，按类别建库保存，形成较为完整的海洋水产生物遗传资源研究和管理体系。未来黄河三角洲种业发展需针对中华绒螯蟹、刺参、花鲈、文蛤等重要物种种质资源，加强保护和利用的基础研究，并开展生长、抗病、抗逆等经济性状的生物学基础研究；解决本土种质资源的保护与挖掘利用、种质资源评价利用和育种材料构建等基础工作薄弱的问题；建立适于黄河三角洲生物资源丰富、遗传多态性高等特点的分子育种技术平台；建设完善育、繁、推一体化体系。

36.4.5　动植物绿色养殖技术

必须发展适合黄河三角洲的动植物绿色养殖技术，注重黄河三角洲重要养殖对象——中华绒螯蟹、刺参、花鲈、文蛤、凡纳滨对虾等的精准营养需求，提高饲料加工工艺水平、安全性和利用效率；强化养殖过程监管，注重新发疫病基础研究、生物安保防控技术开发和新型疫苗创制等；提升集约化养殖科技含量，实现养殖机械化、自动化、智能化；遵循绿色发展原则，实现环境友好养殖，强调生态系统完整性、协调性和多方参与生态系统管理；立足生态系统水平，科学评估生物承载力，示范推广生态综合增养殖模式。

36.4.6　产品精深加工技术

建立产品“初加工—中加工—精深加工”的完整产业链，是提高黄河三角洲资源利用率的最主要途径（毛汉英等，2003）。但目前黄河三角洲的产品精深加工生产装备自动化程度偏低、能耗和物耗偏高（居占杰和秦琳翔，2013）。在发展黄河三角洲蓝色农业的同时，还必须实现资源高效利用（杨红生等，2016）。例如，开发基于酶工程、发酵工程和生物反应器工程的水产品生物加工装备与新技术；研发水产蛋白制备与改性、水产功能性糖类改性、动物脂质绿色加工及过敏原控制、甲壳素提取等精深加工等技术；构建全过程精深加工和高效综合利用技术体系。

（杨红生　邢丽丽　张立斌）

参 考 文 献

高振斌, 万鹏, 高洁, 等. 2017. 黄河三角洲水资源利用问题及对策研究. 水利规划与设计, (11): 100-101, 138.

黄金川, 林浩曦, 漆潇潇. 2017. 面向国土空间优化的三生空间研究进展. 地理科学进展, 36(3): 378-391.

姜必亮. 2003. 生态监测. 福建环境, 20(1): 4-6.

居占杰, 秦琳翔. 2013. 中国水产品加工业现状及发展趋势研究. 世界农业, (5): 138-142, 156.

李玉英, 余晓丽, 施建伟. 2005. 生态监测及其发展趋势. 水利渔业, 25(4): 62-64.
刘峰. 2015. 黄河三角洲湿地水生态系统污染, 退化与湿地修复的初步研究. 青岛: 中国海洋大学出版社.
刘立军, 李玉涛, 刘泽鑫, 等. 2019. 基于盐碱地改良的生态循环共生模式构建与示范: 以黄河三角洲地区为例. 山东国土资源, 35(8): 59-63.
刘明月. 2018. 中国滨海湿地互花米草入侵遥感监测及变化分析. 长春: 中国科学院大学(中国科学院东北地理与农业生态研究所).
雒园园. 2019. 黄河三角洲地区大气颗粒物中水溶性有机碳污染特征研究. 济南: 山东大学.
毛汉英, 赵千钧, 高群. 2003. 生态环境约束下的黄河三角洲资源开发的思路与模式. 自然资源学报, 18(4): 459-466.
乔沛阳. 2019. 黄河三角洲入侵植物互花米草物理、化学防治研究. 呼和浩特: 内蒙古大学.
石海佳, 许乃中, 张玉环, 等. 2018. 基于"生态保护红线、环境质量底线和资源利用上线"的区域环境管控体系构建思路: 以珠三角地区为例. 环境影响评价, 40(5): 23-29.
宋颖, 李华栋, 时文博, 等. 2018. 黄河三角洲湿地重金属污染生态风险评价. 环境保护科学,44(5): 118-122.
孙佳, 夏江宝, 苏丽, 等. 2020. 黄河三角洲盐碱地不同植被模式的土壤改良效应. 应用生态学报, 31(4): 1323-1332
肖杨. 2018. 黄河三角洲人类活动及其土壤盐碱退化效应. 泰安: 山东农业大学.
谢庆剑, 杨再雍, 李明玉. 2008. 生态监测及其在我国的发展. 广西轻工业, 24(8): 77-79.
杨红生. 1999. 试论我国"蓝色农业"的第二次飞跃. 世界科技研究与发展, 21(4): 77-80.
杨红生. 2017. 海岸带生态农牧场新模式构建设想与途径: 以黄河三角洲为例. 中国科学院院刊, 32(10): 1111-1117.
杨红生, 邢丽丽, 张立斌. 2016. 现代渔业创新发展亟待链条设计与原创驱动. 中国科学院院刊, 31(12): 1339-1346.
于淑亭. 2018. 黄河三角洲滨海湿地人类活动强度及其生态效应. 青岛: 青岛理工大学.
张高生, 王仁卿. 2008. 现代黄河三角洲生态环境的动态监测. 中国环境科学, 28(4): 380-384.
Kumar V, Shrivastava R L, Untawale S P. 2015. Solar energy: review of potential green & clean energy for coastal and offshore applications. Aquatic Procedia, 4: 473-480.
O'Hagan A, Huertas C, O'Callaghan J, et al. 2016. Wave energy in Europe: views on experiences and progress to date. International Journal of Marine Energy, 14: 180-197.
van Kuik G, Joachim P. 2016. Long-term Research Challenges in Wind Energy—A Research Agenda by the European Academy of Wind Energy. Berlin: Springer.
Yates K L, Bradshaw C J. 2018. Offshore Energy and Marine Spatial Planning. London: Routledge.
Young M. 2015. Building the blue economy: the role of marine spatial planning in facilitating offshore renewable energy development. The International Journal of Marine and Coastal Law, 30(1): 148-174.

37 我国刺参产业科技现状分析与发展对策

37.1 引 言

海参是海参纲动物的泛称，在全球范围内有1200余种。我国拥有140余种海参，根据记载约有20种为可食用海参（廖玉麟，1997）。目前，我国海参增养殖业以分布于黄海、渤海的仿刺参为主。仿刺参（*Apostichopus japonicus*），又名刺参，属于棘皮动物门（Echinodermata）海参纲（Holothuroidea）楯手目（Aspidochirotida）刺参科（Stichopodidae）仿刺参属（*Apostichopus*），喜栖息在海草丰茂、海流缓慢、无淡水注入的岩礁或底质较硬的港湾（廖玉麟，1997; Liu，2015；Zhao，2015）。

据记载，我国在明朝时期就有食用海参的历史，并将刺参作为“海八珍”之首，为我国传统优质海产品（Xia and Wang，2015；Yang and Bai，2015）。刺参兼具保健药用价值，据《本草纲目拾遗》记载，“辽东产之海参，体色黑褐，肉嫩多刺，称之辽参或海参，品质极佳，且药性甘温无毒，具有补肾阴，生脉血，治下痢及溃疡等功效。”现在生物学研究表明，刺参体壁富含氨基酸、脂肪酸、黏多糖等多种人体必需的营养物质（Xia and Wang，2015；Yang and Bai，2015）。近年来，随着我国人民生活水平日益提高，刺参消费量逐渐增大，为满足不断增加的市场需求，我国刺参增养殖业发展迅猛。《中国渔业统计年鉴》（1998～2017年）的数据表明，我国刺参产量、养殖面积、苗种生产量逐年上升，截至2016年刺参养殖面积为21.8万hm^2，刺参产量为20.44万t，苗种生产量为631亿头(图37.1)。这表明刺参增养殖业已成为继海带、对虾、扇贝与鲆鲽鱼类之后的又一关键支柱性养殖产业，并取得了丰厚的经济效益。

37.2 刺参产业科技发展现状

37.2.1 基础生物学研究得到高度关注

刺参生活史包括营浮游生活的耳状幼体期，变态后营底栖生活的樽形幼体期、五触手幼体期、稚参期、幼参期和成参期。刺参幼体为典型两侧对称，而成体为五辐射对称，刺参胚胎进行辐射卵裂，通过内陷的方式形成内骨骼，而中胚层与次生体腔通过体腔囊法形成（Qiu et al.，2015）。

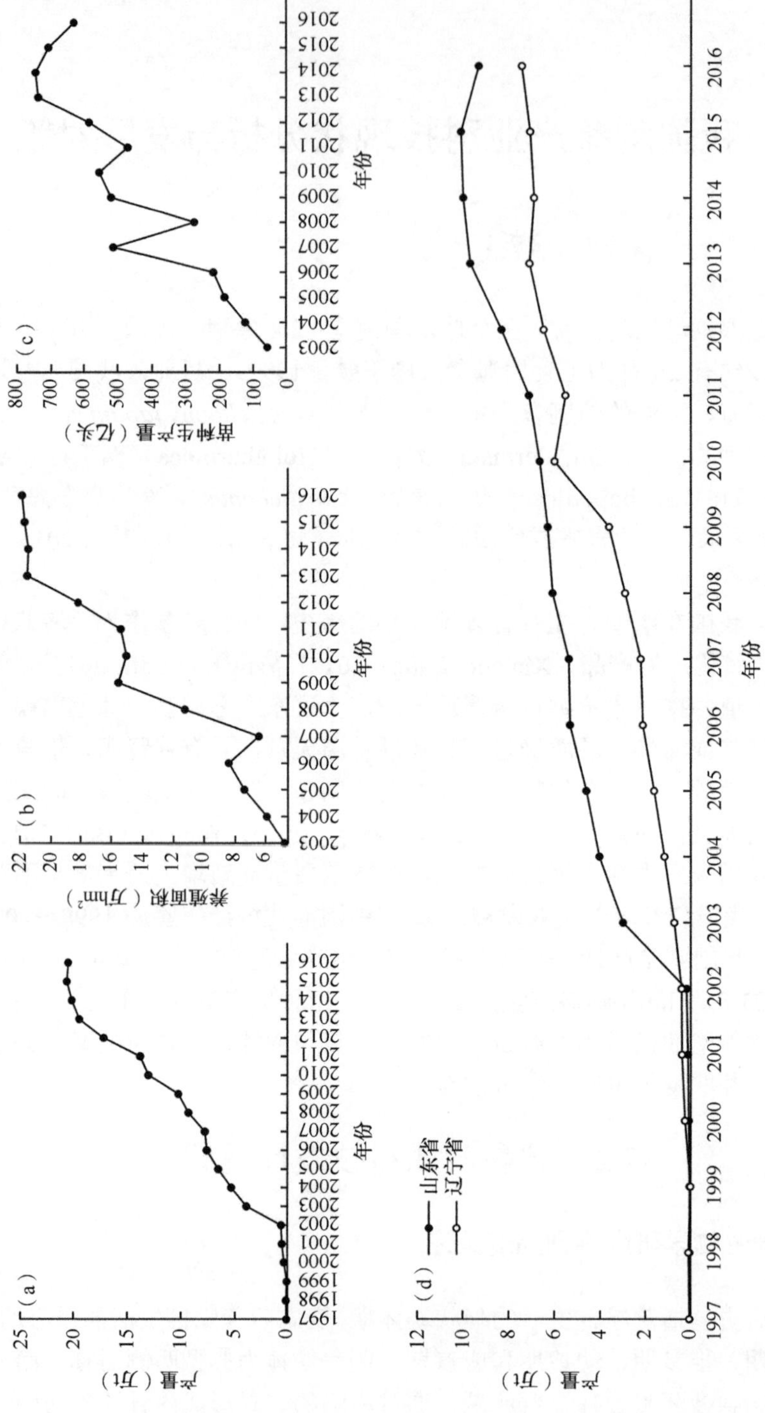

图 37.1 1997~2016 年我国刺参产量（a）、养殖面积（b）、苗种生产量（c）及主要养殖区域刺参产量（d）

数据来源：《中国渔业统计年鉴》（1998~2017 年）

刺参的特殊生物学特征主要集中于夏眠、排脏再生与自溶等方面（杨红生等，2014）。刺参为典型的温带种，为适应夏季高温进化出夏眠习性，主要表现为摄食活动停止、运动能力下降、消化道退化、基础代谢降低及能量对策改变导致的体重下降（Wang et al.，2015）。排脏指刺参受到环境胁迫或遇到生物敌害时，通过身体剧烈收缩将消化道、呼吸树、生殖腺及居维尔氏小管等内脏器官排出体外的现象，而排脏后在适宜条件下又可再生出新的内脏（Wang et al.，2015）。自溶指在环境压力下刺参肌肉组织中内源性蛋白水解酶发生自溶的现象（Zhu et al.，2008）。

37.2.2　增养殖技术模式基本建立

自 20 世纪 80 年代以来，刺参增养殖技术在我国得到快速发展，基于刺参不同生活史阶段的生物特征，建立了一系列行之有效的技术方案，形成了相对完备的增养殖模式（Liu et al.，2015）。相关技术主要包括刺参亲参室内升温促熟技术、刺参浮游幼体规模化培育技术、刺参稚参苗种室内培育技术、刺参大规格苗种室内培育技术及刺参室外池塘、浅海增养殖技术（Zhang et al.，2015a）。其中，工厂化人工育苗技术的发展，为刺参苗种稳定供应与商品刺参规模化生产提供了相应保障，关键技术指标如最佳养殖温度、光照强度、盐度、密度及饵料组成等已经确定（隋锡林等，1985；Li L and Li Q，2010；张萍萍等，2011；张永胜等，2014；Ru et al.，2018）。此外，建立了商品刺参大规模生产模式，主要包括室内工厂化养殖模式、围堰池塘养殖模式、海上网箱养殖模式、浅海底播养殖模式及浮筏养殖模式（图 37.2）。

图 37.2　刺参养殖技术模式

（a）室内工厂化养殖模式；（b）围堰池塘养殖模式；（c）海上网箱养殖模式；（d）浅海底播养殖模式；（e）浮筏养殖模式

刺参养殖设施开发是保障刺参养殖效率的关键支撑。根据相应增养殖模式，基于刺参摄食选择性与营养需求，配置了相关设施设备（图 37.3）（Zhang et al.，2011，2015a，2015b）。

图 37.3 刺参养殖相关设施设备

（a）室内网式养殖设施；（b）室内板式养殖设施；（c）池塘笼式养殖设施；（d）池塘网式养殖设施；（e）浅海牡蛎壳养殖礁；（f）浅海星型养殖礁；（g）浅海方型养殖礁；（h）浅海桶型养殖礁

在良种选育方面，因刺参性成熟周期长、性状遗传难以控制等，目前仅有“水院 1 号”与“崆峒岛 1 号”两个新品种（刘伟等，2013；杨建敏等，2015）。经过约 30 年发展，我国刺参增养殖业形成了辽东半岛、山东半岛及福建（南参北养）等不同地区特色鲜明的产业规模，形成了高密度工厂化室内苗种培育技术体系，形成了室外参虾、参鲍与参藻等不同经济物种的混合养殖模式，形成了刺参养殖、商品刺参初级加工、商品刺参精深加工等产业链条。

37.2.3 保健功能研究逐步深入

当前对刺参的研究日渐细致，对刺参资源的开发方向愈发广阔。海参作为传统珍贵的食品及名贵的海洋生物，其保健价值由古至今一直为人们所称道，因此其活性成分的药理作用研究也逐步深入，部分已经作为药物应用于临床治疗。近 20 年来，国内外对刺参主要活性成分的研究主要集中在多糖、多肽、皂苷的药用功效上（Zhao et al.，2011），研究发现其能够促进造血、活血化瘀（徐杰等，2007），同时其在抗肿瘤、抗氧化、提高免疫力、延缓衰老、抗真菌等方面也发挥着重要的调控作用（丛日山等，2006；赵芹等，2008；Yang and Bai，2015）。因此，刺参的药用价值逐渐被研究开发并得到认可，其作为海洋药物开发的重要对象，发展前景十分广阔。

37.3 刺参产业科技发展面临的问题

近年来，虽然刺参产业发展迅速，但基础生物学理论研究滞后、夏季气候变化异常等因素致使刺参产业遭遇发展瓶颈。刺参产业所面临的主观与客观问题会严重影响刺参产业的可持续性，主要包括增养殖业可持续性、消费市场可持续性与作为保健品为主要目的功能可持续性。

37.3.1 基础生物学问题研究薄弱

目前，对刺参相关的基础生物学研究还比较薄弱，远远滞后于刺参养殖产业发展的步伐。对刺参的一些重大生命现象如夏眠、自溶、排脏、再生、白化等的研究还不成熟，而了解刺参的生态习性对生产效益具有关键影响。因此，需要深入将研究成果与产业结合从而达到产业的可持续发展。然而，刺参育种分子机理研究刚刚起步，实践于刺参养殖产业的指导作用不明显。此外，由于对刺参的生物学特性的了解有限，刺参在大规模和高密度养殖过程中会受到疾病的困扰。相对于对虾等其他水产动物的病害检测技术，刺参病害的诊断技术尚不成熟，检测手段落后。对其致病机理，流行趋势的研究还处于初期阶段，运用分子生物学试剂盒等先进技术进行病原菌的即时检测还刚刚起步。

37.3.2 种质退化与优良种质匮乏

因过度捕捞与栖息地被破坏等人为因素干扰，刺参种质安全受到严重威胁，具体表现为性成熟规格变小、数量性状单一、抗逆性差、生长速度慢等问题。原因可能为：①缺乏对刺参原种地生境保护，导致野生刺参资源量出现断崖式下降；②底播增殖模式的广泛推广，可能会造成野生刺参群体与养殖群体出现杂交，进而造成基因污染；③当前刺参生产捕捞时间分为春、秋两季，捕捞方式为捕大留小，但春季为刺参性腺发育关键季节，捕捞会造成大量具有优质性状的繁殖个体被捕获食用；④当前亲参来源多为收集自围堰池塘内的养殖群体，亲参年龄偏小且配子质量难以调控。另外，虽然目前刺参养殖规模极大，但与其他养殖物种相比，良种及特色品种较少，也相应地制约了刺参养殖业的发展。

37.3.3 全球气候变化下刺参养殖环境压力倍增

在全球气候变化的影响下，海洋环境表现出水温升高、酸度降低与底层溶解氧含量下降的趋势。近年来，刺参增养殖业对全球变化的响应明显并出现了巨大的经济损失。2013 年与 2016 年夏季，我国北方沿海地区出现连续高温天气，致使山东半岛刺参主养区出现大规模死亡甚至绝产现象。刺参对高温与酸化等环境胁迫较敏感，在幼体阶段表现为发育速度变慢、变态率降低、死亡率升高（Yuan et al.，2015a），在苗种阶段表现为摄食量下降、出现应激反应、用于生长的能量降低及代谢混乱等生理反应（Yuan et al.，2007；董云伟和董双林，2009），在成参阶段高温会导致夏眠、代谢活动降低及性腺发育受阻（Yang et al.，2005；董云伟和董双林，2009；茹小尚等，2015）。急性环境胁迫则会造成刺参快速死亡。因此，在全球气候变化愈演愈烈的背景下，科学选址、合理统筹布局降温与增氧设施是当前刺参增养殖业发展的关键。

37.3.4 传统增养殖模式养殖效率低下

当前传统养殖模式下刺参单位面积产量约为 937kg/hm^2（图 37.4），商品规格刺参养殖周期为 2～3 年，整体养殖效率较低。养殖技术不规范是造成该现象的重要原因，主要表现为管理粗放、无统一养殖技术标准，如在苗种繁育阶段无相关亲参选择标准，导致性腺发育不良，致使苗种成活率、生长率较低；在室外养殖阶段，饵料质量良莠不齐、附着基材质选用与投放不科学，导致刺参因水质恶化等原因大规模死亡，从而引起刺参养殖减产。刺参作为底栖食碎屑动物，消化能力较低、生长速度较慢是其生物学特性，而多数地区仍以刺参为单独养殖对象，无法充分利用中上层水域空间是养殖效率较低的另一个关键原因。此外，忽略对刺参基础生物学知识的学习，如夏眠与排脏作为刺参关键的生活史策略不被养殖

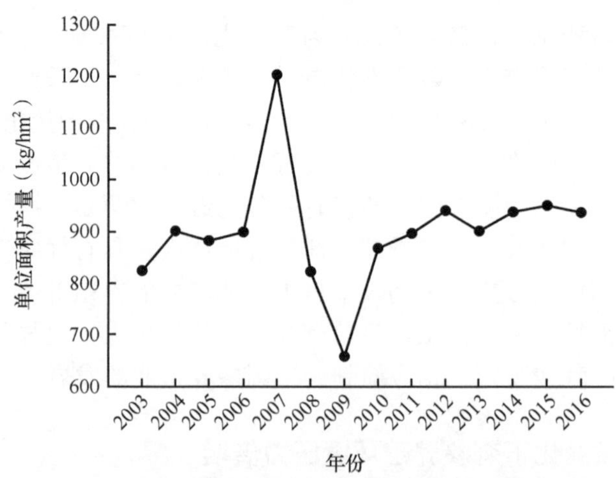

图 37.4　2003～2016 年我国刺参养殖单位面积产量

数据来源：《中国渔业统计年鉴》（2004～2017 年）

人员所重视，经常发生水质恶化与消毒剂滥用等致使刺参排脏，或养殖人员认为夏眠期刺参已停止摄食而忽略相关管理措施，致使出现刺参大规模死亡的现象。

37.3.5　刺参产品保健功能亟待揭示

我国刺参产业为适应市场需求不断创新，加工能力不断提升，除淡干刺参、盐渍刺参等传统制品外，即食刺参、海参牛奶等深加工品也大量投入生产（图 37.5），但加工程序复杂、生产成本高、营养流失严重。此外，刺参药物研究主要集中在对多糖、多肽、皂苷等营养成分定量分析的初级阶段，深入研究还未开展，如国外研究发现的可预防脂肪肝、抗肿瘤的活性物质（如脑苷脂、神经节苷脂）等（Xu et al.，2011）。近年来，尽管以海参或其提取物为原料的各类食品和功能性保健产品种类繁多，但由于海参活性成分的复杂性及现有研究方法的局限性，目前关于海参活性成分的生理与药理调控机制的研究涉及较少，因此刺参活性物质在药物生产产业的开发应用以及疾病防治机制方面的研究相对滞后，阻碍了刺参在药业、保健行业、食品行业等的可持续发展。

图 37.5　刺参制品

（a）盐干刺参；（b）淡干刺参；（c）冻干刺参；（d）高压真空刺参

37.3.6 刺参消费市场稳定性亟待增强

海参作为高营养、高药用价值的海珍品，在市场上受到消费者的广泛关注。但近年来国内食品安全问题频发，海参市场抗生素残留、加工造假的现象屡屡出现，严重影响了刺参消费市场的可持续发展。

食品安全问题在刺参产业主要体现在养殖过程与加工过程中。在养殖过程中，抗生素、添加剂等的盲目使用，不仅使养殖成本增加，还破坏了养殖水体的生态平衡，导致海参生理机能受损、苗种质量下降甚至死亡（吕豪和周伯文，2005；李强等，2005；新华社，2014）。在加工过程中，某些加工企业为了使干刺参制品达到快发、多发效果，采用火碱等化学药剂发制海参；为了防腐甚至添加有害人体的物质如保鲜剂、保水剂等造成严重的食品安全隐患（罗义辉等，2014）。此外，近年来市场上海参产品供不应求，价格上涨幅度大，某些个体作坊采取掺杂糖类以达到牟取暴利的目的（王联珠等，2013）。糖干海参不仅危害食品安全、严重侵害消费者利益，同时还使诚信经营的企业遭受打击，对刺参消费市场可持续发展极为不利。

37.4 刺参产业科技发展对策

37.4.1 基于基因组学研究的机制认知

针对基础生物学研究薄弱方面，未来应进一步加强刺参基础理论及应用技术研究。其中，基因组作为基础生物学的研究基础，应得到关注并积极深入挖掘（Jo et al.，2017；Zhang et al.，2017）。刺参基因组数据可用于寻找优质性状如多刺、耐高温、抗病及速生等方面的相关基因，对关键基因开展更加细致和有突破性的研究，并将理论与应用充分结合，助力生产实际，从而满足多元化的市场需求。此外，对于刺参独有的夏眠、再生、白化等生理现象的研究虽大多处于初级阶段，但这些特有生活史特征可以为特殊基因的分子调控机制研究提供理论基础，进而为再生医学、休眠机制以及体色控制等研究提供方向。同时，为了更好地防治刺参病害，要结合基因组找到刺参疾病的免疫相关基因，从而从分子角度探讨致病机制，开发抗病制剂，培育抗病苗种，生产抗病疫苗等，将理论研究与养殖生产中的疾病结合，更好地防御和治理疾病，进一步保障刺参养殖产业的可持续发展与进步。

37.4.2 基于行为学的养殖技术提升

开展刺参的行为生态学研究，可有效解决刺参增养殖过程中面临的投苗选址困难、苗种投放后去向不明、回捕率不高、潜水捕捞风险高、效率低（图 37.6）等问题。刺参行为学包括运动行为、摄食行为、领地行为、栖息地选择行为等（Sun et al.，2015；Ru et al.，2017）。当前对刺参行为学的研究日益引起研究人员的重视。例如，通过研究不同规格、不同光照周期和不同温度下刺参的摄食行为和消化生理知识，探究刺参的昼夜摄食节律，可以为工厂化养殖刺参环境因子和投喂策略的设定提供科学依据（Sun et al.，2015）。通过研究不同因素对刺参生境选择、生长、组织形态、幼虫发育的影响，完善刺参行为生态学研究，可以为底播增养殖刺参的回捕时间与地点的选择提供重要的理论依据，为刺参增养殖设施和诱捕设施的研制、刺参增养殖区的科学选址等技术难点突破提供重要的理论支持。

(a)

(b)

(c)

图 37.6　传统低效率刺参捕捞方式

37.4.3　基于现代育种技术的良种推广应用

利用现代生物学技术与遗传学原理，对野生刺参群体进行定向遗传性状改良选育是刺参增养殖业良种化的关键保障。例如，张黎黎等（2013）采用俄罗斯远东海域刺参群体与中国群体进行杂交，其杂交子代明显表现出生长速度快、成活率高、抗逆性强及出皮率高的优点；胡美燕等（2009）采用日本红海参与中国刺参进行杂交，其杂交子代表现出幼体孵化率高、稚参生长速度快的优势；Liu 等（2016）通过代谢组学分析，确定了刺参耐高温群体亲代选择标准；赵欢等（2014）发现刺参耐高温定向选育群体子代抗高温能量显著高于野生群体，并证明了耐高温性状可稳定遗传；Xu 等（2014）采用数量遗传学与分子生物学技术研究了刺参耐高温分子机制，通过单核苷酸多态性与耐高温性状关联分析，发现刺参耐高温性状可稳定遗传。其他特色表现型性状品系，如多刺参品系、白刺参品系与紫刺参品系也为刺参养殖品种多元化建设奠定了基础（图 37.7）。

图 37.7 刺参良种选育品种与品系
（a）“崆峒岛 1 号”；（b）紫刺参品系；（c）白刺参品系；（d）速生耐高温刺参品系

37.4.4 基于生态系统的养殖模式优化

多元的增养殖模式开发有利于高效利用有限的增养殖空间，具有提升饵料利用率、降低养殖废物产出、增加经济效益等综合作用。刺参作为典型的营底栖食碎屑无脊椎动物，其摄食对象主要为有机动植物碎屑、细菌及泥沙等沉积物，可有效降低养殖系统内碳、氮、磷等有机质含量（Yuan et al.，2015b）。因此，以刺参为主养品种的参贝混养、参虾混养、参鲍混养、参蜇混养、参胆混养与参鱼混养等立体式、交互式的新型养殖模式的建立（Yuan et al.，2015b），可在空间上显著提高海参养殖系统如池塘、浅海网箱的水体资源利用率，在功能上还可将混养物种如贝、虾或鱼的生物性沉积物转化为刺参体组织，在时间上利用刺参夏季高温期休眠的生物学特点，额外收获虾、鱼等产出（何振平等，2008）。

现代增养殖设施的使用可显著提高养殖密度，提高养殖经济物种的成活率与生长率，进而大幅度增加单位产量与养殖效率。针对刺参生物学特性及我国浅海生境特征，环保型设施如牡蛎壳礁体的应用不仅有利于刺参增养殖，还可为其他小型海洋无脊椎动物提供栖身之所，对海洋资源与生境修复起到双重效果（Zhang et al.，2015b）。

37.4.5 基于食品安全的质量可追溯体系建立

苗种生产企业、养殖企业、加工企业以及流通环节的全程供应链节点所涉及的海参原材料、加工方法等都会影响海参制品最终的质量（张文迪等，2014）。想要从根本上保证海参的食品安全，就务必要建立完善的质量可追溯体系。从严格管理、规范用药、饲料安全到苗种健康、规范加工，实行全程监控，实现全过程基于食品安全的质量可追溯，需要食品安全监督管理部门、海参养殖企业、加工企业、销售企业共同参与海参食品质量管控体系。因此，需要尽快制定我国海参食品安全国家标准，规范干海参生产加工行为和市场竞争秩序，促进整个海参加工产业的健康可持续发展。

针对消费者关注的抗生素滥用问题，首先要加强药物残留的检测工作。此外，寻找高效、绿色的抗生素替代品也应是当前工作的一个重点领域。使用中草药制剂、微生物制剂和微生态调控技术来有效预防及治疗病害应得到广泛推广应用。例如，在饲料中添加黄芪多糖，可通过作用于刺参的体液免疫和细胞免疫提高机体的免疫力，进而增强其对病原菌的抵抗力，同时促进其生长（孙永欣，2008）。

37.4.6 基于现代医学的保健功能开发

随着人们生活水平的提高，消费者越来越多地关注食品安全以及养生保健功效。以海参为原料的功能性食品和保健品已被证明具有良好的保健功能。因而，未来应结合现代海洋生物技术与医学研究技术，更全面、科学地对刺参保健价值进行评价。通过系统药理学实验研究刺参有效成分功能发挥的作用机制，通过营养学研究确定其发挥保健功能的机制，是可持续开发和生产更多刺参活性物质保健品和药物的重中之重。在刺参活性物质提取技术与方法方面，应结合现代物理化学提纯先进技术，制定相关提纯技术行业标准，以保障提取物的质量与提纯效率。此外，刺参基因组的研究也可为开发更具效果的新型功能食品及保健品提供科学依据。在刺参活性物质获取途径方面，可以充分发挥基因组的作用，寻找活性物质合成相关的基因以及合成的途径，了解合成过程中的调控机制，从而可结合生物工程的手段人为调控合成途径，批量生产用于提高免疫功能的保健品，因此，基于刺参活性物质的生物工程制药具有广阔的应用前景。

（杨红生　茹小尚　李晓妮　刘石林）

参 考 文 献

丛日山，袁文鹏，樊廷俊，等. 2006. 仿刺参水溶性海参皂苷的分离制备及抗真菌活性的研究.中国海洋大学学报(自然科学版), 36(6): 959-964.

董云伟，董双林. 2009. 刺参对温度适应的生理生态学研究进展. 中国海洋大学学报(自然科学版), 39(5): 908-912.

何振平，王秀云，刘艳芳，等. 2008. 参虾池塘高效混养技术. 水产科学, 27(12): 665-667.

胡美燕, 李琪, 孔令锋, 等. 2009. 中国刺参与日本红刺参杂交子一代的早期生长比较. 中国海洋大学学报(自然科学版), 39(S1): 375-380.

李强, 罗永成, 李华, 等. 2005. 常用抗菌药物和消毒剂对刺参幼体的急性毒性试验. 大连水产学院学报, 20(2): 105-110.

廖玉麟. 1997. 中国动物志: 棘皮动物门 海参纲. 北京: 科学出版社.

刘伟, 常亚青, 丁君. 2013. 温度缓降和骤降对刺参“水院 1 号”和大连养殖群体非特异性免疫影响的初步研究. 水产学报, 37(9): 1342-1348.

罗义辉, 陈江, 王国民. 2014. 鱿鱼、海参、鲜奶中非法添加工业火碱的辅助检测. 食品安全质量检测学报, 5(10): 3255-3259.

吕豪, 周伯文. 2005. 四种药物对刺参幼参毒性的初步研究. 水产科学, 24(6): 28-31.

茹小尚, 高天翔, 刘石林, 等. 2015. 温度对刺参繁殖期消化酶和代谢酶活力的影响. 海洋科学, 39(3): 1-6.

隋锡林, 陈远, 胡庆明, 等. 1985. 亲参人工升温促熟培育研究初报. 水产科学, (3): 28-31.

孙永欣. 2008. 黄芪多糖促进刺参免疫力和生长性能的研究. 大连: 大连理工大学.

王联珠, 李晓庆, 顾晓慧, 等. 2013. 干海参外源性总糖的测定方法. 食品科学, 34(14): 293-297.

新华社. 2014. 渤海湾养殖场用抗生素养海参 近海物种几乎灭绝. 当代畜牧, (27): 72.

徐杰, 王静凤, 逄龙, 等. 2007. 墨西哥海参和菲律宾刺参的化学成分和降血脂作用比较. 中国海洋大学学报(自然科学版), 37(5): 723-727.

杨红生, 周毅, 张涛. 2014. 刺参生物学: 理论与实践. 北京: 科学出版社.

杨建敏, 宋志乐, 王卫军, 等. 2015. 刺参“崆峒岛 1 号”. 中国水产, (12): 55-57.

张黎黎, 曹学彬, 李君华, 等. 2013. 俄罗斯仿刺参与中国仿刺参杂交 F1 幼参的早期生长比较. 水产科学, 32(2): 68-72.

张萍萍, 李琪, 孔令锋, 等. 2011. 四种单胞藻和海洋红酵母对刺参浮游幼虫生长与变态成活的影响. 中国海洋大学学报(自然科学版), 41(10): 30-34.

张文迪, 杨志远, 殷喜龙, 等. 2014. 海参制品质量安全可追溯体系与平台设计. 湖北农业科学, 53(1): 200-203.

张永胜, 董双林, 王芳, 等. 2014. 光照对刺参幼体存活、生长、发育和附着变态的影响. 海洋湖沼通报, (1): 36-41.

赵欢, 刘石林, 杨红生, 等. 2014. 刺参高温定向选育群体子一代耐温性状的分析. 海洋科学, 38(9): 1.

赵芹, 王静凤, 薛勇, 等. 2008. 3 种海参的主要活性成分和免疫调节作用的比较研究. 中国水产科学, 15(1): 154-159.

Jo J, Oh J, Lee H G, et al. 2017. Draft genome of the sea cucumber *Apostichopus japonicus* and genetic polymorphism among color variants. Giga Science, 6(1): 1-6.

Li L, Li Q. 2010. Effects of stocking density, temperature, and salinity on larval survival and growth of the red race of the sea cucumber *Apostichopus japonicus* (Selenka). Aquaculture International, 18(3): 447-460.

Liu G B, Sun J C, Liu S L. 2015. From fisheries toward aquaculture//Yang H S, Hamel J F, Mercier A. The Sea Cucumber *Apostichopus japonicus*: History, Biology and Aquaculture. Amsterdam: Academic Press: 25-35.

Liu J X. 2015. Spatial distribution, management and conservation//Yang H S, Hamel J F, Mercier A.The Sea Cucumber *Apostichopus japonicus*: History, Biology and Aquaculture. Amsterdam: Academic Press: 77-86.

Liu S L, Zhou Y, Ru X S, et al. 2016. Differences in immune function and metabolites between aestivating and non-aestivating *Apostichopus japonicus*. Aquaculture, 459: 36-42.

Qiu T L, Zhang T, Hamel J F, et al. 2015. Development, settlement, and post-settlement growth//Yang H S, Hamel J F, Mercier A. The Sea cucumber *Apostichopus japonicus*: History, Biology and Aquaculture. Amsterdam: Academic Press: 111-131.

Ru X S, Zhang L B, Liu S L, et al. 2017. Reproduction affects locomotor behaviour and muscle physiology in the sea cucumber, *Apostichopus japonicus*. Animal Behaviour, 133: 223-228.

Ru X S, Zhang L B, Liu S L, et al. 2018. Energy budget adjustment of sea cucumber *Apostichopus japonicus* during breeding period. Aquaculture Research, 49(4): 1657-1663.

Sun J M, Zhang L B, Pan Y, et al. 2015. Feeding behavior and digestive physiology in sea cucumber *Apostichopus japonicus*. Physiology & Behavior, 139: 336-343.

Wang T M, Sun L N, Chen M Y. 2015. Aestivation and regeneration//Yang H S, Hamel J F, Mercier A. The Sea Cucumber *Apostichopus japonicus*: History, Biology and Aquaculture. Amsterdam:Academic Press: 177-209.

Xia S D, Wang X Y. 2015. Nutritional and medicinal value//Yang H S, Hamel J F, Mercier A. The Sea Cucumber *Apostichopus japonicus*: History, Biology and Aquaculture. Amsterdam: Academic Press: 353-365.

Xu D X, Sun L N, Liu S L, et al. 2014. Polymorphisms of heat shock protein 90 (Hsp90) in the sea cucumber *Apostichopus japonicus* and their association with heat-resistance. Fish & Shellfish Immunology, 41(2): 428-436.

Xu J, Wang Y M, Feng T Y, et al. 2011. Isolation and anti-fatty liver activity of a novel cerebroside from the sea cucumber *Acaudina molpadioides*. Bioscience, Biotechnology, and Biochemistry, 75(8): 1466-1471.

Yang H S, Bai Y C. 2015. *Apostichopus japonicus* in the life of chinese people//Yang H S, Hamel J F, Mercier A. The Sea Cucumber *Apostichopus japonicus*: History, Biology and Aquaculture. Amsterdam: Academic Press: 1-23.

Yang H S, Yuan X T, Zhou Y, et al. 2005. Effects of body size and water temperature on food consumption and growth in the sea cucumber *Apostichopus japonicus* (Selenka) with special reference to aestivation. Aquaculture Research, 36(11): 1085-1092.

Yuan X T, Shao S L, Dupont S, et al. 2015a. Impact of CO_2-driven acidification on the development of the sea cucumber *Apostichopus japonicus* (Selenka) (Echinodermata: Holothuroidea). Marine Pollution Bulletin, 95(1): 195-199.

Yuan X T, Yang H S, Wang L L, et al. 2007. Effects of aestivation on the energy budget of sea cucumber *Apostichopus japonicus* (Selenka) (Echinodermata: Holothuroidea). Acta Ecologica Sinica, 27(8): 3155-3161.

Yuan X T, Zhou Y, Mao Y Z. 2015b. *Apostichopus japonicus*: a key species in integrated polyculture systems//Yang H S, Hamel J F, Mercier A. The Sea Cucumber *Apostichopus japonicus*: History, Biology and Aquaculture. Amsterdam: Academic Press: 323-332.

Zhang L B, Song X Y, Hamel J F, et al. 2015a. Aquaculture, stock enhancement, and restocking//Yang H S, Hamel J F, Mercier A. The Sea Cucumber *Apostichopus japonicus*: History, Biology and Aquaculture. Amsterdam: Academic Press: 289-322.

Zhang L B, Yang H S, Xu Q Z, et al. 2011. A new system for the culture and stock enhancement of sea cucumber, *Apostichopus japonicus* (Selenka), in cofferdams. Aquaculture Research, 42(10): 1431-1439.

Zhang L B, Zhang T, Xu Q Z, et al. 2015b. An artificial oyster-shell reef for the culture and stock enhancement of sea cucumber, *Apostichopus japonicus*, in shallow seawater. Aquaculture Research, 46(9): 2260-2269.

Zhang X J, Sun L N, Yuan J B, et al. 2017. The sea cucumber genome provides insights into morphological evolution and visceral regeneration. PLoS Biology, 15(10): e2003790.

Zhao H. 2015. Taxonomy and identification//Yang H S, Hamel J F, Mercier A. The Sea Cucumber *Apostichopus japonicus*: History, Biology and Aquaculture. Amsterdam: Academic Press: 37-52.

Zhao Q, Liu Z D, Xue Y, et al. 2011. Ds-echinoside A, a new triterpene glycoside derived from sea cucumber, exhibits antimetastatic activity via the inhibition of NF-κB-dependent MMP-9 and VEGF expressions. Journal of Zhejiang University Science B, 12(7): 534-544.

Zhu B W, Zhao L L, Sun L M, et al. 2008. Purification and characterization of a cathepsin L-like enzyme from the body wall of the sea cucumber *Stichopus japonicus*. Bioscience, Biotechnology, and Biochemistry, 72(6): 1430-1437.

38 试论淡水生态牧场发展理念与途径

我国幅员辽阔，地表水资源丰富。内陆水资源主要由河流、湖泊、大型水库、湿地与池塘等典型水域生态系统组成，《2019 年中国水资源公报》统计数据表明，我国地表水资源总量为 27 993.3 亿 m^3，是世界水资源大国。淡水水域是内陆区域赖以生存和发展的生命线，是实施生态文明建设和乡村振兴的重要基点。淡水水域生态系统在生物多样性保护、人居环境改善、气候调节、灌溉、航运、旅游、发电、渔业等方面具有重要的生态、社会和经济意义（图 38.1）。然而，近年来淡水水域出现了环境恶化、生物资源衰退与生物多样性降低等重大问题。

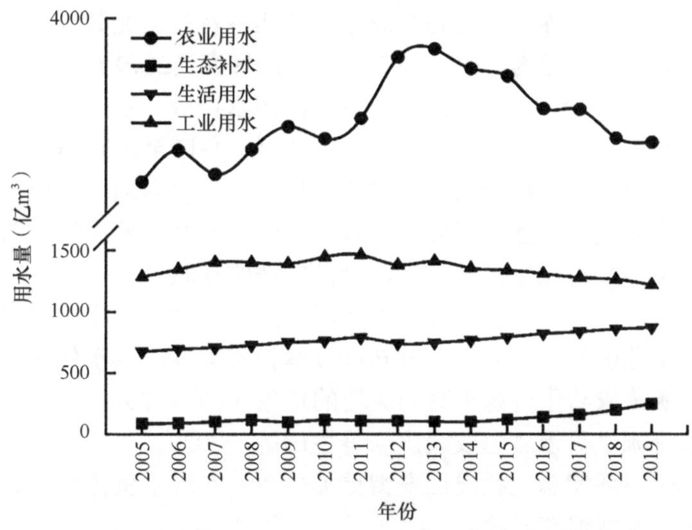

图 38.1 2005～2019 年我国不同社会功能用水量变化

党和国家高度重视水域生态系统的保护与持续利用。山水林田湖草是一个生命共同体；绿水青山就是金山银山；要保持加强生态文明建设的战略定力，牢固树立生态优先、绿色发展的导向，持续打好蓝天、碧水、净土保卫战。党的十九大报告提出“建设生态文明是中华民族永续发展的千年大计”，为水域生态环境的综合整治提供了根本遵循。当前，国家高度重视海洋牧场建设，先后有 136 个国家级海洋牧场示范区获批建设。实践表明，海洋牧场已成为实现近海海洋环境保护和渔业资源养护的有效途径，也为解决淡水水域诸多环境、资源问题提供了参考（杨红生，2016），并有望在“一带一路”共建国家得以推广。基于海洋牧场的成功经验，结合我国淡水水域环境与资源现状，本文以理念创新、模式创新、技术创新和产业升级为导向，提出了“淡水生态牧场”发展新理念，即基于生态学原理，充分利用自然生产力，运用现代工程技术和管理模式，通过生境修复和人工增殖，在湖泊、水库等适宜水域构建的兼具环境保护、资源养护和渔业持续产出功能的生态系统（杨红生等，2020）。必须指出，淡水生态牧场理念所强调的重点在于通过淡水水域生态系统的修复、保护与养护，在保障生态系统健康的基础上实现可持续发展，而不是通过盲目增大养殖面积或改进养殖模式以追求短期的养殖利益。

38.1 淡水生态牧场建设的必要性

38.1.1 淡水水域环境亟待改善

淡水水域水体富营养化是生态系统退化的典型特征，尤其以封闭性湖泊为代表的淡水生态系统表现尤为严峻（朱广伟等，2019）。2019 年I类、II类和III类水质的湖泊比例仅为 69.1%，而原因主要为生活用水排放、农业生产过程中化肥的过度使用和工业废水排放超标等。自 2009 年开始，我国至少有 50%的水库已存在水体富营养化的现象，导致全国范围内“水华”等环境问题已呈现常态化发展态势，系统性生态修复工程亟待开展。淡水水域生态系统普遍面临农药残留、重金属污染以及新型微塑料垃圾污染等多污染源的严峻现状（朱莹等，2019）。自古以来，长江、黄河与珠江等支柱性河流及其毗连的湖泊与水库等水域系统为我国人口、耕地、工业区与城市的集中分布区域承担着关键的供水任务，但当前已出现明显的水资源需求与水资源承载力失衡的现象（图 38.2），且在全球气候变化的影响下，水资源供需矛盾越发突出（马柱国等，2020）。当前在多种因素干扰下，淡水水域生态环境恶化状况已变得更加严峻，实现水资源高效利用和水生态环境保护的协调发展迫在眉睫。

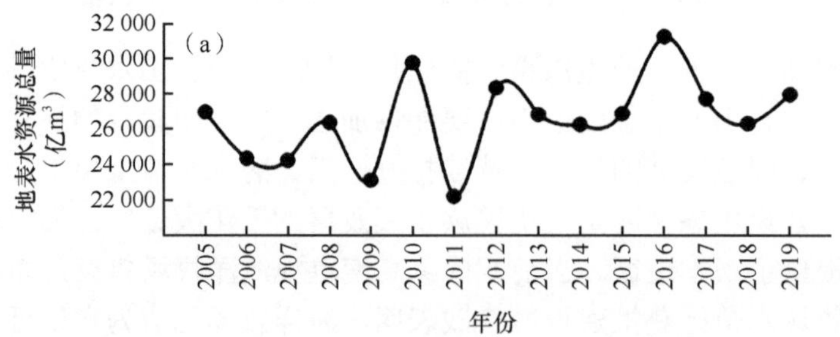

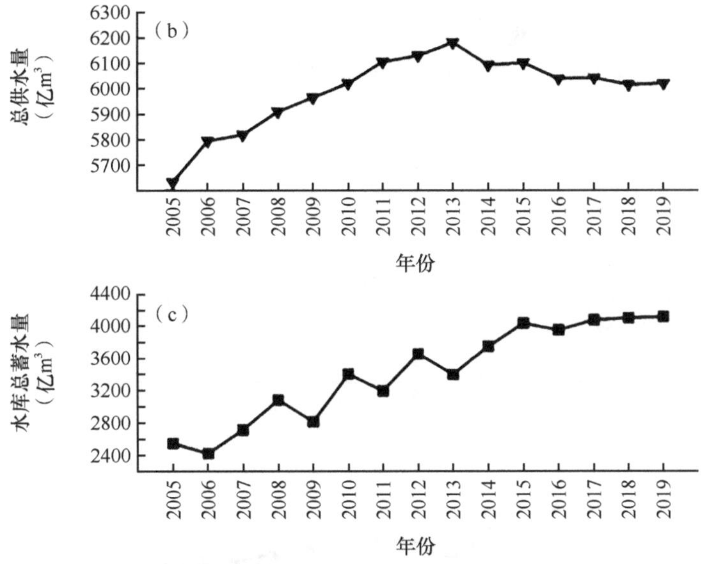

图 38.2　2005～2019 年我国地表水资源总量（a）、总供水量（b）与水库总蓄水量（c）动态变化

38.1.2　淡水水域生物资源亟待保护

我国淡水水域生物资源持续衰退现象凸显，水域荒漠化形势严峻。主要原因集中体现在：一是捕捞压力加大和非法渔具使用，导致过度捕捞与兼捕现象严重，造成性成熟繁殖个体与仔稚鱼大量减少，严重影响了水生生物种群稳定（Zhang et al.，2008）；二是航运、采砂、水电水利工程建设等人类活动的影响，导致水域生境碎片化突出、洄游通道受阻，造成产卵场、索饵场、育幼场和洄游通道丧失（Kang et al.，2017）；三是养殖布局产业结构不合理和生态安全意识不强等原因，如罗非鱼等养殖动物逃逸现象严重，并通过大量繁殖出现了生物入侵，严重挤压原有生态关键种的生态位，造成食物链紊乱和土著水生生物资源大量减少（郦珊等，2016）。当前，我国淡水渔业资源整体呈现资源总量下降、生物多样性降低、种群结构低龄化和小型化、营养级结构低级化等趋势，最终造成了内陆鱼类、甲壳类与贝类捕捞量急剧下降（图 38.3），而大鲵、江豚、胭脂鱼等珍稀淡水保护生物种群数量也出现断崖式下降，甚至我国特有鲸类长江白鳖豚等已出现功能性灭绝现象（Zhang et al.，2020），在全国范围内亟待开展系统性淡水生物资源养护工作。

38.1.3　淡水渔业亟待转型升级兴业

捕捞和增养殖是我国利用淡水生态系统的主要渔业生产模式，也是农村经济

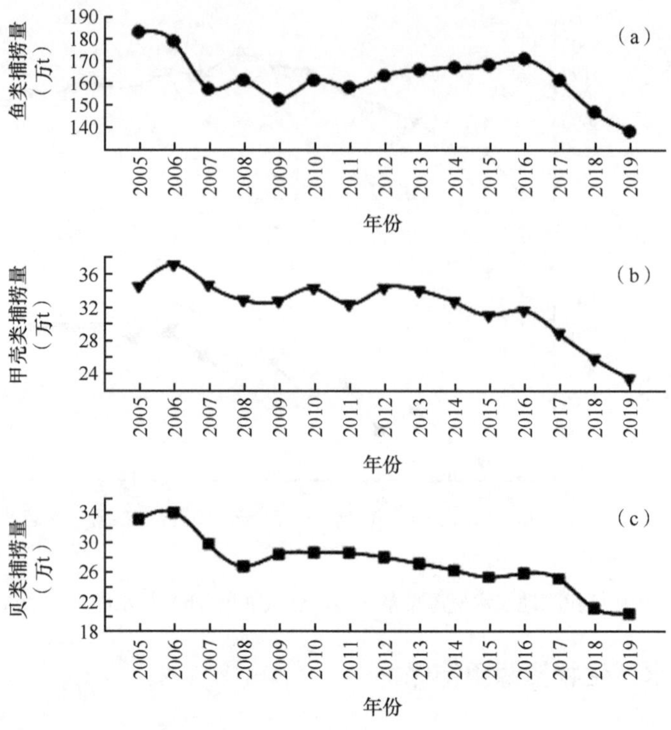

图 38.3　2005～2019 年我国内陆鱼类（a）、甲壳类（b）与贝类（c）捕捞量动态变化

的关键组成，但现有渔业产业体系存在明显的产业效率低与生态代价高等特点（图 38.4）。所谓产业效率低，即在渔业生产中普遍存在对水体空间的利用效率低、增养殖效率低与产值产能低等特点（Ru et al.，2019）；所谓生态代价高，即传统水库、湖泊网箱养殖过程中所投入的过量外源性饲料和养殖生物所产生的排泄物，间接加重了氮、磷等营养盐输入，而粗放的捕捞形式则易对渔业资源造成毁灭性后果，加之无序增殖放流与外来养殖物种形成的严重入侵现象，多种因素造成淡水水域生态系统资源环境恶化（张小栓等，2007；Xiong et al.，2015）。为实现“绿色、生态、高效”的发展目标，亟待建立兼具环境保护、生物资源养护和渔业持续产出功能的淡水渔业发展新业态。

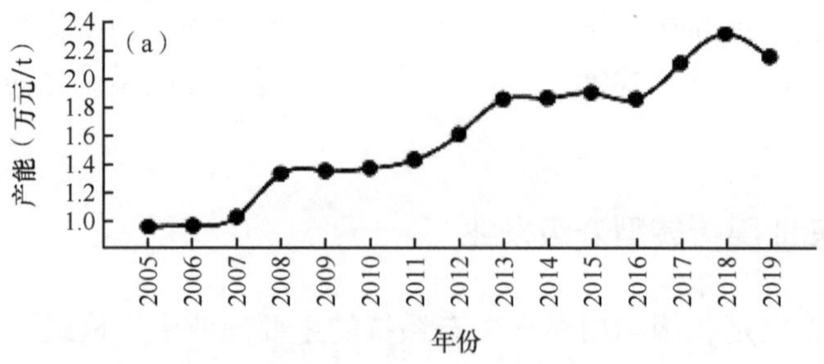

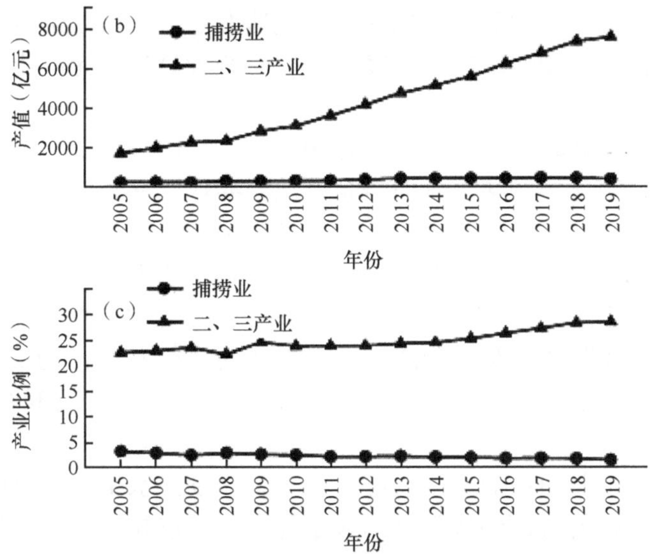

图 38.4　2005～2019 年我国内陆渔业产能（a）、产值（b）与产业比例（c）动态变化

38.2　淡水生态牧场建设的可行性

38.2.1　政策可行性

党和国家高度重视淡水环境保护与资源养护 “当前和今后相当长一个时期，要把修复长江生态环境摆在压倒性位置，共抓大保护，不搞大开发。”“保护黄河是事关中华民族伟大复兴的千秋大计。”这为我国重要水域环境修复与资源养护工作的科学论断为淡水生态牧场建设指明了方向。

2019 年 1 月，农业农村部、生态环境部、自然资源部等十部委联合公布了《关于加快推进水产养殖业绿色发展的若干意见》，意见指出：“发挥水产养殖生态修复功能。鼓励在湖泊水库发展不投饵滤食性、草食性鱼类等增养殖，实现以渔控草、以渔抑藻、以渔净水。”2020 年中央一号文件再次强调“在长江流域重点水域实行常年禁捕，做好渔民退捕工作”“推进水产绿色健康养殖”。2020 年农业农村部一号文件指出“强化水生生物资源养护”。党中央与各部委系列文件以“绿色、生态、高效”为发展前提，以“改善养殖水域环境、提升渔业资源养护效果”为目标的新型淡水生态牧场为产业创新提供了坚实的政策保障。

38.2.2　产业基础可行性

我国利用淡水资源开展增养殖历史悠久，为满足人民对优质蛋白的需求，淡水增养殖产业近年来得到了持续关注与快速发展，当前已形成了捕捞、水库养殖、湖泊净水渔业、池塘高密度养殖、渔农综合种养等多元产业形式（Tovar et al.，2000；Jia et al.，2013；Xia et al.，2011；刘栋等，2018），初步建立了种质资源保护、苗种繁育、增殖放流、疾病防控等技术体系，增殖物种涉及鱼类、贝类、甲壳类、两栖类等诸多优质养殖对象，并在千岛湖等地形成了以保水渔业为核心的淡水生态牧场雏形，如千岛湖湖区森林覆盖率已达 95%，水质常年保持在I类水质以上，透明度可达 10m以上，生物资源数量达 114 种，通过精细化生产、运营并积极拓展第一、第二、第三产业融合发展，目前已带动就业 5 万人次，直接渔业收入达 10 亿元，旅游收入达 120 亿元，为我国淡水渔业由传统增养殖向淡水生态牧场建设转型升级奠定了基础（叶少文和张堂林，2020；孙梦婷等，2020）。

当前我国淡水养殖产业基础良好，已具备建设淡水生态牧场的基本条件。然而，在当前严峻的资源环境刚性约束条件下，仍然缺乏集环境保护、资源养护与渔业持续产出于一体的全域型淡水水域开发利用模式，淡水生态牧场建设亟待实施。

38.2.3 技术支撑可行性

海洋牧场的建设经验可为淡水生态牧场建设提供借鉴与参考。自 20 世纪 60 年代以来，通过对“海洋农牧化”等海洋开发理念的继承发展，形成了“生态优先、陆海统筹、三产贯通、四化同步”的先进海洋牧场建设理念（杨红生，2016；杨红生等，2019b），建立了生境构建设施与技术、关键种扩繁与增殖技术、资源环境监测评价技术、生态灾害预警预报系统，提出了“海洋牧场+海上风电”融合发展新模式（Xu et al.，2019a，2019b；Feng et al.，2013；Ru et al.，2021；杨红生等，2019a），建立了适应当地生境特征的国家级海洋牧场示范区。实践表明，海洋牧场作为现代渔业新业态，集环境保护、资源养护、渔业增殖、休闲游钓和景观生态建设功能于一体，促进了产业转型升级，增强了产业发展活力，带动了产业新一轮的发展。

与海洋牧场建设相比，淡水生态系统的水动力系统相对简单、规模面积相对较小，淡水生态牧场建设具有技术可操作性增强、技术难度降低、牧场单元区的规划与布局更为精准等优势，资源环境效应也将更加显著。就本质而言，海洋和淡水生态系统均重视生境修复和资源养护模式的构建，两者在空间和功能上是连通的，在原理、技术上是相近的。因此，借鉴海洋牧场在技术、理念、产业模式探索与装备研发等方面的成功经验，在内陆探索淡水生态牧场建设的可行性，将是实现内陆地区渔业转型升级、推动渔业供给侧结构性改革的有效途径。相关海洋牧场成功建设的技术体系、生产模式与发展理念可为淡水生态牧场建设的顺利推进提供坚实的技术支撑。

38.2.4　产业持续发展可行性

淡水渔业一直是我国传统农村经济的重要组成部分，在改善农村经济结构等方面起到了关键作用，近年来在国内与国际上都展现出良好的发展态势。根据《中国渔业统计年鉴》，在2019年，我国淡水渔业总产值已达6584.69亿元，渔民人均年收入21108.29元，年增长率达6.15%，第二、第三产业中休闲渔业产值达963.68亿元，年增长率高达6.81%，表明当前淡水渔业领域在捕捞量下降背景下，第一、第二、第三产业融合发展态势良好，新型淡水渔业产业链作为经济增长亮点，已在农民增收、农业增效的新型农村经济产业的改革中起到了关键作用。

此外，随着我国深化改革开放与“一带一路”建设的深入实施，淡水生态牧场建设可为确保全球粮食安全提供有效帮助，如渔农综合种养模式（Xie et al., 2011）不仅提高了土地和水资源的利用率，还稳定了农民种粮积极性，对于确保粮食与优质蛋白稳定供应具有重要意义，为全球高效利用水资源、土地资源提供了可复制、可推广的中国方案。

38.3　淡水生态牧场建设理念与原则

38.3.1　生态保护优先

坚持生态保护优先，即淡水生态牧场是解决淡水环境恶化和渔业资源衰退问题的新业态，其健康发展依赖于健康的江河、湖泊、水库等典型淡水生态系统，突出保护理念的坚决性与首要性，对于某些受损严重的水域，要首先开展保护性修复工作，加强原有生境修复与恢复，针对不同水域的现状，提出不同的、行之有效的保护修复方式，根据生态容量与资源特征，科学确定增殖的物种与规模是淡水生态牧场可持续发展的重中之重。

38.3.2　自然修复为主

坚持自然修复为主，即在充分认识淡水生态系统与人类活动更为密切，更易受到人类活动影响的基础上，在淡水生态牧场建设过程中必须突出与自然共建的理念，利用并充分发挥自然修复能力；在生境修复与资源养护的过程中必须遵循并符合自然规律，不搞破坏性修复与开发，生态牧场的建设技术、设施与模式必须具备科学性，在科学实验的基础上，实现技术高效化、装备现代化与模式生态化，系统有效修复受损的淡水生态系统。

38.3.3 三生一体

坚持三生一体，即在“绿水青山就是金山银山”科学论断的指导下，淡水生态牧场的产业发展模式要具备生态、生产与生活协调发展的鲜明特点。为促进淡水生态牧场产业模式协调发展，在夯实渔业产业链之外，要积极拓展下游食品精深加工产业、休闲渔业等第二、第三产业，同时有力拉动上游环境保护业、动物保护业的协同发展。在实现渔业绿色发展的同时，推动产业交叉融合，促进产业转型升级，为渔民增收和渔业增效注入新活力。

38.3.4 多元融合

坚持多元融合，既在淡水生态牧场建设抓实生态修复、资源养护的效果之上，也要关注其助力乡村振兴、美丽中国、粮食安全等重大战略实施的作用，特别是在全面建成小康社会的关键决胜时期，大力推进淡水生态牧场建设，可在增加渔民收入、解决渔民就业问题、建设美丽乡村、构建蓝色粮仓等诸多问题上提供新的思路与对策，进而实现生态效益、社会效益与经济效益的平衡发展。

38.4 淡水生态牧场建设技术与模式

淡水生态牧场建设是实现淡水水域环境保护、资源养护和渔业持续产出的重要途径，但其建设是一个系统工程，涉及科技、环境、政策、融资、管理等多方面问题，要充分认识其重要性和复杂性。目前，应选择典型的湖泊与水库，开展全域型淡水生态牧场试点建设，并注重新技术、新模式与新装备的集成应用。

38.4.1 淡水生态牧场选址、规划与布局

通过优化层次结构模型等新型选址技术，结合历史资料分析法与站位调查法，突破大空间格局与小空间尺度的淡水生态牧场选址适应性评价技术体系建设（许强和章守宇，2013）。在大空间布局规划方面，基于同一流域下各个湖泊、水库等水域系统流通性较强的特点，重点突破多区联动的协同规划技术，在同一区域内形成生态牧场群，在同一流域内形成生态牧场带，实现生物多样性提高、资源量增加与水质改善的目标。在小空间尺度设施布局方面，重点突

破淡水生态牧场建设所涉及的产卵场设施、生境修复设施、资源养护设施与资源环境监测设备的精确组合和精准布放技术体系。加强湖泊等典型水域生态系统演化的基础理论研究认知，揭示湖泊的演变过程，保障生态牧场资源环境效应的高效持续发挥。

38.4.2 淡水生态牧场生物承载力评估

开发基于声学原理的淡水生态牧场渔业资源无损探测技术，实现高浊度水体下水生生物资源的精准评估；开发基于遥感信息技术的资源环境耦合评估模型，实现渔情信息的精准预报和关键水生生物资源种群动态的精准监测。创建基于遗传信息的新型增殖放流评估技术，精准评估放流苗种在淡水生态牧场的分布、存活与自繁殖群体构建情况。基于江河、湖泊与水库等典型淡水生态系统的特征，优化生态通道模型、生态足迹模型的适用性与实用性（曾宪磊等，2018），系统建立淡水生态牧场的生物承载力与可持续产出评估技术体系。

38.4.3 淡水生态牧场生物多样性保护

创制外来入侵种生态清除技术体系，明确外来入侵种的生活史动态、扩散机制与种群规模，在不对本地种产生生态威胁的基础上，通过定期清除与持续管理，结合本地种增殖放流工作，进而有效促进生物多样性恢复；研制新型淡水渔业捕捞设施，通过设置逃逸窗口、加强渔具捕捞选择性等渔具渔法集成创新，减少对非经济鱼类、仔稚鱼、亲鱼与大型保护动物的兼捕影响，实现渔业生产不破坏生物多样性的目标。针对水利水电工程的影响，应在水利水电设施规划阶段，加强过鱼通道设施的设计创新，保障洄游性鱼类生物多样性安全（周小愿，2009）。在当前淡水系统生物多样性全面降低的背景下，应全面加强关键流域的生物多样性保护区建设，并重点突破生物多样性保护地精准选择技术与精准观测评估技术等，在大空间尺度内实现生物多样性的全面恢复。

38.4.4 淡水生态牧场关键种种质保存与扩繁

开发以分子生物学技术、保护行为学原理等为支撑的现代种质保护区建设技术体系，以生态保护红线保障淡水生态牧场关键种种质保护作用。对于对人类活动敏感的濒危种、易危种等，应集成开发繁殖通道重建技术、繁殖场修复技术、繁殖个体无损标记技术、野外幼体保育技术、行为信息实时追溯与解析技术等，以保障自繁殖群体的建立和种群结构稳定，特别是在主要江河、湖泊等生态系统，以“高原种率”保障淡水生态牧场种质资源安全。建立生态关键种与优势经济种苗种扩繁技术体系，以优质苗种保障牧场内增殖放流群体的成活率。重点突破生态关键种的生态育苗技术体系，在零抗生素使用的基础上，实现优质健康苗种的高效生产。

38.4.5 淡水生态牧场生物行为控制

以淡水生态牧场管理现代化为目标，研发资源生物行为智能控制技术体系，突破声学、光学、电磁学、气泡墙和信息素等行为控制技术，开发相关装备设施，实现管理技术智能化和管理流程信息化。研发动物行为水下视频录制技术、水下视频传输储存设施和定量解析软件，实现对重要资源生物的摄食行为、运动行为、集群行为、应激行为、繁殖行为、时空行为、栖息地选择行为等关键行为的定量解析和定性认知，探索行为变化与环境改变的互作机制，并将行为学原理应用到牧场生态稳定性评估、渔业资源生物量评估、采捕策略制定与水电设施设计等关键生产环节，实现资源与环境的可持续利用（郑铁刚等，2016）。

38.4.6 淡水生态牧场资源与环境高效修复

研发生态型产卵场设施、幼体养护设施、生境修复设施、资源养护设施、资源环境监测设施，并实现集成应用；针对内陆水体富营养化的现状，在优化以滤食性鱼类、滤食性浮游动物为主体的高效生物清洁技术上，揭示大型水生植物在富营养化水体中的生长与扩散机制。研发以大型水生植物为核心的生态浮岛与生态浮礁建设技术（Yeh et al.，2015），开发大型植物的移植、栽培规模化应用技术体系，创制鱼-虾、鱼-草、虾-草、鱼-草-虾-贝等复合高效多层次食物网结构，在丰富淡水生态牧场营养级结构与提升牧场生物承载力的基础上，实现“以鱼治水、以草治水”等生态型资源养护技术的集成应用（刘家寿等，2020）。

38.4.7 淡水生态牧场资源环境观测与预警预报

集成开发适用于淡水生态系统的自升式监测平台、浮标平台、浅标平台，构建“天空地水”三维立体观测系统与多元数据采集平台；研发并应用水下摄像系统、水下多参数环境因子监测系统、水下多参数信息传输系统，实现水下数据的精准采集与高效稳定传输。创制资源环境与气象等大数据分析处理平台，并基于多模型开发生态牧场资源环境预警预报系统与专家决策系统，实现资源环境数据的精准实时采集，提高淡水生态牧场对重大自然灾害的预警、预报与预防综合能力。

38.4.8 淡水生态牧场多产业融合发展模式

创新推动淡水生态牧场多产业集群发展，重点突破以增殖渔业为核心的第一产业技术，积极推动水产品精深加工产业、文化旅游产业链条建设，形成第一、第二、第三全产业链条融合发展模式，突出龙头企业培育与地方特色品牌打造，以实现淡水生态牧场高质化、品牌化发展。实施“渔农融合”和“渔光融合”模式创新的技术体系研发与配套设施设备开发，在“不与粮争地、不与人争水”的基础上，以能源产业新动能带动传统农业旧动能高效转换，提升土地和水域空间集约利用效率，打造“水上出清洁电能、水面出生态粮食、水下出绿色水产品”的新局面（杨红生等，2019a），促进淡水生态牧场产业高值化发展。重点关注“三产融合”“渔农融合”“渔光融合”等应用示范体系与示范基地建设情况，以技术、模式为导向，通过整合科研院所、龙头企业等优势研发力量，打造可复制、可推广的产业模式与技术体系，以点带面，助力淡水生态牧场产业协同发展。

38.4.9 淡水生态牧场标准制定和文化创新

强化标准化技术体系建立，在国家层面，从术语分类、调查选址、设施布局布放、监测评价、管理养护等角度积极推动淡水生态牧场建设技术国家或行业标准与规程的制定，全面实现理念统一化、建设流程的标准化（杨红生等，2018）。在省（区、市）层面，针对各区域技术水平、生境特点与经济发展水平等，积极推动地方技术标准制定，切实保障淡水生态牧场在各地区建设的可行性；积极培育淡水生态牧场文化观念，利用新闻媒体、宣传材料、科学展览馆和体验馆等传播方式，深化公众对生态牧场的科学认知，形成淡水生态牧场创新文化理念。

（杨红生　茹小尚　张立斌　林承刚）

参 考 文 献

郦珊，陈家宽，王小明. 2016. 淡水鱼类入侵种的分布、入侵途径、机制与后果. 生物多样性, 24(6): 672-685.

刘栋，张成龙，朱健. 2018. 池塘循环水养殖系统构建及其生态净化效果研究进展. 中国农学通报, 34(17): 145-152.

刘家寿，王齐东，解绶启，等. 2020. 内陆大水面生态牧场化管理：群落调控、生物多样性恢复与资源利用. 科技促进发展, 16(2): 237-242.

马柱国，符淙斌，周天军，等. 2020. 黄河流域气候与水文变化的现状及思考. 中国科学院院刊, 35(1): 52-60.

孙梦婷，邵建强，汪敏，等. 2020. 千岛湖生态牧场构建现状与发展展望. 科技促进发展, 16(2):249-253.

许强, 章守宇. 2013. 基于层次分析法的舟山市海洋牧场选址评价. 上海海洋大学学报, 22(1): 128-133.

杨红生. 2016. 我国海洋牧场建设回顾与展望. 水产学报, 40(7): 1133-1140.

杨红生, 霍达, 茹小尚, 等. 2020. 水域生态牧场发展理念与对策. 科技促进发展, 129(2): 133-137.

杨红生, 茹小尚, 张立斌, 等. 2019a. 海洋牧场与海上风电融合发展: 理念与展望. 中国科学院院刊, 34(6): 700-707.

杨红生, 杨心愿, 林承刚, 等. 2018. 着力实现海洋牧场建设的理念、装备、技术、管理现代化. 中国科学院院刊, 33(7): 732-738.

杨红生, 章守宇, 张秀梅, 等. 2019b. 中国现代化海洋牧场建设的战略思考. 水产学报, 43(4): 1255-1262.

叶少文, 张堂林. 2020. 水库生态牧场绿色发展模式与技术对策的思考. 科技促进发展, 129(2): 243-248.

曾宪磊, 魏宝成, 刘兴国, 等. 2018. 基于 Ecopath 模型的复合养殖池塘构建. 水产学报, 42(5): 711-719.

张小栓, 李楠, 蔡文贵, 等. 2007. 我国水产养殖水污染成因及其对策研究. 中国渔业经济, 25(5): 30-33.

郑铁刚, 孙双科, 柳海涛, 等. 2016. 基于鱼类行为学与水力学的水电站鱼道进口位置选择. 农业工程学报, 32(24): 164-170.

周小愿. 2009. 水利水电工程对水生生物多样性的影响与保护措施. 中国农村水利水电, (11):144-146.

朱广伟, 许海, 朱梦圆, 等. 2019. 三十年来长江中下游湖泊富营养化状况变迁及其影响因素.湖泊科学, 31(6): 1510-1524.

朱莹, 曹淼, 罗景阳, 等. 2019. 微塑料的环境影响行为及其在我国的分布状况. 环境科学研究, 32(9): 1437-1447.

Feng W W, Zhou N, Chen L X, et al. 2013. An optical sensor for monitoring of dissolved oxygen based on phase detection. Journal of Optics, 15(5): 055502.

Jia P Q, Zhang W B, Liu Q G. 2013. Lake fisheries in China: challenges and opportunities. Fisheries Research, 140(2): 66-72.

Kang B, Huang X, Li J, et al. 2017. Inland fisheries in China: past, present, and future. Reviews in Fisheries Science & Aquaculture, 25(4): 270-285.

Ru X S, Zhang L B, Li X N, et al. 2019. Development strategies for the sea cucumber industry in China. Journal of Oceanology and Limnology, 37(1): 300-312.

Ru X S, Zhang L B, Yang H S. 2021. Physiological traits of income breeding strategy in the sea cucumber *Apostichopus japonicus*. Aquaculture, 539(6): 736646.

Tovar A, Moreno C, Mánuel-Vez M P, et al. 2000. Environmental impacts of intensive aquaculture in marine waters. Water Research, 34(1): 334-342.

Xie J, Hu L L, Tang J J, et al. 2011. Ecological mechanisms underlying the sustainability of the agricultural heritage rice-fish coculture system. Proceedings of the National Academy of Sciences of the United States of America, 108(50): 1381-1387.

Xiong W, Sui X Y, Liang S H, et al. 2015. Non-native freshwater fish species in China. Reviews in Fish Biology and Fisheries, 25(4): 651-687.

Xu M, Qi L, Zhang L B, et al. 2019b. Ecosystem attributes of trophic models before and after construction of artificial oyster reefs using Ecopath. Aquaculture Environment Interactions, 11:111-127.

Xu S C, Zhou Y, Xu S, et al. 2019a. Seed selection and storage with nano-silver and copper as potential antibacterial agents for the seagrass *Zostera marina*: implications for habitat restoration.Scientific Reports, 9(1): 20249.

Yeh N, Yeh P, Chang Y H. 2015. Artificial floating islands for environmental improvement. Renewable and Sustainable Energy Reviews, 47(7): 616-622.

Zhang H, He W S, Tong C F, et al. 2008. The effect of fishing the anguillid elver (*Anguilla japonica*) on the fishery of the Yangtze estuary. Estuarine, Coastal and Shelf Science, 76(4): 902-908.

Zhang H, Jarić I, Roberts D L, et al. 2020. Extinction of one of the world's largest fresh water fishes: lessons for conserving the endangered Yangtze fauna. Science of the Total Environment, 710:136242.

39　棘皮动物精子超低温冷冻保存技术研究进展

棘皮动物门（Echinodermata）是一类古老、特殊的海洋生物，在5亿多年以前的古生代寒武纪即已出现，是无脊椎动物中进化地位最高等的类群。世界范围内现存棘皮动物7000余种，化石种类接近13 000种，几乎全营底栖生活，分布范围广泛，从热带海域到寒带海域，从潮间带到数千米的深海都有分布（廖玉麟和肖宁，2011；Pawson，2007）。现存的棘皮动物普遍认为可分为5纲，包括海百合纲（Crinoidea）、海星纲（Asteroidea）、蛇尾纲（Ophiuroidea）、海胆纲（Echinoidea）和海参纲（Holothuroidea）。棘皮动物门为海洋生境所特有，其幼虫两侧对称，而成体多为五辐射对称，体壁中有$CaCO_3$为主要成分的内骼向外突出成棘刺，有特殊的水管系统辅助摄食、运动和其他功能，在海洋生态系统的结构和功能中发挥着重要作用（廖玉麟和肖宁，2011）。棘皮动物中，海参纲和海胆纲的一些种类具有很高的经济价值、营养价值和药用价值，逐渐被人们采捕和养殖。但由于近几年来采捕过度、养殖规模急剧扩大和近亲交配严重等，一些棘皮动物种质退化问题非常明显，良种缺乏、病害发生日趋严重、对病害和环境胁迫的抵抗能力显著降低。以刺参（*Apostichopus japonicus*）为例，在20世纪80年代，人们突破了刺参苗种规模化繁育技术。21世纪以来，刺参养殖产业迅猛发展，刺参成为引领我国第5次海水养殖浪潮的主要品种。然而，从2004年开始，养殖刺参陆续出现大规模死亡现象，并出现种质退化现象，在近几年尤为明显，主要表现为生长速度慢、病害频发、存活率低等问题，导致每年数十亿元的经济损失（王印庚等，2014）。野生刺参的资源量和种质质量亦急剧下降，已被纳入《世界自然保护联盟濒危物种红色名录》。群体选育往往被用来解决经济品种种质退化及良种缺乏等问题，但此方法周期较长，且容易存在雌雄性腺成熟不同步、亲本运输不方便以及配子利用率低等问题。而超低温冷冻保存技术是对生物材料进行长期保存的一种有效手段，能有效解决群体选育中的上述问题。对种质资源（包括精子、卵子和胚胎）进行超低温冷冻保存，能够提供不受季节限制的种质资源、提高配子的利用率；扩大杂交育种范围，克服长期近亲交配造成的种质资源衰退；使种质资源运输更加便利，节约遗传育种的成本；拯救珍稀、濒临灭绝的具有优良性状的物种，并可长期不间断地为遗传育种和现代生物技术的研究提供生物材料，为种质资源的保存和生物多样性的保护开辟了新途径。本文对海胆、海参和海星3种主要棘皮动物的精子超低温冷冻保存研究进行了系统归纳和整理，并展开描述了精子冷冻保存过程的各个步骤，以期为棘皮动物种质资源保存的进一步研究及产业化应用提供参考。

39.1　精子超低温冷冻保存

39.1.1　精子超低温冷冻保存技术与原理

超低温冷冻保存技术能够长期、有效保存生物材料，是指通过向细胞、胚胎和组织器官等添加适当的抗冻液，使其在冷冻过程中免受或降低一系列低温损伤（冰晶损伤、渗透损伤和溶质损伤等）的影响，并以一定的降温速率使之快速越过危险区（–60～–15℃），最后投入液氮中（–196℃）进行长期保存的过程（刘清华，2005）。理论上认为，在液氮中保存的生物样品细胞内的一切生化反应处于“暂停”状态，甚至完全停止，可以长时间保存。在需要的时候，以适当的方法可重新解冻、激活液氮中的生物样品，恢复其内部正常的生化反应，使其具有正常的生物学功能（齐文山等，2014；Liu et al.，2015）。

39.1.2　精子超低温冷冻保存的优点

相对于卵子和胚胎等种质资源，精子的超低温冷冻保存具有独特的优势。精子体积较小，具有单层膜等相对简单的结构，表面积与体积比相对较大，有利于水分和抗冻剂的渗透；而卵子和胚胎体积较大，表面积与体积比较小，并且具有丰富的卵黄、脂肪滴和多隔室生物系统，导致其膜通透效率降低，双层半透性膜系统和低温高敏感性又进一步限制了水分和抗冻剂在膜两边的渗透性（Tsai and Lin，2012）。

39.1.3　精子超低温冷冻保存技术的应用

到目前为止，精子的超低温冷冻保存技术已在人类辅助生殖和牲畜育种中得到广泛应用（Anger et al.，2003；Mocé and Vicente，2009；Sharma et al.，2015；Rozati et al.，2017）。例如，冷冻保存已常规应用于协助马（Janett et al.，2003）和牛（Bhakat et al.，2011）的育种计划。在水生物种中，为突破地理隔离，扩大杂交组合范围，提供不受季节限制的精子库，达到提高遗传育种效率和濒危物种保护的目的，人们亦对一些水生经济物种开展了精子超低温冷冻保存研究。据统计，已有约 200 种鱼类的精子被冷冻保存（田永胜等，2009；齐文山等，2014；Liu et al.，2015），针对软体动物（牡蛎和鲍）、甲壳类（虾和蟹）和棘皮动物（海胆）等水生经济物种的精子也有相应的冷冻保存研究（Dunn and McLachlan，1973；

Bhavanishankar and Subramoniam，1997；Dong et al.，2007）。但棘皮动物精子冷冻保存研究开展得较晚，且研究内容不够系统全面，没有形成产业化应用的发展模式（田永胜等，2019）。棘皮动物中，海参纲和海胆纲的一些种类自古以来即被作为滋补佳品，常被用来预防和治疗一些疾病，具有重要的经济价值和营养价值（廖玉麟和肖宁，2011；Bordbar et al.，2011）。因此，棘皮动物主要的精子冷冻保存研究也集中于这 2 纲的物种。

39.2 棘皮动物精子超低温冷冻保存基本步骤

通常精子超低温冷冻保存过程主要包括亲本挑选与精子收集、冷冻保护液配制、精子与冷冻保护液混合、冷冻降温处理、液氮储存、解冻（图 39.1）。其中，抗冻剂的种类和浓度、稀释剂种类、精子与冷冻保护液混合比例、降温程序和解冻程序等因素均会对解冻后的精子质量产生极大的影响。解冻后评价精子质量的指标包括运动活力、形态结构变化、受精率、孵化率、细胞器完整性和代谢机能（Liu et al.，2015）。

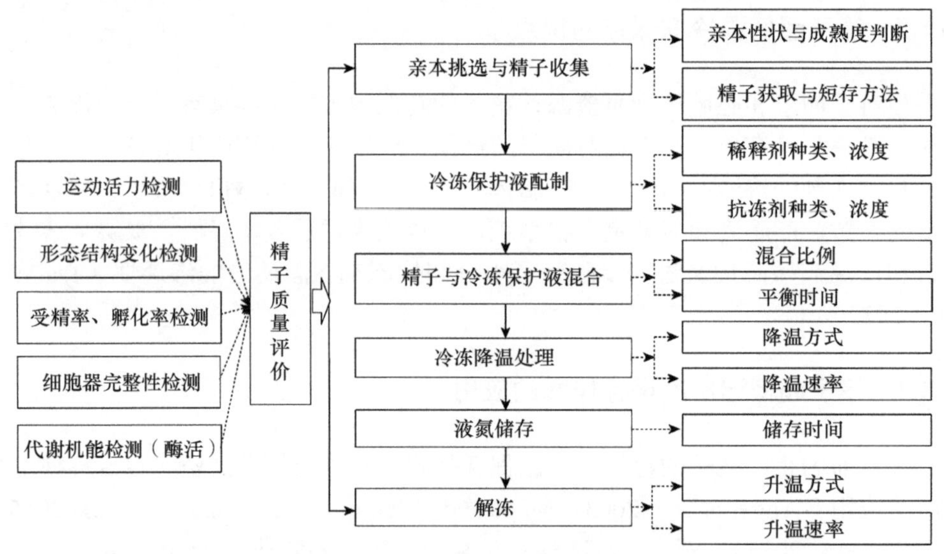

图 39.1 精子超低温冷冻保存技术流程

39.2.1 精子收集与活力检测

海胆和海参等棘皮动物不能根据体型和外表分辨性别，因此精子和卵子通常是一起收集。一般采用自然排精和获取性腺 2 种方法收集棘皮动物的精子。自然排精是指通过升高海水温度、阴干或注射 KCl 溶液等方式诱导棘皮动物排出成熟的精子，但此方法收集精子的质量容易受到黏液、海水或粪便的污染，而且收集的精子难于浓缩（Gwo et al.，2002）。获取性腺是收集棘皮动物精子最常使用的方式，广泛地应用于海参、海星和海胆等动物的精子收集过程中。Shao 等（2006）获取新鲜刺参精液的操作为：当发现白色精液从位于刺参背部的生殖孔中释放出来时，立即挑出雄性刺参，解剖获得成熟雄性性腺并剪碎，用 0.5mm 的筛网滤掉性腺管壁碎片，滤出新鲜精液，于 4℃条件下保存至使用。采用此方法每只雄性海参可收集约 5ml 新鲜精子。

在获取新鲜精液后，立即检测精子活力，以判断是否能用于后续的超低温冷冻。精子的活力可通过光学显微镜统计样本中运动精子的百分比来直接测量（Lyons et al.，2005；Vitiello et al.，2011；Mizuno et al.，2019）。Mizuno 等（2019）采用含 0.5%胎牛血清的人工海水激活稀释 500 倍的刺参精子，研究表明，只有活力高于 70%的精子才适于超低温冷冻保存。此外，还可通过计算机辅助精子分析系统（computeraided sperm analysis，CASA）来测量精子的运动能力，该系统能客观评估精子的多种运动参数，比主观观察具有更高的准确性和测量效率（Acosta-Salmón et al.，2007）。Adams 等（2003）的研究表明，同种海胆不同个体的新鲜精子虽然起初的运动活力无显著差异，但经过超低温冷冻保存，解冻的精子质量却存在显著差异。因此，在进行超低温冷冻实验时，将 3 个雄性个体的精子合并在一起以减少雄性个体精子之间的差异，此方法还解决了从棘皮动物（海胆）单一个体中只能收集到少量精子的问题，这一现象在牡蛎中也有报道（Paniagua-Chavez and Tiersch，2001；Dong et al.，2007）。新鲜精子的质量是影响精子超低温冷冻保存成功与否的重要因素，冷冻后精子的质量与新鲜精子的质量有密切的关系（Coloma et al.，2011；Orgal et al.，2012）。选取性腺质量好、精子活力高、精子抗冻能力强的亲本对棘皮动物精子超低温冷冻保存非常重要，如何评价和获取高质量的棘皮动物新鲜精子仍需进一步深入研究。

39.2.2 稀释剂的选择

普遍认为精液超低温冷冻保存所需的稀释液必须具备的性质是抑制精子的活力、维持细胞电解质和渗透压的平衡（Graham et al.，1990；刘清华，2005）。在海洋鱼类和软体动物精子冷冻保存中，常使用无 Ca^{2+}的 Hank's 平衡盐溶液作为稀释剂，其具有抑制精子活化和优化精子渗透压的能力，有利于在冷冻前节省精子中的能量，从而保持精子的质量（Dong et al.，2005a）。Ca^{2+}被认为能够诱导精子的顶体反应，并能导致精子凝集（Paniagua-Chavez et al.，1998），在棘皮动物精子冷冻保存研究中，人工海水或过滤自然海水作为稀释剂已得到广泛应用（表 39.1），而其他成分的稀释剂研究鲜有发表。棘皮动物的精子能被自然海水激

表 39.1　海洋棘皮动物精子冷冻保存研究内容及结果总结

物种名	精子采集方式稀释剂+抗冻剂冷冻容器	稀释比例平衡时间	非程序两步降温法的降温程序	解冻条件	最适结果及解冻后精子质量	参考文献
海胆						
Strongylocentrotus drobachiensis	注射 0.5mol/L KCl 溶液；过滤自然海水+DMSO（6%、12%、18%、25%和 35%）；2ml 冻存管	1∶3；30min（碎冰上）	降温速率（–1℃/min，–5 ℃ /min，–10 ℃ /min），从 25 ℃到–45℃，投入液氮	室温放置 45min	–5℃/min，12%～18%DMSO，保存 30d；精子活力等级 3～4，受精率＞95%	Dunn 和 McLachlan（1973）
Echinarachnius parma	解剖获得成熟性腺后剪碎；过滤自然海水+DMSO（7.5%、15%、20%、30%和 40%）；2ml 冻存管	1∶3；30min（碎冰上）	降温速率 5℃/min，从 25℃到–45℃，投入液氮	室温放置 45min	–5℃/min，7.5%～15% DMSO，保存 30d；精子活力等级 1，未分析受精率	Dunn 和 McLachlan（1973）
Hemicentrotus pulcherrimus	解剖获得成熟性腺后剪碎；过滤自然海水+EG（1.5mol/L 和 2mol/L）；试管（10mm×100mm）	1∶25；15℃，1h	降温速率（–4.5 ℃/min），从 15℃到–76℃，投入液氮	15℃水浴	1.5mol/L EG，保存 3d；精子解冻 10min 后活力达到最大，受精率＞66.7%	Asahina 和 Takahashi（1978）
Evechinus chloroticus	注射 1.5～3ml 0.5mol/L KCl 溶液；含 0.3mol/L 或 0.5mol/L 海藻糖的蒸馏水+EG、PG、DMSO（2.5%、5%、7.5%、10%、12.5%和 15%）；0.25ml 塑料麦管	1∶5、1∶20	降温速率（–5℃/min 或–50℃/min），从 0℃冷却至–75℃，平衡 10min 后，投入液氮	15℃水浴 30s	2.5%～7.5%DMSO，稀释比例 1∶20，降温速率–50℃/min；10^6 个精子/ml 用于受精实验，可使受精率达 90%以上	Adams 等（2004）
Paracentrotus lividus	注射 1ml 0.5mol/L KCl 溶液；3 种抗冻剂配方 7% DMSO+0.04mol/L 海藻糖（Tre）、7% GLY + 0.04mol/L Tre、7% METH + 0.04mol/L Tre；0.25ml 麦管，1.8ml 冻存管	1∶12；3 种：E1（4℃，10min）；E2（18 ℃，10min）；E3（4℃，10min+1% 盐度抑制精子运动）	先平衡，后以 20℃/min 或 90℃/min2 种降温速率冷却至–80℃，后浸入液氮至少 20min	30℃水浴	先验证了 3 种平衡条件下 3 种抗冻保护液配方的毒性，选出每种平衡条件毒性最小的配方，以此为基础运行 2 种降温速率进行实验，最适结果为 E3 Tre-DMSO –20℃/min；（冻精/鲜精）存活率 70%/90%，快速运动精子比例 50%/85%，与鲜精相比，50%的受精卵能正常发育	Fabbrocini 等（2014）

续表

物种名	精子采集方式稀释剂+抗冻剂冷冻容器	稀释比例平衡时间	非程序两步降温法的降温程序	解冻条件	最适结果及解冻后精子质量	参考文献
海参						
Apostichopus japonicus	解剖获得成熟性腺后剪碎；100%人工海水+DMSO、甘油（5%、10%、15%和 20%）0.5ml PE 吸管	1∶1、1∶3、1∶5、1∶7 和 1∶9；室温 6min	先平衡，后以–77℃/min、–52℃/min、–35℃/min 和–19℃/min 4 种降温速率（距液氮面分别 2cm、4cm、6cm 和 8cm）放置至少 15min，投入液氮	37℃水浴	15% DMSO，1∶9，–35C/min；解冻后精子保持高活力约 10min（60%降至 30%），冻精受精率约 70%	Shao 等（2006）
Apostichopus japonicus	解剖获得成熟性腺后剪碎；人工海水+DMSO、METH、DMF、DMA、PG（0、5%、10%、15%、20%和 25%）；0.25ml 麦管	1∶20；<3min	先平衡，后根据样品距液面的高度（5～17.5cm）调整降温速率 65～5.2℃/min，冷却至–50℃，立即投入液氮	20℃水浴 15s	20% DMSO，降温速率 10.4℃/min（距液面高度 15cm）；冻精解冻后活力最高为（19.3±1.1）%，受精率为（89.8±1.7）%，[鲜精（92.7±1.8）%]，无显著差异	Mizuno 等（2019）
海星						
Asterias vulgaris	解剖获得成熟性腺后剪碎；过滤自然海水+DMSO（12%、20%、30%和 40%）；2ml 冻存管	1∶3；30min（碎冰上）	降温速率 5C/min，从 25℃到–45℃，投入液氮	室温放置 45min	–5℃/min，20%～30% DMSO，保存 30d；精子活力等级 3，未分析受精率	Dunn 和 McLachlan（1973）
Pisaster ochraceus	解剖获得成熟性腺后剪碎；过滤自然海水+不同组合及浓度的 DMSO、甘油、蔗糖、蛋黄、肌酸和牛血清蛋白；1ml 冻存管	1∶9，1∶18	降温速率（距液面距离）4.7℃/min（40mm）、9℃/min（25mm）和 12.6℃/min（10mm），静置 20min 后，投入液氮	45℃水浴	5% DMSO，1% GLY，40%蛋黄，20%浓度为 1%的蔗糖，1∶18，12.6℃/min，保存时间 2 年；11%～29%发育为正常胚胎	Jalali 和 Crawford（2012）

活，这显然违反了稀释液需满足抑制精子活力的性质。Gallego 等（2014）分析了 2 种游泳动物（河豚和欧洲鳗鱼）和 2 种无柄动物（海胆和海鞘）的精子运动参数和形态特征。研究结果显示，海胆等无柄动物的精子被激活后，精子活力能保持更长的时间（约 45min）。Fabbrocini 和 D'Adamo（2017）的研究表明，海胆精子在激活后可保持 1h 的高活力，并保持相对运动活力达 24h。实验时，海水用量较少和精子被激活后能维持较长时间的活力，可能是过滤自然海水或人工海水能够作为棘皮动物精子冷冻保存稀释剂的原因。但随着棘皮动物精子在稀释液中的时间延长，其质量会下降。在今后研究中，应继续了解棘皮动物精子的激活机制，发掘具有更好冷冻保存效果的稀释剂，从而延长精子的运动能力，提高冷冻保存后精子的质量。

39.2.3 抗冻剂的选择

抗冻剂在精子超低温冷冻保存中非常重要，在精子冷冻保存中如果没有抗冻剂的保护，解冻后精子的质量就会极差，并可能呈黏稠状，无应用价值。抗冻剂按其穿透细胞膜的能力可分为渗透性抗冻剂（CPA）和非渗透性抗冻剂（co-CPA）（Dong et al.，2005b）。

39.2.3.1 渗透性抗冻剂

渗透性抗冻剂能够快速穿透细胞膜，渗入细胞内部并与水和电解质结合，在细胞内产生一定的物质的量浓度，能够降低细胞内外未结冰电解质溶液的浓度、降低冰点、减少冰晶的形成，同时能避免细胞内水分过分渗出造成细胞皱缩，从而导致容积损伤（刘清华，2005；杨培民等，2008）。常用的渗透性抗冻剂包括二甲基亚砜（DMSO）、甲醇（METH）、乙二醇（EG）、丙二醇（PG）、二甲基乙酰胺（DMA）和甘油（GLY）等，其中 DMSO 被极广泛应用于海洋鱼类和无脊椎动物精液超低温冷冻保存，这与 DMSO 对精子的冷冻保护效果好且适用于大多数物种的精子有关（Liu et al.，2015；Shao et al.，2006）。同时，DMSO 也在棘皮动物精子冷冻保存中提供了良好的冷冻保护作用。DMSO 作用的最适浓度范围一般是 5%～20%，但 Dunn 和 McLachlan（1973）的研究发现，DMSO 在海星精子冷冻保存中的有效浓度范围是 20%～30%，这可能是由于海星新鲜精液中精子浓度比较低，需要更多 DMSO 来起作用（表 43.1）。不同浓度的 EG、PG、METH、DMA 和二甲基甲酰胺（DMF）被用于棘皮动物精子冷冻保存研究，但其冷冻保护效果均不如 DMSO（Shao et al.，2006）。不同物种的精子具有特定的最适抗冻剂种类和浓度范围，这与其物种特异性有关。例如，Behlmer 和 Brown（1984）的研究发现，GLY 比 DMSO 对美洲鲎（*Limulus polyphemus*）精液的保护效果更好；浓度为10%的GLY也更为成功地保存了罗氏沼虾（*Macrobrachium rosenbergii*）精子（Akarasanon et al.，2004）。GLY已更成功地应用于虾、蟹精子的冷冻保存，可能是由于GLY是虾、蟹动物脂代谢中的天然中间产物（Jeyalectumie and Subramoniam，1989）。但是，GLY对海星、海胆、鲍、牡蛎的精子具有毒害作用，浓度为5%～40%的GLY能够导致上述物种的精子活力在冷冻前急剧降低（Dunn and McLachlan，1973）。PG能有效保护牡蛎和海胆精子，但其效果不及DMSO（Asahina and Takahashi，1978）。

39.2.3.2　非渗透性抗冻剂

葡萄糖（GLU）、海藻糖（TRE）、蔗糖（SUC）、蛋黄（Yolk）、甘氨酸（Gly）、聚乙二醇（PEG）和胎牛血清（fetal calf serum，FBS）等co-CPA在精液超低温冷冻保存中也发挥着重要作用。co-CPA的添加可显著提高精子冷冻保存后的存活率，如胎牛血清的添加能够提高马氏珍珠贝（*Pinctada fucata martensii*）精子解冻后的运动活力，可能与胎牛血清能减少冷冻过程中精子所受的渗透效应和离子效应以及增强精子抵抗冷冻损伤的能力有关（Kawamoto et al.，2007）。Acosta-Salmón等（2007）的研究表明，单独使用海藻糖时解冻后精子的活力和与DMSO组合使用时相近。添加1%或2%的葡萄糖可显著提高解冻后澳洲绿边鲍鱼（*Haliotis laevigata*）精子的受精率（Liu et al.，2014b）。此外，Liu等（2014a，2014b）的研究表明，甘氨酸在海洋软体动物的精子冷冻保存中起着积极作用，已被优先选择作为冷冻保护介质。Dong等（2006）认为，co-CPA具有冷冻保护效果与其能够在冷冻保存过程中控制溶质的流入和流出来稳定精子膜有关，蛋黄的作用主要是与精子膜相互作用，在冷冻过程中可以防止膜上脂类相态的变化以保护精子免受冷休克损伤；单糖主要是与膜上磷脂相互作用，可维持膜的稳定性，促进细胞脱水，还能为精子的运动提供能量。

39.2.3.3　抗冻剂之间的组合

为达到更好的精子冷冻保存效果，通常会将CPA与co-CPA组合搭配使用。Jeyalectumie和Subramoniam（1989）的研究表明，海藻糖单独用于锯缘青蟹（*Scylla serrata*）精子冷冻保存时效果较差，而海藻糖与DMSO组合使用时，解冻后精子的活力显著增加。在虹鳟（*Oncorhynchus mykiss*）、细须石首鱼（*Icropogonias undulatus*）精液的低温保存中发现，DMSO与蔗糖或葡萄糖组合使用时，具有正协同保护效应（Gwo et al.，1991）。在棘皮动物精子超低温冷冻保存中，关于co-CPA以及CPA与co-CPA搭配使用的研究相对较少（表39.1）。不同物种有其最适种类或浓度的CPA和co-CPA，这一差别可能是因为亲本来源的地理位置不同，从而产生了精子相关特征的遗传变异（Thurston et al.，2002；Dong et al.，2005b）。

39.2.4 精液稀释比例和平衡时间

适宜的稀释比例和平衡时间对精子冷冻保存至关重要，在精子冷冻保存操作过程中，通常将冷冻保护液和精子按一定比例稀释混合并平衡一段时间，以达到用最适数量的冷冻精子，实现最优冷冻保存效果的目的（Liu et al.，2015）。

39.2.4.1 稀释比例

稀释比例是指精子和冷冻保护液在冷冻容器中的混合比例。稀释对精子冷冻保存非常重要，精子稀释程度低可能会导致解冻后精子发生有害凝集，而精子稀释程度高可能会导致精子能量的快速消耗、生理学改变以及精液中保护性成分减少，稀释程度的不当均可导致精子冷冻保存后生存能力的下降（Paniagua-Chavez et al.，1998；Dong et al.，2005a）。Liu 等（2015）的研究指出，通过自然排精收集的精子浓度较低，其在超低温冷冻保存过程中的稀释倍数也较小，最大稀释倍数为 1∶10。棘皮动物精子获取方式多为解剖收取性腺，获取精液的精子密度较高，在超低温冷冻保存过程中的稀释倍数也较大。研究表明，棘皮动物精子冷冻保存最适的稀释比例范围是 1∶20～1∶3（Dunn and McLachlan，1973；Asahina and Takahashi，1978；Adams et al.，2004；Fabbrocini et al.，2014；Shao et al.，2006；Mizuno et al.，2019）。从不同个体性腺中取出新鲜精液的精子密度是不同的，若按照统一的稀释比例进行实验存在一定弊端，将精子稀释至特定浓度更能优化实验方案。Dong 等（2006，2007）将太平洋牡蛎（*Crassostrea gigas*）精子稀释至 1×10^9 个/ml，Liu 等（2014b）将澳洲绿边鲍鱼精子浓度稀释至 1.6×10^8 个/ml，更有效地开展、比较并优化了精子冷冻保存的相关实验方案。

39.2.4.2 平衡时间

平衡时间是指精子与冷冻保护液接触混合至开始降温的时间段，平衡时间过短导致抗冻剂不能充分地进入精子细胞膜或与细胞膜结合，不能发挥其抗冻保护的作用；平衡时间过长，抗冻剂的毒害作用会对细胞造成不可逆转的损伤。在以往棘皮动物精子冷冻保存研究中，并没有考虑平衡时间这一因素对冷冻后保存效果的影响，只设立了单一的平衡时间而没有设置对比，Mizuno 等（2019）的研究表明，平衡时间必须短于 3min，有的研究设置平衡时间为 6～10min（Shao et al.，2006；Fabbrocini et al.，2014），甚至为 30min（Dunn and McLachlan，1973）。Zheng 等（2018）选取马氏珠母贝（*Pinctada fucata martensii*）为研究对象，研究了新鲜珠母贝精子在 5 种不同抗冻剂、5 种不同浓度经历不同平衡时间作用后精子存活率的变化，并利用模型模拟提出了不同种类抗冻剂和不同抗冻剂浓度条件下应有的最长平衡时间，从而判定不同抗冻剂的毒性大小，并初步筛选排除毒性大且不适用于精子冷冻保存的抗冻剂。

39.2.5　降温速率和解冻速率

降温速率和解冻速率亦对精子冷冻保存至关重要。降温速率太慢，冷冻效率低，抗冻剂对细胞的毒性作用会加剧，细胞膜上的脂质分子在高浓度电解质溶液中时间太长也会遭受损伤；降温速率太快，细胞膜外的结冰速率会高于细胞膜内的结冰速率，造成细胞膜外的溶质浓度和渗透压比细胞膜内越来越高，可能造成渗透休克和冰晶损伤，并对细胞产生不可逆的影响。解冻速率太慢，重结晶现象会加剧冰晶对细胞膜和细胞器的机械损伤；解冻速率太快，对解冻操作要求高，需要在很短的时间内结束解冻，并且高温可能会使细胞产生热应激，造成不可逆的影响（Liu et al.，2015）。因此，适宜的降温速率和解冻速率可以最大限度地降低冷冻保存过程对细胞造成的损伤。

39.2.5.1　降温速率

在精子超低温冷冻保存研究中，控制降温速率的方法可分为非程序两步降温法和程序降温法。非程序两步降温法通常使用带架子的泡沫聚苯乙烯盒子等工具，首先将样品快速降到距液氮面某一高度处，停留一段时间，使细胞充分脱水以减少胞内冰晶的形成，然后投入到液氮中长期保存。该方法通过调节样品距液氮面的高度来控制冷冻速率，并通过热电偶测量冷冻速率，具有设备成本低且易于现场操作的优点。目前，棘皮动物精子超低温冷冻保存相关研究均采用非程序两步降温法。例如，在对刺参精液的超低温冷冻保存研究中，Shao 等（2006）通过控制样品距液氮面的高度（2cm、4cm、6cm 和 8cm）来调整降温速率为–77℃/min、–52℃/min、–35℃/min 和–19℃/min，放置 15min 后，立即投入液氮保存，发现当降温速率为–35℃/min 时，精子解冻后的受精率最高，达到 70%。同样地，Mizuno 等（2019）通过控制样品距液氮面的高度为 5～17.5cm 来调整降温速率为–65～–5.2℃/min，将样品冷却至–50℃后，立即投入液氮中长期保存，发现当降温速率为–10.4℃/min（距液氮面高度为 15cm）时，精子解冻后的受精率最高，达到（89.8±1.7）%，与新鲜精子的受精率[（92.7±1.8）%]无显著差异。对比不同棘皮动物精子冷冻保存的研究发现，同样运用非程序两步降温法，不同研究得出的最适降温速率差异较大，如–5℃/min、–20℃/min 和–50℃/min。Dunn 和 McLachlan（1973）、Asahina 和 Takahashi（1978）的研究均表明，适合海胆精子的降温速率约为–5℃/min，而 Adams 等（2004）通过实验对比却发现，降温速率–50℃/min 对海胆精子的冷冻效果明显比–5℃/min 的效果好，其中的原因有物种及其生存环境的差异，也有研究所使用的降温装置及冷冻容器不同。

程序降温法指通过程序降温仪等仪器预先设计的冷冻程序来控制样品的冷冻速率，然后将样品投入液氮中长期保存。此种方法操作简单、能精确控制并灵活改变降温速率及平衡时间，有利于深入研究降温速率对精子冷冻保存的影响，但仪器较为昂贵，方法不易普及。程序降温法在海洋鱼类和软体动物的精子冷冻保存研究中有使用，但在棘皮动物研究中并未使用。应将程序降温法和非程序两步降温法结合使用，通过程序降温法找到合适的降温速率及降温终点温度，并以此设计适合的装置，通过非程序两步降温法在实验室或养殖场验证与应用。

39.2.5.2 解冻速率

Liu 等（2015）将海洋软体动物精子冷冻保存的解冻温度分为 3 个范围：低温（＜29℃）、中温（30～49℃）和高温（＞50℃）。按照此标准，以往棘皮动物精子冷冻保存研究的解冻温度属于中低温度，解冻温度包括室温、15～45℃（Dunn and McLachlan，1973；Asahina and Takahashi，1978；Adams et al.，2004；Fabbrocini et al.，2014；Shao et al.，2006；Mizuno et al.，2019）。解冻操作的一般步骤为：将样品从液氮中取出，置于特定温度水浴中解冻，轻轻摇动使温度均匀，待只剩少量固体时立即取出，在空气中继续摇动使其完全融化。适合某一物种精子冷冻保存的解冻温度应模拟其自然排精、受精时的温度，既保证有合适的解冻速率，又能保证解冻温度不会使精子产生温度应激。本实验结果显示，解冻温度为 20℃、37℃和 50℃对刺参精子冷冻保存解冻后活力的影响不显著（$P > 0.05$），这与 Anchordoguy 等（1988）研究中不同解冻温度对海虾（*Sicyonia ingentis*）精子冷冻保存解冻后活力的影响结果相似。但利用受精温度作为解冻温度可能会影响解冻的速率，从而造成解冻时的反玻璃化和重结晶等冷冻损伤。目前，仍缺乏能够为棘皮动物乃至整个水生物种精子的冷冻保存选择合适解冻温度的理论，解冻过程应当成为以后研究的重点。

39.2.6 精子质量评价

冷冻精子解冻后应对其质量进行评价，评价精子质量的参数包括运动活力、形态变化、受精率、孵化率、细胞器完整性和代谢机能（图 39.1）。对冷冻精子进行全面系统的质量评价，并对比新鲜精子的相关参数，有利于进一步研究冷冻保存对精子的损伤机制。

39.2.6.1 运动活力和形态变化

冷冻精子运动能力测试与前述新鲜精子的运动能力测试一致，一般有使用光学显微镜统计样本中运动精子的百分比来直接测量和通过 CASA 测量 2 种方式。

近几年，CASA 由于较高的准确性和效率而被广泛应用（van der Horst et al., 2018）。众多棘皮动物精子冷冻保存研究中并未使用 CASA 对冷冻保存后的精子进行活力检测，但 Fabbrocini 和 D'Adamo（2017）利用 CASA 的特定分析模型对清灰拟球海胆（*Paracentrotus lividus*）的新鲜精子激活后不同时间的运动参数进行了详细评估，评估的精子运动参数包括精子存活率（TM，活动精子数占总精子数的百分比）、活力（RAP，快速前向运动精子数占总精子数的百分比）、密度、存活时间、平均曲线运动速度（VCL，μm/s）、平均直线运动速度（VSL，μm/s）、平均路径速度（VAP，μm/s）、鞭打频率（BCF）、头部的侧摆幅度（ALH）等，并提出使用浓度为 0.05%的胎牛血清（FBS）作为抗黏剂。该研究表明，海胆精子在激活后可保持 1h 的高活力，并保持相对运动活力达 24h，比大多数鱼类精液稀释激活后保持高活力的时间更长，不需要抑制活力的过程。Fabbrocini 和 D'Adamo（2017）的研究为 CASA 在棘皮动物精子冷冻保存研究中的使用奠定了基础，为棘皮动物激活后的精子在实验室研究中的应用提供了数据支持。

对冷冻精子进行精子形态评估时，传统上是通过扫描或透射电子显微镜观察精子头部、中段、尾巴、顶体、线粒体和细胞核的变化。观察结果可为了解冷冻保存对精子结构上的损伤提供有效信息（Espinoza et al., 2010）。此外，CASA 中的辅助形态分析模块还可协助区分精子的形态测量特性，进而提供有关精子冷冻保存后形态学变化及冷冻耐受能力的信息。目前，该技术已应用于山羊（Gravance et al., 1995）、欧洲鳗鱼（Asturiano et al., 2007）和鹿（Esteso et al., 2009）等物种，但不适用于海洋软体动物，其对棘皮动物是否适用有待研究。

39.2.6.2 受精率和孵化率

受精率和孵化率的检测，指测量精子与成熟卵子结合产生受精卵并正常发育的能力，是精子冷冻保存技术的关键步骤。冷冻精子的浓度以及精子与卵子的比率对于成功受精至关重要，较低或较高的浓度和精卵比都会影响受精率。冷冻保存后，大多数精子的顶体和质膜已经受损，受精能力显著降低（Kurokura et al., 1990; Bury and Olive, 1993）。Kurokura 等（1989）的研究表明，冷冻后的海胆精子只有 5%～12%在形态上是正常的。Kurokura 等（1990）的研究表明，冷冻后的牡蛎精子由于顶体被破坏，丧失了进入卵子的能力，精子聚集，导致受精率下降。冷冻保存精子的受精能力低于新鲜精子的受精能力，因此受精实验中需要增加冷冻精子的数量。Adams 等（2004）对海胆新鲜精子和冷冻精子的研究表明，为获得最大的受精率，所需新鲜精子浓度约为 10^5/ml（卵子与精子的比例为 1∶1000），而冷冻精子则至少需要 10^6/ml 的浓度（卵子与精子的比例为 1∶10 000）。Shao 等（2006）也得到了同样的结果，其研究结果显示，刺参卵子与冷冻精子的比例为 1∶10 000 时的受精率显著高于二者比例为 1∶1000 时的受精率（$P<0.05$）。

39.2.6.3 流式细胞术与细胞器完整性

电子显微镜观察精子形态和受精情况、检查精子活力等评估步骤执行较缓慢，相比较而言，流式细胞术具有在短时间内评估多个精子参数的优点。通过流式细胞仪和荧光显微镜，可对冷冻前后精子的质膜（SYB/PI 染色，PMI）、线粒体膜电位[罗丹明 123/碘化丙锭（PI）染色，MMP]、顶体（DND/PI 染色，AI）和 DNA（AO 染色）等的完整性或损伤比例进行测定。例如，PI 不能通过活细胞膜，只可透过受损的细胞膜对细胞核染色（呈红色），罗丹明 123 只可使线粒体功能完整的精子细胞着色（呈绿色），因此通过罗丹明 123/PI 两种染料进行荧光双染色及流式细胞仪观察，可检测冷冻解冻后精子膜和线粒体结构及功能的损伤状况（Adams et al.，2003）。Adams 等（2004）利用流式细胞术比较了海胆精子在冻前冻后的细胞膜完整性和线粒体功能的变化情况，研究表明，较高浓度的 DMSO 在保留精子线粒体功能和膜完整性方面更为有效，但精子的线粒体功能和膜完整性对冻前冻后不同海胆个体精子间的受精能力基本无影响。

39.2.6.4 代谢机能

精液经超低温保存后，膜的损伤会导致精子内的酶渗漏到细胞外，从而导致胞内酶的活性降低，精浆中酶的活性却大大提高。超低温保存还会导致细胞内三磷酸腺苷（ATP）水平的变化。冷冻前后精液中酶活性及水平的分析测定，不仅是评价低温保存成功与否的手段，也是用来确定细胞损伤部位、研究损伤机制的有效途径（Chauhan et al.，1994）。如果刺参与三羧酸循环有关的酶活性降低并伴有水平的下降，则说明为精子提供能量的场所——线粒体受到损伤。常检测的酶主要有琥珀酸脱氢酶（SDH）、乳酸脱氢酶（LDH）、Na^+/K^+-ATP 酶、超氧化物歧化酶（SOD）、过氧化氢酶（CAT）与谷胱甘肽还原酶（GR）等。现有的棘皮动物精子冷冻保存研究中尚未提及冷冻前后精子代谢机能的变化情况，下一步应借鉴鱼类精子冷冻保存方面的类似研究，将该指标纳入棘皮动物精子冷冻前后质量评价体系。

39.3 总结与展望

综上所述，精子超低温冷冻保存技术已广泛应用于人类辅助生殖、畜牧和水生经济动物育种中。棘皮动物精子冷冻保存的研究相对滞后，此类研究中精子收集常用的方法是解剖获取性腺法；常用的稀释剂和抗冻剂分别为海水和 DMSO；平衡时间、稀释比例、降温速率和解冻温度等因素在筛选过程中因实验条件不同而呈现多种结果。应继续借鉴鱼类、软体动物精子的超低温冷冻保存技术，不断丰富人们对超低温冷冻保存技术作用原理的认识，同时，根据棘皮动物精子自身的特点，重点研究稀释剂的选择、解冻过程和产业化应用等内容。基于上述棘皮动物精子冷冻保存研究进展，提出以下待解决的问题和建议。

39.3.1　获取高质量的新鲜精子

高质量的新鲜精子是冷冻保存成功的先决条件，在进行超低温冷冻保存前，应保证所用新鲜精子具有低温冷冻价值。为解决这个问题，应建立一系列评价指标，在精子冷冻保存前，统计不同亲本个体的性腺指数、体重和年龄等参数，并检测新鲜精子的各项运动参数；用相同的冷冻保存技术流程对上述来自同物种不同个体的精子进行冷冻保存，并对冷冻保存的精子进行质量评价；将冷冻前亲本的性状参数及精子的运动参数与其相对应的冷冻保存精子质量评价结果相关联，选择出影响精子冷冻后质量的关键参数，实现根据表型数据或新鲜精子的运动参数就能选择出高质量的精子。

39.3.2　开发新型抗冻剂

抗冻剂在冷冻保存中发挥着至关重要的作用，相对来说，DMSO是目前最符合“低毒、高效”标准的抗冻剂，即使在低浓度下也能提高膜对ATP的渗透能力（Gironi et al.，2020）。应不断深入研究各种抗冻剂的保护机制，根据抗冻剂的保护原理及抗冻剂具备的生化特性，开发具备低毒、高效特点的新型抗冻剂，为规范化超低温冷冻保存提供更多的选择。

39.3.3　优化超低温冷冻保存技术流程

超低温冷冻保存中对每一种参数的筛选是相对烦琐的工作，如果对每一物种都进行重复的工作，不仅费时还费力。应不断加强相关的理论研究，如超低温冷冻对精子的损伤机制、抗冻剂对精子的保护机制、稀释剂抑制精子活力的原理和精子激活机制等，在此基础上针对每一物种精子的特性，直接选择最适的稀释剂、渗透性抗冻剂、非渗透性抗冻剂，并设计最适的降温程序及解冻程序。

39.3.4　精子超低温冷冻保存技术与原理的拓展和应用

种质资源不仅只有精子，还包含卵子和胚胎等。应将精子冷冻保存技术的原理和经验与卵子和胚胎相关方面的原理和经验相结合，不断丰富超低温冷冻保存原理，并应用于生产实践，建立种质资源库。棘皮动物的卵子和胚胎能否有效冷冻？冷冻精子和冷冻卵子受精后，受精率和孵化率如何？通过冷冻整个性腺得到冷冻的精（卵）母细胞解冻后能否培养为成熟精（卵）子并有效应用？这一系列问题均有待解决。相信随着科学技术的发展，以及研究方法和手段的不断更新，超低温冷冻保存技术会越来越成熟，棘皮动物种质资源会得到有效的保护，可持续地为全人类提供更多优质蛋白和皂苷等营养物质。

（许　帅　孙景春　刘石林　林承刚　张立斌　孙丽娜　杨红生）

参 考 文 献

廖玉麟, 肖宁. 2011. 中国海棘皮动物的种类组成及区系特点. 生物多样性, 19(6): 729-736.

刘清华. 2005. 真鲷(*Pagrosomus major*)精液超低温保存及其低温损伤研究. 青岛: 中国海洋大学.

齐文山, 姜静, 田永胜, 等. 2014. 云纹石斑鱼精子冷冻保存. 渔业科学进展, 35(1): 26-33.

田永胜, 陈松林, 季相山, 等. 2009. 半滑舌鳎精子冷冻保存. 渔业科学进展, 30(6): 97-102.

田永胜, 唐江, 马文辉, 等. 2019. 蓝身大斑石斑鱼冷冻精子(♂)与棕点石斑鱼(♀)杂交后代发育及生长特征分析. 渔业科学进展, 40(6): 36-47.

王印庚, 荣小军, 廖梅杰, 等. 2014. 刺参健康养殖与病害防控技术丛解. 北京: 中国农业出版社.

杨培民, 杨爱国, 刘志鸿, 等. 2008. 虾夷扇贝精子形态结构和超低温冷冻损伤的电镜观察. 海洋水产研究, 29(1): 98-102.

Acosta-Salmón H, Jerry D R, Southgate P C. 2007. Effects of cryoprotectant agents and freezing protocol on motility of black-lip pearl oyster (*Pinctada margaritifera* L.) spermatozoa. Cryobiology, 54(1): 13-18.

Adams S L, Hessian P A, Mladenov P V. 2003. Flow cytometric evaluation of mitochondrial function and membrane integrity of marine invertebrate sperm. Invertebrate Reproduction and Development, 44(1): 45-51.

Adams S L, Hessian P A, Mladenov P V. 2004. Cryopreservation of sea urchin (*Evechinus chloroticus*) sperm. Cryo Letters, 25(4): 287-299.

Akarasanon K, Damrongphol P, Poolsanguan W. 2004. Long-term cryopreservation of spermatophore of the giant freshwater prawn, *Macrobrachium rosenbergii* (de Man). Aquaculture Research, 35(15): 1415-1420.

Anchordoguy T, Crowe J H, Griffin F J, et al. 1988. Cryopreservation of sperm from the marine shrimp *Sicyonia ingentis*. Cryobiology, 25(3): 238-243.

Anger J T, Gilbert B R, Goldstein M. 2003. Cryopreservation of sperm: Indications, methods and results. Journal of Urology, 170(4): 1079-1084.

Asahina E, Takahashi T. 1978. Freezing tolerance in embryos and spermatozoa of sea urchin. Cryobiology, 15(1): 122-127.

Asturiano J F, Marco-Jiménez F, Peñaranda D S, et al. 2007. Effect of sperm cryopreservation on the European eel sperm viability and spermatozoa morphology. Reproduction in Domestic Animals, 42(2): 162-166.

Behlmer S D, Brown G. 1984. Viability of cryopreserved spermatozoa of the horseshoe crab, *Limulus polyphermus* L. International Journal of Invertebrate Reproduction and Development, 7: 193-199.

Bhakat M, Mohanty T K, Raina V S, et al. 2011. Frozen semen production performance of murrah buffalo bulls. Buffalo Bulletin, 30(2): 157-162.

Bhavanishankar S, Subramoniam T. 1997. Cryopreservation of spermatozoa of the edible mud crab *Scylla serrata* (Forskal). Journal of Experimental Zoology, 277(4): 326-336.

Bordbar S, Anwar F, Saari N. 2011. High-value components and bioactives from sea cucumbers for functional foods-A review. Marine Drugs, 9(10): 1761-1805.

Bury N R, Olive P J W. 1993. Ultrastructural observations on membrane changes associated with cryopreserved spermatozoa of 2 polychaete species and subsequent mobility induced by quinacine. Invertebrate Reproduction and Development, 23(2-3): 139-150.

Chauhan M S, Kapila R, Gandhi K K, et al. 1994. Acrosome damage and enzyme leakage of goat spermatozoa during dilution, cooling and freezing. Andrologia, 26(1): 21-26.

Coloma M A, Toledano-Díaz A, Castaño C, et al. 2011. Seasonal variation in reproductive physiological status in the Iberian ibex (*Capra pyrenaica*) and its relationship with sperm freezability. Theriogenology, 76(9): 1695-1705.

Dong Q X, Eudeline B, Huang C J, et al. 2005a. Commercial-scale sperm cryopreservation of diploid and tetraploid Pacific oysters, *Crassostrea gigas*. Cryobiology, 50(1): 1-16.

Dong Q X, Huang C J, Eudeline B, et al. 2005b. Systematic factor optimization for cryopreservation of shipped sperm samples of diploid Pacific Oysters, *Crassostrea gigas*. Cryobiology, 51(2):176-197.

Dong Q X, Huang C J, Eudeline B, et al. 2006. Systematic factor optimization for sperm cryopreservation of tetraploid Pacific oysters, *Crassostrea gigas*. Theriogenology, 66(2): 387-403.

Dong Q X, Huang C J, Eudeline B, et al. 2007. Cryoprotectant optimization for sperm of diploid Pacific oysters by use of commercial dairy sperm freezing facilities. Aquaculture, 271(1-4): 537-545.

Dunn R S, McLachlan J. 1973. Cryopreservation of echinoderm sperm. Canadian Journal of Zoology, 51(6): 666-669.

Espinoza C, Valdivia M, Dupré E. 2010. Morphological alterations in cryopreserved spermatozoa of scallop *Argopecten purpuratus*. Latin American Journal of Aquatic Research, 38(1): 121-127.

Esteso M C, Fernández-Santos M R, Soler A J, et al. 2009. Identification of sperm-head morphometric subpopulations in Iberian red deer epididymal sperm samples. Reproduction in Domestic Animals, 44(2): 206-211.

Fabbrocini A, D'Adamo R. 2017. Motility of sea urchin *Paracentrotus lividus* spermatozoa in the post-activation phase. Aquaculture Research, 48(11): 5526-5532.

Fabbrocini A, D'Adamo R, Pelosi S, et al. 2014. Gamete cryobanks for laboratory research: Developing a rapid and easy-to-perform protocol for the cryopreservation of the sea urchin *Paracentrotus lividus* (Lmk, 1816) spermatozoa. Cryobiology, 69(1): 149-156.

Gallego V, Pérez L, Asturiano J F, et al. 2014. Sperm motility parameters and spermatozoa morphometric characterization in marine species: a study of swimmer and sessile species. Theriogenology, 82(5): 668-676.

Gironi B, Kahveci Z, McGill B, et al. 2020. Effect of DMSO on the mechanical and structural properties of model and biological membranes. Biophysical Journal, 119(2): 274-286.

Graham J K, Kunze E, Hammerstedt R H. 1990. Analysis of sperm cell viability, acrosomal integrity,and mitochondrial-function using flow-cytometry. Biology of Reproduction, 43(1): 55-64.

Gravance C G, Lewis K M, Casey P J. 1995. Computer automated sperm head morphometry analysis (ASMA) of goat spermatozoa. Theriogenology, 44(7): 989-1002.

Gwo J C, Chen C W, Cheng H Y. 2002. Semen cryopreservation of small abalone (*Haliotis diversicolor supertexa*). Theriogenology, 58(8): 1563-1578.

Gwo J C, Strawn K, Longnecker M T, et al. 1991. Cryopreservation of atlantic croaker spermatozoa.Aquaculture, 94(4): 355-375.

Jalali A, Crawford B. 2012. A freezing technique that maintains viability of sperm from the starfish *Pisaster ochraceus*. Invertebrate Reproduction and Development, 56(3): 242-248.

Janett F, Thun R, Bettschen S, et al. 2003. Seasonal changes of semen quality and freezability in Franches-Montagnes stallions. Animal Reproduction Science, 77(3-4): 213-221.

Jeyalectumie C, Subramoniam T. 1989. Cryopreservation of spermatophores and seminal plasma of the edible crab *Scylla serrata*. Biological Bulletin, 177(2): 247-253.

Kawamoto T, Narita T, Isowa K, et al. 2007. Effects of cryopreservation methods on post-thaw motility of spermatozoa from the Japanese pearl oyster, *Pinctada fucata martensii*. Cryobiology, 54(1):19-26.

Kurokura H, Namba K, Ishikawa T. 1990. Lesions of spermatozoa by cryopreservation in oyster *Crassostrea gigas*. Nippon Suisan Gakkaishi, 56(11): 1803-1806.

Kurokura H, Yagi N, Hirano R. 1989. Studies on cryopreservation of sea urchin sperm. Aquaculture Science, 37(3): 215-219.

Liu Y B, Li X X, Robinson N, et al. 2015. Sperm cryopreservation in marine mollusk: a review. Aquaculture International, 23(6): 1505-1524.

Liu Y B, Li X X, Xu T, et al. 2014a. Improvement in non-programmable sperm cryopreservation technique in farmed greenlip abalone *Haliotis laevigata*. Aquaculturea, 434: 362-366.

Liu Y B, Xu T, Robinson N, et al. 2014b. Cryopreservation of sperm in farmed Australian greenlip abalone *Haliotis laevigata*. Cryobiologyb, 68(2): 185-193.

Lyons L, Jerry D R, Southgate P C. 2005. Cryopreservation of black-lip pearl oyster (*Pinctada margaritifera*,L.) spermatozoa: Effects of cryoprotectants on spermatozoa motility. Journal of Shellfish Research, 24(4): 1187-1190.

Mizuno Y, Fujiwara A, Yamano K, et al. 2019. Motility and fertility of cryopreserved spermatozoa of the Japanese sea cucumber *Apostichopus japonicus*. Aquaculture Research, 50(1): 106-115.

Mocé E, Vicente J S. 2009. Rabbit sperm cryopreservation: a review. Animal Reproduction Science,110(1-2): 1-24.

Orgal S, Zeron Y, Elior N, et al. 2012. Season-induced changes in bovine sperm motility following a freeze-thaw procedure. Journal of Reproduction and Development, 58(2): 212-218.

Paniagua-Chavez C G, Buchanan J T, Tiersch T R. 1998. Effect of extender solutions and dilution on motility and fertilizing ability of eastern oyster sperm. Journal of Shellfish Research, 17(1): 231-237.

Paniagua-Chavez C G, Tiersch T R. 2001. Laboratory studies of cryopreservation of sperm and trochophore larvae of the eastern oyster. Cryobiology, 43(3): 211-223.

Pawson D L. 2007. Phylum Echinodermata. Zootaxa, 1668: 749-764.

Rozati H, Handley T, Jayasena C. 2017. Process and pitfalls of sperm cryopreservation. Journal of Clinical Medicine, 6(9): 1-13.

Shao M Y, Zhang Z F, Yu L, et al. 2006. Cryopreservation of sea cucumber *Apostichopus japonicus* (Selenka) sperm. Aquaculture Research, 37(14): 1450-1457.

Sharma R, Kattoor A J, Ghulmiyyah J, et al. 2015. Effect of sperm storage and selection techniques on sperm parameters. Systems Biology in Reproductive Medicine, 61(1): 1-12.

Thurston L M, Watson P F, Holt W V. 2002. Semen cryopreservation: a genetic explanation for species and individual variation? Cryo Letters, 23(4): 255-262.

Tsai S, Lin C. 2012. Advantages and applications of cryopreservation in fisheries science. Brazilian Archives of Biology and Technology, 55(3): 425-433.

van der Horst G, Bennett M, Bishop J D D. 2018. CASA in invertebrates. Reproduction Fertility and Development, 30(6): 907-918.

Vitiello V, Carlino P A, Del Prete F, et al. 2011. Effects of cooling and freezing on the motility of *Ostrea edulis* (L., 1758) spermatozoa after thawing. Cryobiology, 63(2): 118-124.

Zheng X, Gu Z F, Huang Z W, et al. 2018. The effects of cryoprotectants on sperm motility of the Chinese pearl oyster, *Pinctada fucata martensii*. Cryobiology, 82: 64-69.

40　现代化海洋牧场建设与发展
——第 230 期双清论坛学术综述

随着人类活动和全球变化的影响不断加剧，我国近海生境严重退化，近一半海湾四季均出现劣四类水质，海草床、珊瑚礁分布面积较 20 世纪 50 年代减少 80%以上，产卵场和洄游通道遭到严重破坏，造成生物多样性降低，以致食物网结构简单化、水产经济物种低龄化和小型化、海底荒漠化趋势明显。

海洋牧场既能养护生物资源，又能修复生态环境，是实现我国近海渔业资源恢复、生态系统和谐发展与“蓝色碳汇”的重要途径。目前，我国培育了一批海洋牧场原理研究与技术研发团队，海洋牧场建设已从理念基础开始，初步形成理论体系，在此过程中其形式与内涵不断发展。海洋牧场概念和内涵可以描述为：基于生态学原理，充分利用自然生产力，运用现代工程技术和管理模式，通过生境修复和人工增殖，在适宜海域构建的兼具环境保护、资源养护和渔业持续产出功能的生态系统。从以渔业生产为目标，到重视环境保护、生态修复和资源养护，生态优先、陆海统筹、三产融合的海洋牧场雏形已初步形成，标志着我国海洋牧场建设初见成效，而真正意义上的现代化海洋牧场建设则刚刚起步，其科学发展仍面临诸多挑战（杨红生，2016）。

2015～2019 年，我国已逐步创建 5 批共 110 个国家级海洋牧场示范区，随着海洋牧场产业规模日益扩大，现代化海洋牧场构建原理与技术研究滞后已经成为制约海洋牧场发展和产业升级的瓶颈，是当前最突出、最迫切的问题。因此，系统开展现代化海洋牧场构建原理创新与技术攻关，是保障我国海洋牧场产业可持续发展的重中之重。

2019 年 3 月 31 日至 4 月 1 日，国家自然科学基金委员会地球科学部、生命科学部、管理科学部、信息科学部、工程与材料科学部和计划与政策局共同主办了主题为“现代化海洋牧场建设与发展”的第 230 期双清论坛，来自国内 30 余所高校和科研院所的 40 余位专家学者应邀参加了论坛。与会专家围绕海洋牧场建设与发展研究多学科交叉发展现状与趋势、未来主要研究方向和科学问题等方面进行了热烈研讨和碰撞，凝聚共识并提出了国家自然科学基金在相关领域的资助。

40.1 海洋牧场发展现状与面临的科技挑战

40.1.1 发展现状

近年来，在科学利用海洋的实践过程中，海洋牧场构建理念逐步形成。日本于 1963 年创立了国营的栽培渔业中心，1971 年提出建设海洋牧场，注重人工鱼礁的集鱼效果，强化环境承载力提升与资源养护补充，将增殖放流、鱼礁建设、驯化技术等融入渔业管理体系中并加以完善。美国于 1968 年提出海洋牧场建设计划并于 1972 年开始实施，1974 年建成加利福尼亚巨藻海洋牧场，注重与游钓相结合，发展休闲渔业。

我国科学家为实现水产资源增殖，于 20 世纪中叶提出了“海洋农牧化”理念，包括“水即是鱼类的牧场”“使海洋成为种养殖藻类和贝类的农场，养鱼、虾的牧场”等。自 20 世纪 90 年代以来，我国针对近海渔业的现状和特点，在自然海区进行了人工鱼礁、藻礁建设，以及以幼苗放流、底播为主，以人工繁育苗种为辅的人工增殖。2006 年国务院发布的《中国水生生物资源养护行动纲要》首次为海洋牧场建设和发展提供了政策依据。截至 2016 年，全国已投入约 55.8 亿元的海洋牧场建设资金，共建立 200 多个海洋牧场，投放鱼礁超过 3000 万空立方米，涉及海域面积 2300km^2。海洋牧场已成为海洋经济新的增长点，海洋牧场建设成为沿海地区增殖、养护海洋生物资源、修复海域生态环境、实现渔业转型升级的重要手段。

然而，海洋牧场建设在全国如火如荼开展的同时，也暴露出概念内涵不清、核心规律不详、关键技术不足、建设发展盲目等突出问题。一是海洋牧场建设与传统养殖概念混淆严重。为了借海洋牧场发展的“东风”，单一的近海网箱养殖、离岸深水网箱养殖及养殖工船都被认为是海洋牧场，沿海部分地区甚至将陆基工厂化养殖也认定为陆上海洋牧场。二是海洋牧场选址与生态修复设施布放不合理问题突出。一些海洋牧场在建设初期，未做详细的地质类型、水动力分析等本底调查，只是照搬国内外模式，在海区随意投放石块、水泥管作为人工鱼礁，结果几个月后原先投放的石块、水泥管不见踪迹，造成了大量资金的浪费和海域生态环境的破坏。三是忽视全过程监测评估与预警预报，仍然“看天吃饭”。例如，北黄海的部分海区易受黄海冷水团的影响，环境的剧烈变动造成生物的大量死亡，又由于缺乏精准的监测装备和预警手段，难以实时监测环境参数和生物状态，只能“望洋兴叹”，如若在此建设海洋牧场，则会造成重大的经济损失。四是忽视礁体布局和气候变化对海洋牧场的生态影响。特别是夏季高温时期，部分企业未进行海域生态环境科学评估即开展以人工鱼礁为主的海洋牧场建设，由于选址不科学，将增殖礁建在局部底层缺氧区，因此极端气候条件下出现海参等增殖对象大批死亡的现象，甚至海洋牧场出现绝收现象，损失惨重。

40.1.2 面临的科技挑战

目前，海洋牧场建设发展迅猛，但低水平同质化现象严重。一系列问题对我国海洋牧场的高质量发展提出了严峻挑战，主要原因是基础研究的前瞻布局不足、基础理论研究滞后、顶层设计的科技支撑薄弱、工程和信息技术支撑能力有限。

其一，宏观布局的基础理论支撑不足。我国近海哪些区域可以建设海洋牧场？能建多大的海洋牧场？能建什么样的海洋牧场？一系列问题缺乏科学依据，亟待明确；对我国近海的生物生产力和生态承载力认知不足，缺乏科学评估体系；亟待揭示海洋牧场建设与毗连海域的互作机制，评估海洋牧场建设对生态系统的影响。

其二，人工生境营造技术能力不强。人工生境是指通过人工干预形成的生物赖以生存的生态环境，是海洋牧场建设的关键基础。目前，海洋牧场人工生境工程技术缺乏系统性研究，人工构件投放缺乏理论依据，建设设施作用机制不明，设施-生物-环境三者之间的耦合机制不清，海草（藻）床、珊瑚礁修复缺乏有效措施，生物功能群构建缺乏科学基础等问题，严重制约着海洋牧场生态效益和高效产出。

其三，生态效应认知不明。生物资源养护是海洋牧场建设的重要内容。然而，目前对海洋牧场重要经济生物的行为特征认识尚不清晰，生物之间的相互作用不清，功能群构建缺乏理论支持，增殖放流对海域生物多样性和群落结构的影响不明，重要经济生物精准采捕缺乏科学标准。

其四，风险防控管理水平不高。风险防控与综合管理是海洋牧场高质量发展的重要保障。全球气候变化和人类活动影响下海洋牧场的生态灾害时有发生，生态风险的信息化预警与精准预报支撑能力不足；海洋牧场环境资源高精度实时监测系统与设备研发针对性不强，无法实现真正意义上的“可视、可测、可报”；综合管理模式和机制亟待创新和完善。

因此，面向国家海洋生态文明建设的重大战略需求，以及海洋牧场持续健康发展的产业迫切需求，通过多学科交叉与融合，实施海洋牧场原理认知和重大技术突破，形成系统的现代化海洋牧场理论和技术创新体系，支撑并引导现代化海洋牧场发展，具有重要的科学价值和意义。

40.2 海洋牧场研究主要进展和成就

40.2.1 海洋牧场生态过程与资源环境效应

40.2.1.1 海洋牧场结构、功能与过程

海洋牧场在提高初级生产力、加速能量流动和物质循环、提升水域生态系统

功能方面发挥着重要作用。生态系统结构和功能一直是国际海洋领域的研究热点，涉及物种间的营养结构、食物关系、物质的循环和能量的流动过程等。我国在大海洋生态系统及近海主要渔业水域相关研究方面取得了一系列创新成果，提出了“简化食物网”和“全程食物网”的概念，为海洋生态系统食物网营养动力学的研究提供了新思路。目前，涉及的研究方法有胃含物分析、稳定同位素比率法、生物标志化合物分析法、Ecopath 模型等，其中稳定同位素比率法在水生态系统食物网结构、物质循环和能量流动中得到了广泛应用。近年来，基于高通量测序技术解析构建营养关系的研究发展迅速，逐渐成为食物网研究的新模式。在生源要素迁移、转化过程的研究方面，主要通过同位素标记、调查和水动力模型进行，如利用稳定同位素混合模型（IsoSource 模型）估算各类初级生产者对生物的食物组成贡献，进一步解析生态系统食物网结构。在生态系统能量流动方面，Ecopath 模型可定量描述能量在生态系统生物组成之间的能量流动，评价生态系统成熟状况，以往主要应用在较封闭的生态系统中，现已广泛应用于全球各大水域生态的研究，如研究了亚得里亚海北部和中部小型鱼类及微食物环在该水域生态系统中的作用、加泰罗尼亚的南海水层食物网与底层食物网的耦合以及有机碎屑产生的作用（Coll et al.，2006）、西班牙北部的坎塔布连海各水层与底栖食物网之间的关系等（Sanchez and Olaso，2004）。

我国针对海洋牧场生态系统结构和功能的研究尚处于初级阶段。近年来，以生物地球化学循环角度为切入点，开展了主要经济动物摄食、代谢生理活动对碳、氮、磷等生源要素关键生物地球化学过程的驱动作用和机制研究，建立了虾夷扇贝、长牡蛎、菲律宾蛤仔等养殖生物的个体生长模型，从个体、群落、生态系统水平上初步构建了生源要素收支模型。与此同时，研究了人工鱼礁区生物的种群和群落结构，包括浮游植物、附着生物、底栖和游泳动物等；探讨了建礁前后的变化，包括种群生长、群落演替、多样性和丰富度等。国内多位学者也利用 Ecopath 模型对嵊泗人工鱼礁区、长江口及毗邻水域、枸杞海藻场、荣成俚岛人工鱼礁区和獐子岛人工鱼礁海域等生态系统的结构和功能变化进行了讨论，并评估了不同生态系统的能量流动及稳定性（李永刚等，2007；林群等，2009；张效嘉和线薇微，2016；赵静等，2010；李岚，2008；杨林林等，2015；吴忠鑫等，2012；许祯行等，2016；宋兵和陈立侨，2007；黄孝锋等，2011）。

随着海洋牧场建设的不断发展，必须强化对海洋牧场结构和功能及其对近海生态系统影响的认知，从而支撑我国海洋牧场的科学有序发展。

40.2.1.2 海洋牧场资源增殖与养护效果

生物资源增殖养护和回捕利用是海洋牧场的关键问题，海洋牧场建设诸多环节均为此服务。资源增殖在改善渔业资源种群结构和提高质量以及促进近海渔业的可持续发展方面发挥着极其重要的作用，产生了明显的效果（金显仕，2014）。日本、美国等发达国家渔业也大力开展资源增殖的研究工作，其放流、标记、追踪监测以及回捕评估等技术居于领先地位；对资源增殖种类的亲鱼遗传管理、苗种质量控制和苗种野性驯化都有较为严格的要求。例如，资源增殖种类苗种繁育过程中人为对亲本有意或无意的选择，包括人工授精都会导致快速的进化，而当这些人工培育群体被释放到环境中后，会造成本土群体基因库的丢失，进而对本土群体的适应性造成严重威胁。对约 70 个资源增殖种类（主要包括 31.7%的鲑鳟鱼类、15.8%的比目鱼类、14.9%的鲷科鱼类）的相关研究分析显示，增殖放流导致放流群体遗传多样性水平及放流群体适应性的下降，包括存活率、主动寻找庇护场所、竞争性、繁殖成功率等各项指标。这种降低不仅表现在少数几个位点等位基因的频率水平（尤其是会导致野生群体应对环境变化水平降低的稀有等位基因的丢失），还有全基因组水平的降低。研究结果均未表明增殖群体在遗传水平的改变导致其环境适应性方面有所增强（唐启升，2019；Svasand et al.，2000；Aprahamian et al.，2003）。极端情况下，大规模缺乏合理规划的增殖放流会导致群体资源的崩溃，比如美国加利福尼亚的银大麻哈鱼大规模增殖放流导致野生群体基因同质化，一定程度上导致其对环境变化的适应性降低，这被认为是导致群体资源崩溃的主要原因之一（Mcdowell，2002；Hilborn，1998）。由此可见，发达国家针对资源增殖所做的研究主要集中在生态安全和综合效果评估方面。

我国渔业资源增殖的研究工作有近 30 年的历史，但有关资源增殖的基础研究和相关技术仍然明显滞后，成熟的渔业资源增殖技术体系尚未形成。基于营养层次水平的渔业资源增殖模式，放流增殖物种或外来物种的监测和评估技术，放流群体所带来的生态影响、生态系统稳定性影响和遗传学影响，以及渔业资源增殖与效果评价技术体系等方面，尚未开展深入的科学研究。

40.2.2 海洋牧场人工生境工程与监测预警信息技术

40.2.2.1 海洋牧场人工生境工程技术

海洋牧场人工生境工程是针对牧场区域荒漠化加剧，根据海域流场、环境特征以及生物构成等情况，营造环境与生物协调发展的生息场。人工生境的内涵包含生境营造、生境修复和生境优化三个部分，其主要研究内容包括基于生态系统理论的人工鱼礁建造、上升流营造，海藻场、海草床、珊瑚礁修复，以及生境结构功能优化等。

目前，生境营造工程措施主要依靠人工鱼礁实现。人工鱼礁是指通过人为在海域中设置构造物，改善海域生态环境，为海洋生物创造良好的栖息环境，提供繁殖、生长、索饵和庇敌场所，以实现保护环境、增殖资源和提高渔获量。目前世界上众多濒海国家都在各自沿海投放了人工鱼礁，进行近海海洋生物栖息地和渔场的修复。不同国家、地区有不同的发展模式，取得了不少成功的经验，也总结了一些失败的教训。我国在 20 世纪 70 年代开展了试验性研究，广东、海南、广西、辽宁、山东、浙江、福建等地建设了人工鱼礁试点，投放了人工鱼礁（阙华勇等，2016）。

多项研究表明，人工鱼礁能增加附近鱼类的种类和数量，尤其是当其被投放在远离自然礁的区域或者被投放在贫瘠广阔的沙质区域（Castege et al.，2016）。可见，人工鱼礁作为一种增加渔业资源的方式，是海洋牧场建设中不可缺少的一环。但人工鱼礁的投放需要进行合理的选址，选址不当将导致人工鱼礁的功能和作用失效，进而妨碍海洋的其他正当用途（李文涛和张秀梅，2003）。而失效后的人工鱼礁会改变鱼礁投放海域的水动力学特性，形成复杂多变的水文状况，可能会对海洋生物的生存与栖息产生不利影响，破坏原本脆弱的海洋生态环境。但现阶段，我国部分地区所投放的人工鱼礁，存在工程措施比较单一，鱼礁设计、材料、成礁机制、工程工艺等方面缺乏科学依据等问题，影响了鱼礁建设的整体效果。

事实证明，不是任何海域都适合鱼礁建设。因此，建设海洋牧场需要一整套措施，如营造人工上升流和人工下降流等。在人工上升流营造技术研究方面，日本处于世界领先水平。日本学者率先提出采用大型海洋平台解决方案，利用水泵抽水实现海底营养盐的提升，并将其称为“拓海”（TAKUMI）工程（Ouchi et al.，2005；Ouchi and Murphy，2003；Ouchi，2003）。2010 年，日本水产综合研究所的中山哲严等提出可在海底堆砌砂石以形成一个有坡度的沙丘（Nakayama et al.，2010；Tetsuo et al.，2006），从而改变水平流动的洋流，使其产生垂直方向的分速度，形成营造人工上升流的新思路。日本鹿儿岛大学永松等还将 V 型结构用于营造人工上升流（李文涛和张秀梅，2003）。首先通过橡胶或者网幕阻挡海流的水平流动，使海流向固定方向集中，之后将 V 型结构体布置在目标位置，从而使被阻挡的海流上升以形成人工上升流。挪威采取气泡幕举升法，使用气泵将气体向较深海水中注入以带动水流上涌形成人工上升流。

人工下降流营造是指科学地投放海底结构物，引发海洋中自上而下的水体流动，将上层富氧海水带入底层，增加底层水体的溶解氧含量，以保护底栖生物，诱集和增殖各类海洋生物。国外不断加大、加快对人工下降流营造技术的研究和应用（Forth et al.，2015，Pan et al.，2016）。目前，美国、日本、瑞典和挪威等海洋强国都开展了相关研究，取得了一系列重要的理论和应用成果。例如，日本东京大学研制的大型海水密度流发生装置（density current generator，DCG），使用汽油/柴油发电机供能，用水泵同时形成人工上升流和人工下降流，并使之充分混合后在温跃层上方水平排出。近 10 年的试验结果表明，该装置使 Gokasyo 海湾的赤潮和低氧现象得到了明显改善，其中有害藻华基本消失，低氧水体面积减少了

60%（Mizumukai et al.，2008；Sato et al.，2006）。DCG技术在日本近海、海湾、河口等处得到多次应用，取得了良好的环境效益和社会效益。瑞典政府在ByFjord峡湾（平均水深51m，水体底部长期低氧）建立了大规模生态工程，利用风力和电力将表层海水泵入35m深度的底层低氧水体。两年的试验研究结果表明，单个下降流装置可使近 $7km^2$ 低氧水体的平均溶解氧（DO）含量从0mg/L增加到3.7mg/L，该海域水体中的 NH_4^+、总P、H_2S 含量大幅度下降，底层水体生物丰度显著提升。

现阶段，我国海洋牧场人工生境工程技术水平与国际先进水平相比还存在较大差距，尚处于初期探索阶段，人工生境工程技术发展面临诸多技术瓶颈。例如，生境营造工程措施单一、作用机制不明、人工构件投放缺乏理论依据，海藻场、海草床修复与建设缺乏有效措施，以及海洋牧场生物功能群构建缺乏科学基础等问题，严重制约着海洋牧场高质量建设与科学有序发展。

40.2.2.2 海洋牧场监测预警信息技术

目前，我国海洋牧场监测预警方面的信息技术体系尚不能保障海洋牧场产业的快速健康发展。我国在海洋牧场生态环境和渔业资源的原位在线监测、三维立体在线监测、水动力-生态耦合、灾害预警等方面的基础理论和技术装备相对薄弱，信息化水平低下，严重制约了海洋牧场实时在线监测体系和预警预报系统的发展（杨红生，2018），一方面导致海洋牧场仍处于生态环境质量不可见、不可知，以及牧场经济物种资源不可统计、不可控的状态，灾害不可预警，而另一方面使得海洋牧场的人力发展缺乏有效监督，存在一定的盲目性，并导致巨大的生态压力和经济损失风险。

当前国内海洋牧场常用的监测手段主要是船基大面观测。无人机监测、无人船监测、平台式在线监测、海底有缆在线监测等新的监测技术和手段也开始得到广泛应用。例如，2016年无人机监测和平台式在线监测被应用到海洋牧场周边近海绿藻和海水中溶解氧含量及温度的监测中。海底有缆在线监测是发展较早、也是目前应用最为广泛的一种在线监测方式。与平台式在线监测系统不同，海底有缆在线监测系统主要由水下监测平台、双向通信系统和陆上终端控制系统等三部分组成（王志滨等，2017）。海底有缆在线监测具有高度稳定性和可扩展性，已被广泛应用于山东省海洋牧场海洋生态环境的业务化监测。为了保障海洋牧场海域的生态环境安全，山东省“海洋牧场观测网”建设项目于2015年正式启动。目前山东省海底有缆在线监测系统已布放在20多个海洋牧场之中，组成了海洋牧场监测网络，初步实现了海洋牧场的“可视”、“可测”和“可报”。

相对于海洋要素的监测，国内外海洋牧场在渔业资源统计和监控方面均发展较早，相关技术亦较为成熟（杨金龙等，2004）。渔业资源统计和监控方法大致上可以分为人工监测和传感器监测等。人工进行渔业资源的统计和监控是国内外海洋牧场最早采用的方法。而随着海洋科学技术的发展，海洋牧场渔业资源统计和监控也进入第二个阶段，即传感器监测阶段。例如，Shyue（1998）利用多波束回声探测仪研究了台湾岛周边海域人工鱼礁的空间分布情况，从而统计和监测渔业资源；Huang 等（2014）研发了一种双频识别声呐，可以识别目标并进行追踪，从而给出鱼类的数量、大小、平均移动速度和方向等信息，在一定程度上提高了渔业资源监测评估的水平；许强等（2013）研发了鱼类资源水下立体摄像分析方法，制作了配套装置和分析软件，并将其应用于人工鱼礁区重要鱼类资源的生物量、种群密度及其他生物学指标等的监测分析；沈军宇等（2018）将计算机视觉与深度学习方法相结合，提出了一种基于 YOLO 算法的端到端（end-to-end）鱼群检测方法，只需直接输入鱼群原始材料，就可直接得到可用的结果，而不用关心中间的产物。

海洋要素的观测和渔业资源的统计与监控可以让管理者对海洋牧场过去和当前的状况有较好的认识和把握。随着海洋牧场的高速发展，对海洋牧场水动力和生态环境进行业务化预报、对特定海洋灾害进行较为准确的预警就显得尤为重要。国外学者建立了波罗的海北部 19 个河口低氧的多元回归分析统计模型（Kauppila et al.，2003）。除统计和预警预报外，目前较为常用的是基于水动力模型和生态模型的数值预报，Hetland 和 Dimarco（2008）基于 ROMS-生态耦合模型较好地再现了墨西哥湾低氧的形成过程，并在此基础上探讨确定了墨西哥湾北部低氧区的可预报性。相对而言，国内还未有针对海洋牧场海域海洋灾害的数值预报预警系统。

由于监测与预警体系建设的不足，我国海洋牧场的信息化水平总体不高。目前值得借鉴的是山东省海洋牧场在信息化建设方面的研究和实践。自 2015 年启动建设海洋牧场观测网以来，山东省一直致力于海洋牧场的信息化建设，提出海洋牧场“四个一”建设标准，即海洋牧场陆域配套建设“一厅（展示厅）”、“一室（监控室）”、“一院（研究院）”和“一馆（体验馆）”，提升了海洋牧场建设的可见性和可控性；山东省还建立了海洋牧场观测网数据中心，业务内容涵盖海洋牧场观测网数据的采集、处理、展示以及海洋灾害的预警报等多方面，为海洋牧场健康发展提供了技术支撑、决策依据和服务保障。

综上所述，未来必须深化原位及三维立体在线监测、水动力-生态耦合和预警预报等方面的基础理论和新方法与新技术的研究，构建海洋牧场立体监测网络和预警预报系统，加强海洋牧场信息系统建设，为保障海洋牧场生态环境安全、实现可持续发展提供坚实的支撑。

40.2.3 海洋牧场总体布局与综合管理的理论基础

40.2.3.1 海洋牧场总体布局

海洋牧场承载力评估是海洋牧场布局规划的前提，也是现代化海洋牧场建设的核心内容之一。有效评估海洋牧场的生物承载力，是从全局角度统筹规划我国现代海洋牧场建设的需要（Loneragan et al.，2013；杨红生等，2016），是实现我国现代海洋牧场可持续发展的保障（杨红生，2018），可以为确定合理的建设规模、选择合适的建设方法提供数据指导，如基于生物承载力选择合适的海洋牧场生物增殖种类、确定合理的生物资源投放流量与投放规模，进而达到精准增殖生物资源的效果（Seitz et al.，2008）。此外，有效评估海洋牧场的生物承载力，也是开展海洋牧场可持续经营管理的必要条件。例如，生物承载力是衡量海洋牧场生物生产力的重要指数，依据生物承载力可确定最大可持续采捕量，可以指导海洋牧场开展可持续捕捞活动，实现对海洋牧场渔业资源的可持续利用（杨红生，2018；唐启升，1996），达到区域内多个海洋牧场建设经济效益和生态效益最大化的效果。

对于海洋生态系统生物承载力的研究，在世界范围内已经开展了多年，从最开始的用经验法判断评估生物承载力，逐渐发展为利用生物个体生长的能量收支模型对生物承载力进行评估，最后发展到从生态系统水平出发，基于生态系统方法评估生物承载力的阶段。例如，尹增强和章守宇（2011）利用逻辑斯蒂模型（Logistic 模型）对浙江嵊泗人工鱼礁区的鱼类生物功能群和大型无脊椎动物生物功能群承载力进行了评估；Cooney（1993）利用能量收支的方法，对阿拉斯加威廉王子湾对太平洋鲑鱼的生物承载力进行了评估；Seitz 等（2008）利用经验研究法，对切萨皮克湾蓝蟹（*Callinectes sapidus*）育幼场中蓝蟹的生物承载力进行了评估。在诸多承载力评估模型中，Ecopath 模型被推荐为评估海洋牧场生物承载力的合适方法之一（章守宇等，2019），被广泛运用于对大洋、近岸海湾与潟湖、池塘等生态系统生物承载力的评估（Pauly and Christensen，1995；Byron et al.，2011a，2011b；Xu et al.，2011），是对海洋牧场生物承载力进行评估的主要方法，如对海洋牧场人工鱼礁区刺参（*Apostichopus japonicus*）、皱纹盘鲍（*Haliotis discus hannai*）、虾夷扇贝（*Patinopecten yessoensis*）、日本蟳（*Charybdis japonica*）、脉红螺（*Rapana venosa*）等生物承载力进行评估（杨红生，2018；吴忠鑫等，2013；许祯行等，2016）。

但目前在基于 Ecopath 模型评估海洋牧场生物承载力的研究中，均未考虑海洋牧场作为相对开放的水域生态系统与相邻水域生态系统之间的连通性更好，不仅是单纯的水体交换，还包括生物之间的迁徙、移动等。因此，需要与物理海洋学学科相交叉，计算水体交换对海洋牧场生态系统的物质能量补充量，更加准确地评估海洋牧场的生物承载力，以期为海洋牧场总体布局提供理论参考。

40.2.3.2　海洋牧场综合管理

我国海洋牧场建设理念不断更新、规模不断扩大、技术要求不断提高，但海洋牧场的风险防控、效益评估与相关政策支撑建设仍有很大缺口。

海洋牧场的风险防控是获取海洋牧场高效益及构建对应政策体系的基础，及时高效的风险防控是海洋牧场养殖产物健康生长的保障，也是不断完善管理决策方法以应对潜在及突发风险的根本。风险防控需全面准确地评估海洋牧场面临的生态风险，包括确定各类风险来源、风险危害度、不同物种及生境的脆弱性及其随时间推移及空间变化的不确定性。目前，国内外关于生态风险的评估模型开发和评估技术日趋成熟，已从单一因子、静态的风险评估，发展到多因子系统化累积性风险评估（Chen et al.，2013），包括全息神经网络模型、神经网络模型、贝叶斯网络模型等（陈绍晴等，2015），但鲜有关注生态系统内部的相互作用和风险传递机制，并且由于海洋生态系统海水介质的流动性、生态系统监测和数据采集的高成本和高难度，一直以来都滞后于陆地生态系统研究，专门针对海洋牧场风险的评估方法和技术手段的研发更是少有。

随着海洋牧场建设规模不断扩大，监测手段不断提高，可获取的海洋牧场监测信息包括海洋生物、海洋理化性质、海洋经济等数据量级越来越大，开展海洋牧场生态风险防控理论与技术研究已具备现实的可能性。海洋牧场属于海洋中典型的人工和自然复合生态系统，在基于陆地生态系统风险评估经验和海洋牧场的复合生境下，如何从系统生态学视角解构生态风险在复合生态系统中的传递机制与累积放大效应是海洋牧场风险防控需要解决的关键问题。急需建立基于信息网络的全局生态风险评价模型，兼容多种风险源和多种风险受体的共同评估与预测，以揭示海洋牧场复合生态系统生态风险传递机制，并找出关键风险可控因子，不断构建和完善各部门及各管理人员高效率、易协调、及时性的管理决策流程，为海洋牧场风险最小化管理提供科学支撑。

效益评估是检验海洋牧场的重要手段，不仅是对风险防控的绩效评价，还是及时调整并不断完善海洋牧场管理手段及政策的关键，对于海洋牧场的规模更新、技术升级、健康可持续性非常重要。海洋牧场作为海洋经济的新增长点，同时也是海洋生态修复的新手段，其效益涉及多个方面。以往的海洋经济效益评估往往着重于渔业产量、劳动力创造、经济增比等社会经济价值，而海洋生态效益评估研究多关注不同生态系统中生态系统服务静态价值，主要的评估方法包括生态系统服务理论模型、生态足迹模型和能值模型，鲜有综合考虑经济效益、社会效益和生态效益，即需要应用投入产出分析（input-output analysis，IOA）方法来综合评估海洋牧场全生命周期的经济效益、社会效益和生态效益。投入产出分析由列昂惕夫提出后不断完善，从用于单一的生产经济系统，到应用于复合的自然经济系统，将自然资本纳入传统生产函数中，增加环境维度（Ferng，2009），可较好地反映生态环境系统中投入产出及综合经济生态效益，可形成对海洋牧场全方位效益的全面动态分析及评估。

在海洋牧场法律法规建设、规划设计和评估监管体系建设方面，国家部委和地方层面均已着手开展相关工作，并出台了部分规范、规划和标准，包括《国家级海洋牧场示范区管理工作规范（试行）》《国家级海洋牧场示范区建设规划（2017—2025 年）》《全国海洋牧场建设规划（2016—2025）征求意见稿》《山东省海洋牧场观测网管理暂行办法》等。然而，有很大一部分的政策文件尚处于试行或规划阶段，十分有必要进行相关政策情景模拟分析，进一步完善相关政策制定，尽早地实现高效及时的风险防控及效益增值。情景模拟是西方政策分析的重要工具，2018 年诺贝尔经济学奖获得者威廉•诺德豪斯的主要贡献就是创立了综合分析模型（integrated assessment model，IAM），建立了经济与气候之间的相互作用定量关系，可用于测试如碳税等相关气候政策干预经济的后果（Nordhaus，2016）。该模型一直应用于政府间气候变化专门委员会（Intergovernmental Panel on Climate Change，IPCC）气候变化政策建议情景模拟，可将不同维度的因子转化整合为同一维度相互关联模型，且可对潜在的不确定性进行预估。我国政策情景模拟基本没有应用于海洋相关的政策制定，因此基于综合分析模型开展海洋牧场不同政策力度、规划情景下的模拟研究，并结合现实经验不断探索和完善各类情景管理策略，可为海洋牧场未来的政策制定提供科学依据，最终形成成熟、完备、高效、有序的海洋牧场管理体系。

40.3 未来 5～10 年现代化海洋牧场多学科交叉研究目标及资助重点

40.3.1 研究目标

近年来，我国海洋牧场相关技术与原理和应用实践系列研究进展显著。但不可忽视的是，由于海洋牧场涉及多学科交叉的复杂性与综合性，其基础研究与传统农业、基础工程间仍有较大差距，在近海海洋生态环境承载力理论与评估方法、海洋牧场人工生境的工程技术、海洋牧场监测预警信息技术、典型海洋牧场生态过程及其资源养护和增殖效应、海洋牧场风险防控与综合管理等方面，其科技支撑能力还相对薄弱。

未来 5～10 年，必须面向国家海洋生态文明建设的重大需求，针对海洋牧场建设和发展亟待解决的瓶颈问题，通过学科交叉与融合，实现海洋牧场认知创新和重大技术突破，初步形成现代化海洋牧场理论和技术创新体系，支撑现代化海洋牧场高质量建设和有序发展。

40.3.2　资助重点

本次双清论坛与会专家经过深入研讨，凝练了 3 个海洋牧场重大关键科学问题：①海洋牧场生态过程及其资源环境效应；②海洋牧场人工生境工程的生态响应机制；③海洋牧场生态风险耦合机制与适应性管理模式。建议未来 5～10 年对于海洋牧场应通过多学科交叉，着重围绕以下 5 个领域开展原创性研究。

（1）海洋牧场与毗连海域的互作机制和承载力评估。综合评价我国近海的生产力及其变化特征，廓清我国近海适宜建设海洋牧场的区域；研究海洋牧场建设对近海理化环境的影响，查明气候变化和外源输入对海洋牧场环境的影响，探明其变动特征和迁移转化规律；构建海洋牧场生态系统健康水平与生产力评估指标体系，研究生态承载力评估模型和方法，系统评估其生态承载力。

（2）海洋牧场人工生境的工程技术促进机制。研究海洋牧场人工生境及资源生物增殖与工程技术的耦合关系，解析人工生境工程的流场效应和人工系统结构、布局等对海洋牧场生态的作用过程，开展基于流场调控的生境营造装备、海藻（草）场和珊瑚礁生境修复等共性关键技术研究，探索提升海域初级生产力和防治低氧灾害等的人工流场调控途径，阐明海洋牧场人工生境的工程技术促进机制。

（3）海洋牧场生态过程及其资源养护和增殖效应。研究不同类型海洋牧场的物质基础与关键动力学过程耦合机制，解析其生源要素外部补充和内部循环机制；研究海洋牧场食物网结构及营养动力学，解析其生态系统结构及其功能实现过程；研究主要增殖种类种群动力学、行为及生理学变化特征，揭示其适应性响应机制；研发不同类型海洋牧场资源环境生态效应评估模型，评价其资源与环境生态效应。

（4）海洋牧场在线组网监测与灾害预警。研究海洋牧场关键环境和渔业资源参量原位在线监测机制、技术方法及水下多参数信息集成通用平台技术；研究水动力、生物量和生态灾害等要素集成激光雷达、声学遥测和卫星遥感三维成像原理和方法；研究水动力-生态耦合机制及在线观测数据同化预警模型；研究不同载体跨介质信息组网及与灾害数值预警的集成机制和技术，构建信息化原型验证系统。

（5）海洋牧场风险防控机制与综合管理体系。研究典型海洋牧场生态风险传递机制，构建风险网络化评估和预报模型，确定生态安全阈值，提出适应性风险调控途径；构建三产融合的全产业链投入产出模型，评估海洋牧场生态、社会、经济综合效益；开展政策情景模拟研究，优化综合管理模式，科学助力海洋牧场高质量安全发展。

40.4 结　语

现代化海洋牧场能够综合实现海洋环境保护、资源养护和渔业持续产出，引起了社会各界的广泛关注。然而，我国海洋牧场建设面临诸多问题：建设区域与毗连海域的相互影响机制不清，海洋牧场区域环境和资源承载力评估模型亟待构建；海洋牧场生境营造工程技术单一，作用机制不明，技术基础薄弱；海洋牧场生态系统结构及其功能实现过程与机制不清，难以科学评估资源与环境效应；海洋牧场生态环境和渔业资源的高精度实时监测、灾害预警等方面的基础理论和技术装备相对薄弱；海洋牧场风险防控手段落后，安全保障能力和生态-社会-经济综合效益亟待提升等。整合各学科技术优势，包括地球科学、生命科学、管理科学、信息科学、工程与材料科学等多学科交叉是解决这些问题的必要途径。今后需进一步加强多学科交叉研究，针对现代化海洋牧场建设与发展的重大问题，以及未来 5～10 年海洋牧场多学科交叉研究目标及资助重点，推动海洋牧场基础研究和科技创新，促进海洋牧场产业发展，以期为我国海洋渔业升级转型、海洋生态环境保护提供参考。

（林承刚　杨红生　陈　鹰　金显仕　陈　彬
李　薇　任之光　冷疏影　丁德文）

参 考 文 献

陈绍晴, 房德琳, 陈彬. 2015. 基于信息网络模型的生态风险评价. 生态学报, 35(7): 2227-2233.
黄孝锋, 邴旭文, 张宪中. 2011. EwE 模型在评价渔业水域生态系统中的应用. 水生态学杂志, 32(6): 125-129.
金显仕. 2014. 黄渤海渔业资源增殖基础与前景. 北京: 海洋出版社.
李岚. 2008. 大亚湾海域 Ecopath 生态系统模型的建立和动态模拟. 广州: 中山大学.
李文涛, 张秀梅. 2003. 关于人工鱼礁礁址选择的探讨. 现代渔业信息, 18(5): 3-6.
李永刚, 汪振华, 章守宇. 2007. 嵊泗人工鱼礁海区生态系统能量流动模型初探. 海洋渔业, 29(3): 226-234.
林群, 金显仕, 郭学武, 等. 2009. 基于 Ecopath 模型的长江口及邻水域生态系统结构和能量流动研究. 水生态学杂志, (2): 30-38.
阙华勇, 陈勇, 张秀梅, 等. 2016. 现代海洋牧场建设的现状与发展对策. 中国工程科学, 18(3):79-84.
沈军宇, 李林燕, 夏振平, 等. 2018. 一种基于 YOLO 算法的鱼群检测方法. 中国体视学与图像分析, 23(2): 174-180.

宋兵, 陈立侨. 2007. Ecopath with Ecosim 在水生生态系统研究中的应用. 海洋科学, (1): 85-88.
唐启升. 1996. 关于容纳量及其研究. 海洋水产研究, (2): 1-6.
唐启升. 2019. 我国专属经济区渔业资源增殖战略研究. 北京: 海洋出版社.
王志滨, 李培良, 顾艳镇. 2017. 海洋牧场生态环境在线观测平台的研发与应用. 气象水文海洋仪器, 34(1): 13-17.
吴忠鑫, 张秀梅, 张磊, 等. 2012. 基于Ecopath模型的荣成俚岛人T鱼礁区生态系统结构和功能评价. 应用生态学报, 23(10): 2878-2886.
吴忠鑫, 张秀梅, 张磊, 等. 2013. 基于线性食物网模型估算荣成俚岛人工鱼礁区刺参和皱纹盘鲍的生态容纳量. 中国水产科学, 20(2): 327-337.
许强, 张立斌, 刘辉, 等. 2013. 典型海湾人工鱼礁区资源修复效果监测与评价. 福州: 海峡两岸海洋渔业资源养护和共同开发青年科学家研讨会.
许祯行, 陈勇, 田涛, 等. 2016. 基于 Ecopath 模型的獐子岛人工鱼礁海域生态系统结构和功能变化. 大连海洋大学学报, 31(1): 85-94.
杨红生. 2016. 我国海洋牧场建设回顾与展望. 水产学报, 40(7): 1133-1140.
杨红生. 2018. 海洋牧场监测与生物承载力评估. 北京: 科学出版社.
杨红生, 霍达, 许强. 2016. 现代海洋牧场建设之我见. 海洋与湖沼, 47(6): 1069-1074.
杨金龙, 吴晓郁, 石国峰, 等. 2004. 海洋牧场技术的研究现状和发展趋势. 中国渔业经济, 22(5): 48-50.
杨林林, 姜亚洲, 袁兴伟, 等. 2015. 象山港生态系统结构与功能的 Ecopath 模型评价. 海洋渔业, 37(5): 399-408.
尹增强, 章守宇. 2011. 浙江嵊泗人工鱼礁区渔业资源生态容纳量变动的研究. 渔业科学进展,32(5): 108-113.
张效嘉, 线薇微. 2016. 1985—1986 年长江口生态系统能流网络分析. 海洋科学, 40(7): 60-72.
章守宇, 周曦杰, 王凯, 等. 2019. 蓝色增长背景下的海洋生物生态城市化设想与海洋牧场建设关键技术研究综述. 水产学报, 43(1): 81-96.
赵静, 章守宇, 许敏. 2010. 枸杞海藻场生态系统能量流动模型初探. 上海海洋大学学报, 19(1): 98-104.
Aprahamian M W, Smith K M, McGinnity P, et al. 2003. Restocking of salmonids opportunities and limitations. Fisheries Research, 62(2): 211-227.
Byron C, Link J, Costa-Pierce B, et al. 2011a. Calculating ecological carrying capacity of shellfish aquaculture using mass balance modeling: Narragansett Bay, Rhode Island. Ecological Modelling, 222(10): 1743-1755.
Byron C, Link J, Costa-Pierce B, et al. 2011b. Modeling ecological carrying capacity of shellfish aquaculture in highly flushed temperate lagoons. Aquaculture, 314(1-4): 87-99.
Castege L, Milon E, Fourneau G, et al. 2016. First results of fauna community structure and dynamics on two artificial reefs in the south of the Bay of Biscay (France). Estuarine Coastal 8. Shelf Science, 179: 172-180.
Chen S, Chen B, Fath B D. 2013. Ecological risk assessment on the system scale: a review of state of the art models and future perspectives. Ecological Modelling, 250(1753): 2533.
Coll M, Palomera L, Tudela S, et al. 2006. Trophic flows, ecosystem structure and fishing impacts in the South Catalan Sea, Northwestern Mediterranean. Journal of Marine Systems, 59(1): 63-96.

Cooney R T. 1993. A theoretical evaluation of the carrying capacity of Prince William Sound, Alaska, for juvenile *Pacific salmon*. Fisheries Research, 18(1-2): 77-87.

Ferng J J. 2009. Applying input-output analysis to scenario analysis of ecological footprints. Ecological Economics, 69(2): 345-354.

Forth M, Liljebladh B, Stigebrandt A, et al. 2015. Effects of ecological engineered oxygenation on the bacterial community structure in an anoxic fjord in western Sweden. ISME Journal, 9(3): 656-669.

Hetland R D, Dimarco S F. 2008. How does the character of oxygen demand control the structure of hypoxia on the Texas-Louisiana continental shelf? Journal of Marine Systems, 70(1-2): 49-62.

Hilborn R. 1998. The economic performance of marine stock enhancement projects. Bulletin of Marine Science, 62(2): 661-674.

Huang R, Han J, Tong J. 2014. Assessment of fishery resource of a marine ranching based on a DIDSON. Taipei: Oceans Conference.

Kauppila P, Meeuwig J J, Pitkanen H. 2003. Predicting oxygen in small estuaries of the Baltic Sea: a comparative approach. Estuarine Coastal 8. Shelf Science, 57(56): 1115-1126.

Loneragan N R, Jenkins G, Taylor M D. 2013. Marine stock enhancement, restocking and sea ranching in Australia: future directions and a synthesis of two decades of research and development.Reviews in Fisheries Science, 21(3-4)(SI): 222-236.

Mcdowell N. 2002. Stream of escaped farm fish raises fears for wild salmon. Nature, 416(6881): 571.

Mizumukai K, Sato T, Tabeta S, et al. 2008. Numerical studies on ecological effects of artificial mixing of surface and bottom waters in density stratification in semi enclosed bay and open sea. Ecological Modelling, 214(24): 251-270.

Nakayama A, Yagi H, Fujii Y, et al. 2010. Evaluation of effect of artificial upwelling producing structure on lower-trophic production using simulation. Journal of Japan Society of Civil Engineers, 66(1): 1131-1135.

Nordhaus W D. 2016. Projections and Uncertainties about climate change in an era of minimal climate policies. Cowles Foundation Discussion Papers.

Ouchi K. 2003. Ocean nutrient enhancer "TAKUMI" for the experiment of fishing ground creation.Tsukuba: The Fifth (2003) Ocean Mining Symposium.

Ouchi K, Murphy A J. 2003. Real Sea Experiment of Ocean Nutrient"TAKUMI" Upwelling Deep Ocean Water. San Diego: Oceans.

Ouchi K, Otsuka K, Omura H, et al. 2005. Recent advances of ocean nutrient enhancer "TAKUMI" project. ISOPE Ocean Mining Symposium: China. p. KO-0l.

Pan Y W, Fan W, Zhang D H, et al. 2016. Research progress in artificial upwelling and its potential environmental effects. Science China Earth Sciences, 59(2): 236-248.

Pauly D, Christensen V. 1995. Primary production required to sustain global fisheries. Nature, 376(6537): 279.

Sanchez F, Olaso L. 2004. Effects of fisheries on the Cantabrian Sea shelf ecosystem. Ecological Modelling, 172 (24): 151-174.

Sato T, Tonoki K, Yoshikawa T, et al. 2006. Numerical and hydraulic simulations of the effect of density current generator in a semi enclosed tidal bay. Coastal Engineering, 53(1): 49-64.

Seitz R D, Lipcius N, Knick K E, et al. 2008. Stock enhancement and carrying capacity of blue crab nursery habitats in chesapeake bay. Reviews in Fisheries Science, 16(13): 329-337.

Shyue S W. 1998. Preliminary study on the distribution of artificial reefs by multibeam echo sounder. Nice: Oceans Using Conference.

Svasand T, Kristiansen T S, Pedersen T, et al. 2000. The enhancement of cod stocks. Fish &. Fisheries, 1(2): 173205.

Tetsuo N, Naofum S. 2006. Experimental study on artificial upwelling device combined V-shaped structure with flexible underwater curtain. Memoirs of Faculty of Fisheries Kagoshima University (Japan), 55: 27-35.

Xu S N, Chen Z Z, Li C H, et al. 2011. Assessing the carrying capacity of tilapia in an intertidal mangrove-based polyculture system of Pearl River Delta, China. Ecological Modelling, 222(3): 846-856.

41 信息技术如何支撑现代化海洋牧场建设

半个多世纪以来，我国海洋生态环境状况不容乐观，河口、海湾是污染最严重的海域。50%以上的滨海湿地被破坏，生物多样性严重下降。与此同时，由于全球变化和人类活动的双重影响，部分海域的产卵场、索饵场、越冬场、洄游通道遭到严重破坏，食物网结构趋于简单化，经济生物呈现低龄化、小型化、低质化，捕捞对象由大型底层和近底层种类转变为小型中上层鱼类为主，资源量下降了 80%以上。因此，保护和修复海洋生态环境、养护生物资源日显迫切。

海洋牧场是基于生态学原理，充分利用自然生产力，运用现代工程技术和管理模式，通过生境修复和人工增殖，在适宜海域构建的兼具环境保护、资源养护和渔业持续产出功能的生态系统（杨红生等，2019），也是实现海洋生物多样性保护和生物资源持续发展的有效途径之一。

经过数十年的建设与发展，海洋牧场经历了机械化和工程化、生态化和信息化的时代，如今即将步入以数字化和体系化为特征的新时代。

海洋信息技术的主要研究方向是海洋目标信息感知、传输、存储、处理、展示和应用，涵盖的内容包括人工智能与智能系统、信息与通信系统、信息获取与处理等方面（王伟，2020）。信息技术在现代化海洋牧场的规划布局、生境营造、增殖放流、设施装备研发、监测评价和管理维护等关键建设环节发挥着重要作用。

新时代海洋牧场建设离不开卫星技术、网络技术、计算机技术等信息技术的支撑与创新发展。未来数字化海洋牧场构建将以技术创新为驱动，以信息网络为基础，实现数字化转型、智能升级、融合创新发展。

41.1 体系建设涉及多个环节

作为海洋牧场构建技术体系的重要部分，海洋牧场监测评价涉及海洋牧场的建设、管理、效益提升和安全保障等多个关键环节（刘辉等，2020）。基于地理信息系统技术开展海洋牧场选址和综合性评价，为海洋牧场规划布局奠定基础。基于北斗卫星定位系统，结合高光谱、高时空分辨率遥感技术，实时动态监测海洋牧场环境生态参数、规模分布等情况，为海洋牧场生境营造提供基础数据。

具体而言，利用被动整合式异频雷达标志、分离式卫星标志和生物遥测标志等对关键物种进行增殖放流，探究标志物种的成活率和回捕率（吴祖立等，2019）。利用浮标监测系统、潜标监测系统、自升式平台监测系统、海床基监测系统对海洋牧场生态环境进行监测与评价。利用自主监测水面无人船，结合网箱巡检水下机器人，对海洋牧场生态环境进行立体透视，监测海产品生长状态。利用信息综合集成管理平台，对海洋牧场中的监测船、投饵船、巡检船等渔业船舶进行监督管理，最终完成多功能海上平台的搭建，打造海洋牧场“海-陆-空”三维监测体系，实现海洋牧场“实时监测+可视化”（刘辉等，2020）。

随着互联网技术的蓬勃发展，大数据时代下信息分析技术的发展与应用在海洋牧场建设中尤为重要。利用高效数据传输技术，结合智慧渔业大数据平台，对海洋牧场的数据信息进行深入挖掘和分析。利用成像声呐和多频声学方法，对人工鱼礁区鱼类进行大规模识别，测算其生物量和规格大小（张翔，2017）。

另外，基于图像处理和机器学习原理，构建海洋牧场生物识别系统，从而分析并评估海产品生长情况，并对海洋牧场的生产力、承载力进行精确估算，进而制定适宜的采捕策略。同时，构建海洋溢油预测预警系统、沿海风暴潮漫堤预警系统等，对海洋生态和动力灾害进行分析及预警预报。之后，基于专家决策系统对休闲型海洋牧场旅游人次、停留时间、高峰时段等进行大数据分析，为海洋牧场渔旅融合发展提供支撑。

海洋牧场未来将向少人化、无人化方向发展，离不开先进的信息管理技术。利用海洋牧场精细化智能管控平台对海洋牧场区资源生物进行周期性精细化管理，实现定点投苗、自动化投饵的管理模式。分别利用水上无人船、水下无人巡检机器人、无人采收机器人对海洋牧场中的经济物种进行监测、巡检与智能采捕。利用综合信息管理系统对海洋牧场区海况信息进行监测、预警和应急处理，实现陆海联动管理。建立海洋环境预报减灾信息系统，提供辅助决策服务。

41.2　信息化应用存在瓶颈

建设信息化海洋牧场仍面临巨大挑战。海洋牧场传统的监测手段中，船基调查花费大，浮潜标观测覆盖密度低、定位不精准，难以满足长时序、高密度、连续的走航和定点调查需求。

在现实作业中，所获取的信息常常精度不足，主要是因为卫星遥感无法获取全海域高时空分辨率的海表监测数据，难以对海洋牧场区进行三维立体观测。此外，水下无人观测技术仍存在“看不远、看不清、看不全”的问题，造成实际作业成本高、能耗大。

除此之外，厘米级精准北斗卫星定位在海上实现难度大，受近岸水质的影响，遥感反演水体参数精度低、水下导航控制难、作业不精准等信息技术瓶颈也阻碍了信息化海洋牧场的进一步建设。在海上，数据通信能力不足也是制约信息技术在海洋牧场建设中规模化应用的主要原因之一，这体现在常用的海洋卫星通信传输效率低，且海上 5G 信号覆盖缺乏，无法满足海洋大容量数据传输需求，易导致信息分析不及时。

更重要的是，海洋牧场信息来源多样，卫星遥感、浮标、调查船、海床基等多样化监测方式使信息的集中管理难度增大，多维度信息融合分析复杂，并且由于不同海洋牧场建设区信息化应用不同，各区域海洋大数据封闭化、碎片化严重，现有数据分析挖掘手段不能适应海洋大数据发展的需求。相关信息技术亟待创新及规模应用，海洋牧场亟待实现信息化升级。

41.3 转型升级待集成创新

目前，人工智能、虚拟现实技术（VR）、大数据、云计算等新理念、新思维、新方法被广泛运用于海洋产业，对传统海洋产业的生产方式产生了广泛而深刻的影响，改变了我国近海海洋牧场及海洋产业的生产和管理决策方式，为构建以全周期、全场景、全透明为特征的海洋牧场建设新范式提供了有力支撑，提高了海洋牧场作业效率和产能，跨越了以机械化和工程化为主的建设思维，驱动海洋牧场建设“用数据说话、用数据研究、用数据管理、用数据决策、用数据创新”的研究理念，促进海洋牧场建设数字化、智能化、体系化发展。

对北斗卫星定位、卫星遥感和无人机遥感等信息技术集成创新，是当前研究的重点方向，其研究工作主要涉及以下几个方面。

一是对海洋牧场示范区进行实时化高时空分辨率监测。利用水下图像清晰化和颜色校正等图像增强技术，解决水体浑浊、透明度低导致的图像模糊、色彩失真等问题，继而通过结合数据链路模式、图像数据模块和数据挖掘技术等实现图像处理；利用多维高精水质传感器，综合采集海水温度、盐度、溶解氧含量、pH 等环境参数。基于多水层监测浮标、卫星遥感、三维模拟技术对海洋牧场环境进行数字化还原，构建高精度三维环境场，掌握海洋牧场区动态环境变化，精细描绘海洋牧场区复杂地形及岸线，实现海洋环境立体透视。建立海洋牧场生物图像和视频数据库，搭建智能决策与共享服务系统，提高对海洋牧场区生物的识别、追踪和测量的精确性，搭建经济物种疾病远程诊断系统，实现生态防控（赵振营等，2020）。

二是针对目前海上无人装备精准导航定位难、浑浊水体自主识别难等问题，集成自主无人监测等创新信息技术，以此实现浑浊水体环境下水下机器人视觉智能检测与多自由度精准协调控制，自主检测、避碰水域中海洋机器人视觉航碍物。未来还需研制海洋牧场监测无人艇、网箱巡检机器人、无人采收机器人、生物资源监测和投饵无人船等无人作业装备，应用于海洋牧场生产全过程，推进海洋牧场内自主作业海洋无人装备的应用；增强半自主或全自主的少人/无人作业支撑能力，从而提升海洋牧场装备的轻简化、机械化和智能化水平。

三是基于北斗卫星定位+卫星遥感和无人机遥感+现场无人监测装备可建成海洋牧场立体透视网络，传感器能够精准可信地定位与控制，从而实现无人装备在环境复杂、任务多样的海洋牧场的精准自主作业。到那时，养殖人员可通过海洋牧场智能管控信息系统，实现对海洋环境模拟、环境资源展示、无人装备驾驶控制、饵料自动化投放控制、养殖预警信息发布、远程自动控制等。建立海洋牧场“可视、可报、可控”的全周期、全场景管控平台，打造“空天海地”一体信息化管理系统，构建监测无人化、作业少人化的海洋牧场生产新体系，实现信息化、智能化海洋农业生产转变，将是未来海洋牧场建设提质增效、降本发展、转型升级的必经之路。

（杨红生　霍　达　林承刚　张立斌　李富超）

参 考 文 献

刘辉, 奉杰, 赵建民. 2020. 海洋牧场生态系统监测评估研究进展与展望. 科技促进发展, 16(2): 213-218.

马吉顺, 赵斌, 郑茜文. 2019. 海洋环境污染信息智能图像监测技术分析. 船舶物资与市场, 27(8): 26-27.

王伟. 2020. 大数据时代海洋信息技术发展探讨. 中国管理信息化, 23(4): 185-186.

吴祖立, 张胜茂, 戴阳, 等. 2019. 空间信息技术在海洋牧场中的应用研究进展. 海洋渔业, 41(6): 753-762.

杨红生, 章守宇, 张秀梅, 等. 2019. 中国现代化海洋牧场建设的战略思考. 水产学报, 43(4): 1255-1262.

张翔. 2017. 基于双频识别声纳的人工鱼礁区鱼类分布研究. 上海: 上海海洋大学.

赵振营, 丁金强, 纪云龙, 等. 2020. 现代信息技术与工程装备在海洋牧场建设中的探索实践.中国水产, (4): 33-37.

42 海洋牧场 3.0：历程、现状与展望

世界各国高度重视水域资源的保护和养护，沿海国家大多采用建设海洋牧场等方式来保护生态环境和增殖渔业资源。从海洋牧场的建设历程来看，其先后经历了以农牧化和工程化驱动的人工鱼礁投放、资源增殖放流为特征的海洋牧场 1.0 阶段，以及以生态化和信息化驱动的规模化建设为特征的海洋牧场 2.0 阶段。整体而言，无论是海洋牧场，还是内陆大水面生态渔业，其核心都是生物资源养护与生态环境修复。内陆水体和海洋在空间和功能上是相通的，保护与修复的原理和技术是相近的，在传统海洋牧场构建理论和实践的基础上，从海水拓展到淡水的全域型水域生态牧场发展理念应运而生（杨红生，2020）。可以预见的是，在践行“绿水青山就是金山银山”理论（以下简称“两山”理论）和实现碳达峰、碳中和（以下简称“双碳”）目标的过程中，以数字化和体系化为特征、兼顾淡水和海洋的全域型水域生态牧场建设，即海洋牧场 3.0 阶段即将到来。

42.1 海洋牧场 1.0

为应对渔业资源衰退问题，沿海国家逐渐加大对海洋的开发力度，开始探索建设海洋牧场并进入以农牧化和工程化为驱动力、以人工鱼礁建设和增殖放流为主要建设方式的海洋牧场 1.0 阶段，即传统海洋牧场阶段。

42.1.1 理念提出

中国海洋牧场的建设理念可以追溯到 20 世纪 40 年代，我国科学家先后提出“水就是生物的牧场”“海洋农牧化”“使海洋成为种养殖藻类和贝类的‘农场’，养鱼、虾的‘牧场’，达到‘耕海’目的”等创新理念（曾呈奎和毛汉礼，1965）。早期的海洋牧场建设始于 20 世纪 70 年代末，主要方式为人工鱼礁建设和增殖放流。美国在 1968 年制定了“海洋牧场建设计划”，并于 1974 年在加利福尼亚建立了海洋牧场，将海洋牧场建设与观光、游钓等休闲娱乐产业结合起来发展休闲渔业，取得了良好的生态效益和经济效益（Ihde et al.，2011）。日本在 1971 年举行的海洋开发审议会上提出了“海洋牧场”的定义；在 1980 年召开的农林水产技术会议上论证“海洋牧场化计划”，将其阐述为“栽培渔业高度发展阶段的形态”；在 1987 年完成了《海洋牧场计划》的制定（市村武美，1991）。

韩国从 1998 年开始实施海洋牧场计划，并在 2002 年颁布的《韩国养殖渔业育成法》中将海洋牧场定义为“在一定的海域综合设置水产资源养护的设施，人工繁育和采捕水产资源的场所”（杨宝瑞和陈勇，2014）。

42.1.2 建设特征

纵观国际海洋牧场的建设历程，整体上经过了探索期、雏形期、幼年期和快速发展期 4 个时期（王凤霞和张珊，2018）。由于不同国家和地区的生态环境特征、经济发展状况、科技发展水平和生活文化传统等方面存在差异，不同国家出现了各具特色的海洋牧场建设模式，如调动公民积极参与并以休闲渔业为特色的美国模式；依靠技术支持并注重自然生态环境修复与生物资源养护的日本模式；注重政府宏观指导下苗种繁育和资源生物增殖的韩国模式；加强渔业资源管理并注重人工鱼礁建设和资源生物增殖放流的中国模式等（董利苹等，2020）。总体而言，各国在海洋牧场建设方面主要呈现以下两个特征。

（1）人工鱼礁营造海洋牧场生境。①美国于 1935 年在新泽西州梅角海域建造了全球首座人工鱼礁，于 1951 年在佛罗里达州等开展了人工鱼礁建设规模化试验，促进了垂钓业和捕捞业的发展。此后，人工鱼礁的建设海域进一步拓展到美国西部海域和墨西哥湾。截至 2000 年，美国建造的人工鱼礁超过 2400 处。调查结果显示，美国人工鱼礁建造成效显著，建礁后海区的渔业资源增加到原来的 43 倍，每年可增加约 500 万 t 渔业产量（盛玲，2018）。②日本于 1952 年提出利用水生生物偏好聚集在沉船和礁石的习性，投放混凝土块建设人工鱼礁，以增加渔业资源和提高采捕效率（中村充，1986；Lee et al.，2018）。在开发和建设海洋牧场的过程中，日本非常重视人工鱼礁对鱼类等生物的聚集效果，通过水槽模型试验等方法系统地研究了人工鱼礁的水动力学特征，总结了不同人工鱼礁礁体模型的流体力学特性（佐藤修和影山方郎，1984）；注重环境承载力的评估及经济效益与生物资源养护的平衡，将人工鱼礁建设、关键物种增殖放流、生物行为控制与驯化等技术融入渔业管理体系（Masuda and Tsukamoto，1998）。③韩国于 1971 年开始建设育苗场，先后建设了 19 个地区级和国家级育苗场。同年，在江原道襄阳水域投放混凝土四方形人工鱼礁，此后每年都会在沿岸水域设置 5 万个以上多种类型的人工鱼礁。自 1998 年起，在南部的庆向南道南岸建造海洋牧场，落实“海洋牧场计划”（杨宝瑞和陈勇，2014）。④中国于 1979 年在广西钦州沿海投放了 26 座试验性小型单体人工鱼礁（李豹德，1989）；1984 年成立了全国人工鱼礁推广试验协作组，推动人工鱼礁建设的健康快速发展。2006 年，国务院发布了《中国水生生物资源养护行动纲要》。据统计，截至 2016 年，全国用于海洋牧场建设的资金总数达 55.8 亿元，已建成海洋牧场 200 多个，投放鱼礁超过 6000

万空立方米。

（2）增殖放流养护牧场资源。增殖放流是海洋生物资源修复最广泛采用的措施。1842 年，法国最早开展鳟人工增殖放流；1860～1880 年，美国、加拿大、俄国和日本等国家实施大规模鲑科鱼类增殖；20 世纪 80～90 年代，全球范围内有 64 个国家和地区对超过 180 种海洋物种开展了增殖放流活动，其中包括美国 22 种、日本 72 种、韩国 14 种和中国 14 种等（Born et al.，2004）。自 20 世纪 50 年代起，我国开始在淡水湖泊以放养方式增殖渔业资源；自 80 年代开始，我国在黄渤海和东海开展对虾的增殖放流试验；2006 年以来，《中国水生生物资源养护行动纲要》《国家重点保护经济水生动植物资源名录（第一批）》《水生生物增殖放流管理规定》等政策文件相继颁布实施，沿海各省（区、市）积极开展了人工鱼礁建设和增殖放流活动。15 年来，我国累计开展增殖放流活动超过 1.5 万场次，参与人数超过 300 万人次，放流水域遍及全国重要江河、湖泊、水库和近海海域，累计增殖各类水产苗种 3727 亿余单位。

42.1.3 存在问题

（1）海洋牧场建设理念亟待创新。尽管在思想上重视资源的增殖与保护，但实施过程中“重增殖效果、轻功能恢复”的现象始终存在；大部分海洋牧场建设仍以提高水产品产量为主要目的，未能充分体现海洋牧场的生态系统恢复功能和环境修复功能，难以抵御环境与生态灾害；海洋牧场建设的技术和装备尚处于低水平，同质化现象严重，大多只考虑经济效益，而忽视生态效益和社会效益。

（2）海洋牧场建设体系亟待完善。缺乏海洋牧场结构、功能与过程的系统化基础研究；建设区域选择缺乏科学理论依据，规划布局未能充分考虑拟建海域的生态系统结构和功能特征，生境营造工程技术水平较低；增殖放流种类单一；海洋牧场食物网过于简单、稳定性差，未能充分体现海洋牧场构建的生态性和科学性。

（3）海洋牧场建设管理亟待规范。缺乏系统监测技术和数据，不能准确评估海洋牧场的生物承载力；生物资源效应认知不明，难以确定海洋牧场建设规模；尚未建立海域自然灾害与生态灾害监测及防控技术，风险防控管理水平不高。

42.2 海洋牧场 2.0

近年来，国际海洋牧场建设仍以人工鱼礁投放与增殖放流等方式为主，在理论与技术方面未见显著突破。而我国在创新、协调、绿色、开放、共享的发展理念指引下，加强海洋牧场建设已成为“两山”理论在海洋领域的重要践行方式。

在海洋牧场 1.0 的基础上，海洋牧场 2.0 阶段的现代化海洋牧场建设理论不断深入、技术创新显著增强，更加重视生态环境保护和生物资源养护；海洋牧场的建设不再等同于单纯的投放人工鱼礁和增殖放流活动，而是在渔业环境保护和资源养护的基础上，致力于通过提供优质、安全、健康的水产品改善国民营养和膳食结构。尤其是以生态化和信息化为驱动力的国家级海洋牧场示范区启动建设，标志着我国进入了海洋牧场 2.0 阶段，即海洋生态牧场阶段。

42.2.1　理念创新

（1）坚持生态优先。健康的海洋生态系统是建设海洋牧场的重要基础。发展海洋牧场不能以牺牲生态环境为代价，必须坚持生态优先原则，重视生态环境修复和生物资源养护，并根据海域生物承载力确定合理的建设规模。

（2）坚持陆海统筹。海洋牧场建设区域应包括海域与毗连陆地，海域是生境修复和增殖放流的实施空间；陆地不仅是海洋牧场管理与苗种生产的基地，还是加工、旅游、科普等产业的落脚点。陆海区域有机衔接融合，实现盐碱地生态农场-滩涂生态农牧场-浅海生态牧场的“三场连通”。

（3）坚持三产贯通。海洋牧场产业体系应包括水产品生产、礁体和装备制造、休闲渔业等产业，形成水产品生产-精深加工-休闲渔业“三产融合”的现代化海洋牧场产业架构。

（4）坚持四化同步。生态化、工程化、自动化、信息化是海洋牧场 2.0 的集中体现和发展方向，是应对环境灾害、提高生产效率、降低生产成本的重要保障。

42.2.2　建设特征

（1）建设内容更加丰富。随着相关研究和实践的稳步推进，我国自然生境（如海藻场、海草床、牡蛎礁、珊瑚礁等）构建、苗种培育、设施与工程装备研发、环境监测评价等海洋牧场建设关键技术逐渐成熟，增殖放流也得以加强。自 2015 年起，每年 6 月 6 日成为全国“放鱼日”。“十三五”期间累计投入资金 50 多亿元，放流各类水生生物苗种 1900 多亿单位。

（2）建设技术显著提升。坚持生态优先、原创驱动、技术先导和工程实施的基本原则，突破了生境修复、资源养护、安全保障等一系列关键技术，成功构建形成海上的“绿水青山”。①因海制宜，突破了南方、北方典型海域生境修复新技术，完成了海洋牧场生境从局部修复到系统构建的跨越。②因种而异，突破了关键物种资源修复技术，实现了生物资源从生产型修复到生态型修复的跨越。③因数而为，突破了环境与生物资源远程实时监测和预警预报技术，实现了海洋牧场从单因子监测评价到综合预警预报的跨越。从原理认知、设施研发、技术突破和应用推广 4 个层面出发，进一步发展了海洋牧场理论与技术应用体系，初步构建形成了涵盖国家、行业、地方和团体的标准体系。

（3）建设模式推广示范。2015 年底，首批 22 个国家级海洋牧场示范区获批启动建设。截至 2021 年底，覆盖渤海、黄海、东海和南海的 153 个国家级海洋牧场示范区相继获批建设。2016～2020 年，农业农村部（2018 年 3 月国务院机构改革前为农业部）共投入 26 亿余元，支持 113 个人工鱼礁建设项目，累计投放鱼礁超过 5000 万空立方米。海洋牧场作为海洋渔业的新业态，具有显著的固碳增汇能力。据测算，我国已建成的海洋牧场年固碳量达到 32 万 t，削减氮 27 961t、磷 2795t，每年产生生态效益 1003 亿元。

42.2.3 存在问题

（1）系统建设技术体系亟待创新。实现理念、装备、技术、管理的现代化是成功建设海洋牧场的关键。①相关原理亟待揭示，基础生境构建机制、牧场海域小尺度生态系统结构功能分析与生物承载力评估、资源最大可持续产量预测等，均是有效实施生境修复和资源养护的前提。②现代化工程设施设备亟待研发，尤其是适用于不同海域的高效资源增殖养护设施、资源环境监测装备和大型海产品自动化加工设备。③相关技术亟待突破，诸如海洋牧场科学选址和生态均衡布局、食物网结构优化、生物制御、生境适宜性评价、目标导向性鱼礁设施设计、资源高效增殖与生态采捕、生态灾害预警预报等。④管理体系亟待提升，陆海联动管理有待加强，需要构建覆盖海洋牧场全过程的专家决策系统等。

（2）规划建设标准体系亟待制定。现阶段海洋牧场建设标准体系尚未完善，需要加强国家、行业标准和技术规范的制定，并根据海域所属地区的自然环境特征和经济发展状况制定地方和团体标准，为海洋牧场标准化和规范化建设提供支持和指导。

（3）建设效果评价体系亟待完善。由于海洋牧场类型、规模和管理等方面存在差异，不同地区海洋牧场建设的成效有所不同，质量也参差不齐。然而，目前仍缺乏成熟的综合效果评价体系，难以量化评估海洋牧场建设的成效。因此，亟待制定科学可行的绩效评价体系，以保证海洋牧场建设的质量和产业的健康发展。

42.3 海洋牧场 3.0

我国高度重视现代化海洋牧场建设与发展。现代化海洋牧场是集环境保护、资源养护与渔业资源持续产出功能于一体，实现优质蛋白供给和维护近海生态安全的新业态。自 2017 年起，历年中央一号文件多次强调建设和发展现代化海洋牧场。2021 年发布的《中华人民共和国国民经济和社会发展第十四个五年规划和 2035 年远景目标纲要》特别提出了“优化近海绿色养殖布局，建设海洋牧场，发展可持续远洋渔业”的宏伟目标。2021 年 11 月，我国首个海洋牧场建设的国家标准《海洋牧场建设技术指南》（GB/T 40946—2021）正式发布。面对新形势和新任务，以数字化和体系化为驱动力的海洋牧场 3.0 即将到来，即涵盖淡水和海洋的全域型水域生态牧场。

42.3.1 发展理念与目标

贯彻“两山”理论，聚焦“双碳”目标，坚持“生态、精准、智能、融合”的现代化海洋牧场发展理念，构建科学选址—规划布局—生境修复—资源养护—安全保障—融合发展的全链条产业技术发展格局，建设全域型水域生态牧场。在北方海域，打造海洋牧场“现代升级版”；在南方海域，拓展海洋牧场“战略新空间”；在内陆水域，开启水域生态牧场“淡水新试点”。创新核心技术体系，支撑国家级海洋牧场示范区全面升级。

42.3.2 建设特征与内容

（1）保护利用并进。在科学评估海洋牧场生物生产力和生态承载力的基础上，充分利用水域自然生产力，实现不投饵；充分利用水体营养盐存量，实现不施肥；切实保护水域生态系统，以及确保水产品质量安全，实现不用药；采用融合发展的创新模式，提升渔民经济收益，实现增收入；延长产业链，拓展产业空间，实施渔旅产业融合，实现增就业；充分发挥生态牧场生物固碳能力，实施清洁能源与生态牧场融合发展，助力实现“双碳”目标，实现增碳汇。

（2）场景空间拓展。拓展海洋牧场发展空间，构建涵盖淡水和海洋的全域型水域生态牧场。全域型水域生态牧场是未来发展的目标，将特定湖泊、河口、海湾等作为一个整体，基于生态系统原理开展选址、布局、建设、监测和管理。根据建设类型、规模、增殖放流目标物种和水域特征，优化生态牧场空间布局，实现陆海统筹、四场联动，充分体现水域生态系统的整体性（杨红生，2019）。

（3）核心技术突破。推动核心技术体系生态化、精准化、智能化发展。开发生态牧场机械化播苗、自动化监测、精准化计量与智能化采收等装备；搭建生态牧场资源环境信息化监测平台；研发灾害预警预报与专家决策系统，提高生态牧场运行管理的智能化水平。

（4）发展模式创新。强化景观融合、资源融合和产业融合，运用景观生态学理念，研发生态牧场多维场景营造技术，开发复合高效、多营养层次的系统构建模式，实现净水保水与资源养护的一体化；结合生态牧场海域光照、风力和水动力资源特征，充分利用太阳能、风能和波浪能等清洁能源，搭建生态牧场智能安全保障与深远海智慧养殖融合发展平台；布局以水域生态牧场为核心的跨界融合产业链条，创建产业多元融合发展模式。

42.3.3 技术与模式展望

（1）生态工程新技术体系。研发生态型产卵育幼设施、生境修复设施、资源养护设施、生态采捕设施，优化“草-鱼-虾-贝-参”等复合多营养级食物网结构，实现净水保水与资源养护的一体化（杨红生等，2021）；创新水生植物高效培植方法，配套人工藻礁投放，建立人工藻礁增殖区；利用大型藻类生产生物能源、有机肥料，减少化石能源消耗，完善贝藻生态价值评估技术，打造贝类和藻类特色产业模块，构建固碳增汇、循环经济新模式。

（2）精准生产新技术体系。依托北斗卫星导航系统精准定位与高分遥感基础服务，研制浑浊水体机器人自主采收“手眼协同”智能控制设备，研发海洋牧场自主监测水面无人船、巡检水下机器人与水下无人采收机器人等装备；集成应用先进环境和资源监测传感器，研制不同载体跨介质资源环境信息在线组网装备，基于5G通信平台开发资源环境信息实时无线传输系统，构建水域生态牧场资源环境信息化监测平台；开发机械化播苗、自动化监测、精准化计量与智能化采收等装备，提升水域生态牧场的机械化和智能化水平；开展生态牧场与风机融合布局设计，研制环境友好型装备，研发环保型施工和智能运维技术，科学评价清洁能源开发对海洋牧场资源环境的影响；结合生态牧场水动力环境，开发波浪能等海洋清洁能源，构建智慧“能源岛”，打造水域生态牧场高质化产业融合发展基地。

（3）智能管理新技术体系。调查分析水域污染的陆源输入、时空动态、开发利用现状，以及主要生源要素的分布特征；结合建设规模、类型、内容和主要增殖目标物种，确定水域生态牧场布局的功能设施组成、最小功能单位、功能协同效应，最终科学规划各功能单位的平面布局；利用大数据分析技术，基于海洋牧场资源环境监测数据，预测不同捕捞强度下主要资源生物量变动情况，制定适宜的采捕策略，实现水域生态牧场生产效益的最大化；充分利用人工智能技术，建立灾害预警预报与专家决策系统，为水域生态牧场中短期灾害预警预报等科学决策提供支撑。

（4）景观融合模式。运用景观生态学原理，通过现代化陆海统筹的海洋牧场建设，构建和谐水域生境，破堤通湖海，构建生态湖海堤，修复淡水湿地和滨海湿地，综合提升陆上湖泊和近海环境质量；建设生态廊道，修复河岸沙滩，让“盆景”变风景；大力发展景观生态旅游，配建陆基或船基旅游保障单元和水上旅游设施，制定科学合理的规章制度，适度发展游钓渔业；充分挖掘自然和文化资源，发展沿岸观光、岛上观鸟、水上观鲸、潜水观鱼等旅游产业。

（5）资源融合模式。坚持资源融合，形成集聚效应。我国内陆水域广阔，近海海岸线绵长，具有丰富的空间资源、生物资源、水资源、清洁能源和文化资源。未来，现代化水域生态牧场可依托大型综合智能平台和海上漂浮城市理念，综合利用各类水域资源，建设水域城市综合体，解决陆地资源、能源和空间匮乏的问题，提高海洋及江河、湖泊等水域产能，有效推动碳汇渔业、环境保护、资源养护和新能源开发的有机融合，构建新型“人水和谐”发展模式。

（6）产业融合模式。坚持产业融合，坚持功能多元。创新“三产融合”发展模式，在北方海域强化以“海珍品增殖”为特色的一产带二产、三产的发展模式，在南方海域强化以“渔旅融合”为特色的三产带一产、二产的模式，在内陆水域强化以“大型水域一产带二产、三产，中小型水域三产带一产、二产”为特色的发展模式，延伸产业链，拓展产业范围，实现水域生态牧场的高质量发展。在保障环境和资源安全的前提下，实施生态牧场与能源开发、文化旅游、设施养殖等产业多元融合发展，创新生态牧场与太阳能、风能、波浪能等新能源产业，以及深远海智慧渔场等融合发展新模式。

42.4 结　语

综上所述，海洋牧场 3.0 即将到来，但海洋牧场 1.0 和海洋牧场 2.0 的主要工作仍需持续推进。海洋牧场 3.0 的理念、技术和模式都亟待创新与发展，海洋牧场也将拓展为涵盖淡水和海洋的水域生态牧场，全域型、智能化、多功能的水域生态牧场新业态亟待全社会的高度关注。坚持“生态、精准、智能、融合”的发展理念，坚持生态保护优先、自然修复为主，充分发挥海洋牧场的碳汇功能。坚持理念、设备、技术和管理的现代化，坚持原创驱动、技术先导和工程实施保障，系统研究和突破一系列重大基础科学问题和技术瓶颈，为国家级海洋牧场示范区建设与升级提供有力支撑，引领国际现代化水域生态牧场建设与发展。

（杨红生　丁德文）

参考文献

董利苹, 曲建升, 王金平, 等. 2020. 国际海洋牧场研究的发展态势. 世界农业, (2): 4-13, 58.

李豹德. 1989. 我国沿海人工鱼礁建设的现状、问题及前景. 海洋渔业, 11(1): 24-28.
盛玲. 2018. 博采众长: 国外海洋牧场建设经验借赏. 中国农村科技, (4): 56-57.
王凤霞, 张珊. 2018. 海洋牧场概论. 北京: 科学出版社: 31-40.
杨宝瑞, 陈勇. 2014. 韩国海洋牧场建设与研究. 北京: 海洋出版社: 145-148.
杨红生. 2019. 我国蓝色粮仓科技创新的发展思路与实施途径. 水产学报, 43(1): 97-104.
杨红生. 2020. 中国科学院"水域生态牧场"构建研究动态. 科技促进发展, 16(2): 130-131.
杨红生, 茹小尚, 张立斌, 等. 2021. 试论淡水生态牧场发展理念与途径. 河南师范大学学报(自然科学版), 49(4): 90-97, 2.
曾呈奎, 毛汉礼. 1965. 海洋学的发展、现状和展望. 科学通报, 10(10): 876-883.
市村武美. 1991. 夢ふくらむ海洋牧場: 200 カイリを飛び越える新しい漁業. 東京: 東京電機大学出版局: 40-41.
中村充. 1986. 人工魚礁の計算と設計—I. 水産の研究, 25(5): 107-111.
佐藤修, 影山方郎. 1984. 人工鱼礁. 东京: 恒星社厚生阁: 38-40.
Born A F, Immink A J, Bartley D M. 2004. Marine and coastal stocking: global status and information needs. Rome: Food and Agriculture Organization of the United Nations, 429: 1.
Ihde T F, Wilberg M J, Loewensteiner D A, et al. 2011. The increasing importance of marine recreational fishing in the US: challenges for management. Fisheries Research, 108(2-3): 268-276.
Lee M O, Otake S, Kim J K. 2018. Transition of artificial reefs (ARs) research and its prospects. Ocean & Coastal Management, 154: 55-65.
Masuda R, Tsukamoto K. 1998. Stock enhancement in Japan: review and perspective. Bulletin of Marine Science, 62(2): 337-358.

43　试论黄河三角洲生态农牧化高质量发展的策略与途径

现代黄河三角洲是指 1934 年以来形成的扇形区域，陆地面积约 3000km^2，海岸线长约 420km，滩涂面积约 10 万 hm^2，–10m 等深线以内的浅海面积约 4800km^2。黄河三角洲生境多样、生物资源丰富，是我国农业和渔业的主产区之一，2020 年农林牧渔业总产值超过 300 亿元。

近年来，国家高度重视黄河三角洲的生态保护和高质量发展，先后出台了《黄河三角洲高效生态经济区发展规划》和《山东半岛蓝色经济区发展规划》。“下游的黄河三角洲是我国暖温带最完整的湿地生态系统，要做好保护工作，促进河流生态系统健康，提高生物多样性”，“要加强下游河道和滩区环境综合治理，提高河口三角洲生物多样性”。

在资源环境约束趋紧、环境污染严重、生态系统退化的严峻形势下，科学合理地开发黄河三角洲农业、牧业、渔业资源，保护脆弱的生态环境，实施海岸带生态农牧化，成为黄河三角洲高质量发展的重要课题之一。曾呈奎等早在 1965 年就提出了我国海洋农牧化的构想，1985 年指出海洋农牧化主要包括“农化”和“牧化”。杨红生在前人研究的基础上，针对黄河三角洲区域生态保护与高质量发展，提出了海岸带生态农牧场的概念，即基于生态学原理，利用现代工程技术，陆海统筹构建盐碱地生态农场、滩涂生态农牧场和浅海生态牧场，营造健康的海岸带生态系统，从而形成“三场连通”和“三产融合”的海岸带保护和持续利用新模式。

在系统梳理黄河三角洲生态农牧化发展面临问题的基础上，提出了多元驱动的生态农牧化高质量发展策略与途径，以期推动黄河三角洲生态保护和高质量发展。

43.1　黄河三角洲生态农牧化面临的问题

目前，黄河三角洲的产业现状为：盐碱地以棉花种植等为主；滩涂以池塘养殖刺参和对虾为主；近海资源开发以传统捕捞为主，海洋牧场建设刚起步。盐碱地农业、滩涂养殖业和海洋牧场相对独立发展，陆海连通性受阻，黄河三角洲的高质量发展难以提升。黄河三角洲生态农牧化尚处于起步阶段，目前盐碱地生态农场已建立了 133 333m^2 的“耐盐牧草-人工湿地-耐盐花卉苗木-特色产品-生态农业园”综合利用模式核心示范区；滩涂生态农牧场已开展了柽柳（*Tamarix chinensis*）-肉苁蓉（*Cistanche deserticola*）种植、北美海蓬子（*Salicornia bigelovii*）-刺参（*Apostichopus japonicus*）综合种养殖、海马齿（*Sesuvium portulacastrum*）-银大马哈鱼银鲑（*Oncorhynchus kisutch*）综合种养殖技术研究，以及互花米草（*Spartina alterniflora*）入侵防治，并在黄河三角洲滩涂养殖区进行了推广应用，其中柽柳-肉苁蓉种植超过 1.33km^2；浅海生态牧场主要开展了海草床和牡蛎礁生境修复等工作，保护修复示范区面积超过 6.67km^2。虽然做了大量的工作，但是黄河三角洲生态农牧化的高质量发展仍然面临着许多问题。

43.1.1 宏观布局待优化

当前黄河三角洲的生态农牧化缺乏陆海统筹的宏观布局规划体系。一是国家和省级层面缺少对海岸带生态农牧化的顶层设计，缺乏对海洋生态环境、渔业生产发展和社会经济发展的综合统计调查，未进行统筹规划和科学布局。二是我国生态农牧场建设以企业单位为主体，存在“一企一家”的建设束缚。三是当前黄河三角洲的生态农牧化未针对水盐场景提出科学问题和关键技术，并匹配合适的农牧化模式。

43.1.2 产业体系不完备

黄河三角洲生态农牧场建设尚未形成系统性的产业体系，仍需加强种业、牧养、装备、加工、流通、品牌等体系化建设。在种业方面，高效可控、功能完善的“保、育、测、繁、推”一体化健康种业技术体系不完备，如原种缺乏科学保护、良种培育和覆盖率不足等；我国水产新品种培育以生长性状改良为主，而兼顾抗病、高饲料转化率或品质等性状的研究亟待深入。在牧养方面，独立发展的盐碱地农业、滩涂养殖业和海洋牧场导致三场之间物质和能量的流通受阻，未形成完整的“三场连通”技术体系。在装备方面，当前劳动力短缺、人力成本日益增高的背景下，我国农牧化生产装备落后，机械化程度低，急需场景适用性、水陆兼用性、精准化和智能化的技术装备，以最终实现自动化、无人化或少人化的装备技术体系。在产品加工和品牌建设方面，缺乏用于生态农牧场循环利用的功能产品，缺少盐碱地名优品牌建设。

43.1.3 创新体系不健全

科技创新体制机制不健全限制了黄河三角洲生态农牧化。其一，黄河三角洲生态农牧场主要由科研机构主导，依靠少数高新企业运行，配套产业发展相对不足，无法产生产业集聚效应，短期内难以形成规模效益。其二，黄河三角洲生态农牧化存在科技与产业“两张皮”的问题，科研院所与产业分离，没有真正发挥企业的主体作用和技术创新作用，导致技术研究与产业脱节。其三，科技和创新资源配置分散、低效，创新链、产业链、政策链、资金链和人才链之间缺乏深度融合。

43.1.4 政策支持待加强

目前，各级政府缺少海岸带生态农牧场建设发展的创新保障和激励政策，如实施海岸带生态农牧化高质量发展的政策措施、制定优惠政策吸引各种资本参与海岸带生态农牧场的建设以及出台人才引进和培养的优惠政策等。缺少针对黄河三角洲生态农牧化关键技术的国家重大科技专项或重点研发计划的有力支撑。同时，生态农牧场功能区划、海域使用金征收、农牧业补贴及企业融资等政策工具的运用尚未对海岸带生态农牧场的规模化发展提供强有力的支持。

43.2 黄河三角洲生态农牧化高质量发展理念与发展目标

43.2.1 发展理念

坚持“发展理念”，践行“两山”理论，贯彻“系统观念”，遵循“四水四定”原则，实现黄河三角洲生态农牧化高质量发展。

坚持“发展理念”。“创新、协调、绿色、开放、共享”的发展理念深刻揭示了实现更高质量、更有效率、更加公平、更可持续发展的必由之路，是黄河三角洲生态农牧化的发展思路、发展方向和发展着力点。

践行“两山”理论。黄河三角洲生态农牧化的高质量发展要牢固树立“绿水青山就是金山银山”的理念，坚定不移地走生态优先、绿色发展的现代化道路。在实施生态农牧化过程中要注重生态保护和修复，充分利用水域的自然生产力，保护生物多样性。

贯彻“系统观念”。黄河三角洲生态农牧化的高质量发展要把握好全局和局部的关系，坚持山水林田湖草沙是生命共同体的系统思想；同时，结合黄河流域发展的“上游源头涵养、中游生态治理、下游生态保护”和“上下游、干支流、左右岸统筹谋划”的原则，综合施策、系统发力。

遵守“四水四定”原则。坚持“以水定城、以水定地、以水定人、以水定产”的“四水四定”指示，走好水安全有效保障、水资源高效利用、水生态明显改善的集约节约发展之路。在水的保护和利用方面，坚持节水优先，统筹优化黄河三角洲生态农牧化的用水结构；在水污染治理方面，对盐碱地生态农场、滩涂生态农牧场和浅海生态牧场实施水污染综合治理。

43.2.2 发展目标

黄河三角洲生态农牧化高质量发展的目标为：以黄河三角洲资源要素为依托，以高质量发展为核心，以科技创新为抓手，运用数据驱动的研究新范式，实现机械化、智能化、数字化、体系化的协同发展，构建场景匹配的“三场连通”“三产融合”的黄河三角洲绿色、低碳、循环的生态农牧化发展新模式。

43.3 黄河三角洲生态农牧化高质量发展策略与途径

针对黄河三角洲生态农牧化面临的问题，在分析黄河三角洲发展理念和发展目标的基础上，提出了多元驱动的生态农牧化高质量发展的策略与途径，即以“场景驱动”为基础，以“种业牵动”、“牧养互动”和“装备推动”为动力，以“强强联动”和“政策促动”为保障，实现黄河三角洲生态农牧化高质量发展新模式（图 43.1）。

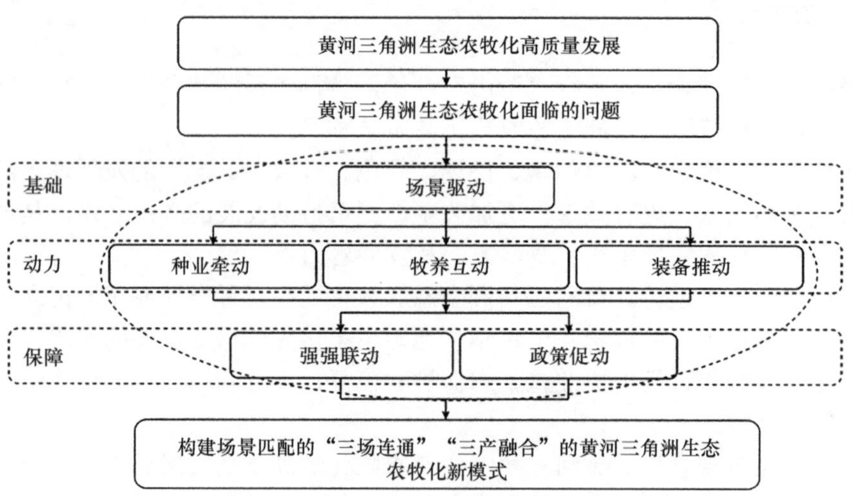

图 43.1　黄河三角洲生态农牧化高质量发展多元驱动逻辑图

43.3.1 场景驱动，优化宏观布局

查明场景复杂性，合理规划布局。黄河三角洲处于陆地、河流和海洋的交汇地带，多种物质和动力系统交融，多类生态系统交错分布，是典型的多重生态界

面，其场景具有复杂性。根据盐土特征，可分为盐碱地（盐度＜10）、滩涂（盐度＜20）和浅海（盐度＜30）三个水盐场景；从陆域到浅海，分布着池塘、盐沼湿地、滩涂、河口和浅海等开发场景。黄河三角洲生态农牧化应根据不同场景分别施策，合理规划布局：①开展黄河三角洲生态农牧化不同场景系统调查和资源承载力综合评估工作，结合场景类型、生态功能和农牧渔业资源特点，科学规划适宜不同场景的生态农牧场建设区域；②基于不同水盐场景，结合卫星遥感、北斗卫星导航等新技术，采用景观生态学的原理，以“在开发中保护，在保护中开发”为原则，规划“保护-修护-重建”为一体的生态农牧化布局；③运用系统性原理，将黄河三角洲的不同水盐场景作为一个整体，贯通陆地-滩涂-近海，加强河口与海岸线、黄河上下游与入海口左右岸之间的联系，建立体系化的黄河三角洲生态农牧场。

解析场景动态性，实现数字化管理。由于水盐的运移驱动，黄河三角洲的不同场景具有动态性和关联性，物质、能量和信息在不同场景之间、场景与外界之间存在联系与交换。黄河三角洲生态农牧化应根据场景动态性，实现数字化管理：①依托黄河三角洲陆地和海洋的生产和经营平台，搭建大数据平台和指挥调度系统，监测黄河三角洲水盐场景的动态变化；②基于场景观测的大数据构建黄河三角洲生态农牧化的研究新范式；③加强大数据在规划布局、承载力评估、环境预测、病害防控等方面的应用，实现生态农牧化的实时监控、远程控制和智能决策的数字化管理。

43.3.2 种业牵动，彰显“芯片”功能

立足原种保护，提高生物多样性。黄河三角洲具有丰富的种质资源，根据不同场景开展原种资源的保护工作具有重要意义：①开展黄河三角洲不同水盐场景原种资源遗传多样性评估，更好地筛选利用优质原种，如湿地中的芦苇、碱蓬和海草，滩涂中的文蛤（*Meretrix meretrix*）、西施舌（*Coelomactra antiquata*）和近江牡蛎（*Crassostrea ariakensis*），浅海中的花鲈（*Lateolabrax japonicus*）、鮻（*Chelon haematocheilus*）和大银鱼（*Protosalanx hyalocranius*）等；②加强外来物种互花米草的治理，近 10 年来互花米草在黄河三角洲的分布范围迅速扩张，对黄河三角洲原种的生物多样性和栖息地质量等造成威胁；③依据不同场景加大原种场建设，如耐盐植物[如柽柳、白刺（*Nitraria tangutorum*）、盐地碱蓬（*Suaeda salsa*）、羊草（*Leymus chinensis*）]和特色经济动物[如中华绒螯蟹（*Eriocheir sinensis*）、刀鲚（*Coilia nasus*）、文蛤、中国明对虾（*Fenneropenaeus chinensis*）、大银鱼]等。

强化良种培育，提升产业原动力。良种是黄河三角洲生态农牧化的“芯片”，培育优质、高产、抗逆的优良品种，是黄河三角洲种业健康持续发展的关键因素

之一。加大良种培育力度，提升黄河三角洲生态农牧化的原动力。①针对不同场景，利用经济种类的生物学特性和遗传背景等相关数据选育新品种。盐碱地重点开展耐盐植物优良品种培育，如海水蔬菜中海马齿的北移驯化、海篷子的无土栽培；滩涂和浅海以主要水产经济物种（鱼类、虾蟹、藻类、贝类、海参等）为重点，培育具有抗逆、抗病、抗盐碱等优良性状的新品种，如文蛤抗逆、抗病优良性状选育，淡水鱼耐盐驯化，以及中华绒螯蟹、凡纳滨对虾（*Litopenaeus vannamei*）、刺参等优质、高产品种选育等。②利用高新技术进行良种培育。基因编辑等前沿技术是种业发展的“光刻机”；转基因育种、全基因组选择育种、DNA 标记辅助育种等关键技术均成为种业持续发展的“发动机”。黄河三角洲良种培育应充分利用高新技术，不断提升种业原动力。③采用表型精确测评，加强优良品种遗传改良。在良种培育工作中，针对优良品种的目标性状开展生长和品质等性状测试，建立生物经济性状特征数据库，根据性状特征数据及系谱信息，加强优良品种育种改良工作。

推进苗种繁育，提高种业覆盖率。黄河三角洲的种业发展应从“重视数量”转向“提升质量”、从“规模扩张”转向“结构升级”、从“要素驱动”转向“创新驱动”。在苗种繁育方面，当前培育的品种是通用型的，未考虑不同水盐场景和农牧化模式等特殊要求。应分场景、分物种，建设原良种苗种（如黄河三角洲特色和重要养殖对象中华绒螯蟹、凡纳滨对虾、花鲈、刺参、文蛤）高效扩繁和生态化健康培育示范基地，构建规模化、生态化的健康苗种繁育体系。在推广应用方面，以原良种推广和产业化为目标，一是加强“产、学、研”结合，从设施设备和技术标准化入手，构建高效可控、功能完善的“保、育、测、繁、推”一体化黄河三角洲健康种业推广新模式；二是加大优质品种的市场宣传和推广力度，增加优质原良种市场占有率。

43.3.3 牧养互动，促进模式创新

陆海联通，优化产业空间布局。黄河三角洲生态农牧化产业空间布局可依据不同水盐场景分别施策，陆海联动、上下贯通。①产业联通。发挥不同水盐场景的资源优势，分区域优化产业空间布局，如在陆基区域发展精准养殖业和高效设施农业，在滩涂开展优良水产品增养殖，在浅海开展海洋牧场建设；拓展生态旅游业、农产品加工业、能源产业、现代物流业等产业，促进融合发展，加强产业之间资源、技术、劳动力等生产要素相互流通，促进黄河三角洲生态农牧化空间资源的合理配置。②陆海统筹。生态农牧化产业空间布局的科学规划必须以陆海统筹为前提，加强海洋与陆地的资源要素交流，提高生态系统的能级，实现陆地和海洋的生态、经济、景观等互相流通。③动态化空间布局。综合考虑资源利用

和生态保护的关系，在陆海联通的基础上，结合人工智能、北斗卫星导航等新技术研发农牧化环境监测技术，动态监测农牧化区域内水土资源、湿地生态系统、鸟类[如丹顶鹤（*Grus japonensis*）、白头鹤（*Grus monacha*）、白鹤（*Grus leugeranus*）和金雕（*Aquila chrysaetos*）等]和经济动植物[如菊芋（*Helianthus tuberosus*）、柽柳、碱蓬、肉苁蓉、海马齿等经济植物以及文蛤、刺参、中华绒螯蟹、凡纳滨对虾、花鲈和梭鱼等经济动物]多样性等问题，探索陆海联通规律并进行环境安全预警，为黄河三角洲生态农牧化空间布局动态化调整提供数据支撑。

三场连通，实现三产有机嵌合。在黄河三角洲不同水盐场景构建相互贯通、融合发展的盐碱地生态农场、滩涂生态农牧场和浅海生态牧场，根据“宜种则种，宜养则养，宜牧则牧”的原则，盐碱地生态农场重点发展耐盐经济植物种植[如黑果枸杞（*Lycium ruthenicum*）、白刺、海马齿、海滨木槿（*Hibiscus hamabo*）、枸杞（*Lycium chinense*）、单叶蔓荆（*Vitex trifolia* var.*simplicifolia*）、忍冬（*Lonicera japonica*）等]与高值化利用（如菊粉益生饵料、抗菌饵料与水体抗菌剂、壳聚糖有机酸盐等）；滩涂生态农牧场重点开展入侵物种互花米草的控制、重要经济动植物健康苗种培育与生态种养殖；浅海生态牧场聚焦海草床、天然牡蛎礁及重要渔业资源的保护、修复与养护。强化“三场”间的物质和能量流通，如优质饲料、健康苗种及功能肥料的互相供给与支撑，实现黄河三角洲生态农牧化的“三场连通”新模式。在“三场连通”的基础上，创新三产高效融合发展新模式。

43.3.4　装备推动，实现智能产业升级

黄河三角洲生态农牧化高质量发展应借助现代化、机械化生产装备来推动生态保护和高质量发展，其生产装备发展理念为：场景适用性、水陆兼用性、技术精准化、设备智能化，最终实现自动化、无人化或少人化，推动黄河三角洲生态农牧化的智能升级。

构建盐碱地无人化农场。针对盐碱地池塘的不同经济物种，采用新技术（如北斗卫星定位和导航、物联网等）与装备结合新思路，研发机械化、精准化、智能化池塘养殖配套设施，如日常监测、投饵无人船等；研发经济物种机械化、自动化采捕新装备，如利用生物集群行为学研发生物信息素或食物诱导的高效诱捕装备等，实现盐碱地池塘无人化管理。

实现滩涂少人化农牧场。研发适用于滩涂场景生态农牧场的机械化、生态化播苗装备以及自动化监测和精准化苗种计量装备。研发滩涂贝类机械化、智能化、环境友好型采捕装备，代替传统的破坏滩涂环境的泵吸式、耙式、水枪式滩涂贝类采捕器。通过研发适用于滩涂应用场景的原位监测设备、播苗及采捕设备，提升黄河三角洲滩涂生态农牧场的机械化和智能化水平，实现少人化管理。

创建浅海智能化牧场。利用北斗卫星定位、5G通信和卫星遥感等新技术，研发适用于浅海应用场景的自动化、智能化、无人化海洋牧场环境监测装备，如水面自主监测船、水下巡检机器人与水下采收机器人等，打造黄河三角洲智慧浅海生态牧场。

43.3.5 强强联动，创新协同范式

集成创新要素，破解脱节难题。聚集项目、人才、平台等创新要素，加强科研与产业融合，解决产业和科研脱节问题；通过金融激励、市场行为等方式，增强科学家和企业家的责任感。①强化企业创新主体地位，形成以企业为主体、市场为导向、产学研用深度融合的技术创新体系，如加强企业、高校和科研机构等的技术合作，提升科研、产业技术创新能力；②鼓励企业家提出技术难题，激发企业家的创新活力和创造潜能，发挥企业家在推动科技成果转化中的重要作用；③深化人才体制机制改革，鼓励科学家"揭榜挂帅"，将科研与产业深度融合，提升整体创新活力，有效解决生活和生产的实际问题；④创新政府管理方式，发挥政府引导作用；⑤加强国际科技合作与交流，注重人才培养，积极引进国外先进技术和装备。

多种渠道融资，提升创新活力。黄河三角洲生态农牧化需要各级政府提供多元化融资渠道，促进科技成果向现实生产力转化：①政府应加强财政资金支持，加大财政科技资金引导力度，采取政府资金与社会资金相结合的形式，设立黄河三角洲生态农牧化专项资金，培育多元化投融资体系；②通过财税政策、特许经营等途径吸引企业运营生态农牧场，鼓励企业增加研发投入；③在合理产业策划的基础上，国家相关银行及专门基金应加大对黄河三角洲生态农牧化的货币信贷支持力度，通过大力推动可持续性投资、发行债券和上市等现代金融手段，解决黄河三角洲生态农牧化的资金短缺问题。逐步形成以政府投入为引导、企业投入为主体、社会资金广泛参与的多元化融资渠道，不断提高科技创新活力。

43.3.6 政策促动，实现整体升级

整合研发资源，提升创新能力。实施以科研项目为途径、以创新人才政策为引领、以创新平台为载体的研发资源融合发展政策，推动黄河三角洲的生态农牧化。出台黄河三角洲生态农牧场建设的扶持政策和系列产业科技发展规划，与大型企业、高新企业等建立易推广、效果显著的产业基地，支持企业开展适用性技术研发和管理模式创新，促进技术成果转化，加快形成市场竞争力，带动黄河三角洲生态农牧化产业的高质量发展。

实施融合发展，做强全产业链。科学规划和融合发展黄河三角洲生态农牧化的全产业链。在第一产业方面，以发展盐碱地农牧业、滩涂增养殖业和浅海渔业为重点；在第二产业方面，以生物制品和动植物食品的精深加工、功能性保健品以及功能肥料的开发等为重点；在第三产业方面，以黄河三角洲的生态旅游、休闲渔业和文化产业等为开发重点。贯通海洋生物育种与健康养殖、高端装备制造、海洋生物医药、海水综合利用、海洋可再生能源以及海洋食品、海水淡化、海洋物联网、冷链物流、餐饮服务、海洋旅游等产业，形成全产业链跨界融合的新驱动范式。积极引导黄河三角洲高新企业、大型企业以及中小企业建立产业联盟，促进产业集群式发展。

前瞻布局专项，创新发展模式。黄河三角洲生态农牧化急需科技示范专项的有力支撑。①出台黄河三角洲保护政策，如在动植物和水产种质资源保护区逐步施行全面禁捕；②实施黄河三角洲滩涂生态农牧化科技创新示范工程，针对黄河三角洲生态农牧化的关键技术进行攻关，聚焦黄河三角洲陆海生境演变及生态农牧化规划布局、滩涂重要物种生产全过程智能化装备研发、耐盐碱植物种植与滩涂农渔综合种养殖、滩涂生物资源高值利用、浅海生境修复与生物资源养护等，构建黄河三角洲生态农牧化高质量发展新模式并进行推广示范。

43.4 结　　论

黄河三角洲生态保护和高质量发展亟待科技创新的引领和支撑，海岸带生态农牧化是实现黄河三角洲高质量发展的重要手段。目前，宏观布局待优化、产业体系不完备、创新体系不健全和政策支持待加强等问题，制约了黄河三角洲生态农牧化的高质量发展。黄河三角洲生态农牧化必须坚持“发展理念”、践行“两山”理论、贯彻“系统观念”和遵守“四水四定”的原则，以构建绿色、低碳、循环的生态农牧化高质量发展新模式为目标，以“场景驱动”优化宏观布局，以“种业牵动”、“牧养互动”和“装备推动”完善产业体系，以“强强联动”创新协同范式，以“政策促动”实现整体升级，实现机械化、智能化、数字化、体系化的“四化协同”发展，全面推进黄河三角洲生态农牧化的高质量发展。

（袁秀堂　于正林　王　清　刘　辉　张立斌
林承刚　王天明　刘富祥　许家磊　杨红生）

参考文献

崔丙奎. 2011. 黄河三角洲高效生态经济区现状及发展重点研究. 商场现代化, (35): 52.

丁君, 韩泠姝, 常亚青. 2021. 水产动物种质创制新技术及在海参、海胆遗传育种中的应用. 渔业科学进展, 42(3): 1-16.

东营市统计局, 国家统计局东营调查队. 2021. 2020 年东营市国民经济和社会发展统计公报.

龚蔚霞, 张虹鸥, 钟肖健. 2015. 海陆交互作用生态系统下的滨海开发模式研究. 城市发展研究, 22(1): 79-85.

桂建芳. 2015. 水生生物学科学前沿及热点问题. 科学通报, 60(22): 2051-2057.

韩坤煌. 2015. 我国水产种业产业的发展现状分析与对策建议. 福建水产, 37(6): 495-501.

韩立民, 张静. 2013. 山东海洋战略性新兴产业发展现状与模式分析. 中国渔业经济, 31(3): 5-11.

韩名强. 2012. 黄河三角洲种质资源的保护. 种子科技, 30(9): 13-14.

侯西勇, 宁吉才, 邢前国, 等. 2021. 黄河三角洲湿地生境演变遥感监测. 北京: 科学出版社.

黄一心, 田昌凤, 孟菲良, 等. 2020. 中国池塘养殖设施装备历史、现状和发展研究. 渔业现代化, 47(3): 10-15.

李云飞. 2016. 黄河入海水沙特征与三角洲海岸线变化对调水调沙的响应研究. 郑州: 郑州大学.

刘昭乐, 徐佳慧. 2020. 我国现代农业资金来源多元化研究: 基于"政府引导、市场主导、社会参与"理念. 当代经济, 37(5): 96-99.

孟新翔, 王晶, 张崇良, 等. 2019. 黄河口渔业资源底拖网调查采样断面数对资源量指数估计的影响. 水产学报, 43(6): 1507-1517.

习近平. 2019. 在黄河流域生态保护和高质量发展座谈会上的讲话. 求是, (20): 4-11.

徐杰, 韩立民, 张莹. 2021. 我国深远海养殖的产业特征及其政策支持. 中国渔业经济, 39(1): 98-107.

杨红生. 2017. 海岸带生态农牧场新模式构建设想与途径: 以黄河三角洲为例. 中国科学院院刊, 32(10): 1111-1117.

杨红生. 2018. 现代水产种业硅谷建设的几点思考. 海洋科学, 42(10): 1-7.

杨红生, 邢丽丽, 张立斌. 2020. 黄河三角洲蓝色农业绿色发展模式与途径的思考. 中国科学院院刊, 35(2): 175-182.

杨红生, 章守宇, 张秀梅, 等. 2019. 中国现代化海洋牧场建设的战略思考. 水产学报, 43(4): 1255-1262.

杨红生, 赵建民, 韩广轩, 等. 2022. 黄河三角洲生态农牧场构建原理与实践. 北京: 科学出版社.

曾呈奎. 1985. 海洋农牧化大有可为. 科技进步与对策, 2(2): 9-10.

曾呈奎, 毛汉礼. 1965. 海洋学的发展、现状和展望. 科学通报, 10(10): 876-883.

张振东. 2015. 国家级水产原良种场发展概况与建议. 中国水产, (7): 32-34.

赵玉山, 刘志. 2002. 高新技术是种业持续发展的动力. 种子科技, 20(2): 68-69.

Chandrasekaran M, Boopathi T, Paramasivan M. 2021. A status-quo review on CRISPR-Cas9 gene editing applications in tomato. International Journal of Biological Macromolecules, 190: 120-129.

Chen L, Xu J, Sun X W, et al. 2022. Research advances and future perspectives of genomics and genetic improvement in allotetraploid common carp. Reviews in Aquaculture, 14(2): 957-978.

Fang L L, Wang L C, Chen W X, et al. 2021. Identifying the impacts of natural and human factors on ecosystem service in the Yangtze and Yellow River Basins. Journal of Cleaner Production, 314: 127995.

Fan Y S, Chen S L, Zhao B, et al. 2018. Shoreline dynamics of the active Yellow River Delta since the implementation of water-sediment regulation scheme: a remote-sensing and statistics-based approach. Estuarine, Coastal and Shelf Science, 200: 406-419.

Huang Y, Sheng L G, Wang G W. 2021. How did rising labor costs erode China's global advantage? Journal of Economic Behavior & Organization, 183: 632-653.

Ren G B, Zhao Y J, Wang J B, et al. 2021. Ecological effects analysis of Spartina alterniflora invasion within Yellow River Delta using long time series remote sensing imagery. Estuarine, Coastal and Shelf Science, 249: 107111.

Tan Y C, Liu X M, Sun H W, et al. 2022. Population ageing, labour market rigidity and corporate innovation: evidence from China. Research Policy, 51(2): 104428.

Varshney R K, Bohra A, Yu J M, et al. 2021. Designing future crops: genomics-assisted breeding comes of age. Trends in Plant Science, 26(6): 631-649.

Zhang X H, Zhang Z S, Li Z, et al. 2021. Impacts of Spartina alterniflora invasion on soil carbon contents and stability in the Yellow River Delta, China. Science of the Total Environment, 775:145188.

Zhao Y L, Li J S, Qi Y, et al. 2021. Distribution, sources, and ecological risk assessment of polycyclic aromatic hydrocarbons (PAHs) in the tidal creek water of coastal tidal flats in the Yellow River Delta, China. Marine Pollution Bulletin, 173: 113110.

44　基于文献的国内外海岛保护与开发的发展态势

海岛是海洋国土的重要组成部分，是国家海洋权益的前沿阵地，是海洋经济发展的关键地带，也是保护海洋环境的重要平台（林宁等，2013）。随着海洋经济在世界各经济体中所占比重越来越大，各国都在不断发掘各自的海洋资源优势，完善海洋发展规划。海岛作为拓展海洋发展空间的关键基地，其重要地位也更加凸显（齐晓丰，2015）。

如何保护海岛脆弱的生态环境、修复海岛受损的生态系统、合理开发利用海岛能源资源、推动海岛的高质量可持续发展是世界各国关注的焦点，相关研究也应运而生（Iglesias and Carballo，2011；Braje et al.，2017；Chi et al.，2020）。首先，海岛生态保护是一切发展的前提，从海岛资源环境承载力评估、生态安全评价、生态修复技术到海岛生态保护模型的构建与应用，各国基于本国海岛的地理区位及环境特点，不断拓展海岛保护方面的研究广度和深度（Moreira et al.，2018；Krieg，2018）。其次，海岛丰富的资源能源和独特的区位优势赋予其极大的开发价值与发展前景，各国以海岛渔业、海岛旅游业和海岛能源资源为抓手，积极探索适宜的海岛开发利用方案，推动海岛理论研究与应用示范的相互衔接（陆林，2007；杨洁和李悦铮，2009；Grilli et al.，2021；Roditi and Vafidis，2019）。最后，以海岛经济发展为目标，构建统筹“自然-社会-经济”的海岛综合性经营管理模式是海岛研究的落脚点（Yang et al.，2020）。

本研究从文献计量的角度分析了国内外海岛研究的热点范畴、当前各国的技术发展水平与差距以及国际合作情况，了解该研究领域的发展态势，把握相关研究的整体发展状况，以期为我国海岛研究与建设提供参考。

44.1　数据来源与分析工具

以 SCIE 数据库为基础，以（TI=island* OR AK=island*） and （TI=（protect* or development or utilization or manage* or plan or planning or strateg* or Economic* or index or industry* or ecolog* or Culture or polic* or Administration* or energ*） or TS=（Fisher* or Tour* or “Natur* Reserv*” or “national park” or “marine reserv*” or law））and （TS=（marine or ocean or sea））进行检索，其中 TI 是指标题，AK 是指作者关键词，TS 是指主题或标题和摘要。选取的文献类型为 Article 和 Review。时间范围是 1990 年至今，检索日期为 2021 年 7 月 18 日。在

得到初步检索结果后，将数据进行合并、去重和清洗处理，最终得到 3278 条数据，从文献计量角度分析全球海岛生态保护与开发利用研究的发展态势。

以中国知网数据库为基础，以 TI=（海岛 or 岛屿 or 岛礁） NOT SU①=海岛棉进行检索，限定期刊类型为核心期刊、中文社会科学引文索引（CSSCI）和中国科学引文数据库（CSCD）来源期刊，时间范围是 1990 年至今，检索日期为 2021 年 7 月 18 日。得到国内海岛相关研究文献 1123 篇，从文献计量角度分析中国海岛研究的热点内容。

数据分析主要利用汤森路透集团开发的专利信息分析工具 DDA（Derwent Data Analyzer）软件对文献数据进行基本的处理和清理，利用 Ucinet 和 NetDraw 工具绘制国家合作网络，利用 VOSviewer 软件对文章题名、摘要和关键词进行聚类分析，利用 Excel 软件对该领域文献进行统计分析以及图表绘制的可视化处理。

44.2 国内外海岛研究热点分析

44.2.1 主要研究内容聚类

利用 VOSviewer 软件将国内外数据集中的论文题目和摘要关键词进行领域聚类，分别得到图 44.1 和图 44.2。可以明显看出，国际海岛生态保护与开发利用研究主要分为四个版块，即海岛旅游业与可持续开发管理、海岛生物群落结构、海岛渔业资源以及海岛地理环境。相比之下，国内海岛的研究热点主要为海岛旅游业、海岛可持续发展管理、海岛生物群落结构、海岛经济、海岛居民、典型海岛地区发展等。

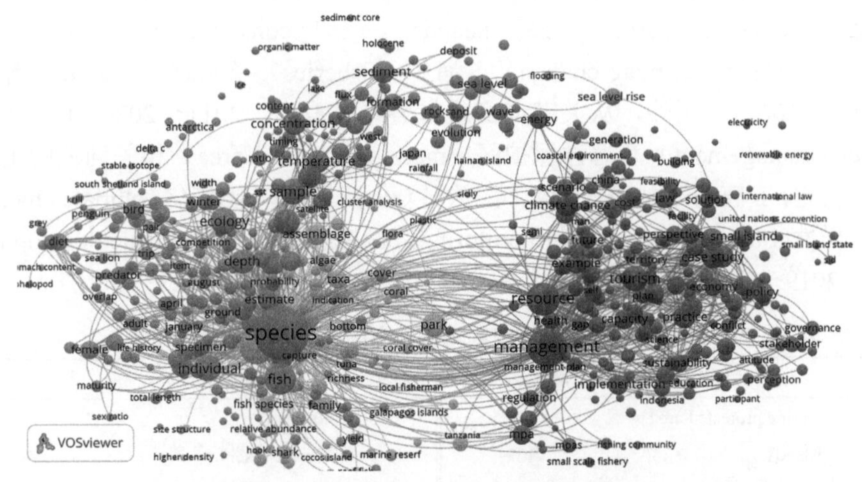

图 44.1　国际海岛主要研究内容聚类图

联系紧密的关键词划分为同一区块；字体越大表示该关键词出现频次越高

① 排版加页下注：SU（subject）为主题字段。

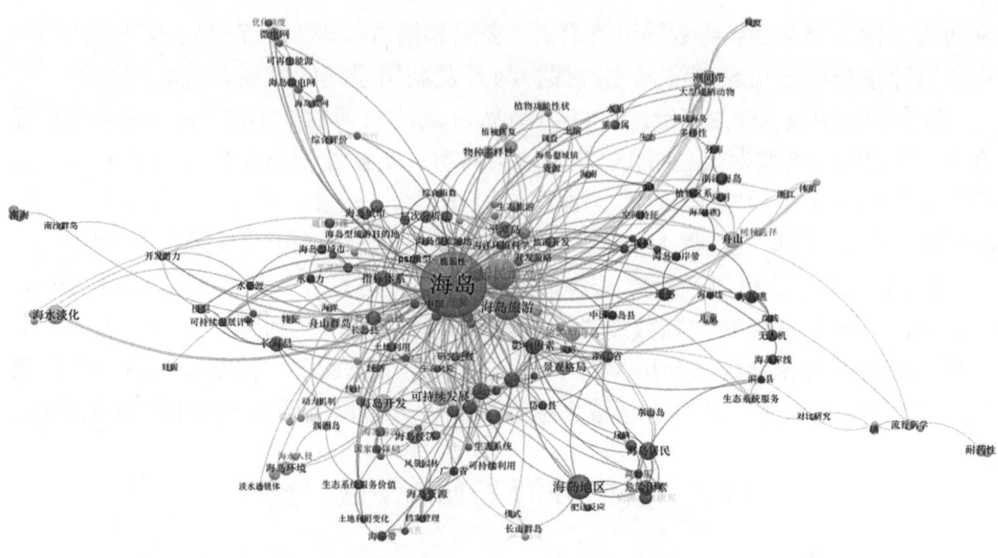

图 44.2 中国海岛主要研究内容聚类图

联系紧密的关键词划分为同一区块；字体越大表示该关键词出现频次越高

44.2.2 研究关键词

数据集中只有 83%的论文数据拥有作者关键词字段，虽然数据不全，但也可以作为主要研究内容分析的参考依据之一。通过对海岛研究文献的作者有效关键词进行统计，列出出现 25 次及以上的关键词。从表 44.1 可以明显看出，海洋保护区（marine protected area）、海岛（islands）、保护（conservation）、珊瑚礁（coral reef）、气候变化（climate change）、渔业（fisheries）及旅游（tourism）等为高频出现的关键词。此外，从关键词变化趋势可以看出，2011～2020 年渔业管理（fishery management）和海洋保护区（marine protected area）相关词汇的出现频次比较稳定，一直属于热点研究范畴；旅游（tourism）、气候变化（climate change）、生物多样性（biodiversity）、监测（monitoring）、可持续发展（sustainable development）等词汇 2019～2020 年出现频次较高，属于新研究热点（图 44.3）。

表 44.1 国际海岛生态保护与开发利用研究高频关键词一览表（词频≥25 次）

序号	关键词	词频（次）	序号	关键词	词频（次）
1	marine protected area	176	7	tourism	65
2	islands	127	8	marine reserve	60
3	conservation	85	9	Canary Islands	58
4	coral reefs	84	10	biodiversity	54
5	climate change	76	11	Mediterranean Sea	49
6	fisheries	73	12	Pacific islands	46

续表

序号	关键词	词频（次）	序号	关键词	词频（次）
13	fish	45	24	distribution	31
14	fisheries management	45	25	South China Sea	30
15	management	37	26	island biogeography	29
16	seabirds	36	27	small islands	29
17	Solomon Islands	36	28	Indian Ocean	28
18	sea-level rise	34	29	Greece	27
19	small-scale fisheries	34	30	monitoring	27
20	ecology	33	31	sustainable development	27
21	Caribbean	32	32	Balearic Islands	26
22	oceanic island	32	33	renewable energy	26
23	Antarctica	31	34	growth	25

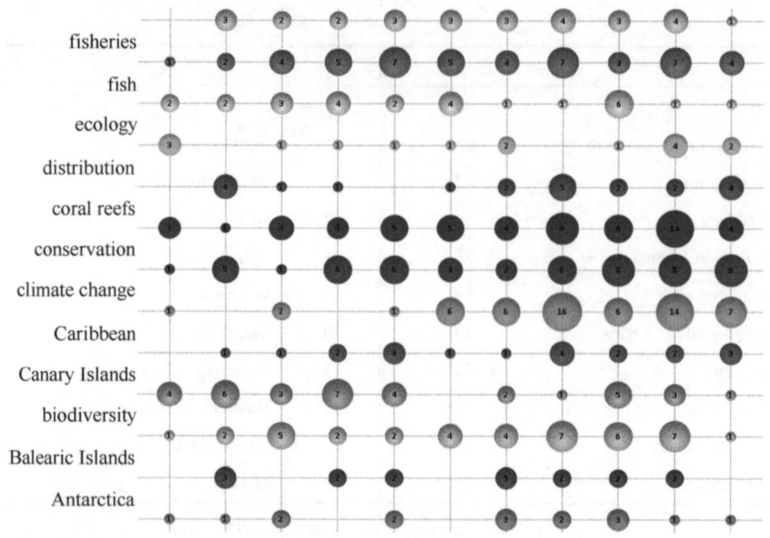

图 44.3 国际海岛生态保护与开发利用主要关键词变化趋势
圆圈越大关键词出现频次越高

44.2.3 发文期刊类型

从论文发表期刊来看，国际海岛生态保护与开发利用研究论文主要发表在海洋政策、海岸管理、海洋生态学和渔业研究等几类期刊上，见表 44.2。

表 44.2 国际海岛生态保护与开发利用研究论文发表最集中的 10 个期刊

序号	期刊名称	发文量（篇）
1	*Marine Policy*	108
2	*Ocean & Coastal Management*	94
3	*Marine Ecology Progress Series*	87
4	*Marine Pollution Bulletin*	84
5	*Journal of Coastal Research*	65
6	*Fisheries Research*	53
7	*Polar Biology*	49
8	*Aquatic Conservation-Marine and Freshwater Ecosystems*	48
9	*Journal of Fish Biology*	41
10	*PLoS One*	40

44.2.4 主要学科领域

从科学网络数据库（Web of Science Database）学科分类来看，国际海岛生态保护与开发利用研究所涉及的主要研究学科有环境科学与生态学（Environmental

Sciences & Ecology）、海洋与淡水生物学（Marine & Freshwater Biology）以及海洋学（Oceanography），其中环境科学与生态学所占比重最大，有 1289 篇相关论文（表 44.3）。

表 44.3　国际海岛生态保护与开发利用研究主要涉及的科学网络数据库学科领域

序号	学科领域	论文数（篇）	序号	学科领域	论文数（篇）
1	Environmental Sciences & Ecology	1289	6	Biodiversity & Conservation	270
2	Marine & Freshwater Biology	804	7	Water Resources	238
3	Oceanography	434	8	Zoology	225
4	Geology	392	9	Science & Technology -Other Topics	222
5	Fisheries	287	10	Physical Geography	194

44.3　国内外海岛研究状况

44.3.1　发文量变化趋势

由图 44.4 可以明显看出，国际海岛生态保护与开发利用研究发文量波动上升，整体呈现递增趋势。SCIE 数据库收录量显示，1990 年前的总发文量仅为 49 篇；2008 年发文量超过 100 篇，为 108 篇；2008～2020 年年均发文量为 173.46 篇，总被引次数为 61 228 次。发文量的变化从侧面说明，近几年世界各国在海岛基础研究方面的投入加大，海岛生态保护及开发利用正在逐渐引起各国关注。

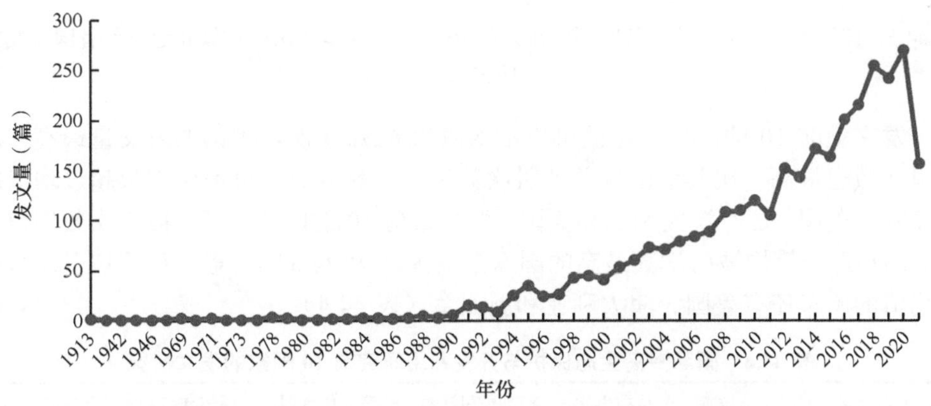

图 44.4　国际海岛生态保护与开发利用研究发文量变化

44.3.2　国内外发文量对比

虽然国内外海岛生态保护与开发利用研究的总发文量呈现递增趋势，但各国的海岛研究水平参差不齐。发文量前 10 的国家依次为美国、澳大利亚、英国、西班牙、法国、中国、加拿大、意大利、德国和新西兰（图 44.5），发文量均高于 100 篇。美国发文量达 856 篇，相对其他国家具有绝对优势。中国发文量为 206 篇，排在第 6 位。此外，第一作者、通讯作者和近三年发文所占比例最高的均是中国，分别为 90.78%、91.26%和 49.03%，表明中国海岛生态保护与开发利用研究正在蓬勃开展，发展势头强劲。

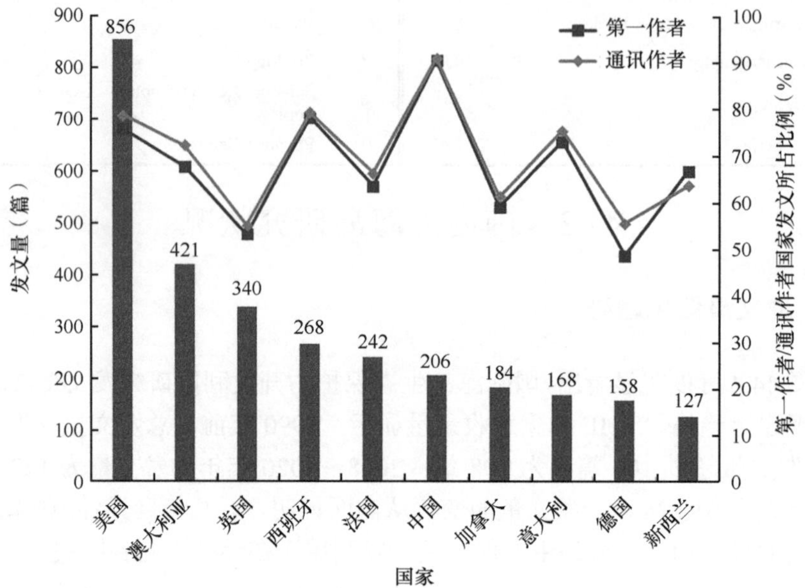

图 44.5 国际海岛生态保护与开发利用研究前 10 国家发文量、第一作者和通讯作者国家发文所占比例

发文量前 10 的国家，总被引次数均值为 6278.9 次，美国的发文量最高，总被引次数也最高，比其他国家总被引次数高一个数量级。总被引次数超过均值的国家除了美国，还有澳大利亚和英国。发文量前 10 的国家，篇均被引次数均值为 19.60 次/篇。篇均被引次数最高的国家是英国，达 24.54 次/篇。篇均被引次数超过均值的国家还有美国、澳大利亚和新西兰（表 44.4）。

表 44.4 国际海岛生态保护与开发利用研究前 10 国家的发文情况

排序	国家	发文量（篇）	总被引次数（次）	篇均被引次数（次/篇）	第一作者国家比例（%）	通讯作者国家比例（%）	近三年发文比例（%）
1	美国	856	20 969	24.50	75.93	78.86	27.57
2	澳大利亚	421	9 637	22.89	67.93	72.45	30.17
3	英国	340	8 345	24.54	53.24	55.29	30.88
4	西班牙	268	5 139	19.18	78.36	79.48	29.48

续表

排序	国家	发文量（篇）	总被引次数（次）	篇均被引次数（次/篇）	第一作者国家比例（%）	通讯作者国家比例（%）	近三年发文比例（%）
5	法国	242	4 671	19.30	63.64	66.53	29.75
6	中国	206	2 403	11.67	90.78	91.26	49.03
7	加拿大	184	3 277	17.81	59.24	61.41	31.52
8	意大利	168	2 882	17.15	73.21	75.60	38.10
9	德国	158	2 670	16.90	48.73	55.70	36.08
10	新西兰	127	2 796	22.02	66.93	63.78	21.26
	均值	297	6 278.9	19.60	67.80	70.03	32.38

美国、澳大利亚和英国的发文量和篇均被引次数都高于发文量前 10 国家的均值，处于第一象限；新西兰因为发文量增长有限，但篇均被引次数较高，处于第四象限；而包括中国在内的其他国家发文量和篇均被引次数均低于均值，处于第三象限（图 44.6）。

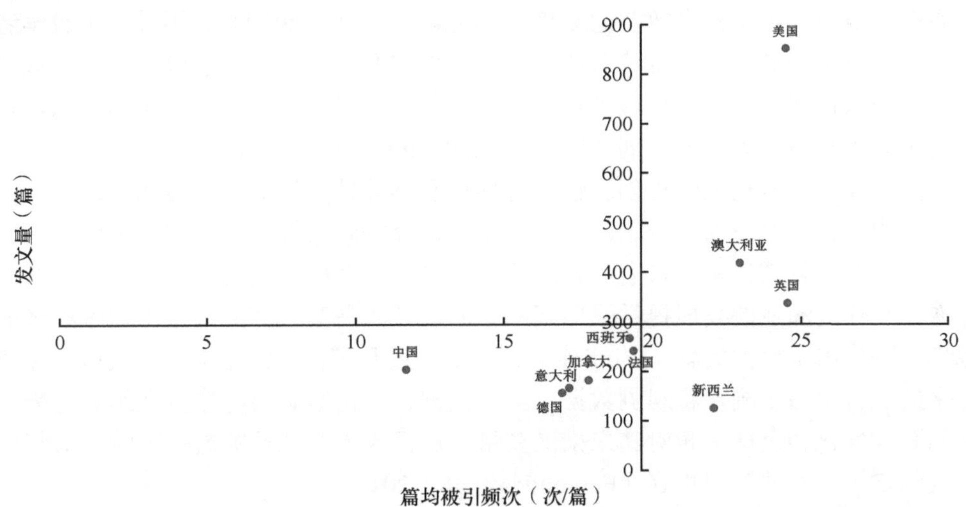

图 44.6　各国海岛生态保护与开发利用研究发文量和篇均被引次数分布

44.3.3　技术发展水平与差距评价

44.3.3.1　主要发文国家的海岛研究及建设情况

美国的海岛研究起步较早，已形成相当完善的岛屿管理制度，其政府部门职权明确、分工有序，高效高质地开展海岛生态环境保护和管理工作（Botsford et al., 2014）。首先，通过必要的研究、综合分析等，把握海岛资源与环境概况

（Schärer-Umpierre et al.，2014）；其次，众多科研机构、科技部门在前沿研究和决策管理方面发挥着关键作用，如太平洋岛屿气候科学中心（Pacific Islands Climate Science Center）、美国国家海洋与大气局（NOAA）等；再次，美国还通过一系列社区弹性机制，如赠款项目、支持技术援助等，保障海岛海岸带管理、珊瑚礁保护等工作的顺利进行（李静等，2016）；最终，在海岛空间规划的框架中，纳入现有的海洋管理区，建立海岛型国家公园（祝明建等，2019），通过整体的、区域的、多用途的分区计划，让各级利益攸关方参与进来，最大限度地提高生态系统复原力及社区的发展潜力（Friedlander et al.，2014）。

澳大利亚是世界上最大的岛国，其国民经济、政治等对海岛的依赖程度较高，为了便于对众多岛屿进行管理，其针对每个岛屿制定了不同法案，并采取海岛保护优先的立法模式（梅宏和王璐，2011）。此外，海岛旅游业也是澳大利亚的黄金产业，大堡礁作为世界七大自然景观之一，是世界上最大、最长的珊瑚礁群，吸引各地游客纷至沓来（张妍，2018），为更好地处理自然保护与户外游憩之间的关系，澳大利亚在大堡礁海洋公园实行分区管理计划，保护物种栖息地，实现生态环境效益与经济社会效益的双赢（Raymond et al.，2010）。不过，也有学者认为，大堡礁的健康状况持续恶化，目前所采取的管理与保护手段未能达到理想效果，未来仍需对其生态环境进行更彻底的评估，将珊瑚礁的管理作为海岛保护和资源利用政策变革的催化剂（Kearney and Farebrother，2014）。

英国在海岛管理上注重创新性、特异性和具体性，针对每一海岛的地理、文化、历史特色，对海岛产业结构、人口素质、经济政策等予以调整，形成各岛独具特色的社会管理体制（梅宏和孙漪涵，2011）。此外，英国的岛屿性质为其商业渔业和休闲渔业的发展提供了广阔的空间，其海岛第一产业为整个国家经济的稳步前进作出了巨大贡献（Winfield，2016）。近几年，英国注重评估气候变化所带来的综合生态影响，将观测数据、实验数据、理论基础与建模方法结合起来，预测海洋酸化和全球变暖对其未来渔获量、居民收入和就业的潜在影响，对特定区域制定了应对性管理规划（Fernandes et al.，2017）。

我国海岛资源丰富，多年来我国的海岛开发虽然取得了一定进展，但这种开发被专业人士评价为：粗放型开发、开发层次不高、盲目性较大、经济效益低下（黄沛等，2011）。近几年，如何有效利用和保护岛礁、维护我国的岛礁权益和海洋权益已经成为很多研究开展及政策制定的出发点之一。为解决海岛能源供应问题，我国不断尝试突破孤岛微电网的关键技术，从孤岛资源和负荷分析、储能选择、控制策略和能量管理系统等多方面开展研究，逐步建成完善海岛微电网系统（Zhao et al.，2018）；在我国海岛开发及管理体系中，逐渐将生态保护置于首位，合理兼顾经济开发，通过配套的法律制度和行政措施有效保护海岛生态，实现海岛的高效管理。

44.3.3.2　国内外海岛保护模式对比分析

国内外海岛保护研究主要以海岛资源环境承载力评估、海岛生态安全评价、海岛生态修复技术以及海岛生态保护模式为中心开展。

国外在海岛资源环境承载力方面的研究起步较早，已建立海岛区域生态承载力模型、灭绝概率模型、经济-环境-发展模型、盒子模型等诸多海岛生态承载力评估模型。此外，国外学者基于多种空间尺度，通过能值分析法等方法有效评估了不同类型海岛的生态承载力，充分探讨了海岛生态承载力与可持续发展之间的关系。我国海岛生态承载力研究也取得了一定成果，如已建立基于时间尺度的生态足迹计算模型以及单资源承载力核算方法等。但与国外相比，其研究的广度和深度还不够，如未能从"自然-社会-经济"区域复合生态系统的角度综合评估海岛资源环境承载力等（潘翔等，2014；Wiyono et al.，2018；Apdillah et al.，2020）。

国外在海岛生态安全评价方面的关注焦点是"人"对"岛"的影响，如人类活动对海岛气候或海岛生物多样性的影响等。其研究成果主要为构建了不同类型的评价指标体系，以及从海岸带区域生态承载力、生态风险、生态系统健康程度及服务功能大小等多个角度综合分析评价了海岛生态安全状况。国内学者也积极开展了海岛生态安全评价方面的研究，从海岛旅游生态安全、生态灾害风险、土地重金属含量、生态系统服务功能价值以及城市环境质量等方面建立了多种分析评价指标体系。但是，国内大部分研究仅限于从时空动态的角度评估海岛生态安全状况，未能深入挖掘相应的驱动力及关键影响因子，从而难以有针对性地提出应对措施与管理方法（高升等，2018）。

国外的海岛生态修复研究起步于 20 世纪 80 年代，已具有坚实的理论基础，并在相关修复案例中得以应用示范。从查明海岛生态的干扰因素，到调整生态系统种群、群落的相互关系，再到利用岛陆护坡、海岛沙滩修复等工程措施进行海岛生态修复，逐步构建完善海岛生态修复体系，取得了良好的修复效果，海岛物种多样性明显增加。与国外相比，我国虽然在海岛水土保持、植被复绿和景观建设方面也初步取得了一些成果，但在修复理论、模式及技术方面的研究尚不成熟，海岛生态修复的成功案例也不多（庄孔造等，2010；Wood et al.，2017）。我国的海岛生态修复研究还处于探索阶段，仍需加强相关基础研究，深入探讨各类型岛屿生态的演替恢复过程，以制定海岛生态修复的科学规划（吴姗姗和刘智训，2013）。

在海岛生态保护模式方面，发达国家基于利益相关者主导型保护模式、岛主协会主导型保护模式、社区化管理主导型保护模式以及政府主导型保护模式 4 种典型保护模式，构建了较为完善的海岛生态保护体系，并在各国海岛保护的具体实践中得以实施，如圣地亚哥岛、泰特帕雷岛、所罗门群岛以及科尔武岛的生态保护等（应晓丽，2018）。我国在海岛生态保护方面的研究成果主要是对于海岛生态保护红线类型的划定，包括海岛重点生态功能区、海岛生态敏感区以及海岛禁止开发区（应晓丽等，2017）。但是，目前我国的海岛资源、环境、防灾等监测、预报和信息服务体系依然不够健全，仍需加速海岛保护模式的探索，从生态系统保护的角度建立我国的海岛综合管理体系，更好地保护海岛生态，为建设海洋强国奠定良好的基础。

44.3.3.3 国内外海岛开发策略对比分析

海岛渔业、海岛旅游业、海岛能源资源等一直是各国海岛开发利用的重点研究范畴。开发策略的不同导致各国海岛的开发水平、利用程度、发展前景不平衡。对比分析国内外海岛的开发策略，借鉴国外成功案例的开发经验，是消除我国海岛的开发壁垒、实现海岛高质量发展的重要途径。

目前，世界上绝大多数中小型海岛的经济发展仍以渔业为主，少数自然条件优越的大型海岛往往也需要依托海岛渔业发展水产品加工、渔具制造等海岛工业。海岛渔业资源的开发利用方式、程度以及转型模式等对海岛经济发展意义重大。国外发达国家十分重视海岛渔业资源的科学养护及合理开发。在渔业资源评估、渔业权、捕捞限额和配额制度、休闲渔业以及增殖放流等方面的研究不断深入，取得了很大的进展（金笑，2019）。近几年，我国的海岛渔业也迅速发展，渔船不断革新、生产方式趋于多样化，海岛渔业逐渐突破传统捕捞业的发展瓶颈，实现从木制渔船到现代渔轮，再到远洋捕捞的不断革新。但随着海洋渔业资源的整体衰退，我国海岛渔业正面临着产业结构的优化和转型（俞仙炯等，2017）。只有实现从传统“重量不重质”的渔业开发模式到“健康”“绿色”“高产值”的新型海岛渔业的过渡，我国海岛渔业才能拥有更广阔的发展前景。

近几年，海岛旅游业蓬勃发展，正逐渐取代海岛渔业成为国内外许多海岛的支柱性产业。大力开发海岛旅游资源是解决海岛传统产业衰退问题、刺激海岛经济发展的重要选择（Nesticò and Maselli，2020；Roudi et al.，2018）。国外注重因岛制宜、科学优质全面地发展海岛旅游业：在海岛旅游评价体系方面，已形成基于旅游自然资源评价、旅游发展状态评价、旅游环境影响评价及旅游可持续发展评价的较为完备的旅游评价体系；在海岛旅游开发模式方面，国外各国通过构建高效直达、方便快捷的旅游交通体系，打造独具民族特色、文化底蕴深厚的旅游品牌，以及大力开发以休闲旅游为主题、原生态特点显著的各类旅游产品等方式，形成了较为完备的旅游产业规划及发展模式；在海岛旅游规划管理方面，形成了资源评价-市场开发-环境监控-社区参与-政策体制管理一体化的科学管理体系，促进了海岛旅游业的高质量发展。我国也逐渐意识到发展海岛旅游业的重要性，从海南国际旅游岛、舟山群岛开发，到大连长山群岛旅游避暑度假区的建设，我国主要海岛县的旅游收入和游客量均保持增长态势，海岛旅游业正逐渐成为海岛经济的领跑产业。但与国外相比，我国海岛旅游业的发展在服务设施、创新意识和特色发展等方面仍存在一定差距（潘铖铖，2015）。

在海岛能源资源开发方面，发达国家掌握着关键技术，并拥有先进的装备设施，发展优势显著（Fiorentzis et al.，2020；Harrison and Popke，2018）。例如，加拿大爱德华王子岛先进的水资源管理系统和废弃资源再利用体系，保障了该岛经济的良性循环；而日本在海岛智能微网方面的研究走在世界前列（于芃等，2018），其海岛微网建设使海岛可再生能源与分布式电源得以大规模接入，成为解决海岛供能问题的理想方案（Kuang et al.，2016）。我国过去海岛能源资源开发随意的现象普遍，导致资源衰竭和环境破坏的形势严峻。近几年，我国更加强调海岛能源资源调查、监管及可持续利用的重要性，多次开展大规模的海岛资源调查项目，应用"3S"技术、三维技术等高新监视监测技术和手段，实现海岛资源的动态监管。未来，我国仍需加大研究力度，深入分析不同海岛的能源资源特征，消除开发的限制因素，实现能源资源的合理配置及高效利用。

44.4　海岛研究的国际合作情况

44.4.1　主要研究机构

在海岛生态保护与开发利用领域，发文前 10 的研究机构依次为美国国家海洋与大气局、詹姆斯库克大学、加那利群岛拉斯帕尔马斯大学、塔斯马尼亚大学、加利福尼亚大学圣巴巴拉分校、昆士兰大学、开普敦大学、法国国家科研中心生态环境研究所、拉古纳大学、留尼汪大学（图 44.7），主要为美国、澳大利亚、西班牙和法国的科研机构。

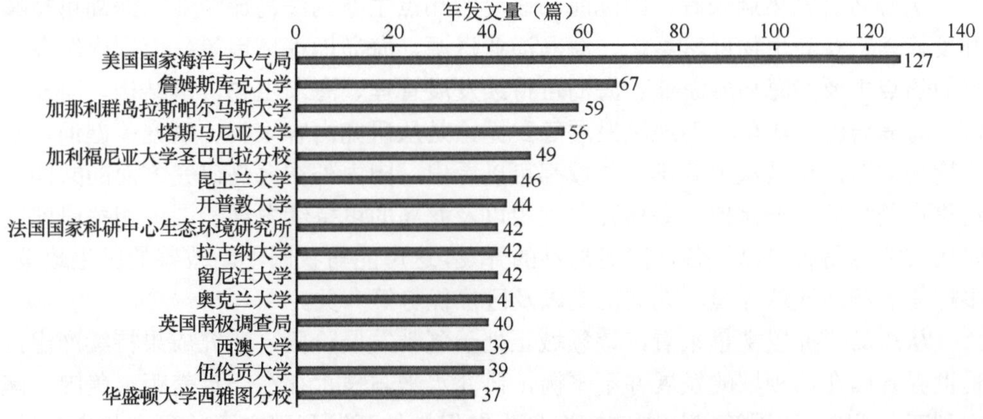

图 44.7　国际海岛生态保护与开发利用主要发文机构

44.4.2 国际合作网络

以国际海岛生态保护与开发利用研究发文量在10篇以上的国家为主，得到合作次数在5次以上的国家相互合作的关系网络。可以看出，美国是研究的中心国家，澳大利亚、英国、德国和法国是次中心国家，中国最主要的合作国家是美国、德国和澳大利亚。

国际海岛生态保护与开发利用研究的全部论文以国家数量计为4800篇，实际论文为3278篇，论文篇均合作国家为1.46个，从表44.5可以看出，国家独立完成的论文有2202篇，占全部论文的67.18%，3国以上合作的论文数量为126篇，占全部论文的3.84%，说明国际海岛生态保护与开发利用研究多国合作较少。

表 44.5 国际海岛生态保护与开发利用研究论文合作国家数量

合作发文国家数量（个）	发文量（篇）
1	2202
2	713
3	237
4	74
5	35
6	7
7	6
8	1
9	3

44.5 结 论

从海岛研究热点来看，国际海岛研究的热点主要为海岛旅游业、海岛可持续开发管理、海岛生物群落结构、海岛渔业资源、海岛地理环境等；而国内海岛研究的热点主要为海岛旅游业、海岛可持续发展管理、海岛生物群落结构、海岛经济、海岛居民、典型海岛地区发展等。无论是从研究内容聚类、研究关键词、发文期刊类型，还是从主要学科领域都可以看出，国内外在海岛研究方面的共同关注焦点是海岛生态保护、海岛开发利用以及海岛的可持续发展。国内相关研究同时还关注海岛居民以及各地区海岛县的开发，这可能与我国不断改善的民生政策、多样化的海岛地理环境、人文历史以及区位优势等有关。

从海岛研究发文量来看，该领域正处于蓬勃发展阶段，研究成果持续产出，但世界各国在该领域的发展并不平衡，研究水平与技术存在一定差距。美国、澳大利亚、英国、法国等发达国家在海岛生态保护与开发利用方面的研究起步较早、科研产出较多，相关研究成果已在具体实践中得以应用示范；我国目前的海岛研究起步晚、投入力度小，但近几年的发展态势强劲，未来将依托我国海岛的环境特点与资源禀赋，加大基础研究的投入力度，加快构建各地区海岛的高质量发展模式。

从海岛研究的国际合作来看，该领域的国际合作相对较少，合作集中在美国和少数几个发达国家之间，主要以美国为研究中心，以少数发达国家为次研究中心，而大多数发展中国家仍处于合作的边缘地带。各国间的合作网络仍需进一步拓展，以促进该领域的学术交流与经验借鉴。

（江春嬉　张灿影　霍　达　杨红生）

参考文献

高升, 曹广喜, 洪滔, 等. 2018. 海岛城市化过程中的生态安全动态评价与驱动力分析: 以平潭岛为例. 生态学报, 38(7): 2503-2511.

黄沛, 丰爱平, 吴桑云. 2011. 浅析国际著名海岛旅游开发与管理对我国海岛的借鉴作用. 海洋开发与管理, 28(5): 36-39.

金笑. 2019. 渔文化视野下舟山群岛休闲渔业发展研究. 舟山: 浙江海洋大学.

李静, 刘娜娜, 高晓慧, 等. 2016. 美国关岛的生态保护管理及其对我国的借鉴研究. 海洋开发与管理, 33(6): 39-42.

林宁, 赵培剑, 丰爱平. 2013. 海岛资源调查与监测体系研究. 海洋开发与管理, 30(3): 36-40.

陆林. 2007. 国内外海岛旅游研究进展及启示. 地理科学, 27(4): 579-586.

梅宏, 孙漪涵. 2011. 英国海岛的管理与立法. 中国海洋报, 2011-04-29(4).

梅宏, 王璐. 2011. 澳大利亚的海岛管理与保护立法. 中国海洋报, 2011-04-22(4).

潘铖铖. 2015. 国内外海岛旅游发展的比较研究及经验借鉴. 农村经济与科技, 26(9): 80-82.

潘翔, 陈鹏, 陈庆辉. 2014. 国内外海岛承载力研究综述与展望. 海洋开发与管理, 31(12): 61-65.

齐晓丰. 2015. 浅析世界主要国家的海洋发展战略. 海洋信息, (1): 59-62.

吴姗姗, 刘智训. 2013. 关于海岛生态整治修复及保护项目的思考和建议. 海洋开发与管理, 30(4): 9-12.

杨洁, 李悦铮. 2009. 国外海岛旅游开发经验对我国海岛旅游开发的启示. 海洋开发与管理, 26(1): 38-43.

应晓丽. 2018. 国外典型海岛保护模式研究及其对我国的启示. 舟山: 浙江海洋大学.

应晓丽, 崔旺来, 丰瑞, 等. 2017. 小岛屿渔业资源保护与管理研究: 以法属波利尼西亚为例.管理观察, (12): 88-90.

于芃, 刘兴华, 孙树敏, 等. 2018. 高可再生能源渗透率海岛微电网运行控制. 电网技术, 42(3):779-788.

俞仙炯, 崔旺来, 邓云成. 2017. 论海岛产业之休闲渔业发展: 以平潭为例. 海洋开发与管理,34(7): 112-117.

张妍. 2018. 澳大利亚大堡礁分区管理对我国国家公园建设的启示. 旅游纵览(下半月), (16): 54-55.

祝明建，黄怡菲，徐健，等. 2019. 美国和澳大利亚海洋类国家公园管理建设对中国的启示. 中国园林, 35(12): 74-79.

庄孔造，余兴光，朱嘉. 2010. 国内外海岛生态修复研究综述及启示. 海洋开发与管理，27(11): 29-35.

Apdillah D, Pratomo A, Azizah D, et al. 2020. Potency, status and carrying capacity of coral reef ecosystem for suistainable marine ecotourism development: a case study of small islands in Kepulauan Riau-Indonesia. IOP Conference Series: Earth and Environmental Science, 584(1): 012007.

Botsford L W, White J W, Carr M H, et al. 2014. Marine protected area networks in California, USA. Advances in Marine Biology, 69: 205-251.

Braje T J, Leppard T P, Fitzpatrick S M, et al. 2017. Archaeology, historical ecology and anthropogenic island ecosystems. Environmental Conservation, 44(3): 286-297.

Chi Y, Zhang Z W, Wang J, et al. 2020. Island protected area zoning based on ecological importance and tenacity. Ecological Indicators, 112: 106139.

Fernandes J A, Papathanasopoulou E, Hattam C, et al. 2017. Estimating the ecological, economic and social impacts of ocean acidification and warming on UK fisheries. Fish and Fisheries, 18(3): 389-411.

Fiorentzis K, Katsigiannis Y, Karapidakis E. 2020. Full-scale implementation of RES and storage in an island energy system. Inventions, 5(4): 52.

Friedlander A M, Stamoulis K A, Kittinger J N, et al. 2014. Understanding the scale of Marine protection in Hawai'i: from community-based management to the remote Northwestern Hawaiian Islands. Advances in Marine Biology, 69: 153-203.

Grilli G, Tyllianakis E, Luisetti T, et al. 2021. Prospective tourist preferences for sustainable tourism development in Small Island Developing States. Tourism Management, 82: 104178.

Harrison C, Popke J. 2018. Geographies of renewable energy transition in the Caribbean: reshaping the island energy metabolism. Energy Research & Social Science, 36: 165-174

Iglesias G, Carballo R. 2011. Wave resource in El Hierro—an island towards energy self-sufficiency.Renewable Energy, 36(2): 689-698.

Kearney B, Farebrother G. 2014. Inadequate evaluation and management of threats in Australia's Marine Parks, including the Great Barrier Reef, misdirect Marine conservation. Advances in Marine Biology, 69: 253-288.

Krieg L J. 2018. Entangling (non)human isolation and connectivity: island nature conservation on Ile aux Aigrettes, Mauritius. Island Studies Journal, 13(2): 55-70

Kuang Y H, Zhang Y J, Zhou B, et al. 2016. A review of renewable energy utilization in islands. Renewable and Sustainable Energy Reviews, 59: 504-513.

Moreira M, Fonseca C, Vergílio M, et al. 2018. Spatial assessment of habitat conservation status in a Macaronesian island based on the InVEST model: a case study of Pico Island (Azores, Portugal). Land Use Policy, 78: 637-649.

Nesticò A, Maselli G. 2020. Sustainability indicators for the economic evaluation of tourism investments on islands. Journal of Cleaner Production, 248: 119217.

Raymond C M, Fazey I, Reed M S, et al. 2010. Integrating local and scientific knowledge for environmental management. Journal of Environmental Management, 91(8): 1766-1777.

Roditi K, Vafidis D. 2019. Net Fisheries' Métiers in the eastern Mediterranean: insights for small-scale fishery management on Kalymnos Island. Water, 11(7): 1509.

Roudi S, Arasli H, Akadiri S. 2018. New insights into an old issue – examining the influence of tourism on economic growth: evidence from selected small island developing states. Current Issues in Tourism, 22: 1280-1300.

Schärer-Umpierre M T, Mateos-Molina D, Appeldoorn R, et al. 2014. Marine managed areas and associated fisheries in the US Caribbean. Advances in Marine Biology, 69: 129-152.

Winfield I J. 2016. Recreational fisheries in the UK: natural capital, ecosystem services, threats, and management. Fisheries Science, 82(2): 203-212.

Wiyono K H, Muntasib E K S H, Yulianda F. 2018. Carrying capacity of Peucang Island for ecotourism management in Ujung Kulon National Park. IOP Conference Series: Earth and Environmental Science, 149(1): 012018.

Wood J R, Alcover J A, Blackburn T M, et al. 2017. Island extinctions: processes, patterns, and potential for ecosystem restoration. Environmental Conservation, 44(4): 348-358.

Yang L, Wang C D, Yu H J, et al. 2020. Can an island economy be more sustainable? A comparative study of Indonesia, Malaysia, and the Philippines. Journal of Cleaner Production, 242: 118572.

Zhao B, Chen J, Zhang L Q, et al. 2018. Three representative island microgrids in the East China Sea: key technologies and experiences. Renewable and Sustainable Energy Reviews, 96: 262-274.

45　试论数字赋能助力水域生态牧场建设

水域生态牧场是基于生态学原理，充分利用自然生产力，运用现代工程技术和管理模式，通过生境修复和人工增殖，在适宜的海洋及淡水水域构建的兼具环境保护、资源养护和渔业持续产出功能的生态系统（杨红生等，2020）。建设水域生态牧场是践行“两山”理论的重要途径，也是应对“双碳”目标的重要抓手。经过百年的发展，水域生态牧场历经农牧化、工程化驱动的 1.0 阶段和生态化、信息化驱动的 2.0 阶段，正在向数字化、体系化驱动的 3.0 阶段迈进（杨红生和丁德文，2022），水域生态牧场建设迫在眉睫，数字赋能将成为牧场建设的重要驱动力。水域生态牧场从水域生态学和景观生态学角度出发，高度重视生态系统的整体性和连通性，从而充分利用湖泊（水库）、河流、滩涂、海湾、岛礁、深水等各类型水域空间，是实现渔业产业空间拓展、推动业态融合发展，并实现中国式现代化的重要场景。

45.1　水域生态牧场建设的必要性

45.1.1　践行大食物观和大农业观的重要途径

水域生态牧场是筑实保障蓝色粮仓的重要抓手。大食物观和大农业观要求面向“大系统”，既包括来自传统农作物和畜禽资源的主食与副食，又包括多元安全高品质的水产品供给（陈利根，2022）。水产品在我国居民膳食结构中的比重不断增加，助推了渔业产出由近海向远海延伸、范围由海洋向内陆淡水等全水域拓展、加工方式由粗加工向深加工转变。据测算，已建成的海洋牧场每年可产生直接经济效益 940 亿元，是水产品产出的重要途径（李加林等，2022）。未来，水域生态牧场建设将进一步筑实保障蓝色粮仓，提高农业供给能力和可持续发展能力，支撑我国由农业大国向农业强国转变。

水域生态牧场是推动渔业绿色转型的关键所在。在充分评估资源环境承载力和有序合理保障水域生态安全的前提下，水域生态牧场将增强绿色优质水产品的生产与供给，构建更加健康、生态的生产观和消费观（杨红生等，2020）。水域生态牧场有助于保护水域生态环境，养护渔业资源，大幅度提高水域自然产能，推动渔业的绿色转型，促进渔业产业结构调整，让渔民得以“耕水牧渔”，是贯彻践行大食物观和大农业观的重要途径。

45.1.2 助力实现“双碳”战略目标的重要场景

基于碳汇渔业理论，强化生物的固碳增汇作用。水域生态牧场充分发挥浮游植物、水草、大型藻类、滤食性鱼类和贝类等生物分别通过光合作用、贝壳钙化和有机碳沉降埋藏的固碳作用，结合陆海统筹减排增汇、缺氧海区生态修复增汇、牧场区上升流增汇等效应进行储碳，进而成为微型生物泵-生物碳泵-碳酸盐泵耦合储碳的新出口（焦念志等，2022）。

基于融合发展理念，强化清洁能源的立体开发。水域生态牧场坚持立体生态开发模式，利用光能发电、风能发电、波浪能发电、温差能发电等提供充足的电能，开创“水下清洁水产品，水上清洁新能源”的“双清”新局面，促进牧场空间、结构、功能和业态的融合发展，是推动实现“双碳”目标的新赛道。

45.1.3 水域生态牧场建设亟待数字赋能

物联网、大数据、云计算、人工智能、区块链等数字技术引领水产发展转型，产业数字化趋势明显。新一代数字技术是助力海洋强国建设的重要抓手和积极探索，也是推进水域生态牧场建设的重要驱动力。水域生态牧场建设中的数字赋能是指以数据化知识和信息为关键生产要素，以数字化技术和装备为核心驱动力，以现代互联网信息平台为重要载体，通过数字技术与牧场建设深度融合，推动牧场构建形式、作业方式、管控模式的数字化转型（秦秋霞等，2021；陈海贝和卓翔芝，2019）。

因海制宜、因种而异、因数而为是海洋牧场建设的重要途径(夏显力等,2019)，其中因数而为是信息化、数字化时代的需要，是解决牧场结构、功能与过程的基础研究薄弱，牧场同质化现象严重，牧场产业化程度较低，以及牧场建设缺乏系统性等诸多问题的关键。将数字技术与生产过程、装备作业、综合管理相互融合，对传统牧场建设进行赋能，及时、准确掌握资源使用状况，有效构建鱼礁、网箱、工船、平台等装备体系，提升牧场管理效率，提高水域生态牧场建设的科学性和精准性，推动牧场建设走向精准高效。

综上所述，水域生态牧场的建设亟待数字赋能，即利用信息化和智能化技术，提升牧场生态承载力评估、资源环境监测、生产过程管控、灾害预警预报等能力；运用北斗卫星导航定位与高分辨率遥感集成技术，提升牧场精准决策和智能管控水平；通过海量数据的精准判别实现经营决策便捷化、经营体系高效化，保障牧场优质持续发展（夏显力等，2019）。

45.2　水域生态牧场发展策略

45.2.1　发展理念

45.2.1.1　以先进理念为指导

建设生态文明，实质上就是建设以资源环境承载力为基础，以自然规律为准则，以可持续发展为目标的资源节约型、环境友好型社会（高子舒，2019）。水域生态牧场以数字化和体系化为目标，以无人化/少人化装备为基础，以关键技术为突破，以大数据为驱动，以智能管理为核心，构建监测评估—科学选址—规划布局—生境营造—资源养护—安全保障—融合发展的全链条产业技术体系（夏显力等，2019）。

45.2.1.2　以数字技术为驱动

水域生态牧场的建设要求以数字化技术驱动牧场建设各方面的创新与发展过程。具体而言，是指建立"空天地水"一体化环境与资源感知系统，实现多维度水域环境信息感知与自动化获取，通过机器学习和计算机视觉技术进行资源生物种类识别和生物量估算；建立牧场大数据中心，解决海量数据存储困难、利用率低、数据"孤岛"等问题，汇聚浮标、遥感、模式等多源观测数据，并与资源、生产及装备信息等数据进行集成融合，形成牧场数据采集、存储、分析和应用的一体化全过程管理；构建高分辨率水域环境参数预测模型，实现水域温度、盐度、溶解氧含量及流场等要素的精细化预测，全面掌握牧场环境状态变化，及时发现和解决问题；建立专家决策系统，实现水域环境变化趋势预测、灾害预警预报、生物行为识别追踪和病害诊断预警，为牧场提供生产环境保障和决策支持；建立智能管控平台，实时查阅牧场环境要素的监测数据和预测信息，以及监控异常报警和灾害预警信息，对作业计划、下达、执行、反馈等全过程进行数字化管理，及时了解现场作业情况，保障过程可追溯，实现水域环境人工智能预测、牧场动物精准喂养、水下渔获精准采捕，从而有效提高牧场的智能管理和信息化水平。

45.2.1.3　以体系建设为抓手

水域生态牧场不仅要实现建设水域的空间拓展，更亟须突破建设理论、技术、装备和管理的体系化建设。强化牧场结构、功能和关键过程的机制研究，形成数字化和体系化的理论体系，在牧场选址、布局、构建、评估和运营管理的全过程中，以环境调查和实时监测数据为基础，以先进的模型和算法为核心，构建牧场可视化一张图，实现中枢管控，远程监控生产现场，实时监测牧场区的资源环境动态；构建牧场产能动态预测模型，指导牧场精准生产决策，规范技术和装备的使用条件和应用场景，规范生产管理流程和作业过程，形成科学化的管理模式，最终建立从精准化到标准化的技术体系，从轻简化到无人化的装备体系和从流程化到智能化的管理体系。

45.2.2 发展策略

45.2.2.1 建立新范式

水域生态牧场的发展需建立智能感知-智能作业-智能管控的新范式。智能感知，即监测评估做到立体透视，通过“空天地水”多介质的监测设备和多种评估模型，对牧场的环境资源和生物要素状况进行全时空、全过程、多维度监测评估。智能作业，即作业方式走向轻简化、无人化，通过集成模块化技术、水上通信技术、长期续航技术和人工智能技术的无人装备，显著扩大作业范围，提高工作效率，减轻工作人员的体力负担。智能管控，即管理模式实现自主可控，为牧场提供智能化生产决策支持和生产全过程作业管理，指导制定生产计划，下达作业指令，对生产作业进行调度管控，通过机械播苗、自动监测、精准计量、智能采收、系统管理，贯穿牧场生产作业的全周期，形成从流程化到智能化的管理体系。

45.2.2.2 完善新体系

水域生态牧场的发展需构建理论、技术、装备、管控等新体系。坚持理论体系创新，构建监测评估、规划布局、生境营造、资源养护等理论体系，创新建设理念，拓展建设空间，打造“生态、精准、智能、融合”的水域生态牧场。坚持技术体系创新，依托北斗卫星导航系统精准定位与高分遥感基础服务，提升智能管控与少人化精准协同作业水平。坚持装备体系创新，通过研发水面自主监测无人船、水下巡检机器人与采收机器人等装备，实现监测、管理和采收效率的综合提升（夏显力等，2019）。坚持管控体系创新，通过信息化技术、智能化平台、机械化装备，实现播苗-监测-采收-加工-销售的自动化管控，构建产品质量安全全程追溯和管理体系，全面保障牧场的平稳运营（杨红生等，2018，2019）。

45.2.2.3 强化多驱动

水域生态牧场建设必须坚持场景驱动、种业牵动、牧养互动、装备推动、强强联动、政策促动等多元驱动（袁秀堂等，2022）。坚持场景驱动，将水域生态牧场看作一个大的“场景”，加强系统认知和立体透视，面向场景需求，阐明运营机制，实现驱动发展；坚持种业牵动，系统普查种质资源，突破关键物种资源修复技术，研究种质保存原理，筛选培育优质苗种；坚持牧养互动，以水域生态牧场作为大生态系统，以点状分布的养殖设施作为平台载体，使水上智能网箱和水下生态牧场相结合，兼顾环境保护、资源养护和渔业持续产出；坚持装备推动，研发轻简化、无人化装备，实现机械化播苗、自动化监测、精准化计量与智能化采收；坚持强强联动，政府做好规划指导，企业加强自主创新，学科激发人才活力，科技研发产出成果，金融配套强化保障，成果转化增加效益。坚持政策促动，积极响应国家海洋发展和区域协调发展需求，加大产业政策扶持力度，促进牧场建设。

45.3 水域生态牧场发展途径

45.3.1 从精准化到标准化的技术体系

45.3.1.1 监测与评价技术体系

生态承载力评估技术：EwE（Ecopath with Ecosim）模型是生物承载力及相关生物可持续产出能力评估的有力工具，其中 Ecopath 模型是当前评估牧场生态承载力的主流方法（刘辉等，2020）。环境监测评价技术：重点突破多元化环境监测评价技术，实现水环境和气象数据的多维度自动监测、无线传输及多终端访问，实现环境及生态要素的“实时监测+可视化”。生物要素监测评价技术：集成应用水下视频等光学成像监测技术，实现鱼类、甲壳动物、软体动物和棘皮动物的精准识别，直观获取生物资源变动的实时资料；综合利用成像声呐、回声探测和多频声学等技术开展水生物资源调查，对水下生境进行规模化成像（刘辉等，2020）。综合效益评价技术：加快提升生物遥测技术和水下定位系统，实现对多种生物的快速标记和精准遥测，有效提升回捕率计算及牧场生产效益评价的准确性；构建适用于牧场综合效益评估的指标体系和模型，实现牧场生产效益和生态效益的可靠评估（岳奇等，2020）。

45.3.1.2 选址与布局技术体系

选址调查技术：集成应用侧扫声呐技术、水下三维激光扫描技术、水域声光综合探测技术等，对牧场区域流场、水下地形地貌、渔业资源情况进行探测调查；创新开发优化层次结构模型等新型选址技术，结合历史资料分析法与站位调查法，对调查结果进行系统化分析评估，智能选择最佳构建区域（马龙等，2020）。规划布局技术：全面提升牧场布局设计、环境适应性评价、生态环境营造、资源评估和清洁能源保障等技术，精准评估牧场建设区的初始环境和生物承载力状况，优化牧场建设与相关产业融合发展布局，推动环境保护、资源养护和新能源开发的融合发展（杨红生等，2018）。信息化平台布设技术：重点突破环境-资源监测网络布设与综合预警预报技术，为智能监管和信息化运营奠定基础，保障牧场的资源安全和持续利用。

45.3.1.3 修复与养护技术体系

生境保护与修复技术：加快攻克生态承载力提升技术，优化食物网结构，丰富生物资源营养级结构，提升水域的生物承载力，根据水域特点科学保护生物栖息地，做到“先场后牧”，实现水域生态环境的保护和资源可持续利用（杨红生等，2019）；创新研发关键物种规模化扩繁和机械辅助移栽/播种技术，辅以生境构建的适宜性评价和生境改造技术，快速构建功能群（周毅等，2020）。生物资源养护技术：重点突破生物行为控制技术、增殖潜力评估技术、多物种生态混养技术，构建最适采捕量评估模型，建立牧场渔业资源信息的实时监测网络，采用多元模型预测评估牧场安全与经济生物资源产出，制定科学合理的采捕策略，促进关键苗种扩繁，保障重要增养殖经济物种的资源养护和优质安全生产（丁德文和索安宁，2022）。

45.3.1.4 信息与管理技术体系

资源生物精细化管理技术：全面提升智能管控信息系统，结合牧场生物资源量监测评估、生长状态智能监测与精准养殖、饵料智能投喂、物联网和检测控制等技术，实现定点投苗、智能投饵及无人化远程控制（吴有生等，2022）。经济物种监测巡检与智能采捕技术：综合完善牧场数据云服务平台，系统整合牧场生物产出量及智能精准加工技术，结合水上无人船、水下巡检机器人及采收机器人等装备，实现基于生产力、承载力的精确估算（方式上精准，数值上估算），确定最适采捕策略。预警预报与应急管控技术：集成应用地理信息系统技术、精准北斗卫星定位技术、气象及渔情多源信息集成智能管理技术，结合高光谱、高时空分辨率遥感技术，实现牧场环境的预报减灾及系统信息的综合管理（吴祖立等，2019）。

45.3.2 从轻简化到无人化的装备体系

45.3.2.1 环境监测装备体系

实时在线监测系统：创新开发由水质信息采集节点、数据中转节点和数据处理中心节点构成的水质环境监测系统，结合近岸浅水浮标、海床基等新型监测设备，实现牧场环境在线实时监测（曾兆铭等，2021）。走航连续性监测系统：全面提升无人测量船平台和卫星导航定位系统，搭载多波束测深装备、侧扫声呐探测装备，实现牧场环境走航连续调查（赵晓龙等，2020）。自动巡航监测系统：综合利用无人机、无人艇、水下滑翔机等新型设备，结合数据的云存储和信息处理平台，实现牧场环境自动巡航监测（刘辉等，2020）；多维监测集成系统：集成应用浮标原位实时监测装备、动态监测无人船及无线传输系统，形成完整的牧场信息监测网络。

45.3.2.2 资源探测装备体系

水域生物资源探测系统：综合应用水下三维激光系统、光学摄像照相系统等图像识别和信息处理装备，提供牧场水下目标物的基础信息（马龙等，2020）；综合应用单波束声呐、多波束声呐和鱼探仪等多种声学设备，对牧场的渔业资源种类、分布和增殖情况进行定期探测评估；借助缆控水下潜器和自主水下潜器等可移动式探测平台，实现牧场生物多样性、优势物种及牧场健康状态评估。水域动力环境探测系统：重点利用水域动力环境探测卫星提供的多要素动力环境信息，借助搭载声学多普勒海流剖面仪、多波束及浅剖装备的无人船等，实现牧场潮汐能、波浪能、海流能等动力资源的大范围环境探测（马龙等，2020）。

45.3.2.3 牧场构建装备体系

人工鱼礁装备：基于水域环境和牧场发展定位可因地制宜地投放渔获型、保护型、培育型、诱导型和增殖型人工鱼礁，为水生生物提供生长、繁殖、索饵和庇护的场所。深远海智能化网箱装备：“深蓝 1 号”“经海 1 号”等大型深远海智能网箱搭载全覆盖式深远海养殖所需装备，推动标准化、集约化、规模化、智能化深远海养殖，在减少养殖污染的前提下，显著提高养殖资源产出效益。大型智能化养殖工船：十万吨级大型养殖工船“国信 1 号”能实现深层测温、智能取水与交换、饲料仓储与自动投喂、舱养水质环境监控以及鱼类行为监测等功能（吴有生等，2022）。自升式多功能牧场平台：利用风能、太阳能等绿色能源进行供电的自升式多功能牧场平台，具备水质、水文、气象监测、海上值守瞭望等功能，还可为休闲垂钓、海上观光提供舒适安全的场所，延长休闲渔业产业链。渔业配套船舶装备：活鱼运输船、饲料运输船等作为牧场的辅助配套装备，可为深远海牧养互动提供全面保障，有效拓展绿色生产空间。

45.3.2.4 信息管理装备体系

立体监测和数字化管理平台：全面提升指挥监测系统、能源系统和作业系统的协同能力，利用通信系统与岸基中心进行信息反馈和指令接收，对牧场生态系统环境要素和生物状况进行实时监测，实现网箱无人作业和远程操控。大数据分析和专家决策系统：系统整合牧场水文、气象、水质、资源等相关数据，对牧场环境面临的风险因素、级别和风险区域位置进行精准评估和预报，运用机器学习等方法对生物生长状态进行诊断和预警，保障牧场生产运营安全。

45.3.2.5 业态融合装备体系

渔能融合装备：将海上风机装备与监测平台、智能化网箱、水面筏架、水下礁体等有机结合，实现海洋牧场与海上风电融合发展；利用波浪能发电平台、海上波浪能供电浮标等装备，实现海上波浪能与牧场互动的立体化开发；利用桩基式、漂浮式的海上光伏装备，实现海上光能与资源增殖的综合利用。渔旅融合装备：以滨海沙滩、海钓基地、渔家乐园、渔俗新村、海上民宿等休闲平台为载体，完善游钓型快艇、海上观光游艇、水上运动装备、半潜船、水下观光潜器、潜水安全保障装备等设施，构建集“休闲观光、竞技垂钓、水下探险、餐饮娱乐、科普教育”等功能于一体的生态体验型水域生态牧场。

45.3.3 从流程化到智能化的管理体系

45.3.3.1 流程化管理体系

苗种投入与生产监测管理体系：利用机械化设备大范围精准投放苗种，建立牧场环境因子和渔业资源信息实时监测网络，确保牧场可视、可测、可控、可预警，实现机械化播苗和自动化监测。牧场资源探测与采收管理体系：发展浑浊水体机器人自主采收“手眼协同”智能控制设备，依托北斗卫星定位，结合自主监测水面无人船、水下巡检机器人与无人采收机器人等装备，实现智能化采收和系统化管理（杨红生和丁德文，2022）。保鲜贮藏、物流和加工管理体系：应用新型生物保鲜技术，推动物流公司和精深加工企业建立稳定的合作关系，做到保鲜加工、快速送达。在整个生产过程当中，加强水上看护，利用水上平台、水上巡逻和远程监控等手段，实现实时精准监控管理，确保牧场的安全平稳运行。

45.3.3.2 智能化管控体系

生境与资源信息评估系统：可实现牧场生境特征和本底资源的智能化调查。生态同步实时监控与警报系统：可实现牧场资源生物和生态状况的智能化监控。生产过程和资源管理系统：可实现牧场生产过程的智能化管理和生产效益的智能化评估。产品生产加工销售与安全信息系统：可实现供应链上下游信息的实时共享和高效协同。智能化管控体系使价值链各环节的运营更加高效敏捷，减少协调成本，优化内外部资源的整体配置和管理，为生态系统和产业链创造更多的价值，实现牧场产品从生产走向市场的智能化管控。

45.4 水域生态牧场发展模式

45.4.1 基于场景驱动的四场联动布局模式

水域生态牧场要求兼顾不同场景，通过四场联动逐步拓展产业空间。四场联动模式是指通过淡水生态牧场、滩涂生态牧场、浅海生态牧场和深远海智慧渔场的四场联动，构建智慧养殖、智能捕捞和绿色加工等新生产体系。在淡水水域以水域生态系统的保护、养护与修复为重点，在滩涂以生境修复、苗种培育、增殖放流为突破，在浅海以引领现代化海洋牧场发展为主线，在深远海以提高装备养殖、精准捕捞和一体化加工能力为抓手。强化水域生态牧场的空间布局优化，除深远海智慧渔场投饵外，其他三场尽可能做到不投饵、不施肥、不用药，通过生态系统的连通，实现物质和能量的充分利用，推动渔业产业迈上新台阶。

45.4.2 基于种业牵引的陆海贯通发展模式

水域生态牧场要求陆海链条贯通统筹发展，通过陆海接力逐步实现牧养互动的一体化。陆海接力模式将陆基工厂化循环水养殖和海上深水网箱、大型生态围网和智能化养殖工船相结合，充分发挥陆海的区位优势。陆上建设种业基地，生产优质饵料，加强苗种免疫，防控生物病害；海上提供自然生境，优化区域环境，拓展产业空间。强化陆上种业创新的重要性，加快完善苗种“保、育、测、繁、推”的一体化建设，推动良种开发、苗种培育、生境优化、生态增养殖和终端销售的创新结合，集成装备化、信息化的先进管理技术，实现产业链条的整体优化。

45.4.3 基于三生一体的点面结合牧养互动模式

水域生态牧场要求以点带面、点面结合促进牧场建设，牧养互动模式亟待研究和实践应用。在水面设置智能网箱，提升牧场水面空间的综合利用能力，作为实现工业化生态养殖和智能化实时监测的核心枢纽和关键载体；在水下构建生态牧场，利用天然饵料，减少人工投饵、投药造成的水质污染。坚持“生态、生产、生活”三位一体，强化牧场的产业转型升级，从粗放式到精细化再到生态化发展，合理利用各类资源，形成多层次、多结构、多功能的动态平衡系统，实现环境保护和渔业产出的多赢。

45.4.4 基于生态系统的立体集群业态融合模式

实现空间融合：实施水上水下立体化开发，综合利用水面光能、风能、波浪能和潮汐能与水下生物资源，实现海上风机、监测平台、智能网箱、人工鱼礁和养殖筏架的综合利用；实施陆水一体化开发，充分挖掘陆上的研发、加工、运输和销售潜力以及水域的修复、保护、养护和生产潜力，实现水陆空间融合发展。实现结构融合：加强牧场构建设施与海上风电、光伏发电、波浪能发电等设施的有机结合，实现结构和谐与多用。实现功能融合：通过牧场与能源融合发展，提供优质蛋白和清洁能源，推动新旧动能转换；通过牧场与装备制造及加工运输融合发展，充分拉动上下游产业和周边区域产业，刺激经济增长，促进产业互动和体系化建设；通过牧场与休闲渔业及生态旅游融合发展，充实渔业发展内涵和空间，促进生态环境的修复保护，实现观光、游览、垂钓、科普和研学等多重功能。实现业态融合：在水域生态牧场提供的生态场景下，保障充足的能源供给，推动第一、第二、第三产业优化重组、交叉互渗，形成水上城市综合体，构建业态融合运营模式；加强文化创新与建设，在系统传承中国传统文化（特别是渔文化）的同时，在结构、物化、精神等层面，积极开展文化创新和实践，让水域生态牧场成为“人鱼同乐”家园。

45.5 总　　结

水域生态牧场是海洋牧场发展的内涵和空间拓展，是我国渔业发展的新模式和业态发展新途径。在水域生态牧场的建设中融入数字赋能，将发挥数据作为新型生产要素的价值，形成智能感知-智能作业-智能管控的新范式，创新从数字化到体系化的理论体系，创建从标准化到精准化的技术体系，构建从轻简化到无人化的装备体系，形成从流程化到智能化的管理体系。四场联动、陆海贯通、牧养互动和业态融合作为水域生态牧场的发展模式，兼顾不同场景，发挥种业牵引，实现点面结合，推动空间、结构、功能、业态融合发展。要切实根据自身发展情况、资源禀赋等条件，合理选择发展模式，构建良性发展的技术、装备和管理体系，实现水域生态牧场的可持续发展，为渔业的中国式现代化发展提供成功范例。

（杨红生　江春嬉　张立斌　李富超　许　强　任焕萍　林承刚）

参考文献

陈海贝, 卓翔芝. 2019. 数字赋能研究综述. 图书馆论坛, 39(6): 53-60, 132.

陈利根. 2022. 坚持以大食物观统筹保障粮食安全. 群众, (9): 26-27.

丁德文, 索安宁. 2022. 现代海洋牧场建设的人工生态系统理论思考. 中国科学院院刊, 37(9): 1335-1346.

高子舒. 2019. 生态文明建设背景下农村生态环境建设的意义、问题与对策研究. 农业经济, (7): 33-34.

焦念志, 戴民汉, 翦知湣, 等. 2022. 海洋储碳机制及相关生物地球化学过程研究策略. 科学通报, 67(15): 1600-1606.

李加林, 沈满洪, 马仁锋, 等. 2022. 海洋生态文明建设背景下的海洋资源经济与海洋战略. 自然资源学报, 37(4): 829-849.

刘辉, 奉杰, 赵建民, 等. 2020. 海洋牧场生态系统监测评估研究进展与展望. 科技促进发展, 16(2): 213-218.

马龙, 马治忠, 曾现敏, 等. 2020. 基于海洋声光综合探测技术的海洋牧场应用研究探讨. 海洋技术学报, 39(6): 89-98.

秦秋霞, 郭红东, 曾亿武. 2021. 乡村振兴中的数字赋能及实现途径. 江苏大学学报(社会科学版), 23(5): 22-33.

吴有生, 司马灿, 朱忠, 等. 2022. 海洋装备技术的重点发展方向. 前瞻科技, 1(2): 20-35.

吴祖立, 张胜茂, 戴阳, 等. 2019. 空间信息技术在海洋牧场中的应用研究进展. 海洋渔业, 41(6): 753-762.

夏显力, 陈哲, 张慧利, 等. 2019. 农业高质量发展: 数字赋能与实现路径. 中国农村经济, (12): 2-15.

杨红生, 丁德文. 2022. 海洋牧场 3.0: 历程、现状与展望. 中国科学院院刊, 37(6): 832-839.

杨红生, 霍达, 茹小尚, 等. 2020. 水域生态牧场发展理念与对策. 科技促进发展, 16(2): 133-137.

杨红生, 杨心愿, 林承刚, 等. 2018. 着力实现海洋牧场建设的理念、装备、技术、管理现代化. 中国科学院院刊, 33(7): 732-738.

杨红生, 章守宇, 张秀梅, 等. 2019. 中国现代化海洋牧场建设的战略思考. 水产学报, 43(4): 1255-1262.

袁秀堂, 于正林, 王清, 等. 2022. 试论黄河三角洲生态农牧化高质量发展的策略与途径. 水产学报, 46(4): 626-635.

岳奇, 鄂俊, 杜新远, 等. 2020. 我国北方典型海洋牧场综合效率评估初探. 海洋湖沼通报, 42(6): 142-149.

曾兆铭, 王启铭, 吴胜, 等. 2021. 海洋生态牧场水质环境监测系统设计. 智慧农业导刊, 1(21): 7-9, 13.

赵晓龙, 夏涛, 张秋艳. 2020. 基于无人测量船的人工鱼礁投放空方量测量与评估. 海岸工程, 39(3): 196-203.

周毅, 徐少春, 张晓梅, 等. 2020. 海洋牧场海草床生境构建技术. 科技促进发展, 16(2): 200-205.

46 再论海洋农业第三次飞跃：途径与任务

我国蓝色国土幅员辽阔，海岸线绵长，海洋生物资源丰富，为海洋农业的发展提供了得天独厚的基础。自 1988 年以来，我国水产品总产量持续位居世界首位；自 2006 年起，海水养殖量超过了捕捞量，2023 年我国海水产品总量达到 3585.32 万吨。海洋农业不仅有效促进了沿海地区的经济发展，也为增加就业和居民收入提供了重要机会。发展海洋农业对于保障食品安全、优化大农业产业结构具有重大意义。

半个世纪以来，我国海洋农业实现了两次飞跃发展。“要树立大食物观，既向陆地要食物，也向海洋要食物，耕海牧渔，建设海上牧场、‘蓝色粮仓’。种业是现代农业、渔业发展的基础，要把这项工作做精做好。要大力发展深海养殖装备和智慧渔业，推动海洋农业向信息化、智能化、现代化转型升级”。在社会发展需求和资源环境刚性约束要求下，我国的海洋农业发展正迎来第三次飞跃。

46.1 第一次飞跃的典型特征：单种产业浪潮

新中国成立以来，我国在重要经济海洋生物的人工繁育与养殖技术领域取得重大突破，成功实现了海带、对虾、扇贝、大菱鲆、仿刺参等 100 多种野生海洋动植物的规模化繁殖和增养殖，形成了藻、虾、贝、鱼、海珍品五次产业浪潮，推动了我国海洋农业由传统捕捞为主向野生型种类养殖产业化的第一次飞跃。

46.2 第二次飞跃的典型特征：全产业链发力

进入 21 世纪，我国实施了海洋捕捞负增长计划，海水养殖业依托“以养为主”政策及种业创新，成为海洋农业发展的主要动力。苗种、饲料、加工、增殖和生物制品等相关产业也蓬勃发展。海洋农业逐步向生物良种化、技术工程化、产品高质化和环境洁净化方向迈进，实现了第二次飞跃发展。

养殖生物良种化。截至 2023 年，我国从事水生生物孵化、繁育生产的苗种场 15000 多个，虾类育苗量为 17465 亿尾，贝类育苗量为 40639 亿粒，海带育苗量为 342 亿株，鱼类育苗量为 133 亿尾，海参大规模苗种量为 646 亿头。培育出 152 个海洋生物新品种，为海洋农业提供了种质支撑。

养殖技术工程化。目前，我国海水工厂化养殖规模达 4460 万立方米，其中循环水养殖面积 50 万平方米，涵盖鱼类、甲壳类、贝类、藻类及棘皮动物等 20 余种高经济价值物种。工厂化循环水养殖的平均单产达到传统流水养殖的 3 倍，显示出巨大的发展潜力。

养殖产品高质化。目前，我国以 200 多亿美元的水产品出口额持续保持全球首位，三类水产品出口总量达 380 万吨，在全球市场份额中占比超过 40%。加工技术从单一的传统鱼虾初级保鲜处理，发展为涵盖冷藏、冰鲜、腌制、熏制、罐制、调味熟制、鱼糜加工、药物与保健品、鱼粉与饲料、海藻化工等十多个专业领域的综合型产业。

养殖环境清洁化。资源节约型和环境友好型循环水养殖技术体系已在海水工厂化养殖领域实现规模化应用，通过精准控制水体交换率和污染物排放，显著降低了能源消耗与生态负荷。池塘围堰养殖系统通过结构优化与技术升级，初步实现了物质分级利用。滩涂与浅海养殖领域积极推行“离岸式清洁生产”模式，基于环境承载力评估体系，在渤海、黄海等典型海域构建了多营养级立体养殖模式，形成了藻-鱼-参、藻-贝-参、草-参-贝等生态耦合体系。

46.3　第三次飞跃的典型特征：海上牧场建设

海上牧场是海洋牧场建设的升级版，在发展空间、模式、业态等方面都有拓展。海上牧场是一种新业态，坚持生态保护优先，自然修复为主，构建基于生态学原理，环境保护、资源养护、渔业持续产出的复合生态系统，坚持场景驱动、种业牵动、装备推动、新质赋能、立体开发等发展理念，构建牧养互动、三产融合、渔旅融合、渔能融合等发展模式，实现海洋区域生态、经济、社会高质量发展。从空间拓展的角度出发，水产种业、海洋牧场、深远海养殖、捕捞、加工都属于海上牧场建设与发展的组成部分。

海洋牧场建设初见成效。2015 年以来，9 批 189 处国家级海洋牧场示范区获批建设，引领带动了全国海洋牧场建设持续健康发展，带动全国累计建成海洋牧场 300 多个，用海面积 3000 多平方公里。全国累计投入建设资金达到 100 多亿元，投放鱼礁 5000 万余空立方米，养护生态关键种、渔业经济种和珍稀濒危种共计 102 种，有效维持了海洋生物多样性。人工鱼礁区渔业资源密度比投礁前提高 8 倍以上。局部修复牡蛎礁、海草床、海藻场、珊瑚礁近海受损生境，有效改善了海域生态环境，海洋牧场年固碳量达到 19 万吨，消减氮 1.7 万吨、磷 1684 吨，年生态效益 604 亿元。

深远海养殖初具规模。近年来，我国深远海养殖发展迅猛，但养殖产品成本高、碳足迹高、饲料利用率低的顽疾还没能解决。目前，建成重力式网箱 2 万余口，研制深远海网箱、平台和工船等大类 40 台（套）。养殖种类包括大西洋鲑鱼、硬头鳟、虹鳟、太平洋鲑、大黄鱼、卵形鲳鲹、许氏平鲉、花鲈、军曹鱼、石斑鱼等。年产海水产品约 40 万吨，占海水鱼养殖产量的 20%以上，但如何将人工鱼礁等资源环境养护设施与网箱等养殖设施科学布局难题仍未得到解决。

数字赋能促进多业态融合发展。基于海洋牧场监测网、近海海洋观测网络，构建立体化环境与牧养状态监测网络；研发一整套海洋牧场智能管控信息系统软件，包括产能评估、作业调度管理等功能；研制了多用途水面、水下作业系列装备，部分实现了少人化、轻简化海上作业新模式。推动海洋牧场产业的一二三产优化重组、交叉互渗。尝试了海洋牧场与清洁新源、滨海旅游、休闲渔业、文创产业、科普活动等多业态融合发展。

46.4 第三次飞跃的必要性分析

（1）实现渔业新空间拓展的需要

党和国家高度重视现代渔业发展，多次强调渔业新空间拓展和新资源开发的重要性和紧迫性。实施海洋农业新空间拓展和新资源开发科技创新，对于抢占海洋农业科技制高点、提供优质蛋白、保障食品安全、助力乡村振兴、实现稳疆固边，具有重大意义。大食物观、大农业观为渔业创新与空间拓展提出了新要求。面对资源环境的刚性约束和人民对美好生活的向往，我国渔业新空间拓展和新资源开发势在必行，现代海洋牧场、近海和深远海养殖、远洋极地等正是渔业新空间拓展和新资源开发的重要场景，形成新质生产力，提升海洋农业生产效率。

（2）保障国家粮食安全的需要

从长远看，我国经济社会的持续发展和人口增加与土地、水及能源资源约束的矛盾将长期存在，对优质食物的刚性需求将持续增加。当前，我国耕地面积持续减少，粮食供求处于紧平衡状态，且全球粮食价格高位运行，要确保实现 95%粮食自给的目标，仅靠守住 18 亿亩耕地是不够的[5]。多年实践证明，以鱼、虾、贝、藻、参等为代表的海洋农业不仅不与人争粮、不与粮争地，在利用现代养殖和生态养殖技术的条件下，还具有循环利用资源、减少污染排放的特点。因此，化解我国粮食安全问题必须“海陆并进”“走向深蓝”，深耕蓝色国土，建设海上牧场，蓝色粮仓，构建完善的现代海洋农业产业体系，生产出更多优质、安全的海洋食品。

（3）应对资源环境约束的需要

2023 年，我国近岸海域劣四类水质面积平均占比为 7.9%，主要超标指标为无机氮和磷酸盐。大规模围填海、港口建设等导致海湾缩小，生境改变甚至丧失。

自 20 世纪 60 年代末以来，过度捕捞造成生物资源量急剧减少，导致一些传统优势渔业种类消失，部分海域如渤海几乎无鱼可捕。粗放式的池塘养殖、网箱养殖产生的养殖废水超过了海域自净能力，已成为近海重要污染源。在海洋环境资源约束趋紧的情况下，海洋农业要走良种培育、适度捕捞、资源养护、生态养殖、精深加工的可持续发展之路，实现海洋生态系统与经济系统的良性循环。

（4）应对全球气候变化的需要

近年来，随着全球气候变化和人类活动的双重影响不断加剧，海洋渔业系统正面临多维度的环境胁迫。全球变暖导致海水温度上升，迫使鱼类向高纬度或更深水域迁徙。台风、海洋热浪等极端天气事件频发，导致渔业设施损毁及鱼类规模化急性死亡事件频发。海水过量 CO_2 吸收使水 pH 值下降，显著抑制贝类与造礁珊瑚等钙化生物的外骨骼生物矿化过程，威胁其生存及食物链稳定性。海草床、海藻场等栖息地破坏而功能衰退。海洋缺氧区扩大限制鱼类呼吸与代谢，如北太平洋缺氧区已导致部分经济鱼类种群锐减。浮游群落结构重组引发的营养级联效应影响鱼类饵料供应，暖水种扩张挤压冷水种生存空间。

（5）新质赋能渔业发展的需要

我国海洋农业发展仍面临许多问题，亟须通过传统产业转型升级、培育新兴产业、以新质生产力重塑产业技术架构，实现海洋农业跨越式发展。种业创新是解决产业高效发展的重要抓手，种业是海洋农业的“芯片”，基因编辑等技术就相当于“光刻机”，然而基因组编辑、分子模块组装等精准育种技术体系尚未实现全链条贯通；海洋牧场建设已形成人工生境工程化营造技术和生物功能群养护技术，但智能化管控系统和无人化装备的研发较为薄弱；深远海养殖多依赖近海和陆基经验，高海况养殖设施智能化和高效养殖技术仍存短板；远洋捕捞已研发出鱿钓机和磷虾拖网等装备，但捕捞装备的智能化水平和极地新资源的开发能力有待提高等。

46.5 第三次飞跃的远景和策略分析

（1）发展愿景

在海洋国土空间治理框架下，以建设海上牧场为切入点，聚焦渔业新空间和新资源的开发与可持续利用，构建智能感知-智能管控-智能作业新范式，实施海洋农业种业振兴、海洋牧场业态融合发展、深远海养殖产业引领和远洋极地新资源开发四大科技-产业创新工程，拓展新空间，开发利用新资源，提高国家在近海、深远海、远洋的资源掌控力和可持续利用能力，提供优质蛋白，保障食品和生态安全，助力乡村振兴和渔业现代化发展，实现生态、社会和经济效益协同发展，为践行大食物观、大农业观，国家粮食安全，稳疆固边提供重要保障。

（2）发展策略

“陆海统筹”谋划产业布局，统筹海洋农业和陆地种植业、畜牧业发展，将海洋农业上升到确保国家粮食安全的重要产业；统筹布局海上牧场与精深加工、清洁能源、生态旅游、休闲渔业等业态融合发展。

“四动合一”推进海上牧场建设，场景驱动作为科技创新和产业发展的基础，种业牵动作为科技创新和产业发展芯片，装备推动作为从轻简化到无人化的抓手，牧养互动作为产业发展的重要模式。

“四化同步”构建现代产业，促进工业化、信息化、城镇化、农业现代化同步发展的新时期，必须坚持符合海洋农业实际的生态化、自动化、信息化、智能化的“四化同步”发展道路，深入实施创新驱动发展，通过科技创新和商业模式创新，推动现代海洋农业的发展。

“多元融合”打通全产业链，以知识提升经济，以技术催生产业，按照“围绕产业链，部署创新链、运用资金链、提升价值链”的指导思想，实现海洋农业产业的生产、加工与流通的三产贯通，实现我国海洋农业与生态旅游、清洁能源等融合发展。

“新质赋能”构建蓝色粮仓，推动政、产、学、研、用协同创新，重点解决科研、产业“两张皮”的痼疾。强化技术支撑能力，科技与产业协同创新引领自主知识产权为主导的海洋农业产业健康快速发展。

46.6 实现第三次飞跃的重点任务

（1）海洋农业种业振兴工程

针对海洋农业主产业缺重大品种、养殖业缺优质苗种、新模式缺适宜品种等产业需求，聚焦具有重大育种价值的基因待挖掘，育种周期长、快速精准育种技术缺乏，新品种-养殖模式互作的育种研发体系未建立等重点技术瓶颈，瞄准海上牧场建设和深远海健康养殖对增殖放流原种和重要养殖对象，研发原种保护、配子超低温长期保存、活体种质资源库建设技术，突破提纯复壮、精准育种和育种平台建设技术，优化安全评价、性状评价、评价中心建设技术，建立规模化制种、标准化繁育、繁育基地建设技术，形成良种溯源鉴定、产业化应用、交易平台建设技术，保护和选育一批适宜海洋牧场增殖放流和健康养殖的优良种质和新品种，创建现代海洋农业种业“保、育、测、繁、推、管”一体化技术体系。

（2）海洋牧场业态融合发展工程

针对现有海洋牧场产业面临的问题，如人工增殖群体对野生种群或群体影响、综合效益等评估原理，海草床、海藻场、珊瑚礁和牡蛎礁原位生境修复、海洋牧场建设和运营中的智能感知和智能管控以及少人化、无人化作业等技术瓶颈，研发自然生境与人工生境协同修复技术，营造恢复海草床、海藻场、牡蛎礁、珊瑚礁等典型生境，研究基于生态结构优化、资源养护、科学采捕原理与技术；实施黄渤海滩涂的生态农牧化开发，建立黄渤海区域的智能管控与立体融合管理模式，提升东海传统渔场的功能并构建智能融合型海洋牧场，优化南海岛礁的生态结构并拓展其功能，研发无人海上牧场技术与装备；研发现代海洋牧场建设效果评价模型，评估综合效益，构建渔能融合、渔旅融合、牧养互动等产业融合发展的海洋生态牧场新模式。

（3）深远海养殖产业引领工程

针对深远海养殖产业面临的问题，包括适合深远海养殖高品质种类选择，设施装备稳定性、耐久性和性价比，企业营利性与消费者可购性相统一、智能化与渔农再就业相矛盾等问题，研发新型深远海绿色高效养殖模式，创建基于非化石能源的新型养殖设施，构建三产融合的深远海生产范式；研发养殖海域环境容量的评估技术和环境预报系统，筛选适宜养殖种类，构建多营养层次综合养殖模式或基于深远海环境容量的养殖模式；研发高效功能性饲料、精准投喂和病害防控技术；研制智能化桁架式网箱、自动化网衣清洗、智能监测和自动起捕等智能化装备，构建陆海联动智能管控与安全保障系统。

（4）远洋极地新资源开发工程

瞄准远洋与极地渔场的形成机制，目标物种的行为规律，精准捕捞与智能管控等理论基础，聚焦远洋与极地渔业数字孪生、精准高效捕捞技术，渔情中长期智能预报技术，远洋渔业全产业链信息感知技术，船上渔获预处理与船岸联动的冷链贮运技术等瓶颈，以实现焦远洋极地渔业空间拓展为目标，开发极地、过洋深海、大洋公海等海域资源潜力较大的鱼类、虾类、头足类等新资源，研发目标鱼种适捕性强的新渔具、新装备和新业态；构建大洋钓捕作业与渔具动力学多粒度模型，开发大洋钓捕作业数字孪生系统；研发高选择性、高性能、多功能的远洋渔具及商用探鱼仪等助渔设备；构建渔情中长期预报和渔海况智能解读语言 AI 大模型；开发船上冷冻加工预处理新技术以及船岸联动的贮运新模式；研发远洋渔船安全、渔获溯源、监管技术，以及国际履约服务决策系统，提出远洋渔业资源养护的中国方案。

综上所述，海洋农业三产飞跃并不是截然分开的，而是在一定时间和一点场景下并存的。海上牧场建设是实现海洋农业第三次飞跃的重要途径，其特点是统筹布局、新质赋能、范式构建和融合发展，充分发挥新认知、新技术、新装备、新产品和新模式作为新型生产要素的价值，形成智能感知-智能管控-智能作业的新范式，才能实现我国海洋农业的第三次飞跃。

（杨红生）

参 考 文 献

陈松林, 卢昇, 荣小军, 等. 2024. 山东省水产种业高质量发展战略研究. 水产学报, 48(10): 3-16.

董双林, 董云伟, 黄六一, 等. 2023. 迈向远海的中国水产养殖: 机遇、挑战和发展策略. 水产学报, 47(3): 3-13.

董双林, 苏跃朋. 2024. 我国深远海养殖发展的科学和经济逻辑. 中国渔业经济, 42(6): 10-16.

方海, 谢营梁, 李励年. 2008. 国外休闲渔业可持续发展管理现状及我国休闲渔业管理对策. 现代渔业信息, 23(10): 16-18.

高磊, 陆亚男, 马卓君, 等. 2013. 我国海洋农业高新技术产业发展技术路径初探. 中国渔业经济, 31(1): 35-40.

桂建芳, 包振民, 张晓娟. 2016. 水产遗传育种与水产种业发展战略研究. 中国工程科学, 18(3): 8-14.

郭根喜. 2006. 我国深水网箱养殖产业化发展存在的问题与基本对策. 南方水产, (1): 66-70.

胡红浪, 韩枫, 桂建芳. 2023. 中国水产种业技术创新现状与展望. 水产学报, 47(1): 1-10.

黄小华, 庞国良, 袁太平, 等. 2022. 我国深远海网箱养殖工程与装备技术研究综述. 渔业科学进展, 43(6): 121-131.

李大海, 韩立民. 2019. 陆海统筹构建粮食安全保障新体系研究. 社会科学辑刊, (6): 109-117.

李道亮, 刘畅. 2020. 人工智能在水产养殖中研究应用分析与未来展望. 智慧农业, 2(3): 1-20.

鲁泉, 方舟, 李楠, 等. 2023. 以灰色系统理论(GM)模型为基础构建印度洋捕捞渔获量预测模型. 水产学报, 47(6): 32-40.

麦康森, 吕美东, 何艮. 2021. 水产饲料的蛋白源问题: 提高饲料蛋白质利用率新思路. 饲料工业, 42(1): 1-6.

石建高, 余雯雯, 卢本才, 等. 2021. 中国深远海网箱的发展现状与展望. 水产学报, 45(6): 992-1005.

孙龙启, 叶乃好. 2024. 大食物观下中国海水鱼养殖业绿色发展效率提升路径研究. 海洋开发与管理: 1-11.

唐启升, 蒋增杰, 毛玉泽. 2022. 渔业碳汇与碳汇渔业定义及其相关问题的辨析. 渔业科学进展, 43(5): 1-7.

相建海. 2013. 中国水产种业发展过程回顾、现状与展望. 中国农业科技导报, 15(6): 1-7.

徐皓, 刘晃, 黄文超. 2024. 深远海设施养殖装备技术进展与展望. 上海海洋大学学报, 32(5): 893-902.

徐皓，张祝利，张建华，等．2011．我国渔业节能减排研究与发展建议．水产学报，35(3): 472-480.

杨红生. 1999. 试论我国“蓝色农业”的第二次飞跃. 世界科技研究与发展, 21(4): 77-80.

杨红生，丁德文. 2022. 海洋牧场 3.0：历程、现状与展望. 中国科学院院刊, 37(6): 832-839.

杨红生，江春嬉，张立斌等．2023．试论数字赋能助力水域生态牧场建设．水产学报，47(4): 91-99.

国家统计局. 2024．渔业统计年鉴 2023．北京：中国统计出版社.

中华人民共和国农业农村部渔业渔政管理局，全国水产推广总站，中国水产学会. 2024. 2024 年中国渔业统计年鉴. 北京：中国农业出版社.

中华人民共和国生态环境部. 2024. 2023 中国海洋生态环境状况公报.

后　　记

踌躇满志欲登高，飞奔凭年少。信步当防踏空险，成事介于有意无意间。勇立峭岸接地气，偷闲观虹霓。放眼望去必有峰，学问尽在心领神会中。我常常在想，我的前半生基本上是一个穿越的过程。生在淮河边上的安徽霍邱，丰虾银鱼是故乡城东湖的特产，由此报考了水产专业。来到长江边的狮山南湖，大学毕业论文研究的是团头鲂，即武昌鱼；硕士毕业论文研究的是大鲵，即娃娃鱼。毕业后来到黄河边上的新乡，成为一名教师并养殖草鱼。三年后，又来到黄海边上的青岛，攻读博士学位，从海水养殖到海洋牧场，与参为朋，与湾为伴，与海结缘。

晕海是问海的过程，更何况我“晕”码头。问海，多么充满诗意的字眼！海洋是生命的摇篮、风雨的温床、资源的宝库、交通的要道、国防的屏障。浩瀚的海洋面积达 3.62 亿 km^2，约占地球表面积的 71%；拥有 13.5 亿万 km^3 的水，约占地球上总水量的 97%。从太空看，地球是一个蓝色的“水球”，人类居住的陆地是几个“岛屿”。海洋说大也大，说小也小，人均面积不过 0.05km^2，海水说多也多，说少也少，人均不到 200m^3。生命起源于海洋，逐渐进化成陆生高等动植物，甚至人类。2.6 亿年前，一些哺乳动物再次返回海洋，它们是食肉动物和有蹄类动物的后代，身体逐渐变长，足变成蹼，缩短成为鳍，有毛、乳腺和恒定的体温。21 世纪是海洋的世纪，谁拥有了海洋，谁就拥有了世界。由此看来，人类将主动地重返海洋，从而认知海洋、利用海洋、生态海洋、管控海洋、和谐海洋。

向海则兴，背海则衰。无论是公元前 5 世纪至 4 世纪的地中海文明，还是 15 世纪开始的大西洋文明，都是伴随着航海和海洋商贸应运而生的。长期与海洋的抗争，使人类具有探险精神，渴求知识、乐于探究。问海是一个艰辛的旅程，也是高风险、高投入、高回报的实践。一层浅浅的海水挡住了多少睿智的视野，广袤的洋面，让多少人迷失了方向。凡事豫则立，不豫则废。为了更好地顺应自然，更好地造福子孙后代，问海将是人类不断追求的过程。就我而言，要命的晕海就是我问海的过程。

论渔，多么让人兴趣盎然的话题。兴渔盐之利，行舟楫之便。民以食为天，无鱼不成席。以海为田，耕海牧渔。中国人对渔业的重视是世界上任何一个民族无法可比的，创造了丰厚的理论、技术和海洋文化。我国拥有世界上最大规模的水产养殖业，也是世界上唯一养殖产量高于捕捞产量的国家。然而，我国近海环境状况不容乐观，近 40 年来，大规模围填海造地活动使滨海滩涂面积累积损失约占中国滨海湿地总面积的50%。主要河流入海污染物总量总体呈现波动上升趋势，近海海域一半以上受到污染，而海湾是污染最严重的海域。近海渔业资源严重衰退，管辖海域的渔业资源可捕捞量大约是900万t，而实际年捕捞量接近1000万t。捕捞对象也由20世纪60年代的大型底层和近底层种类转变为小型中上层鱼类为主，经济价值大幅度降低。食物链的短缺，导致营养盐在较低的食物链水平传递，进而导致赤潮、绿潮、水母、海星、蛇尾频繁暴发。水产品质量安全状况虽然总体稳定向好，但仍存在不容忽视的问题和隐患。

论渔，是一场酸楚而美丽的梦。如何实现渔业的可持续发展？如何实现量大质优价廉水产品的稳定供给？如何实现渔业生产与环境和谐发展？半个多世纪以来，我国渔业历经了由捕捞向野生型种类养殖产业化发展的第一次飞跃，以及养殖业逐渐实现生物良种化、技术生态工程化、产品高质化和环境清洁化的第二次飞跃。进入21世纪以来，我国经济社会、资源环境条件发生了巨大变化，渔业发展也面临着种质创制、健康养殖、生境修复、友好捕捞、绿色加工等重大科学问题和重大技术瓶颈，推动渔业由传统向现代跨越的时机已经成熟，我国渔业也将迎来以“绿色、低碳、智能”为特色第三次飞跃，而实现第三次飞跃关键在于生态化、精准化、智能化和融合化。在我看来，论渔刚刚起步，自觉任重而道远。

劈波斩浪搀旗舰，相距前帆过十年；知识创新勤乃本，技术突破用为先。问海深究无境界，论渔共谱和谐篇；广汇尖兵搭人梯，再创辉煌在明天。文集收集了1994～2025年发表或撰写的综述性和前瞻性的文章，以发表或成稿时间为顺序。绝大部分是和其他同仁共同署名的文章，徐冬雪、安蓓蓓、孙景春和江春嬉等协助收集整理了全文，感谢各位的大力支持！由于本人水平有限，难免有不当之处，敬请提出宝贵意见。

杨红生

2025年6月于四知堂